朝鮮言論統制史

——日本統治下朝鮮の言論統制——

李　　鍊 著

信　山　社

はしがき

2002年ワールド・カップの共同開催によって，韓国と日本は歴史上どの時代よりも緊密な友好関係を保ちつつ，真の意味で互いを理解し合おうとする努力がなされている。従来，流入が禁止されていた日本の放送文化も開放され，韓国のテレビで日本のドラマが放映されるような画期的な時代を迎えている。2002年２月15・16日に（日本は２月４・５日）は『フレンズ（Friends）』という日韓共同制作（TBS，MBC）のドラマが放映され，非常な反響を呼び起こした。韓国と日本の若い男女が，言語と文化的な障害を乗り越え，愛を成し遂げるという青春メロドラマであった。両放送社はドラマにおいて，韓日・日韓の若者は人間対人間同士で心の通じ合う友だちにも恋人にもなれるというメッセージを力を込めて伝えようとしていた。たしかに，主演の男女が切実な思いを果たし，熱く抱擁するラストシーンは感動的であったが，「これからが大変だろうよ。でも，今は深く考えないことにしよう。」という最後のセリフは深い余韻を残してくれた。二人は何の前提もなく互いの人間的魅力に引かれて結ばれる。が，いったい，歴史や文化に対する知識なしに相手国の社会の一員として適応していくことは可能であろうか。韓国と日本とは特に歴史教育において食い違っているところが多いため，現在のままでは若者同士はコミュニケーションのギャップにぶつからざるをえなくなっている。円満な結婚生活を送る『フレンズ』の続編のようなものを出すためには，歴史的事実を正確に考証し，互いが認め合わなければならないだろう。それは両国の若者たちのために我々研究者に課せられた義務である。

日韓のコミュニケーション障害のもっとも大きな要因は何よりも35年間の日本の朝鮮統治に対する認識の問題であろう。1965年，日・韓国交正常化以来，両国の間には真の意味での友好関係は樹立されておらず，従軍慰安婦問題や，日本の歴史教科書問題などによって外交摩擦が絶えない。戦後から数えると57年も過ぎているにもかかわらず，両国の間には‘朝鮮統治時代’に関する体系的な研究，または総合的な学術書さえも出ていない。両国の間には外交的な問題や文化摩擦などが相次いで起きており，根本的な解決策が講じられないなかで，外交摩擦状態が続いている。特に，2000年からは日本の歴史教科書問題がアジアにおける国際的な外交摩擦に繋がり2001年７月頃は日韓関係が最悪の事態に入り，国交断絶という話まで出てきた。2002年５月からはワールド・カップがあり，両国政府または両国国民はともに協力してワールド・カップを成功させなければならない責任がある。

民間レベルの活発な交流とは別に，日韓関係はまだ原点にとどまっている感がある。韓国の大統領が，あるいは日本の総理大臣が代わったりすると，その度に外交は原点に戻り，同じ話の繰り返しにとどまり，一歩も進まない状態が続いている。日韓の歴史を振り返るのは，事実を事実として認め，真の意味での友だちになるためである。過去に基づいて現在を検証し，現在の状況を踏まえて未来の社会を展望することができると思う。韓国側も日本側もはっきり史実に基づいて主張をするためには資料に基づいたより学問的な研究が行われなければならない。しかしながら，資料の遺失や事実隠蔽などによって，もっとも頻繁に言及されながらも，もっとも研究が遅れている時代史こそ，‘朝鮮統治時代’の研究であろう。

以上のような問題意識に基づいて本書は，日本の朝鮮統治に当たりもっとも力を注いだ政策の一つである言論統治分野を体系的かつ総合的に分析してまとめたものである。特に，本書で扱われている資料はいままで公開されなかった文献を初めて発掘したものが多い。1980年代後半から日本政府の公文書公開政策に基づき，公開した膨大な資料のなかで朝鮮総督府に関連する文献は可能なかぎり集めて考察した。明治時代に関する出版物（東京大学明治新聞雑誌文庫），井上角五郎と福沢諭吉に関する資料（慶応義塾大学図書館），斎藤実に関する資料（国会図書館憲政資料室），植民地教育資料（国文学資料館），朝鮮総督府に関する資料（友邦協会，学習院大学アジア文化研究所），日韓外交資料文書（外務省の外交資料館），日英同盟及び日韓併合関係資料（オクスフォード大学図書館）など，当時の言論統制の状況を窺える決定的な資料を収集し，総合的に分析を行なった。また，できるだけ客観的に，かつ中立的な立場に立って資料の考察，分析を試みた。さらに，本書では，すでに関連研究者によって扱われた資料をも再検証するとともに，できる限り日韓両国の資料を比較分析することを心がけた。

本書にまとめた新しい研究成果は次のように整理することができよう。

(1) 理論的な体系を明らかにした。漠然と言論統制と言われてもその定義と範囲が明らかにされていないが，いったい何をもって「言論統制」というのかを，その歴史的な事例を挙げながら枠組を明確に構築している。

(2) 韓国の新聞の誕生を，最初の近代新聞である『漢城旬報（ハンソンスンボ）』の創刊背景を見ながら明らかにし，それにまつわる井上角五郎の行跡について新しい史実を発掘して考察した。当時，朝鮮政府の出版機関である博文局の顧問を務めた井上角五郎の行跡については従来あまり知られていなかったが，今回多くの貴重な資料に接する幸運に巡り会い，日韓の言論史の一部分を明らかにした。

(3) 日本の対朝鮮言論統制政策において台湾の植民地統治政策の事例を適用していたことを明らかにした点である。台湾の拓殖局副総裁だった後藤新平は「台湾統治救急案」に言論統制政策を示しているが，のちに日韓併合準備委員となり，その政策を大幅に活用したのである。

(4) 日英同盟については，直接イギリスに資料収集に出向き，韓国や日本ではまだ知られていない貴重な英文の資料を入手し，分析した。それらの資料をみると従来あまり研究されていなかった日英同盟は，イギリス側が日本の朝鮮統治を事実上認めたことであり，朝鮮の植民地政策に決定的なきっかけとなったことを明らかにした。

(5) 朝鮮において強力な言論統制政策をとった寺内正毅総督と，武官として言論の門外漢であったその寺内を支援した山口県出身の桂太郎総理大臣，伊藤博文，井上馨，山県有朋などとの人物関係を明らかにした。そして，寺内が『国民新聞』の社長徳富蘇峰を『京城日報』の監督（官）として招き，経営を任せたうえで，朝鮮における言論統廃合措置を実施した事実を解明する。

(6) 寺内総督の強圧的な言論統制は朝鮮民衆の猛烈な反発を受け結局「三・一独立運動」に繋がるようになったこと，日本内においても言論統制に対する非難の声があったことを政友会の原敬総裁と東京帝国大学の吉野作造教授らの主張を引用して分析した。結局，斎藤実総督が柔和政策をとらざるをえなくなるなかで，『朝鮮日報』『東亜日報』『時事新聞』の民間紙3紙が創刊される経緯を明らかにした。

(7) 満州事変，日中戦争などによって，日本は朝鮮を大陸戦争の物資供給地とし，思想統制及び言論統制を厳しくする一方，法制度的にも組織化していく。具体的には，不穏文書取締令，国家総動員法，新聞紙法，新聞紙規則，出版法，治安維持法，朝鮮思想保護観察令などの各種法規，または制度によって統制が強化された。

また，日本が設置した朝鮮中央委員会が言論統制にどのような役割を果たしたのかを詳細に分析した。朝鮮中央情報委員会は当初，情報及び開発宣伝に関する重要事項の調査審議などを目的としたものであったが，実際，運営上においてはプロパガンダをも合わせて朝鮮における全ての統治政策，言論統制に注力していたのである。本書では初めて「朝鮮中央情報委員会」の組織と運営，役割について詳しく論じることができた。

(8) 太平洋戦争の勃発とともに言論統制はますます厳しくなったが，この時期の統制は制度的かつ組織的に行われているため，統制のための法律と機構などを徹底的に調べた。「朝鮮総督府出版統制協議会」などの機構や，「朝鮮臨時保安令及び同令施行規則」によってすべての反植民地言論，出版などが徹底的に統制される過程を分析した。

以上，本研究の特徴は，朝鮮における日本の言論統制を，国内外的な情勢，人物関係，法制度，組織などとの関わり合いのなかで総合的に分析し，いままで公開されなかった新しい資料をも積極的に取り入れ史実を考証しようと努めたことである。これにより，韓国と日本の言論史における大きな空白を少し埋めることができれば幸せだと思っている。

冒頭で述べた日韓共同制作ドラマ『フレンズ』の若者たちが互いの立場を理解しつついつまでも幸せに生きていけるために，より豊かな両国の未来作りの指針とするためにも，今後もこの分野がよりいっそう積極的に研究されなければならないだろう。

本書は，筆者が1991年１月上智大学大学院文学研究科に博士論文として提出し，その後，大きく加筆・修正を加えたものである。完成に至るまでには，多くの方々からご指導・ご協力をいただいた。なかでも，1984年の留学時代から現在までの18年間にわたり，指導教官として学問的な方向音痴の私を導いてくださり，資料の取り扱いから研究者としての姿勢まで教え込んでくださった春原昭彦先生（上智大学名誉教授・元日本新聞学会会長）をはじめ，学問だけでなく人間的にも励ましてくださった上智大学の武市英雄先生（前日本マス・コミュニケーション学会会長），また，論文の枠組みから文章の表現までこまかく教えてくださった鈴木雄雅先生に心から厚くお礼申しあげたい。そして，本論執筆にあたり，「京城日報」から「情報委員会」まで貴重なアドバイスをいただいた東京大学名誉教授，内川芳美先生（元日本新聞学会会長・東京大学新聞研究所所長）にも厚くお礼申しあげたい。また，大学院生時代からこの論文のためにご指導・ご協力をいただいた多くの方々にも感謝の念にたえない。特に，関東大震災と言論統制については東京大学の広井脩先生（社会情報研究所所長），浜田純一先生（元社会情報研究所所長），学会発表や日・韓シンポジウムの際にお世話になった東京大学の鶴木真先生，東大・上智共同ゼミの際お世話になった水越伸先生にもこの場を借りて心から感謝申しあげたい。

成蹊大学のアジア太平洋研究センター所長時代からお世話になっている柳井道夫学長，奥野昌宏先生，また，日・韓シンポジウムや学会などでお世話になった慶応義塾大学の伊藤陽一先生，元東京女子大学の川竹和夫先生，長崎県立大学の石村善治学長など，多くの諸先生方々にこの小著がいささかでも学恩に報いる機会をいただければ幸いである。そして，筆者の留学時代から現在に至るまで公私にわたり研究の場，貴重な学究環境である上智大学の音好宏先生，植田康夫先生，石川旺先生にもお礼申しあげたい。

最後に，学問的な信念で，厚い分量の本書の出版を快く受諾し，日本の読者に広く読ませる機会を与えてくださった信山社の渡辺左近社長と，最後まで綿密な修正作業に携わった柴田尚到氏にも深謝申しあげたい。

2002年２月　　開峰書斎で

李　錬

目　次

はしがき

第1章　序　　論 ……1

第1節　本研究の必要性及び目的 ……1

第2節　本研究の範囲及び時代区分 ……7

第2章　近代言論の前史 ……10

第1節　日韓関係史 ……10

第2節　征韓論の背景 ……12

第3節　日韓江華島条約の成立と開港 ……14

第3章　近代新聞の成立期と日本の言論人 ……19

第1節　歴史的背景 ……19

第2節　『漢城旬報』の創刊と井上角五郎 ……23

第3節　『漢城旬報』の記事の波紋と『漢城周報』 ……27

第4節　福沢諭吉と井上角五郎 ……30

第5節　井上角五郎と井上馨 ……38

第6節　朝鮮の近代化と日本の植民地化政策 ……43

第4章　韓国の保護国化前後の言論政策 ……56

第1節　日本における植民地政策の研究 ……56

1　植民地理論の展開 ……56

2　日本における植民地政策の研究 ……57

第2節　日本言論の浸透 ……62

1　日本人経営新聞の浸透 ……62

2　日本の言論統制政策と民間紙の創刊 ……………………67
第3節　日英同盟と言論報道 ……………………………………72
1　日英同盟の歴史的背景 ………………………………72
2　日英同盟をめぐる言論報道……………………………74
第4節　日露戦争と言論統制 ……………………………………87
1　日露戦争と言論統制の背景……………………………87
2　日本軍による言論統制 ………………………………92
第5節　統監府時代の言論統制政策 ……………………………95
1　統監府における言論統制政策…………………………95
2　反統治体制言論とその統制 …………………………102
第5章　日韓併合時代における言論統制 ………………………134
第1節　日韓併合と言論統制政策 ………………………………134
1　植民地朝鮮における統治機構 ………………………134
2　寺内正毅総督の言論統制政策 ………………………139
第2節　日韓併合をめぐる内外の言論報道 ……………………147
1　日韓併合をめぐる日本の言論報道 …………………147
2　日韓併合をめぐるイギリスの言論報道 ……………161
第3節　マス・メディアによる説得的コミュニケーション ……174
1　プロパガンダとしての説得的コミュニケーション ……174
2　「同化政策」と「内鮮一体」,「内地延長主義」 ………183
第4節　交通通信政策と朝鮮の言論統制 ………………………190
1　朝鮮における交通政策と言論 ………………………190
2　朝鮮における通信政策と言論 ………………………197
第5節　統監府機関紙の創刊背景とその役割 …………………202
1　『京城日報』の創刊とその役割…………………………202
2　“The Seoul Press” と『毎日申報』の創刊と役割 ……210
第6章　三・一独立運動をめぐる言論報道及び

言論統制政策 ……………………………………………234
第１節　三・一独立運動と国内外の言論 ……………………234
1　「三・一独立運動」の歴史的背景 …………………234
2　国内外の言論報道 ……………………………………238
第２節　斎藤実の施政方針と言論政策 ………………………249
1　斎藤実の施政方針と言論 ……………………………249
2　朝鮮における民間紙の創刊と『東亜日報』 ……………256
第３節　朝鮮における制度的な言論統制 ……………………271
1　朝鮮情報委員会の設置と世論統制 …………………271
2　李方子（イ・バンジャ）女史と言論統制……………274
第４節　関東大震災と朝鮮における言論統制 ………………285
1　関東大震災と朝鮮人虐殺 ……………………………285
2　関東大震災と朝鮮の言論統制 ………………………292
第５節　朝鮮における視聴覚メディアの登場と世論統制 ………302
1　京城放送局の設立と世論統制 ………………………302
2　文化映画と蓄音機（レコード）による世論統制 ………313
第７章　大陸軍需基地化と強制的な言論統制 ………………342
第１節　朝鮮の兵站基地化と言論統制 ………………………342
1　朝鮮の兵站基地論の根拠 ……………………………342
2　満州事変以後の朝鮮における社会統制と言論 …………346
第２節　情報委員会の設立と言論統制 ………………………350
1　日本の情報委員会の設立と言論 ……………………350
2　朝鮮中央情報委員会と言論政策 ……………………354
第３節　法律を通して見た朝鮮の言論統制 …………………365
1　朝鮮における思想統制と法規 ………………………365
2　朝鮮における言論の統制と法規 ……………………369
第４節　教育政策から見た言論と思想統制 …………………376

1　皇国臣民教育と言論統制 ……………………………376
2　新聞用語使用問題と創氏改名 ……………………381
第5節　日中戦争と言論統制 ……………………………………388
1　国家総動員法と言論 ……………………………………388
2　朝鮮における物資統制と言論 ……………………391
第8章　太平洋戦争と言論統制の強化 ……………………412
第1節　戦時下の朝鮮における言論統制 ……………………412
第2節　朝鮮における出版物の統制 ……………………………422
第3節　情報宣伝政策と通信検閲実施 ……………………433
第4節　戦時下における法的な言論統制 ……………………443
第5節　『京城日報』の論調と日本の敗戦 ……………………453
第9章　結　　論……………………………………………………473
参考文献 ………………………………………………………………497
付録〔1〕　言論関係法規 ……………………………………529
付録〔2〕　言論関係年表 ……………………………………539
事項索引

凡　　例

⑴　本書において参考した主な法規は，『現行朝鮮法規類纂第８巻』（帝国地方行政学会朝鮮本部発行)，『朝鮮司法提要』（巖松堂京城店発行）などである。

⑵　法規用語における略語は，それぞれ次のように対応する。

「統令」→「統監府令」

「総令」→「総理令」

「制令」→「総督府令」

⑶　本書では，年代によって次のように国の名称を使い分けた。

「大韓帝国（韓帝国)」……1897年～1910年

「朝鮮」…………………………1910年～1945年

「韓国」……………………………1945年～現在

（※古代から現在までの一般名称は「韓国」を使った。）

⑷　本書では固有名称を除いては，旧字を便宜によって当用漢字で表記した。

⑸　『ラジオ年鑑』は，戦前に出版されたものは『ラヂオ年鑑』になっている。

⑹　本書では付録として重要な法規と年表を添付した。

⑺　本書の注は各章ごとに，それぞれの章の最後のページに示しておいた。

第1章　序　　　論

第1節　本研究の必要性及び目的

統制（control）という言葉は，「自然的なものに対して，人間が心理的または物理的に働きかけ，本来の機能を変形させること」と定義することができよう。知る権利（right to know）と表現の自由（freedom of press）を本質とする言論の自由というものは，人間が天賦的に所持する自然発生的なものである。言論統制というのはその言論の自由に対して外部的に働きかけ，言論の本来の機能を変形させることである。勿論，ここでは従来の言論統制の通念である否定的な統制（negative control）だけではなく，肯定的な統制（affirmative control）も含まれていよう。

一般的に言論統制といえば言論に及ぼす外部的な弾圧とか圧力に限られた意味として使われてきたが，ワクスマン（Jerry J. Waxman）が指摘したように，言論のゲートキーピング（gatekeeping）作用過程に与えられる全ての情報統制の要因をも含めて考えなければならない(1)。言論は情報またはニュースを集めて生産する商品生産工場にたとえられる。いわば，情報源から商品の原料に該当するニュースや，情報を蒐集し，加工処理してメッセージ（新聞記事とか放送）を読者に売るメディアである。統制はその過程において加わるのである。そこで本書では，情報の蒐集過程から，完成品である商品メッセージが作られるまでの全過程において与えられる言論統制とその要因について分析を試みる。

まず，言論統制に関わる要因としては上述した通り，外的要因（物理的統制）と内的要因（心理的統制）に大別できるが(2)，更にこれを分析すれば外的要因は①政治的統制，②経済的統制，③文化的統制，④情報源（news source）に対する接近統制（control of the information access），⑤読者の反応による統制があり，内的要因としては①記者自身の哲学と価値観，②言論機関内部の問題（発行人，編集人，社内の記者組合），③各種団体からの圧力（記者クラブ，新聞協会，編集人協会，言論振興協会）など，言論機関そのものに内在する，目に見えない統制がある。

そして，一つの情報が商品化されるまでコミュニケーター（communicator）は，上記のような内外的統制要因（control variables）と相互作用して内政干渉を数多く受けている。だからこそラスウェール（Herold D. Lasswell）の言うように，言論体系とその構成員における統制要因までをも分析しなければならない(3)。このような統制要因によって言論は本来の機能を失って，情報の不均等（imbalance），歪曲（distortion），誤報（miss information），偏見（bias），偏向（slanting），雑音（noise），虚偽報道（mendacious report）などを巻き起こす可能性が多いからである。

ここで言論統制のなかでも最も問題になるのは，政治権力を利用したものであろう。これは言論を無力化させ，結果的に言論を愚民化政策の道具としてしまうからである。即ち，言論は権力者ないし統治者の侍女（maid）となり，権力維持の手段と化する。

ところで，世界の言論統制の歴史を辿ってみると，最初の言論統制法はイギリスにおいて1275年制定された高官誹謗処罰法（Stathtes of De Scandalis Magnatum）である。これはイギリス王室の高級官吏に対する誹謗を禁じることを目的とするものであった。また，1662年チャールズ２世の時代に制定された出版物許可法（Licensing Act）は，印刷許可と事前検閲を規定しており，言論の自由を甚だしく束縛するようになった。

また，世界の言論史における，最初の植民地言論統制法はイギリスの捺印税法であろう。これは1712年アン女王によって制定されたが，新聞，雑誌など全ての出版物に対して一定の税金を賦課，新聞社及び出版社に財政的な圧力を加え，更に読者を減らす統制方法であった。この制度は当時の植民地アメリカにおいて実施されることになったが，その結果，アメリカの言論界の反発を大きく受けるようになり独立運動を促す。

一方，日本は世界列強の植民地獲得闘争に飛び込み，朝鮮半島を植民地化することになるが，植民地化に当たって日本は朝鮮民族から激しい抵抗を受けるようになり，それを防ぐため言論を通じて，弾圧，懐柔ないし説得政策を行うことになった。

そこで，日本政府または朝鮮総督府はどのような言論統制政策をとっていたか，また，朝鮮民族はその言論統制に対してどのように対抗していったのかを分析することは，多くの課題が残されている植民地統治時代の言論研究の重要な手がかりとなろう。

*

日本統治時代の言論の研究は，両国間に大きな溝として残されていたコミュニケーション・ギャップを埋める一つのきっかけとなると考えられる。韓日の言論発展史的研究の側面から見て，保護国化時代を含む，日本が統治40年間の言論統治史の研究は大きな研究課題であると言わざるをえない。この時代の朝鮮の言論については，日本においても日本統治時代の歴史の一部分として扱われながらも研究史的な面においては無視されてきた。なお韓国においても最初の近代新聞『漢城旬報』が発刊されてから現在に至るまで107年間の新聞の歴史において40年間という半分に近いほどの大きな部分を占めているにも拘らず資料不足などの理由から研究が遅れているのである。

植民地統治時代の清算の問題は，韓国と日本との間に置かれている最も大きなコミュニケーション・ギャップとして残されている。1965年韓日国交正常化以来，25年経った現在さえも，まだ日本は過去の植民地支配思想を完全に捨てていないと言えないだろうか。日本帝国時代において「皇国臣民」という美名のもとに日韓併合を強行した事実に対して，その歴史的責任を明白にしていないため，いまだに植民史観が完全に払拭されていないのである。

これは日本側の誠意の無さに起因するところが最も大きいのであろうが，韓国側が日本に対して十分な研究を行わなかったことにもその原因がある。例えば，過去植民地統治時代における被害意識ばかりがつのり，感情的な次元からのみ対応して，日本に対する研究を意識的に無視してきた結果によるのであろう。

筆者は韓国の言論史においても最も課題の多いこの時代の研究の必要性を実感した。そこで1984年日本留学以来多年の間積み重ねた研究業績を基盤に，日本統治下の言論統制及び言論統治理論を，論理的，かつ体系的に分析することにした。これを通して両国の理解を深め，両国間のコミュニケーション・ギャップを埋めるきっかけとしたい。

本書の分析方法においては，従来，植民地統治史を断片的かつ事件中心的に分析したことに対して，総合的かつ立体的な方法を取り入れたい。即ち，資料中心の分析を行い，相互関連性を抽出して結論を導きだす方式である。言論統制史ということを単に言論そのものの分析だけにとどまらず，政治，経済，文化などの社会全般的な側面から分析したうえで，言論統制の要因と，言論統制の状況，言論統制の結果を総合的に考察していくことにする。なお，言い換えれば，従来の傾向であった感情的・主観的・自己中心的分析ないし，朝鮮半島の中の情勢だけに基づく分析方法から果敢に脱皮し，客観的な立場に立って，当時の世界情勢の中での日本の動きや，日本列島の情勢によって朝鮮半島に及ぼされた影響などをも踏まえて分析を行っていくことにする。

主な資料としては，明治時代の朝鮮に関する出版物（東京大学明治新聞雑誌文庫），福沢諭吉と井上角五郎に関する資料（慶応義塾大学図書館），斎藤実文書資料（国会図書館憲政資料室），朝鮮時代の新聞（アジア経済問題研究所），植民地教育資料（国文学資料館），朝鮮総督府に関する資料（友邦協会，学習院大学アジア文化研究所），日韓外交資料文書（外務省の外交資料館），日英同盟関係資料及び日韓併合関係資料（オクスフォード大学図書館）など，当時の言論統制の状況を窺える決定的な資料を収集し，総合的な分析を行うことにする。

植民地時代の言論及び政策に関する先行研究としては，金圭煥（元ソウル大学教授）氏と姜東鎮（元筑波大学教授）氏の論文を挙げることができる。両氏とも，植民地時代の研究の先駆者としての役割を果たしている。金圭煥教授の論文は植民地時代の言論研究の開拓をしたと言えるものであり，姜東鎮教授の場合は，難解な斎藤実文書を解読して「三・一独立運動」の歴史的な背景までをも分析し，植民地時代の政策研究に大きく貢献していることは周知の通りである。

ところで，30年前の金圭煥教授の論文の場合は，機密とされていた公文書などがまだ公開されていない時期のもので，論文の資料も現在に比べて相当少なく，また，言論統制的側面よりもむしろ政策的側面に重点が置かれている。また，事件中心の断片的な分析である感が少なくない。姜東鎮教授の場合も斎藤実文書を集中的に分析し，「三・一独立運動」という事件中心に分析したので，全統治期間に比べてみるとやはり部分的な分析であると言わざるをえない。

更に両氏とも植民地統治時代の言論だけを論じており，植民地前史としての韓国の近代言論の成立期については言及していない。しかし，植民地前史の分析がなければ，植民地時代の言論統制研究に誤謬を招きやすいと言えよう。なぜなら，近代新聞の成立期における日本言論の浸透について論じないまま植民地統治言論の分析をすることは不可能だからである。

筆者は本書を執筆するに当たって，上記のような欠点を補完しながら，次の諸点に重点をおいて考察を進めていく。

第一，韓国における近代新聞の成立期に関する研究である。

これは韓国においてはあまり研究されていない部分であるが，筆者は日本に留学して以来，資料を収集，分析して1987年日本新聞学会において発表報告し，また，『新聞学評論』(第37号）にも発表したことがある。更に，筆者は韓国においても1989年『新聞と放送』に紹介し，韓国の最初の近代新聞である『漢城旬報』の創刊に果たした井上角五郎の役割について分析を行った。本書においてはそれを更に発展させ，韓国の言論史において空白になっている時代の分析を進め，言論史研究の発展を期したい。また，福沢諭吉の対韓言論観，井上角五郎との関係，さらに彼らが韓国の言論に及ぼした影響についても分析する。

第二，日英同盟と朝鮮の植民地化との関連である。即ち，日英同盟が朝鮮半島にどのような影響を及ぼしたかについては，同盟をめぐる各国の言論報道と日本の言論報道の考察を通して分析することができる。ここでは，日英同盟をめぐる新聞報道を通して，当時の株価の動きや，日本の朝鮮半島に対する政策を考察したい。つまり，当時の新聞を通してそれまで沈滞していた株価が日英同盟の後急上昇した要因などを分析するほか，各新聞の論調の分析を通して併合までの状況を推察することにする。

第三，朝鮮における日本の植民地統治理念の論理的な分析である。つまり，日本は朝鮮半島における植民地統治に当たり，どのような研究を行ったかについて言論報道を通じて体系的かつ総合的に分析していきたい。

第四，日韓併合についてのイギリスの言論報道の分析である。戦前，世界で最も進んだ資本主義帝国であり，かつ軍事大国であったイギリスが，日韓併合をめぐってどのような報道をしていたのかを分析することにする。本書では，オクスフォード大学において収集した資料をもとに，当時の朝鮮半島をめぐるイギリスの世論を考察することにする。これについては従来研究されたことがないが，イギリスは日英同盟以来日韓併合に至るまで，西欧諸国の中でも朝鮮半島の問題について最も大きな関心を示していたため，特に分析する必要があると思うからである。

第五，交通通信政策と朝鮮の言論統制についての分析である。言論の発達は交通通信手段の発達と非常に密接な関係にあることは，従来あまり注目されていなかったことであるが，ここでは日韓併合以後，日本と朝鮮半島間の海軍航路及び鉄道，道路などの言論出版物の運搬路を調査することによって，言論出版物の輸送統制状況を探ることにする。それを通して結果的に日本の通信政策が朝鮮半島の言論にどのような影響を及ぼしたかについても明らかにしたい。

第六，『京城日報』の歴代社長と経営方針についての研究である。『京城日報』は朝鮮総督府機関紙であるにも拘らず，その創刊背景と歴代社長らの経営方針についてはいまだに明らかにされていなかったが，本書では創刊趣旨や，社史及び歴代社長の経営方針を窺える資料の分析を通して，同新聞が日本の植民地政策の実現にどのような役割を果たしていたのかを探ることにする。

第七，斎藤実朝鮮総督の言論統制政策の分析である。即ち，前代の寺内正毅総督の「武断政治」が招いた「三・一独立運動」が拡散し，植民地統治に対する国内外の対日批判世論が広まっているなかで，斎藤実総督が就任したのち，世界言論と朝鮮民族に対してどのように説得的コミュニケーションを行い，植民地の統治基盤を確立していったかについて考察する。

第八，李方子女史と朝鮮王朝の最後の皇太子李垠との結婚をめぐる両国の言論報道態度に関する分析である。これは植民地政策そのものに関する両国の姿勢を窺えるものでもあり，言論史的な見地において必ず分析する価値があると考えられるからである。

第九，関東大震災と朝鮮の言論統制の分析である。関東大震災によって多くの朝鮮人が虐殺されることになったが，それによって日本国内は勿論，朝鮮においても厳しい言論統制が行われた。ここでは特に，当時の内務大臣水野錬太郎との関わりなどを重点的に見ながら，両国の言論報道の統制状況と報道内容を分析することにする。

第十，朝鮮における聴覚メディアの登場と世論統制に関する分析である。例えば，韓国ではいまだに京城放送局（JODK）の設立背景と果たした役割についての分析は殆ど行われていないが，本書では資料を中心として詳しい分析を行いたい。また，文化映画と蓄音機（レコード）などの新しいメディアによるプロパガンダ政策についても分析することにする。

第十一，朝鮮の中央情報委員会の設立背景とその果たした役割についての分析である。日本の情報委員会は1936年内閣に設置されたが，既に1932年非公式の情報委員会が設置されたことがある。更に，元東京大学新聞研究所所長，内川芳美教授は，情報委員会の設立案は既に1918年に出されているという新しい説を出している。朝鮮においては日本本国より早く1920年11月「三・一独立運動」直後，情報委員会が設けられた。本書ではまだ学界で報告されていない部分である朝鮮中央情報委員会の設立背景とその果たした役割について具体的に分析する(4)。同委員会の最大の目的は，当時のマス・メディアを統制するためであったため，本研究の問題解決に最も重要な研究分野だと考えられるのである。

第十二，小磯国昭朝鮮総督の朝鮮における出版物の統制である。小磯総督は1943年「総督府出版物統制協議会」を組織して，朝鮮に対する言論統制を行った。これらの具体的な組織及び統制方法は朝鮮の言論統制研究に極めて重要な示唆を与えてくれるが，韓国ではまだ注目されずにいたのである。

以上の項目に示したように，本書ではまず新たな資料と，独自の尺度によって分析を行い，既成の先入観によるいわゆる屈折した視覚から脱皮し，客観的な立場に立って言論統制の考察を進めていきたい。

第2節　本研究の範囲及び時代区分

前述した通り，言論を統制する諸要因には内部的なものと外部的なものがあると言えるが，本書では言論，言論機関，言論人に対する統制だけではなく，政治，経済，社会，文化，情報源などの，言論統制に影響を及ぼす諸要因までも分析する。ところが，本書で使う「統制」の概念は必ずしも「自由」

に対する概念や，否定的な概念だけではないということを明確にしておきたい。即ち，日本総督府が行った朝鮮民族に対する言論の弾圧政策とともに懐柔，説得，ないしプロパガンダ政策までをも含めて扱うことにする。

また，本研究の範囲は，1883年『漢城旬報』の創刊背景から始まり，1945年終戦当時の『京城日報』の廃刊までとする。1896年以前は植民地統治前史として取り扱ったが，これはいわゆる日本言論の浸透期として本研究において極めて重要な部分である。それは韓国における近代新聞の成立期に対して十分に分析しないまま，研究を行った場合には，誤った結論に達するおそれがあるからである。

韓国の研究者達は1880年代の近代新聞の成立期（『漢城旬報』の創刊から『漢城周報』廃刊まで）をも日本人の言論の侵略期としているが，筆者は『漢城新報』の創刊からを事実上の日本言論の侵略期と見て，それ以前は言論の浸透期として扱いたい。『漢城旬報』の場合，日本の言論人の協力を得てはいるが，朝鮮政府が発刊している新聞であり，『漢城新報』の場合は，安達謙蔵が日本政府の補助金を受けて創刊しているからである。実際，『漢城新報』の場合，同新聞社の幹部らが後に「明成皇后弑害事件」の中心人物となるなど，本格的な日本言論の侵略が始まるのである。

年代	時代区分	重要事件	本書構成
⑴1880年～1894年	日本言論の浸透期	1883年『漢城旬報』創刊	第３章
⑵1895年～1909年	第１次言論統制期	1895年１月22日『漢城新報』創刊	第４章
⑶1910年～1919年	第２次言論統制期	1910年日韓併合・武断統治	第５章
⑷1920年～1930年	第３次言論統制期	1910年３月１日独立運動・文化政治	第６章
⑸1931年～1937年	第４次言論統制期	1931年満州事変，1937年日中戦争	第７章
⑹1938年～1945年	第５次言論統制期	1938年国民総動員法	第８章

そこで，次のような時代区分によって研究を進めていきたい。

最後に，従来の研究者は主として事件中心に分析を行ってきたが，本書では事件前後の論調を分析して因果関係を究明することにした。例えば，「三・一独立運動」の場合，事件の発生からの論調に限らず，発生の前から後までの論調を総合的に分析して因果関係を明らかにしたいのである。結果だけではなく事前の背景まで目を通さなければ問題の究明には接近しにくいと思うからである。

(1) Jerry J. Waxwan, "Local Broadcast Gatekeeping during Natural Disasters," *Journalism Quarterly*, 50, winter 1973, pp. 750–759.
(2) 徐正宇，車培根，崔昌燮『言論統制理論』法文社，1989年，47～48頁.
(3) Harold D. Lasswell, "The Structure and Function of Communication in Society" in L. Bryson (Ed.), *The Communication of Ideas*, New York: Institute for Religious and Social Studies, 1948.
(4) 拙稿『日帝下朝鮮中央情報委員会の役割』西江大学言論文化研究所，1993年。

第2章　近代言論の前史

第1節　日韓関係史

韓国と日本は地理学上最も近い国であることから，歴史や文化の上でどの国よりも深く関わり合ってきた。数千年にわたる日韓関係においては波風の立つことも多かった。それは蒙古襲来や倭寇，豊臣秀吉の朝鮮侵略と20世紀の植民地統治である。そうした日韓の関係史を正確に理解するためには，古代国家の時期まで遡らなければならない。

元来，日本の古代国家は朝鮮との深い関係のなかで形成されたと言えよう。その根拠は両国に残っている多くの資料である(1)。が，神話や伝説に基づいて記録されたものが多く，科学的な根拠に乏しいと言わざるをえない。しかし，これらの神話や伝説は数千年を経て日本が朝鮮を植民地統治下に置いた時，朝鮮民族に対する説得的コミュニケーションや同化政治の材料になったのである。そこには，創作された日鮮「同祖，同根論」(2)，「高句麗広開土王（好太王）陵碑の碑文」(3)などが，好材料として利用された。それはともかく，地理的な隣接，民族の成立と移動，人種的な混交，言語発生の過程等(4)の観点から見て，日韓の民族相互間の接触，交流が他のどの民族との関わりよりも古くかつ密接であったことは学界の通説をまつまでもない(5)。

日本と韓国との交流の始まりは素盞男尊（日本書紀），新羅4代王(6)の時代からであったという。このような両国関係は次第に善隣関係に発展していく。

室町時代（1338～1578）に倭寇が鎮まると160余年の間，足利幕府と朝鮮王朝政府は互いに親善の使節を交換し，経済，文化の上でも密接な関係を維持してきた。その善隣友好関係を踏みにじったのが豊臣秀吉で，日本軍はかつての日本使節の上京路を通って20日間で都，漢陽を陥れ深い傷を残した。戦後処理にけじめをつけたのは徳川家康と秀忠であった。２人の努力によって，朝鮮王朝政府の不信感を和らげ，両国の国交関係が再び回復されるようになった。それ以降，12回にわたって外交使節の通信使の往来があり，徳川家康はそれを非常に重んじ，今日では想像もつかないほどの歓迎ぶりを示したのである。通信使の泊まる使館には，各藩の文人や医者，画家らが馳せ参じ，華やかな交歓が繰り広げられた(7)。

江戸時代には日本と朝鮮との間に平和な国交が続いた。200年以上諸外国との関係を一切断ち，鎖国政策をとっていた時代にも日本は朝鮮とだけは正式の外交関係を保っていた。特に幕府は朝鮮との友好関係に努め，両国は各地で，それぞれ通信使を交換していた。その人数は数百人にのぼる大人数であった。朝鮮の使節は，瀬戸内海を航行して兵庫に上陸，東海道を賑やかな行列を組んで江戸にのぼった。幕府は沿道の諸大名に命じて一行を厚くもてなし，江戸では大切な賓客として優待した(8)。幕府は朝鮮に敬意を払い，友好関係の維持に努めたのである。

ところが，幕末に至り，欧米列国の艦船が来航し，日本人が外圧におびえ危機感をもつ時代になると，その朝鮮観に大きな変調が現われた。

林子平（1738～1793）は1785（元明５）年に「三国通覧図説」(9)をあらわし，朝鮮が琉球・蝦夷とともに日本の国防に深い関係があることを述べ，朝鮮研究の緊急性をとなえた。そこには列強の侵略に対抗するための国防上の見地から朝鮮を眺める意識が明白に表れている。それは朝鮮観の大きな転換である。以後，海防や攘夷を主張したものは，みな同様の目で朝鮮を見ていた。この考えは，日本の防御のためには，朝鮮その他のアジア諸国を列強に先んじて日本が取るべきだという意識を生み出した(10)。

佐藤信淵（1769～1850）は「宇内混同秘策」のなかで「世界万国の中に於て皇国より易き土地は支那国の満州より易きはなし。……既に韃靼を取得する上は，朝鮮をも支那も次で図るべきなり」(11)と述べ，さらに，朝鮮攻略について記述している。また，吉田松陰，橋本左内，真木保臣（紫灘），平野国臣なども国防の充実とアジア進出を説くなかで朝鮮攻略を主張した。勝海舟は，ヨーロッパ人に対抗するためにはアジア諸国の連合が必要であり，まず朝鮮と連合せねばならぬ，といいながらも，朝鮮が日本の要望を受けいれぬときは征伐すべきであると主張した(12)。

しかし，幕末，維新の動乱期を迎え，政治，経済的にも海外に雄飛，発展しようとする構想は，十分成熟する余裕がなかったといえよう。ここではただ，先に述べた先駆的思想家が，欧米の植民地政策に学ぶとともに，その東漸に対抗しようとする意識において共通していたことを指摘するにとどめる(13)。現実的にはそうした積極的な政策は実現する由もなく，むしろ強い外圧のもとに開国と不平等条約の締結を見，維新の変革に至るのである。

第 2 節　征韓論の背景

欧米，資本主義帝国の外圧に促されて徳川幕府の封建制度は崩壊し，明治維新を契機として日本は資本主義発展の道を歩むことになった。明治維新は，対内的には封建制度を打破し，武士の専制を廃止して自主独立の国家を確立しようとしたものであるが，対外的には「大陸進出」—「朝鮮攻略」といった，明治政府の基本的な外交政策の出発点となった。

このような情勢のもとで，明治政府の大陸政策はまずその前期においては朝鮮に向けられた。その端緒と目されるのは，失敗に終わった征韓論の展開である。征韓論は政権の交替を通告し，正式国交の開始をもとめるために朝鮮に派遣された日本の使節が再三にわたって接受を拒否されたところから唱えられたものである。ここで，注意すべきことは，そういった征韓論が単なる懲罰征韓論として唱えられたばかりでなく，勿論，そうした主張も行われたが，識者によって，当時の極東国際情勢との関連において唱えられていたことである(14)。

西欧帝国主義諸国が極東に進出して朝鮮をねらっている情勢下において，日本は地理的に密接な関係にある朝鮮を，その蚕食にまかせるのは不適当であると判断，ここに国威発揚の一大好機としようと征韓論が主張されるに至る。その具体的行動ないしは戦略論としての征韓論には様々の論議がなされた。

清国攻略の第一段としての征韓論さえ唱えられており(15)，「外交政策としての征韓論が其国威を張り国権を同ふせんと欲するの攻略に至りては蓋しはなはだしき異同なきを信ず」(16)という主張もあった。

一方，征韓論は，伝統的な武士階級が支配している明治政府の膨張主義，侵略主義，帝国主義がその根底にあり[17]，日本の帝国主義と，天皇を神格化した日本民族の優秀性を強調する宗教的，民族主義的要素も含まれていた[18]。

征韓論をいち早く提唱したのは木戸孝允[19]である。彼は1869（明治2）年1月1日，大村益次郎に送った手紙に「韓国のことは皇国の御国体相立候処を以て，今日の宇内の条理を推候訳にて，東海に光輝を生じ候は，ここに始り候ことと愚者は仕候」[20]と綴った。こうして，木戸孝允は朝鮮への使節の派遣を政府に提案，翌1870年10月，政府は朝鮮に使節を送り，国交の回復をもとめた。

当時，朝鮮では大院君[21]が政権を握り，鎖国政策をとっていたのに基づき，日本の国交回復の提案は拒否された。その時，使節として朝鮮に行った佐田素一郎（白茅）は帰国すると建白書を提出し，激烈な征韓を主張した。木戸孝允らが主張した征韓論はやがて西郷隆盛の主張する遣韓大使論に発展し，政府首脳部は征韓論で大論争をひきおこした。その結果，征韓論を主張した西郷隆盛一派は，岩倉・大久保らの反対論に敗れ，西郷をはじめ西郷を支持した板垣退助・後藤象二郎・江藤新平・副島種臣らの参議は辞任することになった。その余波は佐賀・熊本・秋月・萩の乱・西南戦争となり，また，自由民権運動の展開ともなる[22]。

しかし，岩倉・大久保らの考えが西郷らの征韓論と根本的に対立していたのではない。ただ，征韓の時期や方法，または征韓の主導権について，西郷らの意見に反対したにすぎなかった。

このように，欧米帝国主義の極東進出と日本の内政状況の下で，征韓論が出されることになったのである。のちに，日韓併合が実施された時，西郷隆盛とともに征韓論の指導者であった板垣退助は『東京日日新聞』で[23]，日韓併合の必然性を主張していた。また，朝鮮統治下の新聞，雑誌，言論出版物は征韓論を大きく取り扱っており，征韓論は日韓併合との密接な関係のある歴史的な事件として高く評価した。これらの歴史的事件並びに両国の交流史料は，日韓併合の正当性ないし必然性[24]を，朝鮮民族に対して説得するコミュニケーションの史料にもなったのである。

第３節　日韓江華島条約の成立と開港

朝鮮は創建（1392年）以来，典型的な封建制の下で，鎖国政策と勢道政治（門閥政治）が政治の中心になっていた。その中で，大院君は専制君主的封建制の維持に狂奔し，外国に対しては頑固な鎖国政策をとった。これに対し，西洋人は朝鮮に対する通商要求を頻繁に行った。インドを東進して北上するイギリス・フランス，太平洋を渡ってくるアメリカ，シベリアを南下してくるロシアなどの諸国が相次いで，朝鮮の門戸を叩いた[25]。

しかし，朝鮮は西洋人と，交渉はいっさい危険なものと見做していた。西洋諸国と通商関係を結んでいる日本との交渉も危険視され，もっぱら清との交渉だけが許された。このように徹底した鎖国政策を標榜する大院君統治下の朝鮮と，平和的に通商関係を結ぶことは到底望みえなかった。そこで，西洋諸国は武力的な脅迫手段をも使いながら，通商条約を結ぼうとした。それが，いわゆる「二大洋擾」である[26]。

丙寅洋擾以来，大院君は城廓を修理し，砲台を築造し，大砲を鋳造するなど，国防に力をいれてきた。そのうち，辛未洋擾が起き，アメリカ軍艦さえも撃退させ，大院君の意気がおおいにあがり，その鎖国政策はいっそう固くなった。彼は斥洋の決意を示すためにソウル鍾路（ジョンノ）と地方各地に斥和碑を建て，「洋夷侵犯　非戦則和　主和売国」と刻んだ[27]。彼の決意がいかに固かったか，これによって推し量ることができる。

ところが，日本はこれらの西洋諸国とは違い，その当時，朝鮮に対して積極的な態度を示していた。日本は1854年にアメリカと和親条約を結んだ後，西洋諸国とも次々に通商条約を締結した[28]。

一方，当時，朝鮮は鎖国主義者であった大院君が1873（明治６）年，ついに政権から退くと，対外通商の開放政策は一歩前進するようになった。このような国内事情を知った日本は，武力による通商条約を強要できる機会がきたと考えた。そこでいわゆる雲揚号事件[29]を起こすに至る。雲揚号は，既に日本を出る時から，朝鮮との間になんらかの事件を起こす計画を立てていた[30][31]。

この事件の結果，ついに修好条約が締結される。これが日朝修好条規であり，または丙子修好条約ないし江華島条約と呼ばれる(32)。それは1876（明治9）年2月のことであった。ここに初めて近代的な国際法の形式による朝鮮の開国が日本によって行われたのである。すなわち，自主的ではなく，他律的な方法によって朝鮮も徐々に開港の道を歩むようになる。

江華島条約の内容は12条の項目であるが，次の3つの項目がのちほど問題を引き起こす(33)。

第一款　朝鮮ハ自主ノ邦ニシ日本国ト平等ノ権ヲ保有セリ。

第五款　五道ノ沿海ニテ通商ニ便利ナル港口二個所ヲ見立タル後地名ヲ指定スベシ開港ノ期ハ二十個月ニ当ルヲ期トスベシ。

第十款　日本国人民朝鮮国指定ノ各口ニ留在中若シ罪科ヲ犯シ朝鮮国人民ニ交渉スル事件ハ総テ日本国官員ノ審断ニ帰スベシ。

これらの修好条規は朝鮮が外国と締結した最初の近代的条約であった。日本としても不平等条約を他国に強要した最初であり，条約の内容も1858年の日英修好通商条約をそのまま模倣したものであった(34)。

第1款は，当時朝鮮と宗主国関係にあった清国の政治的宗主権を否定することによって日本の朝鮮侵略を行える道を開こうとするものであった。しかし，この目的が完全に達成されたのは，日清戦争後の下関条約であった。条約のうち，最も重要な内容は開港の問題であった。日本が選定した開港場は，単なる貿易港ではなく，清国とロシアの南下政策に備えた港でもあった(35)。

第3款は，開港場に居住する日本人は治外法権を持つことを認めさせ，朝鮮の干渉を受けない特殊地域をも獲得する不平等なものであった。

以上のような，日本の一方的な意図にも拘らず，江華島条約によって朝鮮の門戸は世界に向かって開かれるようになった。それが朝鮮にとって国際的な舞台に登場する出発点となった。韓国の近代言論というのもこのような背景から生み出されたのである。

(1)　韓国側の史料は，李朝時代第9代（成宗）に編纂された『東国通鑑』『東国輿地勝覧』，高麗忠烈王（第34代）治世に僧一然が，新羅，高句麗，百済三国の遺聞逸事を収録した『三国遺事』，高麗仁宗23年金富軾が編した『三国史記』等である。日本側の史料は，『日本書記』『古事記』などである。

(2)　金沢庄三郎『日鮮同祖論』汎東洋社，1943年。

⑶　①李進熙（明治大学教授）『広開土王陵碑の研究』吉川弘文館，1972年。
同「広開土王陵碑の謎―初期朝日関係研究史の問題点」『考古学雑誌』1972年。
同「なぜ『広開土王陵碑文』は改ざんされたか」『流動』1973年。
②佐伯有清「高句麗広開土王陵碑文の再検討」『続日本古代史論集』上巻，吉川弘文館，３～48頁。
などの研究が注目される。

⑷　小倉進平『朝鮮語の系統』岩波書店，1940年。

⑸　金圭煥「植民地下朝鮮における言論および言論政策史」東京大学大学院博士論文，国会図書館所蔵，1959年。

⑹　『三国史記』には「新羅王第４代（昔脱解）は倭国の東北千里の多波那国うまれの卵で，それが新羅に漂着して出生したものである」という記録がある。

⑺　李起雄『韓日交流二千年』悦話堂，1984年，５頁。

⑻　旗田巍『日本人の朝鮮観』勁草書房，1969年，12頁。

⑼　林子平「三国通監図説」『林子平全集』第２巻，生活社，1944年「蝦夷」項参考。

⑽　旗田巍，前掲16頁。

⑾　旗田巍，前掲16頁。佐藤信淵『佐藤信淵全集』第３巻，岩波書店，1944年。

⑿　大畑篤四郎『日本外交政策の史的研究』成文堂，1984年，77頁。

⒀　大畑篤四郎，前掲76～80頁。

⒁　大畑篤四郎，前掲78頁。

⒂　菊田貞雄『征韓論の真相と其面影』東京日日新聞社・大阪毎日，1941年，154頁。

⒃　長沼熊太郎遺稿『征韓論分裂始末』文昌堂屋書店，1906年，35頁。

⒄　董徳規『韓国の開国と国際関係』ソウル大学出版部，1983年，９頁。

⒅　Robert T. Pollard., "Dynamics of Japanese Imperial," *Pacific Historical Review VIII*（March 1939）pp. 16～19.

⒆　彼は明治元年12月14日の日記のなかで，「使節を朝鮮に遣わし，彼の無礼を問い，彼がもし不服のときは，罪を鳴らして其の地を攻撃し，大いに神の威を伸張せんことを願う」と書いている。

⒇　旗田巍，前掲17頁。

(21)　大院君（興宣大院君）（1820～1898）は，李朝26代高宗の王父として政治の実権を掌握した政治家である。名は李昰応。彼は天主教（カトリック）を弾圧し，開化に逆行する鎖国政策一辺倒の李朝時代の代表的な閉鎖政治家であった。

(22)　色川大吉『自由民権』岩波新書，1982年，12～15頁。

(23)　「征韓論の回復」『東京日日新聞』1910年８月31日付。

(24)　姜東鎮『日本言論界と朝鮮』法政大学出版局，1984年，６～10頁。

(25)　李基百『韓国史新論』学生社，1979年，305～306頁。

(26)　最初の洋擾は，高宗３（1866）年に起こった「丙寅洋擾」である。当時，朝鮮に来ていた12名のフランス人宣教師のうち，９名が逮捕されて殉教し，３名が中国に脱出するといったように，天主教に対して弾圧政治を行った。脱出した３人のうちのひとりリデル神父の報告を受けたフランス公使は，水師提督ローズ（Rose）に命じて軍艦３隻を派遣し，フランス軍艦は漢江にさかのぼり，偵察するなどの示威を行ったあといったんはひきあげたが，まもなく，軍艦７隻でやってきて侵略を行い，宣教師殺害に抗議する一方，その一隊は江華邑を占領して，武器，書籍などを掠奪した事件である。

もう一つは，高宗８（1871）年の「辛未洋擾」である。アメリカの商船ゼネラル・シャーマン（General Sherman）号が大同江をさかのぼり，平壌にいたって通商を要求したが，平壌の軍民に焼き討ちをかけられ，江上で炎上してしまった。そこで，北京駐在アメリカ公使ロー（Law）と，アメリカのアジア艦隊司令官のロジャース（Rodgers）が軍艦５隻をひきいて攻略してきたが，江華守備兵の攻撃を受けて敗退した事件である。

(27)　フランスおよびアメリカの軍艦による侵略を撃退して，大院君の意気はおおいにあがり，その鎖国政策はいっそう固くなった。彼は斥洋の決意を示すためにソウル鍾路と地方各地に，斥和碑を建て「洋夷侵犯　非戦則和　主和売国」と刻んだ。すなわち，洋夷が侵犯すれば排斥し，和に治めることを語る者がいれば，当然，売国之律で処理すべきであるという内容である。それを見ても大院君の鎖国政策はいかに固かったかがわかるはずである。

(28)　李基百『韓国史新論』学生社，1979年，308頁。

(29)　1875年９月，日朝間の関係改革のため示威行動中の日本軍艦雲揚号が江華島砲撃を受けたため砲台を破壊し同地の軍隊と住民を殺傷した事件。その後1876年２月日本はこれを契機に日朝修好条規（江華島条約）を締結させた。

(30)　山辺健太郎『日本の韓国併合』大平出版社，1966年，30頁。

(31)　山辺健太郎は，食糧と飲料水の量は航行計画と寄航地を考えて専門の経理将校があらかじめ準備しなければならない，食水を準備するため漢江をボートで遡航したことはいいわけである，事件は計画的に作ったものであると指摘している。

⑶2) 李基百，前掲312頁。

⑶3) 『日本外交文書』第９巻，日本外交文書頒布会，1956年，115〜118頁。

⑶4) 李光麟『韓国史講座［Ｖ］近代篇』一潮閣，1982年，82頁。

⑶5) 李基百，前掲313頁。

第3章　近代新聞の成立期と日本の言論人

第1節　歴史的背景

韓国における最初の近代新聞は『漢城旬報』である。『漢城旬報』は1883(明治16)年日本人井上角五郎(1860～1938)の協力によって創刊され，朝鮮時代(1392～1910)の末期にあたる1880年代の近代思想と開化思想の導入に大きな役割を果たした。また，韓国の言論史上においても『漢城旬報』は近代新聞の出発点になったと知られている。ところが，韓国ではいまだに，井上角五郎は日本の明治政府工作員，あるいは朝鮮時代の侵略者とみなされてきた。その結果，井上角五郎についての研究があまり進んでいなかったのは事実であり，非常に残念なことでもある(1)。

しかし，筆者は日本で調べた資料(2)を中心に分析して，日本新聞学会(1987年秋，中央大学)において口頭発表し，また，『新聞学評論』第37号(1988)に論文を掲載，さらに，1989年韓国の『新聞と放送』という専門誌に井上角五郎に関する論文を3回にわたって発表して従来の先入観を払拭し，または誤った学説に反論を提起しながら，彼についての言論史上における評価を提起した(3)。

というのは，韓国における近代言論史研究に重大なあやまちが生じる可能性がありうるからである。人間の歴史の流れにおいて断絶はありえないことであり，同じように，言論史においても空白状態というのは考えられない。それぞれの国の歴史には良い面，悪い面があり，悪い歴史も歴史として存在している。不幸な歴史であったことを研究の領域の外におくことは決して学問的な考え方ではない。むしろ，歴史は歴史のままに認めてそれぞれの立場で綿密に分析して，因果関係を研究するのが最も合理的であり，学問する研究者の姿ではなかろうか。従って，井上角五郎についての研究を排斥する理由もなく，彼についての研究が進んでいなかったことは極めて遺憾なことである。遅れてからではあるが，今日の我々が徹底的に分析する必要があることは言うまでもない。

その理由の一つとしては，日本，中国に比べて，近代新聞の成立期についての研究が韓国ではあまりなされていない事実も挙げられる(4)。その結果，独自の研究論文が一つもない状態である。新聞の嚆矢である『漢城旬報』の成立と創刊背景について詳述したのは筆者の論文が初めてである。従来，韓国新聞の母体とも言える『漢城旬報』の分析がなされないまま，言論史研究が行われてきたこと自体多くの問題を含んでいたといえよう。そこで，本章では，言論史において空白になっている部分を補いながら，韓国言論史研究の発展を期することにする。

1876（明治９）年，日韓の江華島条約によって朝鮮の各港湾が開かれるようになった。朝鮮は金綺秀（キム・キス）を外交使節である第１次修信使に任命して日本へ派遣した(5)。日本は花房義質を公使として派遣して，数次の交渉の末に西大門外の清水館（天然亭）を仮公使館として駐在することになった(6)。第２次は1880年金弘集（キム・ホンジプ）(7)を，そして第３次修信使は1882年朴泳孝（ボク・ヨンヒョ）(8)をそれぞれ，首班として日本を訪れた。

一方，日本の商人たちも釜山，仁川，元山などに居留するようになって，多くの外国言論出版物が流入してきた。特に釜山で1881（明治14）年12月10日，釜山商法会議所の大石徳夫が『朝鮮新報』を創刊，同紙が朝鮮半島で発刊された最初の外国語新聞（日本語）となった。この新聞が韓国における最初の近代新聞の創刊を促進させる浸透圧的な役割を果たしたと考えられる。『朝鮮新報』は漢語と日本語で記されており，第５号から第12号までは東京大学明治新聞雑誌文庫に保管されているが，創刊号から第４号までは現在まで発見されていない(9)。しかし，1882（明治15）年３月３日付『東京日日新聞』（現在『毎日新聞』）第3064号の雑報によると，1881（明治14）年12月10日付で創刊されたことが確認されている(10)。

『朝鮮新報』第５号から第12号までを分析してみると，毎号平均10枚，旬刊，定価は１冊４銭である。文字は日本語と漢文記事であった。その新報５

号の1頁を見ると，大きな『朝鮮新報』の題字があり，左右には大日本暦明治15年3月5日発兌，大朝鮮暦壬午1月16日，というふうに両国の年号を書いている。また左の下には，左釜山港商法会議所という印がある。

2頁の例言によると，『朝鮮新報』の創刊趣旨は次のようである(11)。

① 経済論を趣旨としてのべる。

② 日本と朝鮮両国のため作った新報である。

③ その外に中国と外国のニュースも含めて載せる。

④ 高見な論説と新たな観点があったら投稿してもらう（文書はかならず漢文であること）。

本来の新報の創刊目的は日本人の商業人のためということであったが，朝鮮人向けの新報用でもあった。記事の内容は朝鮮政府の動向と商業現況についての報道もあった。特に物価と広告などを掲載しているが，これが韓国における最初の広告と考えられる(12)(13)。

この新報は，創刊目的と内容に現われたように，読者は日本人だけではなく，朝鮮の官吏及び知識人の多数であることが推測される。従って，新報は日本人の新聞であるが，韓国における最初の近代新聞と同様の役割を果たしたのではないか。勿論，朝鮮の一地域（釜山）であったが，近代新聞の役割を果たした事実に変わりはない。

これまでの研究を見ると，林根洙博士の「言論と歴史」は近代新聞の生成時代を1883年『漢城旬報』の創刊から1910年日韓併合までとし，崔埈の『韓国新聞史論攷』は近代新聞の出現期（1880～1945），李海暢『韓国新聞史研究』では近代新聞の成立期（1880年），金圭煥「韓国新聞史の時代区分試論」では近代新聞時代（1883～1945）とそれぞれに説明している(14)。しかし，いずれも，『朝鮮新報』の創刊背景と内容分析までにはふれられておらず，また歴史的な説明も不十分である。ただ，『漢城旬報』が韓国の最初の近代新聞であるといえるとしても，近代新聞の成立期は『朝鮮新報』の創刊された1881年と見ることがただしいのではなかろうか。その理由は，1881年12月10日『朝鮮新報』が創刊されたが，新報の発刊に必要な印刷機や，紙とインク，印刷に必要な技術上の準備は，たいてい1年前から整っていなければならないからである。従って，近代新聞の朝鮮半島への浸透は1881年中半期だということができよう（傍線筆者）。

以上から推察して，韓国の近代新聞の始まりは1881年からであるといった方が妥当であると考えられる。

それとは別に，朴泳孝と金玉均（キム・オッキュン）[15]ら開化派と言われる人たちが，日本に対する対外活動を行うことができるようにレールを敷いたのは，ソウル近郊にある奉元寺の開化僧侶李東仁（イ・ドンイン）であった[16]。朝鮮時代の身分制度から見れば，当時の最も低い賤民に属した李東仁が，金玉均ら貴族エリートである両班[17]子弟たちと友好関係を維持し，尊敬を受けたこと自体が既に封建的な制度をこえるものであったことは注目に値する。李東仁は釜山で入手した『万国史記』や世界各国の都市および軍隊の模様をうつした写真，万華鏡などを金玉均にみせた。金玉均と朴泳孝が私財を処分して旅費を調達し，外国に関する文献や資料を購入するために李東仁を日本に派遣したのは，1879年11月のことである。

李東仁の訪日は明治以来朝鮮の民間人としては初めての海外旅行であり，しかも国禁を犯しての行動であった[18]。李東仁は朴泳孝，金玉均両氏の委嘱を受けて日本の情勢視察に身を投じる決心を語り，この際日本の文物制度を観察，さらに研究して朝鮮の文化改革に貢献したいという希望を両氏に述べた。そこで，両氏は旅費として長さ２寸余の純金，金棒４本を李東仁に渡した[19]。

李東仁はまもなく，当時，釜山へ出張していた日本人の和田円付師に伴われて和服を着て変装し，船で釜山から長崎へ密航することに成功した。

李東仁が京都に落ち着いたのは1879年11月である。翌年３月には東京の浅草寺別院に滞在しながら日本語を習得する一方，政界の政治家と交わりを結んで，日本の情勢，文物，制度などの研究に励んだ。この時，李東仁は東本願寺派の僧侶である寺田福寿の紹介で福沢諭吉とも交わりを持ったという[20]。これが福沢諭吉の開化派との接触の始まりであり，近代新聞創刊の手がかりに発展していく。

この間にも李東仁は金玉均らとの連絡を密かにとっていたが，とりわけ1880（明治13）年６月，第２次修信使として訪日した金弘集との出会いは，後に李東仁を朝鮮の政界に進出させる契機となる[21]。また，李東仁が調査して書いた「日本観察報告書」は開化派と金玉均によって国王（高宗）にも報告され，国禁を犯して，密出国した罪が許されたばかりではなく国王の寵を受け，宮廷に出入りすることまで許されたのである。このような李東仁と修信使たちの報告によって，1880年頃から国王をはじめ朝鮮政府は刺激を受け，世界の政治情勢に対応するための新しい体制づくりに着手した(22)。1881年には，従来の三軍府を廃止して，政府機関の機構改編が行われ，特に12司から統理交渉通商事務衙門（外衙門）が設けられた(23)。

朝鮮時代の開化派の中で，日本の思想界における福沢諭吉の開化思想に着目したのは，李東仁，金玉均，朴泳孝，魚允中（オ・ユンジュン）(24)らである。金玉均，徐光範（ソ・クワンボム）(25)などが訪日したのは，1881年12月頃であった。彼らは李東仁の案内によって，翌年の7月まで福沢諭吉と深く交わりながら，筆談で意見を交換した。

その時の姿を井上角五郎は次のように語っている。

「其の頃揃ひの白衣を着けた僧侶が三人福沢先生の家に訪ねて来ました。是が明治一四年の年末であります。此の三人の白衣の僧侶は、後で一人が金玉均、一人が徐光範それから今一人が京都本願寺の朝鮮派出布教師であった」(26)

ここでは，布教師李東仁とともに金玉均，徐光範が僧服を着けたのは，密かに日本を訪れているため，日本人にも知られないように変装したものではなかろうか。福沢諭吉は早速この3人を中に入らせた。正面には福沢，後藤象二郎が座を占めることになった。これがきっかけになって，日本の政界での対外活動および留学生派遣について多くの協力を受けることになった。のちほど，魚允中が慶応義塾に留学させた兪吉濬と柳定濬の2人は韓国における最初の海外留学生としての栄誉を担っていた。また兪吉濬は後に，韓国最初の新聞記者という名誉を担うことになる(27)。

金玉均らが日本視察を通じて得た結論は朝鮮も有力な近代国家に発展しなければならないということであった。そのためには新知識と技術の導入，政府および一般社会の旧習を革新すべき必要性を実感したのである。

第2節 『漢城旬報』の創刊と井上角五郎

『漢城旬報』の発刊計画は，1882年第3次修信使の首班として派遣された朴泳孝が朝鮮に帰国した後，漢城府尹（ソウル市長）に任命されてから軌道に乗った。朴泳孝は当時慶応義塾に留学していた兪吉濬に新聞発刊に必要なものを準備させた。また朴泳孝と金玉均は博文局を設け，福沢諭吉の推薦によって，その門下生の井上角五郎ほか６人を招請し，新聞発刊に必要な活字と印刷機も長崎にある築地活版所から購入したのである(28)。

本来，この新聞は朴泳孝が漢城判尹の時，彼の管轄下で発刊するはずであったが，朴泳孝が広州留守兼守禦営使に転任（左遷）せられたためその計画は中断された(29)。

一方，兪吉濬の新聞に対する関心は既に1881年魚允中の随行員として日本を視察した時からのことであった。その時，東京で新聞社を見学し，『時事新報』の福沢諭吉や『東京日日新聞』の福地源一郎らと接触していたのである。おそらく，彼は慶応義塾に留学中も韓国における新聞創刊のため構想をしたため，準備を整えていたと考えられる。

そののち間もなく，博文局の総裁に総理衙門の督弁（長官）閔泳穆が，副総裁には漢城判尹金晩植（金允植の従兄）が，そして井上角五郎も外衙門顧問に任命され，実質的な新聞発刊の編集責任者となる。翻訳，編集および印刷技術指導などまで主宰することになった(30)。

『漢城旬報』の発刊について，従来，韓国の文献や論文の中では日本人の名前，その役割，そして招請者（訪韓者）の数について様々な論議が続けられてきた。例えば，元ソウル大学教授林根洙著『言論と歴史』（67頁）では「松尾三代太郎」の名前が抜けて６人になっており，元梨花女子大学李海暢著『韓国新聞史』（17頁）では，３人としか記録されていない。また中央大学崔埈著『韓国新聞史論攷』（17頁）においても，「牛場卓蔵」の名前が「牛場卓蔵」と記述されており，渡航した日本人名も「高橋正信，井上，真田，三輪」の４名しか判明していない。さらに韓国外国語大学教授鄭晋錫著『韓国現代言論史論』（28頁）においては，「牛場，高橋，井上」の３名を記録している(31)。

しかし，筆者がこの部分について調べた結果，『福沢諭吉全集８巻』（岩波書店，497頁）では牛場卓造［蔵］が並記されている事実からして，牛場には別名があったと考えられる。また，『井上角五郎君略伝』（井上角五郎君功労表彰会，15頁）と伝記叢書43『井上角五郎先生伝』（近藤良雄，39頁）などによると，もう一人武芸家として「松尾三代太郎」を含めてこの時，渡韓したのは，学術家（教育）の「牛場卓蔵」と「高橋正信」，活版植字工「真田謙蔵」，活版鋳造工「三輪六蔵」，武芸家（軍事）「原田一」「松尾三代太郎」そして井上角五郎の計7名である。こうした事実は韓国新聞学史において初めて確認されたことで，『漢城旬報』の研究のためにも重要な資料となるに違いない(32)。

ただ，現在大工の本田清太郎という人物もいたと主張している学者もいるが，彼は新聞発刊のため渡韓した人ではない。本田は大工であり，言論出版関係人ではない。大工まで人数に入れると船で同行した人々全てを数に入れるべきだという話になる。

最後まで残って『漢城旬報』創刊のため尽力したのが井上角五郎である。井上角五郎は1860（万延元）年10月18日，備後国深津郡野上村（現在の広島県福山市）に，忠五郎・すみ子夫妻の五男の末子として生まれた。1864年に長兄と父親が亡くなり，母親は多くの子供を育てたが，角五郎だけには学問をさせ，1866年には，当時有名な儒学者山室汲古に師事させた(33)。

やがて藩校，誠之館に入るが，学制改正（1872）に伴い英語を学び始めた。西洋に対する偏見を持っていた母親は，角五郎を退学させたが，ようやく1875（明治8）年に小田県立師範学校（誠之館の後身）に入学した。卒業後，小学校教員をしばらく勤めたが，1879（明治12）年に上京。同郷の先輩で当時医学書の著述をもって世に知られた小林義直(34)の紹介を得て福沢諭吉の家に寄食し，子女に漢籍を教えながら慶応義塾に通った(35)。その後，福沢諭吉の推薦を受け，当時，野にあった後藤象二郎（福沢の友人）から奨学金を得て，1882（明治15）年7月優等の成績で卒業した。

井上角五郎は12回（往復6回）にわたって朝鮮を訪れたが，第1回は慶応義塾を卒業してすぐ後の1882（明治15）年10月であった。訪韓した後，角五郎は朝鮮政府の外衙門顧問となる。そこで，新聞創刊の計画を具体化したが，朴泳孝の左遷によって，一時，中断された。当時の朝鮮政府では中国に近い「守旧派」と親日の「開化派」との政治的対立が烈しくなったので，牛場卓蔵，高橋正信は非常に驚き，新聞発行が難しくなったと考え，すぐ日本に帰ってしまった。技術監督の三輪，真田の両人は井上角五郎に同情し，3人は新聞発刊準備のため博文局で寝起きまでしたが，1883（明治16）年4月にはその2人も帰国してしまい，結局，残ったのは井上角五郎だけになり，彼一人で，新聞発行の工作に走り回らなければならないような事態になったのである[36]。

にも拘らず，井上は当時有力な人々を訪れ，新聞創刊の必要性を訴え，その中の一人に金允植（キム・ユンシク）[37]がいた。井上角五郎にとっては意外なことに，金允植は非常に喜んで，彼を迎えてくれたのである[38]。金は大院君派でもなければ閔氏派でもなく，むしろ双方から重んじられ，当時外衙門協辯の地位を保つに過ぎなかったが，外交一切の事は彼によって左右されるところであった。

朝鮮人として海外の事情に心を傾けるものは全て金允植を先生扱いした。謝罪副使金晩植もその従兄弟で，修信使一行が福沢諭吉を訪れたが，多くの人々が金氏の仲間であって，政治上では彼が中立派であった。

金允植は井上角五郎を迎え，まず，福沢諭吉の安否を尋ねながら，次のように語っていた。

「先生（福沢諭吉）が近東の大勢より推して、朝鮮の現状に及び、何とかして日本と同じく、この朝鮮を開化に導かうとせらるると伝へ聞いて、夙に感謝して措かぬ所であった。故に君に逢うて先生の声咳に接するの感なき能はぬ。願くは教ふる所あれ、実に一見旧知の如し。」[39]

以来，2人は殆ど毎日のように互に往来することになった。井上角五郎が金允植と懇意になると金允植の仲間，またはその親近の者も井上角五郎を尋ねることが多くなった。閔泳翊もその後は親しく井上角五郎との往来が頻繁となり，とりわけ，宮中から内官も訪ねてくるなど，井上角五郎の周りがどことなく賑やかになっていった。

閔泳翊はある日井上角五郎に，君は号がないので，友人が君を呼ぶことに困っていると言ったので，井上角五郎は何か適当な号があれば付けてくれと頼んだ。数日を経て金允植が「琢園序」という1篇の文を大書し，かつ表装して送ってくれたので，井上角五郎も琢園を以て号とし，友人から「井琢園」もしくは「井上琢園」などと呼ばれるようになった経緯がある。

金允植の従兄弟金晩植は漢城判尹に任じられることになり，井上琢園も国王（高宗）[40]から内命を受け，朝廷にとどまることになった。井上角五郎が外衙門顧問として博文局に出任したのは，1883（明治16）年6月であった。

やがてその年９月，金允植は井上角五郎に新聞発刊の計画大要を示すよう要請し，金晩植とともに合議の上，次のような発刊計画案を作り上げた(41)。

⑴ 新聞は旬報とし，毎月10日１回発刊の事。

⑵ 官報は第一とし，内外の時事を併記する事。

⑶ 人智を開発し，殖産を奨励し，その他風教上必要なる論説を記載する事。

⑷ 各官衙高等官ならびに中央，地方官などは義務講読を命ずる事。

⑸ 編集事務の議員はすべて官員とし，内外の事情に通ずるもの，文学の素養を有するものを採用する事。

⑹ 表向きは漢文のみとする事。

⑺ 局員一切の俸給，諸給与は外衙門でこれを支出し，その他の費用は漢城府で支弁する事。

おおよそこのように定めて，金允植に提出したところ，計画は容易に受け入れられ，新たに「博文局」という教育事務を任務とする役所を置くことになったのである。そして，新聞の編集，事務，印刷の関係各員を任命して，これに主事，司事を与え，遂に『漢城旬報』第１号を発行するところまで漕ぎつけた。創刊日は朝鮮開国492年10月１日（1883年10月31日）であった(42)。

第３節 『漢城旬報』の記事の波紋と『漢城周報』

『漢城旬報』は1883年創刊され，翌年12月，「甲申政変」によって一時中断されたが，1886年１月25日，『漢城周報』と改題して続刊した。『漢城旬報』の創刊趣旨は創刊号の序文で次のように説明している。

「山川を隔てて，文物と制度が相違するため，徳が施されたり，力が及ぼされたりせず先王たちが遠いところにいて，計画をたてなかった。しかし，いま風気がだんだん開いて智巧も毎日発展して国交を樹立し，港湾，浦口を築造してお互いに交易し，南極圏，熱帯，寒帯，みなとなりの国となり，事変と物類が様々な形態に現われ，車服，器用においても技巧が一万種類であり，世務に心を置いた人だったら知らずにはいられないであろう。」(43)

このように以前は文物と制度が相違し，国家の間に交流がなかったが，いまは世界各国がとなりの国となり，交流が頻繁になった。従って，わが朝廷でも博文局を置いて外報を幅広く翻訳し，国内記事まで掲載し知らせながら，列強国まで頒布するため，この名前を『旬報』としたとし，創刊趣旨を明らかにしている。

初めから，『漢城旬報』には「国内官報」と「各国近事」欄があった。国内官報は国内記事であり，各国近事は外信であった。外国のニュース源は，中国の『申報』『滬報』『中外新報』『循環日報』『上海新報』などの新聞と日本の『時事新報』『東京日日新聞』『報知新聞』などの引用報道であった。そのほかはイギリスで発刊された新聞が多く引用されていた(44)。『漢城旬報』がいつまで続いたのかは不明だが，現在は１号から36号までが現存している。

旬報は発刊されてから３ヵ月後，1884（明治17）年１月３日の記事が問題を起こした。当時，清国からの朝鮮政府への内政，外交などに対する干渉が次第に強まっていくなかで，特に駐留していた清国の兵士の掠奪，強姦などの横暴はひどく，その傍若無人な振る舞いは見るに耐えなかったようである。そこで，『漢城旬報』第10号は清兵による「ソウル薬局主人被殺事件」を暴露する記事を掲げ，これを糾弾したのである。

これが，清国側の強い反発を招いた。初めは清国兵官と博文局との間で交渉を重ねていたが，遂に清国政府は北洋大臣李鴻章の名を以て朝鮮政府ならびに博文局に書簡を送り，「漢城旬報は官報であり，官報は民報の随聞随録するものと異なり，今回の記事は誤謬として抹殺し難く，断じて清国に礼を失うものである」(45)と非難した。

李鴻章の抗議は，朝鮮政府及び博文局員の心配を一層高めた。そこで，井上角五郎は「責任は私一人にある」と，一個人の所見を記し，自らその責任を引き受けて，『漢城旬報』第16号を発刊した後，外衙門顧問と博文局主宰を全て辞任，1884（明治17）年５月帰国の意を固めたのである。

ところで，新聞の編集は，井上角五郎がいなくなっても数ヵ月間は差支えなく，既に朝鮮人も印刷技術をよく呑み込んでいた。技術監督は井上に先立って日本に帰っていたが，井上角五郎は自分が去った後も，発行を続けることを局員一同に申し渡しておいたのである。他方，井上角五郎は高宗に特に内謁を乞うたところ，殿下は大いに喜んで，「どうか早く再渡せよ。待っている」(46)との仰せがあった。

このような経緯で井上は日本に帰るようになるが，考えてみると，結局のところこの事件が韓国において，新聞報道による国際的な波紋を起こした最初のものであったことを忘れてはならない。

ところが，韓国外国語大学鄭晋錫教授は，果たして井上角五郎がこの事件について責任をとったかどうかは疑問であるとし，また彼は慶応義塾を卒業したばかりの23歳で，新聞発行の経験がなかったし，西洋学を勉強しただけだと指摘している(47)。しかし，これまでの考察から，氏の指摘は修正されるべきであろう。井上角五郎が自ら責任をとって帰ったのは明らかである。そうでないと，朝鮮政府と清国の間に不和がつづくことは免れなかったのであろう。

井上角五郎は，福沢諭吉の門下生として『時事新報』を通して新聞に関する知識を学んでおり，彼は西洋学よりも小林義直から学んだ漢学によって，のちに朝鮮で金允植らと交流を深めることになったと言えよう。

結局井上角五郎は筆禍事件の全責任をとった形で帰国してしまったが，『漢城旬報』は1884（明治17）年12月4日「甲申政変」で博文局の印刷機が全焼する時まで編集及び発行を続け，少なくとも40号以上は重ねられただろうと推測されている。しかも角五郎は「甲申政変」の前，即ち1884（明治17）年8月，「時事新報」の記者として朝鮮へ渡航している。朝鮮政府は井上角五郎を博文局に再び採用し，彼はまたその新聞編集に協力することになった(48)。

「甲申政変」により，一時停止されていた『漢城旬報』は統理交渉通商事務衙門督門弁であった金允植の指導で1886（明治19）年1月25日，『漢城周報』と改題された。『漢城周報』は井上角五郎の依頼によって，儒学者姜瑋(カン・ウィ)(49)が創案した国漢文混用文体を採用して以来，一般大衆にわかりやすいハングルが使われた。当時の全ての公文書と書籍は漢文だけで書かれていたので，『漢城周報』がハングルで発刊されたことは革新的なことであった。しかも，新聞でハングルが使われたことにより，長い間抑圧されていた人々にとって，いわゆる大衆の言論時代を迎える契機にもなったのである(50)。

ハングル文体の『漢城周報』は官界及び官庁の要所に掲示され，多くの国民から好評を得た。従来の言論は，上流階層と両班及び中流階層の間で使用されていた漢文紙であったが，周報によって大衆は漢文紙から解放されることにもなった。

このように，『漢城周報』は韓国新聞史上においても最初のハングル文体を開発し，民族文字普及の面でも高い評価を得ている。その理由は韓国の言葉と文字を一致させ（言文一致），ハングルを大衆化させることに決定的な役割を果たしたからである。

ここで留意すべきことは『漢城旬報』と『漢城周報』とはまったく別個の新聞だということである。それは，一つには，『漢城周報』の創刊趣旨は旬報と殆ど変わりないが，『漢城周報』の序文によると，新聞発刊が中止され，暗黒の社会を実感した上流層のなかで，新聞を復刊しようという声が高まってきて博文局を開いて新聞を発刊することになったと明確に語っているためである。今一つは，２つの新聞はそれぞれ題号が異なり，また連続的な号数も使わず，第１号として新たに創刊されていることである(51)。

しかしながら，『漢城周報』もやはり経営難から，1887（明治20）年７月７日博文局の廃止とともに廃刊を余儀なくされた。

第４節　福沢諭吉と井上角五郎

福沢諭吉は徳川封建時代である1835年１月11日（天保５年12月12日）大阪で下級武士の息子として生まれた。江戸時代中期以後はオランダ語の書籍を通じて西洋学を勉強し，1860年に幕府が咸臨丸をアメリカに派遣した時，同船している。更に，1862年幕府がヨーロッパに外交使節を派遣する時随行員として同行したり，1867年にも渡米し，幕府末期に早くも３回にわたって欧米諸国を訪問した先駆者の一人である(52)。

福沢は特に自由主義と功利主義を強調し，封建的思想を批判しながら，実学を奨励しており，官尊民卑思想に対して挑戦することにもなる(53)(54)。しかし，福沢が日本国民に最も高く評価されているのは，封建制度の根本に対する批判的な態度であった。彼は下級武士の子として生まれ，苦しかった生活を自ら体験しており，官僚的な封建制度に反対したのである(55)。

福沢諭吉は言論活動を通じて，「強大国から開放」などを主題として活動してきた。明治維新以後，封建制度が廃止された1880年代には国力の伸張と国家独立のために文明開化を主張していた(56)。1894年日清戦争の時には，強硬主戦論を提唱しており，これがのちほど，彼の東アジア観を朝鮮と中国の侵略政策，開化政策，日本主義化政策，軍備拡張を支持した思想と見る見方を生む結果となった(57)(58)。

それを簡単に記述すれば，1875年「文明論之概略」で，彼の基本的な対アジア観および中国論を展開している。その1巻2章によると，「西洋の文明を目的にすること」で，世界を文明，半開，野蛮の3段階に区分している(59)。即ち，ヨーロッパ諸国及びアメリカは最上の文明国であり，トルコ，中国，日本などアジア諸国を半開の国，またアフリカ，オーストラリアを野蛮国というふうに区分していた。しかし，彼が極東アジア3国の連帯意識を主張したことは，文明段階における西洋諸国のアジア侵略に対抗するものである(60)。また，福沢は3国が連帯しなければ西欧列強に侵略されてしまうと述べていた。従って1880年代に至って，日本は文明開化が進行しているが，中国と朝鮮は依然として半開の状態にある上に，「甲申政変」で朝鮮の開化派が失脚するのをみて，1885年3月16日『時事新報』に「アジア東方の悪友を謝絶する」という「脱亜論」を掲載するまでに至った(61)。

ところで，福沢諭吉が朝鮮へ関心を持ったのは，高宗皇帝と密接な関係にある金玉均との出会いが始まりである。のちに，1882年第3次修信使として来日していた朴泳孝らと接触してから，朝鮮の開化と新聞発刊政策に積極的に乗り出した。福沢諭吉は修信使を迎え，平素主張してきた朝鮮の開化について，自らの考えを語っていた。そこで福沢は，朝鮮の開化と人智を開発するために，①青年の教育，②学校の設立，③新聞の発刊，④新式軍隊の養成などを勧めながら，自分もできるだけ支援することを約束した。その勧めを受け入れ，朴泳孝と金玉均らは帰国して新聞を発刊することになる。朴泳孝らは福沢諭吉に新聞発刊に際して必要な援助を要請したので，福沢は『時事新報』を通じて協力をするようになった。これがきっかけになって井上角五郎の名前があがったわけである(62)。

一方，福沢は，1882年3月11日「朝鮮との交際を論ずる」（『時事新報』社説）で日本は朝鮮の盟主として，西洋の侵略を防ぐべきだと述べている。また1883年1月13日，「牛場君朝鮮に行く」（『時事新報』社説）で「牛場君」に武でなく文によって，即ち学者の立場で文明開化を指導することを主張していた(63)。

現在，韓国における一部の学者は福沢諭吉の思想について非常に批判的に見る面も相当ある。その観点と井上角五郎の役割について筆者との論争が韓国の専門誌である『新聞と放送』で３回にわたって行われた。彼らの主張の根拠とする資料は日本の資料を翻訳した２，３冊の翻訳書であり，論理的な展開も薄くなっていた。それは，福沢諭吉についての研究は，日本では厖大な資料があり，慶応義塾などで総合的な研究が行われているにも拘らず，少なくともそれらの資料を利用しなかったからである。また，韓国における福沢の思想についての研究は明治時代の小史であり，明治時代の歴史あるいは日本の言論史に対する分析を欠いたままの，単なる表面的な分析は誤りを犯す可能性を持っているからである。

彼らの主張をまとめて見ると次のように２つに分かれる。

一つは，一般的に帝国主義列強がアジア・アフリカなど後進地域に侵入する時，「野蛮を文明開化させる」と標榜することに対する批判である。このような名分に基づき，後進地域に鉄道，道路，電信，港湾の整備などの改革を実施することが一般的である。これらの改革は野蛮の文明化よりも，実質的には原料の搬出と商品の販売を狙って行われる(64)。即ち，これらの改革はむしろ帝国主義列強が植民地をより効果的に収奪するため必須の制度の完備という面を持っている(65)。そのため，日本が朝鮮に浸透していく過程において福沢諭吉と井上角五郎が朝鮮の内政改革を試したのは帝国主義列強の浸透手段を模倣したものだと指摘している(66)。

今一つは，福沢諭吉の著書である『時事小言』を挙げている。

「我家を防ぐに兼て又近隣の為に其予防を設け、萬一の時に応援するは勿論、無事の日に其主人に談じて我家に等しき石室を造らしむこと緊要なり。或は時宜に由り強て之を造らしむるも可なり。又或は事情切迫に及ぶときは、無遠慮に其地面を押領して我手を以て新築するも可なり。蓋し真実隣家を愛するに非ず、又悪むに非ず、唯自家の類焼を恐るればなり、今西洋の諸国が威勢を以て東洋に迫る其様は火の蔓延するものに異ならず、然るに東洋諸国殊に我近隣なる支那朝鮮等の遅鈍にして其勢に当ること能わざるは、木造板屋の火に堪えざるものに等し。故に我日本の武力を以て応援するは、単に他の為に非ずして自からの為にするものと知る可し。武以て之を保護し、文以て之を誘導し、速に我例に倣て近時の文明に入らしめざる可らず。……」(67)

このように引用しながら，福沢は朝鮮と清国などの隣国のためではなく，あくまでも日本，自分自身の安全と利益のために朝鮮と清国，両国の開化政策に積極性を見せたと反論している。

しかし，結果論的には，朝鮮の植民地化政策を助けたかもしれないが，初めから彼の思想そのものが計画されていたものであるという構図で見た考え方はむしろ言い過ぎではないか。その理由は後述するが，まずここで幾つか挙げてみよう。

第一には，『時事小言』は1881年に発表されたものであり，内容も福沢諭吉自身の考え方を述べたのに過ぎない。またこの『時事小言』の文章の末尾を見れば，福沢自身の基本的立場は「日本の独立」であり，また朝鮮内部における近代化の道を歩ませる動きに対しては強い支持態度を示している(68)。

第二には，壬午軍乱の処理として済物浦条約が1882年に結ばれた時，賠償金の50万円は朝鮮の文明事業，港湾，灯台，電信，郵便，学校，新聞，鉄道などの建設補助費としていったん受け取った後に改めて返還するのが適当であろう，と主張した。また朝鮮改革のために人材派遣を企画し，朝鮮から数十名の留学生も受け入れることにする(69)。

第三に，特にここで注目すべきは，福沢諭吉は，政治家や軍人でもなく，思想家ないし言論人であるということである。そこで，明治時代の日本の帝国政府が彼の思想を利用して朝鮮の侵略政策を作った可能性も排除できない(70)。というのは，福沢諭吉の対アジア観がのちほど明治政府の外交政策になったからである。

ところが，福沢諭吉は，日本の兵力で朝鮮に臨むのは朝鮮の開化のためであり，領土を併合してはいけない，ただ，国事は改革すべきであると主張した。帝国主義列強への道を歩いている日本の体制を福沢は認識していなかったのであろう。

丸山真男は「福沢諭吉は時々刻々に変化していく清国と李氏朝鮮の国内情勢に対して，時々予測がまちがっていた」(71)と語っているが，日清戦争によって，清国を退ければ，朝鮮の開化が推進されるように見たこともその一つの例である。もう一つは，1882（明治15）年以後，朝鮮の内政は保守党と開化党の紛争が頗る激烈を極め，暗殺事件が続くようになり，朴泳孝，金玉均等の開化党は金力と武力とを日本に借りんとした。まず，井上馨外務卿に援助を求めたが，政府は日韓の関係を害することを憂え，その要請を受け入れなかったので，福沢に訴えて，民間有力家の援助を求めようとした。福沢は大いに同情して後藤象二郎を推薦し，朴泳孝及び金玉均と策を謀らしめ，100万円の資金を調達しようとした。当時金融が逼迫し，容易ではなかったので，仏国公使を利用して出資させる策まで考えだすに至ったが(72)，この計画の失敗そして「甲申政変」とともに，朴・金氏は日本に亡命してしまった。

福沢諭吉にとっては，1884年の「甲申政変」が最後の朝鮮改革の支援であったが，その失敗によって1885年『脱亜論』を発表することになる。福沢の『脱亜論』の真意は，日本の自衛力増強に関心を払いつつ，自立自存の道を日本人に発見させるべく，さしあたって文明開化という一つの確実な道を再確認し，国民に示したものであったと言えよう(73)。しかし，『脱亜論』は韓国においては批判の対象になり，福沢とともに征韓論の先駆としてもよく知られている。

言論の研究は一つの時代だけに限定して研究したり，時々の言論自体だけを見るのではなく，全般的に言論の発展を研究しなければならない。言論というのは言論だけが一人歩きしたのではなく，多くの言論人によって発展されたものであることは否定できない。従って，一人の人物又は一人の言論人を理解するためには彼の全生涯を総合的に分析しなければならない(74)。また，言論人井上角五郎についても上記のような福沢との関連などを含め，彼の生涯をたどりながら客観的な分析をする必要がある。

井上角五郎は福沢諭吉の推薦を受け，朝鮮渡航に際して福沢から次のような訓戒を受けている。

「朝鮮の興発は東洋の治安に重大な関係があることを忘れてはならず、善く開発し、善く誘導して日本と同じように文明開化の計路に向かはしめ、独立自強して立ち行けば朝鮮の為に此上もない幸福で同時に日本の仕合である。若し然る能はずとすれば日本に倚頼せしめ、支那はいふまでもなく、露国その他の干渉を飽くまで防がねばならぬ。国権問題や、権力主義や、是等を外にするも、尚ほ、人道の上から考えて朝鮮百千万人を塗炭の苦より救って、我々と同じく安堵を得しむるは断じて君子の取るべき道である。牛場、松尾の両氏は先方より雇ひ入れられて渡航するので自然その責任も有らうが、君は後藤伯と相談して我々両人が特に派遣するのであるから、この主旨を善く了解し、世に出る振り出しとして、一簾の切を立てて貰ひたい」(75)

井上角五郎はこの福沢諭吉の言葉から薫陶を受け，それは彼の生き方として新聞発行を決定づけた。のち，朝鮮で最初の新聞を創刊した井上が福沢諭吉にその旬報を送ると実に喜ばれたという。また福沢は，日本では仮名混じり文が旧来の思想に対して一大変化を与えていると主張し，韓国においても早くハングルを使った方がいいと助言した。

井上角五郎は常にハングル使用について姜瑋とともに研究していた。このハングル文体の研究がある程度まで進んできたので，これを金允植に話し，博文局にも語った。漢文とハングル混合の文体が便利であるということについては，だれも異論はなかった。だが,「数百年間伝来の思想上大にこのハングルは卑下するので実行するとも到底普及するに至らぬであらう。特にこれを新聞紙上に用いる事は余程の考慮を要する」(76)という議論が多く示されていた。

そこで，井上角五郎はハングルに対する歴史的事実と思想の上に影響しているところについても研究した。このなかで注目すべきものは，ハングルの使用の排斥である。当時，一般国民にとって全く学識なきものまたは婦女子を除いては，男子としてハングルを読んだり，書いたりすることは一大恥辱であった。知識人とか両班ではなく，賤民として軽蔑されるのが朝鮮の上流社会の実情であった(77)。

井上角五郎はハングルが一般に，普及されていないため，ハングル使用は容易ではないことは察したが，それでもなお福沢諭吉が指摘したようにハングル使用によって旧来の思想を一大変化させようとした。そこで，1886年ついに漢字とハングル混用の新聞である『漢城周報』を創刊するようになる。

以上，韓国における近代新聞の成立期における福沢諭吉と井上角五郎の動向について述べたが，井上角五郎が韓国政治改革や，言論界にどのような役割を果たしたかをまとめておこう。

⑴　当時の朝鮮政府は親日派と親清派との対立が激しくなっており，また鎖国政策一辺倒であった。特に政府の機密漏洩の可能性が高い新聞の発刊は非常に難しい問題であったが，角五郎は朝鮮政府の関係者を忍耐をもって説得した。

⑵　井上角五郎は当時1882年23歳で朝鮮に渡り，以後４年余りも故国から離れている。彼が言葉の壁，精神的葛藤，或いは異質の文化，日本との交通通信の不便などを克服するまでには相当な意志が必要であったと思われる。

⑶　角五郎は朝鮮の政治的独立，経済的自立を目指す租税制度を立案し，内政改革など16項目を朝鮮政府に提案した(78)。

⑷　それとは別に農政の改良と灌漑水利に関する設備，または全国郵便制度の設立などを高宗に提案した。

⑸　身分制度の典型であった奴婢の開放を主唱し，1885（明治18）年の末頃高宗に奴婢禁止の勅令を出させるように尽力した。

⑹　また井上角五郎は自ら朝鮮全土を査察し，「行政租税調査書」と「地方産業開発調査」を作成して朝鮮政府と日本統監府に提出した。その後，まもなく離韓したのは，伊藤博文らが朝鮮の経済的な支配を意図していたのに対し，井上自身は，朝鮮は経済的な自立を目指すべきだという対立する意見を持っていたからである。

⑺　井上角五郎は1885（明治18）年１月以来，明治政府の侵略政策の担い手であった井上馨外務卿の外交方針とは意見を異にし天津条約の締結に対して反対意見を唱えた。そのため井上角五郎は井上馨に対し，「尋常慶弔以外の交わりを絶つ」(79)とまで宣言した。

⑻　角五郎は1890（明治23）年以来13回衆議院に当選した政治家であり，言論，集会，結社の自由との関連で，伊藤博文総理大臣に面会して，その辞任を進言したほどに物事の理をわきまえていた(80)。

⑼　井上角五郎は京城と釜山との鉄道株式会社の創立委員をつとめたほか，『漢城廼残夢』などの本も執筆し，日本における多数の企業の幹部として活躍した。

このように，井上角五郎は韓国の言論発展に大きく貢献した言論人であり，内政改革にもつとめてきた。

一方，福沢はアジアの近代化が東洋の平和に重要な役割を果たすという考え方を持っていた。福沢の言論思想は朝鮮だけではなく，中国にも大きく影響を与えた。例えば，中国の近代新聞学の父とも呼ばれる梁啓超は日本に亡命中，福沢の言論思想に感銘を受け，帰国した後，中国の近代言論発展に大きく影響を与えたのである(81)(82)。このような福沢の考え方はそのまま井上角五郎の言論思想の根幹になっている。

ところで，井上角五郎は「甲申政変」に加担したことによって，福沢諭吉とともに朝鮮の植民政策を助けたということで批判の対象になってきたが，最近，韓国の近代史学の報告資料と「甲申政変研究」(83)などで，開化政策の再評価という動きが出はじめている。

万一，「甲申政変」が「三日天下」に終わらないで，開化派が成功していたら，歴史はどう変化したのであろうか。すなわち，開化思想の急激な普及によって自主的な近代化の方向に発展し，より早く近代化は進んだのかもしれないのではなかろうか。また，日本との円満な外交政策によって，日本の浸透勢力を事前に防ぐことができた可能性もありうるのではなかろうか(84)。

一方，韓国の言論史の一部の研究者達は福沢が侵略の手段として新聞メディアを利用したと主張しているが，仮にそうであったとしても，井上角五郎はそれを全く知らなかったということは幾つかの事実から推察することができる。井上角五郎は1937年3月本郷の真浄寺で金玉均の44回追弔法会で次のように語っている。

「私は其の時が恰度23才の学校を出たばかりの青年でありますから、何も他の事は考へない、恐ろしいとか、危ないとかいふやうな念慮のある者ではありませぬでしたから」(85)

ここで自分は何にも知らずに残って新聞発刊に尽力したと述べている。また真田と三輪は「……吾々こそ此の時に踏止まって生きて居ろうが殺されやうが福沢先生に喜んで貰はう」(86)というように，物事に暗い井上自身に同情してくれたと述べていた。このように，井上角五郎は福沢の指導を受け，あくまでも新聞を発刊するため専念した事実が窺える。もし，福沢が朝鮮侵略の意志を持っていたとしても，その弟子である井上角五郎にまで侵略的な思想を強要したのかについては猶疑問が残るのである。彼らの子弟の間にも良心があり，倫理があるはずだからである（傍線筆者）(87)。

第5節　井上角五郎と井上馨

井上馨（1835～1915）は明治時代における日本の外交政治家であり，また彼は日本にとっては朝鮮の植民地政策への道を開いた功臣の一人でもある。当然，朝鮮民族としては非難の対象でもある。ここでは，井上馨と井上角五郎とは，どういう関わりがあったのかを探ってみよう。そうすることによって井上角五郎と朝鮮の植民地政策との関係について分析できるはずである。

井上馨は1876年江華島条約を結ぶ時から朝鮮政策に深く関連している。その後，井上角五郎が朝鮮政府の関係者を説得して外衙門顧問となり，新聞発刊の準備を急いでいた時，井上馨外務卿は井上角五郎に手紙を送って激励しており，日本公使館も角五郎に好意を示していた(88)。ところが，『漢城旬報』第10号で，「華兵事件」が起こり，井上角五郎は全ての職を辞任して日本に帰ることを決心するまでに至った。その時，日本公使館と井上馨の態度が一変して，角五郎が手紙を出しても返事をせず，公使館でも少しも援助せず，むしろ彼が非難を受けて帰り去るのを喜ぶように見えた。

1884（明治17）年5月，日本に帰っていた井上角五郎は，ある日，外務省から呼ばれて井上馨外務卿を訪れた。そこで，井上馨は井上角五郎に朝鮮に再渡航することを勧めながら，福沢諭吉とともに彼を疎外したことを頻りに詫びたという。外務省は，『漢城旬報』を清国人の手に渡さないために若干の保護金を出して角五郎を援助したいということであった(89)。

この頃，日本政府は清国とフランス紛争を機として事を挙げることを決していたところでもあった。井上角五郎は再び京城に戻り，『漢城旬報』の復刊作業に努めながら，1884年「甲申政変」の時は金玉均らとともにダイナマイト爆発作業を助けたこともある。それがのちほど井上角五郎について批判的な考え方を生じさせた唯一の資料ともなる。井上角五郎は結局，「甲申政変」の失敗とともに日本公使などとともに帰国の途につく。

角五郎が日本に帰ろうとする時，金玉均・朴泳孝・徐光範・徐載弼・柳赫魯・辺燧の6人は内乱の首謀者として身を朝鮮に措くことができないため，仁川港に逃れ角五郎とともに日本に行くことを望む。ところが，日本の領事館はそれを許さず，船長に命じて彼等6人の乗船を拒ませた。井上角五郎は彼らを棄てて日本に帰れば，6人は必ず逮捕され，直ちに処罰されることは明白な事実であったため，色々考えたすえ，千歳丸の船長に頼むことにした。船長の辻覚三郎は旧和歌山藩士であり，武家に生まれたので角五郎の義侠を受け入れ，夜間を利用して6人を乗船させ，船底に隠匿した。千歳丸が出発しようとしたところ，4人の官吏が兵卒をつれてきて金らが船内にあるのかと疑い，捜索を始めたが，結局見つけることができず，6人は無事に12月13日長崎に着くことができたのである(90)。

金玉均（岩田周作）と朴泳孝（山崎永春）はそれぞれ改名して東京に入って，福沢諭吉の私邸に暫くとどまることになった。

一方，1884年12月13日，「甲申政変」の電報が日本に伝達され，井上馨外務参議がその収拾策として同月21日，特派全権大使に命じられた。当時，日本の国内においては，竹添進一郎公使の措置を非難する者もあり，日鮮の関係は最悪の状態になった(91)。そこで井上角五郎は井上馨の要請により，個人の資格で京城に同行した。その時，2人の間では船中問答が行われ，井上馨は福沢諭吉が常に主張する朝鮮の独立と人道主義を唱えた(92)。しかし，井上角五郎は次のように述べている。

「私は実に竹添公使の不信の所為を責めねばならぬ。しかし我が兵が公使の命のままに此の有様を顧みず引きあげたのも、同じく無情として責められても仕方があるまいと思ふ。若し、あの時に我が応戦したとすれば、或は勝利は我に無かったかもしれないけれども、確かに数日は支へ得たであらう。最後の脆かったのを独り金・朴等の不用意にのみ帰するわけには行くまい」(93)。

このように，竹添公使の不信と責任とを追求しながら，金玉均と朴泳孝らに同情していた。井上角五郎は両氏との義理を重んじ，日本政府の外交責任者である井上馨に竹添公使の悪政を激しく攻撃した。それがきっかけになり，竹添公使は次第に角五郎を除去するよう努め始めたといえよう。

まもなく，井上馨大使の一行が仁川に着くと，朝鮮政府は突然大使の京城入りを拒み，城門を閉鎖して朝鮮兵と清兵とをもって戦闘準備を整えるに至った。特に当時は清兵の態度が日本人には最も厳しかった。

井上大使と金弘集・金允植との会談では結論は出さずに終わるところであった。そこで角五郎は両金氏を訪れ，講和条約に対する井上参議の意向を伝えた。その結果，対立した両国の感情を解消し，金允植によって再び外衙門顧問となる。この隠れた井上角五郎の努力によって井上大使は翌年１月６日国王に謁して国書を奉呈し，朝鮮全権大臣金弘集と談判を開始することになった[(94)]。

ところが，1885年４月10日天津条約は伊藤博文と李鴻章の調印によって平和裡に終わったので，朝鮮政府は井上参議に欺かれたように感じて，両金氏が井上角五郎に向かって「井上参議は君に対して食言する事はないであろうか」[(95)]というふうに何回も語っている。そののち，井上角五郎は1885年３月末頃，東京へ帰っていった。当時，新聞の多くは当局の天津条約においての態度を非難しており，福沢も甚だ不満であった。井上角五郎の憤慨はその極に達し，外務省に行って井上馨に対して次のように激しく叱責した。

「閣下は私を朝鮮にやって竹添公使と共に危険を冒して働かせた。殊に判断の際には一命を賭して城内に入らしめた。而もそれ等の場合に常に清国と戦ふことを言明してゐたのではないか。然るに今度の天津条約は何を語ってゐるか。斯くては全く閣下は私を斯瞞したのである」「閣下との交誼も是までである」[(96)]

このように益々激昂し，言い捨てて去ったのである。

ここで，注目したいのは井上角五郎にとっては「閣下」と呼ぶ程の地位である外務卿に対して厳しく攻撃するのは極めて異例なことである。むしろ，ある程度自分の処罰も考えていたのではないか。そこには，両金氏との信義，朝鮮の独立，井上角五郎自身の信念などのいろいろな複合的な要素が含まれていたと推察される。

この時，福沢諭吉も井上馨に対して不信を感じており，また逆に井上馨は福沢諭吉と井上角五郎の行方を探知しているところでもあった。そこで福沢は日本における角五郎の行動を注意していた。

その後，井上角五郎が1885年「大阪事件」[(97)][(98)]に関係したとして，日本の外務省書記官栗野慎一郎が警察巡査数十名とともに井上角五郎を逮捕する目的で朝鮮にやってきた。当時朝鮮政府は断固としてこれを拒み，仮に井上角五郎にその罪があるとしても，国事犯人でなければ引き渡されないと主張。そういう事実から見ても，彼は当時朝鮮政府に相当な信任を受けていたことがわかる[(99)]。

1886年２月，井上角五郎が母親の逝去によって広島に戻った時，井上馨外務卿に手紙を書いている。その書簡中，「閣下の保護は今後一切これを受けず全く独立して渡韓したい。また私の地位として日本の利害につき思考致し難く……」[100]という記述があり，井上角五郎は明治政府の外交政策，又は井上馨の外交政策について明確に反対する意見を持っていた。

伊藤博文編『朝鮮交渉資料』上巻によると[101]，当時駐韓公使である竹添進一郎が井上角五郎の密報などを指摘しながら，本国の伊藤博文と井上馨に報告している。しかし，その時は，井上角五郎と井上馨はもはや外交的に確執状態にあり，井上馨の部下が竹添公使であった。そして，角五郎は彼らの外交政策に障る存在であり，またこの書簡を見ると，「甲申政変」が終わった後，竹添公使は自分のあやまちをあらためて言い訳をしていたように見える。また『朝鮮交渉資料』中巻を例として挙げると，次のような内容である。

「……井上モ近来ハ朝鮮人一般ノ間ニ於テハ評判宜シカラズ。外務参議鄭憲時ノ博文局堂上兼務シ居ル者ニテ、此頃日本公使館訳官ニ面会ノ節、彼ノ挙動ヲ評シテ陰険不良ト為シ、……略……明治一九年三月三一日京城、高平小五郎」[102]

ここで見ると朝鮮の外務参議鄭憲時と日本の代理公使高平小五郎は角五郎を陰険な人物と判断している。この部分は非常に注意しなければいけないところである。それは，1883年12月29日両衙門が改編され，征権司協辯にメルレンドルフ（ドイツ），主事に鄭憲時が任命されたが[103]，２人は親清派であり，「甲申政変」の失敗によって開化派が除去され，この時から鄭憲時が外務参議になったからである。

従って，鄭憲時にとっては井上角五郎は嫌われる人物であり，高平公使も外交交渉に障害となる人物を除去することは当然のことで，清国との意図とも一致したのではないかと考えられる。

井上角五郎が全ての職を辞して日本に帰ったのは1887（明治20）年１月初めであった。帰国の理由は明らかにされていないが，新聞発行もある程度できており，何よりも清国と日本外務省の干渉があったので，帰ったのではなかろうかと推察される。

また，韓国の学者のなかには，井上角五郎は帰国して大阪事件との関連によって，逮捕されたと主張する者もあるが，実際，大阪事件と井上とは全く無関係であったと考えられる(104)。この事件は実行される直前，1885年11月23日発覚し，首謀者が逮捕され事件を処理する段階においても井上角五郎が関連した疑いは，筆者の調査によるとなかったからである。

井上角五郎が帰国して逮捕されたのは，「私文書偽造罪」と「官吏侮辱罪」の疑いであった。これはやはり井上馨の告発によって，「朝鮮内乱顛末書」という事件にかかわって福沢諭吉邸内で高輪警察署の警察巡査数十名によって拘引された(105)。

その後，角五郎は警視庁へ連れていかれ，直ちに留置所に放り込まれた。当時，郷里では夫人の出産も迫っていた際の事とて，平素はあまり物事に屈託しない人物だったが，この時は些か狼狽せざるをえなかったという(106)。

井上角五郎に対する審問は140余回行われ，４月13日予審が終結して，東京軽罪裁判所予審判事伊知地光定の名によって，官吏侮辱と認定せられた旨の言い渡しを受けた。ところが，公判が開かれず，予審終結から３ヵ月半過ぎた８月１日公判が行われ，官吏侮辱犯として重禁固５ヵ月，罰金３０円の刑を受けた(107)。

当時，予審調査は謄写を許されず，裁判の傍聴も全て禁じられ，公判言い渡しも全く秘密に行われた(108)。

その判決文の内容は次のようである。

裁判官言渡書

広島県備後国深津郡野上村第八七番地

井上角五郎

明治二七年八月

「井上角五郎ニ対スル官吏侮辱被告事件審理ヲ遂グル所、被告角五郎ハ朝鮮政府ニ雇ハレ、明治一八年四月中、伊藤・井上参議ヲ侮辱センガ為、其職務ニ関シ、無実ノ事ヲ構造シ、朝鮮外衙門即チ廨ニ此テ、外衙門督辯金允植・同主事鄭秉夏又ハ其ノ他ノ造ニ対シ、公告スルノ意旨ヲ以テ之ヲ演説シタル主旨ハ……後略」(109)

井上角五郎は直ちに控訴の手続をとり，管轄違いの主旨を申し立てたので，東京控訴院において10月１日から公判が開かれたが，やはり傍聴を禁じて公判は進行し，のちに同月３日控訴棄却の処分となった。

一方，井上角五郎が入監された後，彼の家庭にとっては大きな試練の時期でもあった。井上角五郎が拘束されるとともに福沢諭吉の家宅も捜査された。１月末頃，郷里福山にある夫人の実家も家宅捜索が行われた。夫人は郷里において産褥で臨床尋問を受け，臨月の近い夫人は驚き苦しんだのであった。その５日目の２月３日に男子を分娩したが，子供は初めから病気がちであった。男子出産は角五郎の家庭にとってはこの上ない喜びであったが，獄中の琢園へは通知できないようであった。角五郎が最も尊敬していた福沢諭吉だけに通知して命名を請うたので，福沢は仙太郎という名をつけた。

ところが，母子ともに健やかな肥立を祈っている所へ，また刑事が踏み込んで尋問を行ったのである。当時，産母には酷寒にも拘らず，遠慮会釈もなくこういう事が行われたため，精神的に衝撃を受け，若い夫人は遂に癲癇の痼疾を得て，後年に至るまで時々発作に苦しむに至ったのである。それにつづいて長男仙太郎も又脳膜炎にかかって病弱となったのは，大きな犠牲であった(110)。また，角五郎にとっては，自分によって福沢が家宅捜索を受けたり，証人として法廷に召喚されたことは非常に心苦しいことでもあった。何よりも耐えがたいことは，ついに1890年８月10日長男仙太郎が亡くなったことであった。

このように，井上角五郎は福沢諭吉の下で覚えた対アジア平和の意識を持っていた。原田氏は福沢諭吉のシナリオによって井上角五郎が活動したと主張するが(111)，実際はそうではない。それは非論理的であり，史料的にも根拠が弱いと考えられる。前述した通り，井上馨の外交政策に対してはかなり対立した意見を持ち，自分独自の判断によって活動したと考えられる。その結果，井上馨が朝鮮支配政策をとっていたのに対して，井上角五郎は場合によっては反発していた。

第６節　朝鮮の近代化と日本の植民地化政策

朝鮮における近代化（modernization）は日本によって，強制的に行われた。それは1876年日韓条約により，港が開かれ，多くの近代文明が浸透してきたからである。日本は明治維新によって近代化が進んでおり，欧米帝国主義の勢力拡張に危機を感じている頃であった。

そこに福沢諭吉が登場し，アジアの文明開化と独立を訴えていくわけである[112]。明治維新も福沢が望んでいるところに思想が一致している。のちになると，殆ど福沢の外交思想が受け入れられるようになった。それが結果的に福沢諭吉は朝鮮の近代化ではなく，むしろ植民地化する思想を持っているように思われる理由の一つでもある。

ところが前節で述べたように，福沢は日本政府の官吏ではなく，民間人であった。朝鮮の近代化を進めさせるため協力を要請したのは日本人でもなく，朝鮮の外交使節として派遣された朝鮮政府の官吏であった。また福沢諭吉は貧しい家庭で生まれ，あまり経済的な力がなかったのも事実である。福沢諭吉は井上角五郎が渡韓する時から後藤象二郎とともに私財を処分して旅費を調達したり，また福沢は新聞発行のため印刷機も注文していた[113]。これも明治政府の工作金と解釈できるだろうか。

その点については，幾つかの疑問点が残っている。一つは福沢諭吉は漢文に精通した学者であったが，儒教思想を嫌い，当時朝鮮における知識層の文字である漢文の不合理を指摘し，ハングルの大衆媒体を開発しようとした。もちろん，中華思想の打破にも狙いがあったかもしれないが，朝鮮の開化思想の普及に第一の目的があったと言えよう。それを日本の利益のためであったという主張は説得力が弱い[114]。

もう一つは，福沢諭吉は1884年甲申政変以後，政治的な影響力が非常に落ちてしまったことである。それは，金玉均らに関する文献[115]を見ると分かるはずではなかろうか。

一方，井上角五郎は慶応義塾を卒業し，学生の身分のように純粋な言論人として出発していた。彼は福沢諭吉の推薦によって朝鮮に来て新聞を発刊したわけである。言語の壁，習慣と文化の差にも拘らず，よく適応してきた。時には明治政府の外交政策に協力することもあった。勿論その過程においては日本の侵略政策にも協力していたかも知れない。これは井上角五郎が日本ではなく，朝鮮に居住しており，また朝鮮外衙門顧問として朝鮮内政に詳しい人だったからである。彼は朝鮮語にも相当な水準に達していたから日本外務省関係者との相談は不可避であると考えている。

しかし，井上角五郎は新聞を通じて朝鮮民族の意識を啓蒙し，更に内政改革の必要性もあると朝鮮政府に提案した。また朝鮮政府の官吏らとともに深い関係を結んでおり，朝鮮の外交政策に関する相談役までも果たしていた。このような状況の下で朝鮮政府の官吏から信任を受けることになった。一つの例を挙げると，金允植は井上角五郎に対して「君の胸中には国の境域を存せぬ。しかし君は確かに日本人である。之を知って交はるのは我々は君の心中の常に公平なるを知るからである。」(116)ということまで言っている。

井上角五郎は朝鮮政府の官吏との信義を守るため自己を犠牲にしながらも，日本の外務参議と朝鮮駐在日本公使とも激しく争っていた。その結果，井上角五郎は井上馨によって処罰を受けるようになるのである。ある意味では，井上角五郎は日本の外交政策の被害者でもあったと言えよう。

角五郎は日本に帰国して衆議院に13回当選したが，議会で発言する時は朝鮮の側に立った発言が多かった。特に，1918（大正8）年10月「鮮人本位の会社」(117)で，朝鮮人を本位とする朝鮮農地改良株式会社を建てることを主張していた。この時は「三・一独立運動」の直前で，植民地武断政治が厳しくなっており，朝鮮民族が武力的弾圧を受けていた時である。最も厳しかった大正政府に対してそのようなことを提案したことをみても角五郎の真意は分かるのではなかろうか。角五郎は，日本国内に留学していた朝鮮人留学生のために奨学事業に努力したり，日韓併合以後には，日韓協力により融合と福祉増進に勤めた(118)。彼は獄中生活の中でも，仏教に心酔し，のちに著書も残している(119)。また，社会事業と実業界にも手を伸ばした企業家でもあった。政界を離れた角五郎は「国民工学院」を設立し，自ら理事長となり，工業教育普及の事業に傾倒するようになる(120)。1927（昭和2）年中央朝鮮協会会員になり，そこでも日本帝国主義を批判する発言をしていた(121)が，亡くなる4年前，当時の朝鮮事情を「その頃を語る」で語ったことが井上の朝鮮との関わりの最後であった(122)。

以上，第3章で考察した通り，井上角五郎は侵略者ではなく，また明治日本政府の工作員でもなかったことが証明できると思われる。むしろ，井上角五郎は『漢城旬報』と『漢城周報』を発刊した言論人として，朝鮮の文明開化のために尽力した日本人である。また井上角五郎は韓国言論史における近代新聞の創刊に大きく貢献する一方，ハングル発展史においてもその寄与は計り知れないものがあった。井上は優れた言論人であったが，『漢城旬報』が創刊されて，120年以上経つにも拘らず，韓国ではいまだに井上角五郎の名前さえあまり知られておらず，1篇の研究論文もなかったことは驚かざるをえない。しかし，筆者は井上角五郎についての研究は韓国言論研究においては非常に重要なところであり，韓国新聞史においても今後再評価されなければならないと考える(123)。

一方，角五郎については次のような研究課題も残っている。

それは朝鮮の甲申政変との関わりがあったかどうかを究明することである。角五郎について否定的な見解を残したのが甲申政変であるため，実際どうなのか明確な考証をする必要がある。また，明治政府と井上角五郎との関係の追跡研究が研究課題として残っている。最後に本研究では井上角五郎の役割が朝鮮の植民地政策につながりがあったことについては切り離して分析したい。その点については次章で説明するが，これまで論述した通り，少なくとも井上角五郎とは関係がなかったと考えられる。実際角五郎の渡韓と日韓併合が時間的に20年の差がある。史料的な根拠がないまま先入観によって分析すれば併合時代の中身もよく見えないのであろう。仮に日本の植民地時代がなかったら，角五郎をどういうふうに評価すべきか，については誰も答えられない部分ではなかろうか。また，井上角五郎が朝鮮で改革を主張したことによって，朝鮮の植民地政策を援助したという見方は論理的に無理があるように思える。

(1)　拙稿「韓国の新聞成立に果たした井上角五郎の役割」『新聞学評論』37号，日本新聞学会，1988年，143頁。

(2)　東京大学明治新聞雑誌文庫に保管されている井上角五郎関係文書，国会図書館憲政史料室所蔵文書，慶応義塾大学中央図書館の井上角五郎と福沢諭吉関係文書，学習院大学東洋文化研究所の関係文書，または筆者独自で調べた文献などである。

(3)　拙稿「井上角五郎と福沢諭吉」『新聞と放送』6月号，韓国言論研究院，1989年。

(4)　拙稿「日本・中国・韓国を対象とする近代新聞の成立期における浸透圧理論（Theory of Osmotic Pressure）による比較的研究」上智大学大学院文学研究科新聞学専攻修士論文，1986年度2巻。

(5)　金綺秀（1832～未詳）は朝鮮末期の文臣，江華道条約締結により，第1次修信使の首班として訪日（礼曹参議）。

⑹　李基百『韓国史新論』学生社，1975年，314頁。
⑺　金弘集（1842～1896）は朝鮮末期の政治家，第2次修信使の首班として訪日。
⑻　朴泳孝（1861～1939）は朝鮮末期の政治家，第3次修信使として訪日した。金玉均とともに開化党を組織，甲申政変（1884）で事大党に破れ，日本に亡命，帰国後内務大臣などを歴任。
⑼　拙稿前掲『新聞学評論』第37号，143頁。
⑽　拙稿「韓国の新聞成立に果たした井上角五郎の役割」日本新聞学会報告資料，中央大学秋季研究発表大会，1987年9月27日，1～6頁。
⑾

例言	目次
本所新報刊行之旨趣在専叙	○朝　鮮　新　報
述経済論説以供日鮮両国博	○雑　　　報
雅之采覧而如其発露中外之	○釜　山　商　況
奇事異聞亦要収拾不遣也。因	○寄　　　書
希四方諸君子能諒此意。高論	○物　　価　　表
新説必不吝投寄。而其文務用	
漢文則記者之幸以何加之敢	
望々々	

⑿　『朝鮮新報』第5号参照。
⒀　拙稿『新聞と放送』韓国言論研究院，1989年1月号，67頁。
⒁　高麗大付設新聞放送研究所『コミュニケーション科学』第6集，図書出版，1982年11月号，3～19頁。
⒂　金玉均（1851～1894）は朝鮮26代高宗時代の文臣，政治家。1881年日本に渡り，文物と制度を視察した後，帰国して独立党を組織する一方，甲申政変を起こし，開化党内閣を組織したが，3日で失敗に帰して，日本に亡命，中国上海において朝鮮から差し向けられた刺客洪鍾宇（ホン・ジョンウ）によって暗殺された。著書は『治道略論』手記に『甲申日録』があり，『箕和近事』も編纂した。

「甲申政変」は朝鮮26代高宗21（1884）年甲申12月4日起こった。金玉均・朴泳孝ら開化党の幹部が王朝の内政を改革しようとした政変。事大党の中心人物である閔氏一派を殺害し，日本の力を借りて新政権を立てたが，3日で失敗に終わった。
⒃　李東仁（語学司の参謀官，生没年未詳）は，明治以来はじめて朝鮮の民間

人として国禁を犯して渡日した。

⒄　両班（ヤンバン）は高麗及び朝鮮時代の支配階級をなした世襲的な地位や身分を持った上流階級。

⒅　拙稿「韓国の新聞成立に果たした井上角五郎の役割」『新聞学評論』第37号，144頁。

⒆　姜在彦『朝鮮近代史研究』日本評論社，1970年，59頁。

⒇　拙稿前掲『新聞学評論』第37号，144頁。

(21)　『日本外交文書』日本外務省編，1963年，290頁，294〜299頁。

(22)　前掲『日本外交文書』360〜365頁。

①　統理機務衙門設置　１件（付属書）

②　統理機務衙門設置之義上申（付属書）

(23)　姜在彦『朝鮮近代史研究』日本評論社，81頁。

(24)　魚允中（1848〜1896）は朝鮮26代高宗時代の大臣。

(25)　徐光範（1859〜1896）は朝鮮時代の文臣であり，政治家。甲申政変に参与したが，失敗し日本に亡命。

(26)　中島司「金玉均君に就て」中央朝鮮協会，1937年，４頁。

(27)　拙稿前掲『新聞学評論』第37号，145頁。

(28)　拙稿前掲『新聞学評論』第37号，145頁。

(29)　井上角五郎『福沢先生の朝鮮御経営と現代朝鮮の文化とに就いて』明治印刷株式会社，1934年，10頁。

(30)　原田環「井上角五郎と『漢城旬報』」『三千里』第40号，三千里社，1984年，70〜71頁。

(31)　拙稿前掲『新聞学評論』第37号，145頁。

(32)　拙稿『新聞と放送』韓国言論研究院，1989年１月号，68頁。

(33)　古庄豊『井上角五郎君略伝』井上角五郎君功労表彰会編，1919年，７〜10頁。

(34)　小林義直は福山の誠之館の教授，東京帝国大学医科大学教授を歴任したあと，当時は芸術に専念した人である。井上が彼の自宅で書生をしながら近所の共慣義塾で英語を学び，その後，福沢諭吉の門を叩いた。井上は小林義直から学んだ漢学の素養は，のちに朝鮮で金允植らと交流を深め，活躍する上でも大いに役立った。

(35)　古庄豊前掲『井上角五郎君略伝』11頁。

(36)　拙稿前掲『新聞学評論』146頁。

(37)　金允植（1835〜1922）は李朝26代高宗の時代の文臣，学者。著書に『陰晴史』『天津談草』『雲養集』16巻などがある。

(38) 井上角五郎前掲『福沢先生の朝鮮御経営と現代朝鮮の文化とに就いて』11頁。

(39) 同上12〜13頁。

(40) 高宗（1852〜1919）は朝鮮26代の王，名は熙，在位期間は1863〜1907年までである。

(41) 近藤吉雄前掲『井上角五郎先生伝』41〜42頁。

(42) 拙稿前掲『新聞学評論』第37号，147頁。

(43) ソウル大学所蔵影印版（1883年10月31日創刊号）の旬報（漢文を翻訳）。

(44) 拙稿前掲上智大学修士論文，332頁。

(45) 井上角五郎前掲『福沢先生の朝鮮御経営と現代朝鮮の文化とに就いて』21頁。

(46) 同上22頁。

(47) 鄭晋錫『韓国現代言論史論』ジョンエウォン，1989年，40頁，98頁。

(48) 拙稿『新聞と放送』韓国言論研究院，1989年1月号，70頁。

(49) 姜瑋は井上角五郎にハングルを教えた個人教師であった。彼は日本との江華府交渉にも朝鮮政府の一員として参加した。日本にも1980年と1982年の2回来たことがある。著書の中では『東文子母分解』というハングルに関するものもあったので，井上の個人教師になった。井上は彼からハングルをマスターし，『漢城旬報』のハングル混用文体も作ったのである。

(50) 拙稿前掲『新聞学評論』148頁。

(51) 李海暢『韓国新聞史研究』成文閣，1977年，20〜23頁。

(52) 春原昭彦「福沢諭吉の対韓観」『東西語路』，韓国外国語大学付設国際コミュニケーション研究所，1985年，5頁。

(53) 福沢諭吉『福翁自伝』角川書店，1968年，18〜19頁。

(54) 春原昭彦前掲「福沢諭吉の対韓観」6頁。

(55) 福沢諭吉『福翁自伝』岩波文庫，1973年，9〜22頁。

(56) 川合貞一『福沢諭吉の人と思想』岩波書店，1940年，30〜40頁。

(57) 春原昭彦前掲「福沢諭吉の対韓観」『東西語路』6頁。

(58) 小泉信三『福沢諭吉』岩波新書，1966年，105〜106頁。

(59) 慶応義塾大学編『福沢諭吉全集』第4巻，岩波書店，1970年，16〜50頁。

(60) 春原昭彦，前掲8頁。

(61) 春原昭彦「明治言論の対韓観」『ソフィア』133号，上智大学，1985年，144〜145頁。

「強大な欧米列強に対して民族的独立を守り、国家としての自立を達成しようとする被圧迫民族の立場を捨て、欧米帝国主義への道に積極的に転化して行く姿勢転換をこの社説は宣言したとも言える。しかし当時、欧米諸国に対しては被圧迫であった日本が不平等条約改正で苦しんでいたことなどを考えあわせれば、文明化というのは、日本にとって最大の課題であった。福沢にとっては封建的体制とそれをイデオロギー面から支える儒教は、社会の発展を阻み、文明化を遅らせる基本的要因と考えられる。朝鮮や中国の清朝が儒教に支えられている限り、福沢にとって「脱亜」は必然の道であったと考えられる。」ところで、1870年代に入って征韓論がまだ論議されつづけたが、福沢は、1875年10月７日『郵便報知新聞』においては征韓論に批判的な態度であった。勿論、侵略主義には反対しなかったかもしれないが、当時の日本国力からして日本の独立を脅かす可能性があって時期的に反対したとも言えよう。

(62)　拙稿『新聞と放送』韓国言論研究院，1989年１月号，54頁。

(63)　文明開化について書いた『時事新報』の社説。
①1894年６月13日付，②1894年６月17日付，③1894年６月19日付，④1984年７月７日付，⑤1894年７月８日付，⑥1894年７月12日付，⑦1894年７月14日付，⑧1894年７月15日付，⑨1894年８月10日付。

(64)　朴鍾根『日清戦争と朝鮮』一潮閣，1989年，107頁。

(65)　申興範『帝国主義理論』創作と批評社，1982年，274頁。

(66)　朴鍾根，前掲107頁。

(67)　慶応義塾大学編『福沢諭吉全集』第５巻，岩波書店，1969年，186頁。

(68)　春原昭彦前掲『東西語路』10～11頁。

(69)　春原昭彦前掲『ソフィア』133号，144頁。

(70)　拙稿『新聞と放送』韓国言論研究院，1989年１月号，54頁。
石河幹明翁『福沢諭吉全集』第３巻によると，大隈重信，伊藤博文，井上馨などから国会の開設と，政府の進歩政策を代弁する新聞を創刊することに協力してほしいという要請があった。

(71)　『時事新報』1894年７月５日付。

(72)　賀田直治「福沢諭吉先生と澁沢栄一翁（四）」『朝鮮実業倶楽部』朝鮮実業倶楽部社，1937年，３～５頁。

(73)　平野健一郎『日本の社会文化史』講談社，1973年，410～412頁。

(74)　武市英雄「言論人内村鑑三の対韓観」『東亜語路』韓国外国語大コミュニケーション研究所，1985年，21～23頁。

(75)　古庄豊前掲『井上角五郎君略伝』5頁。

(76)　井上角五郎前掲『福沢先生の朝鮮御経営と現代朝鮮の文化に就いて』17頁。

(77)　同上20頁。

(78)　古庄豊前掲『井上角五郎君略伝』44～48頁。

(79)　同上28頁。

井上角五郎，前掲24頁。

(80)　井上角五郎『衆議院解散意見』忠愛社，25～45頁（※筆者所蔵）。

(81)　頼光臨『中国近代報人興報業』台北台湾，商務印書館，1980年，93～94頁。

(82)　Ernest Box, "Native Newspaper and Their Value for a Against Christian Work," *the Messenger*, Vol. 8 (March-June), 1895. p. 37.

(83)　韓国政治外交史学会『甲申政変研究』平民社，1985年。

(84)　拙稿『新聞と放送』韓国言論研究院，1989年6月号，55頁。

(85)　中島司前掲『金玉均君に就て』16頁。

(86)　同上17頁。

(87)　拙稿前掲『新聞と放送』6月号，55頁。

(88)　近藤吉雄『井上角五郎先生伝』大空社，1988年，46頁。

(89)　同上49頁。

(90)　同上66～67頁。

(91)　阪谷芳郎『世外井上公伝』第3巻，内外書籍株式会社，1934年，506～507頁。

(92)　近藤吉雄前掲『井上角五郎先生伝』68～70頁。

(93)　同上69～70頁。

(94)　同上74頁。

(95)　同上77頁。

(96)　同上78頁。

(97)　大阪事件研究会編『大阪事件の研究』柏書房，1982年，1～9頁。大阪事件は1884年板垣退助が属した自由党が政府の言論集合の弾圧により解散した後1985年5月日本の自由党左派の指導者である大井憲太郎と彼の同志，小林樟雄・磯山清兵衛・新井章吾などが計画して磯山をリーダーとして壮士20名が朝鮮へ行って親清派を暗殺し，金玉均・朴泳孝らの独立党の政権掌握を実現させる計画を計った事件であった。そして，その外患をきっかけとして日本国内の民主主義革命を成就させる目的であった。これは自由党右派に対する反旗であり，甲申政変後の親清勢力の除去でもあった。現在，平野義太郎・遠山茂樹・井上清・中塚明らの説があるが，勿論その根本動機は朝鮮攻略の思想である。

(98)　古庄豊前掲『井上角五郎君略伝』29頁。

(99)　拙稿前掲『新聞と放送』６月号，55頁。

(100)　国立国会図書館憲政資料室所蔵「井上馨関係文書」，全文は次のようである。申上候。爾後数度参上仕似得共、不得拝謁、依て以書面申上候。先般来吉田大輔へは一寸御話シ申置候通り、私再渡韓の心組有り之候。然ル処兼て閣下より多少の保護金を下候義御不沙汰ニて出立候も如何ト存候。然ルニ該金員は小額にて迚ても何かの入費に足り不申、附ては或る筋外国人より随分沢山ニ保護致シ呉し候もの有之ニ付き、閣下の保護は今後一切これを受けず全く独立にて渡韓致度左候とい素より私の地位日本の利害につき思案致し難く、依て閣下へ御伺申上、一応これニても差支無之由承ハリ及び其後にて決定致度ござ候。度々参上今日も亦た罷出候ところ御不在の由ニ付き如此ニ候。私は両三日内当地出立故郷福山ニ帰りそれより直ちニ渡韓のつもりニ付き其前一度御面会被差許度、私住処は三田福沢諭吉ニ御座候の頓首

井上角五郎

明治十九年四月六日，外務卿閣下

(101)　伊藤博文編『朝鮮交渉資料』上巻，原書房，1970年，278～288頁。

(102)　同上，中巻，1970年，52頁。

(103)　姜在彦前掲『朝鮮近代史研究』81～82頁。

(104)　近藤吉雄前掲『井上角五郎先生伝』96頁。

(105)　「井上角五郎氏拘引さる」『郵便報知新聞』1888年１月28日付。

(106)　その時、拘置所で井上角五郎は２つの決心を固めていた。それは、元来朝鮮事件なるものは福沢が人道と教育との見地から朝鮮の開発を思い立たれていた。同時に井上馨外務参議がまた朝鮮の独立を授けようとした。それが偶然一致して起こったのであるにも拘らず、失敗に終わり、井上馨は「全く自分の知った事ではなく、福沢・後藤などが金・朴らと結び、井上角五郎を手先としてやったのである」と言い触らした。これに対して恩師その他の先輩のため、進んで朝鮮事件の真相を明らかにし、その事件は全く井上馨の目論見であった事を詳らかにしなければならないということであった。もう一つは、朝鮮事件には、最初から我が一身は固より犠牲にするの覚悟で関与したので、事変の最中に死ななかったのがむしろ幸いというべきで、この際となっては妻子のことも移民のことも敢えて試みることができない。万が一にも先生にご迷惑をかけるようなことがあってはならない。天は幸いに好機転を与えて事件の真相を公にしてくれるであろう。大いに釈明しなければなら

ない、ということであった。(近藤吉雄、前掲133～134頁)

(107) 拙稿前掲『新聞学評論』149頁。

(108) 古庄豊前掲『井上角五郎君略伝』53～54頁。

(109) 『読売新聞』所載の全文である。近藤吉雄，前掲書141～143頁。

一、昨年五月中日本ヲシテ、徳・法両国ノ密約ニ云々、其實ハ伊藤・井上ノ両参議が之ヲ善トシタル而已、日本政府ノ知ラザル所ナリ。

一、昨年七月以来法国ト支那ノ戦ヒタル云々、日本政府ノ知ラザル所ナレバ、伊藤・井上両氏大ニ苦シタリ。

一、伊藤・井上ノ両氏ガ獨リ国政ヲ擅ニセン事ヲ圖ルモ未ダ曾テ其初志ヲ棄テズ、是ヲ以テ釁ヲ朝鮮ニ開カント欲シ云々。

一、其氏ガ特ニ衆人ニ告ゲテ云々、当時朝鮮ノ識者ガ挙動ヲ訝ル、實ハ井上氏之ヲシテ然ラシムルニ係ルナリ。

一、同十二月四日変アリ、朝鮮人某々等ト謀ゴトアリト雖モ安ンゾ六大臣ヲ殺スニ至ランヤ、而シテ終ニ之ヲ殺シタルモノハ云々、然ラバ即チ昨年十二月ノ変、其責ニ任ズルモノハ伊藤・井上ノ両氏ニ非ズンバ果シテ誰ゾヤ。

一、伊藤・井上ノ両氏法国ノ報ヲ傳聞云々、進退維谷マリ云々、然ルニ両氏ハ日本参議中最モ智謀アルモノナリ、将サニ復タビ策アラントス、為朝鮮者豈ニ畏レザルベケンヤ。

右ノ事実ハ即チ公然ノ演説ヲ以テ官吏ノ職務ニ対シ侮辱シタルモノト認定ス。其証憑ハ被告人ガ當公廷ニ於テノ陳述、予審判事警察官ガ作リタル被告人ノ調書、被告人ガ自作自筆ナリト認メタル筆談及ビ参考文書、即チ高平公使ヨリ外務省へ送リタル伊号・呂號並甲・乙・丙號ニ依充分ナリトス。

因ツテ之ヲ法律ニ照スニ、刑法第百四十一条第二項ニ該當スル以テ其ノ第一項ニ照シ、重禁錮一月以上、一年以下、附加罰金五圓以下ノ範囲内ニ於テ、被告井上角五郎ヲ重禁錮五月ニ処、罰金三十圓ヲ附加スルモノナリ。

明治二十一年八月一日

東京軽罪裁判所ニ於テ検事福原直道立會宣告ス。

始審裁判所判事　　三浦芳介

裁判所書記　　柴茂三郎

(110) 近藤吉雄，前掲138～139頁。

(111) 原田環「井上角五郎と漢城旬報」前掲『三千里』67頁。

(112) 青木功一「朝鮮開化思想と福沢諭吉の著作」『朝鮮学報』第52集，天理大学朝鮮学研究会，1969年，36～40頁。

(113) 中島司，前掲7～9頁。

(114) 拙稿『新聞と放送』韓国言論研究院，1989年6月号，56頁。

(115) 金玉均は1884年甲申政変以後日本に亡命したが、1886年7月13日、山県有明内務大臣によって国外退去命令が出された。当時金氏は横浜に居留していたが、外国に渡航する旅費がなくて、8月に至って小笠原島に護送された。1890（明治23）年帝国議会で井上角五郎が、有志とともに政府を説得して金氏を東京に居住させることにしたが、失敗した。金氏の生計は、福沢諭吉を始め日本有志の後援によって維持されていたが、同志後輩のために失費は多く、経済的にも亦ますます窮するに至った。この時、李鴻章の義子李経芳が清国公使とし東京に駐在した頃金氏と懇親の間柄となった。金氏は彼に誘われて、亡命生活10年目にあたる1984（明治27）年7月3日、上海へ行って同月28日旅館で洪鍾宇の拳銃で射殺された。金氏の遺骸は中国の軍艦に収容され、犯人洪鍾宇を同乗させて韓国政府に引き渡した。しかし、その後、金氏の首が南大門に梟されていた時、長崎の人甲斐軍司氏（京城で写真業を営み、金氏に恩寵を受けた人）がその納骨の一部と毛髪とを持って帰ったので、福沢諭吉が井上角五郎をして本郷駒込真浄寺内に埋葬させ、墓碑を建てさせたのである。

当時の新聞記事によれば、金氏が上海で暗殺された旅館、東和洋行の宿帳に「東京市麹町有楽町一丁目、岩田三和、四四年」とあった。予て岩田周作という変名を用いていたが、この頃は三国協和の主義により「三和」と自ら名乗ったのである。井上角五郎がこれを福沢諭吉に語ったところ「金は死するまで三和を忘れなかったか」と頻りに感嘆したという。また福沢は金氏の悲報に接して「……東洋百年の大計を、策せし友を失へりと、天を仰いで嘆きけり」といった。（近藤吉雄，前掲114～121頁）

①梶村秀樹「朝鮮近代史と金玉均の評価」『思想』1967年12月号，②古筠記念会編『金玉均伝』上巻，1944年，③徐載弼『回顧甲申政変』，④呉吉宝「開化派の形成とその初期の活動」『金玉均の研究』，⑤姜在彦「開化思想・開化派・金玉均」『日朝関係史再検討』極東書店，1989年，⑥『朝鮮学報』第82集，1977年，161～222頁など参照。

(116) 近藤吉雄，前掲75頁。

(117) 『東京朝日新聞』1918年10月9日付。

(118) 井上角五郎「協力融合，福祉の増進を圖れ」『朝鮮統治の回顧と批判』，朝鮮新聞社，1936年，97～101頁。

(119) 井上角五郎『南無観音』南無観音発行所，1926年。

(120) 井上角五郎『二宮尊徳の人格と思想』財団法人国民工業学院，1937年。

(121) 中央朝鮮協会『会員名簿』1927年。

(122) 『京城日報』1934年11月20日付。

(123) 拙稿前掲『新聞学評論』37号，149～150頁。

第4章　韓国の保護国化前後の言論政策

第1節　日本における植民地政策の研究

1　植民地理論の展開

朝鮮における日本の植民地統治政策を分析するためには，植民地政策を歴史的な背景からその理論的な形成過程まで考察しなければならないと考えられる。

まず，植民地は帝国主義の存立する唯一の経済的基礎である。従って，植民地の経済的・政治的研究の重要性もここにあると言える(1)。植民地に関する3つの概念の中で最も基礎的なことは「植民地」，つまり植民の行われる地であり，その植民地に関する政策が植民地政策なのである(2)。

植民という現象は人類歴史の初めから存在したのであるが，今日用いられる植民，即ちその語源のcolonyはラテン語のcolo（耕作の意）とcolonus od. colonia（耕作者或いは農夫の集合体）の合成語である。この，コロニアは元来「耕作地」を意味したが，そののち意味の範囲を拡張し，農耕の目的を以て母国以外の土地に移住する民団を指しており，更にその移住先の土地をも意味するに至った(3)。

植民の概念は多くの学者によって様々に定義されているが，おおよそ次の3つの系統に分けられる(4)。

第一は，移住定着を以て植民の主概念とするものである。それは，ルイス（Lewis），ウェークフィールド（Wakefield），メリベール（Merivale）等19世紀半ば頃の学者，並びにシッペル（Max Schippel）等社会主義月報（Sozialistische Monatshefte）の同人によって定義づけられたものである。

第二は，移住の外に統治権の延長を植民概念の要素として数えるもので，近世の通説というべきものである。植民の基礎的概念は人口の移動と政治権力の延長だとする(5)。

第三は，政治権力の延長のみを以て植民の必要な概念を構成するものだとする説であって，ツェッフル（Zoepfl）はその有力な主張者である。

また植民地の種類については，種々の標準によって様々な分類法が考察されているが，それらの論議の詳細は略し，比較的妥当と考えられることについて，これを形式的分類と実質的な分類とに分けて論じたい。

まず，その形式的な分類について述べることにしよう。

植民地の形式的な分類とは本国に対して政治的に隷属関係にある土地を植民地と見做し，これに対して統治の形式によって，①属領（狭義），②保護国及び保護地，③委任統治（mandatories），④租借地（leased territories）にその種類を分かつものである(6)。

また，植民地の実質的分類は，自然的条件及び自然資源の点から見て，原始生産的植民地と，経済的価値を有する根拠的植民地に分類している(7)。

以上，植民及び植民地の意義を要約すれば，植民とは民団の移住という実質的側面と政治的権力の拡張という形式的な側面とに分けることができ，植民地とは民団の移住の行われる土地と，政治的隷属地とに分かれている。また，矢内原氏は植民は移住に伴う社会現象であって，この移住を本質となし，植民的活動の行われる地域を実質的な植民地であるとし，政治的従属的関係によって定められた植民地を形式的な植民地として扱っている(8)。

2　日本における植民地政策の研究

何といっても，植民地政策の転換が最も典型的に現われたのはイギリスにおいてであった。イギリスは植民地政策の標本国であり，本国の面積の110倍もの広大なる植民地を領有した国であった。

1881年における特許植民会社北ボルネオ会社の設立は，イギリスの自由植民政策，自由貿易的小英国主義の放棄の暁鐘であった。イギリスの植民地及び海外諸国への資本輸出は巨大な額にのぼり，1883年以後，特に急調を示したが，その投資がもたらした利益は1915年には２億ポンドに達し，国家総歳入の12分の１を占めていた(9)。

ところで，イギリスの対アジア進出は，1890年ペルシアにおいて煙草独占権を得てから始まる。その後は日英同盟（1902）で進出を試みていた。また，フランスの対アジア進出は1897年広州湾租借によって始まり，それより東南アジアに対するフランスの覇権は確立していったといえよう(10)。

日本がいつ頃から帝国主義経済に入ったかは論議の存するところであるが，大体日清戦争（1894～1895）によって産業資本主義時代に入り，第一次世界大戦(1914～1918)中から帝国主義の時代に入ったといっていいのであろう(11)。日清戦争の結果，日本は支那より遼東半島，台湾を割譲せられ，朝鮮に対する発言権を認められた上に，アジア植民地政策の研究がなされ始めた。

日本で今日使われる「植民」という言葉は，1919年に新渡戸稲造氏が法学協会雑誌（29巻２号）に発表したものが最初であるといわれる(12)。もっともこれに類する意味を表したものとしては，徳川時代に蝦夷の開拓と関連して「開国」「開業」論が唱えられ，また蘭学者によって西洋の文献が紹介され，Colonieが「開国」，“Volkplanting”が「植民」と訳されている(13)。

1887年頃からはリストやアダム・スミスなどの自由主義経済学の植民理論の影響を受けて海外移民の必要性が唱えられ，1893年には植民協会が設立された。当時，榎本武揚会長が移植民の行われるべき地域としてメキシコ・太平洋海岸を挙げていることにも窺えるように，当時の経済的不況，人口の増加などの国内事情から商業上の出稼ぎや移民をすすめていた。また征韓論や1873年の台湾征伐等に見られる海外発展は国内の政治的矛盾を外にそらそうとする動機が主であった軍事的膨張政策であった。それらは最も素朴な植民地経営の思想にみられている(14)。

産業革命以後ヨーロッパ先進資本主義国家が19世紀後半になって本格的に植民地争奪戦に乗り出していた時，植民地が現代的な問題として登場するようになった。日本においても日露戦争前後になって，国内資本主義の独占が進み，帝国主義が形成され，組織的な植民地獲得政策が国家的事業となった。それと同時に，植民地政策に関する翻訳研究が行われ(15)，日韓併合をきっかけとして，本格的に植民地政策形成への研究が活発に行われた(16)。

初めて植民地を獲得した日本の政策立案者にとって，台湾は植民地政策研究の実験地となった。これは，のちに，朝鮮統治に対する好材料になったのではなかろうか。一つの例を挙げると後藤新平（当時拓殖局副総裁）が，のちになって日韓併合時に準備委員になった。

日本は，イギリス，フランス，オランダなど著名な植民国家とは違って薩摩藩の琉球統治を除いて植民地統治の経験がなく，理論的研究を行う余裕もなく，殆ど予期せずに台湾を領有した。台湾領有約1ヵ月後の1895（明治28）年6月13日に勅令で制定された台湾事務局官制により日本政府は，内閣に台湾事務局を設置し，同月18日と26日に伊藤博文総理大臣と川上操六参謀総長を総裁に任命した(17)。そこで，内閣と各省を代表する台湾統治委員会を作り(18)，台湾統治機構に関する調査，法案などの研究が行われ，イギリス人のモンデーギュー・カークード，フランス人のミシェル・ルボンなどに台湾統治についての意見書を提出させた(19)。

これに対して，フランスのルボンは，1895年4月22日の答申(20)で，フランスのアルジェリアに対する政策を模索することを提案している。

原敬(21)は「台湾ヲ植民地即チ『コロニイ』ノ類ト看做スコト」なく，「台湾ハ内地ト多少制度ヲ異ニスルモ之ヲ植民地ノ類トハ看做サザルコト」を可として文官総督制の私案を伊藤博文に提出した。ところが，原敬の私案は外国の植民地に事例がないだけではなく，さらに台湾領有を自己の功績として政治勢力の拡大を企図した陸軍は，武官総督制を主張した。両者の意見が鋭く対立して結論は容易に出せず，明治天皇の勅裁によって武官総督制が採用された(22)。

原敬の意見書は採用されなかったが，これは明らかに内地延長主義，同化主義を統治政策の基調とするものであり，以後朝鮮において採られた植民政策の原型が基本的に提示されることになった(23)。

1918（大正7）年9月29日，原敬政友会総裁は日本の最初の政党内閣を組織し，翌年の8月19日に台湾総督府条例第2条の規定の，台湾総督は「陸海軍大将若ハ中将ヲ以テ之ニ充ツ」の文言を削除して官制上，文官総督の任命の途を開いた。その直後に明石元二郎総督が死亡し，同年10月29日に田健治郎が初代文官総督に任命された(24)。

台湾総督府条例(25)によると，台湾総督は行政権と司法権に加えて軍隊の編成などの軍政権と用兵作戦などについての軍令権を併せ持ち，非常事態における兵力使用の権限が与えられ，平常時でも守備隊長などの軍人に民政事務を兼務させていた。台湾総督府条例第3条は一般政務について台湾総督に対する内閣総理大臣の監督を規定しているが，このほか台湾総督は一般政務の通貨，銀行，関税，樟脳などの専売について大蔵大臣の監督を，また郵便と電信について逓信大臣の監督を受けることが定められていた[(26)]。

日本の台湾統治は，国庫から年ごとに500～600万円の補助金を受けながら少しも成果を収めることができなかった。当時，日清戦争の反動恐慌のため経済に苦しんでいたことも加わって，日本の指導的立場にある人々の間においてさえも，台湾放棄論や，清国あるいはフランスへの１億円売却説[(27)]が真剣に公然と唱えられたほどであった。こうした難局を収拾して日本の台湾統治を刷新し，植民統治の基礎を確立するために，児玉源太郎[(28)]が1898（明治31）年２月26日に第４代総督，後藤新平[(29)]内務省衛生局長が，同年３月２日に民政局長にそれぞれ任命された[(30)]。児玉総督と後藤新平の台湾施政は，1906（明治39）年４月11日の児玉総督の死亡と，同年11月13日，後藤民政長官が日露戦争の勝利で創設された南満州鉄道株式会社の総裁に就任し退任するまで８年間以上続いた。この間に後藤民政局長は，フランスがアルジェリアに対してとっていた植民政策を模倣して，台湾統治政策を独自の統治方針によって根本的に建て直した。その結果，日本の台湾統治に対する基礎が確立され，経済的にも資本主義による体制が急激に進められた[(31)]。児玉総督は大部分の期間を兼任していたため，台湾の施政は実際には殆ど民政局長ないし民政長官の後藤新平によって行われた。後藤新平は早くドイツに留学した医師としての高邁な識見と内務省衛生局長を経て豊かな行政経験を持っていた。彼は特に植民地においては，自然的な条件と社会条件，風俗，慣行，民情など特殊的状況によく適応した施策を行わなければ成功を期し難いという「生物学ノ原則ニ立ツ植民地経営」[(32)]の理念を打ち出していた。

のちに後藤民政長官は，1900（明治33）年10月30日に「台湾慣習研究会」を設立し，翌年10月25日の勅令で「臨時台湾旧慣調査会規則」を制定，巨額の国費を支出した。そこで台湾と大陸中国の法制と経済などの慣習について調査を行った。更に，1909（明治42）年４月25日法令の審査を行う立法部が設置され，岡松参太郎と織田萬などの高名な法学者の指導によって広く旧慣調査を行うことになった。その結果，明治末期から大正初期にかけて，広大な『清国行政法』『台湾私法』『台湾経済資料報告』『蕃族調査報告』等が発刊され，今なお学問的な価値[(33)]が高く評価されている[(34)]。また，後藤民政長官は1900年８月１日，「臨時台湾土地調査局」の機能を画期的に拡充し，４

年半をかけ，精密な検査と測量によって土地台帳を作成した。特に彼は，施政に資するために統計を重視し，1903年11月14日台湾統計協会を設置して統計の改善策を図っていた。

日本の植民地政策の研究が具体的に朝鮮の統治政策立案にどのぐらい影響を及ぼしたかは計りがたい問題ではあるが，大きく関わり合っていたことは事実であろう。その具体的な例を幾つか挙げることにしよう。

その一つは「土地政策」である。これは朝鮮が併合されると直ちに総督府が莫大な資金で８年の長期計画で着手した「土地調査事業」であった(35)。いま一つは言論政策である。後藤新平は「台湾統治救急案」で次のように言及している。すなわち，「外国新聞、例ヘバ香港『テレグラフ』、支那『メール』ナドノ類ヲ利用シ、台湾政策ニ政策ヲ表セシメ、之ヲ漢字新聞、又ハ台湾新聞ニ翻訳セシメ、大ニ土民ノ思想ヲ換気スルトキ之ヲ化スルノ便ヲ得ベキコト」と提案している。後に詳述するが，日本の施政者は全朝鮮統治期間を通じてこの点を十分考慮してきたと思われる。また台湾統治に際して研究された諸般の植民地政策およびアイディアが朝鮮統治に応用されたことは否定できないであろう(36)。

実際，日本における植民地統治政策は，イギリス，フランス，ドイツなどの制度を直接的に導入して適用することになった。しかし、その間にはいろいろな問題が起こり始め，日本独特の植民地統治，独自の植民地経営制度を整えていった。勿論，実際に適用してみて，現地の反発と論争，失敗などの過程を通じて手直して，やり遂げたものである。

一方，大正時代に入ってから，御用植民学者(37)によって，植民地理論と政策が研究されるようになり，更に大正から昭和時代にかけて植民地に関する研究は活発となっていった(38)。特に，矢内原忠雄は1923年東京帝国大学の経済学部の教授となり，「植民地政策」という講座を日本で初めて担当していた。後に，彼は自分の著書『帝国主義研究』で「満州問題」をめぐって，日本帝国主義の満州侵略を根本的に批判し，満州侵略をやめるべきだと主張するようになった(39)。矢内原は1937年『中央公論』９月号に掲載された「国家と理想」という論文によって東大から，その職を追われるまでに至った(40)。当時山本美越乃も「人類愛に立脚せる新植民領有論」で朝鮮の植民地支配方針を批判していた(41)。

以上，考察したように日本における植民地政策の研究は，台湾統治とともに始まって，朝鮮統治時代にその研究が頂点となる。ところが，多くの学者による植民地政策に対する非難の声も多かった。日本政府はそれらの批判的な理論に対しては，厳しく弾圧しながら統治制度を整えていった。筆者はその批判的な学者及び理論について注目する必要性を感じた。当時厳しかった政治的な状況の中で抵抗の姿勢を固守してきた彼らの理論を通して，植民地政策の一面を覗くことができるのである。

第２節　日本言論の浸透

１　日本人経営新聞の浸透

1880（明治13）年，日本公使館がソウルに設置される一方，各港湾に日本人居住者が急激に増加していった。1886年８月末の調査によると，**表１**のように2,300人を超えている[(42)]。

この後，1894年日清戦争前の統計によると，京城823名，元山794名，釜山4,644名，仁川2,564名，合計8,825名で，1886年の4.8倍の，約１万人近くまで増えているのである。このように日本人の居留民が増えつづけて，居留民達の相互情報交換及び権益擁護のため新聞を発刊する必要性が高まっていた。

既に，1881年釜山で『朝鮮新報』が創刊されていたが，続いて，仁川では『仁川京城隔週商報』（1890年１月28日）が創刊された。『仁川京城隔週商報』は1891年９月１日に『朝鮮旬報』に，1892年４月15日には『朝鮮新報』[(43)]にそれぞれ改題して発刊された[(44)]。この仁川の『朝鮮新報』は日清戦争（1894〜1895）のため休刊されたが，終戦とともに青山好恵[(45)]によって復刊され

表１　日本居留民の数（1886年８月現在）

港口	戸数	男子	女子	計
釜山	431	918	889	1,807名
ソウル	26	94	37	131名
仁川	—	—	—	289名
元山	27	115	27	142名

（但し，元山港は1881年の統計である。）

た。彼は1889年仁川で，活版印刷所を設立する時，印刷所の株主であり，『大阪朝日新聞』の通信員を兼任していた。

当時，日本政府は日系新聞を統制するために外務省を通じて新聞社に補助金を払っていたので，『朝鮮新報』も日本帝国時代の宣伝政策に同調していた。

また，釜山では，1894（明治27）年11月27日『朝鮮時報』が創刊された。この新聞の株主は大畑秀夫であり，熊本国権党(46)の中心人物となる安達謙蔵(47)によって創刊されるようになった。熊本国権党の中心的な思想は，国権伸張と国権拡張であった。日清戦争の大勢が殆ど決した1894年に安達らは熊本国権党の思想を実践するため，朝鮮の新聞発刊事業に着手していた。即ち，『朝鮮時報』『漢城新報』『平壌新報』の3つの新聞創刊事業である。また中国でも三手三郎によって『漢報』が創刊された(48)。

一方，1894（明治27）年12月1日付『九州日日新聞』は，佐々友房代議士の対韓政策についての記事を掲載，いわゆる朝鮮の近代化への指導，経済的・政治的自主化政策を助けることを標榜した。この方針に従って，安達謙蔵は釜山を訪れ，釜山総領事室田義文と会談した。そこで，室田から新聞発行の依頼を受け，更に，『九州日日新聞』から菊地景春，大畑秀夫の2名と植字印刷工を呼びよせた。その結果，安達は釜山商法会議所頭榊茂夫（郵船支店長）や宮本羆（羆会議所書記長）らの協力を得て，『朝鮮時報』を創刊することになった(49)。『朝鮮時報』はその後も熊本国権党の中心人物の経営によって大正時代まで続き，新聞頒布の範囲を拡張し，馬山，晋州，鎮海，大邱などにまで支局を置いた(50)。

1895年ごろは朝鮮半島において新聞が殆ど皆無に等しい状態であった。そこで『朝鮮時報』の創刊は非常に意味深いことであり，日本言論の朝鮮浸透に決定的な役割を果たした。

『朝鮮時報』の創刊に努力していた安達謙蔵は，更に，1895（明治28）年2月17日京城において『漢城新報』を創刊した。『朝鮮新報』が熊本国権党の人々を中心とした民間人による小規模な新聞であったのに比べて，この『漢城新報』は外務省機密費により創刊され，毎月補助金を受けた外務省の機関紙的な性格を持つもので(51)，日本語と韓国語との両国語で構成された新聞としては初めてのものだった。また朝鮮において外務省の機密費を続けて受けて発刊した新聞も「漢城新報」が最初である(52)。この新聞の創刊日と，新聞の創刊背景については，韓国ではまだ明らかにされていない。同紙は外務省を代弁する機関紙であり，この『漢城新報』を通じて日本言論の浸透，および日本の政策宣伝がますます激化するようになる。そのため，この新聞についての考察は，日本統治下における朝鮮の言論統制研究に非常に重要な意義を持つものだと言えるであろう（傍線筆者）。

ところで，『漢城新報』の創刊日については様々な異論があった。崔埈著『韓国新聞史論攷』（289頁）は，1894年11月上旬創刊を推定しており，鄭晋錫著『韓国言論史研究』（5頁）では，ソウルでは1894年日本語字新聞が，翌年1895年1月22日に韓国語版が発行されたと書かれている。また，呉周煥著の『日帝の文化侵略史』（394頁）によると1895年1月1日になっている。しかし，筆者の調査によると，『外交文書』（新聞操縦関係雑纂・漢城旬報ノ部　外務省外交史資料館所蔵）で，その創刊日は1895年2月17日と確認された。同記録によると1894年12月6日，外務省から創刊費の名目として1,200円の補助金を受けており，1895年2月から補助金を続けて受けていたとされている。また，『安達謙蔵自叙伝』（新樹社）と，『京城府史』（第2巻，368頁），佐々博雄の論文(53)も一致している。

『漢城新報』の創刊背景について考察してみよう。同紙は，安達謙蔵の提案，井上馨の積極的な支持によって創刊されたと言えよう。安達は熊本国権党の思想を実現しようとする意図があったのであり，井上は朝鮮の内政改革を促進し，日本の政治宣伝を図ろうとする計画を持っていたのである。当時，日清戦争によって朝鮮半島における日本の影響力はますます強くなっていた。それに加えて朝鮮に対して言論の干渉ないし統制まで行われた。特に，1895年10月15日井上馨は朝鮮国全権公使に任ぜられた。安達は井上公使が京城に到着すると，早速，井上公使に面会し，朝鮮民族を啓蒙するためには，何よりもまず朝鮮諺文による新聞発刊が肝要であることを指摘し，積極的に新聞発刊の必要性を力説した(54)。

そこで井上もその必要性を認めて，公使館の一等書記官杉村濬に新聞発行計画の補助金を命じ，安達も計画案を具体化させた。ところが，安達の新聞計画には一つの問題があった。それは安達が井上に新聞発行計画を説く前，既に京城日本居留民の有志から新聞発行計画が杉村書記官に提出され，陸奥宗光外務大臣まで報告されていたことである。杉村はその解決策として安達と居留民との共同経営案を井上公使に進言したのであるが(55)，井上はこの提案を拒絶し，安達一人に経営を任せることを強硬に主張した(56)。この経緯については井上公使と陸奥外務大臣との電文を見るとよく分かるはずである。

Inoue

Seoul

(179), I intend carry out the scheme of publishing in Seoul newspaper in Corean language sending there suitable editorial staff and plants of press. Ask 杉村 for details. I trust you have no objection answer by telegraph.

Mutsu

October. 31. 1894(57)

この電文の内容を見ると，陸奥外務大臣は井上公使に対して，杉村から進言された居留民による新聞発行計画を認め，支持する方針を示していた。これに対し，井上公使は陸奥大臣宛に次の電文を送っている。

Mutsu

Tokio

(140),　The publication in Corean Language mentioned your telegram 179 would be of no avail under the present condition of Corean government. Wait till I propose a new on good occasion.

Seoul. November. 8 . 1894　　　　Inoue(58)

ここで，井上は，現在の朝鮮政府の状況の下，新聞発行は有益ではないので，政治事情の様子を見て好機を待つことを陸奥に要請している。

のちほど，井上公使と安達との新聞発行計画の具体案がまとまり，1894年11月29日陸奥外務大臣に電文を送り，新聞の体裁，資金などについて交渉を行った。しかし，一方的な発行計画に不満を抱いた陸奥は，一応，井上案に抵抗を示し，「新聞ヲ支配スベキ人物」(59)と，従来彼が考えていた織田純一郎なる人物を推薦しているのである(60)。そこで，井上は，また電文を送って，「新聞記者ノ儀ハ当方に於テ既ニ適当ノモノヲ選シアリ是レハ拙者ノ使用スル者ニ付，其人選ハ是非拙者ニ御マカセアリタシ」(61)と陸奥の要請を断っている。しかしながら，新聞の体制，すなわち半分韓国語，半分日本語にして隔日新聞にするなどには異論がなかった。ただ，新聞の補助金と経営者についての論議は残った(62)。

その状況の下，井上の積極的な支持によって安達謙蔵を中心とする熊本国権党系のスタッフ（staff）によって『漢城新報』が発刊されるようになる(63)。

井上の支持を得た安達はさらに，朝鮮人の然るべき有力者と協力関係を結び，朝鮮人安駉寿(64)から新聞社創立に必要な土地の提供を受け，現地出資の形で新聞経営に参加させた。その時，1894年12月7日新聞創刊費として1,200円が外務省機密費から井上宛に電信為替で送られた(65)。

そこで，安達は同年12月10日東京に帰り，東京築地活版所で8万個の活字を購入して，1895年1月5日仁川に到着して，いよいよ新聞発行を進め，ついに2月17日『漢城新報』を創刊することになった(66)。ここで特記すべきことは，この『漢城新報』は完全な外務省の計画によって創刊されており，井上角五郎が創刊した『漢城旬報』とはその性質を異にしているという点である。この『漢城新報』は朝鮮半島への言論統制を目的として創刊されたとしても過言ではなかろう。

以上の新聞を初めとして，1894年から1905年保護条約まで，約10年間に多数の日本人経営の新聞が創刊されている。それらの主な新聞は**表2**のようである。

このほかにも，日本人経営の韓国語・漢字新聞は『大韓新報』『大韓日報』『大東新報』(67)があった。また，英字新聞としては，“Seoul Daily Bulletin” があった。この新聞は1904年1月20日創刊され，5月2日まで発刊されたが，日本外務省の半官的機関紙であり，日露戦争の時は，政治宣伝と地方ニュースなどを報道した。

このような日本人経営の新聞発刊が活発になったのは，一つには日本居留民が急増したことによる。居留民の大部分は貿易関係者，または商人たちであった。いま一つは大概それらの新聞は外務省から補助金を受けて創刊されたということである。その結果，当然これらの新聞は外務省の政策の宣伝と機関紙の役を勤めた。日本政府が言論機関に対して補助金を支払っていたのは結局，日露戦争後，朝鮮支配政策のため言論政策を先に進めようとしたからではなかろうか。このような日本人経営の新聞が結局，朝鮮半島の言論支

表2　日本人経営新聞の創刊（1894年から1905年まで）

刊行物名	創　刊　日	発刊地	主　要　内　容
鴨緑時報	1896.12.1		
元山時報	1897.7	元山	謄写版印刷
木浦新報	1899.8	木浦	山本岩吉が旬刊創刊，後に週刊，隔日刊，日刊
両字新聞	1900.10	木浦	木浦地方新聞
達成週報	1901.6	大邱	大邱日本人会による謄写版新聞
元山時事	1903.1	元山	8ページの日刊新聞
仁川商報	1903.11.29	仁川	
群山新報	1903	群山	
京城新報	1903.3	ソウル	旬刊
朝鮮日日新聞	1903.10	仁川	仁科三也によって創刊（海外邦字新聞雑誌，蛯原八郎著）
韓南日報	1903.12	群山	謄写版
釜山日報	1904.2.12	釜山	日刊（芥川正が創刊）
韓鮮民報	1904.3.16	大邱	日刊に創刊
全南新聞	1904.4	木浦	菊版12ページの隔日紙
全州新報	1904.12.25	全州	謄写版，日刊
全北日報	1904.12.25	全州	4ページの日刊紙
朝鮮日報	1905.1	釜山	朝鮮時事新報に改称
大邱実業新聞	1905.3.26	大邱	隔日刊，村松祐之創刊（後に，大邱新聞，朝鮮民報と改題）
平壌時報	1905.7	平壌	隔日刊

※筆者作成（韓国資料と日本の文献を参照した）

配の実際的な始まりであったことを看過することはできない（傍線筆者）。その具体的な事例の分析は次に述べていくことにする。

2　日本の言論統制政策と民間紙の創刊

前に述べた通り，朝鮮における言論統制は『漢城新報』から始まっており，それは「明成皇后殺害事件」（閔妃：1851～1895）(68)をきっかけとして行われたと言えよう。『漢城新報』の創刊当時，朝鮮においては新聞がなかった状態であり，報道論調は幅広く好評を受け，朝鮮人の購読者は400名を上回っていたからである(69)。

この新聞社の社員を見ると社長から職工に至るまで殆ど，熊本国権党関係の人々で占められていた。また，韓国語版を発行するため韓国語担当記者として尹敦求を採用している(70)。このように『漢城新報』はスタッフを揃え，韓国の言語からなる新聞であったが故に朝鮮政界の好評を集め，更に読者層も広がっていった(71)。

このように朝鮮側の好評を受けたことは，井上馨の操縦による『漢城新報』の論調にもよる。井上は1895年7月朴泳孝が総理大臣から失脚した後，対朝鮮政策の転換を試みていた(72)。即ち，従来の強硬政策から，朝鮮政府に対して宮中宥和への政策に転換した。井上は日本が遼東還付条約によって清国から受ける倍償金の一部を朝鮮に寄贈することを日本政府に申し入れるまでに至った(73)。また朝鮮の王室財政を考慮して当時の外務大臣代理西園寺公望に財政援助を要請することになった(74)。勿論，これは朝鮮政府のロシアに対する関心を防ぐとともに朝鮮に対する日本の利権を得るためであった。そして，その宮中宥和政策の最も効果ある手段として考えついたのは新聞を通じての懐柔政策だったのである(75)。

そこで井上は『漢城新報』に関係を有する佐々友房や柴四郎をして，宮中への宥和策を新聞という手段を通して取らせることにした。この方針にもとづき，『漢城新報』の編集長である小早川秀雄が実際に「朝鮮開国始末」という題の筆を揮い，朝鮮国政を論じ，閔妃一派は両国進取の政策を取ってきたということを，毎日，新聞の大特集としていた(76)。

『漢城新報』としては外務省の補助を受けたがために，政府と一体化し，外務省御用紙的性格を持つ新聞として活動せざるを得なくなった。その結果，日本の対朝鮮政策と密接な関わりを持ったのである。佐々博雄氏は，熊本国権党の紫溟会は結成当初朝鮮の自立を願い，東亜細亜連合を図る自主的な性格を『漢城新報』に見いだそうとしたが，次第に当初の意図とは遠くなり，同新聞は政府の対朝鮮政策に密着し，ますます急進化することになったと語っている(77)。

『漢城新報』の立場は一つの事件との関わりを通してより明確に知ることができる。1895（明治28）年10月8日（陰8月20日）未明，井上公使が擁護の方針をとった閔妃を，日本人が殺害して宮中から閔妃の勢力を一掃し，大院君を擁立するという事件が起こった。俗に言う閔妃の殺害事件であった。この事件は井上馨に代わって朝鮮国特命全権大使に任ぜられた三浦梧楼の指示によって支援した日本守備隊と，安達謙蔵社長を中心とする『漢城新報』社員達によって起こされた事件である。

この点に関して佐々博雄氏が提起する主張がある。その一つは，「漢城新報」は日本政府の政策を乗り越え，彼らの思想を実現するために閔妃事件を起こしたという主張であり，いま一つは閔妃事件は三浦梧楼の独断によって起こしたという主張である。ところが，そこには幾つかの問題点を孕んでいる。『漢城新報』は創刊当時から日本外務省の補助金を受け続けている政府代弁機関であり，特に当時，外務大臣代理西園寺公望の極秘文書によれば，日本政府に『漢城新報』はかなり期待されていたという点である(78)。また三浦梧楼は当時朝鮮公使に任命されたばかりで，まだ朝鮮の実状をよく知らないところで王室に関わる重大な事件を独断で決めたとは考えられない。彼は井上馨の友人であり，井上が推薦した人で，井上の外交路線とそれほど違わない筈だからである。この事件の後，事件の関係者はただちに朝鮮から退去処分を受け，「謀殺及び凶徒聚衆」の罪名で広島地方裁判所の予審に付された。だが結局，1896年１月20日全員免訴となったのである(79)。

一方，佐々博雄氏はふれていないが，閔妃殺害について『漢城新報』の報道そのものが非常に問題になった。同紙はこの事件の翌日８月21日付で，日本語と韓国語を併用して事件を大きく取り扱っている。その主な内容は，日本の士官教育を受けた訓練隊が王室の失政に憤激して起こした事件であるが，日本軍が出動して鎮圧したというふうな虚偽報道であった(80)。

また，三浦公使は外国通信社の電報発信にまで不法な弾圧を加えていた。当時ソウル駐在，『ニューヨーク・ヘラルド』(New York Herald) 紙の特派員コカリル (Colonel Cockerill) が閔妃弑害事件を詳細に取材して本国に打電しようとしたが，その発信は中止され，支払った料金も返されたという事件が起こった(81)。後に日本政府が陳謝したが，結局この内容は欧米諸国に報道され，日本政府はアメリカやロシアなど全世界から非難または糾弾を受けるようになる。そこで，日本政府はまず外務省政務局長小村寿太郎を朝鮮に派遣して同事件の経緯を調査する一方，露，米，英，仏，独などの在外公使に訓令して各国の動向を調べた。この小村寿太郎の調査報告によって，三浦を中心に行われたことが明らかになり，同年8月29日（陽10月17日），三浦には帰国命令を，またそれに関連した杉村ら48名は上述した通り，それぞれ広島監獄に拘禁され，調査を受けることになった(82)。

このように，閔妃事件によって安達謙蔵をはじめとする有力スタッフを失った『漢城新報』は朝鮮政府の圧迫と(83)，新たに朝鮮側で創刊した『独立新聞』との競争などによってその経営が危ぶまれるようになった。しかし，三浦の後任の小村寿太郎公使の尽力によりこれまでの月額170円の補助金が300円に増額され，その経営は安定するようになった(84)。その後，同紙の性格も政治に立ち入ることは避け，文化の報道や，朝鮮人の便宜と嗜好を考えて報道するようになった。それは，一方で，完全な公使館の指導のもとで穏健な外務省の機関紙化したことを意味することでもあった。

『漢城新報』は朝鮮における熊本国権党の中心になったことは変わりなく，退韓処分を受けた人々も後にその令が解けると再び朝鮮に渡り，新聞社の経営に当たることになる。『漢城新報』は日本政府の補助金を受け続け，京城における唯一の日韓両語新聞として，政府の機関紙となり，朝鮮国民に対する侵略メディアとして利用され続けたのである。この新聞は1906（明治39）年8月31日朝鮮統監府の買収の形を取って，『京城日報』と改題して本格的に植民地広報活動に乗り出していった。

前述した『独立新聞』の創刊は，閔妃事件にまつわる『漢城新報』の報道態度に反発したことによるものでもあろう。更に，閔妃事件によって朝鮮民族から信用を失った『漢城新報』は，1896年4月19日から再び大韓帝国の没落を讃える童謡を掲載した(85)。

これに対する朝鮮政府及び一部上層階級における反発は大きかった。これをきっかけに国内には排日思想が広まるようになり，朝鮮民族を代弁する新聞の必要性が高まっていったのである。

1895年末頃，「甲申政変」ののち，日本を経由してアメリカに亡命していた徐載弼(86)が11年ぶりに帰国した。当時，朝鮮の高宗は新聞の発刊に好意的であり，また内務大臣兪吉濬の積極的な協力によって，徐載弼は国庫金から5,000圓の補助を受け，1896年4月7日『独立新聞』を創刊した。この新聞は韓国の歴史における最初の近代的な民間新聞である(87)。特に，この新聞の創刊は当時朴定陽総理大臣が閔妃事件以後，日本の勢力浸透を防ぐため新聞創刊の必要性を感じたからであった。そこで徐氏は李承晩らとともに独立協会を組織し，その機関紙として『独立新聞』を発刊したのである(88)。

この頃，時代意識を代表したとも言える同協会の組織は，国内には民権を伸張して君主専制の弊を牽制し，君民共治の実を現そうとし，国外には強隣の干渉を防止し，自由独立の実を確固たらしめようとした。それによって国民的一大危機を救おうとしたのである(89)。そのような背景の下で『独立新聞』が生まれ，更に，『協成会会報』（1898. 1．1），『京城新聞』（1898. 3．2），『毎日新聞』(1898. 4．9，協成会会報15号から改題)，『大韓新報』(1898. 4．6），『帝国新聞』（1898. 8．10），『皇城新聞』（1898. 9．5），などの朝鮮人経営の新聞が次々と発刊されるようになった。これらの新聞はそれぞれの特色を発揮しようと努めていた(90)。この点から見て，当時の新聞は既に官報本位の形式から離れて民衆の公器として指導並びに報道機関たる面目が現われたのは勿論であるが，報道よりも指導に重点を置き，対外的には自由民権の思想を鼓吹したことが分かる。そうすることによって国際的危機に陥る国家の運命を目の前に見ながら，民族意識を宣揚することに努めたのである(91)。なかでも民族紙の先駆的役割をなした『独立新聞』について簡単に触れておきたい。

『独立新聞』はハングル新聞として隔日刊で創刊されたが，創刊後，1年余りののち徐載弼が守旧派の追放運動によってアメリカに行ったあと(92)，1898年7月1日からは日刊になった。

自主，自由，不偏不党を社是としている同新聞は，旧思想，旧制度の革新を掲げていたため，当時守旧派の思想とは反していた。また1898年11月21日から23日まで『独立新聞』の関係者を中心とした「万民共同会」と，親日派を中心として集まった「皇国協会」との対立があった。その結果，1898年12月19日中枢院会議によって，独立協会は朝鮮政府から解散命令が出されることになった(93)。同月27日皇国協会の謀略的な策動によって独立協会の主要幹部は投獄され，同新聞の運営権はアペンツェラ（H. G. Appenzeller）に引き渡された。そのうちハングル版は中断，英字版である『ディ・インディペンデント』（The Independent）だけが続いたが，1899年12月遂に廃刊した。

更にここでは言及しなかったが，当時朝鮮人によって民間紙が幾つか創刊されたが，経営的に非常に苦しい状態であった。これに比べ，日本人経営の新聞は，大抵日本外務省からの補助金によって比較的に経営状態はよかったので，部数をのばしていた。しかし，日本人経営新聞，特に『漢城新報』は，『独立新聞』等の創刊によって多少経営的に苦しくなり，また朝鮮の民間紙とともに激しい論争を続けざるをえなくなった。

第3節　日英同盟と言論報道

1　日英同盟の歴史的背景

日英同盟は日本が朝鮮半島における支配政策を決定するきっかけになったものとして非常に重要な意味を持つ。それはイギリスが日英同盟条約を結んだ後，事実上日本の朝鮮統治を認めるようになったからである。ここではその日英同盟と朝鮮半島との関わりについて述べていくことにする。

1894（明治27）年2月，朝鮮末期に最大規模で組織された農民の反乱，いわゆる「東学の乱」(94)が，全羅北道で起こって全国に波及した。政府は武力と懐柔によってその鎮圧に努めたが，日に日に強まっていく革命勢力によって，かえって政権崩壊寸前の危機に陥った。そこで，朝鮮政府は清国に救援を求め，介入の機会を待機していた清国は直ちに兵2,800名を牙山湾に出兵させた(95)。

一方，日本は清国の朝鮮出兵が天津条約第3条に違反するものであるという理由で大挙出兵を始め，それが日清戦争の契機ともなった(96)。その戦争の結果，両国の間に馬関条約（1895年4月）が結ばれ，日本は朝鮮支配にフリーハンドとなったと言えよう。

ところが，朝鮮における日本の支配政策は必ずしも順調ではなかった。これまで朝鮮侵略を目指していたロシアが清国に代わって日本の前に立ちはだかっていたからである。ロシアはその同盟国であるフランス，ドイツとともに日本が馬関条約で清国から獲得した遼東半島の返還を強力に求めた。これに屈せざるをえなくなった日本は「臥薪嘗胆」を国民的スローガンとして呼び掛け，産業革命による国力の増進と，民心の統一を図って大陸侵略の政策をますます強化した(97)。

日本政府は朝鮮半島をめぐって列強間の勢力関係に留意しながら慎重に行動していた。列強は朝鮮問題で相互に対立し，あるいは対立に巻き込まれる危険を極力避けようとした(98)。日本も急激に朝鮮半島に南下するロシア帝国に抵抗し，数次の外交交渉を経て協定を結び(99)，朝鮮における独占的支配を確立しようとした。しかし当時，日本の力ではロシア帝国を打ち破る自信がなかったので，世界最大の資本国であるイギリスとの間に日英同盟(1902)を結ぶことになる。日英同盟はイギリスにとって外交史上，重大な転換点であった。当時，露仏同盟（Franco Russian Alliance 1893.12.27～1894.１.４）によって，イギリスは露仏同盟側と対立関係になり，一層孤立状態となっていた(100)。従って，イギリスとロシアとの間に最も尖鋭な対立関係が続くようになり，イギリスも極東アジアに進出を計っていた。

日英同盟は1902年１月30日成立された国際条約で，日本における最初の同盟条約であった。この同盟は，その後，20年の長きにわたり，日本の安定と繁栄を築いた礎石の役割を果たしたとも言えよう。他方，そうした見方に対して，日英同盟は日本の帝国主義発展への跳躍台になったとする説もある(101)。

いずれにしろ日本はこの日英同盟によってロシアの南下政策を抑制し，朝鮮を確かに自国勢力下に収めることができたのである(102)。日英同盟の発案は，加藤高明が在英公使の頃から提唱していたのであり(103)，他方イギリスにおいてもチェンバレン植民地大臣が日英提携の希望を加藤公使に伝えていた（1898年３月）(104)。

当時，日本の政界には，日英同盟について賛否両論の論議があったが，やはり，日英同盟によって，ロシアの南下を抑止するばかりでなく，先進植民地帝国より，通商，植民，財政上の便益を得て国益を増進させようとする意見が優勢であった(105)。その結果，日英同盟は小村寿太郎の交渉によって成案され，日本もますます帝国主義外交へ巻き込まれていった(106)。勿論，現在は小村外交に対して，厳しく批判している学者が多いが(107)，当時の場合，多くの人々が彼を支持しており，彼こそ明治外交を完成した人と見る意見も出されている(108)。

日英同盟に関してはイギリス国内においても意見が多く出された(109)。それは成立背景とも関連するが，自国の利害関係に絡んで，次のような理由によるものであった。

(1)　1891年着工されたシベリア鉄道は，ロシアの太平洋進出と朝鮮半島への浸透を意味し，イギリスとしては潜在的脅威であった[110]。

⑵　1900年末から1901年の間の所謂「満州危機」である。満州危機は義和団の乱[111]が満州に波及して，ロシアが自国の鉄道保護の名目下に，満州を占領してしまった。これは結局，清国の領土保存の直接的な危脅であった[112][113]。

⑶　1901年頃，日露和解の可能性が大きく強調され，それを防ぐためにも日本との同盟を締結する必要性が迫ってきた。日露和解の交渉が行われた場合，ロシアの勢力の拡張とともにインドの安保が問題になるからであった[114]。一方，当時イギリスの立場を看破した駐英日本公使林董はロシアとの協商可能性を否認しなかったとし，イギリスとの協商を間接的に促していた[115]。

このようなことを，イギリス側が日英同盟を結んだ理由として挙げることができよう。一方，日本にとっては，ロシアとの協商を主張した伊藤が辞任し，1901年6月に強烈な日英同盟論者である桂首相が就任したことによって，外交政策も急速に日英同盟の方向に向かっていった。同年10月から小村外相を中心として同盟案作成に入って翌年1月，日英同盟が結ばれることになった[116]。この条約の具体的な内容については今回は省略することにし[117]，ここでは朝鮮半島における日本の地位が決定的に強化された事実に注目することにする。即ち，同盟によって大韓帝国で発生する騒擾事態とか，第三国の干渉から日本の特殊な利益を保護する権利を認め[118]，事実上，大韓帝国の保護統治まで承認したとも言えよう。また，日本の外交政策は朝鮮半島全域を「利益線」として確保する方針に戻り，韓国へのロシアの脅威を排除するために，ロシアの満州からの撤兵交渉をするまでに至った[119]。

2　日英同盟をめぐる言論報道

日英同盟の歴史的な背景は前述した通りであるが，この同盟が朝鮮半島においてどういう影響を及ぼしたかについては徹底的な分析を要するところである。それは言うまでもなく，国際情勢の下で，帝国主義国家の動き，または朝鮮半島を囲む日本とロシアの経済的な利益線の争いの中で結ばれたからである。しかし，韓国でいわゆる植民統治分野に関する言論研究者，または言論史研究文献においてはこのことはあまり触れられていない。このままでは日本統治下の朝鮮における言論研究に誤りが生じる可能性がありうるのではなかろうか。日本の国内では当時，日英同盟についていろいろ論議されており，それ自体が日露戦争の勃発をもたらしたと考えられ，また日露戦争直後から日本の憲兵によって朝鮮半島における言論検閲制度が始まるのである。ここでは当時，日英同盟に対する各国の報道と，同条約が結ばれた直後の日本の新聞報道を中心として分析し，その結果を踏まえた上で，日本の朝鮮半島への経済的進出，更に植民政策などを取り扱った，当時の新聞の論調を分析していきたい。

まず，日英同盟をめぐる各国の報道を見ると，アメリカ政府は歓迎しながらも同情的な態度を示した(120)。ドイツ新聞の評論は冷淡であり，日英協約は平和を保持するために効果があるが，ロシアにとっては明らかに制圧であると述べている(121)。イギリスは当然歓迎しており，各新聞社の論調は満足を示しながら，かつ極東における平和を更に確かめるものだと報道している(122)。ただイギリス国内でも自由党は反対しており，保守党は賛成していた。オーストラリア連邦中央政府の首相バートン氏は日英協約を満足なものとし，オーストラリアに利益あるものと信じるとした(123)。

一方，清国は満足しながら日英両国に信頼を送っており，ロシアだけは沈黙し，論評せず(124)，翌日からは自国の利益を保護するために，相当の政策を出すべきであるというふうに批判的論調であった(125)。フランスは日英同盟の第３条はフランスを指すと見做しドイツがこれに加わることを恐れていた(126)。そして，イタリアも歓迎の態度を示していた。

このような状況の下で，日本における新聞の報道は殆どの新聞において大いに歓迎の態度を示していた。1902年２月13日，日英同盟協約過程について内閣から両議院にそれぞれ報告され，一斉に報道されるようになり，各新聞は次のような論調を示していた。

『東京朝日新聞』は２月13日「日英同盟成る」という題で，同条約の全文を掲載し，解説を加えている。

1902（明治35）年２月13日，枢密院は御前会議を開き，桂首相と小村外相が出席して，日英同盟約定の次第を説明したと報じ，「日英同盟の全文」の中で，「両国は極東において現状及び平和を維持することを希望し，かつ清帝国及び韓帝国の独立と領土保全とを維持すること」(127)などを述べている。

また，「清帝国と韓帝国において日英両国は商工業として均等の機会を得られること」[128]を強調していた。「日英同盟の発展」[129]という題の下で，「東洋全局の平和維持を欲するものは，いずれも必ず日英両国民と同様の感情を以て締結を喜ぶはずである」と語っている。特に，「日英同盟条約は日本のために朝鮮における政治上，商業上，工業上の格段の利益に対し，共に別国の侵略的行動を排せんことを約したからであり，また清韓両国の形勢が極めて危殆となったためである」と表現していた（傍点筆者）。

２月14日になると，日英同盟の目的は東洋の平和を維持し，清韓両国の領土を保全するにある[130]と解説している。国民同盟会は北京における露国の退譲に際し，且つ日英同盟の成立をきっかけとし，同会の目的も既に貫徹したと見て「国民同盟会解散の議」[131]を決議するに至った。また「大隈伯の演説」[132]の記事を見ると，支那分割，満韓交換論に強く不満を表しており，軽率に言論を弄する者の猛省を求めていた。いわば日英同盟の趣旨に従って一致して団結することを呼び掛けていたと言えよう。

一方，1902年２月，１ヵ月間の『大阪朝日』の報道記事を分析すると，日英同盟について最も歓迎したのは経済界であった。その主な記事の見出しと内容をまとめておきたい。

⑴　「日英同盟，実業界の祝賀」[133]

東京商業会議所，商工経済会，商工倶楽部，３団体主となり，各大臣と両院議長，英国公使及び在留英国人とともに一大祝賀会を催した。

⑵　「日英同盟と我経済」[134]

日英同盟は清韓両国において通商上莫大な利益をもたらすべきことは勿論，日本内外地の経済界においても便利を得るべき全般事業を企てるものである。

⑶　「財政上の新計画」[135]

日英同盟と商業策として朝鮮における日本の商工業は肝要である。

⑷　「国民同盟会の祝賀会」[136]

同盟は支那保全と朝鮮擁護に重要である。

⑸　「名古屋の祝賀会」（市内材木商120名余り）

「高崎同盟の祝賀会」（高崎市有志会）

「英国両院と新同盟」「両院聯合祝賀会」

両院の発表後，日英同盟成立祝賀会が開かれた。日英両国旗を揚げ，両国陛下の万歳を三唱し，海軍軍楽隊はイギリスの国歌を奏した。また「東京商業会議所」から「ロンドン商業会議所」宛てに祝電まで送っている(137)。

(6)「倫敦商業会議所の祝電」(138)

東京商業会議所により倫敦商業会議所に向けて発した日英協約成立の祝電に対し同所より祝電を寄せ，賀辞を送り，この協約が平和を保障し，以て両国間における商業と福祉とを増進せしむべきを確信する。

(7)「二重の慶」(139)

同盟は国利民福のためあり，元老政治時代と成すことができる。

(8)「大阪の日英同盟祝賀会」(140)

大阪市における日英同盟祝賀会において，同盟は東洋の100年の平和を維持して清韓両国の領土を保全し，万国をして均しく通商上の利益を享受せしむることであり，帝国の商権を拡大することであるとしている。

以上の項目にも表れたように，日英同盟は政界よりも商工業界の人々によって大歓迎を受けることになったのである。

『国民新聞』は政治的膨張主義または国権主義の観点から極東の平和を唱えていた。即ち，2月13日「極東における平和同盟」という題で，日英平和同盟を宣言し，両院の議員一同は国民の意志を代表して，称賛の義を示したとした。そして，単に帝国及び同盟国イギリスのために祝するのみならず，実に極東平和の為に同盟を祝さなければならないとし，更に，清韓両国における帝国の権利及び利益を擁護するほか，帝国が文明的社会に加入しつつあると語っている。

「日英同盟の成立」(141)という記事においては，同盟の条約は1月31日ロンドンで調印が終わり，即時より有効のものとして2月12日両院に披露されたと公表した。更に，議員における拍手喝采は全国に波動して重大な感動を喚起すべきことは言うまでもなく，イギリスにおいても同日，議員に披露されたであろうから全イギリスを通しての感動も亦頗る重大且つ良好なるであろうと推測していた。同紙は，日英同盟条約の全文は『国民新聞』自分自身が第1号外として報道を出したと語っている。

「日英条約の祝安宴」[142]の記事を見ると，各政党及び中立の人々は今回日英協約の成立を祝するため一大祝宴会が開かれるようになったとしている。「小村外務大臣の演説」[143]にも，本協約の目的は平和を追求することにあり，且つ清韓両国における帝国の権利及び利益を擁護するにあると述べていた。その外に同紙は桂総理大臣の演説も掲載している。

2月14日になると，「日英同盟と世論」と「慶応義塾炬火行列」などの記事で日英同盟の祝賀と賛成の論調をとっている。2月15日から日英同盟の由来について述べているが，特に尾崎院内総務と松田総務委員長との2人の談話に注目すべきであろう。

まず，「尾崎院内総務の談話」[144]の内容である。政友会院内総務である尾崎行雄は日英同盟については反対はしないが，極東問題を解決するためには単に日英同盟だけを能事と思ってはならないとし，日英同盟は国の事情から結構なことであるが，更に露国を加え日英露の三国同盟を協約するを要するとした。……伊藤侯が同国を漫遊した際にも非常に歓迎の意を表し，我が国に対して好意を示したと述べている。

次に，「松田総務委員長の談話」[145]である。「政友会総務委員長松田正久は国家のため大いに賀せざるを得ず，日清戦争以来国威の発揚である。また伊藤侯はこれを反対にはあらずやといい，この日英同盟は前内閣の当時においても既に数回話題に上がりしものなれば伊藤侯も決して反対にあらざる可しと信ず，唯だこれに反対ならざるのみならず侯も必ず彼の地に於て此の条約の締結には多少尽力せられたる所ある可しと思はる」と明らかにした。

この2人の談話の内容には，日英同盟を歓迎しながらも，伊藤前総理の功績，または彼の対ロシアの交渉論などについても評価しようとする考え方が示されていた。これに加えて伊藤前総理とは政治的対立関係にある「大隈重信の演説」も同紙に掲載している。これは当時桂を支持していた徳富蘇峰が狙っていたところではなかろうかと考えられる。というのは，伊藤前総理は日英同盟に反対しながら，日露交渉論を主張したので，桂総理の意見とは異なり，更に大隈とは政治的に敵対関係にあったからである。

そこで，徳富蘇峰は翌日，「日英同盟国民的性格に及ぼす影響如何」[146]という長文の演説を書いて，対国民説得及び驚覚心を呼び掛けていた。その主な内容を見れば，同盟は一時的であるが，国民的性格は永久的なものとして個人は少しも等閑にしてはならない大事である。そして日英同盟は日本の国民に向けて，無形有形の大きな責任を増加したものであるということはすべての国民が片時も忘れてはならない。そこで，最後に銘記すべき事はイギリスが日本に向けて求めているのは，日本が実力があるためであり，苟もその実力を失う日は同盟の名前だけが残るようになり，頼むことができなくなる，頼むことのできるのは自己の力のみである，そのため力を増長せしむるためには未来永久に国民が一致して尽力しなければ妙策はないと述べている。

また，２月18日「両院の祝賀会」という論説では，露国に対して特に強硬な態度で向かってはならず，排露主義を鼓吹して敵でないものを敵とし，平地に波乱を巻き起こすようなことは避けなければならないとした。同盟の目的は清韓両国における，日本の政治的権利と，商業上の利益とを擁護することにあると触れている(147)。「国民同盟会の宣言」によると(148)，支那保全朝鮮擁護の関鍵はただ一つ満州問題の解決であると指摘している。また，前外務大臣加藤高明が東京経済学協会で演説し，日英同盟に対する意見を述べ，この協約はその範囲を極東に限り，清韓両国に制限したのは最も宜しいところを得たと言わざるをえないと語っている(149)。彼は午後ほぼ同じ内容の演説を東邦協会（帝国政育会会堂）でも行い，『国民新聞』はこれを同月18日から20日まで３日間連載した。

日英同盟の評価が日本国内で盛り上がっていたところに，また，徳富蘇峰は日本国民に対して市民的な資格を呼び掛けている。その内容の一部分を紹介すれば次のようである。

「世界的市民」

「一郡の事に通ぜずんば完全なる村長たること難く，一縣の事に達せずんば，申分なき郡長たること難し，されば世界的市民の資格なくして，日本国民の資格のみを有せんと思ひも寄らぬ次第也。吾人が今爰に世界的市民たる可き教養の必要を説くは，日本国民の資格よりも，世界的市民の資格が大切なるが為めにあらず。此の資格なくんば到底日本国民たる可き実を挙ぐる能はざるを認むれば也。」(150)

彼はここで３つのことを挙げている。即ち，①世界的な市民，②世界的知識，③世界的同情である。特に，清韓両国に向かっては真実に同情を有し，且つ之を表彰する機会を失わないことを主張している。この内容の論調を見ると，将来的な考え方を持ち世界的な市民になることを呼び掛けていることが分かる。

また，「世論概観」という見出しで，日英同盟協約は東洋の平和を以て最終の目的としており，世間に往々伊藤侯がこの協約を喜ばず，政友会が日英同盟に反対していると伝えられているのは甚だ誤っているものとして，私情を挟んで国計を誤る言動があってはならないとしている。

このように『国民新聞』は全般的な論調は政治的なことであり，日英同盟を強く支持しながら，徳富が論説で呼び掛けたように日本国民が日英同盟とともに一大躍進することを狙っていたといえよう。特に注目すべき部分はどの新聞よりも，日英同盟について歓迎する記事の数が多かったことである。

『東京日日新聞』は２月13日，「日英同盟成る」という題下で，桂首相の演説要旨を掲載している。同日の演説の中で，今日のこの協約が成立したのは最も自然なものにして天下何れの国民もこれに対して疑問の念を挟まないことは論なきものであると論じている(151)。また「欧州外交の傾向」という記事を見ると，次のように述べられている。

「露国として波斯湾に鉄道を延長し要塞を築設せしむるの憂は我れの二国同盟と協商して海軍政略上及び商業上に受くるの利の更に大なるに如かざるべし故に本問題は之を軍事上より於てせず政治上より考察せんことを要とす……」(152)

また「日英協約の精神」と「日英同盟と税率自定権」についても13日付でそれぞれ説明している。２月14日の論説では「朝鮮半島」という問題について非常に具体的に取り上げている。その主な内容を見ると、次のようである。

「……朝鮮半島の独立を保ち其の領土を保全するは日本帝国の政策始終一貫して渝らざる所、清国に対しては天津条約下ノ関条約を以て我政策を承認せしめ其の後露国と半島との交渉益々滋からんとするを見て我は日露協商を以て露国をして我政策を承認せしめたり。半島に対して重大なる政治的関係を有するもの清にあらずんば露なり。而して清露共に我意志を容るるに於ては世間復た違言あるべからざるなり。且英国と同盟条約に依りて英国は半島における我政策を容れて同盟の主要事項と為し米国及び欧羅巴諸国皆我政策を是認し、日英同盟に対しては好意を以て賛成したる今日にありては朝鮮半島の事に就ては我は世界国民の賛同を得て其の伝来の志を成すものと謂はざるべからず且約束の現状を変更して日本帝国の力を殺かんとするが如きは到底言ふべくして行ふべからざるものなり……」(傍線筆者)(153)

この内容を綿密に分析すれば，2つの点に注目することができよう。つまり，本章の冒頭で述べた通り，一つは，日英同盟によって日本は朝鮮半島の経営においてイギリスから承認を得たことを確認できた点，いま一つは，朝鮮半島における日本の政策は清国，ロシア，イギリスから承認を得て，更に世界国民からも賛同を得たという点である。

2月14日になると，「英国諸新聞の論調」と「日英協約」「英国新聞歓迎」などの題下で，世界各国の世論についても報道していた。また2月15日付の報道によると，同盟国民としてのイギリス国民に対する交誼を表明する道に至るなどとして英国民に謝意を表している(154)。その下段部分の「日英同盟と伊藤侯」という見出しの記事で，日英同盟の成立に対して世間種々の臆説を立て，伊藤侯は日英同盟には反対意見を持ってその成立を望まなかったため侯の不在に乗じて同盟が成立したというのは全く事実とは反する報道であるとしている。①前年の春の伊藤内閣の際に，時の外務大臣加藤高明が伊藤総理と謀ってその筋々に訓令を下して相互の意志を貫通するために努めた，②その後内閣は更迭し，外務大臣は一旦曽禰の兼任となり，次に現在小村寿太郎氏に移ったが，ロンドン駐在全権公使は始終林董氏であったので，一定の政策を遵守して尽力し，③また，当時北京でこの問題と深い関係を持っていた小村は，今日外務当局者だったことなどから推察しても伊藤侯が日英同盟反対者だということは，事実ではないことは証明されると記述している(155)。

日英同盟において今ひとつ注目すべきことは株式の問題である。2月13日各新聞に同盟条約が発表され，15日から株価が騰貴することになった。それは日英同盟が日本の財政及び経済に及ぼす影響が頗る大きかったことを物語っているのではなかろうか(156)。また，この同盟協約は清韓の平和を担保にするものであるから，それまで躊躇した清韓内地における有利好望な事業は漸次に着手されるようになり，日本商品の需要地である両国における景気に活動を与え，その結果日本の清韓貿易において利益を得ることが大きくなったのである(157)。

加藤前外相は伊藤侯が日英同盟に反対したというのは無稽のきわまりだとした。特に，このような荒唐無稽な言葉をもって伊藤侯を傷付けるのは同盟協約の力を弱くする畏れがあるとした。何故ならヨーロッパにおいては伊藤侯が日本第一の政治家で，且つ勢力家であると見ているためである，若し，侯が日英同盟に反対だというふうに伝播されれば，たちまち此協約は不鞏固なものではないのかと疑い，日英同盟を喜ばない者はこれに乗じて術策を企てるかもしれぬと語っている(158)。

また「政友会と日英同盟」という論説では次のように述べている。

「……世間住々伊藤侯の此の協約を喜ばず或は之を妨ぐるを欲したりと伝へ又侯の率ゆる政友会は日英同盟に反対するものにして支那を分割し朝鮮を併呑するの意見を懐きその意見の容れらるる条件として政友会に入り要地を占むるに至りたる事実より推すも伊藤侯と政友会とは外交方針を以て現内閣と衝突せざるべからずと云ふものあり……」(159)

ここの幾つかの論説を見ると，伊藤前総理は日英同盟について反対はしておらず，彼の在任時から同条約の交渉が始まっており，賛成していたと主張している。当時，伊藤はヨーロッパを訪れており，彼が同条約に反したということは誤りだということが分かる。

『時事新報』は２月13日「日英協約」という社説で，日英協約は清韓両国の独立と領土保全とを維持することであると説明している。また「日英協約英文」も掲載した。同紙はいろいろな解説を付け加えているが，他の新聞とともに加藤高明氏の談話も掲載していた。彼は「日英同盟と実業界」という題の談話で，日英同盟の条約は一般の歓迎するところであるが，実業界においては東洋の平和を保証し東洋貿易安全の基礎を設定したもので，かつ日本の商工業にとって少なからず安心を与えたものと語っている(160)。

日英協約が議会で公表されると，憲政本党の発起で連合祝賀会を催そうとし，無所属，帝国党，国民同盟会等が中心になって，国民を代表し両院祝賀式を挙げることを交渉した(161)。一方，憲政本党は２月14日同業本部において日英同盟締結祝賀会を開き，大隈総理も出席，一場の演説を行った。また『時事新報』は他の新聞よりも，日英協約の効果について詳しく述べている。この社説の一部分を見ると，日本の国是が清韓保全東洋の平和を維持するにあり，この協約において，日本の地位を高め，名実共に世界強国の列に入ることになった，しかも，日本国民は今後，安心して清韓両国の商工業に従事することによって，内地の殖産も一層の発達を見ることは疑いないとしている。日英同盟の結果が国民の実際の利益に影響する所甚だ大きいことを知るべきであると論じている[162]。また，もう一つの社説は，「日英両国の利害」と題して，日英両国の経済の関係についても具体的に言及している。その社説の内容を具体的に見ると，日英両国の清韓における利益は極めて重大で，又極めて密接して其の関係する所少なくないため，それを防護するため両国同盟が結ばれたと語っている（傍線筆者）[163]。ここで「極めて」という言葉を使っているが，それは日本にとって朝鮮半島がかなり重大な利益の関わりがあったことを示唆するものと考えてもよいであろう。その社説に続いて，翌日の社説にも「英国の決断」と題して，今回の日英協約の商議は極秘のうちに進行し，列国の外交社会においてもいよいよ発表されるまでその機密を窺い知るものがないと言われるほど，両国の外交手腕を発揮したとする。また，イギリスが我が国に対して同盟を約したことは決して尋常の決断ではないと見るべきで，今回の協約はその期限を5年間と規定したのも極東における両国の利害関係が変化しない限り永く持続するはずであるとし，両国の利益のためにもその協約の永続を希望すると主張している[164]。

つづけて，高橋法科大学教授は「日英協約に就て」という記事で，日英協約の国際公法学上の幾つかの問題点を指摘した。例えば，協約前文の極東における現状を維持する云々の「現状」とは如何なるものなのか，露国の満州占領当時の現状か，またはそれ以前の状態なのかなどについての批評も出していた[165]。しかしながら，2月18日付社説で，今度の協約が，伊藤の関係如何は何れにしても差し支えない事柄で，我々は少しも重きを置かないが，伊藤が協約に反対したという説に関しては全く事実無根であり，断然排斥しなければならない，なぜなら日英の関係は前内閣，即ち，伊藤当局の時に於ても親密だっただけでなく，現に駐英公使として久しく両国の間に周旋し，協約成立に大きく貢献した加藤氏も伊藤内閣の外務大臣だったからである，ただ，その争論は益なくして害を見るのみで，今度の協約に対しては一般の国民は勿論各政党共にこれを歓迎すべきで，無益の争論を繰り返すのは，他人を傷付けようとして，国を傷付ける愚を犯すことであるとし，政党の言動について批判しながら，伊藤を擁護していた[166]。

2月19日「同盟国に対する国民の礼意」という社説では，「英国皇帝陛下戴冠式の機会に我国国民が同盟国の帝室に対する礼意を表する一事は世論の一致する所であり、また一昨日東京商業会議所の臨時会に会員中より提議した全国の商業会議所より23名の委員をロンドンに特派して祝賀の意を致すことを発起していた」[167]と述べる。また，23日付「日英同盟の第一声」という社説では，明治28年5月28日付『時事新報』の記事を引用報道した。即ち，国家の利益には2種の区別があるが，一つは貿易の利を収得することであり，いま一つは国勢を伸暢するの一事に至っては最も外交家の苦辛経営を煩わす所で外交の術は要するにこの一事にかかっていると言っても過言ではないと語っている[168]。

これまでの記事内容によると，日英同盟を最も歓迎していたのは，商工業界及び貿易関係の団体であったことが明らかにされた。

『時事新報』の分析を通じて特に注目すべき事は次の2つの点であろう。

一つは，日英同盟について慶応義塾の学生及び職員がこの条約を祝賀するため炬火行列を行ったことで，いま一つは，日英同盟協約が発表された直後から，日本の株価が急速に値上がりしたことである。

まず，炬火行列に関する記事である，2月14日付『時事新報』によると，慶応義塾は日英同盟の成立したことを祝賀するために，2月14日午後6時より10時まで炬火行列を挙行することになった。今その次第を聞くと，職員，生徒1,500名，国旗，英国旗，塾旗を押し立てて各々カンテラを捧げて行う予定であった[169]。その炬火行列のコース[170]は塾から外務省前までだったが，二重橋に至って両陛下の万歳を三唱し，桜田門を出て参謀本部の横手をイギリス公使館に至り，門前で万歳の声を挙げて引き返し，桜田門前の大通りを外務省前に達して同じく万歳三唱を唱えて帰塾する予定となっていた[171]。

また，カンテラの外に23の万燈を点じ，また，行進の際，生徒等は日英同盟を祝賀する唱歌[172]を謡うことになっていた。この唱歌の歌詞の2番には，日英同盟は清韓を扶植して東洋平和の楽園と為さんとする義侠心のためであるとしている。

翌日，2月15日の『時事新報』の記事によると，慶応義塾生徒の炬火行列によって，東京を中心とした市民，イギリス公使館，外務省，日本政府関係者らは祝祭ムードであった。当時の新聞記事の内容を繙いてみることにしよう。

炬火行列は予定どおり行われたが，当日午前晴れ渡っていた空が午後に入って次第に曇りはじめ，雪や雨が降りそうな空模様となり，職員は勿論，生徒らも空ばかり眺めていたが，4時頃より冴え渡って一点の雲もなくなると，一同の喜びは言うまでもなく，心の逸る生徒は5時頃より早くも運動場に集合し，鎌田英吉塾長をはじめ職員も出場してそれぞれ準備に着手したと書かれている(173)。

いよいよ，すべての生徒が集合すると，鎌田塾長はまず左の行進序列を造った。第1列に万燈(174)，喇叭，大学5年生徒，幼稚舎生徒，楽隊，普通部の生徒，万燈（表面に大学部と書す）などの順に，4列を作らしめカンテラを点じ，点呼を行って用意は全く整った(175)。

これらの炬火行列の道筋は至るどころ人の山をなし，中でも芝口より日本橋へ至る間はここかしこの2階において万歳を叫ぶものもあり，或いは車の中から慶応義塾万歳を叫ぶものもあり，わざわざ人力車を降りて一行を祝すると同時に日英万歳を叫ぶものもあり，生徒一同に蜜柑を寄贈するものもあり，なかでも丸善株式会社などは店前に紅燈を懸けつらね，国旗を掲げて一行を歓迎したと報道している(176)。

更に，この行列がイギリス公使館に到着したのは8時40分であったが，ここでも順序を以て気を付けの姿勢を取り，楽隊をしてイギリスの国歌ルル・ブリタユヤを吹奏し終わると山道氏の発言で英国皇帝の万歳を三唱した。この時，公使マクドナルド氏の厚意をもって一行は公使館内を行進する栄光を担い，同館を行列通過の折しも公使は自ら玄関に立ち出でて一行を迎え，また，鎌田塾長と握手したと同紙は述べている(177)。

最後の行先地である外務省門前に達し，日本帝国万歳，外務大臣万歳を三唱したが，同省では玄関前の電灯を残らず点火して一行を迎え，また門を開いて一行を構内に導き，行列は省前の池を曲がって官邸前を通過する時，珍田総務長官らは塾長に向って礼を申し上げていたと記されている(178)。

以上のように，日英同盟は，日本国民全体において大歓迎または祝祭ムードのなかで受け入れられたことを窺い知ることができる。

最後に最も注目すべきことは日英同盟と経済の関わりである。特に日英同盟の締結が発表された直後から日本の株式の市場が活発となり，株価が急激に値上がりしたことである。ここで当時の経済状況を詳しく分析しておきたい。まず，日英同盟が発表される直前は大蔵証券の発行または2月上旬の輸入超過などによって株式は次のように不景気であった。ただ，日英同盟の新聞号外の記事によって今後の外交的な人気とともに今後の経済状況がよくなることを予想するものもあった(179)。

木曜日　2月13日付『時事新報』

	二月十二日引直	二月十日引直	比較下落
	圓	圓	銭
株式	一七九、五〇	一八一、五〇	二、〇〇
三品	一一二、七〇	一二一、九〇	九、二〇
商船	二五、三五	二五、七〇	三五
南海	六五、六〇	六六、九〇	一、三〇
阪鶴	一七、五五	一七、四五	(高)　一〇
京都	二一、四〇	二〇、〇〇	(高)一、四〇
参宮	八三、一五	八三、九〇	七五
関西	四一、〇五	四一、三五	三〇
山陽	五五、三五	五五、五五	二〇
九州	五七、七五	五七、九五	二〇
関西ヂキ	四一、三五	四一、三五	

このように沈滞していた株式市場は，日英同盟発表によって相場が奔勝されるようになり，相場は前日も引き続き小往来の保合勢になった(180)。2月15日になると，株式市場は好景気となり，沸騰の兆候を示すことになった。これは，要するに日英同盟成立の影響が次第に株式市場に波及して大きな栄養を与えるようになったからである。次の表を見れば，当時の全般的な大きな上昇趨勢を見ることができる(181)。

『時事新報』 1902年2月16日

圓	圓	銭
二月五日引直	二月十四日引直	比較

株式	一八八、八〇	一八一、五〇	七、三〇
三品	一一八、〇〇	一一四、九〇	三、一〇
商船	二五、二〇	二五、七五(低)	五五
南海	六六、七五	六六、〇〇	七五
阪鶴	一九、四〇	一八、八〇	六〇
京都	二二、二五	二一、四五	八〇
参宮	八四、六五	八三、〇〇	一、六五
関西	四二、一五	四一、四〇	七五
山陽	五六、五〇	五五、九五	五五
九州	五八、五〇	五八、一五	三五
関西ヂキ	四一、三五	四一、八〇(低)	四五

同紙2月25日付「大阪電報，24日」(182)を見ると，引き続き株式は全般的に強保合を維持していた。また2月27日付「大阪電報，26日」(183)の記事のように株式はやや強合みを表していた。これは，確かに同月13日付日英同盟発表により，15日の間に急激に上昇したことが窺えるのである。

以上，4つの新聞を通して日英同盟についてそれぞれ分析した通り，日英同盟を結ぶことによって日本はイギリス外資の輸入とともに朝鮮，満州に経済的な進出をしようとしたことが最大の目的であったことが分かるのである。

当時，大韓帝国政府は内政の混乱とともに外交政策も非常に混迷な状態であった。ところで，林権助公使が日英同盟の目的を韓国皇帝に説明する(184)とともに，朴齊純外務大臣に説明したところ，大臣は大いに満足の意を表したと書いている(185)。それは，日英同盟によって，イギリスが日本に対して朝鮮の支配を認めるようになるという国際情勢が察知できなかったことによるのではなかろうか。

第4節　日露戦争と言論統制

1　日露戦争と言論統制の背景

朝鮮半島における直接的な言論統制は日露戦争から始まっている。戦争当時から既に新聞の事前検閲が実施され，いわゆる言論統制が行われたのである。

日露戦争（1904～1905）といえば，日本にとっては近代化への決定的な転換期であろう。ロシアの南下に怯え，せめて朝鮮だけでも支配したいと望んでいた日本は，日英同盟によって朝鮮半島における立場が優勢になり，日露戦争によって一躍朝鮮半島と満州に植民地を持つことになったのである(186)。日露戦争の直接的な原因は，1901年からロシアが既に獲得していた鴨緑江流域の木材の伐採とともに，京城から新義州間の鉄道敷設権を強引に拡張し，北朝鮮全体を支配しようと企て，1903年には龍巖浦を軍事基地として占領したことである。日本は直ちに撤兵を要求したが，ロシアはこれに応ぜず大韓帝国皇帝に永久租借権を強要した。一方，満州で，ロシアは清国との協約を無視して撤兵を行わなかった。ここで，日本は小村寿太郎外相を通じてロシアとの交渉を開始し，ロシア軍の満州よりの撤兵と朝鮮における日本の優越的な地位の承認を提案したが，ロシアはこれを拒否した。その結果，日本は1904年２月８日陸軍を仁川に上陸させ旅順港を奇襲攻撃させ，戦争が始まることになったのである(187)。

戦争の勃発直前，１月23日に大韓帝国政府は厳正中立を宣言していたが，開戦とともに日本はこれを無視して日本軍を朝鮮に上陸させた。戦争状態が自国に有利となったと判断した日本は直ちに韓国政府を強制して２月23日「日韓議定書」(188)に調印させた(189)。日本はこれによって朝鮮をロシアとの戦争に巻き込むことに成功したばかりでなく，朝鮮政府を施政改善において日本の指導の下に置き，日本軍の朝鮮駐留権まで獲得(190)，更に朝鮮における日本の「自由行動」を認めない条約を朝鮮政府が他国と結ぶ権利をも剥脱した(191)。

また，同年５月には「対韓施設綱領」を内閣で決定し，日韓議定書の内容を大幅に拡張する政策を取っていた。即ち，軍隊の駐屯，外交権の掌握，財政の監督，交通通信の掌握，そして拓殖上の様々な特権を取り，事実上朝鮮は日本の保護国の状態となった(192)。

そもそも日本がこのような特権を取るようになったのは日露戦争以来のことである。日露戦争の進行中の1904年８月22日，日本は第一次日韓協約を締結し，財政，外交顧問の雇用と外交交渉における日本政府との事前協議とを，朝鮮政府に義務づけていた(193)。そして，1905年には「保護権確立」を閣議

表3

年　月	買入国	獲　得　内　容
1896年	ロシア	咸慶北道，慶源，鍾城の鉱山採掘権，仁川月尾島貯炭所設置権，茂山，鴨緑江の流域と鬱陵島の森林伐採権
1896年	フランス	京義鉄道敷設権
1896年	アメリカ	平安道雲山金鉱の採掘権と京仁鉄道敷設権（後に日本に譲渡）
1897年	ドイツ	江原道金城郡の金鉱採掘権
1898年	イギリス	ブラウン氏は財政顧問兼税関総務として有力な経済的支配権掌握，平安道殷山金鉱採掘権を獲得
1898年	アメリカ	ソウルの水道，電車，電灯施設などの権利
1899年	日本	馬山浦，城津を開港
1900年	日本	馬山浦南方の栗九味湾の租借権，黄海道殷栗，載寧鉱山の採掘権 ※これ以前に，既に日本は釜山海底電線敷設権（1883），仁川・義州間電線敷設権（1885），釜山・仁川間電線敷設権（1885），釜山絶影島貯炭所設置権（1886），沿岸漁獲権（1888），慶尚道沿岸漁採権（1891），京釜線鉄道敷設権（1894）等の利権を取っていた。

（※この表は諸文献により筆者が作成したものである。）

で決定するまでに至った(194)。

一方，日露戦争の前は朝鮮の支配層の中の一部は売国的思想を持っており，列強帝国主義国に対して国家権利の「切り売り」が**表3**のように行われたのである。

日本の場合はこの表の外にも，各港に往来する汽船の9割において日本の国旗が立てられ，朝鮮半島の全ての灯台は日本人の手中に入った。また，敷設される鉄道は日本人の所有となり，全国を通じて郵便局，電話局も日本人によって運営されていた(195)。

更に，日本では20世紀初めまでに財閥である三井，三菱，住友などの企業を中心とした独占資本主義が形成され，軍需産業を支持していた。これらの企業は対外的には侵略政策を積極的に支援しながらも朝鮮半島においては独占的経済体制をとっていた(196)。これらが後ほど，日本が帝国主義国家に発展し，日露戦争にまで至る過程において一つのきっかけになったと言えよう(197)。

一方，本章の第2節で述べた通り，1898年から日露戦争まで朝鮮民族側に立った多くの民間新聞が創刊され，朝鮮民族に対して独立思想を呼び掛けていた。当然，それらの新聞は，日本人経営新聞とは報道論調が異なり，対立する立場で激しく論争を続けてきた。ここではそれらの新聞論争を探って，日露戦争がもたらした言論のコントロールに関して考察していきたい。

まず，1898年から日露戦争までの日本の朝鮮に対する言論のコントロールは外交経路を通じた間接的な統制であったと言えよう。当時の新聞を見ながらそのような傾向を分析することにしよう。1898年1月1日創刊した『協成会会報』は4月9日から『毎日新聞』と改題して韓国の最初の日刊紙となった。その時，隔日刊紙であった『独立新聞』も7月1日から日刊となり，週刊紙であった『大韓皇城新聞』が9月5日から『皇城新聞』(198)と改題して最初の国漢文混用の日刊新聞となった。

ところで，1898年5月16日付『毎日新聞』と『漢城新報』が外交文書内容を報道して韓帝国，ロシア，フランスの間に外交上大きな波紋を巻き起こした。問題の記事内容はロシアが朝鮮の木浦と鎮南浦租界地の周辺10里を買収しようとし，フランスは平壌にある石炭鉱の一つを採掘して京義線鉄道敷設用に使用しようとしたことであった。これに関して，『毎日新聞』は次のように批判している。

「……この言葉を聞いて唖然息苦しく忿懣やるかたないことで、まず記載だけしてこれは実に大韓帝国民の血を吐く怒りを発することであり、我が帝国臣民は座視するに忍びない。われわれ同胞は一心に発奮して早速に措置するすべを模索するべきである……」(199)

こうして，ロシアとフランスの無理な要求が国民に知られ，反対世論が強く起こり，両国の公使館は大韓帝国の外務省に抗議するようになった。両国公使はこれは外交機密漏洩であり，外交文書を見て報道したことで，関係者を処罰しなければならないと抗議した。これに対して『毎日新聞』は，5月19日付論説においても意志を曲げなかった。この問題に絡んで，ロシア公使と韓帝国外務省そして『毎日新聞』の間に1ヵ月間攻防が続いた(200)。

また日本人経営新聞と朝鮮の新聞との間においても論戦が続いた。1898年9月14日『帝国新聞』は「漢城新報に答える言葉」という論説で『漢城新報』の報道態度を非難した。また1899年11月21日『帝国新報』の論説では『漢城新報』の11月16日付論説を非難した。問題となったのは『帝国新聞』が日本とロシアが馬山租界地を互いに多く買うため競争することに対して，後日朝鮮半島を互いに呑み込む戦いが起きるだろうと警告して朝鮮政府の覚醒を呼び掛けた記事であった。『漢城新報』が続けて『帝国新聞』を非難したので，『帝国新聞』は11月27日「漢城新報記者に答える」という論説で対抗してきた。

1900年10月18日『皇城新聞』の論説は，『漢城新報』の論調を激しく非難していた。その発端は次のようである。大韓帝国政府が日本側の要求に，全羅道，慶尚道，江原道，咸慶道，京畿道などの漁撈行為を許可したことがあった。これに対して『漢城新報』は，朝鮮は一つを失い，2つを得たと論じていた。これを『皇城新聞』は曲筆に弄したと反発し，日本人が松都（現在の開城）地方で不法に人参を取っていることを駐韓日本公使は禁止すべきであると論じ，日本が朝鮮沿岸での漁撈区域拡張を求めたことに対しても，激しく非難した。更に，『皇城新聞』は『漢城新報』の論調に対して，朝鮮人を軽蔑し，侮辱する行為であると非難した。

また，『朝鮮新報』は，1901年10月14日付「再辯日本人自由渡韓」という論説で，日本人が自由に渡韓できるように日本人の旅券を廃止することを主張した。これに対して1901年10月17日，『皇城新聞』は，①日本人の朝鮮沿岸での不法行為，②日本人の鬱陵島での不法行為，③松都地方での不法人参採掘，などを取り上げて，自由往来に反対した。この論調に対して『朝鮮新報』と『漢城新報』は，小国が文明国から渡韓する移民をよく利用すれば韓帝国で有益ではないかと報道した。『皇城新聞』は1902年1月16日付「寄書」という論説で，両紙の移民政策に反対しながら，日本の労働者が旅券もないまま釜山港に大勢入国したと報道し，自由渡韓を認めないことこそ植民地化を未然に防止することだと述べた(201)。

1903年2月26日『皇城新聞』の論説「日本第一銀行券の関係」では，日本の第一銀行券の韓帝国の通用は不当であることを5項目で取り上げた。ところが，『朝鮮新報』は「銀行券の性質」ということを指摘しながら，韓帝国は貨幣制度の紊乱により商人たちも白銅貨（韓帝国貨幣）より第一銀行券を好む，日本の貨幣が朝鮮で通用されるのは自然の趨勢であると主張した。『皇城新聞』は3月20日，21日の両日，『朝鮮新報』の銀行券弁論に反論しながら，23日付論説「官汲汲整理貨幣」で，韓帝国の貨幣制度の確立を政府に促した。このような論争は日韓併合に至るまで続き，朝鮮民間紙は民族側に立って帝国列強の朝鮮半島に対する経済的支配政策に対して強く反発したのである。

そこで，1898年８月にはフランスが，９月にはロシアがそれぞれ外交経路を通じて，言論を統制する新聞紙法の制定を要求した(202)。1898年10月７日，今度は駐韓日本公使加藤増雄が駐韓外交使節団の資格として，交渉案件外交文書の新聞紙掲載は一切禁止するとともに規制することを要求した(203)。

ところが，当時の新聞許可機関は農商工部であり，新聞の規制は期待できないところであった。外務省（当時外部）は10月８日漢城判尹に訓令を出し，新聞に対する規制を指示したが，漢城判尹も新聞規制は漢城府の権限ではないと回答した(204)。結局，新聞に対する規制はできないばかりでなく，政府のどの機関でも関与することは避けられていた。しかしながら，そのまま放置すれば外交問題に発展する恐れもあり，外務省にとって新聞規制のための立法を発動しなければならないところにきていた(205)。

その結果，1898年10月30日，高宗（国王）の詔勅によって，内務省（内部）と農商工部が新聞条例を作って1899年１月中枢院に渡した。この新聞条例は苛酷な規制条項が多く，言論界の反発により，中枢院は世界各国の新聞条例をモデルとして修正しようとした(206)。そこで，中枢院は南宮億，李時雨，朴勝朝３人を新聞条例修正委員に選び，原案36条中３条項を削除，全文33条に修正して３月４日議政府に送ったが，施行はされなかった(207)。

その新聞条例の具体的な内容と廃棄理由については明らかにされていない。ただ，『独立新聞』（1989．３．１）と『皇城新聞』（1989．３．３）の記事によると，日本の新聞紙条例（1875年公布）を模倣しており(208)，言論界の反発のため施行されなかったのではないかと推測している。

2　日本軍による言論統制

1904年日露戦争が始まった時，駐韓日本公使林権助は大韓帝国の民間新聞に対して抗議を続けた。即ち，３月１日，林公使はそれらの民間新聞が日本軍の動きをよく報道して，軍事機密を漏洩する場合が多いとし，将来は充分な取締法を定め，軍事機密は報道を禁止することを大韓帝国政府に求めたのである(209)。また，林権助公使は４月８日付公文を大韓帝国に送り，前日

『皇城新聞』が報道した「巨済情報」という記事が日本軍の戦略に大きな妨げになると判断し，新聞検閲を実施，厳しく取り締まることを要求した(210)。これに対して大韓帝国は『皇城新聞』と『帝国新聞』に厳重に注意し，官吏によって軍事関係記事を精密に検閲することを約束した(211)。

6月1日，林公使は日韓の間の公文書の中で，特に秘密を要するものはその封筒と本文番号の上に，「秘」の字を書いて許可を得た人だけがこれを見るようにし，外務省（外部）だけではなく，宮内府，議政府などの各府所が実施することを求めた(212)。

日本はこれまで，外交経路を通じて言論統制を要求していたが，今度は直接的な統制措置をとり始めたのである。1904年7月20日駐韓司令官原口兼済は韓国駐剳憲兵隊長に「軍事警察訓令」を提出，「集会若ハ新聞ノ治安ニ妨ゲアリト認ムルモノヲ停止シ，関係者ヲ処分スルコト　但新聞ハ発行前予メ軍司令部ノ検閲ヲ受ケシムルヲ要ス」ことにした。これが所謂朝鮮半島における最初の「事前検閲制度」となった。これに加えて，10月9日「軍政施政に関する内訓」（駐韓参第268号）を示達して，集会，新聞，雑誌，広告など治安を妨害すると認められたものは，これを解散，停止または禁止させることができるようにした(213)。これらの「訓令」「内訓」に基づき，朝鮮半島における言論の統制が行われるようになったのである。

1904年8月13日「駐韓日本軍憲兵司令部」(214)は日本人経営新聞としては初めて『大東新報』に停刊命令を出した。『大東新報』は同年8月13日に創刊され，編集人は衛藤俊彦，発行人は村崎重太郎であった。この新聞記事の内容は，日露戦争におけるロシア軍の蛮行と敗走する記事を大見出しに掲載し，日本軍の勝利を宣伝する内容ばかりだった(215)。にも拘らず停刊処分を受けたのは恐らく軍事機密漏洩という疑いによるものではなかろうかと推察される。だが，その処置は8月19日解除された(216)。

一方，駐韓日本憲兵司令部は大韓帝国の民間紙にも停刊命令を出した。10月9日『帝国新聞』が停刊命令を受けるようになり，これが日本軍による最初の韓帝国の新聞の停刊処分であった。

次に，当時の停刊の経緯を見ることにしよう。

「10月9日，日曜日に新聞を発刊しようとしたところ，午後4時頃，日本憲兵司令部尉官1人，下士1人，憲兵5人と通訳1人が来て司令部命令として，同月７日『帝国新聞』論説は日本軍事上の妨害であり，治安を妨げるとして停刊を命じた。当時，半分ぐらい印刷した新聞と機械とを倉庫に入れていたので，我が社はこのような停刊理由を広告しようとしたが，できなくなった。この間に我が社員が何回も司令部を訪れたり，また司令部から我が社の動静を何回も探知しにきた。だが，去31日司令部から停刊が解除されるようになり……」(217)

このようにして『帝国新聞』に対する停刊処分は10月31日解除されるが，経済的な問題から11月９日になってようやく続刊することになった。

翌年，1905年１月８日林権助公使は京城とその周辺の治安を韓帝国警察の代わりに駐韓日本軍司令部が受け持つと通報した。それは，1905（明治38）年１月４日，駐韓日本軍司令部が発表した「軍律施行ニ関スル訓令」（韓駐参第９号）に基づいた通報であり，同訓令の中の告示は次のようであった。

「我軍ハ軍事行動上ノ利益ヲ保護シ作戦軍ノ背後ニ於ケル治安秩序ヲ維持スルノ必要上曩ニ管区内一般ニ軍律ヲ布キ之ヲ実施セリ　今ヤ京城及其ノ付近ニ於テ治安ニ関スル警察ハ韓国警察ニ代リ一層ノ厳粛ヲ図ラムトス仍テ茲ニ洽ク左記軍律ヲ公布シ一般人民ヲシテ過チナキコトヲ期セシム」(218)

また同軍令の施行規則の下で，「軍律」（1905年１月６日韓駐参第15号）を定め，19項目の軍律を宣布した。この19項目の中で，第11，12，15項目が言論に関する規制であり，項目の内容は次のようである。

第11項　我軍ニ不利益ナル虚報若ハ誇大ノ通信ヲ為シ又ハ同様ノ伝説ヲ流布セシメタル者

第12項　我軍事上ニ不利益ナル提示ヲ為シタル者

第15項　集会，結社又ハ新聞雑誌，広告等其ノ他ノ手段ヲ以テ公安秩序ヲ紊乱シタル者(219)

このような３つの「軍律」の項目にもとづき，新聞，雑誌，広告など治安に妨害がある場合，これを停止，または禁止させるとともに，これに抵触したものは，死刑，監禁，追放，過料または笞刑に処することになっていた。本格的な検閲は1905年７月以降に行われた。検閲官には韓国語に精通した，『漢城新報』の韓国語版主幹古河松之助を任命し，韓帝国の民族紙を弾圧した(220)。

このように新聞に対する事前検閲制度の実施，言論人に対する厳しい処罰によって，言論統制はますます強化されるようになり，それに従って言論の抗日論調は顕著に萎縮するようになったのである。

第５節　統監府時代の言論統制政策

1　統監府における言論統制政策

日本は日露戦争を契機として朝鮮半島を軍事的に占領し，植民地化のための確固たる地歩をうちかためた。1905年９月，ポーツマス条約が成立し，日露戦争は日本の勝利によって終結すると，日本はただちに同年11月日本の政界の元老枢密院議長伊藤博文を特派大使として朝鮮に派遣し，朝鮮に対する「保護条約」（乙巳条約）の締結に乗り出していった[221]。それは日露戦争の勝利によって，日本の国際的地位が急速に向上しており，西欧先進資本主義国家の圧力に対抗して，一躍アジアの強大国となった国民的自負を背景として大陸発展政策に乗り出したことでもあった。そこで伊藤博文は駐韓日本公使の林権助とともに日本兵を従えて宮殿に入り，皇帝と大臣達を威圧して，日本側の保護条約を承認することを強要したのである。しかし，これが聞き入れられないと判断すると，日本兵は，最も強硬に反対して卒倒までした参政（首相）の韓圭卨（ハン・ギュソル）を会議室から引きずり出した[222]。こうして，伊藤は朝鮮駐剳司令官長谷川好道大将をつれて行き，同席させ，小山憲兵大将の率いる日本憲兵隊の包囲の中で，朝鮮閣僚会議を開かせることに成功した。市内の各城門には野砲機関銃まで備えた部隊が配置された。伊藤博文は閣僚一人一人に対する個別審問によって賛否の採決を尋ねて[223]，1905年11月17日に「保護条約：乙巳条約」（正式には日韓第二次協約）を締結した。

採決の結果は，必死に反対した参政大臣韓圭卨が監禁され，積極的に賛成したのは李完用（学務大臣）一人であり，伊藤の脅迫におそれをなして態度を曖昧にした朴齊純（外務大臣），李址用（内務大臣），李根沢（軍部大臣），権重顕（農商工大臣）が賛成したとされる。これが「売国五賊」として朝鮮人の怨嗟の的となった[224]。保護条約により1910年８月29日の日韓併合まではいわゆる保護時代で，外交・内政に関する「監理指揮権」を持つ統監（Resident-General）政治の時期であった[225]。保護条約の前文には「韓国ノ富強ノ実ヲ認ムルノ時ニ至ル迄此ノ目的ヲ以テ……」という内容があるが，実は併合による完全な主権の移譲を遂行するための準備期間だったとも言えよう。

初代統監伊藤博文の「平和主義」は或る意味では英，米，露などの支持ないし黙認を得て，朝鮮民族の抵抗を最小限に弱化させ，決定的な時期に併合を断行しようとする賢明な政策であった。このことは原敬日記（1910年4月15日）をみると，よく推察することができる[226]。

保護条約によって，1905年12月20日統監府及び理事庁官制（地方）が発布され，統監府が設置された。外交権の接収とともに京城駐在の英，米，独，仏，露，清，ベルギーなどの各国公使は撤退を始め，その後，大韓帝国に駐在する総領事，領事は日本政府の承認を得なければならなくなった。

いずれにしろ，保護条約締結という知らせは朝鮮民族としては大きな衝撃であった。そこで全民族的な反対闘争が一斉に起こり始め，抗日運動に広がっていった。

第二次日韓協約（保護条約）によって，自らの権力を簒奪されたと考えた高宗は，終始一貫して陰に陽に伊藤に反対し，また，各国に密使を派遣して日本に対する欧米列国の干渉を要請した[227]。

1907年6月には，オランダのハーグで開催された万国平和会議に高宗の親書を携行させ密使を派遣したが，外交権を既に喪失していた大韓帝国の代表は正式な参加を拒絶された。これを契機として1907年7月24日，日本はまた「日韓新協約」を結ぶようになった。だが，高宗はアメリカ人ハルバート（Hulbert, Homer B.）や，『大韓毎日申報』社主のイギリス人ベセル（Bethell, Earnest　T.）らを使嗾して日本批判を行わせたのであった[228]。これらのことが，のちほど逆に，併合の気運を促すことにもなった。

ところで，1907年7月24日，日韓新協約によって，親日内閣が構成され，いわゆる李完用内閣[229]として大韓帝国の最後の内閣が構成された。当時，批准された新協約の内容は次のようである。

1　韓国政府は施政改善に関して統監の指導を受け，重要な行政上の処分は必ず統監の承認を経由すること

2　韓国司法事務は普通事務と区別すること

3　韓国高等官吏の任免は統監の同意を要すること

4　韓国政府は統監が推薦する日本人を韓国官吏に任命すること

5　韓国政府は統監の同意なくして外国人を傭聘しないこと(230)

この1907年７月24日の新条約は，1904年２月の日韓議定書と，1905年11月の保護条約の両協約に僅かの尾鰭をつけ，追加したに過ぎないものであったが，これは，ハーグ密使事件，大韓帝国皇帝の退位という丁未政変などによって招来されたことである。

一方，伊藤統監は，1906年５月行政調査委員会を設置し，その調査を基礎として，地方行政制度の改革を断行した。更に，伊藤統監は日本法学界の権威者，梅謙二郎を招聘して新法典の編纂と法令の補修に当たらしめた。また，1907年７月には，難事中の難事であった，大韓帝国軍隊を解散させ，日本軍の力によって朝鮮半島の治安を維持することになった(231)。それに伴って伊藤は警察制度の整備増強にも力を尽くした。1907年１月に警視総監，丸山重俊が招聘され，同年３月に各道警察府に警務機関がおかれ，日本人の顧問警官を配置した。同年10月29日，「警察事務ニ関スル取極書」(232)によって，日韓警務機関が統合され，松井茂が警務局長となって警察制度を整備増強して併合の準備をすすめていった。1908年末には，警察勢力は警察署，分署，駐在所総数339，警察官数，日本人1,863名，朝鮮人3,128名（主として下級警察官）で，年度経費は253万9,000円にのぼった(233)。

以上のように，朝鮮半島が日本の保護国になったのは朝鮮民族にとっては非常に衝撃的なことであり，抵抗闘争が起こることは必至の状況であった。日本の統監府としてはどのような方法によってそれをおさめるのかが最も難しい問題であった。では，統監府の言論統制政策について分析してみよう。

まず，統監府の言論統制政策は２つの側面を持っていた。一つは治安維持の名目での朝鮮国内と外国の抗日言論に対する弾圧と取締政策である。勿論，日露戦争中から憲兵による事前検閲制度が行われてきたが，これらの言論統制の対象は朝鮮国内で発行されている全ての新聞（日本人経営新聞をも含む）と日本本国の新聞であった(234)。

いま一つの側面は積極的な言論政策であった。即ち，

⑴　統監府の機関紙である「京城日報」の創刊

⑵　国際的な世論を有利に誘導するための，外国人宣教師・記者との間の親善政策

⑶ “The Seoul Press” 発刊及び英字出版物発刊による外国人に対する広報活動

⑷ 朝鮮人経営の新聞社買収，及び言論人に対する懐柔政策

などである。このように日本は併合に至るまでの5年間に，朝鮮内外に対して言論を統制しながら，国際世論を自分の有利な方向に操作していた。

これは既に述べた通り，新聞出版物等のメディアを利用しているが，広義の意味でプロパガンダ（propaganda）の性格を持っていた。

ここで注目したいのは，日韓の条約及び協約文書，または公式の文書には，大抵宣伝的な意図が示された内容が次のように書かれていることである。

⑴ 1904年「日韓議定書」第1条は「日韓両帝国間ノ恒久不易ノ親交ヲ保持シ東洋ノ平和ヲ確定スル……」という内容である。

⑵ 1905年「保護条約」前文には「……韓国ノ富強ノ実ヲ認ムル時ニ至ル迄、此目的ヲ以テ左ノ条款ヲ約定セリ。」とある。

⑶ 1907年「日韓新協約」の前文は「日本政府及ビ韓国政府ハ速ニ韓国ノ富強ヲ図リ韓国民ノ幸福ヲ増進セントスルノ目的ヲ以テ……」とある。

⑷ 1910年「日韓合邦条約」前文は「日本国皇帝陛下及韓国皇帝陛下ハ、両国ノ特殊ニシテ親密ナル関係ヲ顧ヒ、相互ノ幸福ヲ増進シ東洋ノ平和ヲ永久ニ確保センコトヲ欲シ……」とある。

⑸ 1910年「韓国合邦ニ関スル詔書」には「朕東洋ノ平和ヲ永遠ニ維持シ帝国ノ安全ヲ将来ニ保障スルノ必要ナルヲ念ヒ……」とある。（傍線筆者）

ここに見られるように[235]，「東洋の平和」「韓国の富強」「両国の親密」「相互の幸福」などが当時の最高統治理念として使われていた。これにはやはり，朝鮮国民に対しての併合の正当化ないし[236]，プロパガンダの性格も含まれていたと考えられる。

一方，1907年韓国軍隊の強制解散が韓国内に騒乱を巻き起こした。その状況の中で，抗日闘争が激しくなり，またその他暗殺事件もこの頃頻繁に起こり始めた。1908年6月に辞任した伊藤が，1909年10月26日ハルビン駅で安重根に暗殺された。同年12月22日親日総理李完用も凶器で刺され，日本が推薦した外交顧問スティーブンスンも帰国し，サンフランシスコで彼の親日声明に激昂した朝鮮人によって殺された。皮肉にもこれらの事件が相続いたこと

が，日本の併合強硬論者にとっては絶好のチャンスになった。特に，伊藤の暗殺事件は直接的に「併合」運動を加速化させることになったのである。

即ち，併合運動の急進派である黒龍会(237)さえも，自ら併合を唱えることは不利な情勢だと判断していたが，今度は一進会(238)が，同年12月4日「合邦請願書」を日韓両国政府に提出し，一般にも公表して一大プロパガンダを展開した。

ところで，総督府の全ての政治宣伝は『京城日報』を中心として行われていた。『京城日報』は1906年9月1日総督府機関紙として創刊された。『京城日報』という名前は伊藤が自ら作ったものであるが，前述した佐々正之が主宰する公使館機関紙『漢城新報』と菊池謙譲の『大東新報』を買収して統合したものである(239)。初代社長は『東京朝日新聞』の編集長である伊東祐侃であった。『京城日報』は初めから，日本語とハングル版を出版したが，1907年4月21日付（紙齢185号）で，ハングル版は中止，日本語版だけを発刊した。また1907年2月には頭本元貞を社長に英字紙“The Seoul Press”という英字版も発刊した。後に，併合になって『毎日申報』というハングル版を復刊，いわゆる三ヵ国語新聞が発刊された。

ここで注目したいのは伊東祐侃が英字紙を発刊した背景である。当時の朝鮮内外の世論は激しく，特に朝鮮国内では各地で，日本軍，警察官，憲兵と朝鮮人の間に衝突事件が起こっていた。数値的に見ると1907年は44,116名逮捕されたが，1908年にはさらに69,804名と急激に増加した。衝突回数も323回（1907年）から1,451回（1908年）に急増したことが明らかにされた(240)。その一方，統監府は外国人宣教師と記者団を招待して親善交際も行っていた。また朝鮮の言論人も招待し，日本の総督府の政策を説明しながら懐柔政策を実施した。後述するが，“The Seoul Press”の創刊は，イギリス人ベセルが創刊した“The Korea Daily News”とアメリカ宣教師ハルバートが創刊した“The Korea Review”などに抵抗するためでもあった。それはやはり，朝鮮国内の情勢によって悪くなった政界世論を狙った伊東祐侃の計画であろう。

以上のように言論を通してプロパガンダ的に活動を行う一方，統監府は法律的な言論統制を行っていた。

言論に対する取締りは日露戦争中の検閲制度から始まっており，その法制上の規制は1908年4月30日統監府令12号として発布された「新聞紙規則」が初めてであるが，それは在韓日本人の新聞を取り締まるため制定されたものである[241]。では，この「新聞紙規則」はどのように定められたか，その成立過程を探ってみよう。

⑴　新聞取締り条項を含んだ規制は，1906年４月17日統監府令10号として発布された『保安規則』（日本人に対して適用）であり，５月１日から施行された。この『保安規則』は，のちに1907年７月統監府令31号と，1909年５月統監府令13号にそれぞれ改正されたが，当初は全文13条に定められていた。この規制のなかで，言論に関する部分は第９条２，３項で次のようになっている。（1908年１月の『朝鮮日日新聞』の発行停止は２項による代表的な適用例である）。

第９条ノ２　［理事官］ハ新聞紙其ノ他印刷物ノ記事外交若クハ軍事上ノ機密ニ渉リ又ハ安寧秩序ヲ妨害スルモノト認ムルトキハ其ノ発売頒布ヲ禁止之ヲ差押ヘ其ノ発行ヲ停止シ若ハ禁止スルコトヲ得。

第９条ノ３　［理事官］ハ［統監］ノ命ニ依リ新聞紙ノ原稿ヲ検閲シ前条ニ該当スル事項ノ記載ヲ禁止スルコトヲ得[242]。

主な内容として外交上と軍事上の機密漏洩，安寧秩序を妨害する疑いがあれば，発売禁止，または発売停止することを明記している。

⑵　1907年７月法律第２号に頒布された『保安法』（制定令第１号により朝鮮人に適用）にも言論統制に当たる項目があった。

第４条　警察官ハ街路其他公開ノ場所ニ於テ文書，図書ノ提示及分布，朗読又ハ言語，形容其他ノ行為ヲ為シ安寧秩序ヲ紊乱スルノ慮有リト認ムル時ニハ其禁止ヲ命スルコトヲ得。

第７条　政治ニ関シ不穏ノ言論動作又ハ他人ヲ扇動教唆或ハ使用シ又ハ他人ノ行為ニ干渉シ因テ治安ヲ妨害スル者ハ五十以上ノ笞刑十箇月以下ノ禁獄又ハ二箇年以下ノ懲役ニ処ス[243]。

７条の下線部分は言論に対する濫用可能性がありうる項目である。

⑶「新聞紙法」は1907（光武11）年７月法律第１号［後，1908（隆熙２）年４月第８号に改正］（日韓併合とともに制令第１号により総督府命令として朝鮮人に適用）によって，朝鮮人を対象とした新聞紙法である[244]（付録参照）。この法律は韓国政府法律第１号として公布され，反体制言論を正面から弾圧することを目的としたもので，その内容はかなり重かったとも言えよう。こ

の「新聞紙法」は韓国年号で光武11年に公布されたもので，一名「光武新聞紙法」と称せられ，解放後にも廃止されない悪法中の悪法として知られている。この法律に基づき多くの新聞が弾圧を受けたからである。

最初この法律が公布された時は，外国人が朝鮮で発刊する新聞(245)と，朝鮮人が外国で発刊する新聞に対する規制項目がなかったため，これを取り締まるため上記のように翌年改正されたのである(246)。また，日本人が発行している新聞を規制するため「新聞紙法規制」も定められるようになった。

更に，1908年５月５日統監府は朝鮮人発刊の新聞と，日本人発刊の新聞，海外で発行される僑胞新聞を効果的に統制するために「新聞紙押収処分に関する内規」(247)と，「新聞紙押収に関する執行要項」(248)を制定，施行した。

⑷「新聞紙規則」(制令第１号により在韓日本人に適用）は1908年４月30日に統監府令12号によって公布され，1909（明治42）年８月22号，同年10月35号にそれぞれ改正された。「新聞紙規則」は「保安規制」と同様に在韓内地人（在韓日本人）に対して適用されたので，その内容は大抵日本本国における現行法に倣って制定されたものである。全文は28条に定められ，日本人にまで取締が非常に強化されたと言えよう(249)。

その規制（1909年８月改正）の内容を見ると，第６条には保証金の金額が規定されており［(　）内は1908年定められた当時の数値]，京城，仁川，釜山及びその区域外２里以内においては2,000円（1,000円)，その他，理事庁(県）の所在地及び区域外１里以内の地においては1,000円（500円）である。それ以外の地域は500円であった(250)。これは日本の「新聞紙条例」(1897年３月改正）を模範として作られたものであり，また台湾の「新聞紙条例」(1900年１月２日律令第３号官報２月１日）を折衷改悪したものとして各紙の攻撃の的となった(251)。

特に発行保証金は内地の場合，東京1,000円，それ以外の京都，大阪など六大都市700円，その他は350円であった(252)。ところが，台湾の場合一律1,000円（第３条）であり，朝鮮は「新聞紙規制」が定められた当時は1,000円（三大都市)，500円（その他）であったが，曾禰統監によって，1909年８月30日改正されて，保証金は倍加することになって最も厳しくされているのが特徴である。また新聞発刊においても届出主義制度から認可制に，編集責任に関する規定にも実際の編集の担当者或いは掲載の事項に関係した人及び取り消し，正誤掲載を求めたものにまで及んでいる。

(5)「出版法」(制令第1号により朝鮮人に適用)は1909(隆熙3)年2月法律第6号に発布され，全文16条に制定されている。この法律によって全ての朝鮮内の出版物(本，文書，通信，広告，演説，講義，パンフレットなど)が取締の対象になった。

これに伴い外交及び軍事上の機密または社会の安寧秩序を妨害，風俗の壊乱する文書図書もまた制裁することになった。

この「出版法」の中で，注目すべきことは次の第12条である。

「外国ニ於テ発行シタル文書図書又ハ外国人ノ内国ニ於テ発行シタル文書図画ニシテ安寧秩序ヲ妨害シ又ハ風俗ヲ壊乱スルモノト認メタル時ハ[大部大臣]ハ其文書図書ヲ内国ニ於テ発売又ハ頒布ヲ禁止シ其印本ヲ押収スルコトヲ得」(253)

ここで見た通り，外国で発刊された出版物にも取締りが課せられるようになったのである。

以上，述べた5つの法律によって朝鮮では日韓併合に至るまで言論統制がほぼ完璧に行われたと言っても過言ではなかろう。また，朝鮮人に対する言論統制法規と日本人に対する法規は別に定められ，統制にも差別があったことが明らかにされた。そして，上記の法律的な制約以外にも京城府令などのそれぞれに定められた法律，令，規制などによって言論はおさめられることになった。

ただ，イギリス人のベセルが発刊した『大韓毎日申報』の場合は，彼がイギリス国籍であったため上記の法律では取締が不可能であった。同紙は日韓併合とともに買収される形をとって廃刊することになるが，これについては詳しく後述することにする。

2　反統治体制言論とその統制

1905年乙巳(保護)条約を暴露して一大波紋を巻き起こしたのが『皇城新聞』である。保護条約の締結は同年11月17日であり，この事実が国内外に知られたのは11月20日のことであった。『皇城新聞』は同日，「五件條約請締顛末」という条約の内幕を暴露した記事とともに張志淵(ジャン・ジ・ヨン)の「是日也放声大哭」(この日，大声で泣く)という社説を掲載して問題となった[254]。

『皇城新聞』は報道中心ではなく，論説を重要視し，救国的な論調を続けた。そこで，張志淵の社説が問題になったわけである。この一件で執筆者張は日本警察によって70日余監獄入りを余儀なくされ，『皇城新聞』も80日余りの発行停止処分を受けた。

保護条約から日韓併合までの代表的な新聞は『大韓毎日申報』（1904年創刊），『万歳報』（1907年創刊）[255]，『大韓民報』（1909年創刊），『国民新報』（1907年創刊），『大韓新聞』（1907年創刊）の５紙であり，一進会の機関紙『国民新報』（1906年創刊）と首相李完用が創刊した『大韓新聞』（1907年創刊）などは親日新聞であった。５紙の中で後者の２紙を除いた３紙が，当時の朝鮮側世論を代表した新聞であろう。これらの新聞が日本帝国主義の朝鮮侵略に対抗する言論として活躍したのである。

ところが，これらは日本官憲の監視と弾圧によって首尾一貫した論調は維持できなかった。保護条約の成立当時は一斉に排日論調の気勢を挙げたが，その後次第に筆鋒が鈍くなり，1908年新協約成立時は紙面がかなり軟化されていたと言えよう[256]。

例えば，1908年４月10日『皇城新聞』の論説「有望者と絶望者」は，亡国の痛恨を「臥薪嘗胆」の故事成語に比喩しているが，日本帝国の侵略政治に対する直接的な反対論調は一向に見えなかった。それが，当時の知識階層の独立闘争の特長であり，合法的な言論活動の限界点を表していたものだとも言えよう。その理由の一つは1906年保安規則，1907年光武保安法，1907年新聞紙法，1908年新聞紙規則などがそれぞれ定められ，言論の法的な規制は非常に厳しい状態になったからではなかろうかと推察される。

これまで数回指摘したように，日露戦争によって日本軍司令部は大韓帝国の民間新聞に対して事前検閲を実施してきた。しかし，『大韓毎日申報』というイギリス人が創刊した新聞の出現で朝鮮における言論の統制に問題が発生するようになり，また日本人経営の新聞においても大きな打撃が与えられるようになったと言えよう。

『大韓毎日申報』は梁基鐸（ヤン・ギタク）が主筆となり[257]，イギリス人ベセル（Bethell, Earnest Thomas 韓国名裴説）[258]を社長として，1904年７月18日，韓英両国語で創刊された英国人経営の新聞であった。この新聞はイギリス人が経営していたので，治外法権によって事前検閲の対象とならず，停刊処分を命じることもできない存在で，言論統制できない新聞であった。

そこで，同紙は治外法権を利用して，排日思想を高揚しながら日本の対朝鮮植民地化政策を集中的に報道していた。同紙は次第に，日本の植民地政策を正面から攻撃するまでに至ったのである。

当時，朝鮮にはまだ英字紙がなかったが，既に日本と中国には幾つかの英字紙が発刊されており，国際的に関心が高まっていたため梁基鐸と裴説（ベセル）によって新聞創刊が進められるようになったものであった(259)。この新聞の創刊当時は，韓国語2ページ，英語4ページであったが，1905年8月11日付からは『大韓毎日申報』と“Korea Daily News”というふうに，英字版を完全に分離して発刊することになった。それが，のちほど朝鮮民族に対しては独立思想と排日思想を呼び掛ける紙面となり，朝鮮統監府との間の制裁事件にまで巻き込まれるようになるのである。当時，朝鮮の新聞は日本の言論統制によって本来の言論機能を失っていたので，『大韓毎日申報』は朝鮮民族の独立精神を呼び掛けたり，様々な啓蒙的な記事によって朝鮮政府及び朝鮮民衆の多くの人々から支持を受けていたからである。それは結局日本の朝鮮政策に反しており，朝鮮民族に対する日本の信頼感を低下させることで，社長であるベセルの追放を統監府は外務省に建議するようになった(260)。これに対して外務大臣林董は1906年11月17日付，伊藤統監に電文を送り，しばらく待つことを指示した。

外務大臣林董は日本駐在イギリス代理大使を通じてイギリス政府がベセルに大韓帝国からの退去を命じるように要請し，また同人の追放ないし新聞発刊を停止させることを通告した。その後，イギリス政府は1907年10月1日，日本政府にベセルを処罰することを覚書に約束した。そこで，朝鮮統監府の鶴原定吉総務長官は，1907年10月9日，漢城駐剳イギリス総領事コックバーン（Cockburn）にベセルの処罰を要求する訴状を正式に提出した。

鶴原が出した訴状では，

第一、　9月21日新聞紙ニ於テ日本国皇太子殿下ノ御来遊ニ関シ事実ヲ虚構シ且政府ニ対シ無禮ノ言論ヲ為シ

第二、　9月18日日韓字新聞ニ於テハ日本軍隊カ暴徒（抗日運動者）ノ鎮圧ニ際シ文明ノ方式ニ拠ラス残忍野蠻ノ擧措ヲ執リタリト報シタリ斯

カル讒誣ノ報道カ現時ノ暴動ニ與フルノ影響ハ云ハスシテ明カナリ
第三、10月1日ノ韓字新報ニハ各国ニ於ケル革命戦争ヲ引証シ多大ノ生命財産ヲ犠牲トスルニ非ラサレハ其ノ目的ヲ達スル能ハサルコトヲ論シタルハ現時ノ状態ニ照シ陰然暴動ヲ扇動シタルモノニ外ナラス
上記ノ言論ハ清韓ニ於ケル英国臣民ノ扇動的出版物ニ対スル枢密院令ニ依リ処分セラルヘキモノナルニ依リ該新聞ノ記者及社員ヲ処罰シ其ノ再犯ヲ防遏セラレンコトヲ希望ス……(261)

などと挙げられている。この時，『大韓毎日申報』の国漢文版と“Korean Daily News”英字版も証拠書類として提出されたが，結局，ベセルの追放運動は失敗することになった。

日本は乙巳（保護）条約の締結後，ベセルの問題は取り上げないまま密かに対策を練っていたが，1907年4月再びこの問題を提起した。日本がほぼ1年半の間，ベセルの問題を外交案件に出さなかったのは，一体何故であろうか。

これに関して韓国外大鄭晋錫教授は，当時，日本とイギリスの駐韓外交使節はほぼ同時に替わっており，このように微妙な問題を解決する適切な時期ではないということで取り扱わなかったと解釈している(262)。勿論，そういうこともありうるが，筆者の考えでは，日英同盟の問題が影響したものと考えられる。即ち，日本国にとっては日英同盟を結び，その力によって日露戦争にも勝って，さらに乙巳（保護）条約まで至った次第であった。前述した通り日英同盟は日本が数年かけて結んだ条約であり，イギリスに対してベセルのような単純な事件によって外交関係を傷つけたくなかったのであろう。結局慎重に対応しようということであったと言えよう。

また，鄭教授の指摘は，イギリス政府はベセルが日本統監府を攻撃したこと自体を，大韓帝国に対する攻撃と同一視すれば，イギリスは日本の韓国統治を承認する結果となるので，ベセルの処罰を考慮したと主張している(263)。だが，必ずしもそうとは限らない要素も考えられる。つまり，大韓帝国の統治は日英同盟，更に乙巳（保護）条約の時に既に朝鮮半島の統治を日本に任せたといっても言い過ぎではないと考えられるからである。ただ，イギリス人の治外法権の保護，または自国商業人の保護のため考慮していたのであろう。もし，ベセルを日本当局が直接追放することを認めたら，イギリスは大

韓帝国で自らの治外法権を放棄する結果となるからである。

ベセルに対する裁判は，1907年10月14日午前11時頃，駐韓イギリス総領事館で開かれた。翌日，裁判官であったコックバーン（Cockburn）はベセルに６ヵ月間，謹慎処分を言い渡した。それは今後，６ヵ月の間，過去と同じように行動しないことを誓約させ，違反すれば300ポンドの罰金を支払うという内容のものであった。

にも拘らず『大韓毎日申報』と“Korea Daily News”の報道態度は日本に対する直接的な攻撃を緩和しても，主に親日新聞を批判する間接的な方法で抗日論調は曲げなかった。その後も同紙は反日論調を続けた。そこで，ベセルに対する第一次追放運動が失敗に終わると，遂に統監府は1908年５月２日外務大臣林董に長文の電報を送り，再び，ベセルの追放運動を建議したのである。彼を朝鮮半島から追放しなければ，『大韓毎日申報』の反日言論は根絶しないと考えたからであろう(264)。

そこで，林外務大臣は止むを得ず同年５月４日東京駐在イギリス大使と駐英日本大使小村寿太郎にもベセルの処罰を要請し，イギリス政府も同盟国である日本政府の強硬姿勢に応じざるをえなくなった。

イギリス政府は上海高等法院検事ウィルキンソン（H. P. Wilkinson）を漢城に急派した。これを受け，伊藤統監は1908年５月27日，統監府の書記官兼京城理事庁の理事官である三浦禰五郎に『大韓毎日申報』社長ベセルを告訴する権限を与えた。三浦の告訴状には，『大韓毎日申報』1908年４月17日付「須知分砲殺の詳報」，同29日付「百梅特捏が不足以圧—伊太利」，同５月16日付「学界の花」などの記事と論説が指摘されている。これは日本の韓国保護制度を転覆し，日本人排斥を煽動したことで，清国および韓国に関する1907年枢密院令第５条教唆煽動の罪を犯したと訴えたのである(265)。そして，イギリス政府は1908年６月15日韓国のイギリス総領事館にイギリス・清・韓高等法院（Britainic Majestey's Supreme Court）を設置させ，ベセル社長を直接審問することになった(266)。

ところが，イギリスとしては当時同盟国であった日本の抗議によって新聞規則を制定して，1908年６月12日駐韓イギリス領事コックバーンが公布し，７月12日に発効した。これはベセル裁判の前のことであったが，全文９条に定められたこの新聞規則（British Newspaper Regulation）は，大韓帝国で新聞を発行するイギリス人は毎年1月総領事館に新聞に関する詳細な項目を登録すべきであり，変更があればこれを申告するとした(267)。この新聞規則によりイギリス人所有の新聞に対する統制ができるようになった。

更に，朝鮮統監府も「新聞紙法」を改正して，1908年5月5日（注247，注248参照）「新聞紙押収処分に関する内規執行要項」を制定した。これによって，『大韓毎日申報』も取締の対象となり，処分を受けるようになった。

前述した通り，ベセルに対する裁判は1907年10月15日の謹慎処分の後，1908年6月15日三国の合同高等法院が設けられ，再び裁判が行われるようになった。イギリス総領事館内で判事代理ボーン（F. S. A. Bourne）氏が裁判官となり，ウィルキンソン検事が立会いの上，被告人ベセルを召喚し，告訴人三浦書記官以下が列席して，裁判が行われた(268)。この時，証人として『大韓毎日申報』の梁基鐸総務が出頭し，ベセルに有利な証言をした。即ち被告は少しも私心がなく，報道に忠実な言論人であると証言した。この時，梁総務が証人として法廷に出頭する前，コックバーンは彼に対する身辺保護と自由について統監府から保障を得て証人として採択したのである。梁はベセル被告は事実を事実として報道論評しただけであり，公明正大であったと主張した(269)。しかし，ウィルキンソン検事は被告に対してイギリス人として治外法権の庇護の下で，韓国独立を唱えた『大韓毎日申報』は韓国人の不平の噴火口となり，このような事実はイギリス皇帝陛下の政府としても看過できないことであると論告した。

その結果，6月18日にはボーン判事は，第一種軽罪犯人（first class misdemeanour）として，3週間の禁固（three-week imprisonment），満期後6ヵ月の善行保証金に被告自身1,000ドル，保証人1,000ドル，合わせて2,000ドルを直ちに納付することという判決を言い渡した(270)。その内容を一部紹介すると次のようである。

ベセル　判決文（三浦理事官の告発）

……被告は第一種軽罪犯人として三週間の禁固に處し、禁固満期後六ヵ月間謹慎の実を表する。保証物件を提供することを命ず。然らざれば追放を命ずべし。被告が禁固の場所は尚未定に属す。依て当分の間何時にても召喚に応ずる保証として被告自身より一千ドル保証人より一千ドル、都合二千ドルを納付せば被告に釈放を許すべし。然らざれば当法廷警察官の監督を受くべし。

英国清韓高等裁判所代理判事

エフ・エス・エー・ボーン(271)

この宣告によって，ベセルはイギリス極東艦隊軍艦「クリオ」号で仁川を発ち，上海に護送され，3週間の禁固生活を送り，1908年7月12日に満期釈放された。その後，ベセルはまた妻子がいる漢城に戻り，『大韓毎日申報』の社長には彼の秘書であったマンホハム（A. W. Marnham）を任命させた。ベセル自身は休刊中である“Korean Daily News”紙の復刊等について『大韓毎日申報』総務梁起鐸と相談したが，後に遂に病死した(272)。ここで注目すべきものは三国（日・英・韓）の合同裁判が行われたことであり，それは東洋の歴史上初めての特記すべき出来事であった。

当時の珍奇な裁判は法廷に集まっている様子を見ても分かるはずであった。裁判官と弁護士は法廷の格式に従って鬘を使っており，三浦は金糸で刺繍をした制服を着ていた。証人の韓国人は白の民族衣装の姿であった。大韓帝国にいた地方のイギリス人宣教師たちも上京し，神戸の「ジャパン・クロニクル」はこの裁判を取材するためダグラス・ヤング（Douglas Young）記者をソウルへ特派した。またアメリカのAP通信も取材にくるほど国内外の関心は非常に高かった(273)。

以上，ベセルを中心に言論弾圧処分を見てきたが，今度は，『大韓毎日申報』の総務である梁起鐸も拘束されるようになった。朝鮮統監府は1908年7月12日夜，警視統監である丸山重役をして「国債報償金」の募集金を横領したという疑いで梁起鐸を拘束したのである。これに関して，漢城駐剳イギリス総領事コックバンは直ちに統監府に抗議した。ベセルの裁判の時，証人に召喚された梁起鐸を拘束したことは，もう一つのベセルに対する報復措置に見えたからである。「国債報償会」（喫煙禁止会）というのは，1907年1月下旬慶尚北道大邱において借款償還の目的をもって，喫煙禁止会が発足したものである。同会は金光済・徐相敦が発起しており，李完用内閣が日本から借款した1,300万圓を早速償還しない限り，韓帝国は独立を確保できないという自覚から結成した会である。各民間新聞社と出版社などが母体となり，全国の一般の人々からの賛成も受けた(274)。その愛国市民らの義捐金が新聞社に送られ，その金額と名前を『大韓毎日申報』をはじめ『帝国新聞』『皇城新聞』『万歳報』など各民間新聞は増ページまでして報道した。これに伴い，国債報償の団体が，各地に分立して義捐金を募集している場合，後日，紛議の原因となる可能性が多分にあるとし，京城に「国債報償志願金総合所」というものを設立，尹雄烈がその所長となり，本部を「大韓毎日申報」に置いた。次いで4月1日，京城にある国債報償に関する各団体はその整理を確実にして事業の統一，帰一をはかるため各団体から代表者2，3名を出して評議を構成し，「国債報償聯合会議所」を組織し，役員等が決議して規約を作り，各道に通文を発して聯合醵資（キョシ）の勧誘に努めた。そして，これを主宰したのが，大韓毎日申報社総務の梁起鐸であったのである(275)。

イギリス政府は拘束中である梁起鐸を保釈することを日本政府に求めていた。その理由は梁氏は病弱者で，拘束される時，イギリス人の建物の中で，雇用人として勤めたということであった。また，ベセルに関する証人としてベセルに有利な証言をしただけであるという事実をとり上げていた(276)。

その後，役員中でも，醵金を消費しているという説が紛々と起り，出資者達の激しい非難の中に，騒ぎが次第に大きくなった。そして警視庁が動きだし，前記梁氏と尹氏の両人が調査訊問を受けることになった。これに関係した者として，フランス人マルタン，アメリカ人コールブラン，イギリス人ベセルなどの調査訊問が総領事に依嘱して行われた。また醵金を取り扱っていた『皇城帝国』の新聞にも警察が派遣され，精密に調査が行われた。その結果，梁起鐸に対し，公訴が提起され，1908年8月31日京城地方裁判所で第1回公判が開かれた(277)。また，9月3日付第2回公判が行われ，梁氏は全ての事務はベセルの指揮に従ったものであり，総合所の役員としては被告は名義のみで，実務には当らず「マルテン」からの金円貸与の事，金鉱株買入の事は共にまったく無関係であると陳述した(278)。

最後に，第4回公判が8月25日に開かれ，翌日宣告公判で公訴事実は証拠が不十分であるという理由で無罪が言い渡された。

以上のように統監府は梁起鐸とベセルの有罪判決には失敗したが，大韓帝国の国民運動である国債報償運動を挫折させることになった。

結局，のちほどベセル・梁起鐸の2人は『大韓毎日申報』から退く。また，朝鮮総督府は朝鮮半島における日本人経営新聞にも統制政策を行った。日本人発行の新聞に対しては「新聞紙規則」を制定し，1908年5月の公布によって言論統制は完全な体制をとることになった。

こうして，朝鮮における言論統制政策は法律的に完全な体制を作り，1910年併合に至って言論は全く無力になったと言えよう。

⑴　伊藤欽二『現代植民政策論』雄文閣，序文。

⑵　矢内原忠雄『植民及植民政策』有斐閣，1933年，１頁。

⑶　冨田芳郎『植民地理』叢文閣，1945年，９頁。

⑷　矢内原忠雄前掲『植民及植民政策』１～２頁。

⑸　Keller, A.G. Colonization, 1908，p. 1.

⑹　冨田芳郎前掲『植民地理』10頁，20～25頁。

①　属領は本国に対し、政治的に隷属関係にあるものであるが、これを広義に解すれば名義上別の主権者を戴く独立国家たる保護国、若しくは酋長国の如く国際公法上国家と認めざる保護地、尚又国際聯盟よりの委任統治地をも含む、主権及び統治権の一部は未だ喪失せざるものをも含めるが、ここにいふ狭義の属領、統治権の全部は勿論主権にも悉く本国の手に帰せる土地を云ふので、この狭義の属領は本国の一部若しくは全部なりしものもあり、また何れの国家にも所属せざりし未開地たりしものである。

②　保護国とはある弱国がある強国より、保護条約の締結によって保護を与えらるる場合、該弱国を指して呼ぶ名称であって、保護を享受する迄の国際関係、保護の手段等によって種々の区別が立てられるが、保護国とは云へ国家である以上主権者はあるも、その統治権の大半は能保護国（保護を与える強国）の手に帰し、唯空位を保つのみのものが多い。内には内政、外交権の全部が該強国の手に収められているものもあるが、これらは最早や国際公法上の国家とは認められないものである。多くの保護国は国有の民族と文化並びに相当の人口を有し、国家としての古き歴史を保持するものであるから彼らの自尊心を傷付けず、又その反抗を回避するために特殊な待遇を与えているに過ぎないのである。

③　委任統治地は、国際聯盟規約第22条にある如く、形式上国際聯盟の委任によって統治せらるる旧独逸及び土耳古領植民地で、これにABCの三式の種類があり、A式は殆ど自立し得る程度に発達せる地方、B式は独立国として仮承認を受け得る程度には発達しない地方、C式は人口稀薄、文明程度の低い地方で、受任国の領土と近接する等の事情から受任国の領土の一部分としてその国法の下に一切の施設を行ふものである。

④　租借地は、一国が他国の領土について、一定の期間を限つて一定の統治を行なふことを認められた地域をいふのであるが、租借期間といふは単に形式的のもので、満期となれば再びその延長を要請すべく、一定の統治と雖、概ね無制限の一切の統治を行つているから、要するに仮装の割譲に外ならぬと考へられ、実質上属領と擇ふ所がないとも言はれる。

(7)　冨田芳郎前掲『植民地理』33～43頁。

(8)　矢内原忠雄前掲『植民及び植民地』２～５頁。

(9)　星野辰男『植民地の再分割』朝日時局読本第７巻，東京朝日新聞社，52～53頁。

(10)　同上59頁。

(11)　同上80頁。

(12)　黒田謙一『日本植民思想史』1942年，17頁。

(13)　蘭学者の系統をひく志筑忠雄が享保元年に抄訳附注したケンフルの『鎖国論』日本文庫第５編，17頁において“Volksplanting”を「殖民」と訳した。

(14)　金圭煥前掲『植民地下朝鮮における言論および言論政策史』28頁。

(15)　同上，50頁。

台湾総督府民政部訳『ルーカス氏英国殖民誌』1898年，井上雅二訳『モリス殖民史』1904年，山内正暸『世界殖民史』1904年，三輪徳三『植民史』1905年，水崎基一訳『カルデコット英国植民史』1909年，永井柳太郎訳『エジャートン英国殖民発展史』1909年などが挙げられる。

(16)　大河平隆光『日本移民論』1905年，有賀長雄『満州委任統治論』1905年，森孝三訳『殖民行政組織改革論』1904年，台湾総督府内台湾慣習研究会訳『殖民地統治策』1906年，竹越与三郎『比較殖民制度』1906年，東郷実『日本植民論』1906年，中内光則『植民地統治論』1907年などがある。

(17)　向山寛夫『日本統治下における台湾民族運動史』中央経済研究所，1987年，120頁。

(18)　委員のメンバーは，両正副総裁，伊藤巳代治内閣書記官長，末松謙澄内務次官，田尻稲次郎，大蔵次官，原敬外務省通商局長，田健治郎逓信省通信局長，児玉源太郎陸軍次官，山本権兵衛海軍次官であった。

(19)　『台湾制度大要』と，向山寛夫，前掲120頁。

(20)　伊藤博文秘書纂『台湾資料』399～409頁。

(21)　原敬は1919年「三・一独立運動」が勃発した時，首相であり，いわゆる朝鮮民族に対する文化政治の最高立案者であった。

(22)　向山寛夫，前掲120頁。

「外地法令制度の概要・外地法制誌第二部」

(23)　金圭煥，前掲30頁。

(24)　向山寛夫，前掲120～121頁。

「台湾の委任立法制度・外地法制誌第三部の一」

(25)　1897（明治30）年10月21日勅令に制定された。

「台湾ニ施行スベキ法令ニ関スル法律（六三法，三法及び法三号）」の議事録・外地法制誌第三部付属，全部13条に定めていた。

(26)　向山寛夫，前掲122頁。

(27)　台湾の放棄論と清国あるいはフランスへの売却説については，「台湾総督府警察沿革誌」『後藤新平』第２巻，23頁以下，後藤新平『日本植民政策一斑』明治文化叢書，1944年などに詳しい。

(28)　児玉源太郎は当時の日本軍の将星の中で最も卓越した人物であっただけではなく稀に見る政治的才幹に恵まれた将軍である。特に彼は政治的能力によって，台湾総督在任のまま1900（明治33）年12月から約１年間は陸軍大臣，1903年７月から３ヵ月間は内務大臣兼文部大臣，同年10月から参謀次長，さらには日露戦争中の満州派遣軍総参謀長となった。

(29)　後藤新平（1852～1907）は，ドイツ留学の医師出身という特異な経歴に加えて卓越した識見と行政手腕を見せ，各方面から著しく注目された特異な官僚であった。また，児玉総督の兼任期間中の台湾の施政は，実際には殆ど民政局長ないし民政長官の後藤新平によって行われていたといっても過言ではない。台湾の植民地統治は確立されており，のちほど，朝鮮の植民地経営においても導入された。

(30)　向山寛夫，前掲214頁。

(31)　同上221頁。

(32)　同上221頁。

国学院大学法学会「日本統治下における台湾の法と政治―民族法学の視点に立って」『国学院法学』21巻第２号，1983年，73頁以下。

(33)　台湾における慣行調査事業の学問的価値については，東京大学東洋文化研究所編『東洋文化』第25号「岡松参太郎博士台湾慣調査と華北農村慣行調査における末弘厳太郎博士」東京大学出版会，1958年参照。

(34)　向山寛夫，前掲222頁。

(35)　金圭煥，前掲31～32頁。

(36)　同上31頁。

(37)　日本における植民地政策の代表的な研究者は矢内原忠雄である。矢内原は

1923年東大経済学部教授として，日本で初めて「植民政策」の講座を担当していた。矢内原は内村鑑三の系譜に立つ無教会キリスト者である。1937年政府のファッショ的弾圧によって大学の職を追われたのは，日本植民地政策学研究史にも一大転換となっていた。

矢内原の植民地研究は『帝国主義下の台湾』（1929年），『満州問題』（1934年），『南洋群島の研究』（1935年）などがある。彼は戦後になって，1951年から1957年まで東京大学総長をつとめた。

(38)　例えば，浅見登郎『日本植民地統治論』昭和３年，堀真琴『植民政策論』昭和14年，阿部源一『人口・資源・植民地』昭和12年，伊藤兆司『植民農業』昭和12年，伊藤秀一『植民政策，植民地問題』昭和８年，稲田昌植『植民と農政』昭和２年，入江寅次『邦人海外発展史』昭和13年，加田哲二『現代の植民政策』昭和13年，角井靖一『飛躍日本の移植民地理』昭和10年，金持一郎『植民政策』昭和６年など，多数の本と研究論文がある。

(39)　矢内原忠雄『帝国主義研究』矢内原忠雄全集第４巻，岩波書店，1965年，340頁。

(40)　太田哲男「反戦・平和の哲学、吉野作造と矢内原忠雄を中心に」『大正デモクラシーの思想水脈』同時代社，1987年，213～214頁。

(41)　幼方直吉「矢内原忠雄と朝鮮」『思想』９月号，岩波書店，1965年，44頁。

(42)　『朝野新聞』1886年10月７日付。

(43)　1881年釜山で創刊された『朝鮮新報』は大石徳夫（釜山商法会議所）によって発刊された新聞であり，仁川で発刊されていた『朝鮮新報』は，『朝鮮旬報』を改題とした名前である。両紙ともに題号は同じであり，発行地は各々釜山と仁川である。

(44)　鄭晋錫『韓国言論史研究』一潮閣，1983年，５頁。

(45)　彼は1889（明治22）年仁川で活版印刷所を設立した時，株主であり，また『大阪朝日新聞』の通信員を兼任していた。青山好恵は『朝鮮新報』を再建し，編集，印刷，経営にも努めていたが，1896年に病死した。その後，この新聞は中村忠吉が経営権を引き受け，1902年には日刊紙となった。『朝鮮新報』につとめた記者としては，青山好恵，菊地謙譲，熊谷直亮，中村忠吉，西川谷垣，萩谷壽夫，蟻生十郎，小野賢一郎，今井忠雄等がいた。

(46)　佐々博雄「熊本国権党と朝鮮における新聞事業」『人文学会紀要』第９号，国士館大学文学部，1977年，21頁参照。

熊本国権党は1881（明治14）年９月熊本で結成された紫溟会を母体として1889年１月に成立した国権主義の政党である。

(47)　安達は，1894（明治27年）年10月５日，後に佐々友房の後を受けて熊本国権党の中心人物となる。安達は同年，朝鮮の釜山を訪れ，釜山総領事室田義文と会談していた。室田の新聞発刊の勧めにより，安達は直ちに熊本国の機関紙『九州日日新聞』に電報を送り，具体的な相談を行って，釜山で『朝鮮時報』を発刊した。後に京城で『漢城新報』まで創刊することになった。社長であった安達は駐韓日本公使三浦梧楼の支持によって，閔妃弑害事件の主動的役割を担当した。その結果同紙に虚偽報道を掲載して追放されるに至る。

(48)　佐々博雄前掲『人文学会紀要』27頁。

(49)　同上27〜38頁。

『朝鮮時報』の創刊日についてはいろいろ異論があるが，呉周煥『日帝の文化侵奪史』玄音社，1982年，393頁には1892年７月11日，李海暢『韓国新聞史研究』283頁に1894年２月，蛯原八郎『海外邦字新聞雑誌史』によれば，1892年12月熊本県人高木末態によって『釜山商況』が発刊され，その後『東亜貿易新聞』と改題され，1894年７月『朝鮮時報』となったとそれぞれ書かれている。これらはいずれも間違いで『朝鮮時報』が発刊されたのは1894年11月21日である。又，高木末態は明治38年当時の『朝鮮時報』主筆である。この『朝鮮時報』は，1892年12月に創刊された『釜山商況』がその後『東亜貿易新聞』と改題し，暫の間廃刊したものを再び改題して発刊した新聞である。

(50)　李海暢『韓国新聞史研究』成文閣，1977年，284頁。

(51)　本表は『外交文書』「新聞操縦関係雑纂・漢城新報ノ部」（外務省外交史料館所蔵）と佐々博雄，前掲29，35頁参照。

(52)　崔埈『韓国新聞史論攷』一潮閣，1976年，289頁。

(53)　佐々博雄，前掲31頁，34頁。

(54)　安達謙蔵『安達謙蔵自叙伝』新樹社，1960年，47〜48頁。

(55)　佐々博雄，前掲30頁。

(56)　安達謙蔵，前掲38頁。

(57)　陸奥宗光より井上馨宛電報文『新聞雑誌操縦関係雑纂漢城新報ノ部』明治27年10月31日，外務省外交史料館所蔵。

(58)　井上馨より陸奥宗光宛電報文『新聞雑誌操縦関係雑纂漢城新報ノ部』明治27年11月８日，外務省外交史料館所蔵。

(59)　陸奥宗光より井上馨宛電報文『新聞雑誌操縦関係雑纂漢城新報ノ部』明治27年12月３日，外務省外交史料館所蔵。

(60)　佐々博雄，前掲31頁。

(61)　井上馨より陸奥宗光宛電報文『新聞雑誌操縦関係雑纂漢城新報ノ部』明治27

漢城新報補助費一覧表（1896年9月迄）

年　　月	補助費	備　　考
1894年12月6日	1,200円	創立費
1895年2月	130円	2月17日第1号発刊
3月	130円	
4月	130円	
5月	130円	
6月	130円	
7月	170円	
8月	170円	
9月	170円	
10月	170円	10月8日閔妃事件
11月	170円	
12月	170円	
1896年1月	170円	閔妃事件予審
2月	170円	終結全員免訴
3月	170円	
4月	170円	
5月	170円	小村寿太郎公使
6月	170円	補助金増額要求
7月	300円	6月30日認可以後
8月	300円	300円
9月	300円	

＊1897年1,040円
1898年3,600円
1899年3,600円
1900年3,600円
1901年3,600円
1902年3,600円
1903年3,600円
1904年3,600円
1905年3,600円

年12月4日，外務省外交史料館所蔵。

(62) 陸奥と井上との電報文を見ると，新聞の体裁，補助金，隔日制新聞など殆どが井上馨の一方的な主張であり，その通り実践されたと言えよう。勿論陸奥もその案を認めることになった。

(63) 安達謙蔵，前掲49頁。佐々博雄，前掲31頁。

(64) 安氏は1894年7月第一次金弘集内閣の時，警務使，軍部大臣であった。後に，独立協会会長，中枢院議官であった。1898年7月戊戌謀計に関連して日本に亡命した。

(65) 陸奥宗光より井上馨宛電報文『新聞雑誌操縦関係雑纂漢城新報ノ部』，明治27年12月７日，外務省外交史料館所蔵。

(66) 安達謙蔵，前掲50頁。

(67) 蛯原八郎『海外邦字新聞雑誌史』学而書院，262〜264頁。呉周煥，前掲413頁。『大韓新報』は1898年４月10日，ソウル明洞日本組合協会で渡辺常吉によってタブロイド版で創刊された２ページ隔日刊紙であった。『大韓日報』は1904年２月，戸叶薫雄によって創刊された日刊紙である。最初は仁川で創刊されたが，のちに京城に移転して発刊した。『大東新報』は1904年18日村崎重太郎によって京城で発刊された。この新聞は４ページタブロイド版として日刊に発行した。

(68) 李光麟『韓国史講座（Ｖ）近代編』一潮閣，1982年，367〜378頁。

閔妃事件は1895年10月８日（８月20日）駐在日本公使三浦梧楼（1846〜1926）の指示により日本守備隊また『漢城新報』社長である安達謙蔵とその社員達を中心として共謀，当時の王妃である閔妃を弑害した事件である。それはいわゆる乙未事変とも言われる。日清戦争後，親露勢力が登場していたため，日本は朝鮮政府の中で親露勢力を除去することが目的であった。この事件を契機として日本は朝鮮に対して言論弾圧の政策を取っていった。

(69) 明治28年３月１日「新聞事業補助費請求ノ件」『新聞雑誌操縦関係雑誌纂漢城新報ノ部』，外務省外交史料館所蔵

(70) 安達謙蔵，前掲50頁。

(71) 佐々博雄，前掲32頁。

(72) 李光麟，前掲書，361〜365頁。

(73) 『日本外交文書』28巻（Ｉ），№245，367頁。李光麟，前掲363頁。

(74) 『日本外交文書』28巻（Ｉ），№246，368頁。李光麟，前掲364頁。

(75) 伊藤博文編『秘書類纂・朝鮮交渉資料』明治28年７月28日，井上馨より西園寺宛電報。

(76) 安達謙蔵，前掲52頁。

(77) 佐々博雄，前掲33頁。

(78) 井上馨より西園寺公望宛極秘公信文　『新聞雑誌操縦関係雑纂漢城新報ノ部』明治28年７月16日，外務省外交史料館所蔵。

(79) 『王城事変関係一件』１，２，３巻（文書）「予審終結決定書（文書）」

この決定書によると被告総数48名中，熊本県人は21名，このうち，広田正善，中村楯雄，田中賢道の民権運動経験者３名を除くと殆ど熊本国権党関係

者である。

(80) 小早川秀雄『閔妃殂落事件』1920年，80～86頁。三浦公使の命令によって『漢城新報』社長安達謙蔵の指揮で大院君を擁衛して入闕したと書かれている。

F.A. Mckenzie, *The Tragedy of Korea,* Hodder and Stoughton, London, 1908；延世大出版部，1969年，68頁。

(81) F.A. Mckenzie, ibid，68頁。『日本外交文書』28巻Ⅰ，№359，494～496頁。

(82) 『閔后弑害事件の真相』民友社，1946年，91～112頁。李瑄根『韓国史（現代編）』乙酉文化社，1963年，636頁。

(83) 駐韓日本公使館記録『機密本省往』1896年，195～219頁。崔埈，前掲297頁。鄭晋錫，前掲9頁。

朝鮮政府は外国人経営の新聞を直接統制より間接的な手段で，『漢城新報』を配達していた朝鮮人の配達員の逮捕令を出すなど，同紙の購読禁止令まで内訓に出した。同紙の読者は内訓前は911名であったが，そののちは510名に激減した。特にソウルは450名から100名に急減した。当時朝鮮政府は『漢城新報』の認可取消，発行禁止処分まで論議したが，購読を禁じる措置をとることになった。これとは別に外交通路を通じて日本国に抗議また警告したりした。

(84) 佐々博雄，前掲33頁。

(85) 『漢城新報』1896年4月19日付，駐韓日本公使館記録，1896年。前掲『機密本省往』218頁。

(86) 徐載弼（1863～1951）は甲申政変を起こし，失敗後金玉均とともに日本に亡命した後アメリカに行った。1896年帰国，独立協会を組織し，『独立新聞』を発刊した独立運動家である。彼はアメリカで高等学校と医科大学を卒業後，フィリップ・ツェイソーン(Philip Jasohn)に改名して，アメリカの国籍をとっていた。この間に徐載弼は西洋の近代思想家（John Locke, Jeremy Bentham, Jean Jacques Rousseau, Charles Montesquieu）などの思想を勉強した。また彼は近代的なジャーナリズムを研究してから朝鮮における最初の民間紙として『独立新聞』を創刊することになった。

(87) 崔埈，前掲45頁。

(88) 徐載弼博士の『自叙伝』209～210頁によると，徐氏は5，000圓の補助金を受け，大阪で印刷機を購入し，その新聞社の場所は貞洞美国公報館で発刊していた。

(89) 朝鮮総督府『朝鮮の言論と世相』1927年，9頁。

(90) 李海暢，前掲14～56頁。

(91) 朝鮮総督府，前掲９〜10頁。

(92) 徐氏がアメリカに帰国したのは守旧派閣僚達の追放運動のためであった。それは『独立新聞』と独立協会の活発な言論展開に国民大衆の覚醒を促すとともに国政改革の急先鋒になったからである。これに恐れをなした朝鮮政府の守旧派は徐氏を懐柔または賂物で買収しようとした。しかし，同氏はこれに応じなかったので，当時内務大臣趙秉植はソウル駐在アメリカ総領事アレン（H.N. Allen）に書簡を送って，徐載弼を追放することを促していた。それは当時徐氏の国籍がアメリカになっていたからである。このように大韓帝国政府からの圧迫とアメリカ人の勧告もあったが，決定的な理由として義理の母が病気によって危篤というアメリカからの電報によってアメリカに行く。後に明らかにされたが，これは徐氏を帰国させるためのニセ電報であった。

(93) 呉周煥，前掲405頁。

(94) 東学は19世紀半ばの没落貴族，崔済愚（チェ・ゼ・ウ）によって創められたもので，キリスト教（西学）に反対する意味でその教理は儒・仏・仙の三教を混合して民族的宗教としたもので後に天道教と改め，1919年の独立闘争ではキリスト教徒と協力して独立運動の指導的役割を果たした。一方，日清戦争前に朝鮮は政治的な不安と大旱魃による極度の窮乏に農民達が全国的な規模に反乱を起こした。これが，東学党の乱であるが，その主張は「輔国安民，広済蒼生」と「斥外洋倡義」であった。すなわち，人民の生活の安定，両班富農，貪官汚吏の粛正，外国侵略者の撃攘を主張して各地で戦った。

(95) 金圭煥，前掲21頁。

(96) 田保橋潔『近代日鮮関係の研究』下巻，文化資料調査会，1964年，294頁。

(97) 金圭煥，前掲22頁。

(98) J.A., White, *The Diplomacy of the Russo-Japanese War,* Princeton University Press, 1964, British Foreign Office: *Confidential Print-China*, 1848-1922, Microfilm F.O. 405, No. 88, Affairs of Corea, Pt. XII, p. 107, Jordan to Salisbury, October 11, 1900.

(99) 第１次日露協定（1896年５月14日，外務大臣小村寿太郎と露国公使ウェーバーの間の覚書），第２次（1896年６月９日，ロバノフ・山県有朋議定書），第３次（1898年４月25日，ローゼン・西徳二郎議定書）

(100) ⅰ）G.P. Gooch and Harold Temerley, eds., *British Documents on the origins of the war*（1898-1894, London; Her Majesty's Stationery office), 1926-1938, Vol. VI, p. 782, appenix V

ⅱ）Lillian M. Penson, "The New Course in British Foreign Policy, 1892-

1902, " *Transactions of the Royal Historical Society,* Series IV, Vol. XXV, 1943

(101)　斉藤鎮男『日本外交政策史論序説』新有堂，1981年，107頁。

(102)　伊藤正徳『加藤高明』上巻，1929年，273頁。

(103)　加藤高明の日英協商論については，加藤伯伝記編纂委員会『加藤高明』上巻，宝文館，1929年，284～288頁。

(104)　斉藤鎮男前掲『日本外交政策史論序説』111頁。

(105)　大畑篤四郎『日本外交政策の史的展開』成文堂，1983年，50頁。

(106)　鹿島守之助『日本外交政策の史的考察』巌松堂書店，1931年，144～150頁。

(107)　内山正態「小村外交批判」『現代日本外交史編』慶応通信株式会社，1971年，71頁。

(108)　朝比奈知泉『明治功臣録地巻』1915年，1006頁。

(109)　Zara Steiner, "Great Britain and the Creation of the Anglo Japanese Alliance," *Journal of Modern History,* Vol. XXXI, No. i. March 1959, p. 27. and, George Monger, *The End of Isolation: British Foreign Policy* 1900–1907, London; T. Nelson and Sons, 1963, p. 48.

(110)　L.K. Young, *British Policy in China,* 1895–1902, Oxford University Press, 1970, p. 11.

(111)　1900年に中国で起こった帝国主義反対の運動，日本では北清事変と呼ばれた。日清戦争後，列強はあらそって中国に勢力範囲を決定し，鉱山権益を獲得し，工場，鉄道を盛んに建設して，中国を分割してしまおうとした。特に鉄道，電信の敷設は，外国品をますます大量に中国内に流入させ，農民からは副業を奪い，多くの人々が失業となった。また鉄道建設は，農民から田畑をとりあげ，水路まで破壊した。

(112)　Andrew Malozemoff, *Russian Far Eastern Policy* 1881～1904, Berkeley, 1958, pp. 120～122.

(113)　Steiner, "Anglo-Japanese Alliance, " pp. 31～34, George Monger,"The End of Isolation; Britain, Germany and Japan, 1900～1902," *Transactions the Royal Historical Society,* Series IV, vol. 13, 1963, p. 109.

(114)　立作太郎博士論行委員会『立博士外交史論集』日本評論社，1946年，437頁。

(115)　A.M. Pooley, *The Secret Memories of Count Tadasu Hayashi*, New York, 1915, p. 129.

(116)　崔文衛「英日同盟と日本の韓国侵略」『露日戦争前後日本の韓国侵略』一潮閣，1986年，45頁。

(117)　鹿島守之助『日英外交史』三秀舎，1959年，262～268頁。日本外務省編纂

『小村外交史』上巻，1958年，293～295頁。

(118) 黒羽茂『日露戦争史論・戦争外交の研究』杉山書店，1982年，1597頁。

(119) 大江志乃夫「大国の舞台に登場した日本」『朝日ジャーナル』朝日新聞社，1988年９月９日，55頁。

(120) 『時事新報』1902年２月15日付，７頁。

(121) 『東京日日新聞』1902年２月16日付。

(122) 『国民新聞』1902年２月14日付。

(123) 『国民新聞』1902年２月18日付。

(124) 『東京朝日新聞』1902年２月16日付。

(125) 『東京朝日新聞』1902年２月17日付。

(126) 『東京朝日新聞』1902年２月16日付。

(127) 『東京朝日新聞』1902年２月13日付。

(128) 『東京朝日新聞』1902年２月13日付。

(129) 『東京朝日新聞』1902年２月13日付。

(130) 「日英同盟」『東京朝日新聞』1902年２月14日付。

(131) 「国民同盟会解散の議」『東京朝日新聞』1902年２月14日付。

(132) 「前略……特に一言を要すべきハ久しく我同志を苦しめたる反対党の態度なり。彼らハ昨年末に於る我党の宣言に対して謂はれ無き妄論を加へ前日我党を代表して質問されたる大石正己君の演説に対しても亦た無礼の冷罵を加えたり　締約の報ハ必ずヤ彼等の鼓膜を破りしなるべく今ヤ方に慙死すべきを信ず曰く支那分裂，曰く満韓交換其演説の言ハ消えんも新聞に党報に残れる文字ハ抹殺すべからず然れども余ハ往事を窮追するものに非ず只国家の一大問題に向って党同伐異是れ事とし徒らに軽率の言論を弄する者を将来に戒めんが為めに此に其猛省を求むるのみ……下略」

(133) 『東京朝日新聞』1902年２月14日付。

(134) 同上。

(135) 『東京朝日新聞』1902年２月16日付。

(136) 『東京朝日新聞』1902年２月17日付。

(137) 『東京朝日新聞』1902年２月18日付。

(138) 『東京朝日新聞』1902年２月23日付。

(139) 『東京朝日新聞』1902年２月25日付。

(140) 『東京朝日新聞』1902年２月26日付。

(141) 『国民新聞』1902年２月13日付。

(142) 同上。

(143) 同上。
(144) 『国民新聞』1902年２月15日付。
(145) 同上。
(146) 『国民新聞』1902年２月16日付。
(147) 『国民新聞』1902年２月18日付。
(148) 同上。
(149) 「加藤高明氏の演説」『国民新聞』1902年２月18日付。
(150) 「世界的市民」『国民新聞』1902年２月23日付。
(151) 「日英同盟」『東京日日新聞』1902年２月13日付。
(152) 『東京日日新聞』1902年２月13日付。
(153) 「朝鮮半島」『東京日日新聞』1902年２月14日付。
(154) 「同盟国民の交誼の表明」『東京日日新聞』1902年２月15日付。
(155) 『東京日日新聞』1902年２月15日付。
(156) 「日英同盟と株式」『東京日日新聞』1902年２月16日付。
(157) 同上。
(158) 「加藤前外相の同盟談」『東京日日新聞』1902年２月17日付。
(159) 『東京日日新聞』1902年２月22日付。
(160) 『時事新報』1902年２月13日付。
(161) 『時事新報』1902年２月14日付。
(162) 「日英協約の効果」『時事新報』1902年２月14日付社説。
(163) 「日英同盟の利害」『時事新報』1902年２月15日付社説。
(164) 「英国の決断」『時事新報』1902年２月16日付社説。
(165) 「日英の協約に就いて」『時事新報』1902年２月17日付。
(166) 「政党の言動」『時事新報』1902年２月18日。
(167) 「同盟国に対する国民の礼意」『時事新報』1902年２月19日付社説。
(168) 「日英同盟論の第一声」『時事新報』1902年２月23日付社説。
(169) 「日英協約祝賀炬火行列」『時事新報』1902年２月14日付。
(170) 「慶応義塾門を出で三田四国町育種場横を右に四国町の交番前を芝図通りに出で増上寺前の大門より浜松町を左に新橋を渡り夫れより日本橋まで行き，川岸に添うて左折し呉服橋を渡りて和田倉門に入り次で二重橋に至りて此にて両陛下の万歳を三唱し奉り桜田門を出でて参謀本部の横手を英国公使館に至り門前に万歳の声を揚げ引返して桜田門前の大通を外務省前に達し同じく万歳を唱えて虎ノ門より琴平町通り飯倉を経て帰塾する予定であった。」
(171) 「日英協約祝賀炬火行列」『時事新報』1902年２月14日付。

(172)『時事新報』

日英同盟を祝する炬火行列の歌

一、朝日輝く日の本と入日を知らぬ英国と東と西に別れ立ち　同盟契約成るの日は世界平和の旗揚げと　祝ぐ今日の嬉れしさよ

二、両国握手の目的は　清韓二国を扶植して東洋平和の楽国と　為さんとする義侠心天地に愧ぬ契約を　表す心の勇ましや

三、我日の本は古き国　しかも明治の昭代に生れ合した吾等をこそ　祖先に増し幸を受け斯る盛事を耳にして　君を祝ぐ嬉しさよ

四、独立自尊の二帝国　列国環視の目前に同盟条約発布して　更に憚る所なし　斯る雄々しき挙動を　独立の自尊と称へよや

(173)「慶応義塾生徒の炬火行列」『時事新報』1902年２月15日付。

(174)万燈は表面にイギリス国旗と日本旗と交叉した図を書き，其上に祝日英同盟の５文字を現わし裏面には日本婦人と相対して互に礼を述べる図を書いたものであった。

(175)「慶応義塾生徒の炬火行列」『時事新報』1902年２月15日付。

(176)同上。

(177)同上。

「炬火行列は英国公使館に入り，粛々として先ず表門を入り左折して官邸前を通過しつつ千五百余人手にカンテラを捧げて万歳を唱へ遂に裏門より同館を辞したるが行列通過の折しも公使は自ら玄関に立出でて一行を迎え又鎌田塾長と握手して本日は誠に盛なる行列を拝見致し御厚意の段深く感謝するよしを述べ尚生徒の数及び行程などを尋ねるなど非常に満足の容子に見受けられた。」

(178)「一方が外務省玄関前を通過し官邸前を裏門に出でたり官邸前を通過せるとき珍田総務長官本多秘書官石井書記官は鎌田塾長に向ひ今夜大臣は已むを得ざる事故ありて自分よりお礼申すべき様大臣より特に伝言ありし旨挨拶したりとなり」と書かれている。

(179)「大阪電話」12日，「株式は気不味」『時事新報』２月３日付。

(180)「株式は引続き保合」『時事新報』1902年２月15日付。

(181)「株式は好景気」『時事新報』1902年２月16日付。

(182)「株式は強保合」『時事新報』1902年２月25日付。

	二十四日引直	二十二日引直	比較
	圓	圓	圓
株式	二二三、〇〇	二一一、五〇（高）	一一、五〇

三品	一二四、四〇	一二一、一〇（高）	三、三〇
商船	二七、三五	二七、三〇（高）	〇五
南海	六七、五〇	六七、五五（低）	〇五
阪鶴	二一、〇〇	二一、五〇（低）	五〇
京都	二三、一〇	二三、六五（低）	五五
参宮	八四、七五	八五、一〇（低）	三五
関西	四四、二五	四四、三〇（低）	〇五
山陽	五七、九〇	五七、六五（高）	二五
九州	五九、二五	五九、五五（低）	三〇

出来高　　定期一万五千九百五十二枚ヂキ七百八十枚

(183)　「株式は強合み」『時事新報』1902年２月27日付。

	二十六日引直	二十五日引直	比較
株式	二二二、〇〇	二二六、〇〇（低）	四、〇〇
三品	一二一、九〇	一二二、〇〇（低）	一〇
商船	二七、三五	二七、四五（低）	一〇
南海	六七、七五	六七、七〇（高）	〇五
阪鶴	二一、〇〇	二一、二〇（低）	二〇
京都	二三、一五	二三、一〇（高）	〇五
参宮	八四、〇五	八四、四〇（低）	三五
関西	四四、四〇	四四、一〇（高）	三〇
山陽	五七、七〇	五七、四五（高）	二五
九州	五九、一五	五八、七五（高）	四〇

(184)　日本外務省編『日本外交文書』第35編，1957年，31～32頁。

(185)　『時事新報』1902年２月14日付。

(186)　古屋哲夫『日露戦争』はしがき，中央公論社，1988年。

(187)　金圭煥『日帝の対韓言論・宣伝政策』二友出版社，1982年，45～46頁。

(188)　この議定書は日本が韓国の独立および領土保全，韓国皇室の安全をはかること，韓国政府は施政の改善について日本政府の忠告をいれること，第三国の侵害や内乱のため，韓国皇室の安全や領土保全に危険のある場合には，日本政府は臨機必要の措置をとり，韓国政府は十分の便宜を与えること，日本政府はこのため軍略上必要の地点を臨機収用できること，この議定に反する協約を第三国と結んではならないことなどが規定された。古屋哲夫，前掲111頁参照。

(189)　金圭煥，前掲46頁。

(190)　森山茂徳『近代日韓関係史研究』東京大学出版会，1987年，196頁。

(191)　外務省編『日本外交年表並主要文書』上巻，原書房，1966年，223〜224頁。

(192)　同上224〜228頁。

1904年５月，日本政府閣議では，

一、適当な時機において韓国を我が保護国となすか，もしくはこれを我国に併合すべし。

二、上の時機到来するまでは政治上，軍事外交上保護の実権を収め，経済上においては益々我が利権の発展を計るべし。ということが決議されていた。

(193)　外務省編前掲『日本外交年表並主要文書』231頁。

(194)　森山茂徳，前掲196頁。

(195)　李清源著『朝鮮社会史読本』，金圭煥，前掲42頁から再引用。

(196)　藤井松一「日露戦争」『岩波講座日本歴史』18巻（現代Ⅰ），岩波書店，1972年，123〜136頁。

(197)　李光麟『韓国史講座Ｖ』（近代編），一潮閣，1982年，465頁。

(198)　『皇城新聞』は，1898年３月２日に創刊された『京城新聞」を４月６日付第11号から『大韓皇城新聞』と改題して週刊に発刊したが，９月５日からはまた『皇城新聞』と改題して日刊となった。

(199)　『毎日新聞』1898年５月16日付論説と，『漢城新報』同日２ページ雑報欄に掲載されている。

(200)　高麗大学アジア問題研究所『旧韓国外交文書』第17巻，俄案１，570〜582頁，露側公文内容が新聞に漏載されたことに対して抗議。

(201)　鄭晋錫前掲『韓国言論史研究』20頁。

(202)　『帝国新聞』1898年９月19日付「雑報」。『旧韓国外交文書』670〜674頁。

(203)　「外交文書の交渉中新聞掲載事件の禁断要望」前掲『旧韓国外交文書』（旧案４）149〜150頁。

(204)　前掲『旧韓国外交文書』（旧案４）581〜584頁。

「外衙門日記」10月８日付，10月30日付。

(205)　『帝国新聞』1898年10月19日付「雑報」。

(206)　『独立新聞』1899年１月27日付「雑報」，修正委員。

(207)　『皇城新聞』1899年３月３日付「雑報」，改正条例。

(208)　春原昭彦『日本新聞通史』新泉社1985年，33〜34頁。

明治６年以来の征韓論の勃興，民権論の流布をみて，新聞雑誌の取り締まりを検討していたが，６月28日，新たに新聞紙条例，讒謗律を制定した。この新聞紙条例は以前の新聞紙発行条目に比し，いちじるしく体系的に整備されていた。その内容は責任者を厳格にし，更に初めて刑罰規定を設け，その上違反に対する制裁規定として発行禁止，停止処分を新設している。この法律の発布をみて当時の記者は驚き当惑した。その結果一時，民権論は下火になったが，やがて新律攻撃の火ぶたは切られ，それに対抗して政府は記者をぞくぞく禁固・禁獄に処し，新聞記者の恐怖時代が出現することになった。特に讒謗律はのちに，日本における最初の名誉毀損法となった。

(209)「日本軍事関係記事の新聞掲載要請」前掲『旧韓国外交文書』（旧案６）737頁。『皇城新聞』1904年２月29日付「雑報」の軍事関係記事。

(210)「韓国新聞の日本軍事行動掲載の禁止および同検閲官選任要求」前掲『旧韓国外交文書』（旧案７）12～13頁。

(211)「日本軍情の新聞報道厳禁措置の准行回答」前掲『旧韓国外交文書』（旧案７）28～29頁。

(212) 前掲『旧韓国外交文書』（旧案７）107～108頁。

8096．機密外交文書上ノ「秘」字添加ト各部共同秘密厳守要望（原35冊）

［発］日本公使　林権助　光武　８年（西紀1904年）６月１日

［受］外務大臣　李夏栄

公文第百十六号

以書簡致啓上候．陳者外交ニ関スル重要文書ノ機密ヲ厳守スル事ニ関シテハ開明国班ニ於テ厳格ナル慣例有之候処，従来貴政府ニ対スル交渉案件ハ其都度外門ニ漏洩シ交渉上不便甚敷候ニ付，前任貴外務大臣［李址鎔］ニ対シ其旨照会致置候次第有之候処，猶ホ今後貴大臣閣下ノ御戒飭ニ依リ一層外交文書ノ機密ヲ厳守致度ト存ジ，今後ハ貴我相互ノ間ニ往復致候公文書中殊ニ機密ヲ守ル必要有之候モノニ対シテハ，其封皮及本文番号ノ上部ニ［秘］ノ文字ヲ添加スル様可致ニ付，右等ノ文字ヲ添加シタル文書ハ特別ノ官吏ニシテ之ヲ取扱ハシムルト同時ニ，右ノ漏洩ニ対シテ責任ヲ帰スル様致度候．外交重要案件ノ機密ヲ守ル儀ハ只ニ貴部ニ於テノミニ之無，他各部ヲ始メ宮内府及議政府等ニ就キテモ同様ニ有之候処，最近議政府其他ノ官衙ニ於テハ，諸般ノ議案及処管事件ニ付，機密ヲ厳守セラレサル為メ巨細ト無ク坊間ニ漏洩シ，貴政府部内ノ失態ヲ表顕シタル事例不少，本使ハ貴政府ノ体面ニ顧ミ潜ニ痛心致居候ニ付，前段照会ノ次第ハ併テ他各衙門ニ御移牒相成，今後ノ弊端ヲ防止セラレ候様致度，此段照会得貴意候．敬具

明治三十七年六月一日　特命全権公使　林　権助　印

外務大臣　　李夏栄　閣下

局　　　　　　　　　六月一日発

交　　接第百九三号　光武八年

大臣印　協弁印　局長印　課長

課　　　　　　　　　六月四日至

(213)　金正明『朝鮮駐剳軍歴史』巖南堂書店，1967年，217頁，229頁。

ソウル大奎章閣図書「外交機密事件の新聞掲載に対する抗議および問責要求」15頁。

(214)　全国憲友会連合会編纂委員会『日本憲兵正史』全国憲友会連合会本部（研究所院），1976年，141〜143頁。

朝鮮憲兵隊の創立は、日清戦争後の明治29年１月25日、送乙第223号を以て、臨時憲兵隊の編成及び服務概則が定められ、次に、１月31日、密発第６号を以て陸軍大臣より次のような通達があった。

「朝鮮国釜山、京城及びに仁川間の無線保護のため臨時憲兵隊を編制し、朝鮮国に派遣せしめられ候に付ては、各憲兵隊を宇品に於て編制し、朝鮮国釜山に派遣し、同地に於て臨時電信部提理川村益直の指揮を受けしむべし」

以上の通達により同年２月、派遣憲兵が朝鮮に到着し、臨時電信部提理の指揮を受け任務についた。これが朝鮮憲兵隊の始まりである。明治36年12月１日、日露間の形勢が緊迫すると、臨時憲兵隊を韓国駐剳憲兵隊に改編し、同時に韓国駐剳司令官の隷下に入り、同月８日より警察事務を開始した。明治37年２月10日、宣戦の詔勅が下り、日露両国開戦となり、２月14日韓国駐剳憲兵隊へ下士以下65名が増派され、韓国各地に憲兵を分駐させ、従来の任務の他軍事警察をも執行した。

(215)　鄭晋錫，前掲27頁。

(216)　『皇城新聞』1904年８月17日付「雑報」。『大東新報』の亭報，同20日付「大東開刊」。

(217)　『帝国新聞』1904年11月９日付「論説」で『帝国新聞』の停刊事情。

(218)　金正明『朝鮮駐剳軍歴史』巖南堂書店，1967年，179〜181頁。

(219)　同上182〜183頁。『日韓外交資料集成』別冊Ⅰ巻参照。

(220)　鄭晋錫，前掲29頁。「駐韓日本公使館記録」（本省機密），1905年10月９日付新聞検閲の件（第78号）によると，本日発兌スヘキ帝国新聞ノ原稿昨夜古河補佐官検閲ノ際」というふうに報告した。

(221)　姜在彦『朝鮮近代史研究』日本評論社，1970年，235頁。

(222)　李基百『韓国史新論』学生社，1979年，357頁。

(223)　山辺健太郎『日韓併合小史』岩波書店，1988年，178頁。

(224)　姜在彦『朝鮮近代史研究』日本評論社，1970年，236頁。

(225)　金圭煥前掲『日韓の対韓言論・宣伝政策』62頁。

(226)　原敬日記（1910．４．５）には，要するに韓国の併合は伊藤統監が赴任する当時から内定していた政策だからこれを実行するのは列国の感情如何を顧み最好の時節に実行する筈の事の故という最高方針を披瀝していることである。もともと西欧型の保護政治を布くことによって日本は，韓国が国際的に関心の標的になることを効果的に避けられることになった。

(227)　朝鮮総督府編『朝鮮の保護および併合』20頁。国史編纂委員会編『韓国独立運動史』第１巻，1965年，18頁。高宗は1905年12月には，駐仏公使閔泳讃をアメリカに派遣し，翌1906年にも，閔泳敦をアメリカに，李起鉉をロシアに，それぞれ密使として派遣していた。

(228)　『元帥寺内伯爵伝』505頁。朝鮮総督府編『朝鮮の保護および併合』74頁，92～93頁。

(229)　旧韓保護国化以後，いわゆる「売国奴」朴齊純内閣に対する朝鮮民族の抵抗が激しく，統監府は内閣を更迭することによって更に積極的に親日内閣を組閣して危機をのりこえることにした。これが李完用内閣として朝鮮民族の批判の内閣となった。

内務大臣	任善準
度支部大臣	高永嘉
軍部大臣	李乗武
法務大臣	李重応
学部大臣	李載崑
農商上部大臣	宋秉畯

(230)　久保寺山之『日韓離合之秘史』全巻，日本乃姿顕彰会，1964年，151頁。

(231)　同上154頁。

(232)　この取極書は，韓国政府と日本政府が1907年７月24日締結，日韓協約第５条により任命された韓国の警察官をして当該日本官憲の指導監督を受け，在韓国日本臣民に対する警察事務を執行させることを約することであった。

(233)　朝鮮総督府編前掲『朝鮮の保護および併合』236頁。金圭煥，前掲69頁。

(234)　金圭煥，前掲88頁。

(235)　葛生能久『日韓合秘史』上巻，黒龍会出版部，1930年，２頁，329頁など。久保寺山之前掲『日韓離合之秘史』全巻，256～257頁。

(236)　伊藤博文は，「由来積弱痼」で指摘した通り韓国は歴史的に一度も完全な独立国であったことがなく，永遠に自立する可能性がないという説得的コミュニケーションを行った。これは韓国皇室自らの名で公言されたものであるとした。「自治能力の欠如」というのは植民地国家を意味しており，植民地統治主体としては自分の支配体制を維持するために好んで用いた暗示的説得プロパガンダであろう。また「日鮮同祖論」「内鮮一体」「皇民化政策」などは，後に重要なプロパガンダの材料となり，朝鮮民族に対する夢と希望を植えようとした名分からであった。これらは前述した各種の条約などとも軌を同じくする説得方法でもあろう。

(237)　黒龍会は，日本の古典的右翼団体である。この会は内田良平等によって，1901年結成された。アジア後進国の独立支援を目指したが，実際は，日本帝国主義の大陸侵略の担い手となった。ところが，アジアの平和，日本の独立などを呼び掛けている思想的側面としては，これと軌を同じくするような団体が幾つかあった。前述した熊本国権党と大井憲太郎を中心とした自由民権派は，その団体であろう。

(238)　一進会は当初には東学党の流れを汲む雑分子によって組織され，黒龍会の葛生能久，内田良平の指導とともに援助を受けた。日露戦争中には，日本軍の鉄道敷設，兵站輸送等に労力を提供した親日協力団体であった。日韓併合時には，会員100万と称して，積極的に乗り出した。実際会員の数は，『京城日報』９月27日では140，725名であり，このうち過半数の，93，079名は平安道出身であった。また朝鮮民族から李完用，朴齊純らと同じように，いわゆる売国奴と呼ばれる李容九，宋秉畯は一進会の開放に際して，整理費として巨額の金を受け，宋は伯爵に叙せれらた。彼の親日家ぶりを『大阪朝日』（1910．３．５）は次のように報じている。「（日本滞在中）宋は朝鮮人に対してでないと決して宋とはいはない。自宅の標札もチャント野田平次郎とある。いつもゾロリとした日本服、日本人の妾を蓄へ、日本人の書生を養い、何でもかんでも日本流儀ではないと承知しない。……」なお，雑誌『朝鮮』（1911年４月）によると，宋と李は旧一進会員から詐欺取財で訴えられたと記されている。金圭煥，前掲72頁。

(239)　『京城日報日誌』，および鄭晋錫，前掲250頁。

(240)　友邦協会『統監府時代の財政』中央日韓協会，1974年，111頁。

(241)　高等法院書記課編『朝鮮司法提要』全巻，巖松堂京城店，1923年，886～889頁。

(242)　朝鮮総督府官房審議室校閲，帝国地方行政学会朝鮮本部編『現行朝鮮法規類纂』第８巻，1935年，法36，（２―５）～（２―６）頁。

(243) 朝鮮総督府官房審議室校閲，帝国地方行政学会朝鮮本部編前掲『現行朝鮮法規類纂』第8巻，（2—5）頁。

(244) 朝鮮総督府官房審議室校閲，帝国地方行政学会朝鮮本部編前掲『現行朝鮮法規類纂』第8巻，110頁。

(245) 当時朝鮮国内で外国人が発刊している新聞はベセルの『大韓毎日申報』だけであった。

(246) 海外で発刊された韓国語新聞紙の中で，問題の記事があれば，押収処分また発売禁止処分を降すことができるようにした。

(247) 駐韓日本公使館記録『明治41～42年機密本省往』新聞取締ニ関スル書類，崔埈，前掲237～238頁。

「新聞紙押収処分に関する内規」

1　押収処分する時は警務局は警視庁および各道警察署、分署に通達すること。警署長はこれを所属観察使に報告すること

2　内務大臣は新聞紙の発売頒布を禁止し押収した時には官報に告示手続をすること

3　警察官は新聞紙の処分にあたり、外国人の家宅また寺院、営業所などに侵入しないこと。外国人が所持した新聞紙は押収しないこと

4　外国で発刊された国文紙また国漢文、あるいは漢文の新聞紙の中で封筒郵遞によるものは通信管理局は内部の決定あるまで封簡郵逓の配達を留保すること

5　汽車によって普通貨物として地方販売店等の送達することについては警務局から押収処分の意を鉄道管理局に通知して同管理局はまた各駅長に通達し、その他の警察署および警務局の電報通達により押収処分を行うこと

6　船舶による普通貨物として輸送する場合、警務局から押収の意を関税局に通知して関税局はまた通達し、警察署および公署は警務局の電報通達により押収処分を行うこと。

(248) 駐韓日本公使館記録『明治41～42年機密本省往』新聞取締ニ関スル書類，崔埈，前掲238頁。

「新聞紙押収に関する執行要領」

第1条、警察署は新聞紙押収処分に関して警務局長から電命を受けた時には速に所属観察使に報告すること

第2条、前条の命令を受けた時、速に下記の各号によって執行すること

(1)　押収した新聞紙が郵遞局および郵遞中継所に到着したら、引受するこ

と

⑵　鉄道便託送（郵遞物ではなく貨物として送ったこと）の場合も、これを引受すること

⑶　停車場内で縦覧用として該新聞紙が備置されている時は駅長に交渉してこれを撤去すること

⑷　税関所在地で船舶に輸送されたことがある場合、これを引受すること

⑸　警察署所在地及び巡査駐在所の管轄区域内にある中継所、販売店および配達人の私宅等で押収すること

⑹　配達中のものはこれを差押押収すること

⑺　押収する新聞を所持した者がいる時は警察に渡さず、注意して押収すること

第 3 条、押収処分においては下記の点を注意すること

⑴　外国人が所持しているものは押収しないこと

⑵　外国人の家宅また寺院あるいは営業所などに侵入して押収しないこと

第 4 条、押収した新聞紙の部数はその都度警察局長に報告すること

(249)　日本新聞協会『出版及著作関税法法令集』1936年，97～107頁，附録参照。

(250)　同上98頁。

(251)　1909年 9 月14日付『京城新報』社説は，新聞規則改正を非難して伊藤前統監は言論の自由を尊重して届出式を採用して，四方より来る攻撃の雨中に泰然自若としてその偉大さを示したとしている。

(252)　春原昭彦「植民地の新聞統制」『自由・歴史・メディア』日本評論社，1988年，180頁。

(253)　朝鮮総督官房審議室校閲帝国地方行政学会朝鮮本部編前掲『現行朝鮮法規類纂』，第 8 巻，100～101頁，全文は付録参照。

(254)　『東亜日報』1989年11月 4 日付。李海暢『韓国新聞史研究』成文閣，1977年，45～50頁。

問題の社説は張志淵が酒に酔って書いたという逸話がある。張氏は社長として直接書いたが，酒に酔ってまとめができないまま寝てしまった。そこで同社の柳瑾がまとめて掲載したという。しかし，この記事は事前検閲なしで印刷され，停刊処分を受けた。この内容を一部紹介すると，「……口があっても言えないことは鳥にも至らないことであり，無心にだまっているのは魚にも至らないことである。」ということである。

(255)　独立運動の指導者の一人である呉世昌が創刊した大韓協会の機関紙である。当時，独立協会の機関紙は独立新聞，皇城新聞，帝国新聞の 3 紙である。

(256) 「朝鮮の言論取締と暴徒鎮圧」『外交時報』127号，1909年，金圭煥，前掲94〜95頁。

(257) 京城のMission Schoolで教えた後，長崎に行って韓国語教師を勤めた。1903年帰国して，ベセルとともに『大韓毎日申報』を創刊して総務となった。1919年『東亜日報』創刊当時は編集監督に委嘱され，民族言論界の第一人者であった。1912年に「寺内総督暗殺陰謀」事件に関連され，投獄された。

(258) ベセルはロンドンの“Daily Chronicle”の特別通信員として日露戦争を取材するため1904年3月10日朝鮮に来て，後に『大韓毎日申報』を創刊した。1908年は日本政府の強要によって英国清韓高等裁判所で有罪判決を受けたが，上海で3週間の禁固を受け，また京城に帰ったが，翌年5月病死した。ベセル夫人は“Japan Advertiser”で彼の死は日本当局の精神的な迫害によったものであると非難した。ベセルは1886年日本に来てニコル（P.A. Nicolle）という人とともに神戸市42番地で（Nicolle and Co.）という貿易商を経営したという。

(259) 鄭晋錫『大韓毎日申報と裴説』ナナム出版，1987年，81頁。

(260) 日本外務省「大韓毎日申報ベセル事件」『機密本省往』明治39年〜49年（機密第9号)。崔埈，前掲239頁。

「大韓毎日申報主筆ベセルに関スル件……京城在留英国人ベセル（Bethell）ナル者ハ昨年8月以来、「コリア・デイリー・ニュース」(Korea Daily News）ナル英字新聞ヲ発行シ帝国ノ対韓政策ニ反抗スルヲ以テ其ノ主義トシ或ハ列国ノ干渉ヲ唱へ露国ノ捲土従来ヲ報シ近キ将来ニ於テ帝国ノ勢力ガ半島ヨリ排除セラルベキを説キ韓国官民ヲシテ衷心信頼ノ念ヲ絶タシムルヲ計リ或ハ帝国官憲及顧問ノ施設ヲ誹謗シ帝国官民ノ非行ヲ構誣シ帝国ノ真意ハ韓国ヲ亡シ韓民ヲ滅スルニ在ルヲ説キ韓国ノ上下ニ慷概ノ念ヲ鼓シ排日ヲ瀰蔓セシメンコトヲ努ムル等苟モ帝国ノ信用ヲ傷ケ帝国ノ施政ヲ妨害スルニ足ルト思料スルモノハ舞文局筆ニ全力ヲ注テ至タセル処ニ至リ宮中ニ出入スル所謂雑輩等ハ其ノ記事ヲ以テ秘密運動ノ材料ニ供スル等害毒ノ及ブ処決シテ鮮少ナラサル次第ニ有之候……」

(261) 「大韓毎日申報ベセル事件」『朝鮮統監府施政年報』1906〜1907年，統監電信第204号。

(262) 鄭晋錫前掲『大韓毎日申報と裴説』320頁。

(263) 同上321頁。

(264) 前掲“Korea Daily News”（『大韓毎日申報』事件，1908年），電信第41号。

(265) 崔埈，『韓国新聞史論攷』一潮閣，1976年，254頁。

(266)　同上225頁。

(267)　鄭晋錫，前掲344頁。

(268)　友邦協会『朝鮮の保護及び併合』（朝鮮総督府極秘資料），1917年，79頁。

(269)　崔埈，前掲255頁。

ベセルの弁護人クロス（C. N. Crose）は，ベセルは韓国語ができないことを指摘して国漢文版『大韓毎日申報』に関する限り，その処罰において軽減すべきであると主張した。

(270)　鄭晋錫，前掲388頁。

(271)　友邦協会『朝鮮の保護及び併合』（朝鮮総督府極秘資料），1917年，79～84頁。

(272)　崔埈，前掲256頁。

(273)　『皇城新聞』1908年６月17日，裁判傍聴。『京城新聞』1908年６月20日，外国通信員饗応。

(274)　友邦協会前掲『朝鮮の保護及び併合』57頁。

(275)　同上58頁。

(276)　崔埈，前掲257頁。

(277)　友邦協会，前掲58～59頁。

検事公訴趣旨の陳述

「被告梁基鐸は、大韓毎日申報に在り、同社社長英人「ベセル」と協議し、国債報償志願金の名義の下に金円を募集し、兼ねて別に「ベセル」その他の者と協議して設立したる同志願金総合所の役員としてその会計のことを担任せり。

毎日申報社に於いて、本年四月三十日迄に募集したる総金額は少なくとも十三万二千九百八十二円三十二銭と認む。その憑拠下記の如し。

一、金二万七千五百円　（仏人「マーテン（Martin）」貸与額）

一、金二万五千円　（遂安金鉱株買入代金）

一、金三万円　（仁川、香上銀行預金高）

一、金六万千四十二円三十三銭　（電気会社銀行預金高）

合計、金十四万三千五百四十二円三十三銭

報償金受入総額（申報社総合所分）（上）

総合所受入金中、毎日申報社に関係なき分、上の内、金一万五千六十円一銭、毎日申報社受入総額、上の差引残金十三万二千九百八十二円三十二銭、しかるに被告は申報社に於ては、僅かに金六万一千四十二円三十三銭二厘を受入せしものの如く、毎日申報紙上に報告して、一般義捐者を欺き、其の差額金七万千九百三十九円九十八銭八厘を横領したり」

(278) 友邦協会，前掲60頁。

第5章　日韓併合時代における言論統制

第1節　日韓併合と言論統制政策

1　植民地朝鮮における統治機構

植民地統治機構は本質的に植民政策を実施するための制度的な装置であり，植民統治の目標によって，その設置内容と運営方法も違うのである。しかし，韓国における日本帝国主義の植民地統治に関する従来の研究は，全般的に「日本の統治史的な視点」或いは「朝鮮民族の民族史的な視角」からアプローチする一方的な研究ばかりであった(1)。これは結局，日本帝国主義と朝鮮民族の対立関係という視点から，植民地統治機構の具体的，実質的内容を把握するよりは被統治者として，朝鮮に対する日本の統治過程を分析したもので，植民地統治機構の形式的側面だけを論じたものが殆どであった。そこで，本研究は日本帝国の朝鮮統治に対する朝鮮民族の闘争と抵抗という視点から見て日本が朝鮮の植民地統治機構をどのように整備し，また，どのように運営していったのかを分析していきたい。そうしなければ，植民地時代の統治政策及び言論政策を正確に把握することは難しいからである。

まず，朝鮮における植民地統治機構の設置は統監府の設置から始まる。統監府は1905年11月の日韓保護条約によって設けられ，同年12月21日勅令第267号「統監府及び理事庁官制」を公布し，同時に伊藤博文を統監に任じた。この官制の大要は次の通りである。

第一条　統監は親任とし天皇に直隷し，外交に関しては外務大臣に由り内閣総理大臣を経て，其の他の事務に関しては内閣総理大臣を経て上奏を為し及裁可を受く。

第二条　統監は韓国に於て帝国政府を代表し，外国領事官及び外国人に関する事項をを管轄す。

第三条　統監は条約に基き，韓国に於て帝国官憲及び公署の施行すべき諸般の政務を監督し，その他従来帝国に属したる一切の監督事務を施行す。

第四条　統監は安寧秩序保持の為必要あるときは，韓国守備軍の司令官に兵力の使用を命ずることを得(2)。

その他全部で10ヵ条が定められていた。

上記官制に対して大蔵省管理局の解釈資料には，次のように述べられている。

「統監府の韓国政府に対する権限は，専ら外交に関する事項を管理するに止まり，韓国の内政に就いては，財政及警務等には夫々の顧問が各韓国政府の命令の下に執務して居り，統監は単にこれを監督するに過ぎず，要は韓国政府各部大臣を召集して忠告を与え得るので，地方行政の如きに至っては統監は何等これに関与するの権能は与えられて居らず，従って，統監の誠意と努力とに係らず保護政治の実を挙ぐることは困難であった。」(3)

ここに見られるように，韓国の統監は条約に従って，専ら外交に関する事項だけを管理することになっていたが，実際は日本政府が大韓帝国を代表して外交，行政，軍事など施政一般に関する広範な権限を保有していた(4)。

当時の統監府の職制は**図1**のようである(5)。

このようにして職制を整備し，統監には伊藤博文，総務長官に鶴原定吉，農商工部総長に木内重四郎，警務部総長に岡喜七郎がそれぞれ就任した(6)。

だが，これに対し朝鮮民衆の抵抗ばかりでなく，大韓帝国の皇帝をはじめ，政府閣僚たちの抵抗は予想外に強かった。そこで伊藤博文は1906年7月，韓帝国の宮中警備を丸山鶴吉警務顧問の指揮を受ける日本警察に任せる形をとって，韓帝国宮廷を日本の警察の支配の下に置くようにした。伊藤はこれに止まらずソウルに警務顧問本部を設置し，全国13道（県）に支部を置いて，36ヵ所の分遣所と122個の分派所，そして，各理事（県庁）の駐在地に理事庁警察を置いて全国的に警察組織を拡大した(7)。

更に，1907年8月大韓帝国の軍隊解散とともに憲兵制度も韓国駐剳憲兵隊に改編した。これによって日本は大韓帝国における治安及び警察権を完全に

図1　統監府の職制

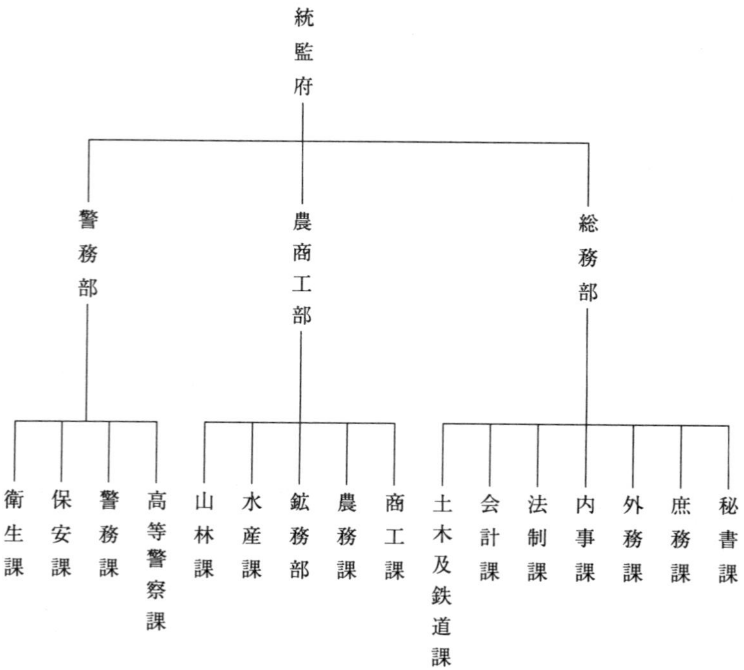

掌握することになった。

1910年8月日韓併合とともに寺内正毅統監が初代総督となり，同年9月29日勅令第354号をもって「朝鮮総督府官制」が発布された。当時，朝鮮における一般世情は非常に不安になり，強盗等の犯罪者が増える一方，抗日の動きが起こり始めていた。そのような事情の下で総督府はまず，第一に治安の維持，生命財産の安全をはかることが重要な懸案であった(8)。

従って，日本の統治者もこのような立場に立って，寺内総督を通じて朝鮮における統治方法を憲兵警察による，いわゆる「武断統治」を行うようになった。しかも，併合当時は朝鮮における急激な変化を避けるため，まず既存の統監府をそのまま継承し，ここに韓帝国の政府機関を吸収させる形で総督府の統治組織を構成した(9)。その主な勅令の内容を見ると次のようである。

「朝鮮総督は親任官陸海軍大将で，天皇に直隷し委任の範囲内に於て陸海軍を統率し朝鮮防備の事を掌る（官制第1条）。諸般の政務を統轄し内閣総理大臣を経て上奏を為し及裁可を受く（官制第2条）。朝鮮に於ては法律に要する事項は勅裁を経て命令を以てこれを規定することを得（官制第3条）」

これを初めとして全文7ヵ条の朝鮮総督府官制が公布された[(10)]。

このような勅令によって朝鮮総督府の官制機構が整うことになったが，その組織を詳しく見ることにしよう。

上記勅令でも見られるように，最も重要なものは総督の地位と権限である[(11)]。朝鮮の総督制は「武官総督制」[(12)]であり，総督の権限は一般政務のみならず，軍事に関する強力な権限を持っていた。即ち，委任の範囲内で陸海軍を統率し，朝鮮の防備を掌握するという規定によって，総督は朝鮮軍司令官を自分の隷下に置いて，朝鮮駐屯軍を指揮することになった。また，このような強大な軍事統率権と法律を要する事項は，命令を発する権限を総督が持っていたので，総督は朝鮮において事実上「上皇帝」[(13)]であったと言えよう[(14)]。

朝鮮総督府の統治機構において最も特徴的で，核心的な制度は憲兵による警察制度である。それまで統監府時代の韓国には3つの系統の警察機関があった。一つは，韓国政府所属の警察官であり，もう一つは日本警察に属するものとして韓国駐在理事庁に設置された外務省警察官署である。最後の一つは，韓国駐箚日本軍司令部に所属されている日本軍憲兵であった。ところが，1907年12月29日日韓両国間に締結された協約によって外務省警察官署と韓国警察官署が一元化された。更に1910年6月24日に調印された「韓国警察事務委託ニ関スル覚書」[(15)]によって，韓国の警察権が日本に委任され，韓国警察官制が廃止された。

その後，6月29日に「統監府警察官署官制」が公布され，大韓帝国の警察官は全て統監の管轄となり，併合と同時に朝鮮総督府がそのまま引き次いだ[(16)]。

やがて1910年8月22日，極秘裡に併合条約が結ばれ，朝鮮国民の抗日運動が激しくなると，同月25日，韓国駐箚憲兵隊司令官兼警務総長明石元二郎は，全政治団体を1週間以内に解散すること[(17)]，今後，いかなる種類の結社も許可せぬ旨を言明，親日・排日団体を問わず，一時的集会，講演は勿論，新

図２　朝鮮総督府官制機構

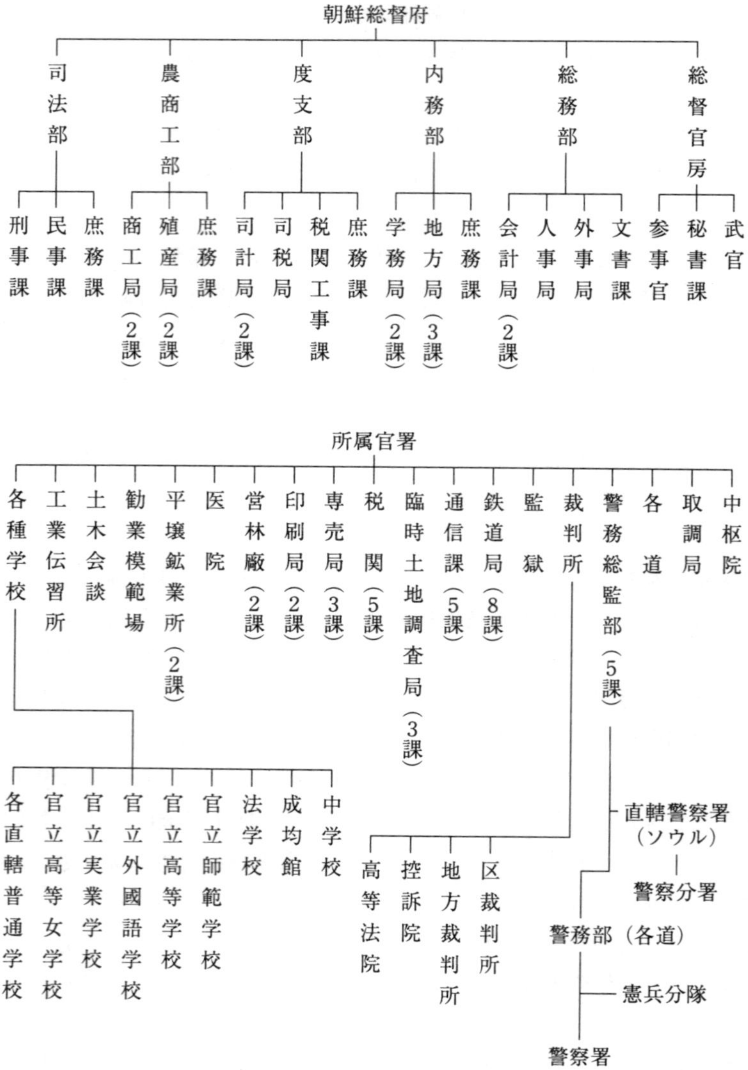
朝鮮総督府
司法部
農商工部
度支部
内務部
総務部
総督官房
刑事課
民事課
庶務課
商工局（2課）
殖産局（2課）
庶務課
司計局（2課）
司税局
税関工事課
庶務課
学務局（2課）
地方局（3課）
庶務課
会計局（2課）
人事局
外事局
文書課
参事官
秘書課
武官
所属官署
各種学校
工業伝習所
土木会談
勧業模範場
平壌鉱業所（2課）
医院
営林廠（2課）
印刷局（2課）
専売局（3課）
税関（5課）
臨時土地調査局（3課）
通信課（5課）
鉄道局（8課）
監獄
裁判所
警務総監部（5課）
各道
取調局
中枢院
各直轄普通学校
官立高等女学校
官立実業学校
官立外國語学校
官立高等学校
官立師範学校
法学校
成均館
中学校
高等法院
控訴院
地方裁判所
区裁判所
直轄警察署（ソウル）
警察分署
警務部（各道）
憲兵分隊
警察署

聞も総督府機関紙と一部地方の日本人経営の新聞を除いては一切廃止した(18)。その際，明石は親日団体である一進会に15万円，抗日団体大韓協会に10万円，その他の団体にもそれぞれ若干の解散費を補助した(19)。その結果，朝鮮における政治的，思想的団体は全て解散され，いわゆる集会，結社，言論，出版の自由を完全に剥奪される状況に置かれた。

以上の経過にも現われているが，朝鮮民族の抵抗が強くなればなるほど統治組織の強化，或いは警察兵力が増強されていったのが，今回の筆者の調査で明らかにされた。これは結局，「武断統治」につながって，「三・一独立運動」を呼び起こすことになり，結果的には，「武断政治」「皇民化政策」「内鮮一体」「同化政策」とともに総督政治が失敗に終わった一つの原因にもなるのである。

2　寺内正毅総督の言論統制政策

寺内総督は「日韓併合」を達成した総督であるが，いわゆる「武断統治」の政策に伴い言論政策にも強硬な措置をとっていた。彼は併合以前に朝鮮で発行された新聞はいうまでもなく，日本で発行された新聞にも厳しい統制政策を取っていた。彼の下では，朝鮮の総督政治に関して触れた記事があれば直ちに押収，または頒布禁止される厳しい状況に置かれていたのである。日韓併合以後になって総督府は更に積極的な言論統制に乗り出し，総督府の機関紙，或いは御用新聞以外の一般新聞は買収また廃刊などの弾圧策を取っている。

まず，前述したイギリス人ベセル経営の『大韓毎日申報』を買収，総督府機関紙『毎日申報』を除いては，新しい朝鮮語新聞の発行を一切禁止した(20)。

この時は，総督府に批判的な新聞だけではなく親日的な新聞にも同じ統制政策をとり，朝鮮人に対する全ての言論活動を封鎖した。その過程で，日本人経営の御用紙である『大韓日報』『国民日報』と，『帝国新聞』『皇城新聞』などに若干の廃刊料を支払って廃刊させた(21)。結局，朝鮮においては『京城日報』しか残らない結果となった。同紙は日本語新聞であり，伊藤統監が創刊した機関紙であったからである。後に，総督府機関紙となるが，『京城日報』の朝鮮語版新聞が『毎日申報』であり，英字版は“The Seoul Press”――この日本語版，韓国語版，英字版の3つの新聞が総督府機関紙としての役割を果たすことになったのである。

このような言論の弾圧は寺内総督の統治方針に基づき，主に朝鮮駐剳憲兵隊司令官明石元二郎によって行われた[22]。総督府は新聞だけでなく，出版物にも検閲を強化した。総督府に関わるものは出版できないばかりでなく，通信，電報に至るまで全てのものは警務局の許可を得なければならなくなった。そのため，朝鮮総督府時代に出版された雑誌，書籍は総督府とその付属機関，そして京城帝国大学で出版されたものを除いては殆ど見られないのである。

ただ，海外で発刊された新聞は国内に持ち込まれて読まれていた。例えばサンフランシスコの『新韓民報』，雑誌の『大道』，ハワイの『新韓国報』『韓人教会報』，ウラジオストックの『大東共報』などがそれである[23]。寺内総督の言論取締の主要な対象となったのは，日本で発刊された新聞と朝鮮で発刊された出版物であった。勿論，総督府機関紙も対象となった[24]。

このような寺内の言論政策によって，排日民族紙は廃刊となり，併合が完成され，総督政治の下で治安は平静に戻る。にも拘らず，なお日本人の言論活動に対しても厳しい取締を行ったため，寺内言論統制政策はのちほど批判の種になる。

これに伴って京城駐在の日本人記者クラブである「春秋会」[25]という団体は次のような声明を出した。

「朝鮮は併合直後，治安状態が既に定まったにも拘らず，言論の取締が峻厳に失することは遺憾なことであり，総督は世論の大勢に鑑み，反省することを望んでいる」

これに対して明石警務総長は，春秋会を危険分子の集合団体というふうに見做して，ますます強硬な言論の取締政策をとるようになった[26]。そこで明石総長は取締りの理由として次のように述べている。

「日本人の自由な言論による総督批判が朝鮮総督政治に悪影響を及ぼすおそれがあり，また日本人に対する言論の権利は植民地においては適用されない。」[27]

明石は韓国駐剳憲兵隊司令官当時から，寺内総督の片腕となった者で，朝鮮の治安問題を初めとした言論統制政策に対する実質上の責任者であった[28]。彼の措置は，日本人の言論活動が朝鮮人に影響を与え，総督政治の威厳を損なう結果をもたらすという可能性を恐れてのことであった。

前ソウル大学教授金圭煥氏は寺内総督の苛酷な言論取締の直接的な動機として次のような2点を取り上げている[29]。

(1)　寺内総督の独善的性格[30]と世論の批判を忌避する専制統治者としての特性の現われであると指摘した。具体的には「自分のなすこと，行うこと，ことごとく完全だとは考えていない。古今の政治家なり，当局者にそういう人間がどこにいたのか。唯可成完全に近づきたいとつとめているのである。故に我輩は，誠意のある攻撃や，真面目な忠告なら何時でも拝聴する。現に朝鮮人なんかは，色々の建言書や陳情書みたいなものを沢山差し出してくる。それを一々みている。併しともかく新聞雑誌は無責任なことを書いて世の中の人を困惑して困る。」[31]という寺内総督の見解を指摘している。

(2)　寺内の言論取締は政策上の批判にも起因するが，むしろ新聞や新聞記者との感情的対立によってますますその激しさを加えて行ったと見ている。

その具体的な事例として寺内が内地の伊勢神宮の参拝に際して，日本国内の要路から冷遇されたと報道したため，『大阪毎日新聞』[32]は発売を禁止され，その記事を転載した『京城日報』（1911年4月26日付）も発行を停止されたことを挙げている。

金教授が挙げている以上の2つの点は非常に重要な指摘であると言えよう。これらを念頭において，ここで筆者が3点付け加えてその要因を分析することにしよう。

一つは寺内総督の言論取締の要因は何よりも彼が「武人政治家」であったということにあると言えよう。一般的に従来，武人ないし軍人政治家は批判的な意見とか対立する見解には耳を傾けず，一方的かつ独善的，または感情的な統治スタイルを取ってきたことはよく知られているところである。

今一つは，寺内総督は任命されると同時に，既に日韓併合の任務を背負わされていたということである[33]。そこで，寺内総督は併合の使命ということを実現する過程で前代未聞の言論弾圧政策を行った。そのような政策は当時日本国内に政権を掌握していた桂太郎，山県有朋などの山口県出身の陸軍政治家の厚い信任を受けていたからこそ可能だったのではなかろうか。これは桂首相が1910年5月10日寺内陸相に統監を兼任させるため尽した説得に当る言葉を見てもわかるはずである。

「現在，朝鮮問題の処理に当ってよく之を料理し得る者は，日本に二人あるのみだ。君が行くか，僕が赴くかである。若し君が飽くまで応じないとすれば，首相の地位を君に譲って僕が出かける。」(34)

ここまで桂首相が寺内陸相に極言していて，寺内は非常に感動を受けたという。結果的にも第２次桂太郎内閣時に併合が決行されることになった。

第三に指摘したいのは，寺内総督の言論政策は徳富蘇峰(35)の言論思想に影響されたという点である。これは，韓国言論学会においても報告されていない部分であるが，今後植民地統治時代の言論研究において注目しなければならない点であろう。

このことは，当時『京城日報』の朝鮮版である『毎日申報』の編集長だった中村健太郎氏の証言でもあるから，信憑性が高い。中村健太郎は朝鮮語の堪能な人で，1904（明治37）年１月から京釜鉄道会社に勤め，のちに安達謙蔵が社長であった『漢城新報』の朝鮮文主幹を経て朝鮮総督府警務顧問丸山重俊の翻訳官まで勤めていた。その後，『毎日申報』の編集長となった人である。

寺内総督は陸軍大将で言論政策には門外漢だから，機関紙である『京城日報』の経営を徳富蘇峰に懇請することになった。当時，蘇峰は『国民新聞』社長兼主筆として桂内閣を支持してきたから，この意を受け，1910年『京城日報』の経営に当ることになる。そこで蘇峰は，社長は京城に出向かせ，自ら監督としてその経営を計画したのである。初代社長に擬せられたのは，『国民新聞』の政治部長だった吉野太左衛門であった。そのほかにも多数の記者，社員を蘇峰がつれていき，陣容は皆整ったのである(36)。こうして『京城日報』のスタッフ陣は殆どが『国民新聞』の仲間で構成され，同紙は蘇峰によって運営されることになった。中村健太郎氏によると，

「京城には当時数多くの新聞があった。言論統一のため，それ等の新聞は悉くこれを買収して，『京城日報』一本にまとめようとするのである。蘇峰翁の第一に着手されたのは，その新聞買収の仕事であった。」（傍線筆者）(37)

このことが明らかにされ，これによっていままで疑問として残された幾つかの問題が解決された。すなわち，日韓併合に伴い，朝鮮総督府が設置され，

言論統廃合の政策が強力に実行されていたが，誰によってどのように行われたかについては明らかにされておらず，ただ寺内総督の言論弾圧政策によって，明石警務総長が執行したのではないかと推察されてきた。ところが，総督府初期の言論政策は徳富蘇峰の協力によって行われており，朝鮮半島において新聞社の買収ないし統廃合処理も徳富によって行われれたことが明らかにされたのである。

蘇峰は自伝で当時朝鮮における新聞政策は未だ全く定まって居らず，自分が意見を出して寺内がそれを認め，朝鮮の言論統制政策に乗り出したと述べている(38)。また，当時明石元二郎については次のように語っている。

「明石男爵は福岡人であって，福岡人の最も良好なる点を具へたる，快男子であった。何れにしても，寺内総督をして彼が如き治績を挙げしむるに至ったのは，明石男爵の力與って大にあるといはねばならぬ。」(39)

これによると，明石との間でも言論統制政策に関する意見が一致していたと見られる。明石は日露戦争時はストックホルムで革命下のロシア内情に関して諜報活動をした人で，情報の専門家であり，特に朝鮮の併合前後においては警務総長であった。その結果，朝鮮内部情報については非常に詳しい人でもあった。

ところで，蘇峰の筆になった『京城日報』の論説は，朝鮮総督の第一声というべきものであり，次のように論説の方針を定めていた。

⑴　東洋の平和を永遠に維持し，帝国の安全を将来に保障するの必要なること

⑵　韓国が常に禍乱の淵源たるに鑑み韓国を帝国の保護の下に置き禍源を社絶して平和を確保するに至ったこと

⑶　韓国の現制はまだ治安の保持を完うするに足らず疑懼の念が国内に充溢して国民その堵に安んぜず仍って公共の安寧を維持し民衆の福利を増進するため現制に革新を加ふるに至ったこと(40)

徳富はこのような『京城日報』の論説方針の下で，朝鮮語新聞の発刊を計画して，中村健太郎によって『毎日申報』を創刊したことが筆者によって初めて確認された。

そして，このような状況の下で，寺内総督の総督政治に対していろいろな批判が起こることになった。寺内個人に対する批判は強大な「制令朝鮮総督

府の命令発布権」を与えて，無制限の権力をもたらす「武官総督制反対」の論陣を張っていた『東京朝日』と『大阪朝日』が主であった[41]。また，寺内の苛酷な言論政策については，『東京日日』と『大阪朝日』が取り上げており，なかでも『大阪朝日』が回数も多く，激しかったと言えよう。

例えば，1910年12月『大阪朝日』は「寺内総督の帰任」と題する社説で，寺内総督が朝鮮で常に戒厳令的取締の言論統制政策をとっていることと，民間紙を御用化する政策を非難している[42]。このような言論政策を同紙は，大日本帝国憲法第26条の「信書秘密保持」と第29条の「法律の範囲内における言論著作印行の自由」に抵触する違法行為だと決めつけている。『東京日日』も社説「朝鮮の言論界」のなかで，寺内の言論弾圧を批判しながら，弾圧理由は朝鮮人の解放闘争鎮圧策の一環だとする弁解に対し，「植民地の統治と言論の束縛とは此間何等の関係あるべきなし」と反論している[43]。

寺内総督の言論弾圧が最高潮に達したのは1911年頃である。『大阪朝日新聞』は1911年４月５日から15日の間に，10回にわたって寺内総督に関する記事を掲載した。これは『大阪朝日』京城特派員である岡野養之助が「告天子」という筆名で寺内総督の人柄と政策を強く非難したものである[44]。その論説の内容を分析してみると，15項目[45]となっているが，次のようなことが骨子になっている。

> 「寺内総督は階級主義者として陸軍内部では成功したが，民政には新参である。そして彼は探偵政治として武断政治を行い，公明正大さを欠いている。寺内総督は言論の自由を逆戻りさせ，今や言論弾圧といえば〈寺内子の代名詞〉となるに至った。また彼は言論をすべて空理空論であると考えている。朝鮮人を保護するため，内地人の移住を成るべく差し止め，母国民を犠牲に供してまでも，彼らを保護する必要何処にある。」（筆者要約）[46]

以上のことから，『東京朝日』と『大阪朝日』の論調の特性を幾つか挙げることができる。即ち，寺内総督個人の独善的な性格，偏狭心，または総督の資格など殆どがプライベイトなことに向けられている。その外言論統制に対するものは，言論統治機構と権限，地位に関するものであった。特に総督武官制や強大な「制令発布権」，寺内陸相兼任解除に関することであり，それ以外の苛酷な言論統制や，朝鮮人に対する前代未聞の憲兵警察制度などの暴圧政治などについては，全く触れようともしなかった(47)。

これらの寺内総督の批判論調を通じて，当時の日本言論機関の一面を読むことができるのである。それは，当時の言論批判の限界点であるかもしれないが，あくまでも，植民地朝鮮における自国民の保護ないし移住者の権益だけを代弁する論調で，寺内の専制的朝鮮支配を非難するものであった。朝鮮民族の自由と福祉，または言論の統制，集会，結社の自由などの制限については少なくとも非難する論調ではなかったと言えよう。その一例を挙げると，寺内の言論弾圧政策を激しく攻撃しながらも，朝鮮人への言論統制に関しては一切言及しないまま，むしろ「朝鮮人の言論取締に対する今日の方針に就いては敢えて是非の議を立てしことなし」(48)とし，これを当然の成り行きとして認めている感がある(49)。『時事新報』『福岡日日新聞』(50)なども寺内総督統治について攻撃したが，『大阪朝日』『東京朝日』などの論調と大同小異であった。

併合以前から新聞紙法及び出版物の取締り規制によって多くの新聞が発売禁止または押収処分を受けていた。当時サンフランシスコ，ハワイ，ウラジオストックなどで朝鮮人が発刊した新聞と京城における『大韓毎日申報』などの差し押えを初めとして，押収されたものの種類別の数量は**表4**のようである(51)。

また，日韓併合後にもこれらの諸法規は従来のまま施行されていた。特に寺内統監の就任以来言論統制政策によって，発売頒布禁止または押収された

表4　新聞押収及び発売頒布禁止数　1908（明治41）年～1909（明治42）年
隆熙2・3（明41・42）年度

		大阪毎日申報		（桑港）共立新聞	（桑港）新韓共報	（桑港）大同公報	（布哇）合成新聞	（布哇）新韓国報	（浦塩港）海潮新聞	（浦塩港）大東新聞	計
		諺文	漢諺文								
発売頒布	隆熙3年	7	7	4	31	－	4	27	－	57	137
禁止度数	隆熙2年	5	8	19	－	3	10	－	20	－	65
発売頒布	隆熙3年	3,592	12,722	6	1,211	－	46	1,135	－	2,235	20,947
押収紙数	隆熙2年	49,328	6,727	10,264	－	668	542	－	1,569	－	69,098

（備考）(1)　本表は「明治41年報，同42年報」によった。
(2)　『大韓毎日申報』は京城における英国人の経営のものであった。

表５　1910年４月～1911年３月（明治43年）

明治43年	発行地別				
	日本	韓国	浦塩	米国(含布哇)	計
発売頒布禁止度数	97	26	34	98	255
発売頒布押収紙数	70,814	7,462	274	2,512	81,062

本表は「明治43年報」によった。

新聞の発行状況は**表５**の通りである(52)。

上記の数値にも現われているように，日本国内で発刊された新聞の発売禁止，押収紙は膨大な数にのぼる。これは，朝鮮における民族紙の全廃，日本人経営の制限などによって朝鮮での新聞発行機関は総督府機関紙を除いては実に少なくなったからである。

表４によると，併合前は，1907年新聞紙法，1908年新聞規則が公布された直後だったので，相当厳しかったことが分かり，その状況の下でベセル経営の『大韓毎日申報』はかなり抵抗的な論調を展開していた。また，**表５**によれば，朝鮮内部では新聞の頒布禁止と押収が数値的に非常に低く，ある意味では寺内総督の厳しかった言論統制政策の断面を見ることができるのではなかろうか。即ち，それぞれの新聞社自らが刺激的な論調を避け，言論統制を受け止めていたことを物語っているものと思われる。

ところで，京城における唯一の日本人経営民間紙は『京城新報』であり，『京城日報』に対して抵抗する新聞であった。『京城新報』の論調は寺内総督の悪政について批判しながらも，日本人居留者の利権の獲得を主張し，朝鮮人の言論の自由は認めようとしなかったという点で，植民地統治制に対して根本的には反対しなかったことが分かる。

以上に見るように，寺内総督の言論統制に対する批判は，あくまでも支配民族のための提言であり，被抑圧者に対する言論弾圧政治緩和のためのものではなかった。また，朝鮮の植民地支配を究極的な目的とすることについては異論はあるはずはなく，ただ，その方法論的な意見の差に過ぎなかったのである。

第2節　日韓併合をめぐる内外の言論報道

1　日韓併合をめぐる日本の言論報道

日韓併合時代における言論報道の分析は非常に重要な研究分野であり，従来一つの課題として残されていた問題だったと言えよう。ところが，当時の言論報道の分析は非常に難しい要素をたくさんはらんでいる。それは当時全ての朝鮮語新聞は廃刊し，朝鮮内地新聞までも停刊または発売禁止されたためである。そこで筆者は，当時の日本の新聞である『東京日日新聞』『東京朝日』『時事新報』『大阪朝日』などと，イギリスの新聞を中心として日韓併合をめぐる言論を分析し，まだ明らかにされていない諸要素を分析していくことにする。

日韓併合条約は日本国によって1910年8月22日結ばれ，24日から外交使節を通して通告し，正式には29日発表された。当時，朝鮮の民間紙は全て廃刊され，日本人経営の新聞2，3紙しか残っていなかった。これらの日本人経営の新聞も寺内総督の厳しい取締の対象となり，統監府の機関紙である『京城日報』“The Seoul Press”まで発行停止処分が行われていたことを見ても，当時の言論の状況を容易に推察することができる(53)。

朝鮮における各新聞の発売頒布禁止処分は日韓併合直前から始まっており，同年8月19日の状況を見ると，釜山桟橋で差押処分を受けた内地新聞は9,164枚に至った(54)。

寺内の言論統制のもとで日本人経営の言論も日韓併合をめぐる報道は一切禁止されていた(55)。にも拘らず，内地の言論は既にこれを取り上げていた。即ち，『時事新報』（8月22日），『大阪朝日』（8月22日），『東京日日』（8月23日），『東京朝日』（8月23日）などの新聞がその記事を取り扱っていた。そのため，寺内総督は本国新聞が朝鮮半島へ発売頒布されるのを禁止した。その結果，8月19日朝着の新聞紙は全て桟橋で取り押さえられており(56)，同月20日にも『報知』『大阪時事』『東京日日』『中央』『神戸』などが押収処分を受けた(57)。更に，同月21日に『大阪朝日新聞』『大阪毎日新聞』『九州毎日』『大阪時事』が押収されており(58)，23日は『大阪毎日』のほか，3新聞が押収された(59)。また続いて，24日は『大阪朝日』『大阪毎日』のほか，9新聞，25日には『大阪朝日』など13種類の新聞が押収された[60]。このような多くの新聞の発売禁止，押収などの処分は８月29日まで続き，正式な日韓併合の発表とともに新聞雑誌に対する統制は解除されることになった。

特記すべきことは，総督機関紙である『京城日報』さえも，27日に至って初めて「時局問題の経過」という題で合邦[61]条約の概要を報道した[62]のである。

ここで注目したいのは，27日付の日本の新聞の言葉の使い方である。『東京朝日』は24日から記事で「合併」と掲載し，「合邦ではなくて合併である」と解読しながら，あくまでも対等な２国間の統合ではなく，日本による併呑であることを論じていた。これに対して『大阪朝日』は22日には「併合」という言葉を使っており，形式上「併合」という言葉を使うべきであると報じている。『読売新聞』は「韓国合併」（８月30日）という社説で「併合」形式には研究すべき問題があると語っていた。『読売新聞』は唯一美濃部達吉[63]に委嘱して，３回にわたって朝鮮の法的な問題について連載している。

日韓併合の条約は８月22日極秘裡に結ばれ，24日から各国に通告し，26日に新聞記者を統監府に召集して，山県伊三郎副統監によって初めて併合条約調印の内容が発表されたが，その発表は29日を以て一斉に解禁すべき旨が言い渡された[64]。また，調印内容を外国に公式に説明したのは，８月22日露国駐在大使，本野一郎がロシア当局者に明らかにしたのが初めてのことである[65]。一方，併合の調印内容を最初に報道した新聞は８月29日付『大阪毎日新聞』であり，京城特派員楢崎観一発の号外電報だったと知られている[66]。

次に，前述した４紙を中心として，併合直後の新聞論調について分析していきたい。

まず，『大阪朝日新聞』を見ると，1910年８月20日付内地新聞の朝鮮半島への発売禁止をすばやく報道していた。22日付にも，ワシントン発として「日韓合邦はポーツマス講和条約上より見るも当然の事にして早晩斯くあるべきものと期待せることとて別に怪しむものなく米国国務省は合邦協約の内容を知らんと欲しその来電を待ちつつあり，ただ，二，三の新聞紙が僅に韓国の滅亡せしを記載したるのみにて未だ何等の批評を加へたるものなし。」[67]という記事を出しており，この内容からはアメリカは日韓併合は当然なこととして取り扱っていたと見ることができる。また，同日記事として韓国併合以後の土地政策について述べており，日本政府は韓国の土地問題に関して，結局同国は植民地域たるにあらず，国内地なるを以て彼の北海道，台湾，樺太等と同じく全然外人土地所有法より除外することに決定し，合邦後緊急勅令のひとつとしてこれを公布することを論じている[68]。

『大阪朝日』は23日になると，併合事実を特集として報道した。情報源については徹底的に秘密にしていたが，この報道内容を見れば，「22日の臨時枢密院会議を聞くに至れり。発表は近きに在るべく解決の形式は協約に由るものにして未だ其の内容を報道すべからざるも処分の性質が合邦に非ずして合併なりとの事なり……」[69]と書かれており，合併協約の内容と解説まで付け加えている。その併合条約の報道を見ると，「確かな筋より聞く所によれば」と言いながら，韓国合併協約の内容はすべて78箇条であると発表[70]，解説で「合併協約に就」と題して，上記7つの項目を詳しく説明していた。これらの内容は，後で発表した併合条約を見ても大体同じく，事前に内容をスクープした印象が強い。もう一つの例を挙げると『大阪朝日』は23日付でいちはやく『朝鮮号発刊』という社告を次のように出しているが，これを見ても韓国の合併を確かに推察することができよう。

朝鮮号発刊

「韓国の合併は我が国未曽有の一大事実たるは論なく，又は実に世界史上の一大事実にして国民の最も記念すべき所即ち我が社は此の一大事実を記念せんが為其の発表後直に朝鮮号を発刊し普く愛読者諸君に頒たんとす」[71]（傍点筆者）

また，同紙は23日付，日韓併合以後の財界について具体的に論じており，特に併合の結果として日本の経済界にいかなる影響を与えるべきかというのが最も注意すべき問題であるが，財界の一部は併合に伴い，何らかの福音が天降るであろうと期待する者も少なくない模様であると論じた[72]。

一方，23日付「合併と韓国留学生」という題目の記事によれば，日韓併合の情報が伝えられ東京韓国留学生の間には国権の消滅は臣民として堪えることができず，何の面目があって故郷の人に会えようかと憤慨しながら帰国する留学生の動きがあったとしている[73]。これがいわゆる東京学生独立運動の始まりであろう（これについては『三・一独立運動』の箇所で詳述することにする）。

『大阪朝日』は24日付（京城電報23日発），「重要会議」という記事で併合事実を明らかにしており，続けて「批准調印終る」（東京電話）という題で次のように述べている。

「22日東京において重要案件の御前会議正午終了するや韓国内閣は直に寺内統監より公式の提示を受けたるものの如く，午後1時より宮中に内閣会議を開き韓国皇帝にも臨御あり中枢院議長および23元老も出席し皇族を代表せる完興君も臨席し我が枢密院会議の結果韓国皇室の待遇，皇族，功労ある両班の処分等総て満足を表すべきものなるに依り，内閣並に我が，天皇陛下の深厚なる聖慮に信頼して疑はざることに一決し直に其の旨寺内統監に復答するため李首相（完用）は午後3時を以て統監邸に参向し同行の趙農相の通訳にて茲に協約を終り，……後略……」(74)

ところで，当時の李首相をはじめ，彼に従った大臣らと政治家，一進会などによる「日韓合邦請願書」(75)などの行動は，当時の朝鮮民族の意見には反しており，自分自身の栄欲のためだったことが分かる。後に彼らは朝鮮民族から売国奴という烙印を押され，厳しい批判を受けたのである。前述の記事の中で現れたように，皇族と両班，または一進会幹部たちは併合について満足したかも知れないが，大部分の国民の意思には反していたのである。これに関連して山辺健太郎氏は，一進会とは実体のない幽霊団体であり，同会の「日韓合併」の提唱は全く一進会幹部の私欲からできたものであると指摘している(76)。

『大阪朝日』25日付には，政界は静まり返り，各部大臣は自邸に引籠り往来せず，人心も矢張極めて静粛で，何の変りもなく，内容は十分に知られないまま噂だけが飛び交いつつ，流言蜚語は相変わらず盛んに流れていたとある(77)。これは統監の訓諭で，各大臣には数日間堅く秘密を守るべしと厳重に注文をつけたからである。

同紙26日付記事では，大岡育造氏が日韓併合は両国の将来と東洋平和を維持するため極めて必要であり，併合後にも朝鮮国民に対しては日本国民は協力一致してこれを善導するべきであると語っている(78)。27日にはロシア発として去る22日の併合調印を発表しており，同紙の28日付の，京城電報（26日夜発延着禁転載），「韓国処分細目」(79)という記事を見ると，15項にかけて併合批准条約文を報道している。これは京城発電報として取り扱っているが，

「禁転載」という条件付きで発表した。それは言うまでもなく，朝鮮半島には併合の情報が入らないようにしたためであろう。

また，29日付で『朝鮮号第一号』を出している。うち2頁は李皇帝の図とともに，保護国時代前の朝鮮と保護国時代の朝鮮を詳しく論じており，3頁は皇后の写真と朝鮮の通貨，朝鮮の奇聞について述べている。また，社説には日韓両国人は歴史上，人類学上，言語学上より見て同種であり，地理的な環境から見ても日韓両国の併合は極めて自然であることを論じている(80)。『大阪朝日』は併合問題について他紙より大きく取り扱っており，記事の数も多かった。

次に，『東京日日新聞』は評論中心の報道をし，8月23日付で犬養毅の意見を掲載していた。

「日韓併合は恰も彼の肺病患者の遂に瞑目したるが如く確定的既定の問題なれば其の形式及び条件等の内容に就て今更事新しく騒ぎ立つる程の問題に非ざるを以て試みに合邦後の対韓政策に就て一，二の批評を試むれば……」(81)

と語りながら，犬養は幾つかの指摘をしている。

まず，「産業開発を先にせよ」ということで，殖産興業を計ることを急務としなければならないとした。即ち，道路の開通，橋梁の架設，港湾の修築，鉄道の敷設など一般交通の便を開くと同時に耕地修理，治水事業が急務であると主張した。また，朝鮮民族は遊惰で，貯蓄心が極端的に乏しいが，それは中央集権制のため国民は自暴自棄になり遊惰になったとし，日本の皇民化のもとでこれを善導啓発し，大いに産業開発と経済力の充実を計ると同時に，財産権の確保と制度を確立すれば必ず従来の弊風を一変すべきであると指摘した(82)。もう一つ，併合以後の教育問題，皇室の優遇方法，関税問題，両班の処分などに対する対策方法を論じている(83)。ここで犬養毅は朝鮮の併合を肺病患者に比喩して臨終に至るべきだと述べながら，今後の政策方法まで提示している。

また，『東京日日新聞』の24日の記事によると，「韓国合併解決」という見出しで，去る22日各部大臣が内閣に集まり，御前会議を開き，時局の根本的な対策を決定して，意義なく協約に調印を了したと報道している。日韓2,000年の関係はここで全く解決し韓国は遂に純然たる本邦の領土内に帰属し，その国民は永く我が聖恩に浴することになったといい[84]，その発表は26日になる見通しであると付け加えている。

同紙24日付の記事「合併と世論」は各分野名士たちの論評を掲載した[85]。そのうち，次の４人の論評を見てみよう。

松田正久は今回の合邦によって従来のような種々の禍根を根絶すると同時に東洋の平和はもちろん，世界の平和もこれによって確保されることになったと語っている。長谷場純孝も同じく今日韓国を我に併合することができたのは日本の永遠の禍根を断絶し，且つ東洋の平和を確保したことを意味すると述べている。

林田亀太郎は日韓両国併合の結果，韓国は我版図の一部に帰したから，その住民は日本の憲法の命ずる所により，選挙権及び被選挙権を有するようになったら，我立法及び行政上多くの支障を生じるようになるとした。朝鮮が日本の一部であることはいうまでもないが，決して日本帝国の本土にあらず，即ち属地となり，属地に対して特に天皇が詔勅を発して本土の施行しない限り，朝鮮国民に参政権がないのは明白であると述べている。

最後に堀田正養は今日韓国皇帝と韓国民を遇するのは自ずから彼の琉球と相違するところがあるべきで，韓国皇帝に対する処置及び韓国民に対する態度においては最も慎重な注意を要すると論じている。

『東京日日』は26日付で，各国の日韓併合評論を掲載している。特に，ロイター通信員の探知したところによれば，イギリス政府は韓国合併に対して政治上少しも反対の意はなく，ただ，この政変に対する商業上の影響に対しては審議すべきだと報じていた。また翌日，27日の論説でも前日のことを次のように詳しく取り上げていた。

「……，前略，英国政府は日韓合併に対し政治上何等の意義なきも合併より生ずる商業上の影響においては目下考慮中なり，而して商業上如何なる影響を受くべきやに関しては，合併条件の発表せらるるまでは，何事も声明せざるべし……下略」[86]

このように述べており，併合論評については留保した。

更に『東京日日』は文学博士喜田貞吉の「異種族同化先例」という見出しで民族同化論に取り組んでいた。併合以後は，まず，韓国人を同化して忠良なる日本臣民にさせることは急務中の急務であり，これを過去の歴史より考えると大和民族は遠い昔から異種族を同化させるにおいて多くの経験を有し，最もよく成功している。今日の人種学者が日本人をもって雑種だとするのを聞いては，多少の悪感を感じることがなくもないが，体格上の調査の結果はそれを必ずしも否定することはできない。歴史的にはこれを証明するところがあるが，日本人は今日，大和民族としてその間に少しも区別を認めず最も強固な団結を為すべきであるとした。大和民族は，古来三国韓蝦夷支那などから帰化したものの数が非常に多く，特に，百済の滅亡の際にはその国の貴族平民などが流入し，大和民族の一部となり，他と区別のないものとなったと論じている(87)。

また，同紙では「朝鮮宗教の将来」という題で斯波宗教局長が，李朝500年来の宗教界を左右したのは儒教であると，儒教を宗教として論じている。ところが，儒教は宗教ではないことは周知の事実である。仏教や，基督教，天道教などとは違って，韓国における儒教は一つの思想，人間の守るべき倫理として扱われていた。即ち，孔子の思想，礼節，規範，習慣，思想などを伝導する道徳であったのである(88)。

同紙28日付社説「韓国合併記念」は，「韓国の合併は国史上の一大事業なり，此の一大事実は日本国民に取て記念に値するのみならず，同時に韓人に取ても亦記念とせざるを得ざるなり……」と語っており，韓国合併は帝国政府にとって政治的・経済的責任の加重性を意味するものと指摘していた。同記事は最後に「而して適当なる方法によりて大多数の日韓人を網羅する一大記念会の適当なる時機に於て，開催せられんことは，一面に於ては日韓人親睦の機会ともなるべきは勿論，同時に国民をして国家の衰亡はその衰亡する日に衰亡するに非る現実の教訓を玩味し，帝国の現在及び将来に対して反省せしむるの機会ともなりぬべし」と述べている。

８月29日の日韓併合とともに『東京日日』は，「日本国民の真光栄」という社説を掲載した。韓国の併合の歴史宣言は，本日を以て世界の前に公表されようとしている，その内容は既に明白で，その事実も亦殆ど既定に属することであると論じた。日本は当に文明列国の理解と同情と讃頌との間に，画紀元的な大業を成就するものとなったとした。またこの社説の末尾には，「大国民にして記念す可き理由ありとせば，小国民をして其の宜しく記念す可きの理由を正当に了解せしめ，日本帝国の新運命に対する正明雄大の感覚を喚起せしむるの必要なりと謂はざる可らす」[89]と論じている。

次に，『東京日日新聞』の論調を見ることにする。『東京日日』は23日付「韓国合併」という記事の中で，去る22日に臨時枢密院会議が開かれるに至り，発表はやがてあるべしと報道している。しかも，合併条約内容については6ヵ条にしてすべて明らかにしていた[90]。

また，『東京朝日新聞』は23日付「合併と世論」の記事で，韓国問題はいよいよ根本的解決を告げ，合併の実を挙げたことであり，我邦永遠の禍根を断絶し，かつ東洋の平和を確保するものであると報じている。24日からは「合併せらるる韓国」という題目で，併合問題について論じている。この24日付の内容を見ることにする。

「今度韓国の日本に合併せられたることも亦是弱肉強食の一に外ならざれば世の人情家は大に韓民に同情し日本を以て白昼賊を働くの不義者なりとし悲哀の詞を以て韓国の衰亡を弔するも有るべし然れども韓国の如きは元来独立国として存在し得べき……後略」[91]

と語っていた。翌日の記事では「強者の威」という見出しで弱者に対して悪政を行ってはならないということを次のように指摘して，強者の政治について批判的な考え方を語っている。

「強国は必ずしも善政を行へる国たるのみに限らず。然れども善政を行へる国にして，長く弱国たるは鮮し。而して弱国は大抵長く悪政を続くるに由りて来る。悪政を続くること百年にして猶且弱らざる国は稀なり，二三百年以上にして猶且亡びざる国は殆ど無し。故に国の興るは自ら興るなり，国の亡ぶるは亦自ら亡ぶるなり。自ら興らざる国を興すは難し。同時に已に亡びたる国を亡ぼし且併することは，強国に取りて易々の業たり。其易々の業の時として易々ならざるは，只強国が独自一己ならざるを以てなり……後略」[92]

また，8月27日になると，「合併の責任」という記事で，韓国併合に対する列強の世論は大概分かるが，それは日本人少なくとも日本政治家の予期したことよりも一層穏やかで，恰も久しく期待していたことが行われたことを喜ぶもののようであると報道している。しかしながら，今後日本の朝鮮開発に関する責任は，いよいよ重且大なことを覚らなければならないとした。だからこそ政治機関の組織をもなるべく簡易に改め，長年両班の悪政に苦しみ，窮屈の思いに堪えてきた人民をして，春風和気の中にある愉快を感じさせること亦極めて必要であるとした。日本人は裁判上において，既に頗る韓国民の信頼を得ているようだが，その他の点においては大いに誤解されていると考えなければならないとつけ加えている(93)。

ここで注目したいのは金玉均に関する記事が出されたことである。金は京城事変以来日本に亡命したが，退去命令が出され，結局上海に行って暗殺されて，不帰の客となってしまった。この「金玉均の昔語」という記事は，次のように彼に非常に同情的である。

「……当時若し金の理想をして実行せしめば韓国は遥に早く今日の如き文明の新空気をより小なる紛擾の下に全国に流通せしめ得たりしならんに，合併政策の決定を聞くに就けても忘れられぬは金の薄命なりと語り終って帳然たり。」(94)

このように金氏の「薄命」に触れながら，当時の政策を公に非難することを狙っていたものと見られる。或いは金玉均に同情していたのは，むしろ彼の思想は朝鮮の近代化ということだったが，実際には併合を目指していたことを取り上げげて，朝鮮国民に対する説得的コミュニケーションの材料としようとしたのかも知れぬと思われる。この時点で何故金氏の事件を論じたのかは疑問が残るが，一つ考えられるのは，福沢諭吉も亡くなり，ようやく，併合されたからこそ，彼らの業績を探る手立てとして取り扱ったのかも知れない。

また８月28日になると，「京城特電を見て」という題で併合事実を報道している。そのなかで，幾つかの項目は他の新聞報道よりも詳しく併合内容を解説しているので，ここで紹介しておきたい(95)。

第一は，韓国を朝鮮の旧名に復し其皇室に其尊称を維持せしめて，併せて無上の優遇を与え，

第二は，元老大臣等に賜ふに栄爵を以てするため，特に朝鮮華族令の制定ある可しといふ。

第三は，以下の事は，之に準ずる恩典に関するもの多く，両班儒生の或ものには金を賜ふ可く，一般人民には本年度の租税五分の一を賜ふ可く，更に我国庫より一千七百萬円を支出して，産業及教育を奨

　　　励す可しと云ふ。

また『東京朝日』は８月29日「時局解決始末」という報道で次のように語っている。

「前略……是れ畢境我が国が韓国を指導啓発する所以の方法にして期するところは唯韓国福祉の増進に外ならず，是と共に我は我が対韓政策最後の解決に向って必要なる順序を進めたりといふまでにて他に何等の意味をも有せざるなり。」(96)

このように，あくまでも日韓併合は，韓国社会の福祉増進に目的があることを主張していた。

では，最後に『時事新報』の論調を見ることにしよう。

『時事新報』は早めに併合問題を取り扱っていたが，８月22日にも「併合の最適例」という論説を掲載しており，「臨時枢密院会議」の題下の記事においても併合の問題を深く論議していた。また，同紙は社告として「福沢先生手記京城変乱始末」(97)という1884年金玉均らによる京城変乱の始末を明らかにすることを予告として知らせている。この始末記の内容は日韓両国の機密に関するものが多かったが，これを報道することを社告として知らせたのは，やはりもはや併合条約が結ばれていたことを暗示させるものであろう。

23日付の記事を見ると，「韓国合併」という見出しで論じており，既に併合協約の調印が終了したことを取り上げている(98)。

８月24日付では「合併と世評」という併合に関する特集記事を載せ，『東京日日新聞』と同じく名士たちの論評を掲載していた。

それらの中で，特に注目したい点がある。それは，内田良平が「対韓政策の大段落」という言葉を使って「韓国合併の断行は兎に角我が対韓政策上の大段落を告ぐるものなるにより予等国民たるもの大白を浮べて祝すべきなり」(99)と語っていることである。彼はまた今後の開発についてはどのようにすれば最も早く我に同化させることができるかは大いに講究するべきであるが，朝鮮民族の陰謀術策に長じて悪質なのは彼らのごく一部に過ぎず，一般の農民に至っては純朴で個人的には互いに信義を有し，実に治め易き民であるとした。また従来多少悪政の為に馴致する弊風があるが，これらは善政が久しく続けば，自らその習慣を改めるだろうと述べている(100)。最後に，内田良平は婦人の勤勉なことと語学の才能に長じていることを利用して婦人に職を与えると同時に婦人をして邦語の伝播に労せしめば蓋し結果の大いに見るべきものがあろうと論じていた。ここで着目すべきものは婦人にさえも仕事を与え，働かせる計画まで論及した点であろう。

一方，24日には「韓国合併記念号」として特集を発刊，４頁にかけて報じていた。この記念号の論説を見れば，

「……朝鮮は固より純然たる独立国に非ざりしも我国は率先その独立を認めて東洋平和の維持に資せんとし極力その誘腋示導に勉たりしに如何せん彼れ自ら独立の意志なく又其実力なく寧ろ我国の施政に妨害を加へた為に迷惑を蒙りたるを勝て計ふべからず最後に至り遂に日露戦争を醸して其結果，我保護の下に立つことと為り多年来の問題は茲に始めて解決せられたりと雖も真実我立国の安全を期すると共に朝鮮人民をして文明の徳澤に浴せしめんとするには其国土を我国に合併して同一の統治を半嶋に及ぼし東洋の禍源を永遠に根絶して其人民をして長へに太平の幸福を享けしめざる可からず是れ即ち今日の事の萬，止むを得ざる所以にして此事たる東洋の平利維持を中心として行はれたるものとは云ひながら更に朝鮮人民の例より見るも大に喜ばざる可からず……」(101)

と述べている。

即ち，日韓併合は朝鮮の独立維持，東洋の平和，または日本の文明の徳澤に浴せさせるためであり，朝鮮民族に対しては長く太平の幸福を享けしめなければならず，そのため併合条約は止むをえないことであったという論旨である。

更に，そのあと，日本国の責務に対して次のように付け加えている。

朝鮮を合併して帝国の一部分となったことはその民族を塗炭の苦しみの中より救い，これをして日本国民と同様文明の化育を享け，その幸福を増進させることは日本の責務である。朝鮮人はこれによって更に文明の新生活に入り，今日までの不幸を免れることを喜ばなければならない。日本国民の責務も著しく増大したことは国民銘々が心に銘じてくれぐれも深く覚悟しなければならないと語っている(102)。

この特集５頁には大隈重信らによって征韓論が追懐されており，６頁には代議士井上角五郎によって甲申政変の前後などが報じられていた。

25日になると，「朝鮮統治の大眼目」と題する論説で，朝鮮国民の思想感情の転化は政治の力だけで達すべきことではない，自ずから年月の問題で，社交上は勿論，教育，宗教上の感化誘導のようなことも最も必要で有力な手段であるため，この一段においては官民清浴を問わず社会一般に心を同じくして力を合わせ，一千萬後進の同胞を扶腋誘引して文明の恩化をともにしなければならないとした。そして，合併を以て恰も征服と一般的に心得て，植民地に対するような態度を以て臨むと彼の民族の内心に反感の念を深からしめ難治の原因を加えるのみであるとした。併合を以て恰も廃藩置県の断行と同一視すると同時に朝鮮の士民を真実に同胞兄弟と認め，その思想感情を1日も早く同化させ，ともに文明の利益を分かち合うように心掛けることを大眼目とすべきであると論じた(103)。

『時事新報』は8月26日付で，今後より朝鮮に関して熱心に論議したいという社告を出し，「朝鮮人民の為めに賀す」という社説を掲載している。そこで，イギリス人は既に巨文島（全羅道海岸）を占領して海軍の根拠地を作っており，ロシアは陸地からの侵入を容易にし，朝鮮独立の運命も旦夕に迫ったとした。朝鮮がいよいよ滅亡するものだと考えれば国の王族のためには誠に気の毒で，またその直接の臣下たる貴族士族のためにも甚だ不利となる。ところで一般国民の利害如何を論ずる時には，滅亡こそむしろ，その幸福を大にする方便であると言わざるをえない。また朝鮮の官吏貴族等が下民を犬羊視してその肉体精神を苦しめて，更にその膏血を絞るものに比すれば，同日の論ではない。既に今日において巨文島の人民700名は幸せ者で，他に羨まれる次第であると言われる。悪政のあまり民心は解体しようとしている。故に，我輩は朝鮮の滅亡が遠からぬことを察して，一応は併合に際して政府の為には弔するが，国民のためには賀しようと思うと語っている(104)。

続いて，『時事新報』は，朝鮮の併合と同時に従来の統監府は廃されて，いずれ朝鮮総督府が設置される筈である，朝鮮統治の重任は新総督その人の双肩に掛かる次第であるからその人選は最も重んじなければならないとした。そして，8月27日付「朝鮮総督の人物」という社説で，新任総督は今の寺内統監が統監府の廃止と共に直ちに総督に転任するには非常に好都合のことで，現内閣の下において，その任にあたるべき人物を求めれば寺内統監が最適任の人であるとした。特に朝鮮総督は軍隊を指揮命令する権能がなければならない。それ故に朝鮮の統監は軍人でなくても，朝鮮の守備軍の司令官に対して兵力の使用を命じる職権があり，これまで実際に故障がなかったのを見れば，今後の総督にも同様の権能を与え，何等の差支えがないだろうとした。朝鮮統治の責任は甚だ重大で，その当局者の人選こそ最も大切であろうと論じながら，寺内総督を強力に支持している(105)。

また，『時事新報』は他の新聞社と違って京城特派員松本生の報告による「漢城最後の一幕」という御前会議の詳報を掲載している。その内容は李完用総理が合併の不可避性を皇帝に上奏したことを伝え，次のように述べている。

「季（ママ）総理は惆然之を久しうして哀訴すらく陛下よ世界の大勢は我韓国民の独立を認めず曩に第二回の日韓協約に於て軍機外交司法警察権の全部を日本帝国に委任して国民の福祉を増進し財政の基礎を鞏固ならしめんと努めしかど庶民の窮乏未だ以て回復の兆なく前途国運の隆盛認め難きを以て遺憾ながら統治権の全部を日本帝国に付託して上は皇室を安んじ奉り下は萬民を賑はさんは時宜に適したる……」(106)

これに対して皇帝は次のような態度を示していると報じている。

「皇帝陛下は暫し憮然として黙想に耽られたるが，軈て御声を曇らせ朕は卿等の忠誠を嘉す在位四年未だ千萬の蒼生を雨露の恵みに浴せしむる能はざるは朕の不徳の致す所なり想ふに韓国の前途大に憂慮すべきものあらん卿等須らく朕の意を體して国民の為めに盡せよと痛はしげなる勅諚を拝聴しては何れも大鉄槌の頭上に落下せるが如く覚えたり……」(107)

続いて，皇帝は大韓帝国を亡ぼすは卿等の責に非ずして朕の罪となり，朕何を以て冥府の皇祖にまみえようとし，而も大厦は一木の支えるところではないため，願わくは日本政府に一任して自国の安寧を許ろうと涙を流しながら仰せられたと報道している(108)。

29日付『時事新報』の社説では日韓併合の必要性ないし正当性を述べている。即ち，朝鮮の合併は東洋の平和を永遠に維持するための必要上，止むを得ずして行ったと言いながら，何れにしても日本の責任が重大であると論じている。その責任は言うまでもなく，日本文明の恩化を半島に及ぼし一千万の同胞をして日本国民同様の幸福を得せしめんとすることは実に合併の大目的である。あくまでも，公式の主義によって文明の治澤を半島に及ぼし，一千万同胞をしてその堵に安んじ天与の幸福を全うさせなければならず，朝鮮統治の大主眼がここにあるべきだとした。また，国民それぞれが朝鮮人との交際においても深く注意して真実に同胞兄弟の情誼を以て相接しなければならず，既に併合が成立した上はその人民は，日本の臣民であると論じている[(109)]。

最後に注目しなければならないのは８月30日付の社説である。この内容も前と同じく，今度の併合は相互の幸福を増進し，東洋の平和を永久に確保する目的で両国主権者の合意によって円滑に主権の授受を致したものであると報じている[(110)]。また，一つ注目すべきことは，前述したことでもあるが，30日からの「京城変乱始末」という福沢諭吉の手記の公開である。一体，何の意味で手記を公開したのかについては更に深い検討を要する問題であろう。

当時，朝鮮では国内の新聞が廃刊，または発行禁止，押収処分などによって，日韓併合の問題については殆ど報道されなかったが，日本の新聞は殆どの新聞社が，正式な日韓併合前から併合問題の記事を取り扱っていた。特に寺内統監は８月10日日本の新聞の京城特派員を招き，日韓併合問題をめぐる報道については慎重に報道することを厳重に警告までしていた[(111)]。にも拘らず，22日併合条約が調印された事実は報道されたので，これらの新聞は朝鮮国内で発売禁止された。前にも述べた通り，日本の言論は併合事実を正式に発表前から取りあげていた。朝鮮に関する情報または併合問題をめぐってのニュースは，『大阪朝日』『大阪毎日』が東京より早かった。併合以前の1909年10月26日伊藤博文がハルビンで暗殺された時にもそれを最初に伝えている。伊藤暗殺事件は当時の毎日電報主幹高木利太氏が三井物産で探知したもので，それは日韓併合をスクープした『大阪毎日』の第１号号外であったのである[(112)]。

また，『大阪朝日』は８月29日付で日本で最も早く『朝鮮号』という特集記事第１号を発刊しており，朝鮮に関する記事は量的にも多く取り扱っていたことが分かる。

『東京日日』は併合の問題について名士たちの評論中心の報道をし，量的にも少なかった。一方，『東京朝日』の論調は強者の責任，支配者としての善政などの論調であり，東洋の平和を維持するため併合は不可避であったと論じている。同紙には政治的な発言が多く，併合事実を『東京日日』とともに早めに報道し，併合条約の内容を正式発表の前に報道している。更に『東京朝日』は併合の条約内容を８月28日付の他の新聞社より早くも幾つかの項目にまとめて報道する迅速性を見せていた。

『時事新報』は８月22日以前から併合問題について連載しており，併合された事実も最初に報道した。また併合した翌日から福沢の手記も連載し，間接的にも併合事実を知らせていた。『時事新報』は日英同盟の時と同じように８月24日付「韓国合併記念号」という特集号を出して，他の新聞より強い関心を示していた。

他方，注目すべきものは『時事新報』の８月28日京城特派員松本生の報告である「漢城最後の一幕」という特集で，当時の御前会議の沈痛な雰囲気を生々しく報道していた。同紙は他の新聞より詳しく速報を掲載したが，これらのスクープは日本政府と朝鮮総督府との間に深いパイプがあったことを示唆するものと考えられる。特記すべきことは，『時事新報』は日韓併合が東洋の平和とともにあくまでも朝鮮民族の幸福のためであると一貫して主張していたという点であろう。

2　日韓併合をめぐるイギリスの言論報道

日韓両国の併合の問題をめぐる言論報道の研究はあまりなされていないが，なかでも併合当時の状況が推察できるイギリスの言論報道については殆ど紹介されていない。当時のイギリスは世界で最も進んだ資本主義帝国であり，戦前における最も強い軍事大国であったと言えよう。特に，日英同盟の後，日本に大きな影響を及ぼしたイギリスの言論報道の研究は，日韓併合をめぐる言論研究において非常に重要な手がかりになると考えられる。そこで，本稿では，筆者が1988年オクスフォード大学で調査した戦前のイギリス紙の代表的な５つの新聞を中心として，併合前後の論調を分析することにする。

まず，1902年「日英同盟条約」によって，イギリスは日本が韓国における政治，商業工業上，格別な利害関係があることを承認することになった。また，1904年８月に改正した日英条約第３条でイギリスは，日本が韓国における政治，軍事及び経済上の格別な利益を保有していたことを認定し，日本の諸利益を擁護した。これはあくまでもイギリスの自国の権利を守るためであった。1905年には日本が韓国保護条約を結んだ結果，韓国は外国に対して外交条約締結権を失い，イギリスの駐韓外交官は撤去することになった(113)。その時，日本政府は諸外国に対して十分な理解が得られるように外交的な措置をとっていた。

しかし，1907年7月韓国皇帝の地位問題に関するイギリスの新聞の論調は，条約上の権利として日本政府の措置を認めるものの，今後の日本政府の説明，または国際世論に誤解が生じるおそれがある場合には，その事情を詳細に説明してもらいたいと論じていた。前章で述べた，同年10月「ベセル」の裁判事件を通じて両国の外交関係は最も緊密な時期を迎えたと言えよう。

ロンドンの『ザ・タイムズ』(The Times) は，1908年9月28日付で既存の京奉鉄道（京城奉天間）を奉天より法庫門まで拡張する鉄道敷設問題を言及していた。この記事を見ると，第三国に対する門戸解放と機会均等という側面から見て，同意できないと報じている(114)。

また，この『タイムズ』は1909年8月23日付記事で，日清交渉に関して日本は，諸外国に対して信頼関係を徹頭徹尾守り，外交政策において最も平和的な態度を示していた(115)というふうに，日本の対清外交政策を支持していた。このように日英の間にはベセル事件以後，マスコミの報道を見ると，大きな問題はなく，むしろ，非常に友好的な姿勢を示していたと言えよう。

1910年1月になると徐々に併合の準備が進んでおり，外部には全く知られていない状況であったが，日本政府はイギリス政府に対して十分な事前協議を行っていたと考えられていた。

イギリスで最も早く日韓併合の報道を掲載したのは『タイムズ』であった。同紙は，1910年8月22日，本野一郎駐露日本大使が露国当局者を面会し，日韓併合条約の締結の事実を通告したことを8月24日付で掲載することになった(116)。この新聞によると併合条約の内容は機会均等主義に背反しているが，日英同盟条約の残存期間は10年であり，この期間に関税に関する現状維持の保証を得れば，併合の結果は同盟条約の違反ではないと分析していた。

韓国併合に関しては8月25日付イギリスの各紙が報道していた。『タイムズ』は「日韓併合と英国」という記事で日韓の問題を確実に解決する唯一の方法は日韓併合であると論じていた。また韓国占領初期における過度な日本の武断統治の権力が漸次に制限されるべきであることを信じるとした。更に，日本の新関税を韓国まで及ぼしてイギリスの通商活動に障害があってはならないということが主な論調であった(117)。

同紙26日付では併合問題について，韓国を日本が併合したのは，いままで起こった幾つかの問題を解決するためであった，我々は今後日本は島国的地位を放棄し，高等政治を行い，常に日本の名を著す高邁にしてかつ躊躇しない勇気を以て一層拡大する運命に対することを確信すると述べている(118)。

『タイムズ』は26日付の日韓併合の論評で，まず，日英同盟条約第３条を取り上げ，２つの点について論じていた。

それは商業上の関税問題と治外法権の問題であった。後者の問題として治外法権の消滅は在韓イギリス人の少数なるに鑑み，別段これを恐れる要があることを認めず，ただ，イギリス貿易の漸次増進しつつある事実に照らし，日本の新関税が韓国において施行された結果，これを減却せしめるようなことがあれば，これもとより，等閑にすることのできないところであるが，このようなことは日本政府の企画するところではないと信じると解説していた。さらに日本は断然，従来の島国的な地位を捨て，アジア大陸上に延長して膨張することは，政治，経済上必要なところであると，特集記事での論評をまとめている(119)。

８月28日付『タイムズ』によると，日本が今後10年間，韓国における外国貿易を従来のままなさせるその措置を称賛し，イギリス人の企業はこの間に基礎を鞏固にしなければならないと説いた。そして日本の新関税法に論及し，東京から何度も送られた請合からイギリス人はまず心配する必要がないということを指摘した後，日本が同盟国の意見を代表するものとして，更に一層ロンドン・タイムズを歓迎することを希望し，最後に日本政府がイギリスの輸入商人の希望を容れることを求めていると語っている(120)。この『タイムズ』は上記の通り，日韓併合についての論議が行われるべきであると言いながら，日本の決断を支持していた。ただ，イギリスの商業上の不利益，または治外法権の問題がなければかまわないという論旨であったと言えよう（傍線筆者）。

『デイリー・ニュース』(The Daily News) は８月25日付「韓国の運命」(The Fate of Korea) という題で韓国の併合は政治的な問題がなく計画された意図

によって行われたと報じている。ただ，商業上の影響（commercial effect）がなければ，認める考えであると論じている。

また，24日東京発，ロイター通信を引用して現在併合の事実は発表されていないが，この併合条約の調印は22日行われ，29，30両日に発表される見通しであると報じていた(121)。

同紙は8月26日付「韓国の併合」という記事で，合邦後も5年間は新税率によって関税を賦課することはないだろうと有力な筋の話を引用報道している。まだ併合条約が正式に発表されていない状況のもとで，駐英日本大使館も確実な言及を避けていた(122)。

また同紙は，小国が大国のため統合されて，その結果，過去5年間は単なる自国の利益のみを計算し全く韓国の伝統的な歴史，及び国民的な感情を無視していたとも論じている(123)。この26日付の記事でもう一つ注目しなければならないことは，「韓国の奇跡」（Miracle of Korea）という題で論じたことである。そこにおいて，韓国ではキリスト教精神が大きく伝道されていると言いながら，日露戦争以来，朝鮮（今は植民地）には関心がなかったが，キリスト教宣教師によって驚くべき成果があったと報じている。今から20年前朝鮮半島のなかでキリスト教徒は7人しかいなかった。当時の人口は1,000万に近かった。ところが，1907年には5万人の聖徒ができており，1910年には100万人の聖徒を目標に伝道していると述べている。最初は宣教師たちが丸太小屋を建て（Log-house erected）礼拝をしていたが，これは1886年頃の話である。そののち，大事件が起こり教徒は虐殺されているが，それ以後は宗教を抑制していなかった（un-check）。だから，現在は100名あまりの宣教師がキリスト精神を伝道していると報道している(124)。

これらの報道を分析してみると，併合によって宗教は自由となり，信徒が増え続けるだろうということであるが，結果的にはそうでもなかった。宣教師たちが独立運動の先頭に立ったため実際は併合によって宗教の自由は弾圧されてしまったからである。

『デイリー・ニュース』は8月29日の特集記事で，「韓国の滅亡」と題して次のように述べている。

韓国の併合は日本の強制的な法規により，韓国の皇帝が日本の天皇に譲位することになった。日本政府は皇帝を王と称し，皇帝を日本の王族のように待遇するようになった。現在韓国とイギリスの間に結ばれた条約は併合によって消滅されるが，関税については日本よりは低く維持される。また，韓国は地図から消えてしまい，日本の野望は島国から大陸に伸びたことになった(125)。

これを分析してみると，同紙はまず第一に，自国の経済的な損益関係に関心を示したが，次の関心は韓国の皇帝と皇族の譲位ないし処遇問題であったものと見られる。これに関して，次の資料はその有力な根拠になると考えられる。

Seoul, August 27.

Both the Emperor and the ex-Emperor have willingly consented to Japan's proposals, which are considered most generous. The only hesitation shown was when the titles of the Emperor were discussed. The Japanese proposed the title of Grand Duke, but the Emperor insisited upon being styled "Whang" or King. To this the Japanse finally consented. It was also agreed that Princes of the Imperial House should be treated as Japanese Princes, should receive an annuity of 750,000 dollars, and should be allowed to reside where they pleased.(126)

上記の内容を見ると，皇帝と太皇帝は日本側の提案に非常に寛大な考慮を示して，異論なく同意したが，皇帝の称号が論議された時は躊躇したという。称号において，日本の提議は「大公」(Grand Duke) であったが，韓国の皇帝は 'Whang' (皇) とか，'King' (王) を主張していた。遂に日本側は韓国皇帝の主張を受諾することになった。また皇族たちは日本の皇族と同じように待遇する条件に同意していた。それとともに年金として75万ドルを受けることになったと詳しく報じている。

ここでは紹介していないが，原文の最後の所には韓国の高官たちは日本の貴族として，または能力によって，枢密院顧問官 (Privy Councillor) ないし地方行政の官吏 (Provincial Administration) に登用されることになったと付け加えている。この記事によって推察されるように，『デイリー・ニュース』紙は皇帝と皇族の問題，即ち，併合以後の彼らの礼遇について非常に関心を持っていたと言えよう。これは，イギリスが皇族中心の国家であるからではなかろうか。上記の「Whang」という言葉に当たる英語の単語は記されていないが，韓国語の語意では「皇」という言葉に当たる。上記の原文はソウル発信の電報文であるから，「皇」という言葉で取っても間違いがないと考えられる。

また同紙は同じコラムで，ワシントン発（8月28日）ロイター通信で，日韓併合条約の内容についても8項目で詳しく説明している(127)。

次に，『モーニング・ポスト』(Morning Post) は8月24日東京発ロイター通信を引用報道し，韓国の併合は8月22日調印され，発表は29，30日両日行われることを報じた。日本政府は全ての報道機関に協力を要請して，正式な発表まで秘密を守ることを要請していたという。イギリス政府の態度は，既に韓国の併合は計画された構図によるものであったことを十分知っていたことを示すものであろう。イギリスはただ，商業上の影響がなければ賛成する態度であった。イギリス政府は正式に発表するまで商業の問題に関わらないことを期待していた(128)と論じており，同紙はそれほど併合の問題について関心を示しておらず，以後の報道でもあまりふれていない。

『デイリー・テレグラフ』(The Daily Telegraph) はウィーン発電信（8月25日）によって，次のように報道している。

日本による韓国の併合は外交社会によく知られていたが，ロシアとしては韓国の併合はアジア発展の状況に従った自然な結果として認めていた。1905年ポーツマス条約の成立以来(129)，さる5年間知られている事実によると，日韓併合は日本の権利であるので，ロシア政府としては日本の行動に異論がなかったということである。日韓併合は，日露戦争の結果，日本が獲得していたものであるが，ポーツマス条約による最大の利益関係が絡んでいた。日本は日露戦争後5年の間に朝鮮半島に道路と鉄道を建設していた。しかし，これを建設するためには，困難も多く，帝国のやり方 (Mikado's Rule) に憎しみもあったのである。このような雰囲気は幾つかの激しい謀反によって現われたり，冷酷な処分によって多くの血が流されたことを見ても分かるはずである。このような事実は結局，併合によってもう一つの暴動を惹起するのではなかろうか(130)。

また，『デイリー・テレグラフ』は8月29日付「韓国の併合」という題で，併合条約と関税の問題をワシントン発ロイター通信を引用して取り上げている。この記事の中では，日韓併合条約を中心として8項目で解説しているが，やはり最初は関税問題について言及していた。即ち，日韓の間に併合条約が結ばれ，今日発表されたが，日本の説明書によるとイギリスの韓国における税関協定の日程，外国との輸出入品の統制と調節，韓国の開港などは10年程度は保証されると論じている[131]。ところが，まだ，米国務省事務官とワシントン駐在日本大使館の間には韓米間の関税問題に関して交渉されていないところであると報道した。

これらの記事を見ると，イギリスはあくまでも日韓併合に関する問題よりも，自国の利益，または関税による損益について関心が高まっており，朝鮮民族の独立とか自由についてはあまり論じていなかったと言えよう。先にも触れた通り，この記事は併合条約に関する発表記事が主な報道であったにも拘らず，最初の見出し（The Tariff Question）では関税問題を取り上げ，税率問題まで述べているからである。

更に，この記事は最後のところで，「商業的な関心」という小見出しをつけ，寺内総督の声明を引用している。つまり，併合条約によって韓国においては日本の法規が適用され，これは韓国の利益になるであろうとした。これは決して韓国の退歩を意味するのではなく，むしろ併合を通して安心できるようになるとし，日本の新しい統治行政は直接的な環境改造とともに，韓国の資源開発のためになると報じていた。また，権威ある消息筋を引用した報道によると，日韓併合によって韓国と結ばれた外国との間の関税協定は消滅するが，不特定期間（indefinite period）はまだ低い税率が適用されるであろうとし，数年後，日本の高い税率が公開されると，外国人は日本で暮らすのと同じように韓国でもその高い税率が適用されるであろうと説明している[132]。

『デイリー・テレグラフ』は，８月30日付「韓国の併合」という題で，日本帝国の併合詔書（Imperial Rescript）発表を大きく取り扱った。その内容の中で注目すべきことは次の部分であろうと考えられる。

日本が東洋における永遠の平和を維持するために最も重要なものは韓国を併合して帝国の下におくことである。また，朝鮮半島の公共秩序と安全維持とともに韓国国民の福利増進のため，現在の統監府の組織が根本的に改編されなければならないと論じている。そこでは，日本と韓国は同一の位置で交渉しており，永遠の併合のために制度を整備すべきであるなどの日韓併合の必要性または不可避性を物語っている(133)。

だが，『デイリー・テレグラフ』の記事の論調は殆どが併合条約によって行われる関税の問題を取り扱っており，特に自国の商業上の損益問題については非常に関心が高まっていたとも言えよう。

最後に，『デイリー・メール』(The Daily Mail) の論調を分析していくことにする。この新聞は８月25日付で『展望―韓国併合』という大きなコラムで，韓国の併合は今月末頃発表される見通しであると展望している。特に，このコラムの記事によると，イギリスは韓国の併合について政治的な反対は出さないが，ただ，我々の商業的な利益の完全な保護のために関税条約は確実にして置く必要があるとした。また，併合条約が正式に発表されるまではこの点についての判断は保留すべきであり，この関税の問題が，我々の最大の関心事の一つであるとした。更に，関税の問題は最も重要なことであり，イギリスの大臣ら (Majesty's Ministers) を納得させなければならず，もし商業上の条約の中で少しでも誤解された部分があれば解明すべきだとした(134)。

このコラムの中では歴史的に非常に重要な意味を持つ部分があるので原文のまま紹介しておきたい。それは，日本人がとった日韓併合という措置は数世紀前に遡ってみて論理的な連続の結果であると論じながら，その理由として次のように語っていることである。

> "There has always been in Japan a popular belief that Korea by the conquest of the third and the sixteenth centuries was an integral part of the Japanese Empire. The attempt of China to revive its suzerainty over the Hermit Kingdom was the cause of the chino-Japanese war in 1894, and the fear that Russia had designs on Korea was responsible for the war in Manchuria." (傍線部＝隠遁の王国) (135)

即ち，日本が３世紀と16世紀に日本帝国の完全な一部分として朝鮮を征服したということが従来信じられてきた。また，中国は隠れた王国（朝鮮）に彼らの宗主国の復活を試み，それが1894年日清戦争の原因となった。更にロシアも朝鮮に対して中国と同じく計画を図り，ロシアは満州における戦争に対して責任を取るべきであると論じている。

この記事で取り上げている日本の朝鮮征服説について簡単に論じることに

しよう。

まず，3世紀の征服説に関しては根拠が不明確である。中国では220年後漢の滅亡後，魏・呉・蜀の三国鼎立時代となり，朝鮮半島では245年頃韓族の反乱が起こり，帯方郡の太守弓遵が戦死した。こういう情勢の下で朝鮮半島は高句麗・百済・新羅・大伽耶に分離された。日本はこの頃，女王卑弥呼と南方の狗奴国との間に争いが起こり始め戦闘が続いた時代でもある(136)。この状況を見ると，3世紀の朝鮮征服説というのは根拠がないことであろう。神功皇后の朝鮮征服説もあるが，当時，まだ船の建造技術は考えられておらず，ただ神話と伝説に過ぎないだろうと考えられる。

しかし，日本の朝鮮に対する侵略行為は大和政権が日本を統一した4世紀以降になって本格化するようになる。即ち，日本軍は391年から十数年間にかけて，百済・新羅に出兵して軍事的な支配を試みたが失敗に終わった。いま一つ，16世紀の征服説は，1592年から1598年に至るまでの豊臣秀吉の朝鮮征伐（壬辰倭乱）である。この時，朝鮮半島から大きな掠奪を行ったが，結果的には単なる軍事的な威力にとどまり失敗に終わっている(137)。

ところで，このコラムでは続けて，日本の併合事実を支持している。もし，日本が武力的な力によって朝鮮における彼らの権利を主張すれば，朝鮮における日本の立場は疑問をはさむ余地もないし，愚かな決定ではないだろうと論じている。また，併合は国際的な商業効果から分離すると，日露戦争以来の名目上の現存する全てのことを救済するように見えたが，事情は何も変化されなかったと付け加えている。

更に，このコラムでは日韓併合において最後の障害問題として韓国皇帝の譲位問題を取り上げて次のように述べている。

"With the deposition of the Emperor of Korea in 1907 and the nomination of a successor who was content to obey his masters in TOKIO vanished the last obstacle to permanent occupation and control by the Japanese. However much the Koreans may rescent the domination of a power which they accused of slavish trucking to "foreign devils", they can not ignore the material benefits which the Japanese protectorate has conferred upon their country. The corruption, incompetency and greed that reduced Korea to a state of squalid poverty and made progress in any from impossible were checked, if they did not disappear, under the firm and experienced rule of the late Prince Ito.（傍線筆者）[138]

この内容を見ると，まず，1907年に韓国皇帝の退位（deposition）とともに，東京にいる日本の支配者たちが満足できるほど服従する後継者を指名することによって，日本人による永遠な占領と統制できる最後の障害物（the last obstacle）が消滅されたとする。どれほど多くの朝鮮人が「洋鬼子」（foreign devil）（筆者）[139]達に隷属的にへつらう（slavish truchking）ことに反発しても，日本人の保護国として受けた朝鮮における物質的な利益は無視できないのであろうとする。また朝鮮においては腐敗，無能力，欲張りが減少されない限りむさくるしい貧困は進むだろうし，それらの要素（腐敗，無能力など）が消滅されない限り，故伊藤公爵のような老練な統治の下でも，抑制は不可能であろうと論じていた[140]。

この内容を分析してみれば，かなり政治的にも専門的な部分まで深くコメントしていることが分かる。例えば，併合問題については，最後の障害物として韓国皇帝の譲位と後継者の指名を取り上げていた。しかし，当時の朝鮮人の考え方としては日韓併合の最大の問題は，1907年に行われた韓国皇帝の譲位と後継者の指名よりもやはり日韓併合条約の調印（sign）だったのである。要するにコラムの論者は皇帝が権力を譲渡すれば，障害物がなくなり併合が自然に行われるだろうということであった。即ち，権力の中心人物がいなくなれば併合が直ちに成立するであろうということであった。ところが，これはイギリス的な（皇帝中心政治）発想であり，朝鮮では必ずしもそうではなかったと言える。それは1907年譲位当時，朝鮮の皇帝は全く無気力になっており，実際には内閣が力を持っていたのである。だが，このコラムではかなりの過激な表現（傍線の部分）を使いながら皇帝の譲位即ち，併合という立場の論を繰り広げているのである。

この記事は続けて次のようにも語っている。即ち，鉄道の建設は実質的に日露戦争まで知られておらず，日本は朝鮮に中国との間に幹線道路を建設していた。更に重要な港湾の建設と大陸の開拓などは朝鮮における富を蓄積するのに役立ったと主張した。特に，農業は原始的な方法から科学的な営農方法に改良され，大きな森林資源と漁業を開拓したと論じている。

最後に，その莫大な社会の経済革命を行うためには抵抗や個人の不公平なしではできない，換言すれば，経済革命の推進に伴って少しの犠牲は不可避であるとしている。また，戦争後，望ましくはないが，朝鮮は止むをえず日本からの移住者を受け入れなければならなかったとしている。ところが，伊藤公爵はこのような征服の罪悪感を緩和するために彼の善意を尽くしたので，伊藤の後継者も日本政府も朝鮮の統治に対して責任を負うべきであると論じている(141)。

このコラムを全般的に分析してみると，幾つかの注目すべき点が見られる。

第一は，前にも述べた通り，このコラムは電報や引用によるのではなく，コラムニストが書いた文章であるにも拘らず，日韓併合をめぐって歴史的な背景まで深く分析しているという点である。その意味で，これまで分析したそれぞれの新聞の中で最も詳しく論じた記事であると言えよう。

第二は，表現の方法，あるいは言葉の使い方においては過激な表現が多い。例えば，'deposition'（退位）という言葉である。皇帝は退位ではなく，'abdication (of the crown)' 'demise of the crown'（譲位）という敬語があるにも拘らず，不敬な表現を使っており，内容についてもかなり具体的な部分までコメントしていることからして英日の間の外交問題に責任のある人物が書いたものではなかろうかと推察される。

第三は，日韓併合条約に対する支持である。ここでは，日韓併合条約の国際的な商業上の重要性を強調しながら，イギリスに損がない限りはかまわないという立場をとっている。日本による併合は当然のことであり，歴史的に辿っても繰り返しに過ぎないものとして扱っている。しかも日本は朝鮮に対して鉄道と道路の建設，農漁業の改良を行い，朝鮮国民の富の源になると述べていた。

ここで考えられるのはコラムニスト自身はかなり帝国主義経済理論に詳しい人ではないかということである。というのは，一般的に帝国主義の国が後進国を侵略する時は，文明の開化，道路の建設というのが基本的なステップだからである。そしてそれらの建設の目的自体も重要視されなければならないのである。そこから推察して，彼は当時，イギリスにおける帝国主義経済理論には門外漢ではなかったと言えよう。

『デイリー・メール』は，8月25日付「韓国の併合」という記事で，一般的な事実を述べている。その内容は上記「展望・韓国併合」という記事よりは概論的であって，朝鮮の一般的な地形と歴史の紹介に過ぎないものであったが，このコラムの中間部分を見ると次のようなことが述べられている。

朝鮮の独立はロシアと日本の軍隊による保護の下で，1897年正式に調印されたが，その同意は日本によって破られてしまった。朝鮮に対するロシアの意図を疑って，日本がロシアに宣戦布告をしたからである。ところが，日本は日露戦争が終わる前に伊藤公爵を朝鮮に送り，実質的に1905年朝鮮半島を保護国化する作業を行っていた。1905年朝鮮は日本との間に新条約を結び，日本にとっては実質的に朝鮮を所有することになったと報じている(142)。

この新聞は翌日の報道でも日韓併合の問題を取り扱っている。そこでは，朝鮮の併合はいつか来ることであり，予見されていた事実として驚くべきことではないと報じている。また，我々は日本の非常に高い政治的な分別能力と宿命に対するしっかりした勇気を深く理解している，そして我々は日本の政治家を信じており，彼らの朝鮮に対する将来の政治と野望を世界に見せてくれることを信じると述べている(143)。

更に『デイリー・メール』は自社の特派員報告を引用して「韓国の運命」という題で報告していた。副題として「併合に際して日本人を祝う」と書きながら，日本のすばらしい外交秘密の勝利にも拘らず，韓国の併合事実は既に一般の人々に知られていたと報じている。これは天皇が参席した去る月曜日の枢密院会議の影響である。また，新聞に報道された重要な論点の一つは，前日内務長官が記者団を100名あまり招待して政府の政策を説明していろいろな協力を要求していたと報じたことである。しかも日本国内では既に併合の歓喜に満ちたことが明らかにされており，日本歴史の中で言論による一番のイベントとして見られていたと報道している(144)。

また，ベルリン通信員の報告によると，ドイツの新聞報道は，冷淡な報道ぶりであり，今度の日本の韓国併合について次のように評価しているのが見られる。まず，日本の10年間にわたる強力な外交政策（stiffneck diplomacy）と両大戦争の勝利によって得たものである。日本にとってイギリスとの条約期間のうちの併合は大きな価値のあるものである。しかし，イギリスは日本の併合において無関心ではない。併合は日英同盟（Anglo-Japanese alliance）に従うものであり，日本の外交的な手腕と両大戦争の結果から得たものであると語っている(145)。

以上，イギリスの新聞論調をそれぞれ分析してきたが，イギリスは日韓併合条約について賛成または肯定的な立場に立って認めていたと言えるのである。商業上の問題がなければ異論を出さず，歴史的に探ってみても，朝鮮の日本による併合は当然なことであるという論調であった。しかしながら，日本が併合によって朝鮮において得られる経済的な利益は無視できないことであると付け加えている。この事実に関連して，イギリス人として日本のナショナリズムの研究者であるリチャード・ストーリー（Richard Story）は，彼の著書で，このように述べている。朝鮮の人がハルビン駅で伊藤を暗殺したが，この暗殺事件が東京政府に日韓併合を行う一つの口実（protext）を与えた。そののち，寺内正毅によって併合条約が結ばれるようになった。日本は35年間の統治の間に朝鮮において経済的には大きな利益をもたらしてきた。勿論，朝鮮の歴代王政よりは相当の部分において残酷な政治ではあった。朝鮮において想像もできない程度に厳しく総督政治を行い，まったく朝鮮民族の望まない思想的な支配まで強要して，日本との間の完璧な統合を目指していたと論じている(146)。

このようなイギリスの報道とリチャード氏の意見はやはり，日英同盟条約に基づく，つまり同盟国としての立場に基づいた報道論調，或いは意見を示すものであると見られる。

現在，韓国における植民地統治に関する多くの研究者は，日本統治下において朝鮮総督府によって建設された朝鮮の鉄道と道路または開拓産業などが朝鮮の経済発展に大きな役割を果たしたという日本側の主張に激しく反発している。その根拠は，そのような建設事業は朝鮮民族の幸福と経済発展のためではなく，あくまでも経済的な収奪が目的であったということである。それは確かに前章で述べた通り，当時の帝国経済論理を見ても，イギリス，フランスなどがそうであり，日本も例外ではなかった。

日本統治時代の政策の分析は植民地統治の全般にかけて，政治，文化，教育などあらゆる分野において総合的に見なければならないと考えられる。本稿ではあくまでも，各国の新聞の論調に注目し，それを具体的に分析することに目的をおいた。政策自体に関する評価の問題はまた別の次元の論であるから，今後の課題にしておくことにする。

第3節　マス・メディアによる説得的コミュニケーション

1　プロパガンダとしての説得的コミュニケーション

日本は日韓併合条約によって併合を行ったが，今後，朝鮮民族に対してどういう方法で説得していくべきかという大きな問題を抱えていた。ここでは，各種出版物によるプロパガンダとして行った説得的コミュニケーションについて分析していきたいと考えている。

まず，説得的コミュニケーションの概念から触れていきたい。最近，説得的コミュニケーションの研究理論にはいろいろな論議が活発になっている。説得的コミュニケーションというのは，受け手の行動や意見を特定の方向に変化させることを狙って行うコミュニケーションを指している。例えば，テレビのコマーシャルをはじめとして，政治家の演説から親が子供を叱る時の小言まで，受け手に送り手の望むような行動を起こさせようとしてなされたコミュニケーションは説得的なコミュニケーションに当たると考えられる。即ち，テレビのコマーシャルは消費者大衆に特定の商品を購入させることを狙って行い，また，政治家の演説は有権者に自分の主張に沿った政治的行動を取らせることを意図したものであろう。そして，親が子供に与える小言は子供の行動を自分の期待する方向に変化させようとするものである(147)。

この説得的コミュニケーション理論を組織的に研究し始めたのは，C. I. Hovlandを中心としたYale大学の研究グループであった。彼らはその研究の成果を“Persuasion and Communication”（Hovland et al. 1953）と題する書物にまとめている。特に，説得的コミュニケーションの効果を規定する諸要因には，送り手の持つ特性・メッセージの内容と構成・説得的コミュニケーションの伝えられ方・受け手の持つ特性などがあろう(148)。ここで注目すべきことは送り手の信憑性（credibility）である。ホブランドとW. ワイス（Hovand and Weiss）が指摘した通り，実際に同一のコミュニケーションでも信憑性の高い送り手から伝えられた時と低い送り手から伝えられた時とで，受け手の反応はかなり違うという結果が出てきたのである(149)。

いま一つ，P. M.ギリグ（Gillig）とA. G.グリーンワルド（Greenwald）の1974年の論文によると，信憑性が高い送り手よりも低い送り手の場合により多くの反論が形成され，意見変化も少ないという結果が出たと論じている(150)。

この研究の成果は，信憑性の高い送り手の場合は反論が形成されにくいため説得力が高くなることを意味するものである。これに対して，G. R. ハス（Hass）は，1981年説得的コミュニケーションに対する反論の量は必ずしもそうでもないという異論を提起している。反論の量が常に意見変化の量と対応するわけではないという見解である(151)。

ところが，少なくともそれらが意見変化と信憑性との間には密接な関係があるということについては異論がないとしている(152)。

ここで指摘したいのは，説得的コミュニケーションの組織的な研究の始まりは1950年代であるが，実際の説得的コミュニケーションは既にその前から行われていたことである。つまり，理論の成立は1950年代だが，説得的コミュニケーションが行われたのはそれ以前に遡らなければならない。例えば，日韓併合時にも，どういうふうに朝鮮民族に対する説得的コミュニケーションを行うかということは日本にとっての大きな課題だったのである。そこで，朝鮮総督府は自ら説得を行うのではなく，朝鮮人によって説得させるように計っていた。これは日本人による説得よりも，朝鮮人によって説得的コミュニケーションを行えば信頼性が高くなり説得効果が大きくなると判断したからである。また，朝鮮総督府は信憑性が高い朝鮮人によって説得的コミュニケーションを行うと日本に対する反発が起こりにくいだろうと見たのであろう。その結果，朝鮮人による親日団体を作って，彼らによって朝鮮民族に対する説得的コミュニケーションを行ったのである。

もう一つ重要なことは，説得的コミュニケーションの一つの方法としてのプロパガンダ（宣伝）である。

このプロパガンダ（propaganda）という言葉は，ローマ人の残したものである。発生年代は不明であるが，言語学者のリポートによると，古代ローマ人が具体的にこの言語を用いていたことが分かる。語源としての‘propaganda’は‘propagare’（接木）の過去分詞である‘propagatus’から来たものであるが，第一次世界大戦以来虚偽のニュースや意見の総括としての悪い意味で通されてきた(153)。プロパガンダという言葉が初めて現代的な意義に用いられるようになったのは，1622年にローマ正教の伝道を進めるために法王が信教宣伝会議（congregatio de propaganda fide）を設けることになってからである[154]。

そもそも宣伝というのはある目的のために行われる一定の活動であり，その目的の達成のためにはあらゆる可能な手段が取られる[155]。即ち，宣伝は社会集団の対立，団結意識を計画的に統一，組織化する特殊な行動であり，それによって該集団の認識態度と主張を表現し，もって自己の統一的課題に奉仕すると同時に，対立する集団を説得，或いは破壊へ向かわしめるのである。従って，宣伝によって特定集団は自己の存在を防衛擁護し，相手側のイデオロギーと戦い，これを粉砕しようとする。このように宣伝は集団意識の武装化されたものであって，政治的には最も集中化された尖鋭な知識武器と称することができる[156]。要するに，宣伝は計画的に他者に精神的な示唆を与える活動であり，その結果としては被宣伝者が自発的に宣伝目標の現実を彼自身の目的実現として行い，更に進んで宣伝者にまで転化してしまうことになる[157]。

プロパガンダが実際に行われたのは第一次世界大戦からであろう。1914年大戦が勃発した時，はじめにフランスが組織的に行ったプロパガンダが最初であろうと考えられる。その根拠としては『ジャキューズ』（J'accuse，'われ糾弾す'の意）という本がある。これは1915年4月4日，スイスのローザンヌのパイヨ出版社（Payot S. A. Librairie）から出版されたものである[158]。

ドイツについては，『武器に依らざる世界大戦』には「ドイツのプロパガンダ」という項目もなかったし，「情報宣伝研究資料」第2集の『大戦間独逸の言葉及宣伝』でも，対敵宣伝についての具体的な実例が一つも書いていなかったようである[159]。

イギリスのプロパガンダは，全般的にいって，フランスのプロパガンダとは全く違っていた。イギリスの場合，開戦直後，1914年から1915年にかけての短期間にリーフレット宣伝（leaflet campaign）を行ったのである。その提案者はタンクの発明者として戦史に残るスウィントン中佐で，彼は第一次世界大戦が開戦されてからわずか2ヵ月後の10月から，ドイツ語で書いた『ベカントマッフンク』(Bekantmachung)（公報，公告，布告）というタブロイド版の新聞形式のものを作り，飛行機で西部戦線のドイツ将兵の頭の上から播いたのである[160]。

以上，プロパガンダの語源から歴史的な実例までふれてみたが，いずれにしても国家としてのプロパガンダは，対内的に如何にして個人を統制して自己に統一，組織し，対外的に如何に自己を主張することによってその目的実現に協力させるかという政治的な意欲でもあるのである[161]。実際日本におけるプロパガンダとして活発に行われたのは大東亜共栄圏確立ということで，日本国民またはアジア諸民族に対して行われた政治的なプロパガンダであろう。

日本における近代的な最も重要な宣伝メディアは，新聞，ラジオ，映画，レコード，雑誌，パンフレット，講演，印刷物などである[162]。そして，日本は日韓併合前後においては詔書，訓示，講演，声明書などをメディアとして朝鮮民族に説得を行っていた。ここでは，まず，それらの詔書，訓示，声明書などを中心にした印刷メディアが併合問題をめぐって，朝鮮民族に対してどういう説得的なコミュニケーションを行っていたかを分析していくことにする。

まず，「韓国併合の詔書」は実際内田良平が作成したものであり，その内容を見ると朕は東洋の平和を永遠に維持し，韓国における公共の安寧の維持，民衆の福利を増進することを望むと語っている。ここで一進会会長李容九は「一百万名」の名をもって，弱小国の汚名を脱するために大日本国天皇陛下の皇沢に浴すべきだという，一大プロパガンダで朝鮮民族を説得している[163]。また，「日韓合邦条約」（全文）にも次のような内容が見られる。

日本国皇帝陛下は韓国皇帝陛下，大皇帝陛下，皇太子殿下及び其后妃及び後裔をしてそれぞれその地位に応じ相当なる尊敬威厳及び名誉を享有または保持するに充分な財費を供給すべきことを約する（第3条）と記されている。合邦条約3，4条では，韓国の皇族と併合に勲功ある人に対しても表彰と資金の供給を約束した。一般国民に対しては身体と財産を十分に保護し，相当な資格があれば事情の許す限り朝鮮における帝国の官吏に登用することもできると語っている（第6，7条）。

ここでは韓国の皇帝及び皇族，貴族，一般国民まで併合以後の措置を宣伝している[164]。また，韓国皇帝にも詔書を発表させており，その詔書の最後の部分には韓国民は日本帝国文明の新政に服従し，幸福を共に受けるようにする[165]と，韓国皇帝が直接的に韓国民に対して理解を呼び掛けている。

一方，日韓併合にあたって，寺内総督は一般朝鮮人に対する諭示を発表し，次のように懐柔ないし説得的なコミュニケーションを行っていた。この諭示の全文は2,468字にものぼる長文である。これは先に言及した韓皇帝詔書と日本天皇の詔書の５倍以上になっている。これらの内容を分析してみると，大きく分けて，統治権，皇室（王族を含む），恩典と赦免，納税，治安，殖産，官制，医療，生活態度，宗教などの10項目にかけて朝鮮民族に対して説得していたことが分かる(166)。この寺内統監の諭示には朝鮮民族を説得する内容がかなり含まれており，当時のプロパガンダの研究のため重要な資料となる。にも拘らず，未だに分析されたことのない資料なので，筆者なりに項目別に内容をまとめてみることにする。

⑴　大日本天皇陛下は朝鮮の安寧を確実に保障し，東洋の平和を永遠に維持するため，前韓国元首の希望に応じてその統治権の譲与を受諾するに至った。（統治権）

⑵　韓国の皇帝陛下と大皇帝，皇太子の呼称及び皇族などに対して充分な礼遇を致す。（皇室）

⑶　両班，儒生，庶民の師表たる者には恩典を与え，孝子節婦にして郷党の模範たる者には褒賞を賜わり，その徳行も表彰する。また，一律に大赦の特典を与える。（恩典と特赦）

⑷　国税の未納者はその責任を解除し，隆熙２(1908)年以前の地税は特にその５分の１を軽減する。（納税）

⑸　臣民の生命財産の安全を守るため，帝国軍隊は各道の要所に駐屯して事変に備え，憲兵，警官は治安の事に従って安寧秩序を維持する。（治安）

⑹　朝鮮の地勢は南土が肥沃して農業に適当であり，北は鉱物資源が豊富である。従ってその産業の振作のため，鉄道，道路など運輸機関を備えることにする。（殖産）

⑺　上圧下怨の幣を解決し，民意を上意下達するために中枢院の規模を拡張し，各道府郡に参与官また参事の職を設け，能士俊村を登用する。（官制）

⑻　病苦を救い，天寿を全うせしむるために京城に中央医院を開き，また全道に慈恵医院を増設し，名医を置き良薬を備え，起死回生の仁術を施すことにする。（医療）

⑼　人文の発達は後進の教育の結果であり，教育の要は智を進め徳を磨き以て修身齊家に資する。ここで空理と放漫，無為徒食の幣を指摘し，勤倹な美風を涵養することに努むべきである。(生活態度)

⑽　信教の自由は文明列国に等しく認め，宗教を持って毫も親疎の念を挟まざるは勿論，その布教伝道に適当なる保護便宜を与える。(宗教)

以上，今後の朝鮮統治全般にかけて説明しながらも朝鮮民族に対して理解を求めるための説得的なコミュニケーションを行っていたとも言えよう。即ち，朝鮮民族に対して政治的宣伝，皇室の礼遇，租税の軽減，植民地開発政策などを呼び掛けながら，説得作業を始めていた。

寺内統監の宣伝政策は斎藤実より活発ではなかった。寺内統監は植民地基盤の構築における説得よりも武断政治という武力による説得を計ったからである。斎藤実総督は三・一独立運動以後，総督に任命されたので，朝鮮民族に対する説得作業が他の総督よりも著しく活発であったと言える。寺内統監は併合過程における朝鮮民族に対する反発を最小化するために説得活動を行っていた。その代表的なものとして日本の御用団体である一進会の組織を利用して併合運動を展開させ，朝鮮民族自身によって併合の動きを起こすように積極的な宣伝活動を行っていたのである。これがのちほど，日韓併合の直接的なきっかけの一つにもなったのである。

即ち，一進会会長李容九は1909年12月3日，日韓併合の合邦を提唱する「声明書」を公布し，続いて韓国内閣を通じて皇帝に上奏を請い，また，自ら統監府に出頭して合邦を上書するに至った(167)。

一進会の「声明書」は当時2,000万大韓帝国民に対して出したものであり，主な内容は合邦の至急性を訴えている。また，同会は「皇帝に上る書」というもので，大韓帝国の太皇帝陛下に上言奉っている。この上書は李容九等が100万の会員と2,000万の臣民を代表して奉呈していると語っている。この内容の一部を見ると，「陛下と大日本天皇陛下と其の聖謨を一にしたまふの致すべき所，臣等何ぞ，敢て鴻図に賛せむ」(168)と述べ韓皇帝の決断を促していた。

更に一進会は「統監に上る書」というものを書いて，朝鮮統監にも出していた。ここで李容九などは会員100万と大韓帝国2,000万の民衆を代表し恐惶頓首再拝して謹みて書を大日本国天皇陛下を代表する韓国統監子爵曽袮荒助閣下に上ると明らかにしている。そこで彼らは日韓合邦を創立することと，大日本国自衛の道と世界の平和を保任するために合邦は不可避であると語っている。一進会は，また当時，李完用内閣総理大臣にも「総理に上る書」というものを送り，合併の必要性を訴えていた[169]。

いずれにしても，それらの上書の内容は合邦の不可避性ないしは至急性を語っていたと言えよう。これに対して李完用首相をはじめ，農商相等は「大韓協会」「漢城府民会」「国是遊説団」「興士団」などのそれぞれの民族主義団体を通じて「国民大演説会」[170]を組織し，会長である閔泳韶を中心に演説会を開催して一進会が提唱する合邦声明書を激しく攻撃した。その結果，12月7日統監邸で大臣会議が開かれ，一進会上疏を却下することになった。そこで，一進会は同夜総会を開き，再び上疏を統監府に郵便で上呈したが，国民大演説会の激烈な反抗を招き，大いに上下の民心を衝動して，漢城の政界は大きく乱れる状態に陥った。ここにおいて，同月9日，その筋の内部意見によって警視庁は一進会会長李容九，国民演説会長閔泳韶を一ヵ所に招致して，一般の集会演説及び宣言書の類似物の頒布を禁じることになった[171]。

日本統監府は以上のような説得的コミュニケーションによって日韓併合前より併合に向かって準備を進めていたのである。特に，一進会のような団体を育成して親日派を組織しており，日本訪問団，日本遊覧団などの日本観光を通じて，日本国内の発展像を見物させ政治宣伝を行っていたともいえる。

山辺健太郎は一進会と併合問題についての見解を，

> 「朝鮮の〈併合〉要求が朝鮮人の間からも出た，と思われることは，日本にとって都合のよいことだったのであろう。そのためにいろいろな策動が行われたが，その策動の産物の一つが一進会である。その〈日韓併合〉の提唱が朝鮮の朝野をうごかしたように書いたものも少なくない。しかし，これは誤りで，一進会とは実体のない幽霊団体であることと，その『日韓併合』の提唱が，全く一進会の幹部の私欲から出たものである」[172]

というふうに披瀝している。山辺はその理由として幾つかの点を取り上げている。つまり，一進会の幹部である宋秉畯という人は一進会の顧問内田良平等の画策指揮によって動いたもののように思われるが，必ずしもそうではないとした。彼は久しく日本に亡命漂浪していた。彼が帰国したのは，日露戦争の初め，日本軍の通訳としてである。また宋は金玉均を庇護したことで李太王より睨まれるようになり，その身の安全を保つには日本の庇護下に立つのが最も安全であるから，遂には親日派の一進会を組織してあくまで日本党として戦い，日韓併合を捉すまでに至ったのである。もう一人の幹部である李容九も宋と同じく，自分の一身の安全から，日本の庇護を求めたのである。

山辺はこのような点を指摘した上で，一進会の「日韓合邦論」は，まったく宋秉畯，李容九の政治的な野心から出たもので，当時，韓国民族の意志のひとかけらも代表していないと論じている(173)。

一進会が提唱する合邦問題に対する反対の声は非常に高く，同会は殆ど「孤立の状態」に置かれてしまい，これをうちやぶるため，いろいろな会をでっちあげていたという(174)。

山辺によると，一進会の合邦論に対して反対したのは，韓国人だけではなく，日韓併合の急先鋒に立った漢城にいた日本人居留民や，日本人新聞記者団も一進会に反対する決議を出したと述べ，次の宣言書の一部を紹介したうえで，

「前略……今や韓国の政党一進会突如として日韓合併論を提唱したるに，輿論の痛烈なる反対を受け所期の目的を達する能はず，唯徒らに韓人朋党軋轢の具に供せられ，一敗地に塗るの悲境に沈淪したるは同会の為に是を遺憾とするのみならず，日韓関係の促進上甚大なる障害を残したるを痛嘆せずんばあらず（下略）」(175)

と指摘している。

ところで，山辺は一進会が実体のない幽霊団体であると断じているが，必ずしもそうではないと筆者は考える。というのは一進会が日韓併合に至るまで大きな働きかけをしたことは事実だからである。李容九らの同会幹部たちの政治的な私欲のため，または生き残るため最後の手段として合邦を主張したのは事実であるが，それも常に一進会の名を借りていたのである。更に，1907年から1908年８月までの間に義兵（民族主義者）に殺された同会の会員数は966名にのぼっていた事実などからしても決して幽霊団体ではないことが推察できるであろう。但し，李容九を中心とした同会の合邦声明書などには常に100万会員と2,000万の民衆を代表すると語っているが，それは確かに虚構の数値である。当時は朝鮮民族の中では抗日感情が強かったため，

そのような大衆を動かすのは到底不可能であったからである。

もう一つ，山辺の主張に対して指摘したいのは，一進会に対する京城記者団の反対声明である。京城記者団の声明は，一進会の合邦方式に反対しているのであり，決して合邦そのものには反対せず，むしろ賛成していたということである。それは，同声明書の中半部分を見ると，日韓関係の根本的な解決というものは，世界大勢によって両国が併合を断行して双方ともに利益と幸福を享有することにあるとはっきり語っているのである。ただ一つ考えられるのは，統監府の難しい立場を代わりに出しているか，或いは一進会との間に合邦論を挟んで感情的に対立していたのかもしれない(176)。

一方，一進会の幹部はもともと賤民階層の出身者が多く，当時，封建的支配層に対する彼らの感情を逆利用して，統監府は彼らに金銭と地位を餌に支配秩序に大混乱を惹起せしめ，侵略のためのよりよい条件を作った(177)。

そして，無職の一部都市貧民や貪欲な一部官吏を巻き込んでいったのである。元官吏の劉猛などが宋一派のブレーンとなったり(178)，多数の親日派が一進会を通じて官吏に採用された。また，伊藤は宋を李完用に強要して旧韓国最後の売国内閣に入閣させており，閣外においては内田良平らをして一進会による要人脅迫を強行させ，両方相俟って遂に高宗の譲位を実現させた(179)。これが，イギリスの『デイリー・メール』が指摘したように，韓国併合の難題である高宗の譲位問題を一進会が解決したということである。これに対して元筑波大学姜東鎮教授は彼の著書で，一進会は「百万会員」の大団体ではなく，わずか「実数四千ニ満タザル会員ヲ以テ漫リ百万ト称スルハ虚声モ亦甚太シ」と言い，「実際ニ於テ一部少数ノ」団体にすぎない(180)と論じている。更に，同会は日本軍部によって創設され，日本の資金と操縦で動いていた売国団体であり，何ら社会的な基盤もなく，その指導者である宋秉畯と李容九などは，一片の民族的良心もない破廉恥な傀儡であった(181)と姜は論じている。

当時，日本は合邦実現のための世論づくりと説得的コミュニケーションを積極的に行うため，一進会以外にも新たに多くの親日団体を作ったり，或いは既存の排日団体にも働きかけ，変質させて親日的な団体に改造した。これは合邦によって解散された11個の団体(182)を見ても分かるはずである。特に，これらの親日団体は，日本のプロパガンダ機関として，朝鮮国内世論を日韓併合の方向に誘導しようとするもので，このために同会は重大な政治的事件がある度ごとに，宣言，声明書，遊説，集会演説，個人指導などの活動を行っていた。

ところが，これらの幹部及び団体会員は大抵常民出身であり，風来者，無頼漢，地方不平分子などの寄せ集めで，いわゆる説得コミュニケーションにおける信頼度が低かったことも言えよう。その結果，各団体が朝鮮の大衆に与えた説得効果がどの程度のものであったかという点については疑わしいところである。ただ，プロパガンダとして韓国政府に対しては皇帝の自発的意志であるかのように言わせ，一進会には「民衆の要望」をでっちあげさせることによって，日本当局の併合体制を，促進，確立していたことは事実であろう。またこの時期における支配的な社会思潮は，あくまで反日愛国主義であり，各種団体の活発な活動は，愛国文化啓蒙活動を勃興させる契機となったのである。即ち，この運動は，言論，思想，教育，その他一般文化事業を通じて行われたが，特に言論，教育分野における活動は目覚ましいものがあった(183)。

言論活動としては，レジスタンスの幾つかの代表的な新聞とともに，1905年以後，月刊雑誌の刊行が盛んに行われていた。各種団体の多くは月報，雑誌を発刊するなど，言論出版物の(184)発刊も急激に発展するようになった。

2 「同化政策」と「内鮮一体」，「内地延長主義」

日本の朝鮮統治に対する根本的な方針は，「一視同仁」または「内鮮一体」であった。それは植民地政策学上の術語に当てはめるときは，いわゆる「同化政策」を意味し，「内地延長主義」でもあった(185)。即ち，これは究極的には朝鮮の四国九州化のようなことであった。ここに至る間の統治者の心構えは「一視同仁」で，採られるべき政策も，朝鮮民族を日本国の国民と同様ならしめること，即ち，朝鮮民族の日本同化に役立つことに常に主眼が置かれていたのである(186)。

「同化政策」について矢内原教授は彼の著書『植民地及植民政策』で，「一基調」であるという表現を用いているが，元京城帝国大学教授鈴木武雄は，「同化政策」は単に朝鮮が地理的に接近した位置にあるということで理由づけることは十分でないとした。そこで，矢内原は，欧米の場合には見られない異なった「同祖同根」論があると論じている。更に，矢内原はフランス人とアルジェリア人との関係とは比較にならない近いものであることを指摘し，日本の朝鮮統治の根本方針が「同化政策」であったことは必ずしも非難すべきことではないと肯定的に語っている(187)。

日本の統治に関して政策面から実際の運営，歴史的な面を見ると，外国の例とある程度比較することができる。主に，イギリスのアイルランドに対する問題，イギリスのインド統治，ロシアのポーランド統治，フランスの安南統治などが考えられる(188)。

ところが，日本が朝鮮，台湾に対して採った植民地政策の基調は「同化政策」，「内鮮延長主義」であった。一般的に「同化主義」(L'Assimilationist) というものは，従属 (L'Assujettisement)，自主 (L'Autonomie) とともに植民地政策上の三方針の中の一つである(189)。

「同化政策」というのは２つの点から分析することができる。

まず，第一は，原住民に対しても植民者と同様，法律，経済，社会的に本国との差別をなくし，同一の待遇を与えようとすること，第二には，文化的，心理的に本国に融合させて，自然的，かつ社会的環境の相違からくる差別をなくすことであった(190)。これに関連して矢内原教授と金圭煥教授の考え方などをまとめてみると，次のような要素が指摘できる(191)。

⑴　政治的には，植民地行政は中央集権的であり，内地延長主義に基づいた，官僚的な行政である。また上級官吏から下級官員に至るまで多く本国人を以て充当し，原住民に対しては地位を与えることが極めて少ない。

⑵　経済的には本国を擁護するブロック政策であり，関税同化政策をとっている。

⑶　法制上の政策については本国の法律，もしくはこれと同一の内容と趣旨の法律を実施する。

⑷　教育及び言語に関しては本国語を教えてこれを常に実施しようとする。なおかつ官用語から現地語を排する。ひいては相互の血液または文化的な融合を理想とする。

このような同化主義政策は２つに要約することができる。

一つは，人道的な立場で，保護し協力して直接的な支配，搾取の関係をできるだけ止揚して，相互対等の位置で共同繁栄の道を歩もうとする側面である。もう一つは，植民地として完全，かつ永久的な支配権を確立しようという経済的な側面である[192]。日本は朝鮮の植民地統治を通じて，この2つの面を遺憾なく発揮し，各種の宣伝または説得的コミュニケーションをあらゆる分野で行ったと言えよう。

前者の人道的な同化政策をとった代表的植民地国といわれるのはフランスである。このフランスの同化政策について矢内原教授は18世紀末のフランス革命時代の哲学は天賦人権論の観念思想に根拠するものであって，人間はその出生境遇の差別に拘らず，理性の所有者として，根本において平等であると述べながら，植民地原住民もまたフランス人と同一の天賦の人権を保有しているという思想に基づいていると論じた[193]。

日本の場合，天賦人権の理念に対応するものとしては，「一視同仁」「陛下の赤子」である。この両者の理想的な思想は，根本的に異なるが，同一視されてきたとも言えよう。

日本の植民地政策は「八紘一宇」に見られるように，日本国民の優越性の信念に基づいていることは明らかである。この側面について金圭煥教授は2つの点を指摘している。

一つは，植民地政策遂行上の容易であり，その本質を隠蔽するための偽善的なオモテコトバとして語られる場合である。もう一つは，支配者の中で，一部の人士によるいわゆる「善意」が認められる場合である。即ち，植民地統治のために支配と被支配の間の関係にこのような欺瞞的シンボルが存在するところに見られる政策上の一般的現象である。たとえ，この「理想主義」的な「善意」が朝鮮統治において，実際に日本帝国主義による植民地朝鮮の統治過程において殆ど実際的要因とならず，かえって，結果的には，「善意の悪政」として朝鮮民衆に対する搾取と圧制を強化させたものであったとしても，それらは興味のある現象なのである[194]。同化政策の理想的な思想に基づいた主観的な統治思想がどのようにして客観的に統治者の欺瞞的なシンボルとなり，被統治の反発と抗争を激化させる要因になったかを分析することは，同化政策の失敗を推察することにもなるからである。

日本は台湾及び朝鮮における同化政策を行い，完全かつ永久に植民地統治を領有するために必要な政策をとっていた。それは，日韓併合に際して「韓国全部ニ関スル一切ノ統治権ヲ完全且永久ニ日本皇帝陛下ニ譲渡」するという表現を見ても表れている。

これに関連して，鈴木武雄元京城帝大教授は次のように述べている。

「独立であれ，他国への隷属であれ，ともかく朝鮮の分離ということを極端におそれる日本の立場が強く看取せられ，謂わばしつかりと内懐深く抱き込んでいなければ安心できないという気持ちが強くあらわれている。」(195)

鈴木教授は，また外務省秘密報告資料においても同化政策について，

「羊は羊として自由に野に放ち草を喰わせておいた方が飼主にとっても気楽であり，経費も精々牧童と番犬位で安上がりだ。ところが，羊を放牧すれば誰かに盗まれるかも知れないし逃げてしまふかも知れないといふ心配から，一匹や二匹の損失を無視する度胸もなく，経費をかけて柵をめぐらし却つて羊を痩せさせたり，或は羊を畜生扱いするに忍びず，これに人間的待遇を与へんとして人間社会の風俗を強要し羊は却って有難迷惑をするといふ飼主もある。かういふ飼主は所詮羊によつて儲ける資格はないのである。併し羊がもし人の心を与えられたなら，彼は必ずや小心なこの貧乏飼主を理解するであろう。」(196)

と比喩しながら，日本の一視同仁，同化政策は決して洗練された植民地政策ではなかったが，その根本においては朝鮮の植民地統治体を止揚せんとした革新的，民主的政策を持っており，世界植民地史上の特異な形態であると論じている。

鈴木の持論は物理的な同化政策そのものは朝鮮人にとっては有難迷惑だということである。羊は自由に放牧された方が最も快楽であるということであり，決して他によって干渉されるべきものではない。例えばすばらしい飼い主があってすばらしい目的を持って羊を訓練したり，または柵をめぐらしていい待遇をしても羊はその自由が束縛される限り，飼い主に同化しないであろう。貧乏飼い主でも心を与えられた羊こそ，飼い主の心を理解し同化してくるのであろう。もし目的はよくても方法が間違っていれば結果も悪くなる。氏はややリアルな表現を使いながら同化政策の方法論を問題としている点で，注目されたのであろう。

日本は朝鮮統治の全期間を通じて，支配者の間においては勿論，植民地政策者によっても，朝鮮の分離や独立について唱えたことは一度もなかった。

朝鮮民族の独立によってその支配が脅かされるときには，「朝鮮の独立は絶対に許さない。もし朝鮮が外国の力を借りて独立を企てようものなら，日本国民は最後の一人までこれに反対して闘うであろう。しかし，どこの国が朝鮮のために自らの血を流して日本と戦争するのだろうか。」[(197)]と断固とした決意を見せており，あくまでも朝鮮の独立は決して許さない方針でいた。

勿論，日本のこのような固執は2つの理由からであると考える。一つは，日露戦争以後の日本帝国主義の成立過程における資本的要求という経済的な理由と同時に，移民政策が急務として要求されたからである。

今一つは，朝鮮半島は軍事的価値からして，其の領有が日本帝国主義者にとって「不可欠」なことであったからである。

ここで，矢内原教授は軍事的な同化政策の意義に関して日本とフランスの植民地政策の類似性を論じている。つまり，フランスはアフリカ大陸に対する軍事的支配の足掛かりとして，アルジェリアとチュニジアに対して同化政策をとっていた[(198)]。同じように，日本は満州政策における戦略上の必要から朝鮮に対して同化政策を推進していると述べている。これは両国とも本国中心の絶対主義的支配政策であり，同化政策はその文化的表現であり，軍事的政策はその武力的表現であるとした。

このような軍事的目的に付随して朝鮮半島に同化政策が顕著に表れたのは満州事変以後であった[(199)]。日本は依然として朝鮮の自治を考慮せず，1919（大正8）年の独立万歳騒擾事件以後益々同化政策を強化する方向に進んでいったのである。更に，1936年南次郎総督によって「内鮮一体」のスローガンの下に推進せられた「一視同仁」的諸政策は，「皇民化」の名の下に民族としての存在を簡単に否定する行き過ぎた同化政策を強行するところにまで至った[(200)]。それは場合によっては逆効果を生んだケースも多かった。

元京城日報社長副島道正は率直に朝鮮の同化政策について次のように批判している。

「内地延長主義及び同化政策に反対して朝鮮の自治を高唱し，朝鮮自治は，朝鮮人の望み得る最高の政治形式である。」[(201)]

いずれにしても，同化政策は日本本国の優先するものであり，「善意」に基づく理想的な同化政策の場合にも，あくまでも朝鮮の絶対的領有という大前提の下で行われたということである。従って同化政策というものは言うまでもなく手段であり，目的ではない。即ち，同化政策は植民地統治において実際に運営される場合，しばしば，原住民の法律や社会制度のみならず，その言語，風俗，習慣，宗教などまでに破壊的干渉を行い，これに代わるものとして本国のそれらを押し付けようとする。日本植民者たちは朝鮮において伝統的な文化並びに社会生活のあらゆる分野にかけて，「日本化」(202)政策を前例がないほど徹底的に行った。

同化政策の最も極端な例は朝鮮人の姓名を日本式に改称させる強制的な政策で，これに応じなければ，脅迫，監禁の暴挙を敢えて行ったりしたことである(203)。これとともに朝鮮語の使用を排斥して，民族固有の言語まで抹殺することになった。このような異民族に対する同化政策は，朝鮮人の「民族性の破壊」（denationalization）を意味するものであり，これが強制的に行われる場合が多いわりに，それ故にこそむしろ成功した実例は少ないのである(204)。その理由として，本郷実は民族心理学的な立場から「民族の心的組織編成の困難」を取り上げて，一民族の制度，習慣を一朝一夕に打破しようとする同化政策は失敗に終わる「運命」を持つものであると語っている(205)。

ところが，日本の植民地支配理論は，明治政府の政治家たちの支配理論ないしは同化政策によって強行された。明治後半期における朝鮮民族は異民族に対して警戒心が非常に強かった。特に，当時，朝鮮民族の間には事大主義（崇華思想）である儒教的社会思想に伴って斥外的な風潮が広まっていた。そうした時期に日本の同化政策というものは非常に受け入れにくい政策だったといえる。

日本の同化思想に対して，朝鮮の民衆は「半万年の歴史を持つ二千万の文化民族」という標語を常に抵抗のスローガンとして掲げていた。これは朝鮮が植民地となる前に歴史的にはむしろ日本に対する文化の提供，伝達者としての自負をもっていたからである。金圭煥は朝鮮民族に自発的に同化され得る心理的基盤が日本人に対する畏敬と共感にあるとすれば，それは日本の軍事力と資本主義的な商品であり，文化的なことに対しては決してそうでもなかったと語っている(206)。日本統治時代において一時的に同化政策が受け入れられる余地があったとすれば，それは当時，朝鮮民族に対する武力的脅威と恐怖感であり，政治的な諦観に基づく受け身の姿勢であったとも言えよう。

ところで，「内鮮一体」とは，提唱者である南次郎朝鮮総督自身の定義によれば，「半島人ヲシテ忠良ナル皇国臣民タラシムル」(207)という一語につきる。それは思想としての明確な体系を持たない，ただの政治的スローガンであったと言えよう。

当時の朝鮮では実に多種多様な「内鮮一体」が現われ，著書，論文，小説，詩等のなかで「内鮮一体」に言及しないものはない程であった。それらの資料を整理，分析してみれば，２つの基本的な立場を見いだすことができる。一つは，日本人側が提唱した，同化論理としての「内鮮一体」論であり，他の一つは，朝鮮人側が提唱している「差別からの脱出」の理論としての「内鮮一体」論である(208)。

ここで宮田節子は同じ理論の中に，全く二律背反する論理が包摂されているとする。ここに「内鮮一体」の本質的な矛盾があり，「朝鮮人を日本人にする」という，自然の摂理を無視した「あり得べからざる」ことを，あり得せしめた魔力の源泉があり，またそこに一定の朝鮮人を「内鮮一体」論のなかに，抱き込むことが可能であった所以もあったのではないかと論じている(209)。

それは，「同化政策」が単なる政治的，経済的物質的収奪のみではなく，より根本的に人間性そのものを如何に変質，破壊していくものであるかに主眼が置かれていたことを意味するものであろう。

以上同化政策について述べたが，同化政策の具体的な表現が「内鮮一体」であり，その究極的な目的は，「内地延長主義」に現われることになった。結果的には，日本帝国主義の同化政策は失敗に終わる。その失敗の原因として１番目に挙げるれるのは，民族の差別政策であったのかもしれない。

その一つの例を挙げると，日本人中心の官僚主義である。即ち，表面的には「同化政策」を訴えていたが，実際は日本人優位の官僚政策であったのである。例えば，朝鮮総督府から地方行政理事庁までの職員経歴書を見ると，東大，明治大，慶応大出身の若者ばかりの超エリートの日本人官僚たちで構成されていた。

もう一つは，民族性の差異ではなかろうか。日本人は島国の国民性を持っており，朝鮮人は大陸的な民族性を持っている。具体的に言えば，朝鮮民族は自分の主義主張が強く，あくまでも自分の意見を通そうとする傾向がある[210]。そこで，他の民族，或いは異民族の武力的な弾圧については非常に抵抗的になる。自分の意志と合わない，一方的な懐柔ないし強要に対しては最後まで闘う気質を持つ民族である。それがいいか悪いかは別として，個人よりは集団を重要視し，まわりの人を見て行動する日本人の習性とは合わない民族性を持っているのかもしれない。とすれば，日本がとった同化政策はその出発点から問題点を含んでいたのではなかろうか。

最後に，同化政策も一つの説得的コミュニケーションとして朝鮮国民に対して行われていたが，説得的コミュニケーションの理論によると，説得効果を高くするためには被説得者対象の研究が必要である。ところが，被説得者の受容態度等，説得対象についてはあまり研究されなかったとも言えよう[211]。朴泳孝が『朝鮮問題研究号』で，日本人の目から見れば朝鮮人は無力にも見え，貧弱にも見えるが，朝鮮人はかつて誇るべき文化を持っており，殊に4,000年という歴史があるので，単なる民族的意識と民族的精神を力を持って摩滅し去ることはできない，と断言したのは，同化政策の難しさを指摘したものではなかろうか。

第4節　交通通信政策と朝鮮の言論統制

1　朝鮮における交通政策と言論

言論の発達は交通通信手段と非常に密接な関係を持っている。特に，日本は朝鮮において植民地政策の一環としていろいろな交通通信手段を作って，植民地政策の効率的な利用を計っていた。

日本と朝鮮の間には，かつて通信使という外交的な文化使節団の交流があり，具体的な記録によると，慶長丁未12年から文化8年までに12回行われたという資料が残っている[212]。また，通信使の一行は京城と釜山，対馬，壱岐など島を連結するコースで6隻の船によって交流が行われていたと記されている。日韓併合前後においても，主な交通手段は船による往来であった。

ここでは，日韓併合によって日本の海運政策と鉄道，道路建設が言論に対してどういう影響を及ぼしたかという異色的分析を行っていきたい。これは，現在も交通通信の手段は言論の発達に大きな影響を与えているが，当時は特に交通通信が非常に不便であったこともあり，現在よりも交通手段の言論に対する影響力はより大きかったと思われるからである。本節では従来行われていない研究の一つの試みとして，筆者なりに交通に基づく当時の言論状況を分析していきたいと考えている。

まず，日・朝の間の主な交通手段は海上通運であった。1910年10月1日現在，朝鮮籍船舶は，汽船40隻7,815トン，帆船48隻5,779トン程度であった(213)。歴史的に振り返ってみると，1876年朝鮮が日本との間に締結した江華島条約によって，三菱の所有船「浪華号」が毎年1回釜山へ回航することになり，次いで住友もその新造船「安寧丸」の釜山寄航を開始した。この当時の開港地は釜山と元山だけであったが，1906年には13港あまりの港湾が開港されている(214)。

そして，日韓併合以後，朝鮮総督府命令の下で新しい航路が定期的に開始されることになった。その主な路線は**表6**のようである(215)。

また，不定期的な汽船も勿論運航され，日本から朝鮮半島に渡る海運は一層緊密になったとも言えよう。

次に地図を通して朝鮮半島への海運航による言論出版物の搬出路を見ることにする。

図3の地図を見ると分かるように，日本から朝鮮半島に行くには下関・釜山の間が最も近い。次は博多・福岡・釜山であろう。当時，最も往来が頻繁だったのは，新義州・仁川・釜山・済州島と，日本の長崎・博多・下関・対

表6　日本と朝鮮の主要定期海上航路と回数

線路名	使用船数	月航海回数	経営
清津・敦賀線	1	2回以上	朝鮮造船
釜山・大阪線	2	2回以上	朝鮮造船
雄基・関門線	3	3回以上	朝鮮造船
朝鮮・上海線	1	1	朝鮮造船
釜山・済州島・関門線	1	2	朝鮮造船
北朝鮮・東京線	1	1	朝鮮造船
朝鮮・長崎・大連線	2	2	朝鮮造船・大阪商船共同
北鮮・北海道・大連線	2	1	島谷汽船
麗水・大阪線	1	3	朝鮮郵船
博多・釜山	1	10	北九州商船

※これらの海上航路は併合後，新規開設したものである。

図3　日本と朝鮮の言論出版物の搬出路

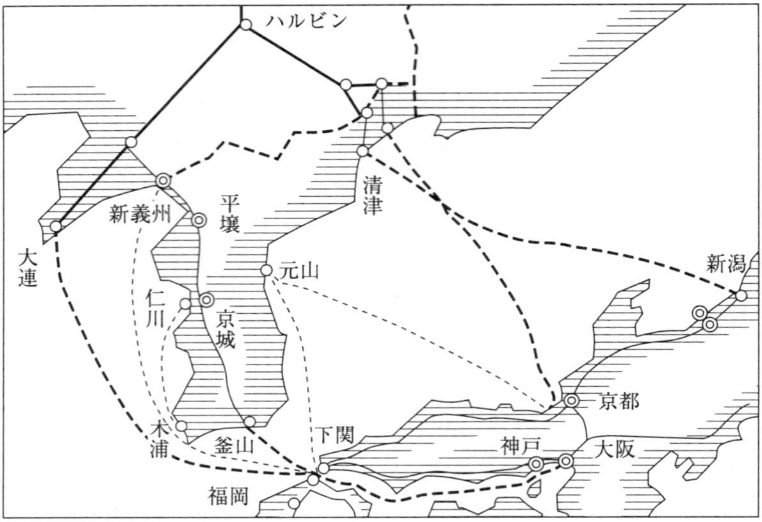

馬・九州などであった。

関釜連絡船による乗客数の移動状況を調べてみると次のようである（＊（　）内は朝鮮から日本に行った人の数である。)。

1910年（明治43）に日本から朝鮮に行った人は7万5,000名（6万5,000），1915年10万名（9万8,000），1920年22万5,000名（22万5,000），1925年29万名（31万2,000），1929年34万8,000名（39万）余り(216)。

以上，海上航路による船舶の航海回数と港湾，更に関釜連絡船による朝鮮半島への出入国の人数などを数値的に眺めてみた。これに対する具体的な分析は後述することにし，ここではまず，何故これらが重要な意味を持つかを言及しておきたい。当時，日本で発刊されている言論出版物はこれらの航路を通じて韓国に輸入された。上に挙げたような乗客数の増加はそれだけ頻繁な往来があったことを意味する。そして，言論出版物もそれらの船舶によって運ばれ，朝鮮半島，更に満州まで運ばれたのである。

次は，朝鮮国内の鉄道に関して一瞥してみよう。

19世紀はじめの産業革命は蒸気力を動機とするものであるが，鉄道の創始も蒸気力によって革新的な変化がもたらされるようになった。朝鮮半島にも例外なく，その鉄道敷設が開始されるようになった。即ち，1894年東学党の蜂起をきっかけとして日清の開戦に伴い，軍事上の必要から京城・釜山間及び京城・仁川間の鉄道の敷設が急務となり，大本営は10月，運輸通信鉄道技師・工学博士千石貢にその調査を命じた(217)。

ところが，既に1892年３月，京仁鉄道の敷設権はアメリカ人モース(James R. Morse) に特別許可がおりていたのである。モースは日清戦争以前，同国公使アレン (Horace Newton, Allen) を介して韓国政府に全国土にわたる幹線鉄道の建設について運動を続け，鉄道敷設権の宿願を果たしたのであった(218)。

その後，モースは資金難のため京仁鉄道敷設権の譲渡を希望し，1897年５月，渋沢栄一益田孝等を代表者とする京仁鉄道引受組合に譲渡された。

そこで，中断された鉄道工事が再開され，1899年８月には仁川，鷺梁津間20マイルの仮営業を行った。これが朝鮮における鉄道の最初であって，日本の鉄道創始に遅れること27年である。その後1907年７月，京城・仁川間全線36マイルの竣工，更に同年12月12日京城の西大門において開通式が行われた(219)。

日本は京仁線の建設に続いてその既得権を主張した結果，朝鮮政府との間に京釜線と京義線の敷設権も調印することになった。

1904年２月６日，日露戦争が勃発して，戦争地である満州への部隊及び軍需品の輸送のため，京釜・京義両線を速成する必要があり，軍は臨時鉄道幹部を設けてこれに当たらせることになった。京釜線は1905年１月１日より全線の運輸営業が開始され，５月25日京城南大門停車場で開通式が行われた。また，1905年４月に京城・新義州の間に京義線が開通することになった。

そして，1910年日韓併合とともに朝鮮総督府内鉄道局が新設された。その後，鉄道事業は直営化され，それぞれの幹線鉄道も次々に開通されるなど，1942年までに全国の幹線鉄道が建設された(220)。

特に，1913（大正２）年10月１日より開始された日鮮満支の連絡運輸は，日本にとって大陸進出に画期的な契機となったとも言えよう。満鉄及び満州国線並びにシベリア線を経由して西欧諸国に通ずる路線は東洋と西欧を結ぶ世界最捷径路であった(221)。また，鉄道に伴い，1911年４月道路規則を発布し，道路の種類，官吏及びに利用に関する規則を制定した。更に，道路の修理・改築・建設などを通じて，いわゆる内陸幹線道路を拡張していた[222]。

いずれにしても，以上のような日本帝国時代の鉄道の整備はあくまでも自国の経済優先であり，朝鮮半島の植民地支配の政策の一環として作られたことは否定できない。それは前述した通り，朝鮮半島を横断する京釜線または京義線が日露戦争直前に建設されたことを見ても推察できる。これがきっかけになって満鉄もでき，所謂大陸侵略政策に大きな足場ができるようになったのである。

以上，海上航路と鉄道，道路交通の建設まで分析してきたが，表面的にはあまり言論関係に関わりがないように見える。しかし，実際には大きな影響を及ぼしたことは様々な事実から推察できる。これに関連して，上智大学の春原昭彦教授は1990年韓国のプレスセンターで行われた日韓コミュニケーション・シンポジウムで次のように報告している。

新聞の発達に運輸通信手段の発達は不可欠のものである。江戸時代も後期になると種々の交通が活発となってくる。米や海産物等物資の移動の面では，北は北海道東北，南は琉球，鹿児島から大阪，江戸への海上交通がかなり発達しており，通信面では江戸と京都，大阪を結ぶ東海道では宿場駅が完備し，定期的な飛脚制度が実施され，こうした，運輸通信手段の発達は言論発達に大きな影響を及ぼした[223]。更に春原教授は，日本の北陸三県（富山，石川，福井）を一つの例として挙げている。1989年９月１日から，『朝日新聞』富山版は大阪から来るのではなく東京版に変わったと指摘した。この場合，最も大きな問題は交通通信の不備であろう。このようなことからして，交通通信の手段はかならず，言論発達に結びついていくことを否定できないのであろう。

それを考えると，やはり，日本から朝鮮半島，更に満州までのばした交通運輸手段は当時の言論研究に非常に重要な意味を持つものではなかろうか。先ほど述べた**図３**の地図を見れば，日本と朝鮮との間の一番の近道は，福岡・釜山・門司と下関・釜山であろう。特に福岡は明治以後西日本地区における工業，貿易などの中心地であり[224]，門司は八幡製鉄所，下関は昔から朝鮮との連絡関門としてよく知られていたのである。

ここでは，当時の海上航路を通じて日本から朝鮮半島に移輸入された言論出版物と，逆に満鉄を通じて朝鮮半島に移輸入された大陸の言論出版物のそれぞれの種類，数量（**表７表８**）を見ることにする[225]。この資料は韓国ではまだ公開されていない資料であり，日本にも非常に珍しい資料として資料的な価値が高いものである。

表７を見ると，まず，1935年末現在，新聞の場合，日本から朝鮮輸入が，158,027部，雑誌は269,272部であり，合わせて427,299部に達している。地域別に見ると，京畿道（仁川），慶南（釜山）が圧倒的に多く移輸入された。それは言うまでもなく仁川と釜山は大きな港湾だからであろう。その主な地域別の部数は次のようである。（（　）内は雑誌部数である。）

京畿地方の新聞は38,337部（79,196），慶南は25,055部（35,243）である。新聞雑誌を合わせれば427,299部にのぼっていた。

外国発行新聞としては334部（1521）が輸入されており，中国発行（含満州）は3609部（579）であった。また，外国発行のもので日本に輸入され，更に朝鮮に移入した新聞は191部（390）である。ただ，ここには，当時ハワイ，ウラジオストックなどの新聞が含まれていると考えられる。

いずれにしても，この表で現われているように４つのセクションから数値を総合してみれば，新聞が162,161部であり，雑誌は271,571部である。新聞より雑誌の部数が10万部以上多い。また，新聞・雑誌を合わせてみると，433,733部でかなり高い数値に達したが，それぞれ仁川，釜山経由で入港されたことが明らかになった。

1933年末朝鮮の人口統計によると，当時の人口は20,205,591人だったので，1935年の433,733部数[226]で計算すれば約47名あたり１部である。勿論，当時移輸入された出版物の正確な集計は出し難いが，或る意味では相当近い数値になるのではなかろうか。朝鮮への最初の飛行機運航は1944年だったから[227]，その他の入国手段がなかったことを考えると，人口面においても正確な数値に近いと考えてもいいと思われる。

また，**表８**を見ると，1914（大正３）年の新聞・雑誌移輸入状況は，まず，新聞87,047部（92,003）であり，1935（昭和10）年には，162,161部（271,571）で，約20年の間に新聞は２倍，雑誌は2.5倍程度高く普及されたのである。

以上，考察した通り，鉄道，道路，船舶などの交通手段の発達に伴い，言論発達にも大きな影響が及ぼされたことは否定できないと考えられる。換言

表7

移輸入新聞雑誌種類数量表（昭和十年末日現在）

道別	内地發行 新聞 種類	内地發行 新聞 數量	内地發行 雑誌 種類	内地發行 雑誌 數量	内地發行 計 種類	内地發行 計 數量	外國發行（支那含）新聞 種類	外國發行（支那含）新聞 數量	外國發行（支那含）雑誌 種類	外國發行（支那含）雑誌 數量	外國發行（支那含）計 種類	外國發行（支那含）計 數量
京畿	一九一	六八、四一六	八六四	七六、一六六	一、〇五五	一二七、三三三	二七	一九九	二二	一、一三二	四九	一、三三一
忠北	八	一、三一〇	三六	四、四四九	四四	五、七五九	四	二五	一	四	六	二九
忠南	九三	六、七七七	四六一	二、四四九	五五四	九、二二六	三	四	二	三	五	七
全北	一二七	八、八五四	三一八	一二、一五五	四四五	二一、〇〇九	−	−	三	七	三	七
全南	一五五	一、五九七	六九二	一七、六〇三	八四七	一九、二〇〇	九	二七	六七	一〇六	七六	一三三
慶北	六四	四、一三三	一九六	二三、六四四	三六〇	二七、七七七	九	一七	−	−	九	一七
慶南	一六四	一五、〇五三	一、一〇二	二五、二四三	一、二六六	四〇、二九六	七	一〇	四	七	一一	一七
黄海	一一三	六、〇一九	四四五	一〇、〇一三	五五八	一六、〇三二	八	九	一七	一八	二五	二七
平南	六〇	三、一六五	三一	一八、一三二	九一	二一、二九七	−	−	六	六	六	六
平北	一二四	八、四四六	四四四	一一、五五七	五六八	二〇、〇〇三	一	六	一	六	四	一二
江原	一二	三、七七六	一〇一	四、八六六	一一三	八、六四二	−	−	−	−	−	−
咸南	八五	一〇、七五五	四〇	一九、八六六	一二五	三〇、六二一	−	−	六三	六四	六三	六四
咸北	一〇一	一〇、〇四六	三五	一九、一二七	一三六	二九、一七三	五	七	一	一	六	九
計	−	一三六、〇一七	−	一六九、一二七	−	四七一、二九九	−	三二四	−	一、五一二	−	一、八三六

道別	支那發行（含滿洲）新聞 種類	支那發行（含滿洲）新聞 數量	支那發行（含滿洲）雑誌 種類	支那發行（含滿洲）雑誌 數量	支那發行（含滿洲）計 種類	支那發行（含滿洲）計 數量	外国發行ノモノニシテ内地ニ輸入シ更ニ朝鮮ニ移入シタルモノ 新聞 種類	同 新聞 數量	同 雑誌 種類	同 雑誌 數量	同 計 種類	同 計 數量
京畿	五四	九六三	二	八五	五六	一、〇四八	一七	三二	五三	四二	七〇	七四
忠北	一	一	一	一三	二	一四	−	−	−	−	−	−
忠南	一二	四四	六	一〇	一八	五四	−	−	−	−	−	−
全北	四	四九	−	−	四	四九	−	−	−	−	−	−
全南	七	一三	一	一四	九	二七	−	−	−	−	−	−
慶北	八	九七	−	−	八	九七	−	−	−	−	−	−
慶南	八	一三五	三	二五	一一	一六〇	−	−	−	−	−	−
黄海	八	一八三	一	二	九	一八五	−	−	−	−	−	−
平南	一〇	三二	一	一	一一	三三	−	−	一	一	一	一
平北	二四	一、一八七	九	六七	三三	一、二五四	四五	七〇	四四	五四	八九	一二四
江原	八	一七	−	−	八	一七	−	−	−	−	−	−
咸南	一〇	六〇	一	八	一一	六八	−	−	−	−	−	−
咸北	一〇	四〇	五	四五	一五	八五	−	−	−	−	−	−
計	−	三、六〇九	−	五五九	−	四、一六八	−	一〇二	−	九七	−	一九九

道別	總 新聞 種類	總 新聞 數量	總 新聞 種類	計 雑誌 數量	計 計 種類	計 計 數量
京畿	二八九	六九、六一〇	一、〇四〇	八〇、五七七	一、三二九	一五〇、一八七
忠北	一三	一、三三六	三五	四、四五五	四八	五、七九一
忠南	一〇六	六、八二三	四六九	二、四六五	五七五	九、二八八
全北	一三一	八、九〇三	三二一	一二、一六二	四五二	二一、〇六五
全南	一七一	一、六三七	七六〇	一七、七二三	九三一	一九、三六〇
慶北	八一	四、二四七	一九六	二三、六四四	二七七	二七、八九一
慶南	一七九	一五、一九八	一、一〇九	二五、二七五	一、二八八	四〇、四七三
黄海	一二九	六、二一一	四六三	一〇、〇三三	五九二	一六、二四四
平南	七〇	三、一九七	四一	一八、一四〇	一一一	二一、三三七
平北	一九四	九、七〇九	四九八	一一、六八四	六九二	二一、三九三
江原	二〇	三、七九三	一〇一	四、八六六	一二一	八、六五九
咸南	九五	一〇、八一五	一〇四	一九、九三八	一九九	三〇、七五三
咸北	一一六	一〇、〇九三	四一	一九、一七三	一五七	二九、二六六
計	−	[illegible]	−	[illegible]	−	[illegible]

表8　新聞雑誌移輸入年別表

種別／年別	移入		輸入		計	
	新聞	雑誌	新聞	雑誌	新聞	雑誌
大正十三年	八五、〇四三	九一、四九三	二、〇〇四	五一〇	八七、〇四七	九二、〇〇三
大正十四年	九三、二一六	一〇九、五〇三	一、一五四	九六五	九四、三七〇	一一〇、四六八
大正十五年昭和元年	一〇九、三四二	一三八、四二六	一、三五一	六九一	一一〇、六九三	一三九、一一七
昭和二年	一〇九、六〇三	一五四、六五八	一、三三一	八九五	一一〇、九三四	一五五、五五三
昭和三年	一六四、一二八	一七七、六四四	一、七三七	九二一	一六五、八六五	一七八、五六五
昭和四年	一四五、七〇一	一六七、四五七	一、三〇八	六八二	一四七、〇〇九	一六八、一三九
昭和五年	一三二、五五九	一九九、〇二五	二、七七九	八六七	一三五、三三八	一九九、八九二
昭和六年	一三〇、九二六	一八六、八八三	一、三三二	六四六	一三二、二五八	一八七、五二九
昭和七年	一三〇、四四一	二二二、二三六	二、一一五	一、〇一九	一三二、五五六	二二三、二五五
昭和八年	一四四、三二九	二三二、九三七	三、八二六	一、二七八	一四八、一五五	二三四、二一五
昭和九年	一四六、〇五一	二三五、四四五	三、三三九	二、二四九	一四九、三九〇	二三七、六九四
昭和十年	一五八、二一八	二六九、四七一	三、九四三	二、一〇〇	一六二、一六一	二七一、五七一

すれば，これらの交通手段に乗じた言論出版物の移動は朝鮮民族に対するプロパガンダに大きな役割を果たしていたことにもなる。勿論，これらの言論出版物も朝鮮統監府の搬入許可を得たものであり，内容についてはかなり宣伝的なものが多いだろうと推察されるのである。

2　朝鮮における通信政策と言論

通信政策の発達は交通通信手段とともに言論の発展に決定的な影響を及ぼしている。特に，1800年代の朝鮮における近代新聞の成立期において，通信政策と言論の発展とは非常に深い関係があったと言えよう。それは，現在のように，ファックスや衛星通信，電信電話など通信手段を使って迅速に伝送することはできなかったからである。

韓国における通信制度の始まりは日韓併合の前からである。1896（明治29）年韓国で初めての近代的郵便制度が実施された。それは，元大阪郵便電信局長山田雲助を郵政顧問に招聘し，日本の制度にならって郵便事業を行ったのが始まりである(228)。また，1898（明治31）年にはフランス人顧問を招聘して郵政制度を実施させ，1900（明治33）年1月「万国郵便連合」に加盟し，直接外国と郵便物を交換するとともに，内国郵便制度も「万国郵便条約」に準拠することとし，ほぼ，その体様を具備するようになった。しかしながら，機関の設備，事業の経営などはまだ極めて不完全であり，その取り扱い業務も，郵便にあってはわずかに信書，葉書，印刷物，書籍などの集配と，書留並びに配達証明を取り扱うことにとどまっていた(229)。

朝鮮における通信の歴史は，1883（明治16）年デンマークの大北電信会社が長崎，釜山間海底電信線（本線は1910年11月日本政府によって買収された）を敷設せしめ，翌1884（明治17）年2月，日本政府が設置した釜山郵便局で電信業務を開始したのに始まる(230)。

のち朝鮮政府は電信施設に多大な関心を寄せることとなり，1885年11月京城・仁川及び京城・義州間に電信を開設させた。但し，これは清国政府の出資経営によるものだった。1887年7月にようやく朝鮮政府によって京城・釜山間に，1891年7月には京城・元山間に電信線が開通した(231)。

日清戦争（1894. 7. 25〜1895. 4. 17）の際には，京城・釜山間における電信の不通・断線などの故障が続発したうえ，戦争の恐れもあったため，日本軍は臨機の措置として釜山，京城・仁川間に軍用電信線を架設し，公衆電報の取り扱いをも行ったほか，各地で軍用通信所の経営に当たっていた。

一方，電話は1902（明治35）年6月京城及び仁川の郵便電信局で交換事務が始まり，次いで各地に電話交換並びに通話業務が始まり，朝鮮国内における通信事業は，日韓両国機関が併存する形をとって発展した(232)。

1904年日露戦争が開始されるや，日本軍は戦後還付を条件として朝鮮半島のすべての通信機関を収容統制する。特に，電信隊を朝鮮に駐剳させ，軍事上重要な地点における朝鮮通信線は全てこれを接収するとともに，戦線の拡張に従って必要な個所に電信線及び電話線も新設した。また，軍用通信所を開設して，言論の検閲制度の実施とともに通信政策をも統制することになった。

このように韓国では日韓両国通信機関が併存して経営上不便かつ不利になり，韓国政府の財政状況などからその経営に任せていては事業の刷新を期し得ず，その間内外一般公衆の便利の増進を期待しにくいところであった。一方，日本も軍事上，経済上韓国を扶掖保護すべき設備の完全をも計り得なかったため，両国政府は協議を重ね，1905年4月1日，「韓国通信機関委託に関する取極書」[233]の調印交換を行い，通信事業の管理を上げて日本政府に委託し，日本政府がその責任をもって日韓の通信事業を合同経営することになった[234]。

そこで，日本政府は引き継ぎとともに直ちにこれの改修を計画し，線路の改修，回線関係の改善と統一に極力努め，軍隊の配置の移動，回線の良否など通信力の関係を調査研究して漸次必要な区間から電信回線の増設に労力していった。1905年頃には朝鮮内通信局所が81ヵ所であったが，そのうち電報取扱局は33ヵ所に過ぎず，貧弱な状態であった。その後，既設回線の運用を円滑にするため，中継を廃して直通線にし，電信方法も印字通信から音響通信に改めていった。電話機通信を音響通信に，音響単信通信は音響機二重に，二重は更に四重通信に改めるなど，電報取扱いの数量に応じて改修して通信の敏速疎通を図り，その面目を一新するに至ったのである。その結果，1921（大正10）年末頃は，当初の33電信事務取扱局所から和文655，欧文554，韓国語544ヵ所になり，実に驚異的な進展を示した[235]。

ところで，朝鮮における電信電話の大部分は陸軍の経営に属し，朝鮮に進駐した電信隊がこれを統括していた。日露戦争後は軍の経営に任せる必要がなくなり，1906年1月，朝鮮統監府が設置され，同年7月には朝鮮における通信事業は全て統監府通信管理局の管轄になった。これによって朝鮮半島における通信政策の全てが日本の手中に入り，日本政府によって統制されるようになる。

更に，1910年の日韓併合以降，朝鮮総督府が置かれると，総督府逓信官署官制の発布があり，在来の郵便及びに電信取扱所139ヵ所は全て郵便局に改定された。各府郡に配置してあった臨時郵便所は全部廃止され，これに代り，郵便所を新設して各郡に少なくとも1ヵ所以上の完全な通信機関を設置することになった(236)。

また，1910年12月京城下関間直通電信回線構成の際，音響二重電信機を設置し，次いで翌年大阪と京城及び釜山との間に直通回線を構成してこれに自動機を設置することになった。更に，この年元山・松江間の直通回線構成の際，長距離海底線の通信に好適の最新式電波電信機を導入した。朝鮮で電波電信機を設置したのは実にこれがはじめてであった。1912年11月には，京城・東京間の音響二重電信機の直通回線を設置した。なお，京城・大阪線並びに京城・東京は長距離線だったので，高速度中継盤に振動式通信法を使用したが，それは振動式継電機の嚆矢となる。そして，1919年からは電報直接受信用として，電報受信用タイプライターが使用され始めた(237)。これは，恐らく，朝鮮における「三・一独立運動」の影響によって，朝鮮と日本との緊密な連絡をとるためだったのではなかろうかと思われる。

無線電信は，1910年総督府設置に前後して仁川の月尾島，黄海道の小青島，木浦の各灯台及び当時の官有汽船光済丸などに設備したのが嚆矢である。しかし，これらは各灯台間の通信，気象通信，近海を航行する船舶との警報及び海難救助などに使われ，まだ一般電信用に供するまでに至らなかった。一般通信用施設としては，1923年4月京城陸軍無線電信所を逓信局に移管し，同年6月から京城無線電信局と改称し，公衆電信の取扱を開始したが，その設備や通信方式は全て旧式で行われた(238)。

ところが，これらは遠距離通信に適さないため，郵便局内に中央通信所をおいてその通信方式を中央集中式として3つの装置を設けることになり，これが1927年8月に竣工した。その第一装置は東京無線電信局との間に高速度二重通信が完成し，第二装置は国境陸軍無線通信所など，第三装置は広島との間に通信を開始した。

その後逐次装置を増備して大阪・大連とも連絡して通信疎通の円滑を図っていた。1932年9月清津無線電信局の設備を改善し，大阪無線電信局間に連絡を開始したほか，満州国新京及び敦化とも通信連絡をし，該方面並びに北朝鮮内地間電報の速達を図ることにした(239)。これがきっかけになって，1932（昭和2）年9月には無線による欧文新聞電報の取扱を認めるとともに，外国とのニュース情報交換が画期的に活発となった。

ここで，更に特記すべき事は放送無線電話に関することである。

朝鮮では，1924年9月から逓信局内の実験用小電力無線電話を改造し，実験放送を開始した。この放送を聴取させる施設を許可することにして，一般民衆に対してラジオに関する知識の普及発達に努めた。その結果，ラジオ熱が大いに勃興するに至り，放送事業が有望視されると，これを合理的に経営しようとしてその施設許可を願い出るものが漸次増加し，1925年末において十数団体に及んだ。朝鮮では当時の事情に照らし，2つの団体を更に一団としてかつ非営利事業として経営させる方針を立て，1926年11月社団法人朝鮮放送協会の前身である京城放送局の設立を許可することになった。そして，同局では1927年2月から電力1キロ単一装置を以て，日韓両国語で放送を開始するに至った。朝鮮放送局では様々な難局に対処しながらも，能く報道，教化，慰安，娯楽の機関として放送した(240)。

ところで，朝鮮逓信事業史上に最も飛躍的数値を示していたのは，電話事業の発達である。1905年5月電話交換業務を取り扱っていた個所は漢城電報総司並びに，仁川・水原・永登浦の3電報司だけであった。当時，日露戦争以前における朝鮮内の電話加入者は僅かに65名にすぎなかった。これが1921（大正10）年になると，総加入者数は14,993名に急増した。13年の間に約10倍に増加したわけである。また，1941年には4万人を突破，事業の普及は実に驚異的な値にのぼる(241)。

以上，通信政策のなかでも，郵便，電信，電話，無線放送まで分析してみたが，これらは朝鮮における言論の発達ないし統制に至大な影響を及ぼしたとも言えよう。言論の情報はそれらの通信手段によって運ばれ，伝達されるからである。一方，日本政府はこれらの通信手段を自由に統制できたので，朝鮮内部の世論形成を阻み，また，朝鮮世論を外国通信機関へ容易に輸出させなかったと考えられる。日本政府は植民地統治における世論統制にフリーハンドになった反面，朝鮮の場合は自らの表現手段である機関と，通報伝達の手段を失ってしまう結果となった。通信の発達は情報伝達の迅速性を伴い，世論を形成するが，その通信機関が日本政府によって統制されてしまい，世論の形成よりは一方的な，上からの情報伝達機関としての役割を担っていたと言えよう。

第５節　統監府機関紙の創刊背景とその役割

１　『京城日報』の創刊とその役割

『京城日報』は朝鮮統監府機関紙として創刊され，台湾総督府機関紙である『台湾日日新報』及び満鉄の機関紙『満州日日新聞』とともに，戦前の日本植民地時代における三大植民地紙と称された新聞である(242)。韓国ではこの『京城日報』は植民地統治時代の総督府代弁機関であり，御用的な言論機関として朝鮮民族に対する侵略的な宣伝活動を行ったということで，同紙の創刊背景及び役割について殆ど研究されていなかった。そこで，本節においては日韓両国の資料を中心として具体的な分析を行っていきたいと考えている。

『京城日報』は，1906年９月１日，初代朝鮮統監伊藤博文の主唱によって創刊された新聞である。この新聞は伊藤博文が，有力な新聞を創刊して対韓保護政治の精神を国内外に宣揚し，日鮮融和の大義を提唱する必要性を感じて創刊したものである。『京城日報』は，旧駐韓日本公使館の機関紙であった『漢城新報』と『大東新報』を買収，併合して，伊藤自らが『京城日報』と命名したものである(243)。

『漢城新報』については前述したが，日本外務省の機密費の補助金を受け，1895年２月佐々正之によって創刊された新聞である。『大東新報』は，1904年４月18日菊地謙譲によって創刊された新聞であった。

『京城日報』の初代社長には『大阪朝日』の編集長であった伊東祐侃が就任し，その経費は伊藤博文の機密費で運営されていた。1908年，曽祢荒助が２代統監に就任するとともに，『京城日報』の社長も大岡育造の弟である『中央新聞』副社長大岡力に交替した(244)。『京城日報』ははじめは，日本語とハングルで発刊されたが，1907年４月21日紙令185号からはハングル版を中止，日本語版だけを発行した。

1910年８月29日日韓併合によって，統監府は総督府となり，朝鮮統治は新しい段階に入ることになった。それに伴って，朝鮮民族の説得のため『京城日報』の役割も益々増大していった。そこで，寺内正毅初代総督は『京城日報』の重要性を充分認識し，総督府機関紙として一層強化すべきことを念頭に置き，当時，『国民新聞』の社長徳富蘇峰を監督に迎えることになった[245]。

徳富は，以来，1918年まで８年間その地位を兼ね，吉野太左衛門，阿部充家ら『国民新聞』の幹部社員を社長に送り込んで，植民地初期における『京城日報』を指導し，その基盤を固めることになった。

『京城日報』の社是としては，1910年10月寺内総督が『京城日報』社員たちに行った訓示を通して，植民地当局の機関紙としての役割を果たすべきことを次のように明確にしている[246]。

一，『京城日報』社員は忠君愛国の精神を発揮して朝鮮総督府施政の目的を貫徹するに勗むる事。

一，社員一同秩序を保ち紀律に服し同心協力精励奮進以て社員の隆盛を期する事。

一，公正穏健筆鋒を謹厳にし京城日報の品位を昴め信用を厚うし勢力を加ふることを服膺する事。

一，社員は各個品行を方正にし威儀を修め体面を全うし倍新聞記者たる資格を高尚ならしむる事。

一，如何なる場合たりとも長上の命令に奨順すると共に各個の能力を傾注し自発的活動をなし其職務に忠実なるへき事。

前記のように，寺内総督は，『京城日報』の経営を徳富蘇峰に懇請し，その意を受けて徳富は新聞の経営のため，1910年京城に乗り込んだ。当時，社長は京城常住の者にし，蘇峰自らは監督として，その経営を計画したのである。

実際，『京城日報』は徳富によって運営され，論説も彼によって行われていた。それでは，徳富の筆によってなった『京城日報』の論説で，朝鮮総督の第一声ともいうべきものを見ることにする[247]。

一，東洋の平和を永遠に維持し，帝国の安全を将来に保証するの必要なること。

一，韓国が常に禍乱の淵源たるに鑑み韓国を帝国の保護の下に置き，禍源を杜絶して平和を確保するに至ったこと。

一，韓国の現制はまだ治安の保持を完うするに足らず，疑惧の念が国内に充溢して国民はその堵に安ぜず仍って公共の安寧を維持し民衆の福利を増進するため現制に革新を加うるに至ったこと。

徳富蘇峰は，最初訪朝した時，総督府の官舎を提供され泊まっていたが，後は京城北門内の朝鮮家屋を買収して，これを「鵲巣居」[248]と称して，京城滞在中には，この鵲巣居にとまっていた[249]。総督府としては徳富に対して相当な待遇をしていたことが分かる。ここで注目すべきことは徳富蘇峰によって創刊されたハングル新聞『毎日申報』であるが，この点については，後で詳説することにする。

さて，上記の『京城日報』の社是にも示されているように寺内総督は『京城日報』の性格の二重性を強調している。

即ち，その一つは，忠君愛国，総督府施政の貫徹とともに，社内の秩序，上下服従関係の確立という行政の組織化を狙っている。更には，社の品位維持，信用を厚くして勢力の拡張することなどを取り上げている[250]。

要するに，『京城日報』を機関紙だけでなく，朝鮮における「最も権威ある新聞」[251]として言論界に君臨させることを最初から図っていた。活発な民間言論活動に十分対抗できる有力な言論機関として『京城日報』を創刊したと考えられる。

注目すべきことは，朝鮮総督の更迭とほぼ同時に，同紙の社長をも交替するのが通例となっていた。これは同紙が総督の直属のもので，その公的な代弁機関としての役割が与えられていたことを端的に物語るものではなかろうか。そのため，総督の信任が厚くなければ，『京城日報』の社長にはなれなかったのである。

また，『京城日報』の社員組織を見ると，社長をはじめ，社員の殆どは日本人であった。ここでは歴代の社長並びに同紙の経営的な方針を分析することにしよう。

まず，初代社長に伊東祐侃（大阪朝日編集長）が就任したが，当時，京城の新聞業界は群雄割拠の状態となり，その経営はいずれも非常に困難な状態にあった。その状況の中で1908年４月，伊東が辞任し，同年６月２代社長大岡力に代わり，新たに方針を定めて積極主義をとることになった。翌年，1909年４月には，万難を排して両班，儒生及び実業家よりなる観光団を作り，日本の発展像を視察させ，日鮮融合を図ることにした。1910年には日韓併合になり，新たに朝鮮総督府が置かれるにあたって，『京城日報』もその組織を変更することになった。従って，大岡社長も辞任し，徳富蘇峰の新聞経営によって，吉野太左衛門を社長として迎えることになった。翌年1911年７月からは，６頁を８頁に増面。ところが，1914年７月には吉野社長は病気によってその職を立ち退き，阿部充家（国民新聞の幹部）が代わりに社長になった(252)。

『京城日報』は創刊以来，その規模が大きくなるにつれて，新社屋を竣工，1916年10月１日落成式をあげた。1918（大正７）年６月30日徳富が都合によって監督をやめると，阿部社長も退任し，加藤房蔵（前山陽新聞の主幹）が５代社長に就任した。

そうこうするうちに，1919年「三・一独立運動」が勃発，寺内総督による武断政治から斎藤総督の文化政治に変わり，民間紙の創刊が許されることになった。その結果，1920年『朝鮮日報』（３月５日），『東亜日報』『時事新聞』（４月１日）が創刊されることになった。『京城日報』もこれらの民間紙と対抗するためには，機構を改編及び拡大しなければならなかった。

そこで寺内前総督がフランスから輪転機２台を購入して，日本国内でも一流と言えるぐらいの施設を拡張することになった。ここで，注目したいのは，初代から1921年加藤社長までは言論人出身の社長であったが，以後は外交官ないしは高級官僚が多かったことである。

この年，1921年２月加藤社長の辞任で総督府嘱託であった海軍中佐大原利武が社長職務代理になったが，６月１日正式に秋月左都夫（前読売社長）が社長に就任，1924年８月８日副島道正がとってかわった。

この際，副島の就任辞が問題になったことは既に述べたことがあるが，彼は朝鮮総督府に反するような発言をよくしていた。例えば，副島は「朝鮮統治について」と題して次のように論じた。

「朝鮮人に対して人類学的・歴史的に種々の見地から政治的同化主義をとるのはあまりにも朝鮮人の現実の思想および生活を無視する行為である。朝鮮人の言語，風俗，習慣その他の特殊な文化的意義を軽んじることである。朝鮮人の民族主義は，決して空虚な観念ではない。神話や，学説や，その他のものすべてをもってしても，朝鮮人の民族主義を否定することはできない」(253)。

また，副島は『京城日報』の社説でも，朝鮮における内地延長主義は不可能であると論じた。その理由は，内地における朝鮮延長と朝鮮における内地延長とを日本帝国のために不可とするものである。柳を緑ならしめ，花をして紅ならしむることは英国系統の統治政策である。異なる民族を無理に同一の鋳型にいれ，同一の進路をとらしめることが日本帝国として利益になるかどうかは疑問であると批判した(254)。

副島道正は『大阪毎日新聞』社説でも，朝鮮の内地延長主義並びに同化政策に反対して朝鮮の自治を高唱するべきだとし，「朝鮮自治は，朝鮮人の望み得る最高の政治形式である」と断じている(255)。このように副島道正は，『京城日報』社長在任中にも総督政治に対して批判を行っていた。

ところで，『京城日報』は1925年頃『東亜日報』などの民間紙の創刊によって発行部数が３分の１から４分の１に減ることになった。その具体的な数値を推定してみると**表９**のようである。

この数値を見ると，1926年27,000部から３分の１ないし４分の１程度減ると，約18,000〜20,000部になるわけであろう。こうして，大変経営的に苦しい状態になり，もし，総督府から補助金を受けている機関紙でなければこれ以上発行はできなかったのではなかろうか。

そこで，総督府としては朝鮮における民間紙の言論弾圧に乗り出しながら，新聞社自身の革新も行っていたものと見られる。その結果，上記の通り，輪

表９　朝鮮における主要新聞の推定発行部数

（『新聞及び新聞記者』1926年６月号）

新　　聞	発行部数
東亜日報	53,000部
毎日申報	31,000部
京城日報	27,000部
朝鮮新報	13,000部
朝鮮日報	11,000部
釜山日報	15,000部
京城日日新報	8,000部
Seoul Press	3,400〜4,000部

※『毎日申報』は1938年４月29日からは『毎日新報』と改題して1945年まで発刊された。また“The Seoul Press”は1937年５月30日付（第1089号）で終刊した。

転機導入によって紙面を刷新し，記事内容においても日本政府に朝鮮民族に対する理解及び自治制度を求めたりした。更に，総督府は行政機関に対しても購読を義務化させるとともに，『東亜日報』(1926年3月5日)，『朝鮮日報』(1925年9月8日）などの民族紙には無期停刊という弾圧措置をとった。注意しなければならないのはこの民間紙の無期停刊処分である。新聞社が停刊処分を受ければ，経営的に非常に苦しい状態に落ちて致命的な打撃を与えることを看過してはならないだろう。

1927年2月『京城日報』は紙面を12ページに増刊し，12月3日松岡正男（同紙副社長・前大阪毎日経済部長）が社長に就任した。1931年10月22日池田秀雄（前北海道長官）が社長に任命されたが，翌年退き，1932年10月29日には時実秋穂（京畿道知事，福岡市長）が任命された[256]。この時実社長は，1915年愛媛県警察部長在職時，同県のある公園で，愛媛県警察界の大物ら8名とともに酒に酔い，大白樹の枝を折り，それを注意した公園監視人に，殴る，蹴る，踏むの暴行を加える「咄々怪事」という事件を起こした。『海南新聞』（現在の愛媛新聞）は社説欄で「驚くべき警官の暴行」[257]と題してこの事件を論評した。この記事に対して翌日「愛媛県警察部長時実秋穂」と署名した自筆の長文の弁駁書が届いた。これを見て世論は怒り，海南新聞も9日夕刊（10日付）に約4段にわたってこの弁駁書を掲載すると同時に，警察部長自ら暴行犯人であることを認めたため，同紙は4月30日まで24日間紙面をつぶして書き続けた。

この報道の見出しには『時実部長一行暴行事件』を毎日柱見出しとして組み込み，この事件の波紋は全国に広がり，大朝，大毎，東朝，東日，国民，報知，時事新報などにも報道されていた。結局この事件は，検事局の取り調べでは微罪で不起訴となったが，同年5月15日，時実部長は突如島根県警察部長に転任し，事件は終決した[258]。

こうした前歴があった時実が17年後の1932年『京城日報』の社長になったのである。

時実は，1936年1月，日本と朝鮮合わせて初めて6ページ夕刊制を実施して『京城日報』は朝夕刊合わせて14ページとなった。また，この年，8月9日孫基禎選手がベルリン・オリンピック大会マラソンで優勝した。これを取り上げた『東亜日報』に対して同紙は激しく非難した。この年，9月9日また社長が代り，高田知一郎（主筆兼編集局長から昇進，前報知新聞幹部）が就任，38年４月11日田口弼一（貴族院議員）が社長となり，同年10月７日には御手洗辰雄（同紙副社長，前国民新聞編集局長）が社長となった。

更に『京城日報』は1939年10月29日朝鮮文人協会を作って作品活動を展開して読者たちの人気を集めることにした。翌年の1940年８月10日『朝鮮日報』『東亜日報』が強制廃刊され，『京城日報』は独り舞台となるや，国民精神総動員聯盟，戦時生活体制強要，生活簡素化，６時起床正午黙祷などの国民総キャンペーンを行った。その後，1942年高宮太平社長，最後の社長として横溝光暉（熊本県知事）が1944年９月任命され，1945年11月１日廃刊に至った(259)。

ここで特に後期の『京城日報』の社長のうち，情報の専門家として，最後まで新聞発刊のため勤めていた横溝光暉の言論精神に注目してみることにしよう。

彼は1915年神奈川県立第一横浜中学校，第一高等学校，東京帝国大学法学部を卒業したエリート官僚であった。1931年内閣官房総務課長となり，1936年には情報委員会が設置されると幹事長となり，同盟通信社（連合と電通の合併）の監督，育成に当たった。更に，1937年９月25日内閣情報部に拡充されるや情報部長となり，国民精神総動員運動にあたり報道及び啓発宣伝を実施していた。この内閣情報部が1940年12月６日，情報局に拡大したわけである(260)。

日本の初代内閣情報部長であった情報の専門家であり，国民精神総動員運動の発案者でもある横溝が1944年９月，阿部信行朝鮮総督に推薦され，『京城日報』社長に就任したのは何故であろうか。これは言うまでもなく，戦争が近付いていたことを意味するものではないかと推察される。換言すれば，朝鮮半島は日本の戦略的な基地として非常に重要であり，朝鮮民族に対して戦争のため働かせる意図があったとも言えよう。

もう一つは，『京城日報』の創刊40年記念事業の問題が関わっていた。

事業の具体的な案を見ると，「京日四十年史の編纂」「朝鮮百科辞典の編纂刊行」「京日文化章の制定」「京城新聞研究所の創設」「京日保健所設置」「グライダーを中学校へ寄贈」「京日農園（保養所を兼ね）の設置」を計画していたが，終戦とともに中止されたのである(261)。

もう一点注目したいのは横溝の言論人としての役割である。

終戦とともに昭和天皇の降伏放送によって，京城市内はにわかに騒がしくなった。当時，朝鮮人従業人も社内で蜂起し，まず編集室内で「日本人出ろ」と迫り，各局もまた同様の状態が続き，結局「自らは建国準備委員会の指令に基づき，京城日報社を管理することになったから事務を引き継いでもらいたい」と要求するまで至った。横溝はもちろん拒否したが，このような状態で8月16日一晩，新聞社は乗っ取られた結果となり，17日付新聞の発行はできなくなった。そこで，彼は居残っていた日本人幹部たちに命じ，皆が手分けして謄写版新聞を刷って，ともかく18日付『京城日報』はまがりなりにも発行された。

そして，これらの謄写版新聞を方々に貼りつけるように命じ，自らも17日から既に18日に変わっている真夜中に，この新聞を目立つ場所に掲示させたのである(262)。治安回復とともに謄写版新聞も1回だけで後は活版印刷に回復したが，出勤者は急激に少なくなった。

従って，少数の日本人職員と臨時雇入れの日本人などによって，小型新聞を作ることになった。その結果，『京城日報』は，8月15日終戦の後も，大混乱の中で，僅か，1日休刊しただけで10月31日まで発刊することになった。これは朝鮮民族にとっては好ましくないことではあったが，一人の言論人として自分の会社を最後まで守り，新聞発刊を続けたことは高く評価すべきものではなかろうかと思われる(263)。

最後に，横溝光暉も語っていたことであるが，不思議なことがあった。それは，合資会社京城日報社の定款6条には，「本社ノ存立期間ハ設立ノ日ヨリ満四十箇年トス」と規定されていることである。設立登記が遅れていたので，法律上の存続期限到来までにはまだ数年を残していたが，実質的には存続期間を満了したのである。『京城日報』は1945年10月31日（紙令13686号）付で終刊号を出すことになったが，「不思議な因縁である」と横溝は語っている(264)。

以上，『京城日報』の歴代社長と経営方針を中心として概観してみたが，『京城日報』というものは朝鮮における中央紙であると同時に成立から総督府の広報紙の役割をしていた。総督の施政を朝鮮の各地方官公署まで浸透させる使命をもっていたのである。従って同紙の社長は総督と一体になれる人でなければならなかった。一種の政務官的な任務で，単なる新聞社の社長でなく，総督政治の代弁者であり，協力者としての役割を担っていたのである。このような意味で，『京城日報』の社長と経営方針についての研究は総督政治或いは植民地言論統制研究に不可欠な分野である。にも拘らず，日韓の間にも同分野についての研究がまだ行われておらず，その意味で，今回の研究は非常に重要な意義を持つものと考えられる。

2　“The Seoul Press”と『毎日申報』の創刊と役割

英文日刊紙である“The Seoul Press”(265)は1907年２月伊藤博文が『京城日報』のように彼の機密費で創刊した統監府の機関紙であった。この新聞は，ベセルが創刊した“The Koreas Daily News”と，宣教師のHulbertが発刊した“The Korea Review”に対抗するため創刊したものである。ソウル・プレスの初代社長は伊藤の公報秘書だった頭本元貞であった。頭本は，“The Japan Times”の創刊者であり，また，1915年には日本代議士として政界にも進した日本英字新聞界の大物である。

彼は1909年４月に社長職を退き，同年の４月８日からは山県五十雄(266)が社長になった。“The Seoul Press”は日韓併合以後も一つの独立した新聞として発刊された。この新聞の論調は“The Korea Daily News”の評論を正面から反駁し，日本の対韓政策を外国人たちに広報していた(267)。

“The Seoul Press”が行っていた具体的な言論活動の一つは，植民地政策に対する国内外国人の理解と協力を得ることである。この新聞の論調は時々在韓外国人団体に施政上の問題についての理解を求めながら，韓国人のための医療施設の拡張，教育事業の充実などに対する協力を要請していた。これと同時に朝鮮総督府の真意が朝鮮人福祉行政であることを宣伝した。

また“The Seoul Press”は外国特派員の反日記事のなかで，日本の英字紙に掲載されたものに対して反論を提起していた。例えば，1910年10月10日付同紙社説「朝鮮の暴徒弾圧」で，“The Japan Chronicle”紙に掲載されたイギリスの“Standard”紙東京特派員の記事に対して反駁している。その主な内容は，日本は朝鮮の進歩と文明のため最善を尽くしている。日本は半島におけるその偉大な事業を遂行するため，子弟たちの血と莫大なる金額を犠牲している。朝鮮の現状はその成果がいくら大きくなったかを如実に証明しているだろう(268)というものである。

“The Seoul Press”は朝鮮総督府の機関紙で，『京城日報』の国外版ともいうことができる。即ち，『京城日報』は国内における「権威紙」「最有力紙」という二重の性格を持っていたのに対し，“The Seoul Press”は，外国向けであり，朝鮮国内（日本を含む）外国人という対象にも拘らず，その紙面の内容は朝鮮の国際的な地位問題などを取り扱っていた。つまり，この新聞は，朝鮮内部で行っている日本の植民地政策の実情を外国に知らせるためであった。

1919年「三・一独立運動」が起こり，“The Seoul Press”がクローズ・アップされた。外国の言論が朝鮮統治に対して非常に批判的であったのを，同紙の活発な広報活動によってかなり静めることができたからである。

次に同紙の経営面について分析しておきたい。

“The Seoul Press”は創刊当時から部数面ではあまり伸びない状態であった。そこで1930年“The Seoul Press”を『京城日報』に合併，経営の難しさを解決するため『京城日報』が直接経営することになった。“The Seoul Press”は1907年創刊以来機関紙として発刊されつづけたが，『京城』『毎日』のように同一社内で発刊することはなく，独立した会社として残っていた。にも拘らず，同社は赤字続きで，読者も殆どが朝鮮駐在の西洋宣教師で，朝鮮人読者は殆どない状態であった(269)。

この間に新聞社の経営も，山県社長につづいて1923年からは三好重彦社長，富永品吉が主筆兼理事になり，２人が共同経営(270)，後に宮館貞一が社長に就任した(271)。その後は『京城日報』に合併され，総督府の機関紙は日本語（京城日報），朝鮮語（毎日申報），英語（Seoul Press）となったわけであるが，1937年５月“The Seoul Press”は自主廃刊した(272)。“The Seoul Press”は５月30日付（題1809号）終刊号で，この間に朝鮮に居住した外国人たちの便宜のため発刊したが，外国人達にも日本語と韓国語が普及し，これ以上発刊する必要がなくなったと廃刊理由を述べている(273)。

この結果，朝鮮独立まで朝鮮における英字新聞は全てなくなる結果となった。

『毎日申報』は日韓併合翌日である1910年8月30日付から，朝鮮総督府機関紙として創刊され，朝鮮統治36年の間，中断されなかった唯一の朝鮮語新聞である。

『毎日申報』の前身は，1904年7月18日イギリス人ベセル（Ernest Thomas Bethell）が創刊した『大韓毎日申報』である。『大韓毎日申報』は1904年2月に起こった日露戦争を取材するために来韓したベセルが梁起鐸（ヤン・ギタク）などの協力によって創刊した。『大韓毎日申報』は1905年8月11日から，朝鮮語版のほか英文版“The Korea Daily News”として発刊していた。日韓併合とともに，『大韓毎日申報』は買収され，翌日，1910年8月30日『大韓毎日申報』の「大韓」という2字をとって，『毎日申報』という題号で総督府機関紙としたのである(274)。後に，総督府は，道（県），面（町）など地方行政単位別に『毎日申報』の購読を義務化させ(275)，1910年10月19日付によると，同紙の発行部数は12，000部にのぼり，購読料は一部2銭5厘，一ヵ月30銭，三ヵ月90銭，一年3圓40銭であった。この新聞の論調は「日鮮融和」と「世道人心の感化誘導」などを中心イッシュー（issue）としていた。

『毎日申報』はいわば『京城日報』のハングル版であり，この総責任者は徳富蘇峰であった。『毎日申報』の論調は『京城日報』とほぼ共通で，ただ，その対象が朝鮮人であることが異なっていた。1910年10月徳富蘇峰監督は『毎日申報』社員たちに次のように訓示した(276)。

一，毎日申報の新聞紙として存在する理由は我が，天皇陛下に至仁至愛日鮮人一視同仁の思召を奉戴し之を朝鮮人に宣伝するにあり。

一，執筆者は公正にして決して偏私の心を挿み党同代異の筆を弄するが如きことなきを要す。

一，文章は簡浄明暢なるを要す。

一，一般の所論は穏健妥当を期す可し決して詭言妄説を鼓吹する勿れ。

一，毎日申報は京城日報と提携し恒に其の歩調を同一ならしむる事。

これらの内容を分析してみると，一般庶民を婦女子に至るまで十分新聞の内容に通じるようにすることを明示し，『京城日報』と歩調を合わせることを強調している。つまり，井上角五郎が作った『漢城周報』のハングル版のようにいわゆる大衆メディアとしての役割を担っていたとも言えよう。

『毎日申報』は日韓併合後，国漢文版（ハングルと漢文の混用），ハングル版の2種類の新聞を発行した朝鮮語新聞であった。1910年から1920年初期まで韓国語新聞とは『毎日申報』の独占舞台となった。

この新聞は併合直前1910年6月14日，李章薫（イ・ザンフン）が引き受けたが，10月22日からは編集人兼発行人は卞一（ビョン・イル），印刷人は李蒼（イ・チャン）に代わった。ところが，併合以後の発行人，編集人という職位は経営と編集に実質的な権威がなく，編集長程度の政策実務者に過ぎなかった。1912年3月1日から『毎日申報』はハングル版新聞を廃止，その代わりに国漢文版の第3面をハングル専用に制作した。『毎日申報』はハングル版を廃止しながら，韓国における最初のハングル5号活字を導入することになった(277)。この新聞は，ハングル版の廃刊はあくまでも廃刊ではなく拡張であり，合刊であることを社告に出している。

1913年11月11日には，京城日報社は資本金7万圓の合資会社に組織を変更したが，『毎日申報』は同社構内で発刊され，姉妹紙としての性格は変わりがなかった。

一方，1915年1月編集長であった卞一が退社，1月30日付から鮮于日（センウ・イル）が発行人兼編集人であったが，社内の地位はいずれにしても編集局長の下の編集人の身分であった。その後，1918年9月18日からは編集課長李相協（イ・サンヒョップ）が発行人兼編集人となり，この年11月4日，従来の月曜日休刊制を廃止，年中無休刊制になった。李相協は翌年1919年『東亜日報』創刊に参与しており，後任者は方台栄（バン・デヨン）となった。のちほど言及する予定であるが，両人とも朝鮮の民間紙発展に大きく貢献した人であった(278)。

1920年は韓国新聞史に大きな転換点となる年であった。それは前年に起こった「三・一独立運動」によって，『朝鮮』『東亜』『時事新聞』の三大民間紙が創刊されたことである。この結果，1920年『毎日申報』も『京城日報』から10年ぶりに独立し，独自的に編集局に論説部，編集部，外事部，社会部，地方部など5部署を設置した。その後，1921年3月方台栄編集局長が退き，『京城日報』の編集局長中村健太郎が兼任した。1929年9月に至って，朝鮮人である金尚会（キム・サンフェ）が編集局長に任命された。これによって『毎日申報』は完璧に朝鮮人の手によって制作されるようになり，独立した編集局となった。1930年朝鮮人としては初めて副社長に朴錫胤（バク・ソクユン）が任命され，独自の編集，制作ができる裁量権を拡大され，結局，独立経営形態に発展していった(279)。

それには，２つの理由が考えられる。一つは『毎日申報』は総督府機関紙であるが，朝鮮語で発刊されたので，朝鮮人の手によって作らなければならない必要性を感じたからである。今一つは民族紙の社勢が大きくなったから競争させるために独立させたのかも知れない。

1933年10月に李相協は『東亜日報』を退社して再び副社長となり，５年後の1938年４月16日付からは『毎日新報』と改題して，『京城日報』とは分離した。初代社長は崔麟，副社長に李相協を選出することになった。

ここで注目すべきものは，『毎日新報』が『京城日報』から独立しても，『京城日報』は『毎日新報』の株式45％を持っている大株主であり，更に総督府所有の株式を含めると『京城日報』の影響力は従来通りで，少しも変わりがなかったということである。むしろ新体制の『毎日新報』がより効果的に総督府の施策を支持する機関紙として強化されたと見ることが正しいのではなかろうかと考える。

『毎日申報』は，このように日韓併合とともに解放以後まで発刊された韓国語新聞である。この新聞は日本帝国の朝鮮侵略を合理化し，朝鮮民族の独立を否認する立場から制作されたが，これらの新聞は総督時代の言論を研究するためには，重要な一次資料となるのであろう。従って，今まであまり注目されていなかったこの新聞に関する分析が急務であり，政治，経済，文化などの各分野からこの新聞の内容と論調を考察する必要がある(280)。

以上，総督府の機関紙について分析してみたが，『京城日報』は日本語版で日本人または朝鮮における日本居留民のための，或いは朝鮮人に対する日本語の普及及び日本の植民地政策の宣伝のため作られたものであった。また，“The Seoul Press”は外国人向け即ち，外国に対する朝鮮内外の政治宣伝を行うためのものであった。最後に『毎日申報』は朝鮮語で発刊，婦女子ないし一般庶民を説得するために行われたメディアである。これらの３つの新聞の内容を見ると，日本は朝鮮における植民地統治のため，国内外の言論活動に非常に積極的であったと言えよう。つまり，外国に対しては政治的な宣伝活動を行う一方，内部には植民地世論形成の環境作りに一層力を入れていたのである。

⑴　車基璧「日本帝国主義植民地政策の形成背景とその展開課程」『日本の植民政策に関する研究』，文教部学術研究助成費による研究報告書，1980年，９～10頁。
⑵　大蔵省管理局「朝鮮統治機構の近代化」『日本人の海外活動に関する歴史的調査』通巻第３冊，朝鮮編第２分冊，出版年度未詳（秘密資料），80～81頁。
⑶　大蔵省管理局前掲『日本人の海外活動に関する歴史的調査』81～82頁。
⑷　金雲泰「統監府時代の大韓帝国統治体制の構造と機能」『行政論叢』，第９巻第１号，ソウル大学校行政大学院，1971年，２頁。
⑸　田保橋潔『朝鮮統治論』朝鮮研究会，1923年，19頁。
⑹　李太一「植民地統治機構の整備と運用」『日帝の韓国植民統治』正韻社，1985年，51頁。
⑺　山辺健太郎『日本の韓国併合』大平出版社，1966年，275～276頁。
⑻　友邦協会『総督府時代の財政』中央日韓協会，1974年，24～25頁。
⑼　金雲泰「日帝時代政治行政研究（二）」『行政論叢』，ソウル大学行政大学院，1972年，93頁。
⑽　大蔵省管理局前掲『日本人の海外活動に関する歴史的調査』88～89頁。
⑾　山辺健太郎『日本統治下の朝鮮』岩波書店，1971年，11頁。
⑿　山崎丹照『外地統治機構の研究』高山書院，1943年，101頁。
⒀　山辺健太郎，前掲12頁。
⒁　李太一前掲『日帝の韓国植民統治』58～59頁。
⒂　外務省条約局法規課『日本統治時代の朝鮮』（外地法制誌第４部の２）1971年，235～236頁。

日本国政府及韓国政府ハ韓国警察制度ヲ完全ニ改善シ韓国財政ノ基礎ヲ鞏固ニスルノ目的ヲ以テ左（ママ）ノ条款ヲ約定セリ

第一条　韓国ノ警察制度ノ完備シタルコトヲ認ムルトキ迄韓国政府ハ警察事務ヲ日本政府ニ委託スルコト

第二条　韓国皇宮警察事務ニ関シテハ必要ニ応シ宮内府大臣ハ当該主務官ニ臨時協議シ処理セシムルコトヲ得ルコト

⒃　田保橋潔，前掲89頁。
⒄　解散団体は一進会（親日団体），大韓協会，西北学会，国是遊説団，進歩会，政友会国民協成会，儒生協同会などの政治団体。
⒅　姜東鎮『日本の朝鮮支配政策史研究』東京大学出版会，1979年，141頁。
⒆　釈尾春芿『朝鮮併合社』朝鮮及満淵社，1926年，815頁。

⒇　李太一前掲「植民地統治機構の整備と運用」61頁。
(21)　釈尾春芿『朝鮮併合史』朝鮮及満淵社，815～818頁。
(22)　山辺健太郎，前掲14頁。
(23)　久保寺山之輔『日韓離合之秘史』日本乃姿顕彰会，1964年，378頁。
(24)　金圭煥『日帝の対韓言論・宣伝政策』二友出版社，149頁。
(25)　朝鮮総督府『朝鮮』第39号。

春秋会は日本人記者たちが組織した団体で「警務総長明石元二郎に威圧され，併合後意気阻衷して生色なく，言論の権威長く地に落ち，其状惨憺たり。於此東京朝日の特派員たる岡野養之助，大阪毎日の豊田，時事の横尾，報知の武田，京城日報の峰岸，日本電報の牧山」などが会員であった。

(26)　朝鮮総督府前掲『朝鮮』39頁。
(27)　朝鮮総督府『朝鮮』５月号，1911年，２～３頁。
(28)　久保寺山之輔『日韓離合之秘史』日本乃姿顕彰会，1964年，245頁。
(29)　金圭煥前掲『日帝の対韓言論・宣伝政策』151頁。
(30)　大村琴花「寺内と宿縁の喧嘩」『村山龍平伝』の寺内の独善者ぶりを描写している。

大村琴花の回顧と金圭煥，前掲151頁再引用。

「尖ったビリケン頭，四十五度につり上ったハヤブサの如き眼，自由の利かぬ右手をいつもうしろに回して，ふんぞり返った，独裁者というよりも独善者の寺内はつねに赤，青両端の鉛筆を手にして，幕僚のさし出す文案には必ず，多少の修正をやらねば気がすまず，医者に医術を訓示し，農民に農耕を教えるという珍人物であった」

(31)　「寺内訪問記」『朝鮮及満州』104号。
(32)　1911年４月22日付『大阪毎日新聞』に掲載された記事の内容は次の通りである。

「（前略）総督の参宮は奉告祭を執行するためという噂であるが，苟くも勅載なき限り臨時に奉告祭を行う事は出来申さぬ，唯の参拝と御心得ありて然るべしとの口上にさすがの総督も呆気に取られ（中略）折角桐箱入に仕立て，持ち込んだる併合報告文の巻物は中山大佐（総督府官吏）に持たせて神前に進んだ許で其侭持ち戻り（後略）」

(33)　久保寺山之輔前掲『日韓離合之秘史』245頁。
(34)　久保寺山之輔前掲『日韓離合之秘史』243～244頁。
(35)　徳富蘇峰（1863～1957）は言論人，歴史家，本名は猪一郎。熊本県水俣（みなまた）で生まれ，熊本洋学校，東京英語学校を経て京都同志社で新島譲に師事，後に郷里で大江義塾を開く。1886（明治19）年《将来の日本》を著わして一躍名を高め，上京して翌87年民友社から雑誌『国民之友』を創刊（1898廃刊），ついに1890年２月『国民新聞』を創刊，以後1929（昭和４）年までその社長・主筆として活躍，言論界の一角に特異な位置を占め続けた。日露戦争後，特に三国干渉を契機として彼の思想的立場は国家主義に転じ，政治的には藩閥元老特に桂太郎と強く結んで，『国民新聞』は藩閥機関紙のような存在と化した。のちほど，「国家主義」ないし「皇室中心主義」が思想の中核となった。

(36) 中村健太郎『朝鮮生活五十年』友邦協会，学習院大学東洋文化研究所所蔵，年度未詳，49頁。
(37) 同上49頁。
(38) 徳富猪一郎『蘇峰自伝』中央公論社，1930年，416頁。
(39) 同上417頁。
(40) 中村健太郎前掲『朝鮮生活五十年』50頁。
(41) 姜東鎮『日本言論界と朝鮮』法政大学出版局，1984年，41頁。
(42) 「寺内総督の帰任」『大阪朝日新聞』1910年12月18日付の論説。
(43) 姜東鎮『日本言論界と朝鮮』法政大学出版局，1984年，42頁。
(44) 金圭煥，前掲152頁。
(45) 第一「総督の不評判」，第二「寺内子の逆櫓」，第三「信仰の二箇条」，第四「果たして私なきや」，第五「公明正大を欠く」，第六「遁辞」，第七「警察政治の幣」，第八「一種の滑稽劇」，第九「朝鮮とは何ぞや」，第十「所謂言論の圧迫」，第十一「善政と嘱託，密偵」……第十四「対鮮人方針」などである。
(46) 『大阪朝日新聞』1911年４月５日～４月15日までの論説を筆者が要約したものである。
(47) 姜東鎮前掲『日本言論界と朝鮮』42頁。
(48) 朝鮮総督府『朝鮮』1911年５月号，２～５頁。
(49) 金圭煥，前掲154頁。
(50) 1911年４月11日付『時事新報』論説で，「朝鮮に関係ある日本人間には，とかく総督政治の不人気，随て総督の不評判なる事にも，少しはお気を附けられて，民意を容れらんことである。不人気，不評判とは如何なる事か，一々具体的に申し立てる，などと問ふまでもなく，些細な官文書にまでも親しく筆を加へられねば満足しないほどに細心なる閣下の事，殊に新聞紙の記事には最も細密に留意し，今尚ほ新聞紙の発行，発売禁止をやるほどに，万事に注意深き閣下の耳に入らぬ筈はなからう。その不人気不評判を議会では情意投合に依て切り抜け，世間に対しては新聞の発行，発売禁止をやつて，威嚇して通さうとなさるのは，軍人としては，武断として或は可からうが，政治家としては，チト通用が出来ない。」との記事を掲載して，朝鮮で発売禁止となった。またこの記事を転載した『京城日報』も発行停止処分を受けた。『福岡日日』は同月13日付論説で「朝鮮総督の不評判」と題して反寺内論調を取り上げていた。

(51)　友邦協会『統監府時代の財政』友邦シリーズ第18号，1974年，123頁。

(52)　同上124頁。

(53)　『京城日報』は憲兵移動の記事を掲載して1910年６月９日から24日まで発行停止処分を受けた。これに対して雑誌『朝鮮』（第29号，時事片片）は憲兵の移動は内地各新聞に掲載され，天下に知れわたったが，これを掲載したことによって治安を妨害したという。また，“The Seoul Press”の発行禁止は同紙が８月６日付新聞で，ハワイ，サンフランシスコ，メキシコなどの朝鮮人数千人が日本に対する武力闘争を準備しているという『ハワイガゼット』の記事を引用したことによる。同紙は12日に禁止が解除され‘Word of Apology’という謝罪を掲載している。

(54)　その内容は『大阪時事新報』182枚，『大阪毎日』4,667枚，『大阪朝日』4，071枚，『福岡日日』206枚，『馬関毎日』38枚である。

(55)　1910年８月10日寺内統監は日本人記者会見で「韓国の民衆に対する同情と理解を持って慎重に行動すること」という趣旨の訓示を行った。

(56)　「釜山電報」『大阪朝日新聞』1910年８月20日付。

(57)　「京城電報」『大阪朝日新聞』1910年８月22日付。

(58)　「新聞押収」『大阪朝日新聞』1910年８月23日付。

(59)　「釜山押収」『大阪朝日新聞』1910年８月24日付。

(60)　「釜山電報」『大阪朝日新聞』1910年８月24日，25日付。

(61)　姜東鎮前掲『日本言論界と朝鮮』32～33頁。

日帝は朝鮮平呑を実現するための策動の時期には，その武力制圧という侵略的本質を隠蔽するために，わざと「合邦」の語を使用した。大陸浪人どもが作成し，売国団体「一進会」の名で出されたいわゆる「日韓合邦請願」はその例である。その他に「併合」前後には「合併」の言葉も出ていた。「合併」直後には新たに「併合」の語が登場する。「併合」の新語を作った当時の外務省政務局長倉知鉄吉は，その語の持つ意味を次のように述べていた。

「……自分は韓国が全然廃滅に帰して帝国領内の一部となる意を明らかにすると同時に，その語調の余りに過激ならざる文字を選ばんと欲し，種々苦慮したるも遂に適当の文字を発見すること能はず，因て当時未だ一般に用いられ居ざ（ママ）る文字を選ぶ方得策と認め，併合なる文字を前記文書に用いたり，これより以後公文書には常に併合なる文字を用ふることとなれり……」

(62) 『京城日報』1910年８月27日付。

(63) 美濃部達吉は東京帝国大学の教授で，当代の憲法学界の権威ある学者で，日韓併合後，『読売新聞』で，「朝鮮の併合と憲法問題」なる社説を３回連載した法学者である。特に，植民地問題を「秘密主義」「政府の独断」とせず「民意に謀る」のが立憲政治の在り方であると論じている。

(64) 久保寺山之輔前掲『日韓離合之秘史』354頁。

(65) これは筆者の調査で明らかにされたものであるが，1910年８月24日「タイムズ」に掲載された（*The Times*, September 24, 1910)。勿論，非公式にはイギリスなどに対しても事前に協議を行っていた。

(66) 『大阪毎日新聞五十年』大阪毎日新聞社，1932年，218～221頁。

『大阪毎日』は併合の進行状況を探知し，８月15日以後は既に警戒時間とすべきことを確かめていた。この条約の正文は29日京城および東京で同時に発表されたが，京城では午前１時に明石将軍から各社に発表された。他社は東京でも発表があるから打電には及ばぬと言われていたが，東京の発表は午前９時と気づいた。楢崎は条約の正文をすぐ支局に送り，羽田浪之紹氏が迅速に大阪本社に打電したため，早暁市民の夢を破り号外の鈴の音は勇ましく響き渡り，本社は正しく第一報の名誉を得たのである。

当時，東京の各新聞社では発表時刻の午前９時，外務省に行ったところ，早すでに『毎日電報』（大阪毎日新聞の経営紙）の号外が出ていたので，アッと驚いたということである。金圭煥教授は，正式発表より２時間前（即ち，７時頃）に市民に知らせたと語っているが，実は記者たちが９時頃外務省でニュースをとって，本社で印刷して市民に配るまでには，すくなくとも２～３時間かかるのではないかと見て，そうすると『毎日電報』より読者に届くには４，５時間後になることであろう。それを考えてみると，当時の『毎日新聞』の号外は相当なスクープであったと言えよう。

(67) 「合邦は当然」『大阪朝日新聞』1910年８月22日付。

(68) 「韓国併合と土地」『大阪朝日』1910年８月22日付。

(69) 「韓国併合」『大阪朝日』1910年８月23日付。

(70) 「合併協約内容」『大阪朝日』1910年８月23日付。

一，韓国の主権を我が日本国に収むる事

一，韓国皇室の尊厳を保たしむる為其の尊稱を維持せしめ皇室費を給する事

一，韓国の名称は之を廢し朝鮮と稱して我が国の一部と為すこと
一，韓国の皇族及び有功者に対し勲等に據りて爵位又は財産を與ふる事
一，内閣を廢し我が官憲の下に置く事
一，韓国政府の内容は当分の中今の侭にする事

(71)　「朝鮮號発刊」『大阪朝日』1910年８月23日付。

(72)　同紙はその理由として朝鮮は面積において台湾の数倍であり，これを取るは領土が大きく増加し，大和民族は新な広大な植民地を得るからであるとした。従って開発すべき富源は又台湾に数倍である。横溢する資力と文明は国境の障壁を取り除いて滔々として財力の拡大を見るだろうとしながら，これを結局，政治上における国家の膨張と財界の福音と直ちに結びつけることは早計と言わざるをえないとした。

(73)　「合併と韓国留学生」『大阪朝日』1910年８月23日付。

(74)　「批准調印終る」『大阪朝日』1910年８月24日付（東京電話より）。

(75)　日韓合邦請願書は一進会会長李容九，宋秉畯など100万会員は，2,000万国民を代表するという名分で1909（明治42）年12月４日の朝を期し，突如として３通の「日韓合邦上書」を提出したものである。一は李皇帝に宛て（合邦上奏文），二は曽禰統監に宛て（合邦請願書），三は李完用総理大臣宛て（合邦請願書）とした。当時の韓国政界は紛糾甚だしく，一進会，西北学会，大韓協会の３派があり，一度合体を見ながら忽ち分裂し，大韓協会のような団体は，大いに合邦反対の運動を起こさんとするに，一方には「国是遊説団」が結成された。これも又一進会の撲滅を策し，１日事態を遷延すれば，それだけ会の立場が不利に陥る形勢となった。これにおいて，12月３日夜俄に全員の非常召集を行い，李容九会長は怒った大音声で日韓併合断行を提議すべき旨の演説を行った。「賛成者は挙手，異義ある者は我が前に来りて論難せよ」と絶糾したのに対し，挙手しなかった者，僅かに２人，しかも起って論駁する勇気がなく，まさに満場一致で，上書提出の件を決定した。このように一進会幹部の強制的な行動は，自分自身の安全のため日本及び日本軍の庇護を求めたのである。同会の「日韓併合論」は，全く李容九，宋秉畯の政治的野心から出たもので，朝鮮人の意志のひとかけらも代表していない。従って，一進会に対する反対運動は日本側の文書にすら「一進会ノ提唱スル日韓合邦問題ニ対スル反対ノ声頗ル盛ニシテ同会ハ殆ド独立ノ状態ニ在リ」という有様で，この「孤立ノ状態」を打ち破るため，一進会は色々な会をでっちあげた。同会は朝鮮人に反対されただけでなく，朝鮮併合の急先鋒だったソウルにいた日本人居留民や日本人新聞記者団も同会に反対し，日韓関係の促

進上甚大なる障害を残したことを痛嘆せざるをえなかった。（山辺健太郎，前掲231～232頁参照）

⑺⑹ 山辺健太郎『日韓併合小史』岩波新書，1988年，230頁。

⑺⑺ 「死黙の世界」『大阪朝日』1910年８月25日付。

⑺⑻ 「韓国併合と諸名士」『大阪朝日』1910年８月26日付。

⑺⑼ 韓国処分細目の内容を見ると，併合全文とほぼ同じく，ある意味では正式な発表文でもある。これは特に，「禁転載」という条件がついて他社の転載を禁じており，またおそらく朝鮮半島には発売頒布禁止されたものと考えられる。一方，これらの記事は８月28日の段階では日本で一番新しい情報であり，29日付『大阪毎日新聞』の号外記事よりも速かったとも言えよう。それは結局，総督府が非公式的な形で情報を流したからではなかろうかと思われる。

⑻⑽ 「日韓併合は自然なり」『大阪朝日』1910年８月29日付。

⑻⑴ 「併合と世論」『東京日日』1910年８月23日付犬養毅の「論評の価値なし」より。

⑻⑵ 「合併と世論」『東京日日』1910年８月23日付。

⑻⑶ 教育は案外容易なことではあるが，我が現行制度と同一の鋳型で教育しようとすることは至難なことであるから，其程度を低くすることが要求される。皇室皇族等の優遇方法は今日のところ不明であるが，最善の方法を以てこれを優待することは当を得たものである。関税問題は各種条約が消滅するとともに，この機において根本的な解決を与えることは最も望むべきことではあるが，特殊な事情があれば，しばらくの間現状に放任する外はない。両班に対しては教育する方法を講じることは蓋し適当な処置である。

⑻⑷ 『東京日日』1919年８月24日付。

⑻⑸ 「合併と世論」『東京日日』1910年８月24日付。

⑻⑹ 「外人の韓国併合観」『東京日日』1910年８月26日付。

⑻⑺ 「異種族同化先例」『東京日日』1910年８月27日付。

⑻⑻ 宗教は崇拝の対象がなければならない。即ち，キリスト教は，イエス・キリスト，仏教は釈迦などである。ところが，儒教は対象がないので宗教とは言えない。儒教は孔子の思想を尊信する中国哲学であり，本来の趣旨は自己治人（自己修繕）である。

⑻⑼ 「日本国民の真光栄」『東京朝日』1910年８月29日付合邦記念の最善なる方法より。

⑼⑽ 「合併条約内容」『東京日日』1910年８月23日付。

(91)「合併せらるる韓国（１）」『東京朝日』1910年８月24日付。
(92)「強者の威」『東京朝日』1910年８月25日付。
(93)「合併の責任」『東京朝日』1910年８月27日付。
(94)「金玉均の昔語」『東京朝日』1910年８月27日付。
(95)「京城特電を見て」『東京朝日』1910年８月28日付。
(96)「日韓最近の関係」『東京朝日』1910年８月29日付，京城にて永魂郎より。
(97)「福沢先生手記京城変乱始末」『時事新報』1910年８月22日付の社告。
「右は明治一七年一二月の京城変乱即ち金玉均等一派が決死断行したるクーデターの顛末記事にして、福沢先生の手記に係り、其材料は事の首謀者なる金玉均、朴泳孝及び当時京城に在りて其事情を熟知せる井上角五郎等諸氏の実話及び日記に探りたるものたりし事、 外交の機密に関するもの多きを以つて、先生の生前にこれを人に示さず、深く筐底に蔵められたりしが、今や之を公にするも差支えなきに至りしを以て不日の中に紙上に提出し数日の間連載して読者の清覧に供す可し。　　四三年八月　時事新報社」
(98)「調印既に了り一両日中発表」『韓国合併』1910年８月23日付。
(99)「内田良平氏」『時事新報』1910年８月24日付。
(100)「内田良平氏」『時事新報』1910年８月24日付。
(101)「韓国併合記念号」『時事新報』1910年８月24日付特集である「韓国合併」より。
(102)「韓国併合記念号」『時事新報』1910年８月24日付特集である「韓国合併」より。
(103)「朝鮮統治の大眼目」『時事新報』1910年８月25日付。
(104)「朝鮮人民の為めに賀す」『時事新報』1910年８月26日付。
(105)「朝鮮総督の人物」『時事新報』1910年８月27日付社説。
(106)「漢城最後の一幕」『時事新報』1910年８月28日付御前会議の詳報「李総理」より。
(107)「漢城最後の一幕」『時事新報』1910年８月28日付御前会議の詳報「皇帝陛下」より。
(108)「漢城最後の一幕」『時事新報』1910年８月28日付御前会議の詳報「徳寿宮」より。
(109)「一千万の新同胞」『時事新報』1910年８月29日付社説。
(110)「合併発表」『時事新報』1910年８月30日付社説。
(111)寺内総督は日本の新聞が併合問題をめぐって韓国民族を刺激する恐れがあるとし，1910年８月10日京城で日本記者団と会見し，韓国の民衆に対して同情と理解を持って慎重に行動することを訓示した。

(112)　『大阪毎日新聞五十年』大阪毎日新聞社，1932年，220頁。

(113)　日本外務省『日本外交文書」第38巻，日本国際連合協会，1958年，575頁。

(114)　*The Times*, 28 September, 1908.

(115)　*The Times*, 23 September, 1909.

(116)　*The Times*, 24 September, 1910.

(117)　*The Times*, 25 August, 1910.

(118)　*The Times*, 26 August, 1910.

(119)　*The Times*, 26 August, 1910.

(120)　*The Times*, 28 August, 1910.

(121)　*The Daily News*, 25 August, 1910, "The Fate of Korea" British Government's Attitude towards Annexation (in London)

(122)　*The Daily News*, 26 August, 1910 "Annexation of Korea".

(123)　*The Daily News*, 26 August 1910.

(124)　*The Daily News*, 29 August 1910, column headed "Passing of Korea", Ex-Emperor given title of king and person".

(125)　*The Daily News*, 29 August 1910, column headed, Term "Most Generous." Reuter's Agency.

(126)　*The Daily News*, 29 August 1910, column headed, Term "Most Generous."

(127)　*The Daily News*, 29 August 1910, "Terms of the treaty."

(128)　*Morning Post*, 25 August 1910, "Annexation of Korea by Japan." British Government's Attitude.

(129)　Portsmouthは米国New Hampshire 州東南部の港湾，海軍基地であり，日露戦争条約の締結の地でもある。

(130)　*The Daily Telegraph*, 25 August 1910, Column Headed, "Annexation of Korea", from our own correspondent.

(131)　*The Daily Telegraph*, 29 August 1910, Column Headed, "Annexation of Korea", The Tariff Question.

(132)　*The Daily Telegraph*, 29 August 1910, Column Headed, "Annexation of Korea", Commercial Interests.

(133)　*The Daily Telegraph*, 30 August 1910, Column Headed, "Annexation of Korea", Imperal Rescript.

(134)　*The Daily Mail*, 25 August 1910, Column Headed, "The Outlook" The Annexation of Korea.

(135) *The Daily Mail*, 25 August 1910, Column Headed, “The Outlook”, The Annexation of Korea.

(136) 笹山晴生『日本古代史講義』東京大学出版会，1977年，49～50頁。

(137) 細川嘉永『現代日本文明史（第10巻）植民史』東洋経済新聞社，1941年，215頁。

(138) *The Daily Mail*, 25 August 1910, Column Headed, “The Outlook”, The Annexation of Korea.

(139) foreign　devilsという原文の意味は羊鬼子であり，特に，欧米人に対する蔑称である。ところが，この文章では日本人を指している。当時1910年代からは日本人を韓国語で倭寇という言葉を使っていたが，日本語の倭寇（和寇）という意味は，日本の盗賊，倭人の群盗である。特に，鎌倉末，室町期に朝鮮半島，中国大陸沿岸を襲った日本の海賊を指す場合が多い。この文章では外敵という表現が最も相応しく，英文に近いのであろう。

(140) *The Daily Mail*, 25 August 1910, Column Headed, “The Outlook”, The Annexation of Korea.

(141) *The Daily Mail*, 25 August 1910, Column Headed, “The Outlook”, The Annexation of Korea.

(142) *The Daily Mail*, 25 August 1910, Column Headed, “Annexation of Korea”, Japan’s Action, Fate of the Hermit Kingdom, British Attitude, “No Objection”.

(143) *The Daily Mail*, 26 August 1910, Column Headed, “Annexation of Korea”.

(144) *The Daily Mail*, 26 August 1910, “Fate of Korea”, Japanese Rejoicings at the Annexation.

(145) *The Daily Mail*, 26 August 1910, “Fate of Korea”, from our own correspondent (Berlin, Thursday).

(146) Richard Story, *A History of Modern Japan*, 1987, Great Britain, Set in Monotype Baskerville, pp. 143～145.

(147) 山口勧「最近の説得的コミュニケーションの研究」『コミュニケーションの社会心理学』東京大学出版会，1984年，29頁。

(148) 同上29頁。

(149) Hovland, C.I. and Weiss, W 1951, “The influence of source credibility on communication effectiveness,” *Public Opinion Quarterly*, 15, pp. 635～650.

ホブランドは，送り手の信憑性を規定する要因として，専門性（expertness）と信頼性（reliability）とを区別している。専門性とは送り手が問題とするトピックに関して正当な主張をするとみなされる程度のことを意味しており，また信頼性とは最も正当と考える主張を伝える送り手の意図に対する信頼度のことである。両方とも独立に送り手の信憑性に影響し，説得的コミュニケーションの効果を規定すると考えられるのである。必ずしも送り手の信頼性だけによって説得的コミュニケーションの効果が規定されてしまうわけではなく，その他の要因もあるけれども，信頼性の要因がやはり説得的コミュニケーションの効果に影響を与えることが大きいと見られる。一方，信頼性に影響することは様々あるが，送り手の話の速さ，説得的意図有無などがある。

(150) Gillig, P.M. and Green Wald, A.G. 1974, "Is it time to lay the sleeper effect to rest ? ", *Journal of Personality and Social Psychology*, 29, pp. 132〜139.

(151) Hass, G.R., 1981, Effects of source Characteristics on cognitive responses and persuasion, "cognitive responses in persuasion" Lawrence Erlbaum Associates.

(152) 山口勧，前掲41頁。

(153) C.F. Lumley, *The Propaganda Menace*, New York, 1933, p. 56.

(154) K. Young, *Social Psychology, An Analysis of Social Behavior*, New York, 1930, p. 653.

(155) 戸沢鉄彦『宣伝概論』中央公論社，1942年，11頁。

(156) 伊藤迪『ジャーナリズムの日本的課題』日本評論社，1941年，74頁。

(157) 同上74〜75頁。

宣伝の基本形式は３つに分かれる。

第一形式，宣伝は公的意味のプロパガンダであって，一般に公共的な問題に関わるものである。

第二形式，煽動はいわゆるアジテーションであって，相手方の精神攪乱を目指し，主として破壊的に機能するものである。

第三形式，広告レクラーメは宣伝者の私益を目的とする点で，公的な宣伝と区別せられる。

(158) 池田徳真『プロパガンダ戦史』中央公論社，1981年，45頁。

この本の著者はリヒャルト・グレリング博士（Greling, Dr. Richard）という，ユダヤ系ドイツ人の弁護士で，ドイツ著作家協会の法律顧問や，1893年設立されたドイツ平和協会の創立者の一人として副会長をしていた人であることが，戦後，明らかにされた。彼は，この本のなかで，戦争犯罪者としてのドイツ皇帝・ドイツ政府・ドイツ支配階級に対する徹底的な弾劾を行っている。

(159) 池田徳真『プロパガンダ戦史』中央公論社，1981年，57頁。

(160) 池田徳真，前掲63頁。

1914年10月にイギリス陸軍で観察将校（Eye Witness）として活躍していたスウイントン中佐は宣伝用リーフレットまで作成した。この『ベカントマッフンク』はイギリスの謀略宣伝のなかのリーフレット宣伝の起源となるものである。

(161) 小山栄三『戦時宣伝論』三省堂，1942年，２～３頁。

(162) 内閣情報部『宣伝の心理と技術』情報宣伝研究資料第11集，1939年，326～327頁。

(163) 石森久彌『朝鮮統治の批判』朝鮮公論社，1926年，１頁，明治天皇の朝鮮併合に対する詔書。

(164) 日本外務省編『日本外交文書』第43巻第１冊，日本国際連合会，1962年，679～680頁。

(165) 久保寺山之輔『日韓併合之秘史』日本乃姿顕彰会，1964年，263頁。

(166) 同上265～269頁。

(167) 中央日韓協会『朝鮮の保護及び併合』朝鮮総督府資料，1917年，400～402頁。

(168) 同上400～406頁。ただし同書は1909年12月４日奉呈したものである。

(169) 同上406～412頁。

(170) 国民大演説は輔国正一品である閔泳韶を会長として組織されたいわゆる民族主義派の団体である。彼らは1909年12月４日，西大門区圓覚寺において，演説会を開催し，一進会の合邦声明書を非難攻撃した。また，同会は，統監府及び内閣に1,500名余りの名で非合邦の上書を提出すると共に，意見書を発布した。また，一方，同７日統監邸では大臣会議を開いて上疏を却下した。そこで，一進会は同夜総会を開き，上疏の再呈を可決し，翌８日再び上疏を郵便で上程した。

(171) 中央日韓協会前掲『朝鮮の保護及び併合』412～413頁。

(172) 山辺健太郎『日韓併合小史』岩波新書，1988年，229～230頁。

(173) 同上230～231頁。

(174) 中央日韓協会前掲『朝鮮の保護及び併合』413頁，

一方，一進会は褓負商の団体である大韓商務組合所に合邦賛成を公表させたり，国民同志賛成会を創立して，大いに合邦問題に賛成の意を表した。更に，国民賛成会などを結成して，合邦問題を説いていた。

(175) 山辺健太郎前掲『日韓併合小史』232頁（明治42年12月21日，京城日本人新聞記者会）。

(176) 当時，ソウル駐在日本人記者団は一進会に対して否定的な立場を取っており，韓国における政党活動は，親日，排日如何を問わず，これを解散，禁止することを主張した。一進会の日本人顧問であった内田良平著『日韓併合秘史』には，日本人記者が曽禰統監に買収され，その命によって，一進会反対運動を展開したと非難していた。両者間には韓国問題に対して先駆者的な意識を持って競合することによって発生した嫉視，反発などが絡んで起こったものであるという指摘もある。また内田良平（1874～1937）は，1894（明治27）年東学農民乱（甲午農民戦争）が起こると，天佑侠に参加して朝鮮で活動することになった。日清戦争後，シベリアを視察して1901年黒龍会を結成，対露主戦論を唱えた。日露戦争後には韓国併合の促進を画策した。日本では大正デモクラシー排撃運動に活躍，また1921（大正10）年宮中某重大事件では頭山満と組んで山県有朋に対抗，同年日朝融和を唱えて同光会を設立した。1925年には加藤高明内閣の普通選挙法案に〈純正普選〉（家長普選論）運動により対抗，加藤首相暗殺教唆の容疑で検挙されたが，無罪になった。1930年，ロンドン海軍軍縮条約反対運動を展開したり，翌年は大日本生産党結成に参加して総裁となった。

(177) 斎藤実文書895「元一進会有力者名簿」によると，会長李容九，副会長は金沢鉉，会員元世基外305名である。斎藤実文書は国会図書館所蔵斎藤実文書より。

(178) 斎藤実文書1006によると劉猛は当時における「宋身劉魂」といういわれるほど，一進会のあらゆる文献を起草した者である。

(179) 姜東鎮『日本の朝鮮支配政策史研究』東京大学出版会，1979年，128頁。

(180) 姜在彦「朝鮮問題における内田良平の思想と行動」『歴史学研究』307号，歴史学研究会（内田良平『日韓併合秘史』下巻）。

(181) 姜東鎮，前掲129頁。

(182) 合邦によって解体された団体は次のようである。（　）内は会員数。

①大韓協会（7,379）②西北学会（2,324）③進歩党（500）④政友会（46）⑤平和協会（1,000）⑥国民同志賛成会（460）⑦国民協成会（500）⑧優成協同会（73）⑨合邦賛成建議所（201）⑩大韓商務組合（100万余）⑪漢城普信社（2,240）などである。ただ，会員の数にも疑問があり，一人が幾つかの会員でもありうることであり，会員がないまま名前だけが残った幽霊団体が存

在した可能性もある。

(183)　金圭煥『日帝の対韓言論・宣伝政策』二友出版社，1982年，83～87頁。

(184)　当時の言論出版物は民族文化創造にも努めていたが，特に言文一致を叫ぶ新文学運動が起こり，その出発点となったのは『少年』という雑誌である。この雑誌は併合以後，『青春』『泰西文芸新報』などと改題しながら引き継いでいった。この新文学運動は「三・一独立運動」以後の民族文学発展の分岐点となったものである。

(185)　極秘，大蔵省管理局『日本人の海外活動に関する歴史的調査』通巻第11冊，朝鮮篇第10分冊，2頁。

(186)　取秘注意，大蔵省管理局『日本人の海外活動に関する歴史的調査』通巻第3冊，朝鮮篇第2分冊，3頁。

(187)　外務省調査局「朝鮮統治の性格と実績，反省と反批判」調三資料第2号，1946年，4～5頁（衆議院調査課所蔵）。

(188)　金圭煥，前掲55頁。

(189)　同化政策は大抵植民地の原住民に対する政策に関連して使用されており，母国延長主義は統治国の法律，制度，国民が植民地に及ぶという面から言われるもので，母国延長主義はある意味では同化政策（主義）と同じことであろう。

(190)　矢内原忠雄『植民及植民政策』有斐閣，1933年，303～304頁。

(191)　矢内原忠雄，前掲313～350頁，351～354頁，384～389頁，581～589頁。金圭煥，前掲55～59頁。矢内原忠雄『帝国主義研究』1949年参照。

(192)　金圭煥，前掲56頁。

(193)　矢内原忠雄『植民及植民政策』有斐閣，1933年，384頁。

(194)　金圭煥氏は自分の著書で，上記のように欺瞞的オモテコトバという言葉で表現しているが，これは不適切ではなかろうか。むしろ，偽善的建前という言葉がいいのではなかろうかと考えている。（金圭煥，前掲57頁参照）

(195)　鈴木武雄「朝鮮統治の反省」『世界』1946年5月号，41～51頁。

(196)　鈴木武雄『朝鮮統治の性格と実績』外務省調査部，1946年，21頁。

(197)　「朝鮮統治論」『京城日報』1920年3月5日付論説。

(198)　矢内原忠雄前掲『植民及植民政策』323～324頁。

(199)　「兵站基地」は満州事変を契機として朝鮮にかぶせられる名称となった。

(200)　極秘，大蔵省管理局『日本人の海外活動に関する歴史的調査』通巻11冊，朝鮮篇第10分冊，6～7頁。

(201) 副島道正「朝鮮統治に就いて」友邦協会資料，筆者所蔵，26頁。

(202) 「日本化」という言葉は非常に意味深いものであろう。即ち，「化」という言葉は筆者は自意として，「community」(同生活体ないし共同社会) いう意味で取り扱っている。そうすると，日本化という意味は日本人化，日本国化，または日本人社会化ということになる。従って，思考と習慣，言語，制度，文化，姓名など全てのものが日本人化を目指すという意味を持っている。

(203) 1939年12月「朝鮮民事令改正，朝鮮人の氏名変更に関する件」の施行によって，いわゆる「創氏改名」を強迫と威脅的な方法で実施した。また，朝鮮語の排斥とともに公式的な使用を禁止した。これは当時，世界に例がないことで，日本の同化政策の最も特徴的なものであったとも言えよう。

(204) 本郷実『植民政策と民族心理』友邦協会，1937年，97～103頁。

(205) 本郷実前掲『植民政策と民族心理』104頁。金圭煥，前掲60頁。

(206) 金圭煥，前掲60頁。

(207) 朝鮮総督府官房文書課編纂「道知事会議ニ於ケル総督訓示」『諭告・訓示・演述総攬』1939年，196頁。

(208) 宮田節子『朝鮮民衆と「皇民化」政策』未来社，1985年，148～149頁。

(209) 同上149頁。

「内鮮一体」は日中戦争から太平洋戦争までの時期の，朝鮮支配の「最高統治目標」であったばかりではなく，1910年「日韓併合」以来，日本の朝鮮支配の基本方針であった「同化政策」の極限化でもあり，その本質を集中的に体現しているからである。

(210) 韓民族はもともと大陸的な民族性を持っているとされ，特に5000年歴史の中で，儒教的思考が根強い民族である。従って，正義，道徳，信用，義理を重要視する民族で，不義に対しては非常に抵抗的な姿勢を示すとされる。

(211) 鈴木裕久「説得的コミュニケーション研究における受け手の諸問題・効果形成過程・媒介概念・被説得性」『東京大学新聞研究所紀要』No. 17，東京大学新聞研究所，1968年，141～166頁。

(212) 芳賀登『日韓文化交流史の研究』雄山閣，1986年，26頁。

(213) 本山実「朝鮮海運の史的展開」『拓殖大学論集』第2号，1968年，124頁。

(214) 本山実前掲「朝鮮海運の史的展開」『拓殖大学論集』122～123頁。

朝鮮海港地を見ると，1883年に仁川，揚花津，京城を，1888年に慶興を，1897年に鎮南浦，木浦を，1898年に平壌を，1899年群山，馬山，城津を，1906年龍巖浦をそれぞれ日本その他の各国に開放した。

(215) 朝鮮総督府『朝鮮総攬』1933年796頁。筆者が整理したものである。

(216)　朝鮮総督府『施政二十五年史』1935年，図表篇，関釜連絡船乗客表を参考にして筆者が作成したものである。

(217)　鮮交会『朝鮮交通史』三信図書，1986年，18頁。

(218)　日本では，1872年創始された鉄道がようやく新しい交通機関として認識され，その企業価値が民間の投資を喚起し，相次いで私鉄の建設が出願され，国内には私鉄時代を現出していた。従って海外の私鉄投資についても関心をよび起こし，在鮮有志の要求と相俟って，朝鮮における鉄道敷設権獲得への激しい運動が展開されているところであった。

(219)　本山実「朝鮮交通の史的考察」『拓殖大学編集』第52，53合併号，1968年，209〜210頁。

(220)　1905年12月京城に統監府を置き，伊藤を初代統監に当たらせた。ところが，朝鮮の開発にその先駆たる鉄道の整備が必要となり，まず軍事鉄道として速成された幹線の改良を行うことが先決問題となり，それには私設鉄道たる京釜鉄道と臨時軍用鉄道監部の所管する京義鉄道を統一経営のもとに置く必要があった。そこで，日本政府は1906年3月京釜鉄道買収法を制定して，京釜鉄道と京仁間の鉄道を買収した。統監府鉄道管理局には，特に臨時鉄道建設部において専ら京釜・京義幹線の改良に当った。1909年6月には管理局を廃して統監府鉄道庁をおいていた。しかし，1910年10月には平壌・鎮南浦間の平南線の竣工，1914年1月大田・木浦間の湖南線，8月には京城・元山間の京元線を開通した。1911年10月には鴨緑江の架橋工事が完成され，同年竣工を見た満鉄安奉線の広軌改築とともに南大門・長春間の鮮満直通列車が運転されることになった。

(221)　朝鮮鉄道協会「朝鮮の鉄道」『朝鮮鉄道協会会誌』臨時増刊号第17巻第1号の2，13頁。

(222)　朝鮮総督府『朝鮮の道路』中央日韓協会，1928年，1頁，11頁。

(223)　春原昭彦「日本のジャーナリズムの生成に及ぼした伝統と西欧の影響」韓国言論学会報告資料，1990年5月4日韓国プレスセンター，7頁。

(224)　明治時代の商工業の中心地区（現在西日本）は熊本であり，今もNHK，日本銀行などがある。

(225)　秘，朝鮮総督府警務局『朝鮮出版警察概要』1936年，104〜107頁。

(226)　朝鮮総督府『施政二十五年史』1935年，674〜675頁。

1906（明治39）年11月朝鮮統監府は各道警務顧問支部に訓令し，一定の期日を以って戸口の実施調査を行わせたことを嚆矢とする。当時人口は，9,781,671名であったが，1933（昭和8）年末統計によれば20,205,591人であった。当時，10年間の平均差増加は人口1,000人に付，14.75を示すこととなる故，現時における平均毎年の人口増加数は特殊事情がなければ，約30万人内外と見るのが妥当であると記されている。そこで，2年間で計算したら，20,800,000人余になるのである。

(227) 鮮交会『朝鮮交通史』三信図書，1986年，1034～1035頁。

日本と朝鮮の間における最初の航空機は，大邱・福岡線であった。これは朝鮮海峡が敵の潜水艦に蹂躙され，海上航行が不安となったので，航空機に依る連絡の必要性を認め朝鮮と日本の最短距離である大邱・福岡間に定期航空便を開設することになり，1944年4月より毎日2回往復の運航を開始したのである。これが日韓の間における最初の飛行航路でもある。

(228) 友邦協会『統監府時代の財政』1974年，339頁。

(229) 大蔵省管理局『日本人の海外活動に関する歴史的調査』通巻第9冊，朝鮮編，第8分冊，70頁。

(230) 1884（明治17）年2月，デンマークの大北電信会社が日本の免許を得て敷設，長崎・釜山間の海底電信線（112浬）が釜山に陸揚されると同時に，日本が釜山郵便局で電信事務を開始したのが韓国における電信の濫觴である。

(231) 大蔵省管理局前掲『日本人の海外活動に関する歴史的調査』71頁。

(232) 友邦協会前掲『統監府時代の財政』399～400頁。

(233) 韓国通信委託に関する取極書は明治38（光武9）年4月1日に締結された。この前文は，日韓両国政府は韓国の通信機関を整備し，日本国の通信機関と合同連絡して両国共通の一組織となるを以て，韓国の行政並経済上得策であるとし，かつ，このため，韓国の郵便電信電話事業を日本政府の管理に委託する必要を認め，大日本帝国特命全権公使林権助及び大韓帝国外部大臣李夏栄は各々相当の委任を受け，左の取極をなす，と定めており，内容は10箇条に分けて説明している。

(234) 友邦協会前掲『統監府時代の財政』401～402頁。

(235) 友邦協会『岡本桂次郎傳』（作者年代未詳）77～78頁。

(236) 大蔵省管理局前掲『日本人の海外活動に関する歴史的調査』81～82頁。

(237) 大蔵省管理局，前掲87～88頁。

(238) 池清『朝鮮通信』朝鮮通信協会，1935年，105頁。

(239) 同上105頁。

(240) 同上107頁。

(241) 友邦協会『岡本桂次郎』（作者年代未詳）79～80頁。

(242) 内川芳美「続・新聞史散歩編」『新聞研究』No. 152，日本新聞協会，1964

年3月号。

(243) 鄭晋錫『韓国言論史研究』一潮閣，1983年，250頁。

(244) 内川芳美『新聞史話』社会思想社，1967年，218頁。

(245) 内川芳美『新聞史話』社会思想社，1967年，218頁。

(246) 京城日報社『京城日報社誌』1920年，5～6頁。

(247) 中村健太郎『朝鮮生活五十年』友邦協会，50頁。

(248) 鵲（かささぎ）は燕雀目の鳥，烏よりやや小さく，肩羽と腹面とが白色である外は黒色で金属の光沢がある。北半球の中北部にひろく分布し，日本には北九州に分布する。韓国では吉鳥と言われている。朝，家の近くで鳴いたら良い知らせの前触れであるとされている。朝鮮には特に槐の木が多く，その槐の木には鵲が群れを成して巣を作る。その巣が何とも言えぬ風情があり，徳富はそれを非常に愛した。京城の北門内の丘を背景とした朝鮮家屋には，多数の槐の木があって，鵲の巣がたくさん見かけられる。徳富蘇峰は京城滞在中，自分の住居兼書斎を鵲巣居と称して，その風情を愛でたのである。

(249) 中村健太郎『朝鮮生活五十年』友邦協会，51頁。

(250) 金圭煥，前掲126頁。

(251) 1924年8月9日，京城日報社長として就任した副島道正が朝鮮総督の新任紹介宴会席上で，自分は京城日報を何といっても朝鮮第一の権威ある新聞であると思うと豪言して，在京城記者団から顰蹙を買い，遂には記者団の排斥決議まで行われた。

(252) 京城日報社『京城日報社誌』1920年，2～4頁。

(253) 副島道正「朝鮮統治に就て」友邦文庫所蔵（年代未詳），5～6頁。

(254) 副島道正「朝鮮統治に就て」友邦文庫所蔵（年代未詳），21～22頁。

(255) 副島道正「何故問題になった」「朝鮮に就て」友邦文庫所蔵，26頁。

(256) 内川芳美『新聞史話』社会思想社，1967年，220頁。

(257) 『海南新聞』（現在の愛媛新聞）1915年4月7日夕刊（8日付）。

(258) 春原昭彦『日本新聞通史』新泉社，1987年，147～148頁。

(259) この部分は，内川芳美前掲書，春原昭彦前掲書などをはじめとして多くの日本の資料を参考にして筆者が整理したものである。

(260) 聞き手内川芳美，春原昭彦「横溝光暉」『新聞研究』別冊No. 8，1979年，96～97頁。

(261) 横溝光暉『昭和史片鱗』経済往来社，1975年，328～329頁。

(262) 同上331～332頁。

(263) 横溝光暉，聞き手内川芳美，春原昭彦『新聞研究』別冊No. 8，1979年，96

頁。

(264) 横溝光暉前掲『昭和史片鱗』332～333頁。

(265) “The Seoul Press”は，大型面に紙面構成は「ロンドン・タイムズ」を模倣して，一面は前面広告，2面は論説及び日本国内短信，社会記事，3面は国内外政治ニュース，4面は外国記事が主な内容であった。

(266) 1895年『万朝報』の英文記者として入社，1908年3月“The Seoul Press”社長に就任。この間に“The Times”のソウル通信員を兼務していた。

(267) 鄭晋錫『韓国言論史研究』一潮閣，1983年，250～251頁。

(268) 金圭煥，前掲132～133頁。

(269) 「朝鮮唯一の英字新聞，ソウル・プレス解部」『三千里』12月号，三千里社，1936年，78～81頁。

(270) 『新聞総攬』1924年版，520頁。

(271) 『新聞総攬』1928年版，536頁。同29年版，522頁。

(272) 鄭晋錫『韓国言論史研究』一潮閣，1983年，256～257頁。

(273) “The Seoul Press”‘Announcement’1937年5月30日付。

(274) “大韓”という文字の意味は独立を象徴する意味が含まれており，大韓をとって，『毎日新聞』に題号をしたという。『大韓毎日申報』は1907年5月頃は1万部を突破したが，1938年4月29日からは『毎日申報』と改題した。

(275) 『毎日申報』の購読勧誘が（京城日報と同じく）上下部行政機関を通じて，半強制的に行われ，特に地方末端機関で行政予算として購読させるなど，措置が取られていたと言われている。

(276) 京城日報社『京城日報社誌』1920年，23～24頁。

(277) このハングル第5号活字体は『毎日申報』が特別に注目した「其女史の有名な筆法」を採用したことが明らかにされた。某女子の有名な筆法ということは閔友植の夫人が書いた宮体で，字母は東京にある民有社の協助を得て作ったという。『毎申』1938年5月1日付参照。

(278) 鄭晋錫『韓国言論史研究』一潮閣，1983年，252頁。

(279) 「我社の回顧二十年」『毎日申報』1926年6月1日付。

(280) 鄭晋錫『韓国言論史研究』一潮閣，1983年，289～290頁。

第6章　三・一独立運動をめぐる言論報道及び言論統制政策

第1節　三・一独立運動と国内外の言論

1　「三・一独立運動」の歴史的背景

「三・一独立運動」は朝鮮民族が日本帝国の植民地支配から独立して自主的に統治しようとした運動であった。この独立運動は，1919年3月1日ソウルのパゴダ公園で最初に行われ，全国的に拡散していった全民族運動でもあった。

一方，三・一独立運動は日本の朝鮮統治において大きな転換点となり，韓国言論史においても多大な影響を及ぼすことになる。同運動は日本統治下の朝鮮における最大規模の独立運動で，これに刺激された日本は急遽，従来の対朝鮮政策を換えなければならなくなった(1)。いわゆる「武断政治」から「文化政治」へ転換することになるのである。この「文化政治」の一環として，言論においては朝鮮人に対しても民間紙の発刊が許可され，ハングル新聞の創刊を見るようになる。

三・一独立運動は寺内正毅朝鮮初代総督の「武断政治」による朝鮮民族の大きな反発を招いた結果起こった運動で，現在日本では「万歳事件」とも呼ばれている(2)。1910年日韓併合から1919年三・一独立運動までの約10年間朝鮮の支配形態は「武断政治」と呼ばれ，朝鮮民族に対しては抑圧，刑獄，蹂躙，収奪の限りをつくした時期として知られている。特に，寺内正毅は憲兵警察制度を創設，強圧政治を行い，その様子は「朝鮮人はわが法規に服従するか，死か，そのいづれかを選ばねばならぬ」と恫喝した寺内自らの言葉にも端的に示されている(3)。

例えば，1907年第2次日韓協約が結ばれた時，全国の総囚徒数は，わずか

400人に過ぎなかったものが，1911年には18,100人余，1913年には21,400人余，1918年には82,121人と急激に増加した[(4)]。これによって朝鮮民衆の反日独立運動がいかに激しかったか，更に，日本の憲兵警察の弾圧がいかに苛酷なものだったかが推察できる。

このような寺内総督の「武断政治」は，朝鮮植民地統治の基盤構築とともに，朝鮮を日本の資本主義市場化ないし，原料・食料の供給地，商品販売市場，大陸侵略の基地にすることにその目的があったとも言えよう[(5)]。寺内はこれらの目的を実現するためには力で押さえる「武断政治」が最も適していると考えたのである。そして，総督府は一切の言論，出版，集会，結社の自由を剥脱して朝鮮人に対する無条件服従を強要していた。

このような状況のもとで，多くの民族運動者は海外に亡命するようになった。彼らは，海外で韓国の独立を国際世論化したり，国内の民族運動家らとも提携して抗日運動を展開した。日本の苛酷な植民地統治下において社会全体に広がってきた民族的闘争意識はほぼ爆発点に近付いたのである。それが民族運動として表面化したのが，アメリカのウィルソン（Wilson）大統領が提唱した民族自決主義[(6)]に刺激されて起こった，二・八独立宣言，三・一独立運動であった。二・八独立宣言は，1919年2月8日，日本に留学していた崔八鏞を中心に朝鮮青年独立団を組織して，留学生600名余りが東京のキリスト教会館に集まり，独立を要求する宣言書と決議文を発表したことである[(7)]。これが三・一運動[(8)]への導火線にもなった。

三・一独立運動勃発の直接的な契機は，1919年1月22日の李大王（高宗）の逝去が日本人の毒殺によるものだという噂が民間に流され，民族的憤激を起こしたことによるとされている[(9)]。三・一運動は朝鮮民族の挙族的な独立闘争であるが，その基本的性格は武力的闘争によって独立を勝ち取りたいという革命的な行動よりも，全民族の意志を表し，正義，人道的な立場から独立を求める一大デモンストレーションであったと言えよう。

この意志表示は，日本帝国主義の激しい弾圧にぶつかり，次第に武力的抗争の性格に変わらざるをえなかったが，少なくとも初期の段階においては，秩序と平和を標榜する示威運動であった[(10)]。

それは次の「独立宣言書」の公約，1章と3章によく示されている。

「今日吾人ノ此挙ハ正義、人道、生存、尊崇ノ為メノ民族的要求デアル

カラ、只、自由的精神ヲ発揮スベキデアツテ、決シテ排他的感情ニ逸走シテハナラナイ」（1章）

「一切ノ行動ハモットモ秩序ヲ尊重シテ吾人ノ主張ト態度ヲシテ、ドコマデモ公明正大ナラシメヨ」（3章）(11)

では，当時の『京城日報』の記事を通して，三・一独立運動の報道について分析していくことにしよう。

「宣川（平北）在耶蘇教付属信聖学校数百名（女中学生20名）は、1日午後2時、独立宣言書を配布し、旧韓国国旗を携え、万才を連呼し市中を練り歩き、先ず警察所より郡庁に押し寄せたるも鎮圧するを得たり。目下、首謀者と認むる者32名を検挙し取調中、尚ほ群衆中、数名の負傷者を出したり、3日午後2時半頃国葬遥拝式を名とし、耶蘇教徒は北教会堂に、天道教徒は教区に集合し、其の後合して、約1500名の集団となり、各官衙に押し寄せ「独立万歳」を呼びしたが、午後3時半に至り漸く之を鎮撫し、30名を検挙し、当分の間（日曜日を除く）教会堂における集会を禁止せり。」(12)

このように，三・一独立運動は無抵抗的示威であったが，日本は憲兵警察によって徹底的に弾圧措置をとった。その一つの例である「水原虐殺事件」(13)は最も残酷な鎮圧策で，のち長い間，国内外世論の激しい非難の対象となった事件である(14)。三・一独立運動は結局日本帝国主義の武力弾圧によって失敗に終わったのであるが，朝鮮の歴史上大きな意義を持つようになった。同運動は多大の犠牲(15)を払ったが，政治的な示威行為としては，充分その威力を発揮したからで，日本の朝鮮統治政策を全面的に反省，再検討させ，政策の転換をもたらすことになった。更に，日本の苛酷な弾圧政治に対する批判的な世論を国際的に呼び起こして，朝鮮民族に対する共感と同情を訴えて，大きな関心を集めるようになったのである。

この独立運動は日本統治機構を一時的に麻痺させる程，大きな脅威を統治者にもたらした。騒擾が起こった3月1日には長谷川好道総督をはじめとし，山県伊三郎政務統監，宇佐美勝夫内務部長，児玉秀雄警務総監らは大変狼狽し，急いで取締方針と前後策を鳩首協議したが，いい智恵の出るはずがなく，憲兵と警官も慌てた。平素良民に対しては，取締と干渉が厳しく行われたにも拘らず，一旦，このような大事変に際会しては，意外にもどのような手を打つべきかそのすべを知らなかった。平素，官憲万能を誇っていた当局も既にここに至っては，権威を失っていたのである[16]。

そこで，長谷川総督は，3月1日，3月7日，また7月1日付の3回にわたって諭告を発し，「不逞なる徒輩の妄言想による無謀の言動」を激しく戒めた。しかし，このおどかしも効を奏せず，更に原敬首相の信頼を得ることに失敗して，遂に長谷川は8月14日，「恐懼に堪えず」といって辞任し，斎藤実総督，水野錬太郎政務統監がそれぞれ任命されるに至った。

一方，当時，日本国内においても大正デモクラシー運動の進展と労働運動の急速な展開などによって民衆の反体制活動がようやく台頭してきた。即ち，1918年8月に米騒動が全国的規模に拡散して警察力と軍隊をもってようやくこの大暴動を鎮圧した後，寺内官僚内閣は崩壊した。後継首相には政友会総裁原敬が就任し，これまでの官僚内閣に代わる政党内閣を組織し，日本における政党政治が登場することになった[17]。これは山県有朋ないし寺内の武断的官僚政治の後退とともに，リベラルな西園寺公望と原敬などによる資本主義政党政治の始まりにもなったと言えよう。

特に，原敬は三・一運動が始まる前から朝鮮の植民地統治について留意し，山県有朋と寺内の武断政治に批判的な態度をとっていた[18]。また，この頃，『大阪朝日新聞』京城特派員橘破翁は寺内前総督と，長谷川好道総督に対して次のように批判と反省を促している。

「今日に至るも，依然として寺内伯の執った不徹底にして非文明極まる言論政策のみは独り旧態を改めざるのみならず，時に或は彼の強圧至らざるなかりし寺内伯時代の政策に比して更に一段の辛辣を加へたるかの観あることを往々にして耳にするは吾輩の誠に不可解とする所，秘かに痛嘆を禁せざるものある次第であります。」[19]

即ち，政治的言論の自由は国民文化促進の一大要件であり，官憲がこの一大要件に向かって非文明的な圧迫を加えるようなことがあれば，実にこれは国家文明の恥辱であると述べている[20]。更に，彼は1919年6月下旬頃，9回にわたる京城特派員（橘破翁）報告である「文官か武官か」を通じて，辛辣に軍人総督廃止を論じた。そこでは，朝鮮における言論抑圧は世界でも例を見ないことと，御用新聞以外には発刊を許可していない実情を『大阪朝日』に掲載して，長谷川総督の言論統治を激しく攻撃していた。

もう一つ注目すべきものは，元東大教授吉野作造の朝鮮関係論文である[21]。彼は1916年『中央公論』6月号で，「満韓を視察して」と題し，朝鮮総督政治は苛酷な威圧政治で，朝鮮人は日本人からひどい差別と蔑視を受け，政治的無権利と経済的な貧困を要求されている，実に問題の多い統治制度だと論じていた[22]。結局，これらの総督政治の攻撃，言論界の朝鮮統治批判などが，間接的に朝鮮人の独立運動を招く要因になったのではなかろうかと思われる。

2　国内外の言論報道

日韓併合時代においては日本でも『平民新聞』のように併合政策に反対した新聞も見られた。ところが，「三・一独立運動」期には殆どの有力紙がこの事件を大きく取り上げてはいるが，朝鮮の独立について支持する新聞は一つもなかった。ただ，日本政府の対朝鮮政策については辛辣な批判を行った新聞は幾つか見られる。

ここでは，当時の日本の6つの有力紙と，地元新聞で総督府機関紙である『京城日報』の社説を分析しておきたい。分析期間は，1919年3月から同8月までにする。というのは，同年の9月は斎藤実新任総督が赴任してきた月であるため，収拾前の激しかった状況における言論報道を分析する必要があるからである。

まず，三・一運動を取り扱った社説の頻度数を見てみよう（**表10**参照）。

ここで見られるように，社説の頻度数が最も多いのは『京城日報』であり，次は『万朝報』，『大阪朝日新聞』の順である。朝鮮の新聞が数多く取り扱っているのは当然なことであるが，『大阪朝日新聞』が三・一運動に高い関心を示していたのは，朝鮮と経済的・地理的に近い新聞だからであろう。また，運動が勃発した3月から4月までの間は，当然社説の頻度数が多いが，8月に社説の数が急に多くなったのは，長谷川総督の辞任とともに斎藤実の人事と今後の朝鮮統治政策に関する政策転換を注文する内容の社説が多くなったからである。『万朝報』は「武断政治」時代には朝鮮に関する報道を殆どしなかったが，この段階では多くの社説を出して，高い関心を示していることは特記すべきことだと言えよう。

ところで，三・一運動勃発以後，報道記事が出ることが非常に遅れていた。

表10

紙名＼月	3	4	5	6	7	8	計
大阪朝日新聞	1	4	1	1	1	3	11
大阪毎日新聞	1	—	—	2	1	1	5
東京朝日新聞	2	2	—	1	1	3	9
東京日日新聞	—	1	—	1	—	3	5
時事新報	—	3	—	1	1	3	8
万朝報	2	3	1	1	2	4	13
京城日報	6	6	—	1	2	8	23
月別合計	12	19	2	8	8	25	74

それは，当局の言論統制のために，3日からようやく報道されるようになったからである。3月1日付各新聞の報道記事は「李大王国葬儀」が大きく取り上げられており，三・一独立運動については触れていなかった。そののち，3月3日付『東京朝日』『大阪朝日』『東京毎日』『大阪毎日』『東京日日』『時事新報』が「不穏な檄文の配，国葬を控えた京城で，警務統監の大活動」などの見出しで，三・一独立運動に関して目立たないように報道している(23)。特に，これらの有力紙では三・一運動について直接的な表現はせず，暗示的に表現していた。だが，東京の『万朝報』は3日付「京城で騒擾す」という題で，高宗の葬儀が行われたが，参集した朝鮮人の中に群衆を扇動したものがおり，市町にて騒動が勃発して険悪な形勢におよび，朝鮮警察部が極力鎮撫の結果，大事にいたらずに食い止めたと報じ，長谷川総督が論告を出したが，はっきり騒擾事態が起きたことを大胆に報道した(24)。また翌日『山陽新報』も「朝鮮の暴動」という大きな見出しと，「京城の大騒擾」「鎮南浦に於る示威運動」「平壌の空騒」などの小見出しの下で，騒擾の発生から拡散した状況まで詳しく報道していた(25)。更に，3月5日付『都新聞』は「騒擾鮮人の大検挙」という記事で，平南鎮の警察署長が危険に陥ったと報道している。それは朝鮮人耶蘇教徒のため身体の危険を感じ，憲兵警官等応援のために急行したが，その応援隊は急行したきりで，消息がなく，当局は困惑しており，日本治安当局が危険な状態にまで陥ったと報じていた(26)。

その他の各紙は，7日から報道禁止の解除によって，一斉に記事を取り上げていた。ところが，『京城日報』だけは報道の記事は載せず，その代わり，大見出しで長谷川朝鮮総督の諭告である「軽挙妄動を警告する」という題のもとで長文を掲載していた。同紙は3月6日付社説「民族自決主義の誤解」，3月7日付「国葬と総督諭告」という社説で，騒擾事態の重大性を間接的に報道していた[27]。

当時，一般的な報道傾向としては『東京朝日』『東京日日』『時事新報』が事実報道中心の体制で臨んでおり，『万朝報』『都新聞』『山陽新報』は，むしろ解説，論説中心の報道をしていた[28]。

各紙が社説で示した三・一運動の原因に関する説明を見ると，「煽動者は天道教と称する一派」(『東京日日』3月7日付)，「朝鮮の天道教，国葬を利用した陰謀の裏」(『時事新報』3月7日付）などの天道教陰謀説，「背後に某国の宣教師」(『東京日日』3月8日付)，「悪辣なる野心教，煽動者米宣教師」(『国民新聞』3月7日付）などのキリスト教煽動説，「米人の看護婦，檄文を撒布して廻る」(『東京朝日』3月7日付）など，背景に列強国の援助があったという説など，様々な見方がなされていた[29]。

このように各新聞は，三・一運動の勃発初期において蜂起の原因である日本帝国主義の朝鮮支配とその弾圧政治の苛酷性は勿論，闘争拡大の直接原因となった平和的示威に対する無差別銃撃の実態についても全く触れていなかった。

ただ，統治権力側の「発表」だけを引用して，「一部不逞鮮人の煽動」「外国人宣教師の煽動」「無智な鮮人どもの附和雷同」などを報道し，日本民衆には事件発生の真実を知らせない報道ぶりであったのである[30]。

注目すべきことは，それらの論調が，三・一運動は平和的な示威運動で始まったのではなく，あたかも最初から「暴動」で始まったような刺激的な報道をしている点である。例えば，「耶蘇教徒朝鮮人の暴動，大挙警察署を襲撃して守備隊と衝突」[31]，「安州の暴徒憲兵隊を襲撃千名の集団」[32]，「暴民あいついで検挙中」[33]，「不穏な檄文配布」[34]などがそれであった。右翼系の『やまと新聞』と『京城日報』などは最もひどく，「一部不良学生が此国際示威運動に参加しない者を殺害せよと脅迫」したのが，同運動の原因である[35]と全く虚偽の報道をしていた[36]。ただ『万朝報』だけが日本憲兵警察による苛酷な統治に原因があるとし，朝鮮で一時，総督府技師職にいた「某氏の談話」[37]を引用して，その暴虐ぶりを暴露した。

また，これらの報道記事のなかでしばしば見られるのは朝鮮人に対する蔑称である「土民」「鮮人」などの卑語で，従来よりも頻繁に使われていたことが分かる。その結果，日本民衆をして朝鮮人蔑視の感情をさらに煽動していたと言えよう。

また，当時の『京城日報』の社説を見ると「所謂独立運動自滅の罪𠲿と為る勿れ」（3月7日付），「鮮人学生に誨ふ」（3月9日付），「朝鮮騒擾に関する質問書を読む」（3月12日付），「新聞紙の堕落」（3月12日付），「朝鮮の徳育」（3月20日付）などと日帝の圧政が闘争発生の真因であることをしぶしぶ認めることもあったが，しかし，主な原因はあくまでも朝鮮青年と一部の宗教家，外国人宣教師によって行われたと断じていた。

一方，日本軍と憲兵警察の弾圧にも拘らず，独立運動はますます激しくなり，全国的に拡散していった。これに驚いた統治権力側は，山県伊三郎政務統監を東京に派遣，原敬首相との協議の上，4月6日，日本軍の大増派が決定された[38]。この状況下の当時の新聞報道は次のようである。

『東京日日新聞』は「朝鮮各地の暴動熄まず」[39]，「京城で労働者騒ぐ，首謀者続々捕はる」[40]，「朝鮮の暴動拡大，官憲の被害頻々」[41]などの大きな見出しを出し，『東京朝日』は「鮮人労働者の運動，首謀者外二十三名検挙」[42]「慶尚南道晋州に約六千乱民集合す，馬山暴民三十余名検挙」[43]など全国的に広がった闘争運動について報道していた。ここで大きな特徴が見られるのは『京城日報』で，同紙は朝鮮民族の独立闘争関係の記事を殆ど載せず，専ら弾圧側の被害だけを誇大に宣伝していた。

一方，日本において最初に反応を見せたのは黎明会[44]の結集である。即ち，1919年6月25日東京において第6回「朝鮮問題講演会」を聞き，約1,700人の聴衆が集まった中で憲兵政治，同化政策を痛烈に批判した。ここで，弁士の一人吉野作造は，朝鮮を人道主義的な立場で統治すべきだと主張し，「朝鮮人が満足する，また日本の利益にもなる方策」を講じるべきであると主張した。具体的に言えば「差別待遇の撤廃」「武人政治の撤廃」「同化政策の廃棄」「言論自由の許容」[45]などであった。更に，氏は『中央公論』6月号で，「朝鮮における言論の自由」と題して「何よりも言論の自由をある程度あたえる」ことを提言した。その「程度」というのは「絶対に之を許せと云ふのではなく，多少の取締」はやむをえないが，「少なくとも内地に於けると同じ程度」の言論の自由は必要だということであった(46)。吉野作造は朝鮮統治が本当に軌道にのるための方策として，また「朝鮮人の苦痛とする所を除いてやる為」にも，言論の自由を「もっと広く許されん事を希望する」と語っていた。もちろん，植民地統治自体に反対するものではなく，その統治の政策の変化を主張していたのである(47)。

いずれにしても，吉野は民本主義の提唱者で，大正デモクラシーの旗手でもあった。後に彼は『東京朝日』の「枢府と内閣」という論説(48)で，枢密院(49)の廃止論を取り上げて大きな波紋を巻き起こした(50)。結局，吉野は退社することになるが，彼の批判精神は誰よりも民主主義の先駆としての役割を果たしたと言えよう。また，吉野の黎明会の啓蒙運動，寺内内閣に対する筆戦，思想と言論の自由の擁護，当時の朝鮮人留学生の世話などの点は高く評価するべきであろう(51)。

以上，朝鮮における三・一運動をめぐる日本の言論報道を探ってみたが，今度は当時の海外の言論の論調はどうであったのかを見ていくことにしよう。

アメリカの新聞雑誌のうち，最も広く各地に販売されていたものは，ハースト（William Randolph Hearst, 1863〜1951）(52)系の新聞雑誌である。これらの新聞雑誌(53)の排日論調は最も熾烈であり，特に，朝鮮問題に関する世論を借りて痛烈に朝鮮統治の非難記事を連載していた。ハースト系新聞は発行部数が多く，各地に普及しており，世論を形成するのに大きな影響力を持っていたとも言えよう。ハースト系新聞は元来ドイツに好意を持っており，親独宣伝と，反英宣伝，及び排日感情を傾向とするものであった(54)。

アメリカで三・一運動を最初に報道したのは『ニューヨーク・タイムズ』紙(55)だった。それには日本の官憲が強硬なる態度を取って数千の示威運動者を逮捕したこと，特に平壌では長老派の宗教学校の学生らを逮捕し，彼らの服を剥いで乱暴にも十字架に縛り付けて虐待していると語っており，朝鮮に独立を与えることを日本政府に促していた。

また，3月23日付の『ニューヨーク・タイムズ』紙は，前の3月20日付で宗教学校教授ソーハー博士が日本の総督政治の功績を高く評価し，「朝鮮人民は尚自治政治に適せず」と三・一運動に関して寄稿したことに対して，朝鮮人の反駁文を掲載した(56)。それは「彼の陳述にして真実ならば朝鮮の土地は東洋の楽園にして朝鮮の人民は何れの人民よりも日本統御の下に於て最も幸福なる人民ならむ。併し吾々朝鮮人は名状し難き悲哀の声を以て之を否定せざるべからず」と述べている(57)。

三・一運動が起こった当初，この運動に対するアメリカの反響は必ずしも大きくなく，朝鮮は日本の統治により幸福な状態になったと報じていた。更に，朝鮮民族は自治能力を持っていないとするものが多かった。

しかしその後，日本軍警が独立運動に立ち上がった民衆に暴虐な弾圧を加えたという記事が，天津，上海，北京などからのUP電，あるいは4月14日から17日までの『ニューヨーク・ヘラルド』紙，6月13日付の『ニューヨーク・タイムズ』紙によってそれぞれ伝えられた。また，朝鮮から帰国したアームストロング（Armstrong）（Secretary of Canada's Presbyterian Mission Board）の募集した資料などがキリスト教会同盟会へ送られ，長老派教会本部（プレスビテリアン）の朝鮮人虐殺状況の報告が7月13日UPより各地の新聞に掲載された。更にアメリカ上院議員らの朝鮮問題同情演説などによってアメリカでの朝鮮問題同情世論はますます高まっていった(58)。

このように，アメリカでの朝鮮に対する世論は賛反の2通りの論調であったが，前述した通り，ハースト系の新聞，例えば，『ボストン・アメリカン』『シカゴ・アメリカン』『ニューヨーク・アメリカン』『ニューヨーク・イブニング・ジャーナル』などは激しく排日論調を展開した(59)。これらがきっかけになって，アメリカ長老教会の報告書が，はじめて6月13日付『ニューヨーク・タイムズ』紙に掲載され，日本官憲の野獣的な行為や拷問，非人間的取扱い，宗教的迫害，大虐殺などは決して許されてはならないという論調にまで広まっていったのである。

1919年以後，アメリカ人宣教師らの暴露によって，朝鮮民族独立運動の実績がアメリカの下院にも報告され，国会議事録に64ページで上呈された。

これらのニュースはUPを通じて全世界に伝えられた(60)。また，李承晩（初代大統領）によって，1921年11月，軍縮会議やワシントンの太平洋会議にも提出され，大韓民国臨時政府の現実的存在（de　facto）を承認することになった(61)。

当時の世論の状況を見ると，1919年３月から1920年９月までアメリカで発刊されている新聞，雑誌などの記事の中で，韓国独立を支持している記事は約9,700件であり，これに比べて親日的な記事は50件に過ぎなかった(62)。

一方，在米朝鮮人は独立運動開始以来，２つの機関を組織することになった。即ち，朝鮮人自身の側に於ける「朝鮮人協会」(63)と，アメリカ人側による「朝鮮人同情協会」(League of the Friends of Korea)(64)であった。在米朝鮮人の独立運動の中心人物は，所謂朝鮮共和国臨時政府の大統領と称する李承晩（朝鮮同情者会理事でもあった）を筆頭とし，アメリカ帰化人で「ヒーリップ・ゼーソン」と改名している徐載弼，軍務総長（国防大臣）の盧伯麟，Nothern Western Universityの講師朝鮮人Dr. Henry Chungなどであった(65)。

彼らは1919年１月16日ニューヨーク市内で，ウィルソン大統領の民族自決主義を綱領とした朝鮮独立を企画する旨を決議し，その決議文と，米大統領をはじめアメリカ上下両議院に援助を哀訴する請願書を送った。これが具体的な独立運動の始まりであろう。更に，臨時政府の代行機関としてワシントンに最高委員部（High Commission of Korea Republic）を設置し，李大統領の統括の下に，委員長に金圭植を挙げ，議会方面との交渉と了解のために，種々の宣伝用小冊子を発刊した。また，一般宣伝機関としては英文月刊誌「朝鮮評論」(Korea Review）を発刊して，専ら外国人に対する宣伝を行っていた。朝鮮人に対する宣伝には，サンフランシスコの朝鮮人中央協会の機関紙として週刊新聞『新韓民報』を発刊した(66)。ハワイにおいても，『太平洋雑誌』『太平洋週報』『太平洋時事』が李承晩などによって創刊され，朝鮮の独立をアメリカ社会及び世界に向かって強く訴えていた(67)。

一方，イギリスにおいては朝鮮独立運動に関する情報宣伝は殆ど行われなかった。つまり同盟国に対するイギリス政府の好誼により，外面的にはなんら具体的活動を見るに至らなかった。それがたまたま1920年，在米ワシントン朝鮮共和国宣伝委員部より派遣されたマッケンジー（F. A. Mckenzie）がロンドンを訪れ，アメリカでの自分の著書『朝鮮の独立運動』(Korea' s Fight for Freedom）を再びイギリスで出版しようと企て，購読者募集の広告を大々的に全イギリス新聞紙上に掲載した。こうして，一種の巧妙な宣伝活動を開始し，かつ自らも著述家であることもあって，巧みに同業者の同情を訴え，イギリス各地の諸新聞並びに諸雑誌等に対し，一斉に筆を揃えて同書の新刊紹介を発表させるようになる(68)。その結果，従来朝鮮問題に対して殆ど無関心であった一般国民に対し，俄に反響を呼び掛けたと言えよう。

これがきっかけになって，イギリスの言論界においても，朝鮮関係の評論はしばらくの間興味をもって迎えられる傾向が生じた。マッケンジーはなお引きつづき筆を執ってロンドンにおいて発刊される“The Quarterly Register”あるいは“The Sunday Pictorial”等の諸雑誌に投稿した。その題目は「朝鮮における殉難者」「白人は終に亜細亜を失ふ可し」などで，日本のキリスト教徒迫害，東アジア侵略の野望などを書き，大いに世人の注目を喚起することに腐心していた。その結果，1920年10月26日ロンドンに朝鮮同情者会（The League of the Friends of Korea in the United Kingdom）という朝鮮独立運動に関する具体的な宣伝機関が成立するに至った(69)。

朝鮮同情者会はイギリス下院議員委員室において発会式を挙行し，下院議員サー・ロバート・ニューマン（Sir Robert Newman）が司会者となった。彼は司会の中で，「如何にして自由と正義との為に奮闘しつつある朝鮮民族を，救済するべきやと云ふ重大問題に就き協議せんとするに在り」(70)などと述べている。更に，ニューマンは「日本ハ戦時中聯合国ノ一員サルベカラス。我ガ英国民ハ日韓併合ノ承認者ナルガ故ニ吾人ハ，一種特異ノ地位ニ立ツ者ナリ。」(71)と語り，イギリス国民は常に朝鮮の解放及び正義のために厳然として立つものであると断じていた。

次に，先ほど紹介したF. A.マッケンジー（日露戦争当時来鮮したイギリスの『デイリー・メール』の従軍記者で，『朝鮮の悲劇』などの著者）は議長の指名によって，1904年以来朝鮮における日本の悪政を激しく非難した。具体的には同化政策の失敗，日本移民の無制限流入，阿片販売者及び醜業媒介者の入鮮，日本施政当初の暴虐，天然資財の横奪，言論集会自由の消滅，審理のない笞刑執行などの酷い日本統治を体験的な例を挙げながら報告した(72)。

そこで，同会では意見をまとめ，４つの項目に分けて朝鮮独立という目的を達成するため，次のように決議するまでに至った。

(1)　朝鮮における社会，政治，経済上及宗教上に関する状況を精細確実に取調べ之が情報宣伝に努る事

(2)　朝鮮民族の正義と自由とを獲得せんとする運動に対し同情的援助を与ふる事

⑶　朝鮮における基督教伝導に対し信教の自由を擁護するに努る事

⑷　朝鮮において迫害を蒙りつつある寡婦孤児並びに政治上の犠牲者に対し慰安救援を与ふる事

更に，ウィリアムズ（W. Llewellyn Williams）の発議により，本会の活動方針は，①教会を通じ，②講演会によって，③新聞雑誌において，④議会を動かし，各方面に対してなるべく統一ある組織的宣伝に努力することを申し合わせることなどを決議した(73)。

このように，日本の最大同盟国であったイギリスの議会にまで朝鮮統治問題が飛び火し，マスコミによる排日感情も徐々に高まっていった。当時，朝鮮同情者会の会員は自由党が多かったが，労働党に属する下院議員もあった。これに加えて，マッケンジーの著作活動が全イギリスの新聞雑誌を動かし，排日的宣伝を行っていた。これに対して僅かに『ロンドン・タイムズ』紙通信員「ゼー・オー・ピー・ブランド」一人が彼を非難しただけで，その他はイギリス各地を挙げて，マッケンジーの著述を称賛した(74)。

このように，イギリス各地の一般世論は大体において，排日宣伝，或いは反日論調につながっていったと言えよう。

次に，中国，満州などの新聞報道に簡単に触れておきたい。

三・一運動に対する中国の反響は日本とは対照的に非常に大きく，それらが中国人民の革命運動に直接的な影響を与え，中国と朝鮮との間の伝統的な友好関係によって連帯意識を強化するようになった。三・一独立運動の時期においては日本の侵略政策に反対する共通の立場に立っていたのである。

このような状況に基づき，中国人民は朝鮮民族の独立のための闘争に同情をよせ，特に中国の有識者や革命運動家たちは朝鮮の独立運動に熱烈な支持と援助を表明した。なおかつ，独立運動の意義を高く評価して中国人民の教訓とした。そして，三・一運動に呼応して，北京大学学生らを中心として反軍閥，反日運動である五・四運動が展開されるようになった(75)。

三・一運動に対する中国新聞の報道は，『民国日報』(76)の「高麗宣布独立詳情」という記事をはじめ，『毎日評論』『新潮』などの新聞が慶賀の念をこめて報道した。また，中国共産党の創立者の一人である陳独秀は3月23日付『毎周論評』に「朝鮮独立運動之感想」という論文を掲載し，朝鮮の独立運動が世界革命史上に新紀元を開いたと高く評価しながら，次のように語った。

「このたびの朝鮮独立運動は偉大であり、誠実、悲壮である。なおかつ明瞭で、正確な考えを備えている。武力を用いず民意をもとにしていてまさに世界革命史に新紀元を開いた。われわれはこれに対し賛美、哀傷、興奮、希望、慚愧など、さまざまな感想をもっている。……朝鮮民族の光栄ある活動によっていっそう中国民族の萎靡していることの恥ずかしさが明らかになった。……われわれは朝鮮人民に比べてまことに慚愧にたえない。」(77)

また，1919年『新潮』4月号所収の「朝鮮独立運動之新教訓」は，三・一独立運動は武器を持たない非暴力運動であり，打算抜きに，むしろ成功しないことを知って行った運動であり，学生，インテリらを中心とした運動であったとした。朝鮮の独立運動はまだ成功していないが，その精神は必ずや継承されていくだろうとし，中国人民への厳しい教訓を与えたと論じた(78)。北京で発刊されている“The Peking Daily News”も1919年4月8日付社説で，朝鮮人の平和的な示威運動に対して日本軍警の野蛮的弾圧を加えた行動に激憤を表明している。

当時，中国には多くの朝鮮人が上海，北京，天津などに亡命して独立運動を展開し，その中で，中国革命家である孫文と朴殷植，李光洙，呂運亨らの朝鮮人革命家らが結び，反侵略的な啓蒙思想を普及させたり，日本帝国主義の侵略に反対する共同闘争(79)を展開した。

そこで，上記（注79）のように中韓共同闘争団体が，それぞれ『新韓青年』『震壇』『光明』『天鼓』『東亜青年』『四民日報』などの機関誌を発刊，両国民の連帯として共同闘争を行っていた。

特に，三・一運動当時朝鮮人が多く居住していた吉林省で発刊されていた『吉林新聞』の4月13日付社説は「今回の騒擾についてはその根源が在満朝鮮人によって行われていたという疑問もないわけではない」と論じ，これをきっかけにして韓・満国境線の懸案を打開するべきであるとし，むしろ中国側は自らの外交政策の打開策を狙っていたように見える論評をしている(80)。

最近，韓国において三・一独立運動について新しい学説を主張している人もいる。それは，1989年三・一独立運動70周年記念シンポジウムで発表されたソウル大学の慎鏞廈教授の論文である。慎教授は，上海で新韓青年党が金圭植を韓国代表としてパリ平和会議に派遣したという消息と，東京で在日留学生によって二・八独立宣言が行われたことは，三・一運動に最も大きな刺激を与えたと論じた(81)。

更に，慎教授は，三・一運動によって上海で大韓民国臨時政府が樹立されたと主張し，その証拠資料として1919年3月3日付『朝鮮独立新聞』（第2号）(82)を取り上げている。また彼は，三・一運動は中国の五・四運動を惹起させたり，4月5日ガンジーのインド独立運動（真理守護）に影響を与えたと報告していた。これに加えて，慎教授は三・一運動はインドシナ半島，アラブ，ベトナムなどにまで影響を与えたと論じた(83)。

慎教授の論文には疑問点が一つ残っている。彼は「新韓青年党」としているが，正確には上海で組織された抗日団体は「韓国青年独立団」である。ただ，前述した韓中共同闘争団体が発行した『新韓青年』という機関誌は存在する(84)。これは李光洙を中心として発行されていた機関誌の名前であり，1920年3月創刊号には朝鮮代表の金圭植がパリ平和会議に独立請願書を提出したと記されているが,「新韓青年党」ということについては何にも触れていない。しかし，1918年ニューヨークでは民族自決主義のもとで新韓人会（New Korea Association）が組織されたことがあった(85)。

三・一独立運動は朝鮮民族の解放運動でありながら民族自存運動(86)でもあった。今日見られる東欧の民主化の波は結局，民族自存運動ないし民族独立運動ではなかろうか。即ち，東欧の一連の動きの動機は自由と民族統一，そして独裁打倒であり，朝鮮のは弱小民族の解放，民族生存権の確立運動であったのである。ここで，三・一独立運動に関する重要資料を一つ紹介することにする。宮崎稲天（みやざきとうてん）という人物に関することである。宮崎は1919年8月3日付『上海日日新聞』に「東京より」という記事を寄稿し，そのなかで，三・一運動は全国的な大示威となったが，2，3ヵ所に警官憲兵との衝突を演じた以外は，その運動が一揆的暴動ではなく，秩序的で厳粛に行われたことは注目に値するものだ(87)と語っており，この運動は見上げたる行動であると評価していた。また，宮崎稲天(88)は，6月27日付『上海日日新聞』でも次のように論じている。

「彼等に安心を與ふるに在り。安心を與ゆるの道如何。合邦当時のお約束に立返り、至誠至情を以て彼に莅むに在り。自由と権利を尊重して，我等本国人と同一の待遇をなすに在り。<u>更に適當の時機に於て完全なる独立</u>

を承認するを聲明して、彼等をして前途の希望に充しむるに□□（在り）。斯くせずして永久的に奴隷の下に置かんとするは、啻に人道主義の賊たるのみならず、却て自らの危険を培ふ所以也。」(89)（傍点傍線筆者）

この新聞は上海という日本国外の地で発刊された新聞であるが，日本人自らがある時期の完全なる独立を承認する声明を新聞に発表した最初であろう。勿論，当時の日本人としては数少ない見解ではあるが，非常に注目すべき発言であると言わざるをえない。

以上，アメリカ，イギリス，中国，朝鮮，日本本国まで幅広い面において，三・一運動についての論調を分析してみたが，このような国内外の世論によって，日本は朝鮮に対し政策変化をしなければならないところまで至ったと言えよう。そこで，「武断政治」から「文化政治」への政策変化が行われるようになったのである。

第2節　斎藤実の施政方針と言論政策

1　斎藤実の施政方針と言論

周知の通り日本の朝鮮併合は，イギリス，アメリカの承認(90)と協力によって行われた。それに伴い，日本帝国の朝鮮侵略の初期段階では，伊藤博文のたくみな外交的政策と外国人宣教師に対する「拝倒主義」(91)政策で一貫していた。特に，伊藤統監は国際世論を有利に導くため『Seoul Press』を創刊し，宣教師の懐柔政策と日本の侵略政策を隠蔽するに努める一方，ワシントンに「オリエンタル・インフォメーション・ビューロー」(Oriental Information Bureau)という宣伝機関を設置して対外宣伝活動を担当させていた(92)。また，伊藤は親日的アメリカ人，例えば『伊藤侯爵と共に韓国にて』の著者ジョージ・ラッド（George T. Ladd）と，アメリカの親日言論人であるケナン（George Kennan)，アメリカ北長老教会宣伝部総務ブラウン（Arthur Judson Brown）などを利用してともに対外宣伝を行った(93)。これに比べて，寺内総督の言論統制とそれに続く第2代長谷川総督の政策は“The Seoul Press”までも廃刊し，宣教師との交際も絶つなど，対外宣伝については殆ど関心を示さなかった(94)。更に，三・一独立運動直後，長谷川総督の対宣教師政策は，それ以前より冷却ムードが一挙に加速し，非難と圧迫の方向へと進んだ。

これは三・一運動の背後には外国人宣教師の「使嗾煽動」があると恣意的判断を下したからである。当時は日韓併合とともに外国の外交施設が撤退し，宣教師による朝鮮国内の情報が外国に流出されるようになっていたからである。そこで，三・一運動直後は外国向けの通信，郵便に対する検閲を一層強化し，「公安ヲ害スルト認ムルモノハ万国電信条約第七条ニ依リ伝送ヲ停止スル」(95)，独立闘争に参加した容疑者を隠匿したという疑いで，宣教師たちの家宅捜索まで行った。このような強硬政策一辺倒では，外交上悪影響を及ぼし，一部宣教師の批判(96)などもあり，結局宣教師に対する政策を変化させ，懐柔政策を行わなければならなかった。

そして，長谷川総督は原敬首相の信任を失い，1919年8月12日付で免職され，第3代総督に斎藤実が任命されるに至った。9月2日斎藤実はソウルに赴任し，総督府官制を縮小して「武断政治」から，いわゆる「文化政治」へ転換することになった。斎藤実の赴任は，独立運動家の姜宇圭らの爆弾洗礼を受けるほど，当時朝鮮の情勢は険悪で，一触即発の緊張感が漂っていた。

そこで，斎藤実は日本政府の要路に「最近に於ける朝鮮の情勢」(97)という情勢報告書を作成して，朝鮮内部の情勢を詳細に説明した。

この内容を見ると，前文として最近における朝鮮の政治情勢と民心の動向を詳しく分析した上で，幾つかの項目に分けてその対策を提案していた。以下は，斎藤実が阪谷芳郎宛に送った手紙の原本を筆者なりにまとめたものである。

一、警察力の充実
　朝鮮統治の要訣にして警備充実の緊要性を感じており、官制改正とともに警察官を補充するために従来の15,000名から、臨時巡査約5,000名を増員して治安維持に努めること

一、海外にいる朝鮮人の取締
　在外朝鮮人の取締を強化して騒擾の根源を除去し、上海にある臨時政府の組織の掃蕩が急先務であること

一、親日朝鮮人の優遇

一、官吏をして朝鮮語に練達せしむること

一、宣教師の操縦

一、施政方針の具体化

一、制度改革の趣旨及新施政方針の普及徹底を計ること

一、地方宣伝の方法を講ずること

一、今上陛下の大詔、総督の訓示及告諭を朝鮮の時文に翻訳し数百万枚を印刷し、これを配布すること

一、総督府に地方巡察官を置き、地方を巡視せしめ上意の下達、下意の上達並びに民情の視察を為さしめ新政の徹底を謀ることなどを記録している[98]。

以上の内容を分析してみると，次のような幾つかの特徴が見られる。

第一は，警察兵力の増員である。既存の1万5,000名の警察官の3分の1に該当する大幅の補充であり，結局，武断政治から文化政治に政策を変化する措置をとっているということである。

第二は，上海にある臨時政府の解体および海外朝鮮人の行動統制である。

第三は，朝鮮人に対する強制的な日本語教育の姿勢から官吏自らの朝鮮語練達である。

第四は，地方行政組織まで動員して総督府の施政方針を広報強化することである。

第五は，官吏たちの官尊思想から一歩退き，対民コミュニケーションの強化として対民情報の収集と上意下達を狙っていたことである。

この時，大きな変化としては，総督府の国内政治宣伝の重点的な対象が地方の一般民衆に絞られたことと，宣伝方法も直接的な日本官憲より，親日朝鮮人を利用して行ったり，また数多くの種類の印刷物を制作して配布したことがあった。特に，注目されるのは，地方農民がその政治宣伝の対象となったことである。これは三・一運動において発揮された農民の組織と，闘争精神に恐れをなした措置でもあろう[99]。

この部分を具体的な数値を通してみると，1919年1年間独立運動によって検挙された人は19,535名であり，その中で農民が10,864名，婢僕日傭774名（計59.4%），商業1,698名（8.6%），工業漁業544名（2.8%），労働者254名，無職1,028名，学生3,714名（19.9%）其他555名（計9.3%）であった。いずれにしても，農民たちの数値が60%で，高い数値を示していることは明らかである。全植民地統治時代を通じてみても，総督府が政治宣伝の対象をはっきり区分して組織的に広報活動を行ったのは，やはり三・一独立運動以後の

ことで，斎藤実総督と水野錬太郎（政務総監）の両頭体制(two-top　leader 体制）が初めてであろう。この宣伝活動の内容は，総督府施政方針の一大革新とともに朝鮮民族に対してビジョンを提示した，一つの懐柔政策でもあったとも言えよう。

また，斎藤実は朝鮮の情勢を十分分析した上で，従来の宣教師対策を根本的に修正する方針を打ち出した。即ち，外国人宣教師の「誤解を一掃」するための積極的接近策をとったのである。まず，行政上の措置としては，総督府に「宗教課」という一つの課を設け，諸般の宗教行政の調査，宣教師との連絡の役割に当たらせた(100)。続いて，従来の煩瑣な布教規則を改正（1920年４月）して，教会堂，説教所，講義堂の設立を許可制から届出制に変更，宣教師の歓心を買った(101)。これに伴い，日本人有志（新聞記者，官僚，実業家）と外国人宣教師との懇談会なども開催，対外宣伝と親善のための団体を結成した。このような宣教師の懐柔と対外宣伝のための招待宴は，総督自らこれにあたり，総督官邸では連日連夜，宣教師やソウル駐在外国総領事を主賓とする晩餐会・午餐会・茶話会が開催された(102)。

更に，斉藤実は，欧米の知人，官僚，実業家，軍人などの来遊者に対しても，よく招宴を開催していたということが斎藤実文書の「伝記関係資料」(103)や日記にも見られる(104)。この日記によると，1919年９月16日から1920年末に至る期間だけでも，総督が面会，招待した外国人の総数は約700名にのぼっていた。その中で，アメリカ人，イギリス人が大部分で，特にアメリカ人が多かった。

なお，水野錬太郎政務統監も，1920年12月，アメリカ宣教師が集中している平壌での招待宴で，宣教師たちの勇気と犠牲精神に対する労苦と業績を讃えた上で協力を訴えていた。当時“The Seoul Press”や雑誌『朝鮮』(朝鮮総督府機関誌）なども宣教師に対して一斉に類のない賛辞を並べ立てたという(105)。

朝鮮総督府のこのような「拝例主義」政策によってある程度宣教師たちの反日感情は解消され，親日的傾向は急速に促進され，一時，民族主義者の「隠れ家」「弾避け」と言われた教会もその避難所としての存在意義を失い，朝鮮民族の反日気運も鎮静の局面に入っていた。むしろ，反日運動の先鋒に立っていたセブランス（現延世大付属病院）病院長エビソンも聖書を正規科目として許可した斎藤総督に対して感謝の言葉を送っていたぐらいであった(106)。このように，斎藤実の対宣教師政策は成功し，懐柔政策の手腕も高く評価されるようになった。

一方，斎藤・水野２人の両頭体制のもとで言論政策においても一大改革が行われた。それはいうまでもなく，朝鮮における民族紙の許可であり，いま一つは各種言論出版物にも発行を許可したことである。しかしながら，一方で，言論に対する取締は厳しくとっていた。

斎藤実は，1919年８月19日大正天皇（嘉仁）の詔勅(107)と，その後の原敬首相の声明発表などに基づき，朝鮮総督府の官制改正に対韓政策の転換を表面化させていた。その具体的な政策の一環として９月３日，総督府及び所属官公署に対する訓示で，「言論・出版・集会等については秩序と公安維持を妨害しない範囲で幾分考慮を払い民意の暢達を期する」(108)とし民間紙の許可方針を公式に示唆した。この理由は，三・一運動下で続けられてきた地下新聞である。これらの地下新聞は非合法的新聞であり，秘密新聞である。地下新聞の活動は総督府としては大きな頭痛の種であった。

このような状況の下で，地下新聞は国内世論を喚起する一方，国外の朝鮮人系新聞と結び国際世論を呼び起こすなどその波紋は広まっていた。当時，朝鮮語の国内紙は総督府機関紙である『毎日申報』だけであった(109)。この新聞はハングル版であり，日刊紙であった。海外では米州で，『韓米報』（週刊），『太平洋時報』（週刊），『国民報』（週刊），『新韓民報』（週刊）などの朝鮮語版が発刊されていた。その他の地域では間島，露領，中国等各地で発刊された新聞が20種余に至っていた。

そこで，斎藤実は民間紙の発行を許可し，地下新聞を陽性化させ，流言蜚語とデマを一掃しようとした。その結果，『東亜日報』『朝鮮日報』『時事新聞』３紙の民間紙が1920年１月６日付で許可されるようになった。

ところが，『東亜日報』(110)が許可された後，ソウル市内にあるジンゴゲ（峠）周辺の日本商業人連合会代表たちが，斎藤実総督を訪れ，初めから，民族主義を標榜している『東亜日報』をなぜ許可したのかと抗議した。この時，斎藤実は「『東亜日報』は朝鮮民族の腹の中から煮え立っているガスを排出させる煙突だよ。ガスを排出させなければ遂に爆発してしまう……」(111)と答えたという逸話が残っている。また，『東亜日報社史』巻１，75

頁には，『東亜日報』の許可は非常に危険視され，その許可は相当な議論があったと書かれている。後述する予定であるが，最初，総督府としては許可をしても治安に対する自信があってのことであったと言えよう。

このように，斎藤実の文化政治の建前によって社会全般にわたって言論の自由がある程度尊重されるようになった。即ち，統治主体と反体制，双方とも言論活動が活発な様相を示していた。その結果，三・一運動以後緩和された状況の下で，新聞，雑誌，その他の言論出版は数多く増加した。

次に，『朝鮮年鑑』（1926年度）により当時の新聞，雑誌，通信（新聞の一種）の数を見ることにする（**表11**参照）。

この数値を見ると，新聞は1912年より10紙，通信は5社がそれぞれ増加した。また，新聞，雑誌の購読者数は，日本人が7万1,000名余，朝鮮人8万4,000名余，雑誌は日本人9,200名余，朝鮮人9,900名余であった。

この購読者数を地域別に分析すれば京畿道が最も多く，次は慶南（慶尚南道）である。これは京畿道にはソウル，仁川（港）が含まれており，慶南は釜山港があるからである。ところで両国人の購読者数はほぼ同じであるが，これを総人口の割合からみれば，朝鮮人の購読人口は日本人の10分の1に過ぎない(113)。というのは，当時の人口は（1924年末調査），日本人41万1,595名，朝鮮人1,761万9,540名で，日本人は朝鮮人の43分の1を占めるにすぎないからである。更に，日本人は本国発行の新聞雑誌を購読しており，これを合わせると日本人の購読人口は16万にのぼり，普及率は2人に1部の割合となっていた(114)。

この頃の民族紙としては，『東亜日報』『朝鮮日報』『中外日報』等が発刊

表11

（　）内は1912年の数値

経営者／言論機関	日本人経営	朝鮮人経営	外国人経営	計
新　聞	30	8	1	39(29)
雑　誌	11	4	・	15
通　信	8	・	・	8(3)
計	49	12	1	62(32)

されていた。このうち，『東亜日報』は1920年4月1日付で創刊され，最も優れた人材，設備を整えており，そのうえ朝鮮民族から最有力紙として支持を得ていた新聞である。『朝鮮日報』は民族主義的な性格が強い『東亜日報』と並び，社会主義的色彩を堅持，この両紙の間隙を縫って『中外日報』が「最廉価で最良の新聞」をモットーとして，浮動読者層獲得に努めていた。これらの民族紙以外の新聞として，『毎日申報』のほかに，親日派閔元植が1920年から2年間発刊した朝鮮語新聞『時事新聞』がある。また，日本人経営の新聞も多数増え，『朝鮮商工新聞』(115)，『京城日日新聞』(116)，『朝鮮毎日新聞』(117)の中央紙のほか，『光州日報』，『西鮮日報』，『北鮮日日新聞』，『平壌毎日新聞』(118)などの地方紙もあった。このほかに通信紙として『大陸通信』，『商業通信』，『帝国通信』，『朝鮮思想通信』(119)が発刊された。この4つの通信は次のような特殊な目的をもって創刊されたものであった。

例えば，『大陸通信』は1911年2月に『京城日報』の社内において，日本と朝鮮の間の情報交換を重点にした日刊通信であり，『朝鮮思想通信』は当時の朝鮮民族紙，或いは朝鮮人出版物の記事内容を翻訳して，当局筋や，朝鮮の動向に関心を持つ日本人に提供する日刊紙であった(120)。以上，述べた日本人経営の新聞の殆どが「厳正中立」を標榜していたが，実際には総督府及び地方行政機関と密接に結びついて，日本の政策を弁護していた(121)。

こうして，民族紙とともに日本人経営の新聞も発刊されていたが，言論の統制は基本的には変わりはなく，厳重な制約を受け，朝鮮における全ての言論活動が検閲弾圧の直接的な対象となっていた。その一つの例は，1919年9月，斎藤実総督の暗殺未遂事件に関する報道である。同事件を日本国内紙及び多くの植民地新聞が大きく取り上げ，犯人捜査事務活動に障害を起こした。これによって，『京城日報』（9月10日付夕刊）(122)はその報道に関連して発売禁止処分を受けた。しかも，日本発行の新聞においても『東京日日』など10紙が同じ処分を受けた。また，言論集会も各種出版物と同じく，「秩序と公安を害する」と認められる場合は，いつでも行政処分が可能となっていた。

以上のことを分析して見れば，斎藤総督の初期言論政策はある程度形式的には緩和政策をとっていたが，実際の運営面ではそうではなかった。特に，就任前後の事件によってむしろ言論統制政策を強化したと言えよう。後任の総督である山梨半造（1927.12.10～1929.8.17）は前総督に引き続き文化振興と経済発展が施政の二大目標であったが，言論統制はほぼ同じであった[123]。次いで，斎藤実が再び総督となり，今回は児玉秀雄政務統監による「明るい政治」を打ち出した。だが，実際のところはもっと厳しい言論統制を加えていた。結果的に斎藤実総督のいわゆる「文化政治」の下で，朝鮮においては幾つかの民間紙・雑誌が創刊されたが，事実上10年間に言論の自由はむしろ萎縮した感じであった。その理由としては斎藤実が警察制度を大幅に拡大しながら言論統制を日に日に苛酷にしていったからである。

これは当時，日本においても大正デモクラシーが後退しており，新しいファッショ体制の台頭，大陸侵略計画の具体化に伴って，治安維持法が制定されるという状態が進んでいたからである。その結果，朝鮮においても言論統制が次第に苛酷になっていったとも言えよう。

2　朝鮮における民間紙の創刊と『東亜日報』

1920年三・一独立運動以後，『東亜日報』『朝鮮日報』『時事新聞』3紙だけが発刊することになった。新聞紙法によって許可された朝鮮民族紙では初めてであった。だが，親日紙である『時事新聞』は社長閔元植が1921年2月，日本で被殺され，新聞発刊を中断せざるをえなくなり，翌年1922年月刊誌『時事評論』（1920.4.1創刊）と改題した。残り2つの新聞は民間紙として朝鮮民族を導く役割をした。それは，数多くの当局からの弾圧を受けながらも，啓蒙的な論調で思想を指導することに努めたからである。

ところで，『朝鮮日報』は創刊時（1920.3.5）から，1924年9月13日民族主義者の手に渡るまでは親日団体によって運営されていた。即ち，『朝鮮日報』は「大正実業親睦会」[124]という親日団体の幹事である趙鎮泰が社長であり，副社長兼発行人崔崗，編集部崔瑗植，政治部長金彰桓らはこの仲間であった。そのため当初，『朝鮮日報』は民衆的な支持を受ける新聞ではなかった。そのうえ『朝鮮日報』は財政的な土台も組合株であったため，株式会社である『東亜日報』には及ばなかったことも事実である。後に，1924年9月12日に版権が宋秉畯から申錫雨に売り渡されると，彼らによって『朝鮮日報』の性格は民族紙に急転換し，その面貌を一新するようになった[125]。また，この年の4月宋鎮禹社長と意見が対立し，『東亜日報』を退社した新聞製作の専門家であった李相協を編集顧問として招き同時に，民族指導者である李商在を社長にして紙面刷新を図った。このように，『朝鮮日報』は軌道に乗るまで相当時間がかかった新聞である。

一方，『東亜日報』はこれまであげた3紙の中で，最も活躍した民族紙であり，当時朝鮮民族からも相当な支持を受けていた新聞である。そこで，以下『東亜日報』の創刊背景及び弾圧処分について具体的に分析しておきたい。

『東亜日報』は1920年4月1日創刊され，1940年8月10日強制廃刊に至るまで，20年4ヵ月の間に4回にわたる無期停刊処分を受けた。また，63回の発売禁止処分，押収489回，削除2,423回など数多くの弾圧処分を受けた新聞である(126)。

ここでは，そういった『東亜日報』の創刊背景から4回にわたる無期停刊処分，そして強制廃刊に至るまでの歩みを探ってみることにする。それが，日本統治下の朝鮮における言論統制についてよく理解できる一つの方法でもあると考えるからである。

まず，前述した通り，総督府の許可方針の動きのなかで金性洙（キム・ソン・ス）(127)を中心として2つのグループが新聞発刊を模索していた。一つのグループは張徳俊（ザン・ドクジュン）を中心としたグループであり，もう一つのグループは李相協（イ・サンヒョップ）を中心としたグループであった。張徳俊は1914年『平壌毎日新聞』の朝鮮語主幹であったが，そののち，渡日して東京韓国人基督教会館の副幹事として活躍しながら，東京で僑胞向け新聞発行を模索していた。また李相協は総督府機関紙『毎日申報』の編集長であり，新聞の編集，営業，工場などについて精通した人でもあった。彼は三・一運動直後『毎日申報』を辞して民間紙の発行を志していた。2人が新聞発行について具体的に論議したのは1919年7月以後であると推定される。当面の問題は朝鮮総督府から新聞発行の許可を得ることと，資本金の調達であった(128)。

まず，張氏は総督秘書官である守屋栄夫に吉野作造の紹介状を持っていけば，新聞発行許可の問題は解決するはずだと考え，紹介状を持って朝鮮に帰国した。資本金の問題は当時財界にもよく知られている金性洙に持ちこんだ。そこで，新聞発刊の意見がまとまり，金性洙は初代社長に朴泳孝を推薦することになった。朴は朝鮮末期，修信使として日本へ派遣され，福沢諭吉と交流し新聞発行の必要性を十分認識しており，『漢城旬報』(129)の発刊に際して助産婦の役割を果たした人物であった。この朴が社長になったのは新聞発行の許可をめぐる問題を考慮したからではなかろうか。つまり，朴がいなければ新聞発行の許可は難しい状況であったものと考えられる。というのは，朴は日本政府及び政界にもよく知られていた人物だったからである。

1919年10月９日，新聞発行許可申請書が朝鮮総督府警務局に正式に提出された。この局の中の，高等警察課（のちに図書課）が，「新聞雑誌出版物及び著作物に関する事項」を管掌していたのである。当時，警務局長には静岡県知事であった赤池濃を起用しており，高等警察課長には富山県警務局長白上佑吉を，そして，ソウル民間紙の直接的な管理を担当する京畿道第三部警察部長には，秋田県の警察部長千葉了をそれぞれ転任させたばかりであった。勿論，民間紙の許可方針は立っていたが，新聞の許可は非常に重要な決定だったため，警務局が単独処理はできず，各局長以上の意見を総合して最終的には総督が決めることになっていた[130]。

この時，白上佑吉は『東亜日報』の発行許可経緯を次のように述懐している。

「朝鮮の青年層が集まって新聞を発行しようとする動きがあったが、この青年層というのは独立万歳の中心人物が多かったのです。そして、こんな煽動的な人物に新聞発行を許可したら、どんな事態が起こるか知らないとして総督府局長級人物たちは、この青年たちの新聞発行に絶対反対です。ところが、私はこれはありえないことだと考えています。「一視同仁」だ、「内地延長」という標語はどうなりますか。新聞を許容するということは大きな問題ではあるが、大きな問題であるからこそ、欺かざることを内外に誇示するよい機会だと考え、総督閣下に説明しました。」(傍線筆者)[131]

更に，白上は『東亜日報』を許可する具体的理由として，警察情報網だけでは朝鮮青年層の動きが完全に掌握できないが，新聞を許可すれば彼ら（朝鮮青年層）の動静を完全に把握できることは勿論，彼らを集めておいて一気に一網打尽にする警察行動をとることができるためだとしている。もし，新聞記事が問題になれば，いつでも停刊とか発行中止が可能であるから，恐れることは少しもないとしている。このような内容を白上佑吉は斎藤実総督に進言したという。

ここで，非常に注目すべき事実が見られる。従来，1920年創刊された『東亜日報』『朝鮮日報』などは斎藤実総督の文化政策の一環として創刊されたと解釈されていた。勿論，表面的な理由としては「文化政策の一環」「ある程度の言論の自由の許容」「ガスを排出する煙突」「朝鮮民族の不平を緩和」などの理由を標榜しているが，上述した白上の進言によれば，同紙の創刊理由は実際においては，地下新聞を陽性化させ，水面下の秘密活動を水面の上に浮き上がらせ，取締を容易にするためだったのではなかろうか。即ち，新聞の発刊によって朝鮮青年層の独立運動の活動状況と，また，彼らの意識と思考を掌握して，警察の適切な対応とともに独立運動組織の一網打尽を狙っていたことが明らかに見られるのである。

『東亜日報』は同年1月14日の発起人総会で，社長に朴泳孝，編集局長に李相協，設立者に金性洙などの陣容を決定した。

『東亜日報』は，その創刊号に三大「主旨」（綱領）を発表し，その性格と指向する目標を次のように明らかにした(132)。

⑴　朝鮮民衆の表現機関と自任する。

朝鮮民衆の特権階級の機関ではなく、2,000万民衆の表現機関として自任し、その意思と思想を如実に報道することを期す。

⑵　民主主義を支持する。

これは国体とか政体の形式ではなく、人本主義の原則である個人の権利と義務を主張するものである。つまり、国内では自由主義、国外では聯盟主義、社会生活は平等主義、経済組織は労働本位である。

⑶　文化主義を提唱する。

個人と社会の生活内容に忠実して豊富にさせるという全般的な社会進歩を意味しており、「富の増進」「政治の完成」などを含めている。

（この主旨は現在までも残っている。）

こうして『東亜日報』は1920年4月1日付で3月31日夕方創刊された。全紙面は4ページの小型新聞であり，日韓併合後，10年間続けた言論暗黒期に希望をもたらした朝鮮民族の灯りであった。当時，同紙の発刊による朝鮮民族の喜びは次の2つの記述から窺うことができる。まず，崔埈著『韓国新聞史』には「夕陽に響いてくる新聞配達の揺鈴の音は，長い間悪夢の中で呻吟していた民族へ一つの大きな喜びを与え……」と語っており，もう一つ，李熙昇の『回顧録』には「東亜日報の創刊号を受け取ったソウル市民たちは街を跳び出して《東亜日報万歳》を唱える人もいた」と，東亜日報創刊当時の市民の状況を回顧している。

このような『東亜日報』創刊は国内だけではなく，極東各国からも注目の対象となっていた。日本の英字紙“Japan Advertiser”は4月1日付に北京発外信を転載した。そして，「朝鮮人は朝鮮歴史上最初に試験的に新聞を発刊した。その新聞は朝鮮民族の経営による朝鮮民衆のため，自国語で書かれた日刊紙であった。そして，その名前は『東亜日報』とした。同新聞の資本金は一百万圓であり，全株主が朝鮮人である。」というふうに紹介した。

『東亜日報』の創刊号を見ると，第1ページに「主旨を宣明する」と題して創刊の辞が書かれている。その主な内容は次のようである。

「蒼天に太陽が輝き大地に清風が吹いている。山静水流して草木昌茂し、百花爛発して鳶飛魚躍し、万物の中で生命と光栄が充満する。東方亜細亜無窮花園の中で、2,000万朝鮮民衆は一大光明を得た。空気を呼吸している。アー！とうとう蘇った。復活した。今より渾身勇力を奮発して、遠くて大きな道程を健行しようと、ここに名付ける。自由の発達と……（下略)」(133)

この創刊の辞全体に漂っている強烈なイメージの論調は民族紙であることを自負することであった。また，同紙の前途が甚だ剣難であることを予見しながらも，民衆の友達として専ら民族とともに困難を克服していくことに念を押した。

『東亜日報』は創刊から7日付まで，創刊を祝賀する国内外の名士たちの原稿を創刊特集として掲載した。外国人としては中国の広東政権の指導者である孫文の「天下為公」という揮毫のみならず，五・四運動の父親と言われている北京大学総長蔡元培，北京政権の国務総理靳雲鵬，また，日本へ亡命した時から福沢諭吉と交わり，日本の近代新聞を研究し，中国の近代言論に代父の役割を果たした梁啓超などの揮毫が掲載された(134)。

一方，日本に関しては三・一運動に対して，韓国人の立場を比較的支持した名士たちの祝辞祝電を掲載した。キリスト教社会主義者である早稲田大学教授安部磯雄，日本学士会理事長かつ貴族院議員阪谷芳郎，日本憲政会総裁加藤高明，大阪朝日新聞社長村山龍平，早稲田大学長平沼淑郎，慶応義塾塾長鎌田栄吉などであった(135)。

『東亜日報』の社説と報道論調を見ると，日本植民地統治の悪政を攻撃し，朝鮮独立を非常に露骨に主張する激文に近いほどの筆鋒であった。それは日韓併合以後10年，長い間統制された言論の堤が突きやぶられ，噴出しているようであった。創刊後１ヵ月間にわたる社説の題を見れば，民族問題を取り扱っているものが非常に多かったことがわかる(136)。

このような『東亜日報』の論調が原因になって，筆禍事件と行政処分が相次いで起こった。資本金70万余りで出発した同新聞は数回にわたる停刊，発売禁止，削除，押収などの行政処分によって，経営的にも非常に苦しまなければならなかった。にも拘らず，決して論調を曲げず抗日筆鋒を固守し続けた。ここで，明らかにしたいのは，当時の編集陣容は30代内外の覇気に満ちた若者であり，彼らは意欲的かつ闘争的な新聞政策編集の態度を見せていたことである。これが，のちほど禍根の一つにもなったのである。

『東亜日報』が初めて行政処分を受けたのは，創刊後２週間目の４月15日付の社会面記事であった。その記事は「平壌で万歳騒擾」というもので，朝鮮総督府から発売頒布禁止処分を受けることになった。これが『東亜日報』の最初の筆禍事件であり，『東亜日報』側は「社告」として初めて発売禁止を受けたことを知らせた。この処分を皮切りにして発売頒布禁止，削除，押収などの筆禍事件が相次いで起こった。

特に，当時の総督府の行政処分を見れば，**図４**の①のように，まず，新聞社側が印刷した納本紙（検閲台本）を総督府警務局高等警察課へ提出して検閲を受けていた。この検閲で，法律に抵触すれば，担当官の裁量によって，削除，押収，掲載中止などの行政的な命令が出された(137)。

本来は発行前にこの過程を通じて新聞を発刊する建前になっていたが，新聞社というのは迅速性を生命としていたので，**図４**の②のように納本紙を提出して検閲が行われるほぼ同じ時刻に新聞社では輪転機を回して，市内配達，販売を行っていた。もし，一般市民に配布するうちに行政処分を受けた場合，記事の関連部分を削除して再印刷配布しなければならなかった。これは表面的には新聞の迅速性のためと標榜していたが，実際のところは検閲によって掲載不可となりそうな記事をできるだけ事前に読者に読んでもらおうと計った新聞社側の狙いでもあった(138)。

この納本紙の検閲によって行われた行政処分の場合，もし記事の１行に関

図4　検閲制度

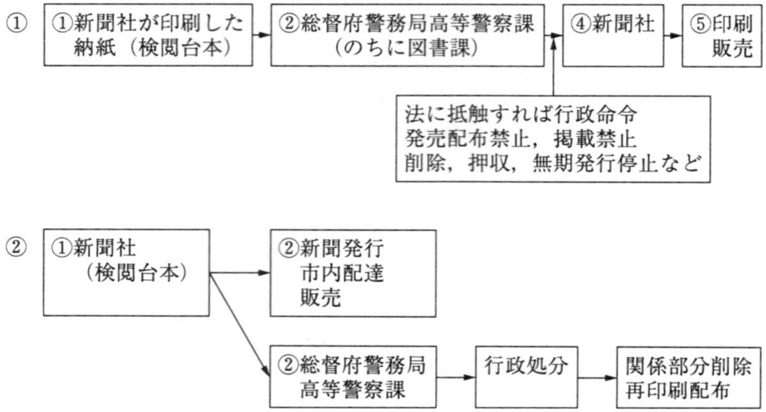

してもそれが行政処分命令が出れば，再印刷しなければならなかった。

例えば，印刷を終えた新聞が「差し押えまたは押収された場合」[139]，新聞社としてはその日の新聞を発行しないわけにもいかないので，その場合，発行するのは号数に入らない，いわゆる「号外」となるのである。言い換えれば，「削除」だけを受けた日は問題になった記事だけを削って新聞を発行することができるから，号数のない「号外」として印刷しなおすほかないのである[140]。

次に，1920年から1939年の間の朝鮮における『東亜日報』『朝鮮日報』『中外日報』『毎日申報』の記事押収処分件数及び部数を見ることにする[141]。

表12によると，記事押収処分は1924年と1925年との間に最も件数が多かったことがわかる。また，『東亜日報』と『朝鮮日報』の19年間の押収記事の数を見れば，年間平均20件以上押収処分を受けたことが明らかになった。**表13**によると，部数的には，1927年に最も多く172万部にのぼっている。**表12，13**の数値を分析してみれば，両方とも1927年を最後に急激に数字が減っていることが分かる。これは斎藤総督の時代の末期から宇垣一成総督にかけて最も厳しかった言論統制政策が取られていたことを間接的に物語っているのではなかろうか。また，この年朝鮮半島においては一旦落ち着いていた独立運動が再び起こり，「六・一〇万歳運動」[142]という第2の独立運動が勃発し，更に，同年12月28日には「東洋拓殖会社爆弾事件」などが相次いで起こっ

表12　日帝時代の新聞記事押収処分件数一覧表（1920〜1939年）

紙名＼年代	東亜	朝鮮	中外	毎日	計	備考
△ 1920	16	24			40	「東亜」・「朝鮮」創刊
△ 1921	15	23			38	
△ 1922	15	12			27	
△ 1923	14	12			34	
△ 1924	56	48	49		153	「時代」創刊（『中外日報』）の前身
△ 1925	57	56	38		151	毎日は1925年までの資料なし
▲ 1926	33(31)	53	26	3	115(113)	「中外」は「時代」24「中外」2の計
▲ 1927	44	54(55)	38(37)	3	139(139)	
▲ 1928	26	21	26(25)	3	76(75)	
▲ 1929	28	21	25(24)	4	78(77)	
▲ 1930	21	16	23(21)	1	61(59)	
△ 1931	17	9	6	6	38	
△ 1932	7	8	5	4	24	
▲ 1933	6	9(10)	6(7)	1	22(24)	
▲ 1934	12(9)	4	4	1	21(18)	
▲ 1935	2	3	3	5	13	
▲ 1936	9	13	8	6	36	（1月「朝鮮中央」（中外）廃刊）
◇ 1937	2	8		8	18	
◇ 1938	5	7		5	17	
◇ 1939	8	5		3	16	
1940						資料なし。8月に「東亜」・「朝鮮」廃刊
計	393 (388)	414 (416)	257 (253)	53	1,117 (1,110)	

資料：①△印は「諺文新聞差押記事輯録」より，◇印は「朝鮮出版警察概要」より
▲印は◇印と△印の資料または「朝鮮に於ける出版物概要」に全部載っているもの。二つの資料にくいちがいが認められるものは，◇印の資料の数字を（　）に入れた。
②◇印の資料が年度によって相違している場合は古い資料によった。
③「中外」は時代・中外・中央・朝鮮中央を一つにみなして合算したもの。
※時代日報はのちに中外日報・中央日報・朝鮮中央日報と改題

た。なお，『東亜日報』も第2次無期停刊処分（後述）などによって論調がますます激しくなったことにも原因があるかも知れない。一方，日本国内においては翌1928年緊急勅令で治安維持法が改正され，言論出版物に対する取締を強化していた。そして1933年以後数値的に一層減少の趨勢を見せているのは，恐らく満州事変の影響ではなかろうか(144)。つまり，満州事変以後は言論統制が強化され，事前検閲によって押収に当たる件数が減ることになっ

表13　日帝時代の新聞押収処分部数一覧表（1929〜39年）

紙名／年度	東　亜	朝　鮮	中　外	毎　日	合　計
1927					1,729,478
1928					877,959
1929	333,448	319,056	92,491	16,652	761,647
1933	58,631	109,920	73,080	347	241,978
1934	137,433	34,202	81,651	77	253,363
1935	5,830	58,624	15,850	29,028	109,332
1936	248,779	197,065	60,268	93,573	599,685
1937	24,813	149,198		61,828	235,839
1939	78,024	88,063		14,838	180,925
計	886,958	956,128	323,340	216,343	4,990,206

資料；朝鮮総督府警務局図書課
注；①1927，28年度は各社別に分類されていない。
②ほかの年度の資料なし。

たためであると考えられる。

このような言論統制によって，財政的な損失（人物，物的）は莫大なものだったことは勿論，新聞社の経営にも大きな影響を及ぼすことになった。にも拘らず，『東亜日報』はいつもその行政処分を予想しながらも，検閲用納本紙を可能な限り延ばし，市内だけでも行政処分前に配達するため苦労した。そして行政処分を受けた場合は，その翌日紙面に社告として「○○日付発行した本紙第○○号は当局の忌諱に抵触した部分を抹消し，これを号外で発行した。多少遅延されたことを読者各位へ謹謝する」(145)などの文脈で読者に知らせた。その目的は新聞遅延の理由よりも，総督府の言論弾圧を間接的に告知することにあった。

前述の通り，『東亜日報』は数多くの行政処分と，4回にわたって無期停刊処分を受けることになった。これは当時の植民地統治下の言論統制の厳しさを物語っているのではなかろうか。ここでは，その4回にわたる無期停刊処分について分析しておきたい。

①　第1次無期停刊処分

『東亜日報』は創刊後6ヵ月たった1920年9月25日から1921年1月10日まで，108日間の無期停刊処分を受けた。停刊の直接的な原因は9月25日付社説「祭祀問題を再び論ず」という記事であった。この社説は日本皇室の象徴である鏡，珠玉，剣の，所謂「三種の神器」を冒瀆したという理由で，大変な問題を巻き起こすようになった。即ち，次のような個所が総督府の忌諱に触れて停刊処分へと一気に走ったのである。

「(前略)……偶像崇拝の一番著しきものは木彫泥塑に粉面全身を飾りし神此れなり。或は此に霊があるとし、此れを崇拝するのみならず時によりては此に対して降祥降福を祈るものなり。此れは確かに偶像崇拝と云ふべし。又人身を模作せる偶像にあらずとするも或は鏡或は珠玉或は剣を以ってし、其の他何等の模作にても物形を作りて某所に奉直し神が茲にあり或は霊茲にありとなし、此に対して崇拝し或は祈禱するは一切に偶像と云ふべし。……(後略)」[146]

即ち，新聞紙法第21条「内部大臣は新聞紙にして安寧秩序を妨害し，若くは風俗を壊乱すと認むる時は其の発売頒布を禁止し，これを押収し又は発行を停止或は禁止することができる」[147]によって，９月25日付（176号）同紙の発売禁止及び発行停止という処分を受けることになった。

この発行禁止の主な理由として総督府側は次のように明らかにしている。

「(前略)……根本的に総督政治を否定して悪意なる推断によって総督政治に対する一般の誤解を促していた。また日本の新聞で偶像崇拝を論じ、わざわざ我が帝国臣民の信念の中枢である剣、鏡、璽に対して無理解な妄説……(後略)」[148]

つまり，問題の記事は日本の国体の根本に触れる批判であるから，到底許すことができないということである。停刊処分を出したのは，この理由とともに，その背景にはこれまで累積されてきた総督府の不満があったのであろう。『東亜日報』の論調は総督府としては耐えがたいほど抗日的であったからである。

② 第２次無期停刊処分と国際農民本部

1926年３月１日，三・一運動７周年を記念してロシア国際農民会本部から朝鮮農民へ送られた祝電を，同紙３月５日付の第２面にその電報文とともに翻訳文を添えて掲載した。この電文は次のようである。

「本日貴国民の第７回の悲しい記念日に際して国際農民会本部は44ヵ国で組織されている農民団体を代表して最も深い同志としての同情を農業国民たる朝鮮同胞に捧げる。此の偉大なる日の記念は、永遠に朝鮮の農民に歴史的、国民的義務を覚らしむるものと信じ、自由のために死ぬ彼らに永遠なる栄光があるであろう。現在在監している多くの同志及奮闘している多くの同志に兄弟愛の慰問を為す」(149)

この記事が総督府を刺激し，3月6日付でやはり新聞紙法第21条に触れて翌日から4月19日まで44日間，第2次無期停刊処分を受けることになった。

ところが，今回は強制処分だけではなく，司法責任まで問うことになった。つまり，3月6日の発行停止令により，鍾路の警察署高等係刑事5，6名が編集局をおとずれ，国際農民本部から来た電報文を押収した。更に，主筆宋鎮禹，発行人兼編集人の金鉄中，高永翰記者などを数回にわたって召喚尋問した後，2人はそれぞれ起訴され，宋鎮禹主筆は保安法違反の疑いで懲役6ヵ月，金鉄中発行人兼編集人は新聞紙法違反の疑いで禁固4ヵ月の言渡を受け，11月8日上告棄却とともに刑が確定した。そののち，宋主筆と金編集人の裁判が進行していた8月23日付「横説竪説」欄の記事がまた問題となり，論説記者は懲役8ヵ月，金編集人はまた禁固4ヵ月の言渡を受けることになり，合わせて8ヵ月になった。それは，当時の総督府の極めて厳しい言論統制政策を物語るものであろう。

③　第3次無期停刊と創刊10周年記念事業

同紙は創刊10周年記念事業の一つとして1930年4月1日から国内外の著名人士の記念祝辞を連載していた。この中で4月16日付にアメリカの「ネーション」誌主筆である「ビルラス」氏の祝辞を掲載することになった。ところが，この祝辞の「朝鮮の現状の下に於いて貴報の使命は重大」という部分が問題となった。その主な内容は次のようである。

「(前略)……朝鮮の現状の下に於いて貴東亜日報の使命が非常に重大なることを吾人は知って居る。貴報が困難な境遇をして清廉で非利己的であり、公正であり、潔白であり、使命の為めには一切のことを犠牲にしようとする決心を有するが故である。」(150)

これが不穏なことであるとされ，削除，停刊処分を受けることになった。その結果，この新聞は4月16日停刊処分を受け，1930年4月17日から同年9月1日までの138日間無期停刊処分となり，9月1日解除され9月2日から続刊した。ここで一つ指摘したいのは崔埈著『韓国新聞史』(一朝閣)に書かれている「無期停刊148日，その年8月31日付発行停止解除」(281頁)は誤りである。『東亜日報社史』巻1（301頁）と当時の記事により，本稿で述べた通りに訂正したい。

④　第4次無期停刊と日章旗抹消事件

1936年8月に戦前最後のオリンピックが開かれ，孫基禎（ソン・ギ・ジョン）選手がマラソンで優勝した。これを取り上げた『東亜日報』の記事が問題となった。それがいわゆる「日章旗抹消事件」である(151)。「日章旗抹消事件」は一般的に日の丸抹消事件と知られており，直接的な原因は8月25日付の「栄誉のわが孫君」という題下の写真であった。即ち，ベルリンで優勝した孫選手の着ているトレーニング・シャツの胸の日の丸のマークを消して掲載したことによるものであった(152)。

この問題の写真は8月23日付『大阪朝日』に掲載されたものであり，その写真が『東亜日報』に転載された時には，孫選手の胸の部分の写真全体が黒く影のように技術的な修正が加えられ，日の丸は殆ど見えないようにして，同紙8月25日付上記の題下で掲載した。これが問題を巻き起こして新聞紙規則第12条(153)によって，1936年8月27日から，1937年6月2日まで297日間の第4次無期停刊処分を受け，これは植民地統治下における最も長い停刊処分となった。

『東亜日報社史』巻1の363頁，365頁，367頁を見ると，無期停刊処分が行われた月日は8月29日とされているが，これは誤りであり，8月27日が正しい。その根拠として，当時『東亜日報』の記事と『韓国新聞史』(320頁)，『韓国新聞綜合社説選集』巻2（511頁）春原昭彦著『日本新聞通史』(202頁)，内川芳美著『新聞史話』(156頁)，または新東亜『朝鮮現代史年表』(156頁)が挙げられる。ただ，総督府警務局から停刊処分命令を受けたのは，27日午後5時であったので，配布された新聞が残っている可能性はあり得る。この新聞を見て社史を書いた場合，間違いが生じる可能性があるのではないかと思われる。

ここで注目すべきことは，今度の日章旗抹消事件の際は，同紙の第2次無期停刊処分の時に適用された「新聞紙法」ではなく，「新聞紙規則」が適用され無期停刊処分を受けた点である。

当時，朝鮮人に対しては「新聞紙法」(1907年光武新聞紙法）が，日本人に対しては「新聞紙規則」(1908年統監府令）がそれぞれ適用され，また，出版活動においても朝鮮人に対しては「出版法」(1909年) が，日本人に対しては「出版規則」(1910年) が適用されるというふうに，差別的に行われていた。それぞれの冒頭には「命令トシテ朝鮮人ニ適用ス」「在鮮日本人ニ適用ス」などと，明記されている (※本書の付録〔1〕参照)。実際，従来の『朝鮮日報』『東亜日報』などの朝鮮民間紙に対する停刊処分は「新聞紙法」に基づいて行われていた。

この通りにいけば，『東亜日報』の日章旗抹消事件の場合も朝鮮人向けの「新聞紙法」が適用されるべきであったが，異例なことに日本人向けの「新聞紙規則」が適用されている。この理由に関してはまだ明らかにされていないが，次のようなことが推測できよう。

第一，この事件は日本の国体に関わる大きな問題であったため，厳しく取り締まるためであったか

第二，1936年頃は「内鮮一体」政策が強力に実施され，朝鮮人に対する差別政策を撤廃しようとしたためか

第三，日章旗抹消事件の問題の写真は『東亜日報』側が撮ったものではなく，日本新聞の『大阪朝日』が掲載したものを転載したものであるためか

このなかでも第一のように，同事件は国体に関わる問題だったことが最も大きな要因だったのではなかろうか。

ところで，問題の写真を修正した人は，同紙体育部記者李吉用 (イ・ギル・ヨン) と調査部所属李象範 (リ・サン・ボム，専属画家) 記者であった。李吉用記者は写真修正の発案者であり，李象範記者は直接加筆した画家であった。同紙の処分によって写真部2名，社会部2名，写真課長，調査部1名，体育部1名，社会部長など10名が拘束されており，多数の幹部が辞任するに至った。

この日章旗抹消事件には前例があった。

1932年第10回ロス・オリンピック大会が開かれ，マラソンで金恩培 (キム・オン・ベ) 選手が第6位に入賞した。8月9日付の『東亜日報』を見ると，金選手の胸の日章旗を技術的に巧妙に抹消して [Y] 字を描いた。このことが今回明らかになった。この [Y] の字はいったいどういう意味なのかは分からないが，普通は日章旗や [Victory] があるはずであるが，[Y] と

いう字を書いたのは金選手にとって特別な意味を持っていたのではないかと考えられる。

今一つの前例は，８月13日『朝鮮中央日報』が既に「頭上に輝く月桂冠，手に固く握っているカシの苗木，オリンピック最高栄誉の表彰を受けるわが孫選手」というキャプション入りで前掲の写真を掲載していた。しかし，この写真はあまり鮮明ではなかったため，日本の検閲官もつい注意を怠って無事に検閲を通過してしまった(154)。

その時，総督府側から，何にも問題が起こらなかったので，『東亜日報』が10日あまり過ぎた８月25日付の夕刊に準用して掲載したのではないかとも考えられる。

ここで，より具体的な理解のため，当時の新聞検閲の状況を詳しく書いた文章を見てみることにしよう。

「日を改めてさらに再び夕刊の出るころ、警務局図書課をのぞいて見給え。

そのころには、検閲係の机の上には百燭の電球が輝いている。小使が諺（オンムン）新聞社から新聞を持って走って来て検閲者に渡される。一字一句もおろそかにしない検閲者の目が光って来る。赤い棒を引いた新聞が持ち回られる。“電話に飛びついて京畿道警察部に○○新聞第○○号第二面○○と題する記事は治安妨害につき差し押えになりましたから手配して下さい。”引き続き各道知事、その他官庁に通報せられてそれぞれ手配をする。」(155)

この状況を見ても，当時の新聞検閲は大変な問題であったことが推察されるが，新聞社側はその検閲に対して必死に対処していたのである。

『東亜日報』の日章旗抹消事件は，いわば「第三の独立運動」(156)であり，言論を通じて訴えた，いわば言論の力による独立運動であったとも言えよう。国を失った朝鮮民族は民族文字さえも使えなくなっており，また，久しく日本の苛酷な植民地支配政策のもとに屈従を強いられるなかで，孫選手の優勝は非常に意味深いことだからである。特に，孫選手らの快挙について『東亜日報』を通じて抗弁していることに対して，内川芳美教授は「朝鮮民族が彼らの民族意識を痛いほど自覚し，その民族の置かれている屈辱的現実に対して示した抵抗の象徴的表現であった。」(157)と述べている。

この時は新聞の停刊処分だけではなく，題号が持っている象徴的な意味まで抹殺することになった。即ち，『東亜日報』は1938年 2 月朝鮮総督府の圧力によって「朝鮮春秋会」という御用団体に加入させられた。そして，この団体の規則に基づき，2 月10日付から題号背面の朝鮮半島と無窮花（むくげ）図案の削除令が出され，強制的な削除に至った。無窮花は朝鮮の国花であり，当時独立運動のシンボル的な意味を持っていた(158)。

ところが，1937年 7 月 7 日北京の西南方に位置している蘆溝橋で日中戦争が勃発，朝鮮は大陸戦争の前哨基地となった。また，1939年 9 月ヨーロッパで第二次世界大戦が勃発。こうした政治情勢の中で，朝鮮総督府は「皇民化政策」の最大の障害機関であった『東亜日報』の自主的廃刊を慫慂するに至った。

翌1940年 1 月15日警務局長三橋孝三郎は，『東亜日報』の白寛洙（ベク・グアンス）社長，宋鎮禹顧問，『朝鮮日報』方応模社長を呼び，次のように述べた。

「……情勢から見ると、言論統制は不可避となり、用紙事情も難しくなった。今後、戦時報国体制を一元化する必要があり、言論報国の機関も一つにする統合方針を建てた」(159)

このように，両新聞社が 2 月11日紀元節を期して廃刊することを求めてきた。

これに対して，両者は廃刊を拒否し，反対闘争のため結束した。そこで，総督府としては両紙の強制的廃刊方針を固めたようである。事態が緊迫してきたので，宋顧問は正月下旬，総督府の不当な処理を訴える最後の手段として極秘裡に東京に来た。東京へ着いた宋顧問は当時，貴族院議員宇佐美勝夫（総督府初代内務局長），丸山鶴吉（前総督府警務局長），関屋貞三郎（前総督府学務局長），光永星郎（電通社長）等の議員及び，日本右翼の巨頭であった頭山満を訪れることになった(160)。更に，日本の政財界の高級官僚たちを訪れ，『東亜日報』の強制廃刊における総督政治の不当性と，その真相を訴えて日本政界に一大波紋を巻き起こした。特に，丸山鶴吉，光永星郎などが貴族院で正式に発言して日本の議会にまで問題が飛火した。問題が日本の政界にも拡大したので，総督府としてもやむを得ず廃刊方針を一端後退させることになった。

しかしながらも，廃刊方針は撤回されず，今度は「経理不正」の問題を持ち出すことになった。その主な理由としては，同紙が貯金していた資金に関して上海にある大韓民国臨時政府に独立運動に使う資金を送ったという疑いであった。これによって，白社長と金勝文前東京支局長が拘束された。

この時，高在旭編集局長も病臥中であり，林正燁常務さえも重病であったという。そこで，ソウル鍾路警察署の査察課長室で重役会議が開かれたが，白社長自らは廃刊届けに署名捺印することを拒否した。警察当局は発行兼編集人の名義を重病中の林正燁に変更させ，林正燁の名義で自主廃刊の形を取らせて廃刊させた。その結果，1940年８月10日付で同紙は『朝鮮日報』とともに廃刊することになった(161)。警察当局はあくまでも，強制廃刊の印象を残さないように努め，記者と社員の言動を厳重監視する一方８月10日まで廃刊の報道を統制していた。

以上をまとめると，『東亜日報』は「三・一独立運動」後，デマ一掃のための地下新聞の陽性化と，総督府の文化政策，そして，日本国内においても朝鮮の言論を日本と同等に認めようとする一部の世論の動きなどの背景があって，創刊された。しかしながら，同紙は独立運動の先頭に立つようになったため，総督府にとっては治安維持の最大の障害機関となり，強制廃刊に追い込まれる。同紙は創刊から強制廃刊まで４次にわたって無期停刊処分と数多くの弾圧を受けながらも，その論調は曲げず，どんな犠牲があっても言論機関の使命である新聞発刊を続けることを決意していたのである(162)。

第3節　朝鮮における制度的な言論統制

1　朝鮮情報委員会の設置と世論統制

朝鮮における「情報委員会」の設置は，朝鮮総督府と軍部，そして警察との間に密接な関係を保つとともに，情報の収集，交換，分析による，より効果的な管理統制を目的としたものであった。朝鮮に情報委員会が設置されたのは，1920年11月であった。これは三・一運動直後，総督府が内外の情報把握とともに政治宣伝を推進するため，従来の情報課を拡大改編したものである(163)。

当時，情報委員会は朝鮮総督府の政務統監だった水野錬太郎を長とし，警務局長，内務局長など関係高級官僚と民間の有識者若干名とともに，16～20名の委員で構成された。民間人としては菊池謙譲[164]・大垣丈夫[165]・鮎貝房之進など，合邦前後から日本の朝鮮侵略に活発に活動した人たちが参加した[166]。斎藤実が民間人の情報委員を起用したのは，彼らが朝鮮社会における情報活動に非常に詳しい人であったからである（例えば，菊池は『漢城新報』の社長で，言論人）。前章で述べたが，ある意味で，斎藤実はたくみな手腕で政治宣伝とともに諜報活動を行ったと言えよう。寺内正毅がロシア革命の時，諜報活動をした明石元二郎を警務統監に任命，情報統制政策によって日韓併合作業を行ったように，斎藤実も，情報委員会を通じて三・一運動以後の朝鮮民族に対する説得的コミュニケーション活動と宣伝政策を行い，植民地統治後半期の基盤を確立したのである。

情報委員会の役割については，委員長であった水野錬太郎政務統監が第1回会議（1920年12月2日）で，次のように述べている。

「……従来本府に於ては雑誌『朝鮮』、その他の印刷物、活動写真等を以て、施政の真相を内外に紹介せんことに努めたるが、今回、更に組織を一新して、情報委員会を設け専らこの方面の事務に当たらんとす。情報委員会は、内地朝鮮相互の事情を紹介し、以て内鮮融和の一端となし、更に、近時朝鮮事情の誤伝せらるること多きに鑑み、施政の真相を内外に闡明し、同時に、施政方針の徹底と各種施設の趣旨を周知せしめんとするに就て重要な審議を為さむとするものにして、近来各国に於て、宣伝の事務漸次重要なる意義を有するに至れるに際し、諸君は充分慎重なる協議を遂げられむことを望む……」[167]

また，情報委員会の実行機関として総督府庶務部文書課に「情報係」を新設し，事務官1名，通訳官1名，嘱託4名，属5名を置いた。元来，同委員会の設立構想は1920年初め，斎藤実が民族運動の抑圧策として秘密宣伝機関を設けようとしたことがその始まりで，朝鮮民族に対する宣伝政策のためのものであった。

情報委員会の具体的な活動としては，次の点を挙げることができよう。

宣伝用活動写真の上映，朝鮮語及び日本語による各種宣伝冊子の出版，対外宣伝用の英文小冊子の出版，各種の調査資料の発刊，全国的な地方講演会の開催等[168]。総督府が活動写真をプロパガンダとして利用したのはこの時が初めてである。情報委員会はまた，海外の朝鮮人独立運動と世論についても積極的に取り組んでいた。これは次のような出版物からもよく分かるが，主にアメリカ，イギリスを中心としたものである。

これは下記の通り，対外秘密文書で，朝鮮情報委員会が調べた外国の世論及び朝鮮人の独立運動の状況を調査報告したものである。月刊で報告された情報彙纂第４号（1921年３月号）では，『朝鮮評論』(Korea　Review）の記事，布哇（ハワイ）新聞，華盛頓（ワシントン）ヘラルド，紐育（ニューヨーク）タイムズ，米国刊行物，英米通信，在米朝鮮人の独立活動などを詳しく分析している。また，同報告書「英米に於ける朝鮮人の不穏運動」(情報彙纂第５号）には，アメリカにおける朝鮮人独立運動の発端とその運動に対する反応などが報告されており，イギリスにおける朝鮮独立運動に関する宣伝事情についても述べられている。また，朝鮮同情者会の動きに関しても詳細に報告されている。更に，２年後，「布哇在留朝鮮人の諸般活動」を分析しており，

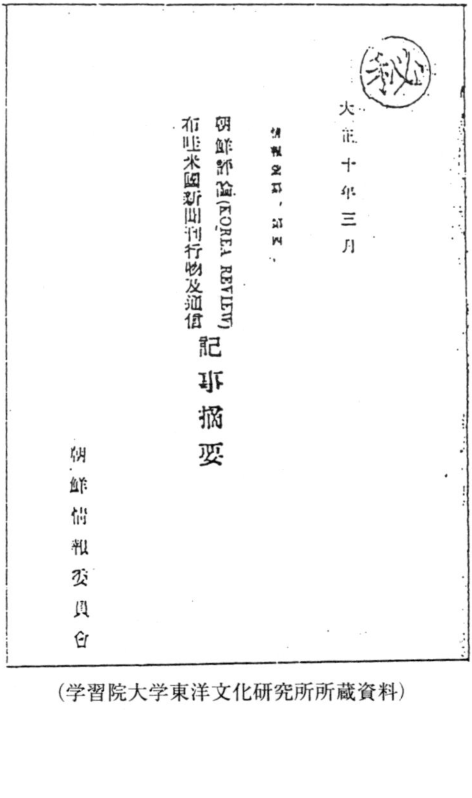
秘

大正十年三月

情報彙纂第四

朝鮮評論(KOREA REVIEW)
布哇米国新聞刊行物及通信 記事摘要

朝鮮情報委員会

（学習院大学東洋文化研究所所蔵資料）

いわゆる独立運動の状況をチェックしていたことが明らかになった。

今一つ，1920年頃から各道単位の地方講演会を開催した。

例えば，慶尚北道では1921年4月16日から23日まで，道内22個郡にかけて宣伝講演を行った。講演者は，郡守，警察署長，道議員などであったが，情報委員会は講演者に対する要領を提示していた(169)。これは朝鮮各地の住民に対して行う宣伝政策を一元化することによって，効果的な方法を狙っていたのであろう。

前ソウル大金圭煥教授は，1920年設置された情報委員会は主に朝鮮事情を外国に紹介，宣伝する目的で設けられた中央機関の諮問委員会的性格が強い宣伝機関(170)だとしているが，実際は朝鮮事情の紹介だけでなく，国内朝鮮人に対する説得作業とともに外国の世論蒐集に積極的に取り組んでいたのである。例えば，国内では前述した通り地方各地の宣伝講演の要領を示しており，国外では英米を中心とした朝鮮人独立運動の調査報告をしていることからも分かるはずである。特に，斎藤実は総督府警務局事務官の時永浦郎を欧米に派遣，アメリカ国内における「民族自決主義」の動向と，在米朝鮮人の独立運動，更に言論の報道論調についても調査させた。また，イギリスにも関係者を送り，アイルランド問題に関するイギリス政府の方針と世論についても調査することを命じた(171)。これを見ると情報委員会は単なる国内外宣伝だけではなく，欧米における世論と朝鮮民族の独立運動に関する情報収集にも関わっていたことが分かる。

同委員会は一時的に設けられた機関だったので，1924年12月に解散したが，いずれにしてもこの委員会を通じて世論情報統制を行い，朝鮮における言論統治の諮問機関としての大きな役割を果たしたと言えよう。より詳しいことは本書の第7章中「情報委員会の設立と言論統制」の項目において述べることにする。

2　李方子（イ・バンジャ）女史と言論統制

李方子（梨本宮方子）女史は日本の皇族として朝鮮王朝最後の皇太子，英王李垠（イ・ウン）皇太子に嫁いだ皇太子妃であった。2人ともそれぞれ婚約者があったにも拘らず，本人達の意思に反して，いわゆる政略的な結婚をさせられ，不幸な歴史の波の中で犠牲となった人物であったと言えよう。この結婚はちょうど日本軍部の力によって押さえられた「三・一独立運動」直後行われたのである。

李方子女史は，1901年11月４日，父，守正親王（明治天皇の甥）と，母・伊都子（鍋島侯爵家出身）の第一子として生まれ，1989年４月30日没したが，前皇后とは父方の，また秩父宮妃とは母方の従姉妹に当たる関係である(172)。

李方子女史の婚約は結婚する４年前，学習院中等科３年，14歳の時であった。1916年８月３日，李女史本人は結婚の決定の事実を新聞で初めて知らされたと言う(173)。李女史は生前「今でもその日のことは忘れませんよ」と笑ったという逸話がある。

1989年５月李方子女史がなくなった時，日韓のマスコミではこの結婚問題をめぐって様々なことが報道された。『毎日新聞』は「昭和天皇（当時は皇太子）妃の話があることを知っていた方子さんには」(174)新聞で李垠殿下との婚約が整ったことを知って大きなショックだったと報じている。また，『読売新聞』は「何も知らない方子さんは自分の婚約を新聞で初めて知らされた」(175)と論じている。これに対して，『朝日新聞』は，「李王朝最後の皇太子の垠殿下と結婚，〈日鮮融和の礎〉との美名に包まれた政略結婚」(176)であったと報じながら皇太子（昭和天皇）の妃殿下候補とも噂されたが，結婚を境に時代の流れに翻弄されたとかなり批判的に論じていた。ところが，これら日本の新聞においては，李女史の，歴史的に犠牲になった部分に関する論評や，冥福を祈るというフレーズは見当らなかった。

一方，韓国側も短く事実だけを報道している新聞が多い。『中央日報』は，５月４日付「短喪，先例によって９日葬，元来は３月葬」という見出しで，宮中の葬礼儀式について報道している。『東亜日報』も李女史の別世について論評なしの事実報道だけをしていた。これに比べて，『朝鮮日報』は比較的大きく取り扱っていた。特に，前の日本の報道に比べてかなり詳しく報道している。

「李女史は19才になる年日本皇室の「内鮮一体融合」の精神によって高宗の第３子である李垠皇太子と電撃結婚した。本来は当時皇太子裕仁の妃として揀択されていたが、〈妊娠できない〉という典医の報告により朝鮮王族の絶孫を狙った日本の権力者（日本の軍部）によって朝鮮王族の太子妃となった。」(177)

つまり，結婚に至る経緯に触れているが，李女史は結婚して翌年に初子である晋を生んだから，ここに指摘されている〈妊娠できない〉という当時の報告は間違っていたのである。

実際，李方子女史が自分の婚約事実を初めて知ったのは，1916年8月3日付『よみうり婦人付録』欄であった。本田節子が李女史の語録を記録したものによると「方子はいつものように新聞を拡げたところ，2枚8頁組の4頁目の大見出しに《李王世子の御慶事・梨本宮方子女王と御婚約》(178)と書かれていた。不思議なものを見たように方子の眼が瞬時に見開かれ動きをとめた」という(179)。

李方子は当時の心境を自叙伝において次のように語っている。

「私は15才の、まだ中等科3年のころ、早くも李王世子さまの妃殿下候補にあがっているということが、かなりたしかな筋から入ってきたため、母は夜も眠れないくらい心を痛めておられたとか。お国柄も違い、いくらご幼少ころから日本でお育ちになったとはいえ、生活様式も何かと違うだろうし、それに、いずれは朝鮮へお帰りになるお方なのだろうから、いったん王世子妃として朝鮮へいってしまえば、永久の別れとまではいかないにしても、やすやすとは会えないのが当然で、それが何よりつらく、おそろしいことに思われたのです」(180)

李方子自身は，15歳の少女として恐ろしかった心境を率直に語っており，母親も眠れないくらい心を痛めていたと述べていることを見れば，やむを得ず娘を国のため嫁として送らなければならない母親としての悩みをみることができる。

当時，父宮も心境は同じであったが，考え方は母親とはまた別だったとも見られる。日鮮融和のためとあれば，犠牲となることも仕方がないと，覚悟を既に決めていたものと見られる(181)。

自叙伝では母親の辛い気持ちは堪え難いほど重かったとはいえ，方子は言葉もなくただ涙するだけだったと伝えている。

一方，李垠皇太子は朝鮮王朝の最後の国王（高宗）の第7番目の子で，厳妃の息子であった。朝鮮は，1392年太祖李成桂が建立，27代の王系が500余年間続いたが，李垠は28代の王になるはずの皇太子だったのである。

高宗皇帝は明成皇后（閔妃）外に4人の後宮をおいていた。この後宮の中から，完和君，義和君，徳恵君，英親王（垠）など，それぞれの後孫を得ることになった[182]。李垠（英王）は，閔妃が生んだ純宗とは腹違いの兄弟であり，1907年純宗即位とともに皇太子として冊封された[183]。日韓併合がなかったら，皇帝になる身分であった。実際1916年純宗が昇遐した時，王位に即位はしたものの，形式上の継承であり，当時，1907年12月５日を期して既に人質として日本に留学中の身であった[184]。李垠は日韓併合後，表面的には日本の皇族と同じ扱いを受けていたが，実際は人質のような立場に置かれていたのである[185]。

当時，李垠は10歳であったが，来日して以来，母親がなくなるまで，１回も朝鮮に帰れなかったという。母親の明成皇后は伊藤博文に，自分の生前に李垠を必ず帰国させるという約束をしてもらっていたが，結局，その約束は守れないまま，死骸との対面をしたわけである。

李垠は在日の間，日本の皇太子と同じく皇室の教育を受けながら，日本政府の方針によって軍人の道を歩み，陸軍将校に任官，のちほど陸軍中将に昇進し，日本の敗戦に至るまで軍人の身分でありつづけた。

上述したように，李垠には日本に来る前，既に婚約者がいた。1920年李方子と婚姻する13年前，即ち，日本に来る半年前の1907年３月12日に婚約式が行われていたのである。李垠の婚約者は閔甲完（ミン・ガップワン）という令嬢が揀択（カンテク）[186]されていたのである[187]。閔甲完の父は泳敦（ヨン・トン）という人物で，前東莱府使（県知事）であった。当時，日本の保護条約の強要に対して，朝鮮民衆は義兵闘争を全国的な規模で行っていた。そして，第２次日韓協約の締結により，朝鮮の外交権が剥奪された時，内務大臣を経て侍従武官長職にいた閔泳煥が，抗議のため自殺した。この閔泳煥は殉国列士として今も国民に尊敬されているが，彼は，甲完の叔父に当たるのである。また，甲完の父もその間に，イギリスの公使から忠清道監察使（県知事）を経て，清国公使として清国に赴任していた[188]。

1909年10月26日，安重根（アン・ジュングン）によって伊藤博文が暗殺され，その翌年日韓併合が行われた。そして，李垠の生母厳妃が急逝して政治的風波が沈み，李垠と閔甲完との婚約破棄の問題だけが残っていた。これは，1918年12月16日頃のことであり，高宗と総督府の指令によって，婚約解消令が出された。婚約して10年経った時のことであった。当時の朝鮮では，揀択された女性は国母になったも同じということから婚約が破棄されても一生他の人とは結婚できないという不文律があった。なお，兄や姉が結婚しないうちは，弟妹も結婚できない習慣であったため，甲完の弟妹までも結婚できなくなるわけである。父親の泳敦は，甲完の一生は勿論のこと，兄弟まで犠牲にするといって反発していた。母親もあまりの怒りに言葉もなかったという[189]。ところが，泳敦は宮殿から呼び出しを受け，婚約指輪などが取り返され（元来は婚約が破棄される場合は結婚できないが），「臣の息女を年内に他家へ嫁がせないときは父娘が重罪に問われてもよい」[190]という誓約書を書かされた。

やがて，垠と李方子との結婚に強く反対していた李太王（高宗）がなくなり，国葬準備が進められ，また，三・一独立運動が勃発して政局は非常に揺れていた。ところが，破婚以来泳敦の酒量が増えるようになり，甲完の祖母も５月27日深い悲嘆に沈み込みついに亡くなってしまった。また，同年10月３日（陰暦），泥酔して帰宅した泳敦もそのまま床につき，亡くなってしまう。甲完自身も病気を得て「下半身は氷のように冷たく，上半身は火のように熱く，座っても立ってもいられない」[191]状態になったという。母は家を売り，甲完の医療費に当てたが，誓約した日が迫り，上海に亡命する。

一方，1920年４月28日，東京で李垠王世子と李女史の結婚式が挙げられた。朝鮮内の各新聞は王世子の結婚を大書特筆していた。

『朝鮮日報』は，４月28日付「御婚約ありし閔娘子」（これからの覚悟）という見出しで閔閨秀（キュス・良家の子女の尊称）を訪問した特集記事を掲げ，日本帝国の強圧による結婚に対する民衆の反感を訴えた。その主な内容は，閔妃門中（家門）の閔泳敦の娘は1907年王世妃に揀択され婚約したが，日本帝国主義の圧力によって，李垠殿下が日本皇族梨本宮方子閨秀と結婚した。閔甲完は破婚された悲運の閨秀である。また，閔閨秀が揀択された時，王世子は10歳で，揀択と同時に厳妃は婚約の指輪まで下賜した。閔閨秀との結婚は３年間延期されてきたが，４月28日，東京鳥居坂の王世子邸で日本の皇族と結婚してしまったと報道した[192]。

『朝鮮日報』は昌慶苑（チャンキョンウォン）の後方，峠（ボグサグ）を越えて叔父（父方の弟）宅に居住していた閔閨秀を訪れ，近況と破婚の心境をたずねて報道して民衆に訴えた。これが大問題になり，朝鮮総督府を刺激させ，押収処分を受けることになった。これが『朝鮮日報』の最初の筆禍事件であり，押収処分第1号となった。

その経緯を見ると次のようである。『朝鮮日報』は1920年3月5日創刊号を発刊したが，印刷施設が整わないまま創刊号を出してしまったので，隔日で，7日に第2号，9日に第3号を発刊し，長期休刊に入った。休刊の間の4月28日に『朝鮮日報』は第4号を続刊した。この第4号を発刊したのは，李王世子と梨本方子との結婚式を報道するためであったのである。第4号はソウル市鍾路3街にある日本人所有の大和印刷所で印刷された(193)。この記事が日本皇族を冒瀆する記事であり，朝鮮総督府と日本政府の忌諱に触れたという疑いで押収処分を受けることになったわけである。

前節においても『朝鮮日報』について若干述べたが，李王子女史をめぐる言論統制状況の理解を深めるため『朝鮮日報』の停刊処分を中心として以下簡単に触れておくことにする。

同紙は，『東亜日報』とともに斎藤実の文化政策によって創刊された。ところが親日団体である「大正実業親睦会」の幹部によって創刊されたため，親日紙とされ，朝鮮民衆の支持を得なくなった。しかし，後に1924年9月発行権が宋秉畯から申錫雨に売り渡されてから，『朝鮮日報』の性格は民族紙として変貌していった。その時，李商在（イ・サンゼ）社長(194)は一大革新を断行し，同紙は，申錫雨，曹晩植，白寛洙，崔善益，安在鴻，金東成などの独立運動者によって反統治言論機関に急変したのである。

同紙の資本金は『東亜日報』の70万円余りに比べわずか5万円に過ぎない。そこで李商在が社長になってからは経営的にも改革を断行することになった。『朝鮮日報』は清新活発な紙面政策とともに，1925年4，5月には「全国新聞記者大会」「民衆運動者大会」「社会運動者大会」「衡平社全国大会」等を開催し，一時的に『東亜日報』を圧倒する新聞にイメージアップされたこともある(195)。

ところが，『朝鮮日報』は当時の思想界をリードしていた社会主義的な色彩を帯びていた。だからこそ，『朝鮮日報』に対する言論弾圧は『東亜日報』より苛酷であったといえよう。その例として一つ挙げると，1925年9月8日付「朝鮮の露国との政治的関係」という社説で，この記事が発行停止処分の受ける原因となり，この時，社会主義的な考え方を持っていた記者全員は免職処分(196)された。

『朝鮮日報』の発売頒布禁止及び押収の法的根拠は「新聞紙法」(旧光武11年法律第5号)に置いていた。同法を分析してみると，第11条，第13条，第14条，第15条，第26条には新聞紙に掲載禁止事項を規定している。これらの内容を大別すれば，①皇室の尊厳を冒瀆する事項，②国憲を紊乱させる事項，③社会の秩序，また風俗を攪乱させる事項などであった。この内容に違反した記事は行政処分を受けていた。その時の行政処分の内容は5つの種類がある(197)。

当時，日本人経営の新聞に関する規制及び行政処分は道知事（県知事）の裁量によって行われ，朝鮮人経営の新聞は朝鮮総督の専決事項として警務局図書課でその業務を行っていた。新聞の発売頒布禁止の権限は一線警察署長にまで委任されたため，その横暴がひどかったという(198)。

また，注目すべきことは，この新聞紙法が規定した規制条項以外に総督府は「警告」「注意」「懇談」という規定を慣習的に適用していた。「警告」は掲載する場合，発売頒布を禁止する旨とを予告しており，「注意」は当局の記事の取締の方針を明示することである。そして「懇談」は記事取扱いについて事前に当局者が懇談式に通告，規制することであった(199)(傍線筆者)。

以上のような法律上の規制に基づき，『朝鮮日報』に対する様々な言論統制が行われたわけである。まず，停刊処分を見ると，創刊から1940年8月10日強制廃刊に至るまで『東亜日報』と同じ4回にわたる発行停止処分を受けることになった。

①　第1次停刊処分

1920年8月27日付の社説「自然の化」という題で，当時アメリカ議会視察団一行が，朝鮮を訪問したのをきっかけに，平壌とソウルの両地で万歳騒擾が起こり，人心が激高して警察と衝突した事件を取り上げて論じた内容である。たまたま，この年は三・一運動の翌年であったため，総督府は再び独立運動の拡大することを恐れ，社説に対し，発売頒布の禁止及び押収処分を発すると同時に，新聞紙法第21条を適用，8月27日から9月2日まで1週間の有期限発行停止処分を下したのである(200)。

②　第2次停刊処分

1週間の停刊が解除されて3日目の9月5日付に掲載された「愚劣なる朝

鮮総督府当局者は何故に吾が日報に停刊を命じたるか」がまた再び波紋を巻き起こした。

この社説は，『朝鮮日報』に対する停刊処分こそ，日本がいわゆる文化政治というみかけ倒しの看板を建て，新聞に対する無慈悲な弾圧を加えることによって，その虚偽性を自らが暴露していると攻撃した内容である。この記事はさらに「吾が朝鮮日報創刊以来凡そ百数十余日間に総計百十三号を出し其の間に総督府当局者は紙面を押収すること前後二十三回，発行者を戒責すること十余回に達し圧迫に圧迫を加えること日復日に甚だしく8月27日に至りて当局者は突然一週間の発行停止の命令状を発布せり。」(201)と総督府の言論弾圧政策を正面から反駁している。

これに対して，総督府は1920年9月5日から11月5日（62日間）まで無期停刊処分を下した。

③　第3次停刊処分

今回の問題の記事は，1925年9月8日付社説，「朝鮮と露国との政治的関係」であった。即ち，極端に朝鮮統治に対する不平不満をそそのかしたのみならず，日本の国体及び私有財産制度を否認し，その目的を達する実行手段として，赤色ロシアの革命運動方法によって，現状を打破すべきことを強調した記事を掲載したことが原因になり，総督府は直ちに停刊処分を出した(202)。

ところが，総督府が『朝鮮日報』に対して停刊処分を命じたのは，この記事だけが問題だったのではなく，日露戦争時から日本はロシアに対して非常に抵抗感を持っていたこともあり，それと同時に『朝鮮日報』の社内の社会主義的傾向を帯びた記者の粛正を狙ったものであると考えられる。

その証拠は，李商在社長就任以来，第3次停刊処分を受けるまで，総督府に押収された社説記事のうち，社会主義色彩が濃いという理由で押収されたのが13件で，総押収件数88件の中で約14%を占めていることをあげることができる。そこで，こういう状態が続くのは好ましくないと判断した総督府が，9月8日から10月15日まで（38日間）停刊処分を出すことになった。

今回は新聞の停刊だけではなく，1万4,000圓の大金を払って購入した新しい輪転機まで押収し，発行兼編集人金東成，印刷人金炯元，論説部長安在鴻，記者金俊淵，整理部長崔栄穆，顧問李相協を召喚尋問し，論説執筆者辛日鎔を検挙した。この事件に関連して編衆人金東成は懲役4ヵ月に執行猶予2年，印刷人金炯元（社会部長）は禁固3ヵ月の宣告を受けた。また，辛日鎔論説執筆者は検挙の拘留期間満了の9月28日に釈放されたが，上海に亡命した(203)。

④　第4次停刊処分

第4次停刊問題の論説は1928年5月9日付，「済南事件の壁上観・田中内閣の大冒険」という社説の記事である。この記事は，日本が中国侵略の一貫として日本軍を山東に出兵させたことを，外国の実例を挙げながら非難した内容であり，なお，これを企てた田中首相の侵略経歴を指摘，暴露した論説である(204)。そこで，5月9日から9月19日まで（133日間）停刊処分を受けると同時にこの記事が押収された。勿論，今回も論説だけの問題ではなく，朝鮮民族陣営連合体の「新幹会」という独立運動主義団体と『朝鮮日報』との関係を断ち切ろうとした意図が背後にあったものと考えられる。李商在社長は新幹会の会長であり，副社長以下の幹部社員多数が新幹会の幹部だからである。そのうえ，『朝鮮日報』は新幹会のニュース欄まで設け，新幹会の民族運動を代弁していたのである(205)。これらから推察して総督府は何よりも，独立運動に対する恐れによって同会と『朝鮮日報』との関係を切り離そうとしたものと考えられる。

以上のように『朝鮮日報』の創刊から廃刊に至るまで，4回の発行停止処分を中心として言論統制状況を分析してみた。『朝鮮日報』は創刊初期から1989年李方子女史が亡くなるまで，その李女史に関しては他の新聞に比べて最も詳しく報道し続けた新聞の一つであった。

一方，『読売新聞』はいち早く李女史の結婚について報道していた。それは他の新聞と異なり，結婚の前からである。即ち，1920年4月11日付「方子王御婚儀」という題で，「両宮方の御不幸にて延引続きに漸く本月29日目出度く李王世子垠殿下と御結婚式を挙げさせられる」と明らかにしている。また，同紙は4月28日付「青葉若葉に吹く風も芽出たく王世子御結婚儀はけふ」という見出しで大きく取り扱っている。そこで目立つのは，「恩赦令」ということであり，「特に朝鮮人に対して恩赦を行う件」であった(206)。下條内閣書記官が恩赦令を発表し，その勅令によって各種の犯罪で囚われた多数の朝鮮人は減刑または免赦されることになった。更に，29日付にも「日鮮和合の幾久しき御契」と大きく書かれ，日鮮融和の楔子として大正の歴史に記念されるべき李王世子垠殿下と梨本宮方子女王殿下の御婚儀であると論じている(207)。

『東京朝日新聞』は4月28日付「李王世子殿下の握手の力に感嘆」という題で，殿下は競争心が強く，熱心に勉強したと称賛した。『東京日日新聞』は4月28日付「小笠原流と現代式でけふ，王世子の婚儀」という見出しで結婚を取り扱っており，翌日は，「日鮮融和の基，御盃の固め幾久しく」というトップ・ニュースとして「この日の婚儀こそ日鮮平和の固き楔子となるもの，万戸国旗を掲げて万万歳を寿ける宜なりといふべし」(208)と報じている。これらの3つの新聞の中では『読売新聞』が皇室の結婚について最も熱心に報道したと言えよう。

このように各新聞の注目を引いた李女史の結婚生活は平坦ではなかった。結婚した2年目，1922年長男が生まれ，まもなくその長男をつれて初めて朝鮮の地を踏んだが，その長男が突然死を遂げることになる。李女史自身は結婚に反対だった人々による毒殺だと信じていた。一方では日本によって毒殺された高宗の仇討ではないかという推測もあるが，真相はいまだに不明である(209)。

その後，李垠王世子は日本軍の陸軍中将，軍事参議官まで昇進したが，日本の敗戦，朝鮮の解放と同時に日本にいた一家の立場は，いわば2つの国家のはざまに置かれるようになり，李夫妻はますます苛酷な運命に直面するようになる。

1947（昭和22）年新憲法施行によって王族の身分を失った夫妻は，韓国の李承晩政権から受け入れを拒否され，無国籍の身分になった。夫妻は1947年米軍政下で「在日韓国人」という平民の身分に格下され，「カーテンをとってブラウスを作るほど」の貧しさであったと『朝鮮日報』は報じている(210)。朴正熙大統領政権になってようやく韓国籍が認められ，1963年夫妻は悲願の帰国を果たしたが，その時，李垠は脳血栓で殆ど意識がない状態で，帰国後7年の1970年になくなる(211)。

李方子女史は李垠王世子との死別後，精神薄弱児施設の慈行会，聾唖・小児麻痺の『明暉園』を開設，自力で資金を集めながらこの分野で先駆的役割を果たした。

去る1989年４月30日，李方子女史が亡くなり，これで朝鮮王室の官爵を受けた人は全て亡くなってしまった。朝鮮時代の最後の皇太子妃である李女史の逝去は朝鮮王朝500年の実質的な終焉を意味する。

前にも述べたが，李女史の結婚当時，日本の新聞はいわゆる「政略的な結婚」にも拘らず「日鮮融和」を取り上げていた。李女史が亡くなった時にも，同じように政略結婚と言いながらも，李女史については「冥福を祈る」という意味合いの言葉は一言も見られず，事実報道にとどまっていた（傍線筆者）。

これに比べて韓国の報道は李女史の死について哀惜の言葉を送っている。例えば，1989年５月１日付日本の朝毎読（三大紙朝刊）は「死去」という言葉を使い，それぞれ報道していたが，韓国の報道は「別世」という言葉を使い，「悲運の皇太子妃」といいながら哀悼の意を表している。特に，５月８日行われた葬儀式には日本側は昭和天皇の弟（三笠宮）と李女史の実弟（梨本徳顔）だけが参席したが，韓国側は盧泰愚大統領が花を送り，李女史の死を哀悼しており，姜英勲国務総理大臣，崔圭夏前大統領，朴浚圭民正党代表委員，金泳三民主党総裁，金大中平民党総裁，金鍾泌共和党総裁，金寿煥枢機卿など，財政界大物５万が弔問して故人の冥福を祈った。特に，1963年李夫妻の帰国以来，李王家の本籍である全州李氏（李氏朝鮮暦代王系）は亡くなるまで李女史を「妃殿下」と呼称して敬慕の意を表したということである。

以上で李方子女史をめぐる各新聞の報道と論調をみてきたが，日本の新聞の報道ぶりは非常に冷淡なものであるということは特記すべき事実であると言わざるをえない。李夫妻はある意味で歴史の犠牲となった人物であるが，日本のマスコミは簡単な事実の報道だけで，自己批判的な要素は全く見当らない。勿論，日本では皇室に対する報道は制限されているということもあるが，一つの大きな歴史的な事実に対して殆ど無関心に近い報道ぶりを見せていると言える。李女史の逝去の事実も「死去」（「朝日」「毎日」「読売」1989年５月１日付）という言葉を使っている。李女史は日本の皇族だったにも拘らず，一時無国籍の状態で東京で暮らし，しかも極貧の生活をしていたという事実はこの冷淡な報道ぶりとも関連するものであろう。

韓国においても李承晩大統領（全州李氏）が1945年から1963年まで李女史

の帰国を認めなかったことは勿論，面倒をも見ようとしなかった。その間は日韓の国交が断絶されている時であったが，李夫妻は韓国側からも見捨てられていたと言えよう。いずれにしても，李女史は朝鮮最後の国母であったにも拘らず，葬儀式においても，国葬の形ではなく政府が金を出して全州李氏の「家族葬」の形式を取ったのは歴史の変遷を物語るものでもあった。李女史が結婚した当時の植民地時代の新聞の報道と，最近逝去した際の新聞の報道ぶりは日韓両国間の不幸な時代そのものを反映するもので，今後も注目すべきところであろうと考えられる。

第4節　関東大震災と朝鮮における言論統制

1　関東大震災と朝鮮人虐殺

関東大震災は大正デモクラシーが成熟した時期に発生して，それをきっかけに日本のファシズム思想が台頭することになる。震災の発生とともに戒厳令が出され，軍部が先頭に立つようになり，自然にファシズムに導かれたのである。また，「不逞鮮人」という流言蜚語が発生，朝鮮人虐殺事件が起こった。

当時，日本では第一次大戦後の物価暴騰，実質賃金低下などで民衆の生活難は非常に厳しかった。1918年富山県から起こった「米騒動」はたちまち全国に広がり，その参加者は数百万にも達した。そこで，西日本を中心に全国120ヵ所，9万にのぼる軍隊が出動して鎮圧することになった。その結果，寺内正毅が総理を辞任したが，その後も大衆運動が広く進展した(212)。1919年には各地で労働者が組織的に1日8時間労働制や賃金引上げ，労働組合の承認を求めており，1921年には親睦団体である「友愛会」が，労働組合の全国的組織としての性格をもった「日本労働総同盟」を結成した。翌年は「米騒動」に続いて小作争議が全国的に発展する中で，1922年4月に日本最初の農民組織である「日本農民組合（日農)」が創立された。こうした社会状況の中で，1922年7月，「日本共産党」が結成され，翌年4月には日本共産青年同盟が結成された。だが，後に「治安警察法」に基づき，最初の弾圧が加えられ，100余名が検挙されることになった(213)。

こういう社会的な状況の中で，1923（大正12）年9月1日昼，「関東大震災」[214]が発生した。

大震災の起こる1週間前の8月24日，加藤友三郎首相が亡くなり，内田外務大臣が臨時首相代理になった。その後，28日，山本権兵衛が首相として推され，大地震が起こった時は内閣の組閣中であった。従って，震災直後，緊急対策措置をとったのは，水野錬太郎（前朝鮮総督府政務総監）内務大臣であり，9月2日に戒厳令が宣布され，朝鮮人が日本軍官によって虐殺される事件に巻き込まれることになった。この戒厳令公布にあたって流言蜚語の震源地を調べてみればいろいろな説があるが，中島陽一郎などによると，①計画的なデマを放ったとする説（前内閣説）[215]，②軍と警察が主役だとする説（軍閥説，警視庁説）[216]，③右翼・国粋主義団体説[217]，④横浜地方における流言蜚語説[218]などがある[219]。

大震災が発生してから67年経ったが，いまだに流言蜚語の震源地は明らかにされず，また，当時虐殺された朝鮮人の数も確認されていない。ただ，当時地震による社会不安が大きな原因であることは間違いのない事実である。震災の被害が大きかったため，民心の動揺が激しかった。水や食糧不足などの問題で生存の危機に面しているなかで，朝鮮人が盗みを行うという流言蜚語が飛び交っていた。それらの情報が様々な形で軍と警察側に伝えられ，治安当局者は情報の分析をしないまま拡大解釈，治安維持のため戒厳令にまで乗り出したものと見られる。また，その理由として次の事実が一つ考えられる。

当時治安維持に当たったのは水野錬太郎内務大臣と赤池濃警視総監である[220]。彼らは朝鮮の三・一独立運動直後，斎藤実総督とともに京城の治安責任者を勤めたが，その時，堪え難いほどの治安不在状態を経験したのである。だからこそ2人において朝鮮人に対する警戒心ないし恐れは誰よりも強かったので，戒厳令にまで至ったものと見られる（傍線筆者）。

この震災の際，虐殺された朝鮮人の数は不明であるが，司法省の調査報告書によると朝鮮人は233名，誤殺された日本人死者は58名，中国人は3名となっている。これに対して，姜徳相教授（現一橋大学）は1975年の調査で，虐殺された朝鮮人は6,433名に達すると主張している。その根拠として氏は当時関東地方における朝鮮人の居住者数が約2万名であったと推測し，そのうち約9,000名が行方不明となっていることを挙げている。全承学と吉野作造による調査は，この数値にほぼ近い。

最近，東京都の江戸東京博物館の小木新造博士（専門理事）を中心とする研究グループと，東京大学新聞研究所（現社会情報研究所）広井脩教授を中心とした研究グループが1990年３月15日，東京大学新聞研究所で第１回関東大震災と朝鮮人虐殺事件に対する研究会[221]を行った。そこで，小木新造博士は当時虐殺された朝鮮人の数は約7,000人ぐらいが通説であると述べている。

筆者もこの研究会のメンバーとして，朝鮮人虐殺事件と言論統制について分析しているが，虐殺された朝鮮人の数は，小木氏が指摘するように，7,000人以上にのぼっていたのではないかと推察している。それは次の幾つかの根拠を通して推測することができる。

1919年２月８日，東京で行われた二・八独立宣言，更に朝鮮の三・一独立運動の後，関東地域の在日朝鮮人はできる限り，東京を中心に集めて，要監視人，要監察人をおいて管理していたことが明らかにされている。また，現在，同事件に対する研究が日本人によって活発化されてからは，被害者の数はこれまで知られている数より多数であったことが判明されつつある。

一方，『かくされていた歴史』[222]には，川崎で９月１日午後３時頃から朝鮮人暴動の噂が流れ，横浜でも午後７時頃，「鮮人約200名が襲来し，放火，強姦，井戸に投毒のおそれあり」という流言が流れていたと記されている。このような朝鮮人の暴行，暴動，放火，強姦などの流言が急速に広がったのは，軍警察の介入が原因にもなった。彼らは流言を適切に確認して処理するのでなく，逆に拡大解釈し，全国地方官庁に，「東京付近ノ震災ヲ利用シ，朝鮮人ハ各地ニ放火シ，不逞ノ目的ヲ遂行セントシ，現ニ東京市内ニ於テ爆弾ヲ所持シ，石油ヲ注ギ放火ヲスルモノアリ」[223]と伝えた。また，警官がオートバイや自転車に乗り，各地で大声で「井戸に毒を投ずるものがあるから注意せよ」[224]というビラまで貼りだした。

更に，朝鮮人の虐殺は戒厳令のもとで，軍・警察の主導によって，２万3,715名にのぼる朝鮮人を無差別に保護・検束し，警察署や強制収容所に送り込んだ。この時，自警団[225]も組織され，軍警とともに朝鮮人を連行して暴行したり，虐殺する事態にまで至った。

埼玉県の裁判報道によると，自警団に参加して朝鮮人を虐殺した日本人の階層は「車夫職工，日雇い夫，小商人，農夫，大工」などで，生活は中以下で満足に親子兄弟そろって生活していると答えた人は少ないという[226]。同じく，虐殺された朝鮮人は相当数が文盲者であった。当時，朝鮮人は労働者，職工，大工，特に日雇い夫などが多かったのである。彼らは言葉も通じないまま，食糧に不自由な生活を送っている人たちであった。日雇いの暮らしにおいては震災は堪え難いことであり，検察や収容所の生活や暴行などから身の危険を感じた彼らは集団行動を取っていたものと見られる。

このような状況の中で情報が不足していることは勿論，殆どの新聞社は焼けてしまっており，残ってもすぐ発行はできない状態であった。当時，臨時閣議が開かれ，都内に唯一残っていた四ッ谷の満月堂という印刷屋と契約して，９月２日から『震災彙報』という新聞を発行して市民に無料で配っていた[227]。ところが，部数も少なく，虐殺事件に関わった朝鮮人と日本人の中には文盲者が多かったものと見られ，この新聞の発行はデマの一掃にはあまり役立たなかったものと推察される。

日本政府は９月２日午後６時枢密院の諮詢という正式手続きを経ることなく，緊急勅令第398号として戒厳令を公布した。当時，水野錬太郎内務大臣の談話によれば，朝鮮人暴動について「流言蜚語がどこからともなしにおこなわれているとのことであった……場合が場合ゆえ結局戒厳令を施行するほかはあるまいということに決した」[228]と述べている。つまり，戒厳令の宣布は朝鮮人に関する流言であると語っている。

更に，３日になると，警視庁警務局から各新聞社に対して次のような警告書を出して言論統制に乗り出した。

> 「朝鮮人ノ妄動ニ関スル風説ハ虚伝ニ亘ル事極メテ多ク、非常ノ災害ニ依リ人心昂奮ノ際、如斯虚説ノ伝播ハ徒ニ社会不安ヲ増大スルモノナルヲ以テ、朝鮮人ニ関スル記事ハ特ニ慎重ニ御考慮ノ上、一切掲載セサル様御配慮相煩度、尚令後如上ノ記事アルニ於テハ発売頒布ヲ禁止セラル様ニ候御注意相成度」[229]

この警告により朝鮮人の暴動に関する記事は全面掲載禁止となり，これをきっかけに言論に対する統制が始まった。この言論統制政策に基づき，官憲によって新聞記事納本検閲を１日２回行っており，地方紙の東京流入に対しても厳重なる取締を行い，不穏な印刷物の散布を禁止した。

ところが，震災前の東京の新聞は英字紙を含めて20紙であったが，このうち火災の厄を免れたのは『東京日日新聞』『報知新聞』『都新聞』の３紙のみであった。焼失を免れた３紙も活字のケースが転覆し，動力は絶たれて工場は全然用をなさなかったが，『東京日日新聞』は活字を拾い集め，足踏機械で数百枚の第１号外を印刷し午後２時に発行した(230)。２日付朝刊は前橋で４半頁の小型新聞を発行し，６日から東京の本社に移り印刷を行った。

『報知新聞』は午後４時に号外を印刷，関東地区及び東北各地にも配布し，５日から東京の工場で印刷した。『都新聞』も２日付号外を謄写版で発行するなど９月８日から８頁の新聞を印刷することになった。

このように東京の新聞は殆ど致命的な打撃を受けたことに比べて，東京に支社を持つ大阪の『朝日』『毎日』の活躍は目覚ましいものがあった。『大阪朝日』は激動の直後既に記者の一隊を東海道本線へ，別の一隊は北陸線に向かわせた。その結果，９月１日は午後４回，２日にも４回の号外を発行し，未曽有の大震災の速報をおぼろげながら伝えた。幸い『東京日日』は『大阪毎日』と連絡をとることができた。震災の情報は２日の深更大阪本社に到着し直ちに３日の朝刊に掲載することができた(231)。

関東大震災が新聞界にもたらした影響は非常に大きかった。まず，東京の新聞は前記３紙を除いて全部類焼し，伝統ある『時事新報』『国民新報』『万朝報』『東京毎日』『やまと新聞』などの新聞は致命傷を受け，衰退の道をたどることになった。これに対して大阪に本拠をもっていた『東京朝日』『東京日日』の両紙は部数を伸ばして，これを機会に東京系紙を制圧し，全国制覇に歩を進めることになった(232)。

これらの各社に対する言論統制は最も厳しく，９月16日，警視庁特高課は管内各署長と各新聞社宛に「新聞雑誌掲載記事に関する件」という通告で，同震災によってなくなった死体の写真掲載を一切禁止するとともに，原稿または校正刷を官房検閲係に提出して内検閲を経て発行するように義務づけた。ところで，10月20日午後２時朝鮮人に対する暴行の一部が警視庁刑事部で発表された。よって，20日以降の多くの新聞に「朝鮮人に対する暴行」などがそれぞれ掲載された。そこで，また，司法省は21日付で，各新聞社に「治安維持令」の適用をちらつかせ，新聞社独自の報道に統制を加えた。

震災が発生して１週間後，９月７日付『東京日日新聞』で，「驚くな，慌てるな，鮮人を迫害するな」という記事で山本首相は，「一部不逞鮮人の妄動ありとして鮮人に対し頗る不快の感をいだくものありと聞く鮮人の所為若し不穏に亘るにおいては速かに取締の軍隊または警察官に通告してその処置を待つべきものなるに民衆自らみだりに鮮人に迫害を加える時はもとより日鮮同化の根本主義に背戻するのみならず，また諸外国に報せられて決して好ましいことではない」と語っていた(233)。

筆者が調べたところによると，朝鮮人の虐殺報道を全国で最初に報道したものは，9月7日付『北海道新聞』であった。この新聞の記事は「不逞鮮人を利根川にて銃殺，屍体今尚岸辺に横はる」と題して，朝鮮人の警戒が一層厳重にとなり，4日は8名の鮮人が在郷軍人青年団消防組の追撃を受け，工兵隊によって直ちに銃殺されたとした。この地で約100名が銃殺され，5日午後2時死体は未だ岸辺にあった(234)と報道していた。この報道はおそらく北海道だから可能だったのではないかと思われる。また，同紙は「鮮人の陰謀は全国に亘る」という報道まで伝えて，他社より詳しく朝鮮人に対する記事を掲載している。

10月20日付『読売新聞』の記事によると，吉野作造博士を中心に民間人がはじめて震災救援活動を行ったことが明らかになっている(235)。同日警視庁刑事部が朝鮮人に対する暴行の一部を発表しており，これに伴い報道も一部解除されたからこそ新聞に報道されることになったと言えよう。

更に，『読売新聞』は10月21日1ページ全部を使って反省を求める記事を大きく取り上げている。

「震災の混乱に乗じ鮮人の行った凶暴（掠奪、放火、凶器、爆弾、毒薬携帯、中には婦人凌辱もある)」

だが，このような朝鮮人虐殺の正当性を主張する司法当局者談も載せている。この記事は大虐殺の原因が「誤解による流言」であるとするが，それが故意に発せられたか，或いはうそを生んで燎原の火のような勢を呈したのかについては，同紙は論評を避けている。そして，この見出しが事実であるかのように述べながら，「国民が冷静を失ったこと」「判断の混乱」が真因であったとつくろっている(236)。

これに比べて『大阪朝日』は10月27日付社説「不逞自警団の検挙」という題で，朝鮮人の虐殺事件の真因糾明については触れず，虐殺の真相と日本人自警団の行為だけはこれを暴露し，政府に鮮人殺傷事件の顛末」の発表と謝罪まで求めていた。

同紙は，朝鮮人暴動が全くの流言であるとした。実際は「強盗掠奪等の罪を犯したものは不逞の日本人であって朝鮮人ではなかった事が明らかになった」と述べながら，当時伝えられた朝鮮人の暴動というものは全く跡形もない風説であったと暴露した。そして，その原因は我々日本人の具有する本性の一部であるとし，「帝国の前途の為めに深憂を禁ずる能はざるもの」だと慨嘆していた。また，同紙は，朝鮮人虐殺は「如何に弁護しても，日本国民に沈着冷静の訓練を欠き，非常時に際して常識を失はざるべき用意が足りなかった証拠」だと言い(237)，虐殺の真相と政府のとるべき態度について次のように論じている。

「……血を見狂せる彼等は、苟も朝鮮人とさへ見れば片端から何の容赦もなく殺傷したのである。甚しきに至りては、警察官が保護を加へつつある者さへ一束にして殺されたといふ。……日本国民は非常時に当たりて沈着冷静の判断を失ふばかりでなく、又一度流血の惨事を見んが、恐怖し戦慄すべき殺人狂と変性する悪癖を有するなきやを疑はしむる程である。最後に政府当局に一言する。政府は速かに鮮人殺傷事件の顛末を内外に発表し、遺憾の意を表示すべきである。」(238)

このように述べ，朝鮮人の反感と不安を一掃する必要があるとし，殺傷された遺族に対しては厚く弔慰の資を贈り，其霊を慰むべきものであろうとつけ加えている(239)。

また，10月29日付『大阪朝日新聞』は「在京同胞も参列して，遭難鮮人追悼会」という見出しで大きく，仏教朝鮮教会主催同胞遭難者追悼大法要が28日午前10時から東京芝増上寺本堂で執行されたと報じている。内務大臣をはじめ朝野知名の士，日鮮団体など参拝弔辞あり，特に，招かれた東京在住の朝鮮同胞300余名は歓喜をもって参例したと伝えている(240)。

ここで，日本新聞のなかで朝鮮人虐殺について最も関心を持ち，結果に対する真相と責任，更に政府が取るべき具体的な方針まで求めている新聞は『大阪朝日』であったことが明らかになった。

2　関東大震災と朝鮮の言論統制

日本の新聞の報道につづいて，朝鮮の地元の新聞である『朝鮮日報』『東亜日報』の社説の論調を分析しておきたい。ただし，朝鮮総督府の機関紙である『京城日報』の場合は日本の新聞論調と大同小異であるから分析の対象から除外した。

まず，『朝鮮日報』は9月3日付「朝鮮総督にも警戒」「横浜にも○○事件勃発」と題した号外を発刊したが，差し押えられてしまった[241]。

9月5日付「三箇所に不穏事件発生」という記事では，日本関東地方災難後，八王子，横浜，東京に不穏な事件が発生し，形勢が甚だ険悪であるため陸軍大臣は遂に13，14師団に緊急動員令を出して目下出動中であるが，「今後の形勢は如何になるか日本全国の民心はおだやかならず」と論じている[242]。9月8日付には「中途より帰還した留学生」という記事で夏期休暇を利用して帰省した北青郡青海面土城里の李桂千という留学生による話を掲載した。中央線で川口駅から引き返し車中で聞いた朝鮮同胞の生死不明の風評を聞き，一行12名は同胞の消息を聞くため冒険して東京に入り込もうとしたが，戒厳令が出され，東京に入ることは不可能であった。そして，避難民の話を聞くと朝鮮同胞は或る所に収容して衣食を与えるという話もあり，新聞の号外には品川で朝鮮同胞300名を○○したという記事を見たが，事実はどうであるか分からない[243]と述べたとしている。また，9月10日付社説は朝鮮人虐殺に対する慰労の言葉を送っている。即ち，「帰哉，帰哉だ，同胞，同胞よ，生乎や，死乎や」と題して，東京で我が同胞1万5,000人を習志野兵舎に収容し，100名に一人の警吏を配置して監視していたという。このような時期において，朝鮮人を保護するどころか，むしろ監視をするというなかで，生命を維持できたら幸いなことである，監視の範囲に入らなかった同胞がもし生きていたら早く帰来することを望んでいると語っている[244]。

『朝鮮日報』の差押え記事（9月23日付）を見ると，「辞令塔欄」という題で，日本東京憲兵隊甘粕大尉はどういう理由か去る17日夜10時頃，森曹長に命令して社会主義者大杉栄とその妻と子供2名計4人の家族を捕えて侮辱殴打し，その翌朝の2時にまず大杉栄を○○し，続いてその妻と子供を○○し，死体を新聞紙に包んで井戸に投げこんだことが20日発覚し，その大尉は捕えられ死体は検死されたと報道した。大杉栄は国家に対して重大な罪があっても，その妻子に何の罪があって，このような人道に外れたことをしたか，新文明国と自称し，世界列強から相当の待遇を受けている国としてこのような羞かしい事は誠に遺憾な事であると悲痛な論調で述べていた(245)。

更に，９月24日付「朝鮮人の暴行は絶無」という題で，去る20日午後１時に開会した東京府会震災救済実行委員協議会で馬場刑事部長，緒方消防部長，正力官房主事は今回の震災に朝鮮人社会主義者の暴行だとか放火等の事実は決してなかったと報じたが，これに対して，委員会側が震災当時警視庁で「朝鮮人の暴行放火の事実を厳重に取締る」と命令したのと矛盾する点を指摘して質問したと報道した(246)。同日社説「日本人たち自重せよ」という記事の内容を見ると，「震災が発生して流言蜚語により秩序が紊乱して悲劇が発生した。考えてみると，到底その非人道的なことは追悔しても憮然自失を禁じえない。敢て，一言で日本人諸君に伝えることに静聴し思慮してほしい。我々朝鮮人は卑劣無能で現地位に至ったが，本来道徳を崇尚し，慈善と楽為を絶対に尊重することを自負しているのに，敢えて無理な推測で我々に平地風波を起すことは何の妄動であるか。〈我々は自ら反省しても，朝鮮人が日本人を排斥したいとすれば，方法と機会があり，どうして震災を利用して君等を襲撃する必要があるか〉，道義を知っている朝鮮人は人の不幸を幸いとする人間ではないので日本人たちは自重せよ」と報じていた(247)。

最後に10月４日付『朝鮮日報』の「僑日同胞に」という社説は当時の朝鮮人の不信感ないし悲痛な心境をよく代弁している。

「……在留同胞は平素異域の風霜に於てあらゆる艱難とあらゆる屈辱乃至軽蔑、虐殺に対して人間としてあらゆる感情を超越したる心持を以て総ての苦楚に堪え忍び来たるは事実なり。

孤独祖国を遠く離れたる彼等は親密なる人を求むるは扨て置き周囲は皆敵視する者なり。慰安を受くるよりも悪感を與ふるもの多きなり、斯かるにも拘らずあらゆる冒険を侵し熱汗を流して勤々孜々所望を達せむとして最後に斯くの如き惨変の屋となりたるなり。茲に到ては彼等の志も望も皆虚事なり。彼等は恋しき祖国の山川、情深き父母兄弟に再び対面するを得ず万里の異域に於て孤独の冤魂となりたるなり。其等の遺屍はいかでか目を瞑するを得む。彼等の魂霊いかでか千秋の悲憤を含まざるべけむや。父母妻子等は其の所望の水泡に帰せざらむ事を切願し居たりしに一朝にして恐怖戦慄すべきその大惨状を聞き今日迄何の生死の消息なきを知る時に其の切歯痛恨果して如何ぞ。噫！吾人は之を思ふ時に血涙の灑ぐを覚えさると同時に、他の九死に一生を得たる同胞の運命が将さに如何になるべきかを憂慮せざるを得ざるなり。吾人が斯かる顚末を思ふ時に特に切感する所は彼等の遭ひたる今回の不幸なる惨変が吾人の民族的不幸を縮小したる好標本なりと云ふ事なり」(248)

次は『東亜日報』の論調である。

『東亜日報』は9月2日，関東大震災によって虐殺された朝鮮人の被害状況を調査し，また同胞たちを慰問するために，李相協編集局長を東京に急派した。9日東京に着いた李氏は，戒厳司令部，内務省，警視庁，総督府東京出張所などを訪れ，虐殺の真相を確認する一方，朝鮮人集団収容所も訪問した。李氏は準備した慰問品を伝達し，生存者の名簿を作成して本社に送った。ところが，当時総督府では報道を統制し，その真相は掲載できず，ただ，生存者の名簿を公開することしかできなかった。

ところが，この名簿発表に刺激された総督府が東京出張所を通じて入手した生存者の名簿を各新聞社に渡し，発表させた。総督府は朝鮮人虐殺事件の真相報道については強力に統制した。しかし，東京から帰還した同胞によって国内にも次第に事実が知らされ，読者から抗議する書信が宋鎮禹社長宛に殺到して，宋社長は直接総督府高官と面談，同紙の特派員が送った送稿記事を掲載できるように報道解除を求めた。しかし，日本語新聞や日本国内新聞も虐殺関係記事は差押処分しているところに，宋氏の要請を受け入れるはずがなかった。そこで，同紙は有志を集め，9月8日「東京地方罹災朝鮮人救済会」を組織し，救済金募集を行ったが，結局，総督府の制止によって中止された(249)。

『東亜日報』が虐殺状況を正式に報道したのは10月中旬以後であるが，その前にも直接間接に様々な形の記事によって伝えていた。では，当時の主な内容を見てみよう。

まず，9月3日付「横説竪説」(現在の朝日新聞の「天声人語」のようなもの)という欄では事実は無論未詳であるが，新総理山本権兵衛の暗殺説が伝わると同時に，全東京にわたり戒厳令が布告される等の報道を総合すると，人心の趨向を想像するに難くないと語っている(250)。また，9月5日付「横説竪説」欄においても，少なくとも，幾千年来，道義的に民族性を修練してきた朝鮮人として，まさに不可抗力の天災地変をうけて，飢渴に出没呻吟する無数の生霊の惨状を見て，その不幸を，自己の幸いとする理由がある筈がない。むしろ，鎮炎，復活の時を待って正面から論ずる策を講ずると言うのなら知らないがと論じていた(251)。

この翌日，9月6日付「遭難同胞に懐う，同胞よ，救済に起とう」という社説で，次のように論じている。

「災変があってから既に、5．6日は過ぎたが、わが憐れむべき同胞に関する一字の音信も入って来ない。誰あって混難中に彼等の死の安否を注意しよう。我々は早くも遭難同胞の安否を知り、悲しんでいる、彼等の安否を父老、及び一般同胞に伝えようと、2日夜、特派員を派遣した。彼ら（李相協など）は水火をものともせず同胞の安否を捜索しているから、日ならずして詳細な報道ができるものと信ずる」(252)。

特にこの記事では東京に在留する男女留学生2,000人余に対しては(253)，一人の死者もなく来るべき朝鮮の主人になる，愛する我が兄弟姉妹が健全に災難を免れんことを望むと論じ，特別な愛情を現していた。

9月8日付「東京災変と人心，反省する機会」という社説でも，東京で行われている朝鮮人の虐殺事実については知らされていない報道であった。「大阪電報によると，日本政府では日本各府県及び朝鮮総督府に対して，或る種の運動を厳重に警戒せよと訓令を発し，また，東京市内の人心は悪化していたとした。このような状況に於いて，朝鮮の警務当局が，朝鮮人を憂懼して京城を準戒厳令と言ってよい状態に置いたことは至極当然のことである。だが，私は，この何のことやら分からない事件（通信が杜絶したので）が直ちに日本国家の致命傷になるとは考えられないと思う」と報じていた(254)。

9月9日付社説「火原を脱出して，無事帰国迄」という記事によると，江原道淮陽の金根植は次のように語っている。

「……上野公園に3日夜来り日暮里より中央線にて帰りたるが、汽車に乗りて来る途中で汽車が交叉する度毎に日本人等は東京に向って行く列車に向って「東京に行ったら朝鮮人を○○せよ」と叫ぶのを聞き身の毛もよだちたりと語れり。」(255)

この記事によって東京の朝鮮人虐殺事態が初めて間接的に伝えられたとも

言えよう。同日有吉忠一政務統監の「誇大宣伝，絶対不可」という談話によると，「9月8日午前，災禍救済に対する緊急な局部長会議が終わった後，同政務統監は，日本内地で今回の大災に罹り不幸をうけて多数朝鮮人は汽車が通ずるにしたがって，次々に帰京するものとみられる。日本内地でも旅費は無料である，金をもたないものに対してももちろんだ。釜山に帰った者は自己の故郷までの補助を必要とするので各種の救済に当り，総督府では臨時事務所を設けている。また，今回，朝鮮人に日本内地の旅行を絶対に許さないようにした事情は，結局朝鮮人保護の目的から，このように強硬な制限を加えたのである。これを忍んで日本内地渡航を中止するのは上策だと考えると，内地旅行を中止することを警告していた」[(256)]。

翌日の社説によると，「東京地方罹災同胞救済会発起，救急の義捐募集」[(257)]という記事で今回，東京在留朝鮮人同胞救済会が発起され，広く義捐の募集に着手するようになったと論じている。

次に経済面に関して憂慮した記事が出て押収処分を受けることになった。これは9月12日付「日本経済界の大波瀾」という社説であった。この主な内容は次のようである。「今度の震災で日本経済界の悪影響は必至として朝鮮の経済界にも波及し，朝鮮内の各銀行は貸出停止と資金回収とを極力断行して金利の引上を計画するに至った。その結果，朝鮮資金の大部分は日本に流出する。従って，朝鮮経済界にも恐慌時期が到来するはずである。これは隣火逢厄にあらずして何ぞや。そして，例の来年度補給金問題を始め，諸多の事業公債募集計画は殆ど水泡に帰した観があるのは，当局者既に声明したところにある」[(258)]。また，翌日9月13日には，総督府当局者により，関東地方に頒布された三大緊急勅令の中で，暴利取締と流言蜚語取締令は朝鮮も当然適用対象となり，実施すべきであることを声明として出していた[(259)]。

その後，9月27日付「東京罹災朝鮮人の処置について速やかなる開放を望む」という社説を出している。この主な内容は次のようである。

「今回の震災は不可抗力にも拘らず，意外に朝鮮人の被害は少なかったことは甚だ幸いであろう。現在，在留同胞の大部分は各処に収容され，東京市と日本文部省の食糧配給を受けている最中であるとした。唯，罹災同胞の帰還を極力制限したり，又は各地の収容所で未だ拘束を解かれずにいることは，我々，その真意如何を解釈し難いのである。日本政府はその指示の如く，罹災人口の帰散を慫慂して，東京の混乱を緩和させるつもりでいるので，時局整理の必要上にも朝鮮人罹災者の帰国希望者を早々に解放することが得策であろうと思う，また，当局者の数次の声明によると，朝鮮人に対する諸般の誤解と迫害が既に一掃されたと言うのに，依然として収容しなければならない特別な理由は何であるのか」と強い不信感を表していた(260)。

また，9月21日付の「日本に居る朝鮮人の送還，緘口し得ざる問題」という記事で，次のように報じている。

「今回は，東京震災時に朝鮮人問題に関する風説あって以来，日本にいた朝鮮人労働者は毎日300～400名も朝鮮に帰国する。その労働者の帰来数は既に4,000～5,000名に達していた。この労働者は東京横浜などの災害地方にいた者ではなく，災変とは何の関係も無い大阪以西所謂関西地方にいたものであると報道した。何のために彼等は多年の職業を棄てて，何事も為す事業もなく，帰ってきても宿って食するところのないにも拘らず，朝鮮に蒼皇として帰って来るのか。彼等が帰って来るに至った詳細な理由に関しては言葉の必要のないことであるが，決して自意を以て職業を棄てて帰ってくるものでないことは疑いないことである。万一，このような有様で日本全国に散在する数十万の朝鮮人が足を入れる所を失って朝鮮に帰ってくるようになると，これは看過することのできない重大事件であると言うべきである。例えば，30万以上の日本人を受け入れた朝鮮人は自由に日本各地に於て居住して営業し労働する自由と権利を享有してこそ正しきものであるのに，今や大規模の放還に遭うことは自由と権利とを蹂躙されることであれば，これは決して十数万在日朝鮮人のみの問題ではないのである。実に全朝鮮人の緘口することのできない問題である。日本の官民の中にこの不正当な事件に対して何の措置もないことは正に非難を受けるべきものである」(261)。

このように語り，朝鮮人労働者の帰国に対して不当な措置を非難し，在日朝鮮人労働者は数十万であるのに比べ，日本人は朝鮮に30万以上受け入れていたと指摘している。

更に，10月6日付「斎藤総督に真相の発表を望む」という社説では真相の糾明と総督の責任を次のように求めていた。

「関東震災の突発に際し、急遽、赴東した斎藤総督は、去る3日夜帰任した。時局重大なるこの時に当り、朝鮮統治の全責任を負う斎藤として、約1ヵ月間と云う長時日に亘って朝鮮を離れたことは、同氏の為に窃かに憂慮していた所である。ここに同氏が速やかに帰任することを期待していたのだが、我々は別な意味で同氏の帰来を首を長くして待っていたのである。ここに別な意味を言うのは他でもなく、即ち関東震災の渦中に没入した1万に近い罹災朝鮮人の被害に関する真相を指すのは勿論、これに言う被害の真相と言うのは、震災の不可抗力に依る直接の被害だけではなく、即ち間接の被害、言いかえると、人災中、いわゆる不慮の誤解に因り、多数の生命が脅成を受けた前後の真相を指すのは、再び我々がここに注釈を加える必要もない。即ち、このような間接の被害について、実際に耳聞目睹した同氏の蒐集した前後の資料を発表して、1,700万民衆の疑惑を一掃してくれるのを切実に願っていたのである。

このような一大不祥事件に対して、公明率直に、赤裸々な真相を発表することは、朝鮮統治の全責任を負う同氏の地位からみて、必ず、履行しなければならない厳粛なる道徳的責任があるからである。関東震災は千古の大惨事である。我々は満腔の熱誠を傾けて日本民族の一大不運を弔したし。又全東洋の将来の為に窃かに同憂の情に堪えなかったのである。……斎藤氏よ、君は朝鮮統治の全責任を有していることをしばしも忘却のしてはならないことを知るべきだ。我々は、氏が過般東京に在った時、罹災朝鮮人の為に懇篤な斡旋が多かったことを感銘し、又、数次の声明に依り朝鮮人の無辜なるを力説したことは内外周知の事実である。即ち、斎藤氏の公明なる釈明に因り、日本朝野の与論が一変した観のあったことを我々は特に記憶しない訳にはいかなかったのである。このように切実な期待下に、今般、氏の帰任を迎えたのである……」(262)

この社説の内容により，斎藤実朝鮮総督は関東大震災が発生して東京に行って10月3日京城に戻るまで，1ヵ月間東京にとどまっていたことが明らかにされた。この時，何をしにいったのかは想像しかねるが，朝鮮人の虐殺の問題に深く関わりがあることは間違いないだろうと考えられる。そこで同紙は，斎藤実総督に対して今回の真相発表と責任問題を大きく取り上げていたのである。

このような各新聞の報道によって朝鮮における世論も動いていた。即ち，震災の発生から10日に至るまでは，同事件に関するうわさを半信半疑で聞いていたと言えるが，10日から20日に至っては，発震以来震災地から帰ってくる留学生と労働者によって朝鮮人に対する虐殺行為を確認することになった。

そこで，朝鮮内には日本人に対する世論がますます悪化していった。

その例を一つ挙げると，9月13日慶尚北道の大邱（デーグ）において今回の震災活動写真が映写されたが，観覧者は数万に達し，朝鮮人は日本人に対して次のような行動をするなど，混乱が甚だしかったため，40分で中止されるという事件が起こった。

① 燐火（マッチ）をすって内地人に投げつける。

② 内地人警察官に砂礫を投げる。

③ 内地人を拳骨で背後より小突く。

④ 内地人婦人の肩，又は臀部に手を触る。(263)

今度は，在鮮内地人の心理的不安に関する問題が起きた。つまり，朝鮮人虐殺の真相が漸次朝鮮内地に伝わるようになると，反動的に在鮮日本人に対して復讐的暴動行為に出ることがあるのではないかと憂慮し，幾つかの地方においては自警団を組織しようとするものもあった。なお，外出の際は護身用としてステッキとかその他凶器を所持するなど内地人は緊張と憂慮の傾向を見せていた。

9月21日から10月19日に至る期間の世論は震災地における朝鮮人虐殺事件の真相を調査し，世論を喚起しようと運動する傾向があり，これに従って誤解に基づく反感，虚妄などの流言による不安などは漸次緩和されていった。

10月20日以降は，従来新聞掲載禁止中の震災による内鮮人の暴行などの事件が解禁されると共に，朝鮮においても民心に影響があるため，官庁の発表及び総督府の公表があったものに限り解禁された。事件の内容が各新聞に掲載されても，その後何等特記すべきものがなく，内面的にも事件に対する反感や不評が沈潜する傾向が顕著になると一般を通じて予想外に平静なる経過を辿るようになった(264)。

このような世論のなかで，朝鮮におけるいわゆる民族紙である『朝鮮日報』と『東亜日報』は，当局の解禁によって虐殺事件に関して深刻な論調を展開した。ところが，当局は官公庁発表のもの以外は依然禁止事項として取扱い，両諺文新聞に対し，周到な取締を加えた。その結果，9月1日から11月11日まで，18回の差押え処分を行った。なお，同期間において朝鮮内で発行した邦字新聞31種に対し26回，内地発行鮮内移入各新聞に対し内地官憲の移牒による処分403件，鮮内自主的規制によって602件の差押があった。

また，1923年９月から10月まで，朝鮮における震災に関する不穏言動及び流言蜚語取締の状況を見れば次のようである。

①　勅令違反の件数24，人員は31名

②　警察犯処罰規則違反の件数79，人員83名

③　保安法違反の件数１，人員は１名

④　加諭（諭告）の件数1042，人員は1209名

（※数値は筆者が関連参考文献により整理したものである。）

これらの内容は，不穏言動のあるものに対しては，加諭ないし相当法規の執行など取締を励行したため，深く言動を慎むに至ったことを示し，自主的に反省自覚を促したことを表していた。

一方，東京横浜地方で震災時居留朝鮮人を惨殺した自警団に対する裁判は，11月26日浦和地方裁判所に於て開かれ，被告121名に対し，各々判決の言い渡しがあったが，被告全部の中で，熊谷において犯罪を犯した被告２名，神保原において犯罪を犯した被告２名，本庄において犯罪を犯した14名，都合18名のみを懲役に処し，その他，１年ないし３年間の執行猶予で出獄させ，２名は証拠不十分だとして無罪の言渡をした[265]。

以上，関東大震災と言論統制について分析してみたが，大震災がもたらした幾つかの点について指摘しておきたい。この震災によって治安が乱れ，日本の民衆は不安に陥った。朝鮮人の大量虐殺，官憲による社会主義者や労働組合幹部の殺害，などの一連の事件は，支配階級の革命に対する恐怖と不安をもたらしたものであった。なお，この戒厳令の宣布があってから，大正時代のデモクラシーに対抗して軍部の力が再び登上することになったのである[266]。

当時，勅令403号「流言蜚語取締」が出されたが，この勅令を検討して見れば，日本政府が立法化を望んでいた「過激社会運動防止法案」を変形したものである。それは言論と思想の自由に重大な脅威となったものであり，のちの「治安維持法」の前身にもなった。ある意味では，この勅令が成案され，大正時代のデモクラシーを圧殺するきっかけにもなったと言えよう。

前にも言及したが，新聞界においては東京の新聞社が大きな被害を受けて地方紙が東京に逆流する異変が起きた。特に『大阪毎日新聞』の活動が目覚ましく，『大阪朝日新聞』より活発であった。また，東京へ代用紙として，最も早く大阪新聞を送ったのは『大阪時事』であり，それは６日付の新聞であった[(267)]。

震災後，一時大阪の新聞が大分関東に喰い込んで行った。それは東京の新聞の復興と共に退却するが，箱根以西は依然として大阪の新聞が残った[(268)]。震災をきっかけとして，新聞そのものではなく，編集体裁まで一大変革が行われた。従来，東京の新聞の編集体裁は関東，東北の新聞の編集体裁の模範となり，大阪新聞は同様に関西，中国，九州新聞の編集体裁を率いていた。ところが，震災と同時に，東京，大阪なりにそれぞれ編集基本形式に大変革が加えられ，やがては今まで行われた編集形式を根本的に革新するようになる[(269)]。

最後に指摘したいのは，大震災によって朝鮮人虐殺事件が発生し，朝鮮人は日本に対して不信感を持つようになったことである。結果的にはこれが日本が植民地政策に失敗した一つの原因になったとも考えられる。1910年の日韓併合以来，寺内正毅総督の武断政治によって，三・一独立運動が起こり，斎藤実の文化統治によって或る程度反日運動が落ち着いてきたところへ，関東大震災の際の虐殺事件によって日本人に対する不信感は極度に増大するようになったからである。

つまり，この事件は，これまで朝鮮民族に対するプロパガンダとして行ってきた「内鮮一体」「一視同仁」「皇国臣民」などの朝鮮の植民地政策に反したものであり，激憤した朝鮮人たちの反日運動が再び起こり始め，世論は極めて悪化していった。その結果，日本人，或いは日本の総督政治に対する不信感から民心は離れてしまい，反日運動を刺激するようになったと考えられる。

そして，ここで特記すべき事実は朝鮮人虐殺が行われている時に斎藤実が東京にとどまっていたということである。1923年10月６日付『東亜日報』社説と，『朝鮮日報』などの新聞の論調は，斎藤実が東京にとどまって朝鮮人虐殺事件に関わり，悪政を行ったのではないかという見方をしている。当時の状況を詳しく知るすべはないが，斎藤実は少なくとも虐殺事件については同調はしなかったのではないかと考えられる。彼は朝鮮人の事情をよく知っており，また，朝鮮統治の責任者としてどう行動したのかは疑問が残るからである。ただ，彼が東京に行ったのは被害を最小化するために日本政府に呼び掛けるためではなかろうかと推察される。

その理由としては2つ考えられる。一つは斎藤実が最初東京に着いたのは9月9日頃であることである。当時は虐殺事件が一旦落ち着いた状態であり，斎藤実が着いた後，日本政府は「善良な朝鮮人」というふうに日本官憲に対して冷静に対応しなければならないと指示するようになる。いま一つ，このようなこともあった。当時，全ての朝鮮人は日本旅行が禁止され，日本内地鉄道では警察の証明がないものは名古屋以東の切符さえも売らないと公報され，やむをえない事情者だけに証明書を交付していた。ところが，9月8日渡航した200名ばかりの朝鮮人は山口県で上陸禁止を受けたものの，その時，斎藤総督が同船したので，交渉した結果，広島以西に行く75名はわずかに上陸が許された(270)。

第5節　朝鮮における視聴覚メディアの登場と世論統制

1　京城放送局の設立と世論統制

日本における最初のラジオ放送は，1925（大正14）年3月22日，関東大震災から2年後，コールサイン「JOAK」東京放送局の仮放送送出であった。これは，現NHK（日本放送協会）の前身である。同日，社団法人東京放送局の開局とともに仮放送が実施され，初代総裁に後藤新平が就任した(271)。

本放送は7月2日に開始されることになった。東京放送局の聴取契約数は，開局当時には3,500名に過ぎなかったが，10月に入ると10万人を突破することになる(272)。

当時，日本の新聞はラジオ番組表を詳しく報道しているが，日本で初めて紹介したのは1925年11月であった。即ち，『読売新聞』は付録に2ページの「よみうりラヂオ版」を新設して放送番組の紹介を始め，『都新聞』『二六新聞』『国民新聞』も相次いでラジオ欄を設けた(273)。

朝鮮におけるラジオの歴史は1926（大正15）年11月31日朝鮮放送協会の前身である社団法人京城中央放送局が設立されてから始まる。即ち，東京中央放送局が芝浦で初めて放送を試みてから僅か2年後の1927（昭和2）年2月16日より放送したが，当時はまだ空中線電力もイギリスのマルコーニ式1キロワット放送機を使っていた(274)。

京城中央放送局は日本で4番目の放送局としてコールサインに「JODK」(275)が割り当てられた。これに関しては，当時，朝鮮総督府逓信局は逓信省に対して日本の4番目の放送局として「JODK」の割当を要望したが，逓信省はJO…Kは日本国内地局に割当を予定し，朝鮮にはJB…K（JBAKは1925年釜山局に割り当られた）を割当てると強硬な立場を見せた。しかし，総督府関係者は「内鮮一体」「一視同仁」の国策を主張して譲らず，「JODK」のコールサインを受けたという逸話がある(276)。

日本国内の放送局は開局直後，予想外の聴取加入者を得たのに対し，京城放送局の聴取者は朝鮮人とはいうものの，僅かに京城府を中心とした2,000名たらずで，おおよそ一般大衆とは懸け離れた存在であった。同放送局は日本語及び朝鮮語の2ヵ国語放送によって日本人と朝鮮人の両方からの反発を受け，その普及も予期に反してはかばかしからぬ状況の下で数年を経過して経営も難しかった。

1927（昭和2）年放送開始以来1931年までに，朝鮮ではラジオというものの真価とその必要性を認めるに至ったものの，当時，1キロワット放送としては日本本国の強電力放送に圧倒され，京城府外約50里を離れた地域は殆ど分離聴取困難の状態だったので，朝鮮人聴取者の増加は望み難い状況であった。その結果，京城放送局では妙策として朝鮮語放送は日本本国の放送終了後，即ち，午後9時30分より約40分間放送してこれの緩和を図った。しかし，内鮮混淆放送の必然の結果として内鮮両聴取者に満足を与えるに至らず，これの根本的な解決策は，二重放送実施しかなかったのであった(277)。

しかし，京城放送局は聴取者数を増やすため，聴取料を開局当初の月額2円から同年10月に1円に引き下げたことや，1928（昭和3）年の大札（昭和天皇）で内地の放送を無線中継したのがきっかけとなって，1929年9月から日本放送協会の番組を定期的に中断するようになったことなどから，同年11月には聴取者数は開局当時2,000程度よりも5倍の約1万に増えた(278)。

その後，総督府は当局の援助の下に，内鮮両国語の二重放送実施計画を進め，1933（昭和8）年4月，東京放送局に次いで二重放送を実施した。この結果，聴取者は急激に増加の一途をたどり，実施以前の1932（昭和7）年度末において僅か2万余に過ぎなかった聴取者数は2年後に早くも倍加する躍進を示した(279)。

京城放送局の設立は，朝鮮民衆の文化開発，福利増進の重大使命を帯びた放送事業にその目的があった。ところが，具体的には文化開発・福利増進よりも朝鮮における植民地統治のプロパガンダの役割を果たしたのである。特に，太平洋戦争をめぐっての軍事的な役割が多かったが同時に，国内外の宣伝を通じて新しい言論活動も創造されることになった(280)。

京城放送局は社団法人で，定款に出資社員のことが規定されている。この社員というのは100円を出資すれば誰でもなることができた。特典はラジオ聴取料の永久無料，総会での議決権行使，役員に選任される等であるが，全朝鮮にわたって募集された社員数は1,200〜1,300人であり，金額も僅かでこれで施設費が賄えるはずがなく，スポンサー格の朝鮮殖産銀行からの借入金によって処理された。従って，初代理事長には殖産銀行理事の森悟（非常勤），常勤の常務理事には前逓信局勅任技師碓井忠治がそれぞれ就任した。

職制は4部主任制で総務部（中村恒造），加入部（大塚信吉），放送部（光永紫潮），技術部（篠原昌三）の四部と，職員50人程でスタートした(281)。だが，3,000円の収入では役職員の給料からいろいろと多種多様な支出が出来よう筈がない。そこで放送開始後，3，4ヵ月経って，常務理事など幹部社員が次々に辞退することになった。このような状態のなかで京城郵便局長の橘川克彦が理事長として着任しており，清津郵便局長の保阪久松を入れかえ，緊縮運営をして難局切り抜けに必死の労力をした。まず，第一番に着手したのは国庫補助金年額4万円の交付を嘆願申請したことである。後に，その半額の，2万円の交付を南次郎総督時代になって受けることになった。また，そのころから日本放送協会の働きかけが始まり，同協会協力援助で放送技術の面で幾多の改善がなされた(282)。

1932（昭和7）年4月7日，京城放送局は社員総会で社団法人朝鮮放送協会と改称するとともに各方面の権威者と有力者を網羅して役員陣容を改め，また業務組織の強化改善を図り，雰囲気も一新して，まず，10キロワット二重放送の実施計画のもとで，朝鮮放送事業を積極的に行った。その結果，更生の雄歩を進めたので，この時期はのちに朝鮮放送事業史の中興期とも呼ばれるようになる。

朝鮮放送協会が京城放送局で10キロワット二重放送を実施計画したのは放送の発展において画期的なことであった。計画は朝鮮総督府の指導と日本放送協会の融資援助の下で急速に着手され，旧放送局舎が改築され，1932年８月高さ110メートルの空中線用鉄塔とともに，東京電気株式会社製10キロワット放送装置２組が翌年完成した。1933年４月26日より本放送が実施され，朝鮮人の聴取者は急増した。これを転機として朝鮮放送事業は飛躍的に発展し，経営的にも安定を確立しえることになった(283)。

京城放送局は急速に成長し，聴取者もまた著しく増加し，200～300万余の大衆を擁するようになったが，朝鮮全土は日本の面積の約２分の１に当たる広範な地域を有するので，全国向けには中央放送施設のみでは不十分であった。

そこで，釜山府250ワット単一放送局の新設を計画し，1935年１月に起工して同年９月21日開局した。この釜山放送局開設に伴い，京城釜山間のBC型搬送式有線中継線路が開通したのを機会にこの線路を利用して内地中継放送の改善を図るため，1935年７月釜山府郊外に東莱無線中継受信所を新設した。これで日本の放送を受信して朝鮮内放送局に中継放送し，昼夜とも極めて明瞭に中継が可能となった。

次いで1938年10月には湖南平野の中心地である裡里邑に500ワット単一放送と，朝鮮半島の北方である咸興府に250ワット二重放送局を同時に開局し，一応，朝鮮半島全体の放送網が連結されることになった(284)。また，放送局の規模も拡大され，同協会の会長制度が布かれ，初代会長に前慶尚南道知事を退官した土師盛貞氏が就任し，保阪理事長は常務理事に後退した。のち，釜山放送局に小城文八（前釜山郵便局長），咸興局長に盧昌成（京城放送事業局長），清津局長に永井十太郎（総務部長）などの人事が行われた。

人事移動とともに放送事業も細分化され，1945年には京城中央放送局以外に，主要都市19ヵ所に放送局を設置，その他東京をはじめ，数ヵ所に出張所や相談所を設け，職員総数は1,034名になり，そのうち，日本人は281名で約37%を占めていた(285)。

以上，朝鮮における放送局の設立背景と組織について述べたが，次に運営政策及び役割について分析しておきたい。

1932年朝鮮における聴取感度は夜間は内地の強電力に圧倒されて，その聴取地区は京城府とその近郊50里前後となるが，昼間は日本本国の強電力の侵食も少なく，比較的遠距離の地域においても受信が容易であった。当時，放送のプログラムは中継種目が多かった。平日の放送時間は午前10時の気象概況から始まり午後10時まで行われ，ニュース時間も5回放送しており，官庁公知の事項（日3回）を知らせる番組もあった(286)。日曜日と祝祭日は午後0時30分から9時30分まで放送している。特に，1年間の放送時間は2,943時間50分（1932年4月1日～翌年3月31日）になり，前年度（2474時間25分）より，469時間が増加した。なお，内地の中継種目も増加していた。

このように，放送設備の拡充と放送時間の増加は朝鮮放送協会に飛躍的な発展をもたらした。また，番組の内容においても時勢の波に乗り，新趣向のプロパガンダを盛りこみ，大いに開発するとともに朝鮮総督府の施政に呼応して政策の普及を徹底し，ラジオの機能を十分発揮することになった(287)。

1935（昭和10）年1年間の放送番組政策を見てみよう(288)。

①　聴取者の嗜好調査

同年2月に番組嗜好調査を実施して分析したところ，講演講座のなかで時事解説に類するものが最も多かった。次は子供の時間である童謡，慰安方面では浪花節，落語，漫才，歌謡曲，ラジオドラマなどの順であった。いずれにしても時局に関するものが多かったと言えよう。

②　心田開発に関するもの(289)

宇垣一成総督の提唱により行われたが，朝鮮全土の開発促進は物質的方面のみならず精神的開発を唱えるなど信仰心の培養に力点を置いた。いわゆる精神開発運動であった。具体的には2月9日渡辺総督府学務局長（第1放送），厳総督府社会課長（第2放送）の心田開発に関する講演放送を皮切りとしてのちに定期的にこの方面の権威者を委嘱して継続放送を行い，大きく振興させたという。

③　放送編成会の設置

放送番組編成の統制に万全を期するため，4月以降毎日2回（第2及び第4金曜日）放送編成会議を開き，監督官の出席傍聴を請い当該責任者の提案する番組を基礎とし，半月分宛のプログラムを決定していた。

④　ニュース再放送の延長とレコード放送

ニュースの再放送は各方面より好評を博しているので放送時刻を午後10時以後まで延長し，更にそれに引き続き夏期夜間のつれづれを慰むべく６月１日以降８月末までレコード音楽の演奏を試みたが，時宜に適した試みとして各方面の賛辞を受けた。

⑤　農村リレー放送

総督府は農山漁村振興を呼び掛け，６，７月の田植の侯朝鮮南部４道に亘り農村リレー放送を催し，各道当局の熱心な応援の下に各地篤農家の体験談，農民歌その他を放送して生産活動を奨励した。

⑥　施政25周年記念放送

10月１日は朝鮮総督府施政25周年記念日として当日総督府東側広場で記念式が催された。この式典の豪華版は同夜放送された。いわゆる総督政治の両慈父宇垣・斎藤両氏の講演が全国に放送，紹介された。

⑦　朝鮮と満州の交換放送

朝鮮と満州との間は地理的に国境を接しているのみならず，あらゆる分野において密接な関係にあり，両放送担当者によって交換放送が計画され，12月１日から実施された。毎週日曜日午後10時から30分間交換放送が実施され，両地域の民衆の接触と融和に努力した(290)。

⑧　第２放送と三大施政方針

日本の朝鮮統治において最も貢献した放送は朝鮮語放送である第２放送であった。第２放送の本来の目的は朝鮮人の文化開発，思想善導であったにも拘らず，むしろ朝鮮民族に対する思想教育を行っていたとも言えよう。即ち，1935年10月朝鮮総督府の三大施政方針である「心田開発」「農村振興」「婦女教育」に特に力を注いだわけである。その実例としては毎週定期的に２回乃至３回に亘り宗教講話，経典解説などの時間を設け朝鮮民衆の思想教育と，農村特別講座，婦女の簡易講座などを開講して教化しようという名目下に「皇民化政策」「一視同仁」「内鮮一体」などの植民地政策の宣伝を行っていた。なお，日本名士の講演でも国策上の重要ものは朝鮮語に翻訳して，一般朝鮮民衆に知らしめ，内鮮の精神一致を図っていたとも言えよう（傍点筆者）。

1935年１年間，行われた主な放送編成政策をみても，殆どの項目が日本の国策の広報及び総督府で行っている総督政治の代弁機関としての責任を果たしていたと思われる。

一方，当時京城中央放送の第2放送である朝鮮語放送に対しては異論があって，反対する人も多かった。しかし，宇垣総督は二重放送開始式の祝辞で，二重放送が実現され，朝鮮の文化向上に画期的な一歩を踏みだすに至ったことを慶賀した[291]。京城放送局会長である土師盛貞は，朝鮮語放送の不可避性について次のように論じている[292]。

① 朝鮮全体人口の約1割しか日本語の理解ができなかったため，朝鮮語放送がないとしたならば，沢山の割合の人々が全くラジオの恩恵を受けることができないので不可避なことである。

② ラジオは元来，立派な社会教育機関であり，大衆的な成人教育機関として日本語を解しない朝鮮民衆のため朝鮮語ラジオ放送が存するか存しないかは，社会教育上から見て大きな差異である。

③ 日本語（国語）を解せずして朝鮮語ばかりで生活している人々は文化的刺戟を受けることはできず，また，社会的教育も受けないまま，独りで国語たる日本語に親しむことは到底考えられない。日本語の普及のためにも朝鮮語放送は必要である。朝鮮語放送の存在は国語普及に少からず寄与こそすれ，決して国語普及に矛盾するものではない。

④ 朝鮮語放送は文化向上の上に少からぬ働きをすることが期待されるし，普通に言う報道，教養，慰安の外に更に重大なる意義がある。それは朝鮮外からの電波を以てする襲撃を防ぐと同時に，半島に於ける国民意識を培養し，これを統制する上に大きな効果があるという点である。

このような土師盛貞の見解に幾つか筆者なりに次のようなことを付け加えておきたい。

① 第2放送の内容は内地中継が多かった。内地放送は本国中心のプログラムであるため植民地である朝鮮のためには別の番組の製作が必要だったのではなかろうか。

② 氏の言葉を借りれば[293]，朝鮮語の放送内容は教養や，教化，ある事項の周知宣伝，その地方の行政と相伴って為す可き指導的内容など朝鮮独特の内容が多かったものと見られる。

③ 「日鮮融和」「内鮮一体」などの当時植民地思想教育においては，最初言葉から始まっており，当然，朝鮮語を通じて②のように行政的な指導を

しなければならない状況であったと言えよう。

ここで，いま一つ紹介したいのは，1933年朝鮮における二重放送が実施されてから10年目の1943年，朝鮮公論社がハガキを使って「朝鮮放送の可否」について世論調査を行ったことである。総数100通であったが，84通が回答され，廃止を主張するものが49通，一部存続を望むもの（時局認識）が18通，時期尚早とするものが17通であり，両方合わせても廃止論が優勢であった。勿論，回答者は日本人である。例えば，朝鮮銀行庶務課長，朝鮮自動車会社理事，京城府の医師，京城府会議員，町人などの各界各層の人物であった(294)。この世論調査によると，10年前とはかなり違う結果が見られ，土師盛貞とは正反対の意見が示された。

次は朝鮮におけるラジオ聴取加入者の増加状況を見ることにする。

表14から1926年から1935年までの朝鮮のラジオ加入者増加の趨勢状況が分かるが，1933（昭和８）年４月26日二重放送を実施した後は，前年度に比べ急激に増加している。特に，1935年は５万人を突破していた。また，日本人と朝鮮人との間には大きな差がある。例えば，1934年は日本人が30,886人だったのに比べ，朝鮮人は9,785人であり，朝鮮人の聴取者数は日本人に比べて約３分の１である。1935年は日本人が38,140人であり，朝鮮人の聴取者は14,959人であった。日本人と朝鮮人の比率を見れば，前年度より，朝鮮人の数がはるかに増えていたと言えよう。更に，各道別にラジオ聴取加入者の数は1936年３月末統計によると，京畿道が最も多く（ソウル含），24,120人

表14　各年度末聴取者加入数（1936（昭和11）年ラヂオ年鑑より）

年　度	内地人	朝鮮人	総　数
1926年	1,481	345	1,826
1927年	4,161	1,037	5,198
1928年	7,160	1,390	8,550
1929年	8,610	1,616	10,226
1930年	9,480	1,491	10,971
1931年	12,522	1,815	14,327
1932年	17,702	2,860	20,562
1933年	25,564	6,494	32,058
1934年	30,886	9,785	40,671
1935年	38,140	14,959	53,099

であり，次は慶尚南道（釜山含）で6,455人であった。どちらも日本人が多く住んでいる所である。

このような聴取者の増加は1935年末には5万人以上にのぼっていた。これは前述した通り放送設備の拡張改善したことにも原因があるが，聴取者に対するサービスの拡充，全朝鮮の900余の地域における金融組合の犠牲的普及援助，更に，「市場ラジオ宣伝隊」と「自動車ラジオ宣伝隊」による都市より農村への徹底的開拓による増加を見逃すわけにはいかないであろう。朝鮮全土に対してラジオ業者の普及活動が活発化し，「駐在技術要員」を派遣して，故障機を「無料金修理」したり，山間僻村まで巡回してサービスを行ったのである(295)。

このように聴取者の増加とともに，放送の役割もますます重くなっていた。即ち，朝鮮における放送の役割は，①朝鮮民衆に対するプロパガンダとしての役割，②地政学的条件として中国，ソ連に対抗する思想戦争の役割であった。この中で，中国，ソ連に対する電波戦争は朝鮮の放送活動に賦課された特殊任務でもあったと言えよう。

例えば，京城放送局は1938年8月以来，日本放送協会の中国語放送を毎晩50キロワット出力で極東全域に中継放送し，同年9月からは英語放送も中継した。また，ソ連のウラジオストック放送に対抗するために，日本放送協会は同年12月からロシア語放送を実施したが，京城放送局が毎夜60キロワットで放送しこれを北朝鮮の清津放送局でまた中継した。清津放送局は沿海州からの電波妨害とカウンター・プロパガンダ（counter propaganda）のため，京城についに10キロワット出力で設置されたのである(296)。

ラジオ放送の役割の重要性は歴史的に辿ってみても十分察知できる。

ドイツのヒットラーが天下をとるにおいて最も重大な役目を果たしたものは放送であった。また，1934年頃オーストリアでナチスが暴動を起こした時にも，真っ先に放送局へ乗り込んでこれを占領したのである。日本においても，いわゆる二・二六事件当時の体験によってラジオの役割を痛切に感じており，さらに支那事件勃発後，全国を挙げて非常時においてラジオが果たした実状に接すれば，その役割を十分認識するはずであろう(297)。

ところで，朝鮮半島では中・ソに対する効果的な宣伝と対応方法として，放送においても統制政策が行われた。この代表的な機関が朝鮮中央情報委員会（後述）の設置で，ここで全てのことをコントロールしたのである。

即ち，言論統制というものは，報道機関が朝鮮総督府の意向を十分に報道し，そしてより効果的に説得的コミュニケーションとして大衆に伝達するため，全ての報道機関を指導するとともに事前検閲による総督府の言論統治を充分生かしていくのが本来の目的であった。

また，言論機関と総督府との間の事前の意見折衷で，摩擦をできる限り避けようという趣旨であった。この具体的な組織として報道上の連絡ということがあって，これは総督府当局と報道関係者との意見調停を目的とする連絡接触を意味する。例えば，①朝鮮内の日本記者団の集まりである「春秋会」と総督府報道関係者との会合，②新聞・雑誌・通信などの編集，主任者との相談，③総督府出入記者団との懇談会，④放送局の報道関係者との協議などであった。特に，放送局に対する放送統制は，情報幹事会（情報委員会の実務担当）と，「放送審議会」(298)及び「放送プログラム編成会議」(299)との緊密な連絡によって行われていた。

ところで，台湾の放送事業は朝鮮より1年後，1928（昭和3）年11月22日，聴取料は無料で本放送を開始した。当時，1931年現在台湾において日本人の数は6％に過ぎなかったが，ラジオ番組の内容は内地中心であって，のちほど，やむをえず二重放送を実施するようになった(300)。朝鮮においても同じ状況であったが，これに関連して元ソウル大学教授金圭煥氏は，第1放送は日本語放送で在朝日本人と日本語を解読する朝鮮人を対象としたものであり，第2放送は朝鮮語で朝鮮人を対象としたと論じている(301)。ところが，実際には金圭煥教授が指摘しているように，対象をはっきり区分してはならないのではなかろうか。それは，当時の京城放送局の土師会長が次のように語っていることからも推察できる。

「即ち、国語たる日本語は決して内地人独占のものでなく、従って第一放送の国語放送も内地人のみの為のものでない。現に朝鮮人で第一放送を聴取する場合は少なく、要するに第一放送は内鮮人一体の放送であって、協会の目標も其の点を基本にしているのである。尤も第二放送は言語の関係上聴取者は朝鮮人たる場合が多からうが、之を以て直ちに第一が内地人のもので、第二が朝鮮人のものだといふ対立的観方（みかた）考へ方は正当でないと思われる」(302)

実際，1938年4月国家総動員法が朝鮮にも施行されることになり，次第に戦争の気運が近付いてきた時にも，第1放送と第2放送のプログラムの内容を見ると，ほぼ同じであったと言えよう。

例えば，1941年4月現在ラジオ番組表[303]を見ればよく分かるはずである。ただ，第2放送の番組は，第1放送より始まる時間が30分遅く（放送時間は30分短い），放送内容も時局認識の徹底と，愛国心の鼓吹，更に報国臣民としての精神的武装を訴えていたということができる。この番組表によって明らかになったことは両チャンネルとも，朝鮮中央情報委員会の幹事と国民総動員聯盟の幹部を中心として組織された放送編成委員会によって完全に報道が統制されることになったという事実である。勿論，この報道編成委員会には朝鮮軍司令部報道関係要員も含まれている。

この番組表には具体的な内容が書かれていないが，両チャンネルとも総督府高官の「講演」，親日派朝鮮人名士の「時局講演」「国語講座」「農村振興講座」，また戦争ムードを高揚するための「軍歌演習」などばかりであった。

このような朝鮮におけるラジオ放送は植民地統治下のニューメディアとしての役割を果たしたことは言うまでもなく，後の太平洋戦争における尖兵メディアとしも利用されたと言えよう。

ここで指摘すべき重要な事実は第2放送の番組である。注303の番組時刻表によると，番組の内容は殆ど書かれていないが，これはたいてい第1放送の番組をそのまま中継したもの，或いは都合によって作って放送したことによる。換言すれば，聴取者よりもワン−ウェイ・コミュニケーション（one−way communication）としてのプロパガンダであったと言える。なおかつ，無計画的な放送プログラム製作であったといっても過言ではない。にも拘らず，聴取者の数は急激に増加していた。これは総督府の支援によって朝鮮放送協会が継続的に施設投資をするとともに，サービスを改善したためであったと思われる。こうした聴取者の増加は聴取料増加という結果をもたらすことになった。筆者が入手した朝鮮放送協会の秘密文書である「聴取料収納月別調書」[304]によると，1904（昭和15）年の聴取者数は189,000名で，聴取料は1,377,000円にのぼっていた。これは月別にも増加しており，この聴取料は同協会の年間予算の半分ぐらいであった。特に，農山漁村の無料聴取者さえも約18,000名あった。他方，農山漁村部落に無料聴取施設を設置して一般民衆に放送を聴取させたり，電気会社及びラジオ業者と相提携して受信機の普及開発に努め，無料修理サービスを徹底的に改善した。これが聴取者を増やす決定的なきっかけとなったものと見られる。

2　文化映画と蓄音機（レコード）による世論統制

映画の起源は，1895年12月フランスの，ルイ・ルミエール兄弟のシネマトグラフが元祖であるとされている。そこで現在も映画のことをシネマトグラフ，或いはキネマトスコープと称しているのである(305)。

日本にキネマトスコープが輸入公開されたのは，1896年11月のことで，神戸で5日間公開された。このキネマトスコープを神戸の新聞が「活動写真」として紹介した。今でも映画を活動写真と呼ぶ人がいるのはこの名残であり，日本ではフランスのシネマトグラフも，アメリカのヴァイタースコープも活動写真という名で明治から大正時代まで通用していたのである(306)。

前述した通り，神戸で公開したのは京都出身の稲田勝太郎で，フランスから帰ってくる時に持ち込んだが，同じ年に大阪の西洋雑貨商の荒木和一も初めてエジソンが発明したヴァイタースコープを買ってきた。その時写されたのは，わずか2分余りであったが，「ロシア皇帝の即位式」や「ナイアガラ瀑布」がその内容であった。

日本で，活動写真が実用化されたのは，1904年であり，芝居と結びついて連鎖劇を伊井蓉峰（いいようほう）が本郷にあった真砂座というところで，はじめて試みた。当時のもので，日露戦争の時に乃木大将とステッセル将軍の会見を取った映画がいまだに残っている(307)。

映画は平和的に利用すれば，報道，教育，娯楽など常に効果ある教育材料となるが，戦争や思想教育に利用すればまた大きな悪影響を及ぼすメディアでもある(308)。日本において映画が戦争に持ち込まれたのは，1931年満州事変の時である。勿論，それ以前からも中国と朝鮮の侵略道具として利用されてきたが，本格的に行われたのは1934年青地忠三解説監督の「北進日本」という映画であった。それに次いで，1936年芥川光蔵作品「秘境の熱下」が出現した。芥川は満鉄の宣伝映画というあり方からして当然日本の大陸侵略の先棒を担いだ作品の作り手であった。当時，満鉄はいうまでもなく日本の満州侵略の拠点となった国策会社であり，それだけに，資金も人材も非常に豊富であったからである(309)。

満州事変が勃発するや，政府はいわゆる「抗戦映画」を作成し，これを民衆煽動並びに対外宣伝用に提供した。また，ニュース写真の撮影及び配給によって，抗戦意識を昂揚させていた。日本では日露戦争時から歌われた流行歌が，愛国的なプロパガンダとして十分な役割を果たしていた。例えば，「さのさ節」「ロシアコイ節」「ゑんかい節」「向ふに見ゆる」「ちょいと節」などがある。

ここで，「さのさ節」の一部分を紹介してみよう(310)。

吾国が、ロシアを打つのは正義の軍
捕虜を還すもまた正義
それにオロシャはネ北海荒し
商戦沈めて得意顔サノサ

＊

朝鮮や、遼東半島の一つ二つ
上げましょう慰斗附けて
と云ふたらよからうがソリヤならぬ
それぢや大和魂が承知せぬサノサ
……（以下省略）

一方，朝鮮において「活動写真」が初めて登場したのは，1907年のことで，一般の娯楽メディアとして上映され，翌年には京城に常設館が一つ作られたと言われている。これがいわゆる日本の政治宣伝活動のニューメディアとしてのフィルムが登場するきっかけになった。

朝鮮総督府がフィルムをプロパガンダのメディアとして本格的に使用し始めたのは，三・一独立運動以降で1920年４月に総督府官房室文書課に活動写真班が設けられてからである。

当時は朝鮮の事情を早く日本に宣伝しなければならないところであり，わずか３週間で釜山から新義州までの一般風景と事物を撮影し「朝鮮事情」という題名の５巻物を携え，４月中旬より大阪，名古屋，東京，福井など，朝鮮と深い関係を持つ地方で公開上映することになった。これが朝鮮映画の処女作品であり，また日本公開上初めてのものである。

この映画は時あたかも1919（大正８）年騒擾事件の跡を受けただけに，本国では大きな興味を以て迎えられ，各地とも超満員の盛況だった。東京でも貴衆両院議員の観覧に供して，朝鮮に対する認識を深めたことは何よりも大きな収穫であった。また逆に日本各地で巡回映写のかたわら，日本の風景文物を5巻物に撮影し，その年の5月には，これを「内地事情」という題で朝鮮の各道所在地を巡回映写したのである。これが，朝鮮内における文化映画上映の嚆矢ともいうべきものであった(311)。

当時，朝鮮において日本人に対する不信感は強かったが，この映画の紹介によって朝鮮民衆に一抹の清涼剤を与え，日本に親しみを抱かしめることができたのは予想外のことであった。この「内地事情」は7組を作成し，2道に1組を配給し，各道内を巡回映写するため各道に映写班を新設したのも，またこの時であった。その後，映画利用はますます拡大し，単なる内外事情の相互紹介にとどまらず，1924年よりは社会教化の分野に，昭和5年からは総督府映画の常設館上映を試み，あるいは農山漁村の振興運動や，納税，衛生思想の普及などにも利用され，あらゆる分野に進出することになった(312)。後に，1925年には文書課の写真班が内務局社会課に移された。当時，同課に所蔵されたフィルムの内容は，朝鮮の産業，交通，教育の宣伝，社会事情の紹介，農村の指導，労働者需給関係の調節などであり，製作指導はそれぞれ所管の局，課単位で分担した。また，日本を朝鮮に紹介するものも製作され，相互交換が行われたが，1925年の貸し出しフィルム総巻数は645巻（映写，延回数は2,000回以上），対外向け宣伝映画には英文の字幕を入れ，先方国駐在の日本の大使館，その他の国体に対して公開上映を依頼した。いずれにしても無料で貸与しており，朝鮮総督府がプロパガンダ・メディアとしてのフィルムを大量製作，かつ計画的に利用した事実が明らかに見られる(313)。

総督府映画班も朝鮮に来る各種の視察団に「躍進二十五年」「躍る朝鮮」「振興朝鮮」などの朝鮮紹介の映画を観覧させないものはないほど徹底していた。映写場所としては総督府庁舎の映写室を使用する場合もあれば，総督官邸やホテルなどを使用する場合もあった。特に，軍艦入港等に際してはデッキ映写を試み，また定期的に行うものは毎年花時の昌慶苑における夜間映写，5月の児童愛護週間や，夏期衛生周間の映写会，10月始政記念日前夜における施政宣伝映画会，秋季神苑に開く銀幕の教化映画などがあった。

また，日本で開催される博覧会には朝鮮紹介の映写会を開くことを常例としていたが，1937（昭和12）年には映写した回数は392回，683,000人余の観覧者を集めている。因みに1920（大正９）年以来の映写回数は4,733回，１個年平均263回に及んでいる(314)。

ところが，満州事変が勃発するや，文書課映画班は常例的な映画製作を中止し，専ら時局認識と，銃後の朝鮮としての心構えを指導する映画の製作に没頭した。例えば，軍隊の見送，千人針，金釵会，慰問金品の発送及防護団結成等の場面を撮影蒐集した，朝鮮としての時局関係映画ニュースの２巻物「銃後の朝鮮」は，13組を製作していち早く各道及び外局等に配給し，時局認識に努めさせた。また，引き続き長期戦に対処する国民の指導映画として事変の発端より出兵の必要，これに対する国民の覚悟を教えようとする映画「銃後に捧ぐ」全３巻を13道分製作し，又「皇国臣民の誓詞其の一」は30万本を，「其の二」は115万本をプリントして全朝鮮115の常設館で上映させた(315)。

また，文部省製作の「国民精神総動員大演説会」有声版全２巻を３組購入し，朝鮮全土に貸出して巡回映写を実施することになっていた。

このように朝鮮総督府は，1920年三・一独立運動以後は文化映画を通じてプロパガンダの活動を行った。1931年満州事変が勃発すると，時局に対する映画の利用は時局認識を広報するため，映画国策と相俟って銃後映画の報国運動として正に画期的時代を迎えるようになった。

では，1920年から文書課映画班が行った18年間の映画の撮影巻数，映写回数並に貸付け巻数等の計数を見ることにする(316)。

表15を見ると，映画の製作，上映の活動は継続的に行っており，18年間撮影した巻数も679巻にのぼっている。総貸出延日数も402,511日分の量であり，年間22,361日分の貸付を行ったという数値的な結果が出ている。特に，満州事変前後の数年間は活発に対民広報に努めていたともいえよう。

これほど，朝鮮民衆に対して広報ないし宣伝活動を行うということは技術的経済的にも非常に難しいことであろう。当時の映写機はアーバレと称する手廻機で最も原始的なもので，今日の若い映写技術員などは名前も知らない程の前世紀の遺物だった。そのうえ，電気のない所では酸素ガスが発生するため大型のタンクを牛車で運ぶという騒ぎを演じたものであった。その後，映写機も次第に自動式のものに向上し，説明には拡声器を使用するものもあ

表15

年別	新撮影巻数(巻)	新撮影米数(米)	映画回数(回)	貸出巻数	貸付延日数
1920年	18	7,420	49	–	–
1921年	20	8,600	66	8	2,048
1922年	39	17,800	93	66	10,015
1923年	44	29,100	132	168	7,339
1924年	36	18,180	123	345	7,524
1925年	38	11,900	192	645	24,704
1926年	43	20,400	192	755	36,029
1927年	36	10,900	203	653	67,427
1928年	32	8,787	505	1,032	25,135
1929年	60	26,540	465	856	34,793
1930年	31	14,000	510	679	30,650
1931年	26	14,000	360	725	18,478
1932年	36	12,420	710	699	20,430
1933年	36	12,424	214	710	23,393
1934年	43	17,500	310	708	21,477
1935年	56	17,900	330	836	21,296
1936年	52	16,900	336	653	22,071
1937年	33	12,700	392	822	29,702
計	679	277,471	4,733	9,760	402,511

り，蓄音機を併用してレコード伴奏も行うようになり，更に運搬の便と維持費の安値を考慮して，16ミリも混用しながらトーキーの映写班を設けるまでに至った。いずれにしても映写班の活動にかかる費用は相当な金額に達したことは間違いないであろう。

一方，総督府以外でも広告，文化映画などが作られていた。例えば，鉄道局の映写班が観光映画を利用して旅客誘致を計画した。逓信局の映画班は1922年郵便貯金宣伝の映画を製作して映写していた。専売局は1933年より煙草耕作違反の取締のため，映画を製作広報し，金融組合の映画班は毎年１回組合を単位とする巡回映写を行い，組合員の慰問を実施した。

『大阪毎日』及び『大阪朝日』の京城支局と，『京城日報』社ではトーキーの映写班を設置して，読者慰安を目的に特に時局ニュースを上映していた。また，初・中学校にも各種類の文化映画が上映される時代になった[317]。

反面，このような映画の氾濫は，総督政治或いは風俗上にしばし悪影響を与えることが多く，どのような方法にしても規制しなければならなくなった。

当時は活動写真の検閲については特別の規定がなかったため，興行取締の一手段として各道でそれぞれ検閲を行うに過ぎなかった。これを統一するため，まず1924年9月，京畿道，慶尚南道，平安北道の3道が検閲を行い，その効力を全国に及ぼすことになったが，実際は3道の検閲では往々異なる意見が示された。

そこで，1926年7月総督府令第59号，活動写真「フィルム」検閲規定を発布し,「フィルム」検閲は全て総督府において施行することに定めた。即ち，朝鮮内において大衆の観覧に供するものはその興行用，非興行用とを問わず，普通「フィルム」(35ミリ）小型「フィルム」(9ミリ半から16ミリまで）の別なく，全て検閲を要するとし，取締制度を朝鮮内に統一を確立して，8月から検閲事務を開始したのである[318]。活動写真の検閲申請も年々増加を示し，1939年には3,640件にのぼり，検閲件数12,226巻，2,734,482メートルの多きに達した。

また，従来朝鮮においては外国映画のみを観覧する傾向があったが，これは日本人映画製作会社が日本人中心に製作していることと，朝鮮大衆の民族的な微妙な偏見にも原因があったと考えられる。そこで，1920年9月総督府令をもって活動写真映画規制を公布し，興行場において外国映画を使用する場合，国産映画に対して一定比率を持って上映するように使用制限をなし，かつ映画の輸出及移出取締，教化映画の保護などに資したのである[319]。この規制によって外国映画は漸次減少し，これに代わり日本の国産映画を多数上映することになった。なお，映画は単に娯楽機関としてのみならず，社会教化，宣伝，報道などその使命の重大性に鑑み，日本の「映画法」[320]，「朝鮮映画令」[321]としてそのまま施行された。

「朝鮮映画令」の実施後，1941年1月から12月までの1年間，総督府図書課に映画検閲を申請した「フィルム」件数は3,051件であり，その中で検閲で拒否されたものはアメリカの劇映画2巻（453メートル）と，カット（制限事項）は201ヵ所（4,591メートル）であった。

活動写真の検閲を行う際，説明台本と「フィルム」を提出させ，「フィルム」面の検印並びに番号を対照するのは取締上極めて重要な事項であった。地方における上映取締は主として興行場監警察官に一任することにした。説明業者中には往々にして説明台本を離れて風刺的言辞を挿入し，または敷衍的に不穏言辞を挿入させる場合があるからである(322)。

ここで，一つ指摘すべきことは蓄音機「レコード」の取締である。

蓄音機「レコード」は従来警察視察の圏外であり，この取締は余り重視されていなかった。だが，「レコード」の利用者が急増し，中には主義思想宣伝のため利用せられ，または治安風俗を害するようなものも発見され，取締を強化せざるをえなくなった。そこで，1933年５月23日，総督府令第47号を以て蓄音機「レコード」取締を公布し，初めて有効適切な取締をなし得るに至った。1939年になると，この規制を適用してその製造，販売，授与を厳しくして，その芬除に努めるとともに，一面業者に適切なる指導を加え，「レコード」を通じて文化の啓発と思想の善導に尽くす方針を取っていたのである(323)。

この朝鮮における「レコード」取締規制は，日本では既に1923年５月４日文部省令第12号として公布された。それは，活動写真，「フィルム」，幻燈映画及び「レコード」認定規定に基づき，更に，1925年５月26日公布した「フィルム」検閲規則内務省令第10号(324)を発展させた法律であった。

当時，朝鮮においては日本の蓄音機「レコード」を大量輸入していたうえ，朝鮮語版も作っており，植民地文化の低俗化に拍車をかけていた。この「レコード」のなかには「風俗・悪思想宣伝に使用され治安を害するものも少なくなかった」ので，出版物，フィルムとともに検閲取締の対象になった。同蓄音機「レコード」取締規制第４条によると，「蓄音機〈レコード〉ニシテ治安ヲ害シ又ハ風俗ヲ紊スル虞アリト認ムルトキハ道知事ハ其ノ製造，販売，授与又ハ演奏ヲ制限シ若ハ禁止スルコトヲ得」(325)と記されており，これに違反した時の罰則も規定している。

このように，満州事変によって新聞雑誌の統制とともに映画・蓄音機「レコード」にまで統制政策をとっていた。その結果，言論出版物及び蓄音機「レコード」などは戦時思想普及に利用され，日本国策に順応していたと言えよう。当時のジャーナリズムの殆どは総督政治の代弁者としての役割を果たしていた。こうして，様々な法律，各種の規制によって，朝鮮の言論は，口があっても何も言えない状態になり，完全な言論統制時代に入るようになったと言えよう。

(1) 朴慶植『日本帝国主義の朝鮮支配』上巻，青木書店，1973年，168頁。
(2) 『近代日本総合年表』岩波書店，1977では「三・一運動・万歳事件」と両名並記，検定済教科書の多くは「三・一（万歳）事件」と表記している。
(3) 姜東鎮『日本の朝鮮支配政策史研究』東京大学出版会，1979年，140頁。
(4) 『現代史資料』25「朝鮮Ⅰ」「資料解説」みすず書房，1963年，12頁。
(5) 姜東鎮『日本言論界と朝鮮』法政大学出版局，1984年，82頁。
(6) 李基白『韓国史新論』学生社，1979年，338～339頁。
(7) 「第71周年2・8独立宣言記念式」『留学通信』在日本韓国留学生連合会，1990年4月30日付。
(8) 三・一独立運動は一名三・一運動とも言われているが，天道教の孫秉熙，キリスト教の李昇薫，仏教の韓龍雲など，民族代表として独立宣言書に署名した33人が中心となった。彼らは高宗（朝鮮最後の王）の葬礼日の3月3日を前に，群衆が全国各地からソウルに集まって来ていた機会を利用した。そして，高宗の葬礼の2日前である3月1日に断行した。民族代表たちは，この日泰和館に集まり，独立宣言を発表して，韓国が独立国であることを宣言した。パゴダ公園に数千の青年が集まり，独立宣言書を朗読した後，独立万歳を叫んで示威行進を行った。これが，韓国の歴史上，最大の民族運動である三・一運動の始まりである（李基白，前掲390頁）。
(9) 李太王の死因は，京城大学医科大病院長志賀潔，内科部長森安連吉博士などによって脳溢血と診断された。しかし，民衆の間には，侍従長の尹徳栄（親日派，のちに中枢院議員となる）が，宮内医の安商鎬に殺害を命じ，一女官が砒素剤を紅茶に入れて飲ませたという噂が広まった。なお，これについて1919年3月16日付『京城日報』は「誣妄も甚し，奇怪なる流言蜚語」という長文の記事をとりあげている。
(10) 金圭煥『日帝の対韓言論・宣伝政策』二友出版社，1982年，161～162頁。
(11) 坪江汕三『朝鮮民族独立運動秘史』巌南堂書店，1979年，704～705頁。
(12) 『京城日報』1919年3月7日付。
(13) 水原事件は，1919年4月15日，京畿道水原郡提岩里で，日本憲兵が朝鮮人の男女老幼児数千人をキリスト教会内に監禁して，外から放火し全員を焼き殺した上，近隣の住民まで捕らえて虐殺した事件である。これは日本憲兵の残虐性を示す最も露骨な例として宣教師であるスコフィルト博士によって外国に報ぜられ，激しい非難の的となり日本においても吉野作造によって強く批判されることになった。

⒁　金圭煥，前掲162〜163頁。

⒂　『韓国独立血史』(1930年）によると，三・一独立運動は次のように大きな規模であったことが分かる。

朝鮮人の総動員数2,023,098名，死亡者7,909名，被傷者15,961名，被焼家屋760棟，これに対する日本側の死亡者は８名，負傷158名，破壊官庁159ヵ所である。

⒃　金圭煥，前掲165頁。

⒄　金圭煥，前掲160頁。

⒅　原敬は少壮官吏時代（伊藤内閣の台湾事務局員）から，植民地統治について，関心と見識をもっていた。特に，寺内が総督であった時，如何にも不愉快な時代を辛抱してきたと，武人専断統治政策に反発を表明していた。

⒆　橘破翁「朝鮮の言論政策に就いて長谷川総督に呈す」『朝鮮公論』(The Chosen Review）第７月号，朝鮮公論社，1918年，35頁。

⒇　橘破翁前掲『朝鮮公論』35頁。

(21)　吉野作造は元東京帝国大学教授で，1910年代中期から1920年代後半期にかけて，政府の内外政策に関する批判的論文を多く書き，一躍「大正デモクラシー」の旗手となった人物である。彼の真価が発揮されたのは，むしろ1919年の「三・一運動」以降で「民族自決の容認の上にのみ，日朝両国民の提携が可能であると明言」し，朝鮮統治に対して，政府の弾圧政策一辺倒と言論界の沈黙に対して攻撃を始めた。

(22)　姜東鎮『日本言論界と朝鮮』法政大学出版局，1984年，122頁。

(23)　山中速人「三・一独立運動と日本の新聞」『新聞学評論』第30号，日本新聞学会，1981年，258頁。

(24)　『万朝報』1919年３月３日付。

(25)　『山陽新聞』1919年３月４日付。

(26)　『都新聞』1919年３月５日付。

(27)　『京城日報』1919年３月６日〜７日付。

(28)　山中速人前掲『新聞学評論』258頁。

(29)　山中速人前掲『新聞学評論』258頁。

(30)　姜東鎮，前掲165頁。
(31)　『大阪朝日新聞』1919年3月3日付。
(32)　『東京日日新聞』1919年3月7日付。
(33)　『万朝報』1919年3月13日付。
(34)　『東京朝日新聞』1919年3月3日付。
(35)　『やまと新聞』1919年3月8日付。
(36)　姜東鎮，前掲165頁。
(37)　『万朝報』1919年3月8日付。
(38)　姜東鎮，前掲174頁。
(39)　『東京日日新聞』1919年3月22日付。
(40)　『東京日日新聞』1919年3月22日付。
(41)　『東京日日新聞』1919年4月6日付。
(42)　『東京日日新聞』1919年3月21日付。
大阪市付近町村在住の3,000の朝鮮人労働者は事業界の萎縮と共に大打撃を蒙り失業者が続出し遊民増加と共に憂うべき傾向が見られると報じている。
(43)　『万朝報』1919年3月22日付。
(44)　黎明会は当時軍閥の台頭に反対し，日本の民主化を主張していた民主主義的思想啓蒙団体であり，メンバーは吉野作造，福田徳三など大学教授が中心であった。
(45)　拙稿「日本新聞学会春季研究発表資料」松阪大学，1990年6月2日，1頁。
(46)　吉野作造「朝鮮における言論の自由」『中央公論』5月号，中央公論社，1919年。
(47)　姜東鎮，前掲208頁。
(48)　『東京朝日』1924年4月1日付論説参照。この年3月清浦内閣が緊急勅令で関東大震災による火災に対し，火災保険の一部支払いを行おうとしたのに対し，枢密院の異意によってその勅令案を撤回したことをとりあげ，枢密院と内閣の関係，即ち，枢密院の政治関与に批判のメスを入れようとしたのである。そこで，政府監督の機関としての枢密院を置くのは今日もはや必要ないと断じていた。
(49)　枢密院は明治憲法56条「枢密院顧問は枢密院官制の定むる所に依り天皇の諮問詢に応え重要な国務を審議す」により天皇の最高顧問府として設けられた憲法機関である。
(50)　吉野作造「枢府と内閣」『吉野作造博士民主主義論集』第3巻『日本政治の民主的改革』所収。

(51) 井出武三郎『吉野作造とその時代』日本評論社，1988年，144頁。

(52) William Randolph Hearstはイギリスのノースクリッフと共に世界における二大新聞経営王であり，カリフォルニア選出上院議員George Hearstの子息で，1863年サンフランシスコに生まれ，民主党に属し，National league of Democrat's Clubの会長でもあった。1907年にはニューヨークの下院議員となった新聞人である。

(53) 当時ハースト系の主な新聞は次の通りである。(本表は1918年５月ニューヨーク日本総領事館の調査によるもの)

新 聞 名	発 行 地	創刊年度	発行部数
The Atlanta: Georgian	Atlanta Georgia	1906年	50,000部
Hearst's Sunday American	Atlanta Georgia	1913年	80,000部
Boston American	Boston	1904年	40,000部(夕刊) 32,000部(日曜刊)
Chicago American	Chicago	1900年	400,000部
Los Angeles Examiner	Los Angeles	1903年	80,000部(朝刊) 140,000部(日曜刊)
New York American	New York	1882年	33,000(朝刊) 700,000部(日曜刊)
New York Evening Journal	New York	1896年	820,000部
San Francisco Examiner	San Francisco	1865年	110,000部(朝刊) 230,000部(日曜刊)

(54) (秘) 朝鮮総督府警務局「米国ニ於ケル独立運動ニ関スル調査報告書」1921年。

(55) 『New York Times』1919年３月13日付。

(56) 同上。

(57) 朴慶植『朝鮮三・一独立運動』平凡社，1986年，287頁。

(58) 友邦協会『斎藤総督の文化統治』1970年，311～322頁。

(59) (秘) 朝鮮総督府警務局「米国ニ於ケル独立運動ニ関スル調査報告書」1921年。

(60) (秘) 朝鮮総督府警務局「米国及布哇地方ニ於ケル不逞朝鮮人の状況」1921年。

(61) 同上。

(62) 李炫熙『韓民族光復新闘争史』正音文化社，1989年，496頁。

(63)　朝鮮人協議会は東部においてはニューヨーク市をはじめ，イリノイ州のシカゴ，オハイオ州のアクロン，デトロイト，西部などの13ヵ所に地方会を設け，独立運動の連絡をする組織機関となり，機関紙として『朝鮮評論』を発刊した。

(64)　アメリカ人側に関する機関で，オハイオ，ミシガン，イリノイ，オレゴン，ニューヨークなど，18ヵ所に同会を設置し，朝鮮を完全に正義と自由との行われる国家とし，日本の圧迫排除に対し間接直接の援助を与えることをその目的とするものである。そこで『朝鮮評論』と称する月刊英文雑誌の講読を希望する会員には会費を徴収していた。総会員は15,000人程度であった。

(65)　（秘）朝鮮情報委員会「英米に於ける朝鮮人の不穏運動」情報彙算第5号，1921年，6～7頁。

(66)　同上。

(67)　李海暢『韓国新聞史研究』成文閣，1977年，170～181頁。

(68)　前掲「英米に於ける朝鮮人の不穏運動」15～16頁。

(69)　（秘）朝鮮情報委員会「英米に於ける朝鮮人の不穏運動」情報彙算第5号，1921年，16頁。

(70)　同上17頁。

(71)　（秘）朝鮮情報委員会「朝鮮評論（Korea Review）布哇米国新聞刊行物及通信記事摘要」情報彙纂第4号，1921年，7～8頁。

(72)　同上8～9頁。

(73)　（秘）朝鮮情報委員会「英米に於ける朝鮮人の不穏運動」情報彙算第5号，1921年，17～18頁。

(74)　（秘）朝鮮情報委員会「朝鮮評論（Korea Review）布哇米国新聞刊行物及通信記事摘要」情報彙纂第4号，1921年，42～43頁。

(75)　朴慶植『朝鮮三・一独立運動』平凡社，1986年，276～277頁。

(76)　『民国日報』は3月12日から13日付「高麗宣布独立詳情」という記事を掲載した。また，「朝鮮図謀独立詳情」（3月14日付），「朝鮮図謀独立情形」（3月15日），「朝鮮独立運動之真相」（3月29日），「韓人復国運動之継起」（3月23日），「日本対韓之殺戮政策」（4月16日）などの記事を掲載し，朝鮮の独立運動を支援していた。

(77)　『毎日評論』1919年3月23日付を翻訳したものであり，朴慶植，前掲277～278頁。

(78)　朴慶植『朝鮮三・一独立運動』平凡社，1986年，278頁。

(79)　同上283頁参照。

1919年5月7日，9日の上海での抗日糾弾大会と抗日デモには『韓国青年独立団』の名で30人の朝鮮青年が参加していた。更に，上海その他では「中韓国民互助社」「中韓協会」「中韓青年協会」などの共同闘争団体が結成された。

(80) 李龍範「三・一運動に対する中国の反響」『三・一運動50周年記念論集』東亜日報社，1969年，533～534頁。

(81) 慎鏞廈「民族自尊の道」『中央日報』1989年2月21日付。

(82) 『朝鮮独立新聞』は三・一独立運動の主体勢力によって発刊された新聞で，その新聞の1919年3月3日付記事によると，仮政府組織説があり，直ちに国民大会を開き，臨時政府（仮政府）を組織し，臨時大統領を選挙するという記事がある。

(83) 慎鏞廈「世界をなかせた弱小民族開放の烽火」『東亜日報』1989年2月20日付。

(84) 朴慶植，前掲383頁。

(85) 友邦協会『朝鮮総督府資料選集，斎藤総督の文化政治』302～303頁。

(86) 「民族自存」は「民族自尊」（民族自ら自負心を持つこと）とは意味が異なり，「皇民化政策」「一視同仁」「同化政策」「言語抹殺政策」などの社会状況の下で，朝鮮民族の主体性の保存ないし生存権の保全という意味での自存である。

(87) 宮崎龍介編『宮崎稲天全集』第2巻，平凡社，1971年，94頁。

(88) 宮崎（1870～1922）は中国革命運動の協力者であり，熊本県出身で，本名は虎蔵であった。兄に自由民権論を唱えた八郎，土地平均論を説いた民蔵があり，徳富蘇峰の大江義塾に学んだのち，1887年には大陸雄飛の志を抱いた。犬養毅の支援で再度華南に渡り，中国革命党やフィリッピンの独立運動の武装蜂起を画策した。のちに，孫文との提携に尽力して中国革命同盟会を成立させた。

(89) 本資料に関しては原文入手が不可能であり，『宮崎稲天全集』（注87に同じ）の170～171頁から再引用。

(90) 日英同盟条約によってイギリスから承認を受けており，1907年9月朝鮮の最終的な処理で合意した「西園寺・タフト秘密会談」と，1908年11月30日に交換された「ルート・高平覚書」の協定などである。

(91) 低姿勢で相手方に好感を与えるということで，主に朝鮮に駐在している外国人宣教師に対する政策である。

(92) 金圭煥，前掲193～194頁。

(93) 親日派ラットは*In Korea With Marquis Ito*,ケナンは*The Outlook Novem-*

ber 11, 1905.ブラウンは*The Japanese in Korea*などの著書があり，これを通じて日本の対外宣伝を行った。

(94) 姜東鎮『日本の朝鮮支配政策史研究』東京大学出版会，1979年，69頁。

(95) 『現代史資料』25「朝鮮1」みすず書房，1963年，270頁。

(96) 当局は宣教師に対する強硬方針から転換して反日闘争の信徒らと宣教師を呼んで，接触して彼らの対日協力を要請した。ところが，宣教師側の反応は①我らは政治に関係ない，②鎮圧すると伝道ができない，③我らには制し得ぬなど理由を挙げ，また批判する姿勢をとっていた。

(97) 外務省外交史料館所蔵「斎藤総督，最近ニ於ケル朝鮮の情勢」『韓国ニ於ケル統監政治及同国併合後ノ統治策ニ対スル評論関係雑纂』1919年9月10日，41～406頁。

(98) 学習院大学東洋文化研究所に所蔵されているもので，斎藤実総督が直接坂谷芳郎に送った手紙を分析したものである。

(99) 姜東鎮前掲『日本の朝鮮支配政策史研究』12頁。

(100) 友邦協会編総督府資料選集「総督府制度改正と基督教」『斎藤総督府の文化統治』1970年，134～150頁。

(101) 同上130～140頁。

(102) 特にこれらの措置は斎藤自身よりも，原敬首相が外国人宣教師の総督政治に対する誤解の解消策を指示しており，坂谷芳郎は赴任する斎藤実宛の手紙で，総督と統監は特に外国人宣教師などと接触して意見を善く聞くことを指摘したこともある。

(103) 国会図書館所蔵斎藤実文書「斎藤実伝記関係資料」2025「斎藤実総督就任直後ノ内外人招待関係書類」1919年9月。

(104) 姜東鎮，前掲79頁。

(105) 『朝鮮』は1921年6月号「社会事業特集号」として宣教師との協力の必要性を唱えており，対外宣伝担当者の一人，山県五十雄（Seoul Press社長）は外国人宣教師が一身の安楽を犠牲にして献身的に終生鮮人の教化につとめていると賛辞を語っていた。

(106) 『子爵斎藤実伝』第2巻，斎藤子爵記念会，1942年，564頁。

(107) 金相万『東亜日報社史』巻1，東亜日報社，1975年，63頁。
「朕は早く朝鮮の康寧として為念し，その民衆を愛撫するをも一視同仁，朕の臣民として秋毫も差異がない……」

(108) 1919年9月3日「斎藤実総督が同府及び所属官署に対する訓示」第3項，前掲65頁，『朝鮮施政二十五年』など。

(109)　拙稿「日本新聞学会春季研究発表会報告資料」松阪大学，1990年6月20日。

(110)　『東亜日報』という題号の発案者は，当時新聞界の元老で，同紙創刊の時，編集監督であった柳瑾である。彼はわが国が発展するためには視野を大きく広げて東亜全局を舞台に活動しなければならないという意味で名付けたという。

国別／道別	新聞紙			雑誌		
	日本人	朝鮮人	外国人	日本人	朝鮮人	外国人
京畿	21,615	14,286	126	2,990	2,079	152
忠北	1,133	2,781	3	128	182	4
忠南	2,998	4,693	4	240	169	0
全北	4,713	5,403	0	805	513	7
全南	3,538	6,736	2	438	447	3
慶北	6,322	10,733	3	169	819	3
慶南	12,489	9,538	7	1,001	429	0
黄海	2,678	5,600	1	425	738	0
平南	5,071	6,004	6	394	1,595	20
平北	3,078	5,414	8	448	1,143	7
江原	1,057	3,739	2	455	548	4
咸南	4,637	7,543	13	1,173	1,121	4
咸北	3,049	1,973	0	101	184	1
計	71,980	84,440	175	9,217	9,967	205

(111)　金相万『東亜日報社史』巻1，東亜日報社，1975年，74頁。

(112)　『朝鮮年鑑』(1926年度版)によるものである。

(113)　金圭煥「植民地下朝鮮における言論及び言論政策史」東京大学大学院博士学位論文，国立国会図書館所蔵，225頁。

(114)　『京城日報』1921年5月20日付によると，1921年現在，朝鮮内で購読されている本国発行の新聞，雑誌，また朝鮮発行の新聞雑誌の類は約600種に上り，購読者は日本人16万，朝鮮人7万であり，日本人は1部当り2人，朝鮮人は約200人の割合となっていた。

(115)　1920年11月，日本語・朝鮮語併用の週刊紙として認可され，1923年7月に日刊経済紙として発足した。

(116)　『京城日日新聞』は，1920年7月1日創刊され，1921年7月に有馬純吉が社長となり，植民地において有力な民間紙であった。1927年6月1日から7月15日まで，京城において朝鮮産業博覧会と開始したこともある。

(117)　『朝鮮毎日新聞』は，1921年8月「仁川新報」として創刊されたものを，1922年4月「朝鮮毎日新聞」と改題，夕刊4頁で発刊した。

(118)　『光州日報』は1919年光州で創刊された4頁の新聞であり，『西鮮日報』は1923年10月31日に創刊された新聞である。また，『北鮮日日新聞』は1919年12月13日創刊した新聞であり，『平壌毎日新聞』は1910年4月鎮南浦で発刊された。のちに，『平壌毎日』は『西鮮日報』を併合し，平壌唯一の言論機関となった。

(119)　大陸通信は1910年菊池謙譲によって京城で創刊された日刊紙であり，商業通信は1912年市川一が創刊した市況通信であった。商業通信は1923年岡喜七郎により創刊された通信であり，朝鮮思想通信は1926年伊藤卯三郎によって創刊された。

(120)　金圭煥，前掲学位論文，180頁，226頁。

(121)　金圭煥，前掲学位論文，181頁。

(122)　『京城日報』は「南大門駅前の事件（斎藤総督暗殺未遂事件）について，最初当局は当該事件に関する報道について，何ら拘束をしなかったが，最近内地新聞に依り誤報憶説が伝えられ，犯人捜査事務上障害を来すこと少なからず，一時犯人検挙の事に関しては，一切新聞通信雑誌をして，之が掲載を禁止した」と述べている。ところでこの事件を報道した『九州日日新聞』『福岡日日』『東京日日』等，10紙が発売禁止処分を受けることになった。

(123)　水田直昌『総督府時代の財政』友邦協会，1974年，63頁。

(124)　「大正実業親睦会」は，1916年に結成された親日団体として，閔泳綺，趙鎮春，宗錫などが作った「朝日同化主義団体」である。宗錫は『朝鮮日報』の発行許可を得て朝鮮総督府を積極的に支持していた。のちに，1924年3月彼らは韓民族の独立思想抹殺と総督政治支持を目的とする，いわゆる各派閥の合同を企て「各派有志連合発起」にも参加した。

(125)　崔埈『韓国新聞史論攷』一潮閣，1976年，333～334頁。

(126)　拙稿「日本新聞学会春季研究発表会発表資料」1990年6月2日。

(127)　金性洙は1908年日本留学を決心したが，保守的な父親から許されなかったので，群山から密航を敢行した。その後，東京で正則英語学校，錦城中学校を卒業，1910年早稲田大学予科へ進学，1911年同大学政治経済学部へ入学した。のちに，『東亜日報』を創刊，また高麗大学まで設立した人である。

(128)　金相万『東亜日報社史』巻1，東亜日報社，1975年，68～69頁。

(129)　拙稿『新聞学評論』37号，日本新聞学会，1988年，143～152頁。

(130)　前掲『東亜日報社史』巻1，73～74頁。

(131)　同上74～75頁。

(132)　『東亜日報』創刊号1920年4月1日付。

(133)　同上。

(134)　拙稿「日本新聞学会春季研究発表会発表資料」松阪大学，1990年6月2日，3頁。

(135)　前掲『東亜日報社史』巻1，104頁。

(136)　「創刊辞」(4月1日)，「世界改造の劈頭を望み，朝鮮の民衆運動を論ずる」(4月2日)，「朝鮮総督府予算を論ずる」(4月8日)，「朝鮮人の教育用語に日本語を強制していることを廃止せよ」(4月11日)，「財界の恐慌と救済策」(4月14日)「統治権の根本義は何在」(4月18日)，「原稿検閲を廃止せよ，言論の自由の一端を論じる」(4月19日)，「朝鮮教育について」(4月20日)，「警務局長の指示事項を読む」(4月25日)，「科学の朝鮮」(4月29日) などがその論調である。

(137)　前掲『東亜日報社史』巻1，125～126頁。

(138)　拙稿「日本新聞学会春季研究発表会発表資料」松阪大学，1990年6月2日，3～4頁。

(139)　「差し押え」と「押収」は厳密な法律上の意味においては，大きな差がある。「差し押え」は刑事訴訟法では押収の一種で強制力を持つ。「押収」でも強制力を用いないで，任意に提出されたものは返還する。

当時の言論統制において，「押収」は朝鮮人に適用されるもので，新聞紙法と出版法などに出てくる用語である。問題となった記事が載っている新聞を没収（刑法上の所有権剥脱）してしまうことであり，「押収」処分を受けた新聞の所有権は直ちに国有に移るのである。

これに対して，「差し押え」は日本人またはほかの外国人が発行する新聞に適用された法律であった。これも新聞紙規則と出版規則に基き，治安妨害とか風俗壊乱のおそれがある場合に，単に発売と頒布を禁じるだけのものであり，その「差し押え」処分を受けた新聞所有権もそのまま新聞社に属しているのである。当時，朝鮮においては6ヵ月が過ぎても問題となった記事が解除されなければ，その所有権が国有に移されたが，日本においては，2年間新聞社がそれを所有し，その時でも解除されない場合に初めて官庁で押収するのは慣例であったという。ただ，『朝鮮日報五十年史』には「新聞紙の押収とは差し押えを意味し，没収とは異なって，その占有を取り上げるというのではなく，封印をして処分ができないようにするという意味である」(372～373頁) とあり押収と差し押えが同義語であると記している。

(140)　鄭晋錫『アジア公論』10月特大号，アジア公論社，1974年，278頁。

(141)　同上280頁。

(142)　「六・一〇万歳運動」は1926年4月に朝鮮王朝最後の王である純宗が亡くなり，民族の悲嘆と日本統治に対する反抗として光州の学生を中心として葬儀の日の6月10日に街頭示威が繰り広げられたことである。参加した学生は54,000名に達しており，三・一運動以後最大の民族運動となった。

(143)　当時，いわゆる朝鮮民族搾取機関として知られている「東洋拓殖株式会社」に羅錫疇が爆弾投擲を企てた事件である。失敗に終わり，羅氏は逮捕され自殺した。

(144)　李基百『韓国史新論』学生社，1919年，416頁。

(145)　前掲『東亜日報社史』巻1，126頁。

(146)　朝鮮総督府警務局「祭祀問題を再び論ず」『諺文新聞差押記事集録』東亜日報社編，1932年，29〜30頁。

(147)　朝鮮総督府官房審議室検閲，帝国地方行政会朝鮮本部『現行朝鮮法規類纂』第8巻，1935年，110の1頁。

(148)　前掲『東亜日報社史』152頁。

(149)　朝鮮総督府官房審議室校閲前掲「国際農民本部から朝鮮農民へ」346〜347頁。

(150)　朝鮮総督府官房審議室校閲前掲「国際農民本部から朝鮮農民へ」566〜567頁及び同紙4月16日付。

(151)　春原昭彦『日本新聞通史』新泉社，1987年，202頁。

(152)　内川芳美『新聞史話』社会思想社，1967年，111頁。

(153)　「新聞紙規則第十二條ハ，新聞紙ニシテ第十條ノ規定又ハ第十一條ニ依ル命令ニ違反シタル場合ニ於テハ（理事官）ハ其ノ発売頒布ヲ禁止シ之ヲ差押ヘ且ツ発行シ又ハ認可ヲ取リ消スコトヲ得

第十條，下記ノ事項ハ新聞紙ニ掲載スルコトヲ得ス①日韓両皇室ノ尊厳ヲ冒瀆セントスル事項②治安ヲ妨害シ又ハ風俗ヲ壊乱セントスル事項③公ニセサル官庁ノ文書及議事ニ関スル事項④公判ニ附セサル以前ニ於ケル重罪軽罪ノ予審ニ関スル事項及傍聴ヲ禁シタル裁判ニ関スル項⑤刑事被告人又ハ犯罪人ヲ救護シ若ハ賞恤シ又ハ犯罪ヲ典庇スル事項

第十一條，理事館ハ必要ト認ムルトキハ外交軍事及秘密ヲ要スル事項ノ掲載ヲ禁止スルコトヲ得」

(154)　鄭晋錫『アジア公論』12月号，アジア公論社，1974年，302〜303頁。

(155)　鄭晋錫前掲『アジア公論』10月特大号，278頁。

(156) これは筆者なりの解釈であるが，1919年3月1日はいわゆる「三・一独立運動」であり，1927年「六・一〇万歳運動」（光州学生事件）は「第2の独立運動」と呼び，日章旗抹消事件は「第3の独立運動」というふうに名を付けたい。

(157) 内川芳美『新聞史話』社会思想社，1967年，111頁。

(158) 拙稿「日本新聞学会春季研究発表会発表資料」松阪大学，1990年6月2日，6頁。

(159) 前掲『東亜日報社史』383頁。

(160) 前掲『東亜日報社史』383～384頁。

(161) 前掲『東亜日報社史』388～389頁。

(162) 「言論のあり方の論議」『伊勢新聞』1990年6月3日付。

(163) 金圭煥『日帝の対韓言論・宣伝政策』二友出版社，1982年，190頁。

(164) 菊池は，1900年『漢城新報』社長であったし，後の1904年には『大東新報』を創刊した人である。彼は合邦直後から1920年代中期まで，日本の朝鮮支配政策に協力してきた人物である。特に，斎藤実の信任が厚く，情報収集，親日団体（褓負商団）の組織，民族主義団体の分裂工作等に参与した。

(165) 大垣丈夫も合邦前から朝鮮侵略政策に活躍した人物で，特に桂太郎とともにソウルで親日団体の「大韓協会」を作ることに参加したこともある。

(166) 姜東鎮，前掲18～19頁。

(167) 朝鮮総督府『朝鮮』1921年1月号。

(168) 国会図書館所蔵，斎藤実文書742「朝鮮民族運動ニ対スル対策」。姜東鎮，前掲18～19頁。

(169) 情報委員会が講演会組織者に大抵次のように要領を提案していた。
①併合の精神と新総督の行政方針，②新施政に対する趣旨説得要領，③文化施設，④治安官吏の待遇改善，⑤地方民に対する希望，⑥内鮮融和

(170) 金圭煥，前掲261頁。

(171) 朝鮮総督府資料選集『斎藤総督の文化統治』友邦協会，1970年，204頁。

(172) 本田節子『朝鮮王朝最後の皇太子妃』文芸春秋，1988年，9頁。

(173) 「日韓流れるままの生涯」『読売新聞』1989年5月1日付。

(174) 「新聞で知った婚約」『毎日新聞』1989年5月1日付。

(175) 『読売新聞』1989年5月1日付。

(176) 「李朝に嫁いだ悲劇の王妃」『朝日新聞』1989年5月1日付。

(177) 「五百年朝鮮風霜，最後の姿がきえる」『朝鮮日報』1989年5月2日付。

(178) 「よみうり婦人附録」『読売新聞』1916年8月8日付。

(179) 本田節子前掲『朝鮮王朝最後の皇太子妃』19～20頁。

(180) 李方子『すぎた歳月』1973年，31頁。この本は出版社と発行所，発刊年度が書かれていない。だが，最後の248頁には，1973年1月李方子ということが記されており，1973年頃発刊されたと言えよう。ただ，本は李方子自身が書いた自叙伝である。

(181) 当時，日本においては，一般的に結婚は親同士が決めるのが普通である。自分の結婚式の日に初めて夫の顔を見たという人も決して珍しくなかったという。

(182)『朝鮮日報』1989年5月2日付。

(183) 角田房子『閔妃暗殺』新潮社，1989年，47～50頁。

(184)『朝日新聞』1989年5月1日付。

(185)『読売新聞』1989年5月1日付。

(186) 朝鮮では皇太子妃を選ぶ制度を揀択といい，普通初揀択は書類審査だけで30人から40人が選ばれるのだが，この時は9歳から17歳までの良家の子女，150余名がまず選ばれた。次に再揀択して5名から30名ほどを残し，更に三揀択をして3名を選出する。この3名は宮中礼式を3ヵ月間の修業をし，その成績によって最後の一人が皇太子妃に決定される。閔甲完の場合は初揀択の日から宮中に集められ，3揀択まで行われたようである。

(187) 本田節子前掲『朝鮮王朝最後の皇太子妃』74～75頁。

(188) 同上72頁。

(189) 同上82頁。

(190) 同上85頁。

(191) 同上102頁。

(192)『朝鮮日報60年史』朝鮮日報社，1980年，370頁。

(193) 同上223～224頁。

(194) 李商在は1890年代にアメリカへ留学して帰国した後，徐載弼，尹致昊などとともに「独立協会」を結成した近代朝鮮における啓蒙家ないし三・一運動の精神的な指導者の一人でもあった。『朝鮮日報』の社長になったのは1924年9月である。

(195) 金圭煥，前掲233～234頁。

(196) 当局の厳重な警告により1925年9月同紙を追放された人は金松殷，柳光烈，徐範錫，白南震，金丹治，孫永極，朴憲永，林元根，崔国鉉などであった。この免職処分に憤激した社員たちは10月27日声明書を発表し，申錫雨社長以下堕落した幹部の態度を糾弾した。

(197)　掲載禁止に違反した記事に対する行政処分は，①発売頒布禁止（新聞紙法第34条，新聞紙規則第12条），②押収（新聞紙法第21条，第34条，新聞紙規則第12条，第13条），③発行禁止（新聞紙法第21条，新聞紙規則第12条），④発行禁止（新聞紙法第21条），⑤掲載禁止（新聞紙法第12条，新聞紙規則第11条）などと規制されている。

(198)　『朝鮮日報60年史』朝鮮日報社，1980年，372頁。

(199)　同上373頁。

(200)　鄭晋錫『アジア公論』10月号，アジア公論社，1974年，283～284頁。

(201)　朝鮮総督府警務局『諺文新聞差押記事輯録（朝鮮日報）』1932年，30頁。

(202)　朝鮮総督府警務局「朝鮮における出版物概要」1930年，74頁。

(203)　鄭晋錫『アジア公論』12月号，アジア公論社，1974年，297～298頁。

(204)　『朝鮮日報60年史』朝鮮日報社，1980年，429頁。

(205)　鄭晋錫『アジア公論』12月号，アジア公論社，1974年，300～301頁。

(206)　『読売新聞』1920年４月28日付。

(207)　『読売新聞』1920年４月28日付。

(208)　『東京日日新聞』1920年４月29日付。

(209)　『毎日新聞』1989年５月１日付。

(210)　『朝鮮日報』1989年５月１日付。

(211)　『読売新聞』1989年５月２日付。

(212)　関東大震災六十周年朝鮮人犠牲者調査追悼事業実行委員会『かくされていた歴史』1987年，10～11頁。

(213)　同上11～13頁。

(214)　関東大震災は９月１日午前11時58分，相模湾の北西部辺りの海底を震源地として震度7.9～8.2の大きな地震であった。被害は東京，神奈川，千葉，埼玉，静岡，山梨，茨城と関東地域全域にわたって大被害をもたらした。東京，神奈川においては被害は甚大であった。震災予防調査会によると，全体の被害は約100億円と言われており，死亡者は99,331名，負傷者103,733名，行方不明43,476名，焼失戸数447,128戸，全潰戸数128,266戸，半潰戸数126,233戸，津波による流出戸数868戸などにのぼっていた。

(215)　朝鮮人大虐殺に国民を殴り立てた「朝鮮人来襲」のデマ宣伝の責任者は水野錬太郎内務大臣，後藤文夫警保局長，赤池濃警視総監であった。水野も赤池も1919（大正８）年朝鮮総督府にいて三・一独立運動の事件直後の朝鮮の政務統監や警務局長を歴任，その間，民族主義者から爆弾を投げられたこともあり，朝鮮独立運動を弾圧した経験もある人である。ところが，政府は市民が水や食物を求めているのを見て，救援する自信がなく，暴動が起こることを恐れていた。そこで，「朝鮮人来襲」のデマにより仮想敵を捏ち上げたという説もある。

(216) 最初の流言は，新内閣の組織と摂政の行啓を前に非常警戒にはいっていた沿道の各警察が機能の回復とともに行った朝鮮人や要視察人の保護，予防検索を契機としていた。だが，「朝鮮人騒ぎ」の原因となった第2の組織的な流言は，軍と警察によって広げられたという説がある。

(217) 大畑裕嗣『東京大学新聞研究所紀要』第35号，1986年，42頁。
国粋革命家たちは日頃から青年団，町会，在郷軍人団を単位として全国の団体との連合を図り，いざという場合には全国に情報を流して革命を遂行しようと図っている。震災時にも得体の知れない人物があちこち飛び回り，軍部を動かし，また，全国的に暴徒を集めて自警団の発生源になったという説。

(218) 流言蜚語の発生は横浜であり，本県下では横浜市がその中心を為し県下一般に波及したことである。

(219) 中島陽一郎『関東大震災』雄山閣出版，1982年，72～75頁。

(220) 水野錬太郎と赤池濃は米騒動の体験から，民衆の騒擾を恐れていた。労働運動や社会主義運動が急進化の一途をたどっていたことにも，激しい不安を感じていた。そのうえ，水野は米騒動当時内相で，三・一運動後斎藤実総督のもとで朝鮮総督府政務統監となり，赤池を警務局長に起用した。そして，赴任の際，水野は爆弾洗礼を受けたこともあり，彼らが民衆の動きを警戒したことは想像するに難くない。

(221) 関東大震災研究会は筆者もその会員であるが，東京大学新聞研究所広井脩教授を中心とした大学院生と，江戸東京博物館の関東大震災展示会と朝鮮人虐殺究明研究員のメンバーなどで設けられた研究会でもある。この会は可能な限り，当時の真相を究明して江戸東京博物館展示館に展示したいという考えを持っている研究会である。

(222) 関東大震災六十周年朝鮮人犠牲者調査追悼事業実行委員会『かくされていた歴史』1987年，8～9頁。

(223) 染川藍泉『震災日誌』日本評論社，1981年，14頁。

(224) 同上14頁。

(225) 自警団は警察の指示により，在郷軍人会，青年団など，半官製団体の人々が中心となったが，多数の一般市民も多数参加している。彼らはいわば，木刀，棍棒，刀剣，竹槍或いは鳶口，鎌などで武装し，町々の要所に立ち番をし，非常線をはり，通行人に厳重な検問を行う。そして朝鮮人らしき人をみつけると尋問し，「君が代」を歌わせ「一五円五〇銭」を発音させ，朝鮮人とわかると，或いは疑わしいとなると，みんなで襲いかかり殴り，残虐な方法で殺害したという。自警団の数は東京1,593名，神奈川603名，千葉366名，埼玉300名，群馬469名，栃木19名，合計3,689名に達した。

(226)　『東京日日新聞』1923年10月24日付。

(227)　姜徳相『現代史資料(6)』みすず書房，1963年，資料解説（viii）。

(228)　「水野錬太郎談話」帝都復興秘録所収。

(229)　「警視庁の公式報告書」1924年，513頁。大畑裕嗣，前掲53頁。

(230)　小野秀雄『新聞の歴史』東京堂，1963年，96頁。

(231)　伊藤正徳『新聞五十年史』鱒書房，1947年，138～139頁。

(232)　春原昭彦『日本新聞通史』新泉社，1987年，168～169頁。

(233)　『東京日日新聞』1923年9月7日付。

(234)　『北海道新聞』1923年9月7日付。

(235)　『読売新聞』1923年10月20日付。

(236)　『読売新聞』1923年10月21日付。

(237)　『大阪朝日新聞』1923年10月27日付。

(238)　『大阪朝日新聞』1923年10月27日付。

(239)　姜東鎮前掲『日本言論界と朝鮮』256～257頁。

(240)　『大阪朝日新聞』1923年10月20日付。

(241)　朝鮮総督府警務局『諺文新聞差押記事輯録（朝鮮日報）』1932年，88頁。

(242)　『朝鮮日報』1923年9月5日付。

(243)　『朝鮮日報』1923年9月8日付。

(244)　『朝鮮日報』1923年9月10日付。

(245)　『朝鮮日報』1923年9月23日付。

(246)　『朝鮮日報』1923年9月24日付。

(247)　『朝鮮日報』1923年9月24日付。

四・七言論人会編『韓国新聞綜合社説選集』巻1，東亜日報社，1984年，71～72頁。

(248)　朝鮮総督府警務局『諺文新聞差押記事輯録（朝鮮日報）』1932年，91～92頁。

(249)　『東亜日報社史』巻1，1975年，177～179頁。

(250)　「横説竪説」『東亜日報』1923年9月3日付。

(251)　「横説竪説」『東亜日報』1923年9月5日付。

(252)　『東亜日報』1923年9月6日付社説。

(253)　当時，東京に在留した留学生は男女2,000人余であり，夏期休暇で帰国していて，幸いまだ，本国にいる人もいるが，それは9月10日以後に開学する専門学校以上の学生達だけで，この他は，9月1日以前，既に東京にもどっていることだろうから，今度の災変を東京で受けた我が留学生だけでも1,500〜1,600名以上になった。その中には中等程度以下の少年達もおり，保護するものもいない女学生もいることであろう。

(254)　『東亜日報』1923年9月8日付社説。
(255)　朝鮮総督府警務局『諺文新聞差押記事輯録』東亜日報，1937年，110頁。
(256)　『東亜日報』1923年9月9日付。
(257)　『東亜日報』1923年9月10日付。
(258)　『東亜日報』1923年9月12日付社説。
(259)　『東亜日報』1923年9月13日付社説。
(260)　『東亜日報』1923年9月27日付社説。
(261)　『東亜日報』1923年9月21日付社説。
(262)　『東亜日報』1923年9月6日付社説。
姜徳相前掲『現代史資料(6)』540〜541頁。
(263)　姜徳相前掲『現代史資料(6)』493〜494頁。
(264)　同上496〜497頁。
(265)　同上548〜549頁。
(266)　中島陽一郎『関東大震災』雄山閣出版，1982年，22頁。
(267)　姜徳相「関東大震災における朝鮮人虐殺の実態」『歴史学研究』278号，歴史学研究会，1962年，15頁。
(268)　「関東大震災と大阪三新聞成績批判」『新聞及新聞記者』11号（通巻第33号），新聞研究所出版部，1923年，19〜20頁。
(269)　前掲『新聞及新聞記者』新聞研究所，48〜49頁。
(270)　『東亜日報』1923年9月9日付。
(271)　日本放送協会『放送五十年史』日本放送出版協会，1977年，1頁，33頁。
(272)　同上37頁。
(273)　同上39頁。
(274)　日本放送協会『昭和十年ラヂオ年鑑』日本放送出版協会，1935年，297頁。
(275)　1番目は東京放送局は「JOAK」，大阪放送局は「JOBK」，名古屋放送局は「JOCK」，京城放送局は「JODK」として第4番目のコールサインである。
(276)　篠原昌三『JODK・朝鮮放送協会回想記』朝鮮放送会本部，1971年，15頁。
(277)　日本放送協会『昭和十七年ラジオ年鑑』日本放送出版協会，1941年，333頁。
(278)　日本放送協会『昭和七年ラヂオ年鑑』日本放送出版協会，1932年，556〜557

頁。

(279) 日本放送協会『放送五十年史』日本放送出版協会，1977年，89頁。

(280) Ken Ward, “Propaganda in war and peace,” *Mass Communication and the Modern World*, Macmillan Education Ltd, 1989, pp. 134～135.

(281) 篠原昌三『JODK・朝鮮放送協会回想記』朝鮮放送会本部，1971年，26～27頁。

(282) 同上28～30頁。

(283) 同上396～397頁。

(284) 同上397～398頁。

(285) 同上36～38頁，56頁。

(286) 日本放送協会『昭和七年ラヂオ年鑑』日本放送出版協会，1932年，559～560頁。

(287) 日本放送協会『昭和十一年ラヂオ年鑑』日本放送出版協会，1936年，244～277頁。

(288) 朝鮮全土の開発促進は物質的方面のみならず精神的方面の開発をも粗忽にすべきでなく，それには信仰心の啓培が捷径であるとの宇垣総督の提唱により心田開発運動が勃興したのである。

(289) 日本放送協会『昭和十一年ラヂオ年鑑』日本放送出版協会，1936年，244頁。

(290) 植民地政策の中盤期までは朝鮮民族と満州民族の間にはそれほど接触がなかった。これは日本の植民地政策にも原因があると思われる。それは朝鮮の独立運動者ないし亡命者は満州地域などに逃避しており，日本にとってはその地域は不逞朝鮮人の集合所のように見えたかもしれない。そこで，できるかぎり厳しい政策をとっていたのではないかと考えられる。

(291) 朝鮮総督府総督官房文書課長『朝鮮』朝鮮総督府，1933年，178頁。

(292) 京城放送局初代会長土師盛貞が1938年６月４日JODKより放送したものである。「朝鮮の放送事業」『ラヂオと朝鮮』朝鮮放送協会，1938年，10～15頁。

(293) 木戸九郎「ラジオの朝鮮語放送を全廃せよ」『朝鮮公論』７月号，朝鮮公論社，1943年，112～127頁。

(294) 土師盛貞前掲「朝鮮の放送事業」『ラヂオと朝鮮』朝鮮放送協会，1938年，16頁。

(295) 日本放送協会『昭和十一年ラヂオ年鑑』日本放送出版協会，1936年，229～230頁。

(296) 金圭煥，前掲266～267頁。

(297) 土師盛貞「非常時とラヂオ」『ラヂオと朝鮮』朝鮮放送協会，1938年，５～

8頁。

(298) 放送審議会というのは聴取者の増加と放送の画期的な発展に従って，放送の重要性に鑑み番組編成に一層慎重を期するため，1934年7月31日設けられたものである。在鮮各方面の権威者を網羅した委員に構成され，月1回定期委員会を開催し，放送内容の向上充実を図ることになった。更に原則として第2放送を以て行われる朝鮮語放送に就いては殊に留意する所であった。放送審議会は会長の委嘱する委員として組織され，会長の諮問に応じ放送プログラムの大綱に関する事項を審議，また放送プログラムに関する事項については会長に建議する機関であった。

(299) 朝鮮の放送編成会は日本放送協会の放送編成会に準じたものである。いま，当時の放送編成会の規定はないが，『ラヂオ年鑑』(1935年) 365頁を見ると，放送編成会は全国中継放送編成と，その他の番組の編成に関する事項といえども，必要と認められるときは編成会に付議できると記されている。即ち，放送審議会は放送番組の問題が起こった時の解決，或いは放送内容の充実を図っていることに対して，放送編成会はよいものを作るために論議する機関である。要するに作る前の編成方向設定という大枠に関することであった。

(300) 日本放送協会『昭和十七年ラジオ年鑑』日本放送出版協会，1941年，348頁。

(301) 金圭煥，前掲270頁。

(302) 土師盛貞「朝鮮の放送事業」『ラジオと朝鮮』朝鮮放送協会，1938年，22頁。

年月日	聴取者数	調定額	収納額	備考
昭和十五年三月	一六五、〇〇〇	/	/	
四月	一六七、〇〇〇	一一九、二五〇	一〇七、三二五	
五月	一六九、〇〇〇	一二〇、七五〇	一〇八、六七五	
六月	一七一、〇〇〇	一二二、二五〇	一一〇、〇二五	
七月	一七三、〇〇〇	一二三、七五〇	一一一、三七五	
八月	一七五、〇〇〇	一二五、二五〇	一一二、七二五	
九月	一七七、〇〇〇	一二六、七五〇	一一四、〇七五	
十月	一七九、〇〇〇	一二八、二五〇	一一五、四二五	
十一月	一八一、〇〇〇	一二九、七五〇	一一六、七七五	
十二月	一八三、〇〇〇	一三一、二五〇	一一八、一二五	
十六年　一月	一八五、〇〇〇	一三二、七五〇	一一九、四七五	
二月	一八七、〇〇〇	一三四、二五〇	一二〇、八二五	

三月	一八九、〇〇〇	一三五、七五〇	一二二、一七五	
計	/	一五三、〇〇〇	一、三七七、〇〇〇	

(303)《番組時刻表》

第一放送（京城，平壌，咸興，大邱，釜山，清津，裡里放送局）

第二放送（京城，平壌，咸興，大邱放送局）

放送時刻	放送事項（第一放送）	放送事項（第二放送）
前　6：00	ラジオ体操，音楽	毎月１日愛国日日班常会向放送（音楽・講話）
6：20	ニュース	
6：30	音楽　　　　］但し毎月１日は愛国日	
6：40	講演，講座　］班常会向放送とす	
6：55	音楽	
6：59	時報	
7：00	宮城遥拝，天気見込	
7：01	講演，音楽，実況	
8：00	国民学校放送（毎月２回程度）	
8：30	気象通報	
9：00	厚生の時間	
9：30	経済市況	気象通報，音楽
10：00	幼児の時間	
10：15	音楽	
10：20	講演，講座	
11：00	国民学校放送	
11：40	経済市況	
11：59	時報	時報
正午	黙禱，今日のお知らせ，天気見込	黙禱，今日のお知らせ，天気見込
後　0：05	音楽，演芸	音楽，演芸 0：15，速成国語講座（月，水，金）
0：30	ニュース	ニュース，公知事項
1：00	音楽，演芸，講演，講座，メモ	
1：45	経済市況，音楽	
2：00	国民学校放送	
2：30	気象通報	気象通報
2：35	講演，講座，音楽，メモ	講演，メモ，料理献立
2：55	ラジオ体操，音楽	
3：20	産業ニュース（商工関係）	

3：30	ニュース・気象通報（釜山，清津），職業紹介，音楽	ニュース，公知事項，職業紹介
4：00	国民学校放送（土曜日は休止）	
4：40	経済市況	
6：00	少国民の時間，シンブン	小国民時間（国語） 6：20　小国民時間，シンブン
6：25	ラジオメモ	
6：30	演芸，音楽，講演，実況	6：45　常識講話（月，水，金） 母の学校（火，水，土）
6：50	産業ニュース（農山漁村関係）	
6：55	公知事項	
6：59	時報，ニュース	7：00　時報，ニュース，公知事項，天気予報
7：20	講演，ニュース 但し，総督府の時間（毎月第一，第三木曜），国民総力の時間（毎月第二，第四木曜），軍報道の時間（毎月第二，第四木曜）	
7：30	講演，音楽，演芸，実況	家庭歌謡，但し 但し，総督府の時間（毎月第一，第三木曜），国民総力の時間（毎月第二，第四木曜），軍報道の時間（毎月第二，第四木曜）
9：30	ニュース，気象通報，天気見込，暦，番組予告，音楽	
9：55 ～10：00	時報，今日のニュース	愛国班常会向放送 （毎 月7日～5，6，7，8，9日自8：20～9：10） 7：40　講演 8：00　演芸，音楽 9：20　ニュース。公知事項 気象通報，ラジオメモ，暦 9：40　国語講座 9：55　時報，今日のニュース

（※『昭和17年ラジオ年鑑』336～338頁による。番組の内容が書かれていない部分は第一放送の中継，或いは都合によって作られた番組である。）

(304)　（秘）朝鮮放送協会「事業計画及収支予算書」1940年，21頁。

(305)　ルミエールのシネマトグラフは，現在でいえばドキュメンタリー・フィルム（記録映画）の種類である。

(306) 清水千代太『映画の歴史』同文社，1956年，５～６頁。

(307) 尾崎宏次『演劇ラジオテレビ映画』偕成社，1958年，196～197頁。

(308) 阿部慎一『映画の教育』同文館，1956年，９頁。

(309) 佐藤忠男『日本記録映像史』評論社，1977年，64～65頁。

(310) 小松孝彰『戦争と思想宣伝戦』春秋社，1939年，34～31頁。

(311) 津村勇「文化映画の展望」『朝鮮』２月号，朝鮮総督府，1938年，144頁。

(312) 同上145頁。

(313) 金圭煥，前掲203頁。

(314) 津村勇「文化映画の展望」『朝鮮』２月号，朝鮮総督府，1938年，146頁。

(315) 同上147～148頁。

(316) 同上148～149頁。

(317) 同上151～155頁。

(318) （秘）朝鮮総督府警務局『朝鮮警察概要』朝鮮総督府，1938年，91頁。

(319) 同上92～93頁。

(320) （秘）朝鮮総督官房審議室『現行朝鮮法規類纂』第８巻，1935年，法28～36頁。日本の「映画法」は1939年４月５日法律第66号として公布されたが，1941年２月第35号に改正された。この法律の全文は26条に構成された。

(321) 朝鮮総督官房審議室『現行朝鮮法規類纂』第８巻，1935年，法36頁。

「朝鮮映画会」

「映画ノ製作，配給及上映其ノ他映画ニ関シテハ映画法第十九条ノ規定ヲ除クノ外同法ニ依ル但シ同法中勅令トアルハ朝鮮総督府令，主務大臣トアルハ朝鮮総督府トス」これに基づき，1940年７月25日には朝鮮映画令実施規則を定めることになった。

(322) （秘）全北警察部「活動写真ノ取締ニ関スル件」『高等保安衛生概況』1928年，３頁。

(323) （秘）朝鮮総督府警務局『朝鮮警察概要』朝鮮総督府，1938年，94頁。

(324) 内川芳美「活動写真（フィルム）検閲規則」『マスメディア法制』みすず書房，1982年，６～８頁。

この規則第１条を見ると，「活動写真ノ『フィルム』ハ本令ニ依リ検閲ヲ経タルモノニ非サルハ多衆ノ観覧ニ供スル為之ヲ映写スルコトヲ得ス」と定めており，大衆に上映したい場合は，検閲を受けることを規定している。これに伴い蓄音機「レコード」も検閲を受けることになった。

(325) 朝鮮総督官房審議室『現行朝鮮法規類纂』第８巻，1935年，法39項，32頁。

第7章　大陸軍需基地化と強制的な言論統制

第1節　朝鮮の兵站基地化と言論統制

1　朝鮮の兵站基地論の根拠

1931（昭和6）年勃発した満州事変は，日本がアジア大陸に対して試みた一連の軍事行動である。その規模においては決して特筆すべきほどのものではないが，満州事変をきっかけに日本のアジア大陸に対する膨張主義的な傾向が顕著となったことは非常に重要な事実であろう[(1)]。

日清戦争と日露戦争を経てきた朝鮮は，満州事変によってまたもや戦争地と化することになった。朝鮮半島は大陸と戦う時の戦略的要衝地で，いわゆる兵站（たん）基地となったからである。

周知の通り，戦略要衝地は特殊な地域で，準戦争地として戦略上非常に重要な基地となる。その意味で当時の朝鮮は日本の兵站基地と呼ばれることになったのである。当然，兵站基地としての朝鮮では軍需物資の補給の必要とともに，経済的な物資の統制，更に，思想と言論の統制が厳しくとられていた。ここでは，満州事変によって，軍需基地となった朝鮮における経済的統制及び言論統制について分析していきたい。

当時，日本では「兵站基地」という言葉がよく使われていたが，「兵站」とは軍事用語で，本国以外で作戦する軍隊が，軍需物資の補給のため本国と緊密に連絡し，以て作戦の目的を遂行し，軍の生存を維持するために供給してもらう万般の施設及びその運用を総称した言葉である。そこで，兵站勤務の連絡線たる「兵站線」は当然，内地留守部隊から発して，野戦軍の所在地に至ることになるが，この内地留守部隊にあって兵站勤務の中心になるものが「兵站基地」で，そのなかでも外国作戦部隊にあって兵站基地から送られた軍需品の蓄積，整理，前送，後送，分配などの勤務に任ずるものが「兵站主地」である(2)。

また，元京城大学教授鈴木武雄は，「兵站基地」という言葉は，準軍事的な戦略上の狭義の国防的な意義だけでなく，長期抗戦及び新東亜建設の過程において朝鮮が果たさなければならぬ政治，思想，産業経済上の役割が強調される広義の国防的な意義をも獲得したとつけ加えている(3)。

また，元大阪朝日新聞京城支局長である鈴木正文は大陸兵站基地という言葉の概念を4つの項目で次のように挙げている(4)。

①　朝鮮海峡若くは支那海を渡って軍需品を戦線に転送することは，将来戦の規模の大きさから想像して厖大なる船腹を要し，技術的に見ても困難を伴ふ。支那事変に於いても或る程度それを立証している。

②　仮りに船腹において不足せずとするも，潜水艦，飛行機の将来を考慮すれば相当の危険を覚悟せねばならぬ。

③　右の点から見て将来戦における兵站的役割を内地にのみ期待するは当を得たものと言へない。

④　兵站基地は戦争に近いほど有利であるし，且つ満州国は新生国家として独自の工業を有つべき別な意味の必要もあり，北支も支那事変の前後政策としての軍需的開発は十分考慮されるべきであろう。

つまり，兵站基地という言葉は，外延も内包も遥かに大きなものとなり，事変以前に総督府及び民間の指導的地位にある人々によって使われた「日満経済ブロックの紐帯」というスローガンの方がより明確で，実際的な意義を帯びていると鈴木は語っているのである。

鈴木は，また「紐帯経済」から「兵站基地」にスローガンを塗り変えたことは，この意味で確かに朝鮮の経済指導における原理の進歩であったとする。朝鮮，満州国，北支那を比較して兵站基地としての優劣を考慮する場合，朝鮮が基礎的条件が最も整っている。たとえば，満州国には重工業の基礎である下請工業が今日も発達していないが，朝鮮には既にそれがある。労働者供給の点においても朝鮮は満州国より数十年教育が進んでいるのだから遥かに条件が良い。満州国に近代工業を興すことは不可能な困難事ではないが，同じ努力を朝鮮に於いて行う場合に比して，時間的に効果の現われるのが遅く，且つ同じ効果に対して投ずる犠牲が朝鮮における場合より大なるは止むを得ない。北支那の場合も一層時間的に成功が遅れるものと見られ，結局，極東情勢に応ずべき急速なる軍需工業の樹立という点より見れば，満州国よりも北支那よりも朝鮮が優っていると指摘している(5)。このような様々な条件によると朝鮮の軍需工業地としての地位は内地のどこよりも高く，短期的効果を発揮し得るがごとき条件の下に日本の資本が投ぜられ得べき地域であることが結論できる。

日本帝国の苛酷な支配を逃れて満州に移住した朝鮮人農民は，1930年に60万以上に達したが，その大部分が間島地方に住んでおり，抗日独立運動の根拠地となった。

特に，1930年春以降，五・三〇間島暴動を始めとする激烈な抗日武装闘争が展開され日本帝国に深刻な衝撃を与えた(6)。満州の治安不在は直ちに朝鮮の治安を乱し，朝鮮の治安が乱れれば，日本本国の治安もまた切実な影響を被るというドミノ理論にとらわれざるをえない危機に陥った日本は，朝鮮統治を守るためにも「満蒙の浄化」を急ぎ始めた。これに対して，国民党指導下の中国東北政権は移住朝鮮人を日本の満州支配の先兵とみなして圧迫を加え，満州在住の朝鮮人に対する排斥運動が行われた。日本帝国は中国と朝鮮人の間の不幸な対立から起こった「万宝山事件」(7)を利用した結果(8)，日本官憲が万宝山付近の朝鮮人農民を武力援護して強引に農業用水路開拓を行って1931年７月２日，日中武力衝突事件が発生した。

日本は朝鮮人の独立闘争運動を反中国感情へとそらし，中朝両国民の連帯を妨げ，朝鮮人を満州侵略に加担させるために，この事件を最大限に利用した(9)。日本政府が狙ったのはもう一つ考えられる。それは満州地域にいる朝鮮の独立運動者たちの取締であろう。つまり，中朝関係が対立すれば，中国が国境を越えて往来する朝鮮人独立運動者を厳しく統制するようになり，自然に日本は満州地域の治安回復とともに朝鮮における反日運動をおさめることができると考えたのではないかと推察される。

この日中の衝突によって，日本の官憲による誇大な報道と警備の意図的サボタージュのもとで，朝鮮各地で中国人排斥の報復暴動が行われた(10)。また，これに抗議する日貨排斥運動が上海から始まって中国各地で展開された。更にそれが日本の強硬論を勢いづけるという反作用が広がっていった(11)。

これらがきっかけになって，９月18日午後10時過ぎ，奉天駐在独立守備隊の河本末守中尉によって，柳条湖付近の満鉄線路が爆発された。関東軍は18日夜から19日にかけて，満鉄線沿線でいっせいに中国軍に攻撃を加えた。これがいわゆる満州事変の勃発である。

９月21日になると，中国が日本の満州侵略事件を国際連盟に訴え，翌日アメリカのスチムソン国際長官は出淵勝次駐米大使に事件の責任は日本が負うべきものであると通告し，23日付同連盟議長は両国に対して即時撤退させるべきであるという趣旨の勧告を行った。これに対して日本政府は「満州事変に関する政府第一次声明」(12)を発表し，これを拒否した。

更に，1931年10月24日，国際連盟理事会で11月11日を期限として日本に撤兵を勧告する決議案を13対１で可決した。日本はこれに対して26日に「満州事変に関する政府第二次声明」(13)を発表し，戦闘を続けていた。のちほど，1932年５月５日停戦協定調印に至ったが，五・一五事件が発生して，1924年以来実施されて来た政党内閣制に終止符が打たれ，ファッショ化の重要な一歩となった。

その後，日本は「リットン（Lytton）報告書」(14)を否認し，強硬政策をとって，1933年３月27日国際連盟を脱退することになった。

一方，このような満州侵略について原則的に反対を明らかにしたのは『東洋経済新聞』を率いる石橋堪山であり，彼は柳条湖事件直後に書いた社説（1931年９月20日付，10月10日付）「満州問題解決の根本方針如何㈠㈡」(15)で，「わが国民にして従来通り，満蒙における支那の主権を制限し，日本のいわゆる特殊権益を保持する方針をとる限り，いかにわが国から満州問題の根本的解決を望むもその目的は到底達しえぬことは明白である」と述べている。この理由としては日本が満州問題を根本的に解決するためには支那の統一国家建設の要求を認識しなければならぬ，また，日本は満州の政治的な権力を放棄してよく独立を保存することであると指摘している。

ところが，1932年３月２日付『大阪朝日新聞』は，奉天発特電として「満蒙を生命線とするわが国にとってはまさに飛躍の時が来たのである」(16)と論じて，満蒙を日本の生命線としてその地域開発の重要性を指摘していた。即ち，当時は1929年から始まった世界的な恐慌と不景気が続き，日本も何らかの形で突破口を開かなければならない時代であった。だから，日本にとって，満蒙の国家建設と経済進出は新日本の経済建設に画期的な通り道になったことは間違いないのである。

そこで，これらの新情勢を看取した三井・住友・三菱など[17]，大財閥の代表者達は早くも自社の中堅どころ5，6名ずつを満蒙に派遣して新しい経済開発に力を入れることになった。

このような状況の下に置かれた朝鮮半島は日本にとって重要な軍需基地となり，また，準戦場として特殊な任務を果たさなければならなかった。従って，いろいろな戦時統制が行われ，朝鮮民衆を規制することになった。以下，1931年満州事変以後，朝鮮半島における各種の統制政策と思想的な宣伝について分析していくことにする。

2　満州事変以後の朝鮮における社会統制と言論

満州事変以後，戦時経済体制が飛躍的に強化され，朝鮮が果たすべき新たなる役割は大きくなった。朝鮮の軍需工業地としての地位は内地や満州国に比して低いものではなかったからである。また，朝鮮における軍需地下資源の量も事変前より，総督府の調査進行によって激増したことが明らかにされた。資金面においても東亜全局の新情勢に対する全日本の資金政策の力を満州国と北支にむけることは当面止むを得ざる措置であったが，幸い朝鮮の軍需工業は当時としてはその役割を十分果たしており，内地資金の外地及び満州・支那への分配に当たり，朝鮮がその正当な分け前を要求し得べきものであった[18]。

満州事変以後，日本国内における左翼勢力の衰退とともに朝鮮でも都市と農村の人心の安定，治安の確立は一応成ったかの感を抱かせていた。1936年南次郎朝鮮総督は着任とともに諭告を発し，「内鮮一体」，満州国との共存共栄をもって統治の方針とし，1937年4月道知事会議では，国体明徴，鮮満一如，教学振作，農工併進，庶政展開のその具体策を明らかにした[19]。

南総督は関東軍司令官から転任したので，特に，朝鮮半島の大陸に対する戦略上の重要性を十分に認識していたのである。彼は歴代総督のなかで初めて朝鮮半島を「大陸前進兵站基地」という言葉を使いながら，その重要性を語っていた。南総督は1937年9月，第1回各道産業部長会議における訓示で次のように語っている。

「第一は，帝国の大陸前進兵站基地としての朝鮮の使命を明確に把握することであります。現事変に於て我が朝鮮は，対支作戦軍に対して食糧，雑貨等相当量の軍需物を供出し，幾分の効果を呈し得たのであります。併しながら此の程度では猶ほ心細く将来更に大いなる事態に面した時は，仮に或る期間大陸作戦軍に対して内地よりの海上運送路を遮断さるる場合ありとするも，朝鮮の能力のみを以て之を補充し得る程度までに朝鮮産業分野を多角化し，特に軍需工業の育成に力点を置いて万全を期する必要があること，之がその内容であります。即ち，今より将来に亘って東亜に動く情勢を予見するとき，一切の綜合された諸条件は此の国策の必然と可能とを指しているのであります。農工併進は私の五大政綱の一とする所であるが，之が意味は漫然たる概念でなくして時局に即応し朝鮮の意味を最大限に果さんとする意図に外ならぬことを諒解されたいのであります。」[20]

南総督は，この訓示で朝鮮半島は大陸前進兵站基地であることをはっきり述べており，なおその役割として食糧と雑貨などの軍需品の供出地としての重要性を指摘している。

更に，南総督が指摘した兵站基地としての朝鮮の役割を幾つか紹介しておきたい[21]。

① 内地産業の大陸進出の足場たること

② 国防基礎産業としての重化学工業の発達に集中すること

③ 農工併進統制経済を強化すること

以上，南総督の施政方針をまとめて見ると，「大陸兵站基地」論は「内鮮一体」論と同じことであり，「内鮮一体」論が特に精神的側面を強調しているものだとすれば，「大陸兵站基地」論は，物質的，経済的側面を強調していると解すべきであろう。また，「大陸兵站基地」が対外的なスローガンだとすれば，「農工併進」は，その具体的な対内方針であると言える。つまり，「大陸兵站基地」は総論であるとすれば，「農工併進」はその実践的な各論であると言えよう。

こうして，日本は植民地政策に代わり，拓殖政策に政策転換を試みていた。即ち，1932年から，「心田開発」「自力更生」のスローガンの下に，農山漁村振興運動が展開され，世界的経済不況，農村窮乏，社会不安の打開策として，日本国内で行われた農村振興運動に順応したのである。この運動の具体的な目標は，朝鮮人における精神的消極性，退嬰，怠慢の弊習を矯正し，勤勉，貯蓄，節約する習慣を養うことであり，政治的には精神的，物質的な内鮮の融和，共産主義思想と民族独立運動の根絶にあったと言えよう。

金圭煥前ソウル大学教授は，朝鮮の農村振興運動は民衆の生活水準を向上させるための経済的福祉政策ではなく，全人口の８割を占める農民の間の反統治体制の動きを封鎖し非常事態を準備することであったと指摘している。氏は，この農村振興運動の進行過程において，1923（大正12）年11月10日，関東大震災後の復興の際に出された「国民精神作興ニ関スル詔書」と，国際聯盟脱退に際して示された「ひきしめ精神」が特に強調されたことは，精神運動としての自力更生運動の性質を示したものであると指摘している(22)。また，「心田開発」というスローガンも「精神作興」と同一の内容を持つものであり，「自力更生」を目指している農村振興精神を意味するものである。日本本国では，1934年頃自力更生の具体的措置として「官僚統制」(23)という流通組織を統制することになった。いわば，「自力更生」というのは，農民の「自力」ではなく，官僚統制によって行われる「更生」を意味していた。

朝鮮においては，官僚のほかに，警官が「指導」の実権をにぎり，産業組合の役割は金融組合によって代替されていた。

満州事変以後，日本においては戦時経済体制が進むにつれて「農工併進」政策に工業化が進められた。従って，従来の農産物のほかに，石炭・金・鉄などの地下資源，また電気化学工業用動力が重要視されるとともに，朝鮮は日本の巨大な軍需工場地帯を形成するに至った。いずれにしてもこれらは結局，朝鮮の兵站基地化のため準備工作にほかならなかったと言えよう(24)。

更に，1937年日中戦勃発以後，「国体明徴」というスローガンの下で，神社参拝，皇居遥拝，国旗掲揚，日本語常用を強いられていた。特に，南総督の皇民化政策の一環として現われたものに，教育令改正（1938年４月），陸軍志願兵制度（1938年４月），創氏改名制度（1939年11月），国民総動員朝鮮聯盟の結成（1938年７月），扶余神宮建立（1939年６月）などを挙げることができる。これらの内容については後述するが，そのうち最も抵抗が強かったのは，「創氏改名」と「国語常用」（朝鮮語撤廃）政策であった。創氏改名は1937年４月，「司法法規改正調査委員会」を設け，その立法化に着手した。

これに関して，水田直昌『総督府時代の財政』（1974）によると，次のようになっている。

「朝鮮には養子制度がなかったため，以前から半島人間に養子制度に対する要望が強くまた日本式氏姓を名のろうとする要望が続出するに至ったので，慎重審議の結果，民事令の改正を行い，昭和15年2月これを実施するに至った。氏制度の施行は，半島統治上一時代を画する重大な制度であり，朝鮮人の要望にこたえるとともに内鮮一体の具現化に資そうとしたのである。この制度は，総督府の方針では飽くまで自発的に創氏が行われることを期待したものであったが，政治的末端において形式的皇民化運動に走って無理が生じ，創氏戸数七割以上という成績に達したが，その反面，多くの反感を買ったことも否定できない。」[25]

ここで養子制度がなかったと書かれているが，朝鮮においては養子を取るのは頻繁なことであった。朝鮮は歴史的に儒教社会で，むかしから子々孫々家系を建てること，代を継げることが両班社会の規範（倫理）であったのである。その点からしても，民族抹殺政策である創氏改名に対しては猛烈に反対していた。そこで朝鮮総督府は「内鮮一体」の建前で強制的に創氏改名政策を行うことになった。また，更に固有の民族文字であるハングルの使用も禁止され，いわゆる外形的な「皇国臣民化」を強いられることになった。要するに，朝鮮人でももはや朝鮮人ではなく，朝鮮に住む朝鮮系同胞としての日本人にならせるというファッショ的強制政策を行っていたのが，当時の「国体明徴」（天皇中心の国体観念をはっきりと証拠立てるの意）という皇民化政策だったのである。

このような社会統制状況の下で，朝鮮においていろいろな法規によって言論統制が行われるようになった。例えば，「不穏文書取締令」（1936年），「朝鮮中央情報委員会」（1937年），「国家総動員法」（1938年）などと，従来の新聞紙法，新聞紙規制，出版法，活動写真フィルム検閲規則などの各種法規ないし制度によって言論が統制された。満州事変以後から太平洋戦争までの新聞，雑誌，出版物に対する言論統制は，戦時下において言論活動の戦争動員体制の確立とともにいち早く実施されたのである[26]。いわば，朝鮮半島の特殊性と時局性とを取り上げて国策に従う言論活動を要求し，この政策に積極的に応じるように統制を行ったと言えよう。勿論，これに反する言論メディアに対しては過激思想の煽動メディアとして厳しく弾圧処分を加えていた。

一方，日本人経営の言論メディアに対しても厳しく言論統制を行っていたが，それらのメディアは朝鮮人経営の言論出版社よりは処罰を受ける場合が少なかった。それは，戦争色が濃くなるにつれて，民間紙であっても総督府の施政方針を忠実に守っていたので，検閲によって処罰を受けることはあまりなかったのである。特に，日本人経営の新聞は満州事変前までは相当朝鮮総督府，或いは朝鮮植民地統治政策に対する批判もしていたが，満州事変以後は全くそのような傾向が見られなくなった(27)。

日中戦争以後，朝鮮軍司令部は新聞・雑誌など言論出版物に対する事前検閲を強化し，厳しく取締を行うようになった。即ち，軍事動向，治安関係に関わる記事は軍司令部が直接検閲することになり，そこで，直ちに，発行停止，削除，警告，説諭などの行政処分を行える体制に変化したのである。当時は総督府の機関紙である『京城日報』さえも，朝鮮軍報道部，文書課などの行政命令によって，輪転機を止められ，組み直しをしなければならなかったという。

第２節　情報委員会の設立と言論統制

１　日本の情報委員会の設立と言論

日本における内閣の情報局は第二次世界大戦下において日本の情報宣伝及び統制のために作った政府機関である。内閣の情報局が発足したのは1940年12月であった。この情報局には前身があり，1937年９月に設置された内閣情報部である。更にまた遡ると，1936年７月１日設立された情報委員会がそれである(28)。

情報委員会の設置の必要性を強く感じたのは満州事変の時である。つまり，満州事変が勃発，軍部の政治関与が著しくなってきた。軍部の政治関与は軍人勅諭においても堅く戒められていたにも拘らず，その干渉の範囲を越えることになったのである。

満州事変の勃発以後，世界が日本を注視するようになり，国政運営上特に痛感させられたのは国の情報政策，即ち，日本の内外に対する啓発宣伝において大きな欠陥が生じた事実であった。これは内閣総理大臣が行政各部所の間に統一された宣伝政策を取らなかったためである。例えば，当時各省のなかでも陸軍，海軍，外務省の間に情報宣伝について密接な連絡もなく，陸軍は日本電報通信社（電通）を，外務省は新聞聯合社（聯合）をそれぞれバックアップするぐらいであった。更に，英米のような強力な国家的代表通信社もないため，日本からは２つの声が外国に流されるようになって，内外人士に誤った認識を与え，国論分裂を暴露させ，国務遂行上支障が生じることになった(29)。従って，関係者の間から情報の交換と対内外啓発宣伝政策の統一を図ろうとした動きが生じたのは至極当然である。

では，このような背景のもとで，その必要性が迫られていた情報委員会の具体的な成立過程を３つにわけて分析することにしよう。

①「情報委員会」

1932（昭和７）年５月頃陸軍省及び外務省の関係官により時局同志会という会が作られ，時局宣伝の統一強化のため内閣直属の委員会の設置を要望することになった。そこで，外務省の外務次官を委員長として，外務省情報部長を幹事長に，外務，陸軍，海軍，文部，内部，逓信各省から委員及び幹事を選出，同年９月非公式の情報委員会が設置された。これによって，満州事変以後の諸情勢に対処することになった(30)。この非公式情報委員会は，1936（昭和11）年７月１日内閣に情報委員会が設置されるまで約４年間続いた。同委員会では，1932（昭和７）年９月国家的代表通信社を作る方針を決定し，具体的な工作に入った。日本政府は「電通」「聯合」の両者に対し，両者合併を提案したが，意見はまとまらず，1935（昭和10）年11月７日社団法人「同盟通信社」の設立許可が逓信，外務両大臣によって降された。その結果，翌年１月１日新聞聯合社が単独で同盟通信社の事業を開始することになった。結局，抗争を続けた「電通」の通信部も同年６月１日に至って「同盟通信社」に合併，ここで唯一の強力な単一国家的代表通信社の設立を見ることになったのである(31)。

②「情報委員会」の拡大と「内閣情報部」の成立

内閣情報部というのは前述の内閣情報委員会が拡大・改編されたものである。以下，情報委員会の拡大に伴う内閣情報部の成立の過程を見ることにしよう。

内閣情報委員会は前の非公式的な情報委員会を拡大・制度化したもので，

同委員会は1936年7月1日官制を公布し，国家情報機関として正式に発足した。これは同年二・二六事件による戒厳令下の異常な政治社会的緊張のうちに設けられた中央情報機関として「各省情報ニ関スル重要事務ノ連絡調整」を行うため設立された(32)。

この委員会の事務規定第1条を見ると「(1)国策遂行ノ基礎タル情報ニ関スル連絡調整」「(2)内外報道ニ関スル連絡調整」「(3)啓発宣伝ニ関スル連絡調整」(33)などを定めている。これらの規定の中で，(2)の項目を見ればその規定の背景を推察することができよう。

「(2)内外報道に関スル連絡調整

国ノ内外ニ弘布セラルル「ニュース」ハ、固ヨリ正確公平ナラザルベカラザルモ、各庁夫々ノ立場ニ於テ之ヲ与ヘラルル結果、或ハ一省ノ一面的判断ヲ以テシ、国家全局ヨリ綜合セル結論的意見、捕捉ニ苦シマシメ、内ハ輿論ヲ誤リ、外ハ国論ヲ誤解セシムル虞ナシトセズ。最近ニ於ケル新聞通信ノ発達ハ言ヲ俟タザル所ナルガ、殊ニ無線科学ノ進歩ニ伴ヒ、国内ニアリテハ放送施設ニヨリ国民ニ直接「ニュース」ヲ伝達シ、国外ニ対シテハ所謂新聞放送ニ依リ各国ノ新聞紙ヲ通ジテ自国ノ「ニュース」ヲ弘布シ、国内及国際報道界ニ一大境地ヲ展開スルニ至リ、故ニ今日ニ於テハ、消極的ニ内務省ノ出版警察権或ハ逓信省の通信警察権ニ依ル公安保持ニ止マラズ、積極的ニ「ニュース」ノ弘布ニ対シテ国家的批判ヲ加ヘ、国家ノ利益ニ資スル所ナカルベカラズ、而モ其ノ内容タルヤ外交内政諸般ノ方面ニ渉ルヲ以テ、益々各庁情報事務ニ関スル連絡調整ヲ図リ統一保持ヲ期セザルベカラズ……」(34)(傍線筆者)

いずれにしても，「内閣情報委員会」の主な狙いは「積極的なプロパガンダ」にあったわけであるが，一方，マス・メディアを利用してプロパガンダによる国内外の世論を操作誘導することにもあった(35)。

「内閣情報委員会」の構成は内閣書記官長を委員長とし，外務省情報部長，内務省警保局長，陸軍省軍務局長（新聞班の直属上部機関)，海軍省軍事普及部委員長，逓信省電務局長ほか，7名の直接関係官庁責任者より成る常任委員および各省庁次官級の委員で構成された(36)。

この中で，委員会幹事長のほかに実務を担当する5名の常務幹事を含む10名の幹事を置いた。初代幹事長は横溝光暉が任命されたが，横溝はエリート内務官僚であるが，前章で述べた通り，『京城日報』の最後の社長を務めた言論人でもある(37)。彼は東京帝大法学部出身で情報委員会設置時に助産婦的役割を果たすことになった。

1936年9月寺内寿一陸軍大臣が広田首相に提案した行政改革に関する軍部試案の中に，「内閣情報委員会」の改組強化案が含まれており，翌年1937（昭和12）年9月25日に勅令519号として官制が公布され，同委員会は「内閣情報部」へと拡大された。情報委員会幹事長であった横溝は自然に初代の内閣情報部長に任命されたのである(38)。

前ソウル大学金圭煥教授は，1937年「内閣情報委員会」の各地方への組織の拡大は日中戦争の勃発によって急速に実現されたと指摘している(39)。一方，内川芳美教授は，1936年情報委員会の設置は，満州事変以後，同委員会の必要性を強く感じたからであり，1937年内閣情報委員会を拡大改編したのは，日中戦争の影響ではなく，同年5月の内閣調査局の企画庁へ改組と同時に実施されるはずのものが，予算措置の都合で遅れたと論じている(40)。内閣情報委員会は既に1936年に設けられており，日中戦争の勃発は1937年7月であったから，情報委員会と日中戦争とはあまり関わりがないのであろう。やはり，組織の拡大は予算の問題からであり，その点内川教授の指摘が妥当であろうと考えられる。

③「情報局」

日中戦争以降は従来，消極的なマス・メディアの統制機構が複雑化する一方，コントロール・ネットワークの網の目も一層稠密化し，地方まで拡大していった。このような状況の下で，言論統制の「消極」「積極」の両面的機構が統合されたのが1940（昭和15）年12月6日であった。これが第2次近衛内閣のもとで発足した「情報局」である。この計画は既に1936年5月20日付，内閣資源局企画部作成の「情報宣伝ニ関スル実施計画要領（案）」(41)にあったが，実際，情報局の発足は，従来の内閣情報部の拡大改編によるものであった。

この情報局設立の直接的な契機は1937（昭和12）年11月，大本営設置に関して第1次近衛内閣が，内閣制度の戦時体制化の計画過程で，内閣情報部を拡充強化して情報局に改編することを検討していたことである。情報局の拡充に関する具体的な案は，近衛の組閣直後，1940年7月23日記者会見で内閣情報部の拡充計画を言明し，のちに８月13日閣議で，外務省情報部，陸軍省情報部，海軍省軍事普部及および内務省警保局図書課の事務を統合して，情報並啓発宣伝の統一敏活を期するという基本方針が決定された[42]。

８月16日閣議において「内閣情報部機構改正協議会」[43]を組織し，なお，翌日９月28日には「情報局設置要綱」[44]が決定された。そして，これに基づいて統合はしたが，あくまでも不完全な統合であり，各省からはかなり抵抗があったようである。これは既存の各省所管事務において情報局に完全な権限が移管されず，重要な事務部分を依然確保し，本来の部署に残したためである。だが，ようやく，1940（昭和15）年12月６日情報局が設置され，世論操作が可能となり，マス・メディア統制の機能的かつ機構的統合を実現した国家機関となったのである[45]。

この情報局は，1950年発足当時，総裁以下，１官房，５部，17課に，専任職員144名にのぼる巨大な情報機関であった。各課別の事務内容を見ると，現在の国家情報機関，例えば韓国の安全企画部（KCIA）のようなものであろう。同局はのちに何回かの官制改正によって組織を拡大し敗戦にまで至ることになる。

このように，最初，非公式の情報委員会が，内閣情報部，情報局にまで発展し，ファシズム的プロパガンダの全ての言論を統制することになった。また，戦時下における各種の情報の蒐集，分析などによって，いわゆる「国策遂行」の基盤になったことは間違いないことであろう。これは，日本国内だけではなく，朝鮮においても設置され，大きな影響を及ぼすことになった。

2　朝鮮中央情報委員会と言論政策

朝鮮においても，1937（昭和12）年７月22日付訓令第51号によって「朝鮮中央情報委員会」が設立された。

本書第６章で言及したように，1920年にもはや総督府内に「情報委員会」が設置されていたが，これは主に朝鮮の事情を外国に紹介及び宣伝することを目的とする機関であり，中央機関の諮問委員会的な性格を持つ非公式的な宣伝機関であった。

日本の場合，1936年設置の内閣情報委員会が翌年７月１日付内閣情報部に拡大されたと先に述べたが，朝鮮では日本の内閣情報部設置から22日後，ちょうど日中戦争が勃発してから15日目に「朝鮮中央情報委員会」が設置された。これは日本とは違って日中戦争の影響によって直ちに設立されたものと考えてよいだろう。

朝鮮中央情報委員会の設立目的は，プロパガンダの役割に重点が置かれていた。

日本におけるプロパガンダ的な活動の始源は，日露戦争の時からであろう。例えば，開戦以来の新聞報道を見ると，『報知新聞』(1904．2．20) の「戦端開カル，我ガ軍ノ第一勝」という記事と，またそのほかの新聞にも「正義は勝つ」「幸先良し」「先づ安心」などの見出しなどが見られ，あくまでもプロパガンダとして巧みにファブリケートされ，国民の感情に訴えようとしていた(46)。その他にも当時の国歌と軍歌政策などを挙げることができる。

朝鮮においては，日韓保護国化時代から政治宣伝としてのプロパガンダが始まったが，「思想戦」「宣伝戦」という対外宣伝活動が本格的に行われたことはやはり日中戦争以後のことである。特に，朝鮮の情報委員会の設置によって，これらのことをより組織的ないし構造的に行いながら言論統制政策をとっていたと言えよう。

訓令第51号「朝鮮中央情報委員会規程」(47)により，朝鮮中央情報委員会と各道に道情報委員会を設置し，委員長，幹事，書記などを任命，または委嘱してその活動を開始するようになった。

朝鮮中央情報委員会の構成は，政務統監が委員長（初代は大野緑一郎）で，総督府各局部長，官房課長，京畿道知事を委員とし，軍部は朝鮮軍参謀長，鎮海要港部司令官，朝鮮憲兵司令官などの軍関係官を臨時委員にして構成した。更に，幹事としては総督府部内課長，事務官，陸・海軍両御用掛を任命，又は委嘱し書記には文書課その他の属官を任命することになった(48)。

同情報委員会は情報及び啓発宣伝に関する重要事項を調査審議するため設けられ，1937年以来毎年1回開催され，重要事項を協議して方針の決定をなすほか，その主たる事務の処理は「幹事会」(49)に委任し，幹事会は毎週2回例会を開催して時局に即応する情報，啓発，宣伝に関する事項を処理していた。

幹事の時局認識の方法としては，まず内閣情報をはじめ，台湾及び総督府派遣員（日本，満州，支那など）等，各方面よりの情報並びに総督府総督に渡される特殊情報を接受し，これを報告し，連絡調整を図るとともに総督より内閣総理大臣及び関係大臣宛電報報告中の支那事変情報を紹介する。また，陸海軍両御用掛より戦況を聞き，戦地帰来者から現地の状況とか，その他，参考講演などを聴取するほか，時局関係印刷物の席上配布・事変ニュース，その他時局映画の観覧並びに紙芝居の試演等によって，時局認識の適正と所管事務処理の参考資料とした(50)。

幹事はこれらの業務を円滑に遂行するために各種言論機関・団体などと密接に協力する必要があるため，新聞通信社・教化団体・宗教団体・在郷軍人会・官公署・学校・銀行・会社・商工会議所など各方面にわたり随時代表者を集め，週間行事や啓発宣伝などに関する協力を求めていた。また，時局認識の徹底及び奨励事項を実践することによって，国家総動員と内鮮一体の実績を上げるため努めることになった(51)。

のちに，各道情報委員会も設けられ，同年７月27日から８月20日に至るまで，全道に設置することとなり，朝鮮全域にかけて啓発宣伝及び世論操作が行われた。

筆者が入手した極秘資料のうち，日本統治下における朝鮮の言論統制研究において重要な示唆を与えるものがあり，ここで分析を行っていくことにする。従来，朝鮮情報委員会が行った情報の啓発或いはプロパガンダ的活動について具体的に分析した例はなく，しかも，日本統治下における或る時期には，例えば，年間宣伝を行った広報資料部数さえも知られておらず，なかでも総督府発行の宣伝政策物の数量的分析は秘密にされていた。ところで，今回入手した資料は，1937年朝鮮中央情報委員会が設立されてから，同年11月以後までの，約半年間の宣伝活動内容がほぼそろっているため，その史料としての重要性は非常に高いものと思われる。また，情報委員会の資料であるため，更に信憑性も高いと思われる。

以下，当時の情報委員会が発刊して重要官公署に配った宣伝物の内容を分析することにする(52)。

一、印刷物

(イ)『通報』

国民精神ヲ昂揚シテ時局ニ対スル認識ヲ強メ以テ国民ノ総結束ヲ現成スル

発刊号	「通報」誌の内容	発行部数
第一号	北支事変銃後美談（其の一）	20,000部
第二号	時局解説	20,000部
第三号	官民一致の銃後活動	25,000部
第四号	国家総動員の構に就て 情報宣伝に就て 軍機保護と外牒防止に就て 朝鮮北支特別税令に就て 暴利取締に関する朝鮮総督府に就て	25,000部
第五号	半島外ニ於ケル朝鮮人銃後活動	30,000部
第六号	農山漁民報国宣誓式ニ於ケル南総督訓示要旨， 時局関係全農山漁村振興関係官会同ニ於ケル大野政務総監訓示要旨	15,000部
第七号	時局と情報宣伝に就て	20,000部
第八号	国民精神作興週間ニ於ケル総督声明 国民精神総動員強調週間ニ際シテ内地ノ諸君ニ告グ 国民精神作興週間ノ本旨	20,000部
第九号	支那事変銃後美談（其の二）	20,000部

※銃後・筆者注；戦争の後方，直接戦闘には加わらない一般市民（主に朝鮮民族を意味）

為政治、行政ヲ通ジ完全ナル官民一致理解提携ヲ図ル為朝鮮官報附録「通報」ヲ毎月一日及十五日ニ発行ス

(ロ)　海外論評

良キ各国論評ヲ蒐録シ指導者階級ノ時局認識ニ資スルト共ニ思想ノ安定ヲ図ル

第一号　1,000部　　第二号　1,000部

第三号　1,500部　　第四号　1,500部

第五号　1,500部　　第六号　1,500部

(ハ)　蘇支不可侵条約に就て　　15,000部（朝鮮軍事聯盟）

(ニ)　農山漁村民の銃後のつとめ　和文　47,000部（農村振興会）

諺文　39,000部

(ホ)　北支事変と朝鮮　　20,000部（社会教育課）

(ヘ)　北支事変時事解説　　10,000部（社会教育課）

	北支事変に対する国民の覚悟		
(ト)	最近の北支を見て	10,000部（社会教育課）	
	北支事変と朝鮮人		
(チ)	朝鮮青年時局特輯	10,000部（社会教育課）	
(リ)	（諺文）支那事変と朝鮮人の覚悟	500,000部（文書課）	

本印刷物ハ全鮮ニ亘リ九戸ニ一冊ノ割ヲ以テ配付巡読ノ方法ヲ講ゼル外内地、台湾、北海道、樺太、満州、支那等ノ各地ニ遂付シ朝鮮人必読ノ手配ヲ為セリ

(ヌ)	支那事変に現れたる朝鮮同胞の赤誠		10,000部	（朝鮮教化団体聯合会）
(ル)	聖戦		10,000部	（朝鮮教化団体聯合会）
(ヲ)	皇国臣民の誓詞	其の一	1,100,000部	（学務局）
	皇国臣民の誓詞	其の二	100,000部	

(ワ)　週報第四十号事変特輯号5,000部購入配付、週報第四十三号事変第二特輯号2,000部寄贈ヲ受ケ、別ニ道ニ対シ直接21,000部ノ寄贈ヲ受ケ夫々配付セリ

週報第五十六号（朝鮮同胞の赤誠登載の分）15,000部購入、内鮮各方面に配付

(カ)　内鮮情報部監修

支那軍の正しき認識	2,000部
支那に於けるコミンテルンの活動	2,000部
支那に於ける財政的経済的統一の状況に就て	2,000部
支那に於ける国民主義運動と抗日運動の全貌	2,000部
今次事変の意義	2,000部
列強は如何に軍備を整へつつあるか	2,000部

内閣情報部発行時局資料ヲ第一回分トシテ以上ノ通各2,000部購入配付セルガ今後モ発行ノ都度購入配付ノ予定

以上，印刷物に関して分析してみたが，『通報』は，朝鮮総督府の官報付録として毎月２回発刊して，国民精神の昂揚と時局に対する認識を強め，国民の総結束を訴えている。『通報』の１号から９号までの内容を見れば，支那事変の重点的な宣伝と時局認識に対する理解を求めていた。要するに国家

総動員に対する国民精神教育であった。この通報発行部数は２万部程度であり，かなり多い部数であった。また，『海外評論』も発刊して指導者階級に対して時局認識と思想の安定指導に努めていた。

(ハ)から(チ)までの印刷物は大概農山漁村民の振興に関する思想教育であり，これは社会教育課が担当していた。特に，(ニ)は農山漁村民に関するものでハングル版まで発刊して宣伝に臨んでいた。

また，ここで注目すべき２つの点がある。

一つは上記の項目(リ)に関するもので，「支那事変と朝鮮人の覚悟」ということをハングルで印刷して，50万部を制作して朝鮮人が必読するように手配したことである。これは当時朝鮮人の５人に１冊の分量であり，必読するよう義務づけられてその効果もかなり高かったものと見られる。

今一つは(ヲ)の項目で110万部を発刊，全朝鮮民族の２人に１冊備えたわけで，内鮮一体とともに皇国臣民の誓詞を強いることによって，いわゆる銃後の精神教育に一層力を入れていたことがわかる。この主務部署は学務局であり，おそらく，誓詞の明記とともに神社参拝，正午黙祷などによって，当時朝鮮の学校教育における皇民化教育を行っていたものと見られる。従って，110万部の中では初中等学校の教材用がかなり含まれているのであろう。

次は活動写真制作上映の部分である(53)。

二、活動写真

(イ)　制作

銃後の朝鮮　巻数二巻　無声版（各道へ配付）

京日ニュースヲ作成提供セルモノ

①金釵会ノ状況

②妓生ノ慰問袋作成

③戦死者帰隊状況

(ロ)　借上映画　京日 ┐
　　　　　　　　　　　├ ニュース映画　随時
　　　　　　　朝日 ┘

(ハ)　購入映画　①京日事変ニュース第一報ヨリ毎回一巻宛購入随時映写中

②国民精神総動員強調週間ニ於ケル近衛首相馬場内相安井

前文相ノ講演トーキー三本購入ノ上各道ニ巡回映写スルコトトセリ

活動写真は宣伝的な効果が非常に大きかったと考えられる。当時一般に普及されなかった活動写真を見せて，好奇心を呼び起こし，戦勝ニュースなどを通して国民の覚悟を新たにして戦時教育の効果を上げていたのであろう。特に，初中高等学校でも，時間をあけて映画を上映し，童心からの愛国心を呼び掛けるなど国民精神教育を行っていた。これらの学校における時局に対する思想教育はより効果があったものと考えられる。それは学生たちが家に帰って家族や親族にまで話すようになり，波及効果をあげるようになるのである(54)。

次はその他において，23項目にかけて情報委員会の宣伝活動が行われており，ここで簡略にまとめておきたい(55)。

三、その他

①　ニュース写真

地方ニ於ケル時局認識ノ資料トシテニュース写真ヲ配付中ニシテ八月三日附全鮮二、三七〇ノ邑面一斉配付、爾後其の十分ノ一邑面ニ毎日一枚宛送付セシガ其ノ後更メテ全鮮道府郡島邑面、二、六二一ヵ所ニ対シ五日目ニ一巡スル様毎日五百餘枚宛送付スル外初等中等及ノ全学校ニ対シ十日目一枚ノ割ヲ以テ到着スル様毎日約五百枚宛送付中

②　８月18日総督府出入新聞記者及情報委員会幹事会との間に時局宣伝方策に関する懇談会を開催。報道業務の円滑なる運行に資したるほか、９月30日文書課内に報道係を新設し、新聞、ラジオ等の関係者と提携して時局認識上必要なる資料を多数供給する事務を開始活動中となった。

③　支那事変関係経費予算

④　活動写真「銃後ノ朝鮮」配付の件

⑤　時局認識地方巡回講演

時局に関する正しい認識を広報するため元道知事、中枢院参議、宗教家その他学識経験のある朝鮮人有力者を全朝鮮各地方に派遣し、時局に関する講演を行った。その結果、延日数は500日に及んでいた。

⑥　全朝鮮中堅青年会

９月25日京城府民館で全朝鮮の地方中堅青年に対して時局講演会を開催し、時局認識を深めるため国民の覚悟に徹底周知させた。

⑦　全鮮農山漁村振興関係官会同

地方における指導責任者に対し一層時局認識の徹底と指導精神の強化を行う非常時に対処すべき農山漁村振興運動の使命遂行に一段の努力を促した。そこで、９月23日全鮮府尹郡守及各道地方課長、農務課長等を会同させ、朝鮮農民会、朝鮮金融組合聯合会、朝鮮漁業組合中央会、朝鮮山林会主催の下に国威宣揚祈願祭及農産漁民報国宣言式を朝鮮神宮において挙げた。

⑧　愛国日設定の件

９月６日を鮮内各学校愛国日と定め、学校職員生徒児童並に関係者に対し、正しい認識を与え、国体明徴及内鮮一体時艱克服の精神を一層確立させるべき諸行事を実施した。

⑨　紙芝居実施方ノ件

一般民衆に対する時局宣伝の為全朝鮮道郡島全部に一組宛の紙芝居を送付し、これを実演させたため、第一回のものは「支那事変と銃後の半島」と題し、事変の原因、戦況、銃後の後援美談、国民の覚悟等を28場面に表したものであった。なお、引き続き「金少佐の奮戦」「生業報国」などを制作中で、順次出来次第各道郡島に送付する予定であった。

⑩　警察官駐在所ヲ中心トスル時局座談会

⑪　官吏出張ノ場合ニ於ケル時局認識対策ニ関スル件

⑫　軍歌民謡等作成ノ作

総督府学務局指導にかかわる朝鮮文芸会においては時局に関する軍歌及民謡等を内鮮文を作成し、この発表会を盛大に開催し又学校においてこれを教えるなど時局認識に役立てることになった。

⑬　愛国婦人会ト国防婦人会ノ協調ニ関スル件

⑭　時局認識調査及宣伝方法再検討

地方における時局認識の程度並びに時局宣伝施設を調査すると共に総督府が行ってきた時局宣伝事務に付地方の実情を調査し、地方の意見希望等聴取のため総督、政務統監を始め各局長文書課長等十月初中旬に地方を視察させた結果、簡易なる時局の認識はほぼ行き渡ったことを認めたが、なお研究の余地があると結論を出した。

⑮　皇国臣民ノ誓詞制定ノ件

皇国臣民タルノ自覚ヲ促シ国民精神ノ昂揚ヲ図為首題誓詞ヲ制定シ学校生徒ヲ始メ官公吏ト各種団体員、会社銀行等全鮮ニ亘リ各種集会儀式等ノ場合之ヲ朗誦セシムルコトトナリ少年用百万部、青年用二十万部ヲ印刷配布セル外新聞雑誌報等ニ登載セシメ映画ニ作製映写セシムル外ラヂオニ依リ放送スル等ノ方法ニ依リ急速普及ヲ図リツツアリ総督府ニ於テハ去ル十月十三日戊申詔書渙発記念日ニ於テ政務統監ノ先誦ニ依リ全職員之ヲ先誦セルガ十月十七日ノ国民精神強調間中ノ神社参拝日ニ於テハ朝鮮神宮大前ニ参集セル在京城官公職員其ノ他約二万人ガ内務局長ノ先誦ニ依リ一斉ニ誦和シ深刻ナル印象ヲ與ヘタリ。

⑯　国防献金等ノ統制ニ関スル件

⑰　戦勝報国旗行列挙行ノ件

⑱　明治節当日午前九時ヲ期シ全鮮一斉ニ皇居遥拝ヲ為スノ件

⑲　映画推薦ノ件

⑳　皇軍慰問煙草「かちどき」ヲ年賀ヲ兼ネタル慰問品トシテ戦地将兵ヘ贈呈ノ件

㉑　大原陷落奉祝ト日独伊三国防共協定祝賀ニ関スル件

㉒　冬季出勤時刻変更ノ件

㉓　非常時財政経済ニ対スル国民ノ協力ニ関スル件

以上，23項目にまとめておいたが，全てのものが「時局に対する皇国臣民の宣伝教育ないしは愛国観」を強いること，という一つの目的に集約できると言えよう。

これら，その他の情報委員会の宣伝活動は様々な方面で行われていた。

まず，①のようにニュース写真を全朝鮮地域に配付提供することによって，学生から全朝鮮民衆に至るまで時局認識教育を行っていた。②により，同情報委員会は総督府に出入りする記者たちにさえ時局宣伝政策の協力を求めていた。なお，総督府文書課に報道係を新設し，新聞，ラジオに対する言論統制を強化した。そのほか⑤～⑧の活動を見ると，各種の講演会と精神教育を通じて時局に対する理解を宣伝し，⑩〜⑫から時局認識の精神教育の方法の一つとして警察官駐在所を中心に時局座談会などを開催していたようである。また，各級官吏を通じて訓話ないし時局に対する協力を求めていた。更に，軍歌と民謡の創作運動を展開して，その政策過程の波及効果をも狙っていた。

特に，⑭は，時局認識に対する朝鮮人の認識の浸透程度を測定調査して，再び研究を進めるという効果測定法まで動員していたことが明らかにされた。⑮によると，総督府幹部自らをはじめ学生に至るまで，皇国臣民の誓詞朗誦を徹底させる教育方法によって，同化政策を行っていた。そのほかは全てが非常時愛国臣民としての覚悟などを宣伝する宣伝内容が中心であった。

以上，（一）印刷物，（二）活動写真，（三）その他，に分けて分析してみたが，一口で言えば，どれもが兵站基地としての思想戦体制教育ないし臨戦教育ばかりであったと言えよう。これは今まで行ったプロパガンダよりも遥かに組織的であり，系統的，体系的な思想宣伝であった。つまり，1910年日韓併合以来，総督府が行った活動よりは，朝鮮中央情報委員会が設置されることによって，より強力化された活動になった。朝鮮植民地統治後半期において，朝鮮中央情報委員会はいわゆる「総合情報統制所」の役割を果たしたといっても過言ではなかろう。

その例として「情報委員会幹事会打合主要事項」(56)を指摘しておきたい。この重要事項は106項目をあげて記されているが，その内容を見ると，朝鮮総督政治全般にかけての問題に取り組んでおり，あくまでも朝鮮における植民統治の中央情報統制機関としての役割を示していたと言えよう。

前述したように，各道にも情報委員会が設けられ，中央委員会の協力，または委任事項を執行する機関としての役割を果たしていた。各道情報委員会の中でも，京畿道が最も活発に行われ，執行した業務量も最も多かった。その他，忠清北道は８月23日，「道に於て官公署民間有力者，新聞支局長懇談会」(57)を開催して時局に対する協力を求めていた。全羅北道は『時報』を発刊したり，「ラヂオ」聴取者増募及時局「ニュース」も掲示していた。平安北道の場合，「時局愛国読本」という宣伝物を和文１万部，朝鮮語版500万部発刊して配付することになった。地方でもそのように印刷物を発行しており，前述した中央朝鮮委員会の版と合わせれば，発行部数はより多くなる計算が出てくる。

日本の情報局はそれぞれの各部署の役割によって，業務執行に「積極」と「消極」という対立する見解があったが，朝鮮中央委員会の活動は，日本本国と違って業務執行が比較的「一糸不乱」に行われたと言えよう。

ところで，同情報委員会が情報を収集した種類は，日中戦争情報，警察情報，外事情報及び逓信情報などである。日中戦争情報は戦争参加者や戦地から帰国した人，あるいは従軍記者などによって入手した情報を総督府官房文書課に整理して日本政府に打電した情報であり，警察情報は総督府警務局の管下，警察機関を通じて集めたものである。外事情報は主に満州，中国，蒙疆，アメリカ，イギリスなどに駐在する総督府派遣員の報告を主として，外国新聞，雑誌などの翻訳資料によるものであった。逓信情報は逓信局で，電信，電話，外国無線電信，放送，無線電話などの通信機関によって収集されており，この中では秘密に聴取したものが多く含まれている(58)。

ここで指摘しておきたいのは，満鉄（南満州鉄道株式会社）と軍事産業会社の情報蒐集能力である。満鉄は非常に情報探知能力が高く，満州戦争，日中戦争にも大きく関わりがあったものと推測される。また，日露戦争以前から軍需産業を支えて来た三菱・住友などの情報収集能力も優れていた。ある意味ではこれらの出張所や営業所が得た情報は朝鮮情報委員会の収集より早かったのではないかと考えられる。

このようにして収集した情報は主務局で各々関係機関に連絡されており，また，毎週情報幹事会に連絡，直ちに本国内閣情報部も報告されていた。情報委員会はそのほか，内閣情報部，台湾総督府情報委員会との間にも定期的に情報交換が行われていた。

このように収集された情報を再分析，検討し，本国の内閣情報委員会の審議答申にもとづき，「皇国臣民化」「内鮮一体」の統治原則に従って総合的に編成して宣伝方針を立てた。宣伝方法としては対内宣伝と対外宣伝に区分することはできる。国内においては，これまで述べた以外のメディアとして『京城日報』と京城放送，各市道の官報，ポスター，パンフレットなどを使って，朝鮮民衆に対して説得的コミュニケーションを行っていた。また，対外的な宣伝活動の一般方針としては次のように明示していたのである。

「帝国ノ冀求スル所ハ東亜永遠ノ安定ヲ確保スベキ新秩序ノ建設ニ在リ、コノ新秩序ノ建設ハ日満支三国相提携ヘ政治、経済、文化等各般ニ亘リ互助連環ノ関係ヲ樹立スルヲ以テ根幹トシ東亜ニ於ケル国際正義ノ確立共同防共ノ達成、新文化ノ創造、経済結合ノ実現ヲ期スルモノナリ、是レ実ニ東亜ヲ安定シ世界ノ新運ニ寄與スル所以ナルコトヲ内外ニ闡明ス。（下略）」(59)

この文書は極秘資料として内閣情報部が支那事変に対する宣伝方策大綱（４次）を改訂したものであり，当時，上滝基・慶尚北道知事に送った文書である。内容を見れば，福沢諭吉の対朝鮮観と殆ど差がなく，第３章で指摘した通り，日本の外交政策が彼の思想を利用したことは確かであると推察される。また，後略した原文では，朝鮮に関しては少なくとも触れていない。それは，既に朝鮮が内地になっており，関心はむしろ支那と満州だけにあったためであろう。そこでは，現在，国民精神開発の政策は「帝国を核心として日満支一体の目標」であると論じている。つまり，日本は支那，満州を育成発達せしめるため戦っていくべきだと明示している。

従って，朝鮮はその目標を達成するための軍需基地となり，戦争準備のため朝鮮における各種の統制政策は不可避となったのであろう。朝鮮中央情報委員会はその目標達成のため先鋒に立ち，最終的には「皇国植民地化」「皇国臣民化」を目指していたのである。

最後に，朝鮮中央情報委員会が設けられ，朝鮮における全ての言論を指導していたが，韓国ではその設立の背景及び果たした役割については殆ど知られておらず，本書において初めて詳しく分析されたことを明らかにしておきたい。

第３節　法律を通して見た朝鮮の言論統制

１　朝鮮における思想統制と法規

日本が朝鮮統治に当たり最も恐れていたのは「独立運動」と「共産主義思想」の伝播であった。両方とも1919年「三・一独立運動」以後活発に展開され，日本の朝鮮統治に大きな衝撃を与えるようになったからである。これは第一次世界大戦以後ウィルソン米大統領の民族自決主義宣言以来，急速に普及され，日本の朝鮮統治において大きな壁となっていった。

朝鮮における思想運動の推移をたどってみると，1919年から始まった民族自決主義思想が1923年まで唱えられ，次いで共産主義思想が導入されることになったのである(60)。1922年にはレーニンから40万ルーブルの金が朝鮮に送られ，朝鮮共産党結成のため関係者によって費消され非常に問題となった。

朝鮮における共産主義思想は，これらの背景の下で力を伸ばし始めた。上海には1920年早くも，ロシア人の協力を得て高麗共産党が出来て，朝鮮に働きかけていた。民族主義運動の思想は，たやすく共産主義思想に結びついていった。既に，1922（大正11）年当時，共産主義者は，従来民族主義者等が結成していた全朝鮮青年運動に入り込んで，その幹部を排斥し，民族主義者に対抗して，新たに共産主義の全国朝鮮人青年組織を結成した。その頃，日本思想界にも共産主義は勢力を振い始めていた(61)。

日本において日本共産党が結成されたのは1922年であり，世界大戦後の資本主義の矛盾打開のため，共産主義による闘争を呼び掛けていた。他方，第一次世界大戦後，日本では経済恐慌の波で，商品価の大暴落とともに内外販路が著しく縮小され，経済不況に巻き込まれていく。こうした情勢の下で，日本の労働組合は打撃を受け，失業数が30万人にものぼっていた。

そこで，労働組合は次第に防衛戦を考え，1919年８月大杉栄は伊藤野枝，和田久太郎，近藤憲二，久板卯之助，村木源次郎，中村環一らと「労働運動社」を結成，10月には月刊紙『労働運動』を発刊するまでに至った(62)。

また，このごろ社会主義者たちも労働運動関係者との接触が頻繁となり，各派社会主義団体や労働団体の関係者を何かの形で一本にまとめようとする計画がたてられた。その動きは1921年６月，労働組合研究会の橋浦時雄らと，平民大学の山崎今朝弥らとの間に計画が進み，12月10日社会主義同盟が結成されたが，のちに解散されることになった(63)。

ところが，1921（大正10）年４月頃，朝鮮人李増林が上海のコミンテルン極東ビューローの密使として来日，大杉栄らと連絡をとり，新しい共産主義者の組織を至急つくり，日本の運動も国際的連絡を持つべきだとその必要を強調した。そののち，近藤栄蔵が日本代表として上海に派遣され，コミンテルン日本支那準備会結成に至る。

1922年１月21日モスクワのコミンテルン本部で，極東勤労者大会が開催された。それは日本の労働者階級と社会主義者が初めてコミンテルンと接触した会議であり，これが契機となって日本にも共産党結成気運が生じ，遂に

1922年7月15日渋谷伊達町の高瀬清の間借りの部屋で，日本共産党の創立会議が開かれることになった(64)。

一方，東京にいた共産主義者青年たちは京城に来て新たな運動を始め，それまで京城の青年共産主義者と絶えず争いをつづけていたが，ロシアから供給される宣伝費を手に収めようとしたところから漸次統一され，1924（大正13）年に，224青年団体の加盟する朝鮮青年総同盟が結成されたのである。翌年遂に朝鮮共産党が秘密裡に作られ，ロシアのコミンテルンもこれを正式に承認した。

朝鮮共産党はその後，日本の官憲の弾圧によって，検挙者を多数出すことになり，一時衰えかけたが，日本の無産政党進出に刺激されて，部分的な経済闘争よりも全民族的政治運動に方向を転換。1927（昭和2）年2月，共産主義，民族主義を合同した新幹会を組織することになった(65)。

一方，日本国内は急進的社会主義運動と共産党の結成によって大きな治安維持問題に直面するようになった。1922年には社会主義運動の結成から解散を経て，また共産主義者によって革命的政治活動が行われている上，関東大震災を挟んで社会的危機意識が高潮されつつあった。

その結果，従来の治安警察法（1900年），出版法（1893年），新聞紙法（1909年）などの既存の治安法制だけでは社会安定を維持することができなくなり，更に本源に踏み込んで行動を促す思想そのものを統制，弾圧する段階にまで至る事態となった(66)。そして1925（大正14）年新しい「治安維持法」が日本国法律第46号として制定されたのである。

この治安維持法は全文7条で，その第1条は「国体若ハ政体ヲ変革シ又ハ私有財産制度ヲ否認スルコトヲ目的トシテ結社ヲ組織シ又ハ情ヲ知リテ之ニ加入シタル者ハ十年以下ノ懲役又ハ禁固ニ処ス」に始まり，更にこの目的に関する「協議」（第2条），「煽動」（第3条），「金品供与」（第5条）をそれぞれ処罰することとなっていた(67)。

同法は日本国勅令によって，1925年5月12日，日本と同時に朝鮮においても実行され，民族主義思想の取締とともに，過激な思想を規制することになった(68)。この法律は朝鮮における最初の思想統制法となり，この思想取締法の実効を上げるための後続的法律として，1926年7月1日「治安警察法」と，1936年12月12日には「朝鮮思想犯保護観察令」がそれぞれ制定施行された。

ここで，一つ指摘しておきたいのは言葉の使い方の問題である。ソウル民事地方法院判事朴容相博士は『新聞研究』(1980年冬号・35頁）の「韓国の言論法史(上)」において「思想保護観察法」という法律用語を使っている。しかし，『現行朝鮮法規類纂第８巻』(帝国地方行政学会朝鮮本部編・法39）によると，日本は「思想犯保護観察法」法律第29号（1936年５月29日）として，全文14条項目を定めている。ところが，朝鮮は法律ではなく，総督府令として実施されることになった。即ち，「朝鮮思想犯保護観察令」(1936年12月12日制令第16号）として実施されたのである。この制令を見ると，朴の論文とは違って，「朝鮮」という地域が明示されており，国会が審議した法律ではなく，朝鮮に限定して総督府が執行した令だったものと見られる。これは単なる表現上の問題と見られがちであるが，実際法の執行上の上下位概念の問題とか，法解釈上において大きな問題が生じる可能性のあるものである。特に，当時朝鮮人の情報源を統制する問題として考えると，非常に重要な表現になることは間違いないであろう。また，内容においても日本の観察法そのままではなく，次のように改正されていることが明らかにされた。

「　　　　　朝鮮思想犯保護観察令

思想犯ノ保護観察ニ関シテハ思想犯保護観察法第十一條第二項、第十二條及第十四條ノ規程ヲ除クノ外同法ニ依ル但シ法律中保護観察所トアルハ朝鮮総督府保護観察所、保護観察審査会トアルハ朝鮮総督府保護観察審査会、保護司トアルハ朝鮮総督府保護観察所保護司、非訟事件手続法トアルハ朝鮮民事令ニ於テ依ルコトヲ定メタル非訟事件手続法トス保護観察ノ実行ニ関シ必要ナル事項ハ朝鮮総督之ヲ定ム」

また，これを実際的に実施するため，同年12月18日「朝鮮思想犯保護観察令施行規制」を朝鮮総督府令第128号として発布し，26ヵ条の施行規則を制定した。

1941年になると，同規則が思想予防拘禁規則という形に改正され，朝鮮人に対する思想統制はますます厳しくなったと言えよう。また，治安警察法は労働運動，社会運動の徹底的取締を目的としたばかりではなく，集会及び結社に関する取締法規であり，言論統制にも基幹をなした法律である。

次に現われたのが「朝鮮不穏文書臨時取締令」(69)である。内地の不穏文書臨時取締令は，1936年６月15日法律第15号として発布された。この法律は，日本の軍国主義ファシズム化が二・二六事件によって一層加速化される状況のもとで定められた。

この不穏文書臨時取締法の日本政府原案には「不穏文書取締法」案となっていたが，衆議院審議過程で修正及び削除され，「不穏文書臨時取締法」と定められた。これは出版物納付法案に具体化されていた納本制度の拡充強化政策の一つであろう。つまり，納本制度の重刑による威嚇効果とともに，非合法ないし秘密出版の形式をとっていたすべての反体制文書を統制するためであった(70)。

この法律は，1936年８月８日制令第13号「朝鮮不穏文書臨時取締令」として朝鮮にも実施された。この内容は次の通りである(71)。

「不穏文書ノ取締ニ関シテハ不穏文書臨時取締法ニ依ル但シ同法中出版法若ハ新聞紙法ニ依ル納本ヲ為サザルモノトアルハ出版規則、新聞紙規則若ハ光武十一年法律第一号新聞紙ニ依ル納本ヲ為サズ若ハ隆熙三年法律第六号出版法ニ依ル許可ヲ受ケザルモノトス隆熙三年法律第六号出版法又ハ光武十一年法律第一号新聞紙法ニ正條アル行為ニシテ其ノ罰前項ノ規程ニ依リコトヲ定メタル不穏文書臨時取締法ノ罰ヨリ重キモノニハ前項ノ規程ニ拘ラズ同法ヲ適用ス」

このように，朝鮮においては日本の法より広く適用し，罰則も強化している。また，朝鮮における主な目的としては，当時の民族主義運動と治安維持法によって不法化された過激思想が地下化したため，彼らによる地下新聞ないし匿名の出版物を取り締まることにあった。

特に，1936年頃は日中戦争の前年度であるから，戦争のムードが近付いてきて兵站基地として朝鮮民衆に対する精神武装ないし思想統制は不可避であったと言えよう。こういう事情の中で思想教育と言論統制を狙ったことであろう。

以上のように，次第に朝鮮における思想統制に対する法令が改正，整備されて行き，朝鮮総督府も言論に対する統制をますます組織化していったのである。

2　朝鮮における言論の統制と法規

以前は近代的な意味の法律的な規則がなかった朝鮮における言論統制は，事実上日本帝国によって行われたと言えよう。

例えば，1904年日露戦争によって朝鮮半島では初めて新聞検閲制度が日本軍によって行われたことは第４章で既に述べた通りである。後に，1907（光武11）年７月27日頒布した一名「光武新聞紙法」とも呼ばれる「新聞紙法」も日本の新聞紙条令を模倣したものであり，日本政府の圧力によって定められた法律である。当時は既に統監府が開設されており，同法は形式上は大韓帝国の法律として公布されたが，もはや立法権は日本統監に隷属された後であった。

新聞紙法は，日韓併合反対と民族の自主独立を呼び掛ける朝鮮の言論及び結社運動を弾圧するため制定したものである。特に，統監府の影響によって作られたものであり，このため日本統治全期間を通じて強力な力を発揮することになった。

同法は朝鮮人においてはいまだに悪法として知られており，1952年３月19日大韓民国法律第237号として廃止されるまで有効であった。また，条項については第４章で明らかにしたので，ここでは同法律の特徴と規制について述べていきたい。

まず，新聞紙法は新聞に対する行政的規制並びに刑事的制裁を含んでいる法律であり，一般に関する法的規律を定めた韓国歴史上の最初の法律である。しかし，前述した通り，同法は日本の侵略的意図によって作られた法律であったので，本来の目的である新聞の保護ないし言論の自由は全く考慮されず，国家言論に対する規制及び取締の必要性だけが強調されたのである(72)。

この内容を検討してみると，次のような３つの特徴が見られる。

第一は，新聞法制においては新聞に関する法的問題を総括して特別法として規定した大陸系の立法主義形式をとっていた。

第二は，新聞事業の許可制及び保証金制度と，また新聞の発行禁止と停止，発売頒布禁止などの事前抑制主義をその内容としている。

第三は，朝鮮人経営新聞と日本人経営新聞との間には差別する差別法令的な性格を持っていた。

例えば，1907年同法の公布当時の法律は，外国人が韓国で発刊する新聞と，韓国人が外国で発刊する新聞に対しては規制条項がなかった。これを解決するため1908年4月20日大韓帝国法律第8号として改正，41ヵ条に定めている。この改正法律の第34条には次のように明示されている(73)。

「外国ニ於テ発行スル国文或ハ国漢文又ハ漢文ノ新聞紙又ハ外国人ガ内国ニ於テ発行スル国文或イハ漢文又ハ漢文ノ新聞紙ニシテ治安ヲ妨害シ又ハ風俗ヲ壊乱スト認ムル時ハ［内部大臣］ハ該新聞紙ヲ［内国］ニ於テ発売頒布スルヲ禁止シ該新聞紙ヲ押収スルコトヲ得」

このように改正して，朝鮮で発行する外国人経営の新聞と外国で発行して朝鮮に輸入する新聞に対しても取締が可能となった。

更に，1908年4月30日統監府令第12号として「新聞紙規則」（付録参照）を定めて，朝鮮における言論統制は完璧に近いほど整うことになったと言えよう。この規則第1条にも日本人経営の新聞と朝鮮人経営の新聞について差別しやすい規則が含まれている。即ち，新聞紙法には定められていないが，同規則には新聞を発行しようとするものは，新聞の題号ないし発行所及び印刷所，または発行人編集人及び印刷人を変更しようとする時は［理事庁］に届け出ること，発行人と編集人及び印刷人の住所氏名を変更した時は5日以内に発行地の管轄［理事庁］に届け出るべきことなどが定められている(74)。これは1909（明治42）年8月30日改正で理事庁の許可を受けることになる。

これに加えて，新聞紙法（付録参照）は，発行人・編集人・印刷人の就任及び解任の際には統監府の許可を得なければならないように規定し（第2条5項・第6条），当局としては政治的思想を見て選別することが可能であった。これはある意味で朝鮮人に対する新聞事業の従事を制限する就業制限でもあった。

また，新聞紙法は事前事後で二重の統制政策をとっていた。事前抑制措置としては事前検閲制度を導入しており，これは毎回発行の都度先立って納本紙2部を内務省及び管轄官庁に納付（同法10条）するようにし，皇室の尊厳と国憲紊乱などの掲載禁止条項（第11条，第15条）を置くほか，特殊な事項に対して掲載禁止を規定（第12条2項）していた(75)。事後措置としては，発売された新聞紙が「安寧秩序を妨害」または「風俗を壊乱」したと認められれば，内務大臣が行政処分として，その発売，頒布を禁止し，これを押収，更に発行停止，ないし発行禁止することができた（第21条）。

ところで，新聞紙法は行政処分だけではなく，司法処分まで規定している。即ち，新聞紙法には実際的な刑罰規定が多数含まれており，前述した掲載禁止事項の違反に関する罰則条項以下に「社会の秩序また風俗を壊乱する事項」に関する処罰は別に規定されており（第26条），新聞収賄罪も規定されている（第16条）。特に，皇室の尊厳冒涜，国際交誼を阻害する事項を掲載した場合，発行人，編集人，印刷人を３年以下の役刑に処し，その犯罪に用いられた器械（印刷施設など）を没収する処罰規定を置いた(76)。

このように新聞紙法は朝鮮総督の影響によって，植民地統治の整地作業の一環として作られた法律であり，この法律を基にして各種関連の規則を定め，朝鮮統治全期間を通じて言論を統制することができた。特に，1905年朝鮮統監府が設置されて，1910年併合に至るまでの言論統制は完璧に近いほど統監府の意図のままに行われたと言えよう。

1910年日韓併合によって，朝鮮は日本の天皇に直隷され，朝鮮総督の統治を受けることになった。朝鮮総督は立法・司法・行政三権と軍統率権を持つことになり，強力な支配者として君臨した。そこで，1910年８月26日天皇の緊急勅令第324号として，朝鮮で必要とする日本国法はその全部または一部を勅令として適用できると同時に，法律で定める必要を有する立法事項については朝鮮総督の命令で定めることができるようになった。

朝鮮総督府はこの勅令に基づき，制令第１号「朝鮮における法令の効力に関する件」(77)は併合によってその効力が失われる帝国法令及び朝鮮の諸法令は，当分朝鮮総督が発布した命令としてその効力が発生すると宣言した。その結果，大韓帝国法律によって新聞紙法・保安法・出版法などは朝鮮人に，統監府令として制定された新聞紙規則，保安規則・出版規則などは日本人に適用される法令として存続することになった(78)。

1920年代になると，三・一運動と国際共産主義運動によって朝鮮思想界は大きな影響を受けることになり，前述した通り治安維持法と朝鮮思想犯保護観察令，不穏文書臨時取締法が適用されるようになった。

また，1929年，総督府警務局が発行した「朝鮮に於ける出版物概要」によると，次のようになっている(79)。

① 皇室の尊厳を冒瀆する記事

天皇、皇族、神宮、皇陵、王族、公族に対する不敬の記事は勿論其他皇室の尊厳を冒瀆する記事は全部包含する。

② 国憲を紊乱せんとする記事

(ア) 国体の変革と憲法上の組織の大綱を変革せんとする記事

(イ) 外国における革命運動を煽動したり、また讃揚しそこに帝国の国憲紊乱を風刺する記事

③ 国際交誼を阻害する記事

④ 公開されていない官庁文書また公開されない会議記録に関する記事

⑤ 公開前予審に関する事項及傍聴を禁止する裁判に関する記事

⑥ 刑事被告人犯罪地人又は死刑者を救護賞恤し、又、犯罪を煽動したり、曲庇する記事

⑦ 帝国を侮辱したりまた呪咀する記事

⑧ 国家に対する義務を否認する記事

⑨ 朝鮮統治を否認する記事

(ア) 内地を外国取扱し、また朝鮮を独立国家のように取扱する記事は勿論独立紀元また檀君紀元等を使用する記事

(イ) 朝鮮民族の独立思想また独立運動を宣伝鼓吹したり、煽動又讃揚する記事

(ウ) 排日思想また排日運動を宣伝鼓吹したり、又煽揚する記事

(エ) 他民族の独立思想及運動を宣伝鼓吹し、煽動又讃揚として暗々裡に朝鮮の独立思想又運動に利用せんとする記事

(オ) 他民族の排日思想また運動を宣伝鼓吹したり、煽動又讃揚し、暗々裡に朝鮮における排日に利用せんとする記事

(カ) 海外に於て朝鮮独立運動に関して虚偽また誇大な報道、又該運動を扇動したり、或は讃揚する記事

⑩ 朝鮮統治を妨害する記事

(ア) 朝鮮統治の諸政策に関してもっと悪宣伝する記事

(イ) 朝鮮民族の境遇を極度に悲観して人心の不安を誘導する奇記事

(ウ) 内鮮両民族を極度に侮辱し誹謗して内鮮融和を阻害する憂慮がある記事

　㈤　総督政治の首脳者又は官吏全体を極度に罵倒した記事
⑪　私有財産制度を否認する記事
　㈠　社会主義また共産主義思想を宣伝鼓吹したり、また讃揚する記事
　㈡　社会主義また共産主義による革命運動を鼓吹したり、また讃揚する記事
　㈢　他民族の社会主義また共産主義に依り革命運動を煽動したり、讃揚し暗々裡に利用しようとする記事
⑫　階級闘争其他争議を煽動する記事
　㈠　小作争議、労働運動、衡平運動、同盟罷業、同盟休業等を助成したり、煽動し、また讃揚する記事
　㈡　階級闘争を助成したり、煽動しまた讃揚する記事
⑬　時事に関して無稽なる風説を流布し人心を惑乱、動揺させる記事
⑭　経済の混乱を惹起して人心の不安を招来する憂慮がある記事
⑮　他人を毀誹する目的で虚偽の事項を記載する記事
⑯　猥褻、乱倫、残忍、其他風俗を害する記事
⑰　軍事、外交及秘密を要する事項に関して掲載を禁止する記事
⑱　伏字○字×字を使用しても本標準の各項に該当すると認定される記事
⑲　図書して前記各項のどちらも該当すること(80)

このように，朝鮮総督府警務局はその行政処分の対象として，19個の項目を定めており抽象的な概念を述べた光武新聞紙法よりは，この例規はかなり具体的になっている。例えば,「皇室の尊厳を冒瀆する記事」に対しては，天皇，皇族，王族，公族というふうに対象を明示している。

⑨，⑩，⑪，⑫項目も特に注目すべき事項である。

まず，第⑨項目は「朝鮮統治を否認する記事」であるが，内容は朝鮮内外を問わず（アメリカ，満州など）朝鮮民族に対する独立運動を煽動ないし讃揚する全ての記事に対しては行政処分の対象とした。具体的には独立思想，独立運動，排日思想などに触れた記事がその対象となったのである。

第⑩項目では，朝鮮統治政策の悪宣伝，人心の不安誘導，内鮮融和の阻害，総督官吏の批判などの記事を指摘している。⑪項目では社会主義ないし共産主義の思想を警戒しており，⑫の項目は，各種争議，罷業，同盟休校などを

煽動，讃揚する記事に対しては行政処分の対象としていた。

特に，⑫の各種争議について注目すべき点がある。1919年，三・一独立運動以後は労働争議が急激に増加していた。朝鮮では1917年頃まで労働争議という事件が殆どなかったが，第一次大戦以後独立運動を経て，経済界の不況と社会主義運動などによって労働争議が発生するようになったのである。そこで煽動による破壊的行動が変質され，朝鮮統治における治安問題に悪影響を及ぼし始めていたので禁じることになったと言えよう。

また，小作争議(81)も起こり始め，治安状態が悪くなり，言論に対して規制する必要が生じたと考えられる。例えば，1922年までの朝鮮全地域の小作争議発生件数は毎年30件余であったが，1923年には176件までのぼっていた(82)。従って，各種の争議運動をその煽動ないし讃揚する記事は禁じることになったのである。

いずれにしても，これら19項目にかけての行政処分の条項は，結局，朝鮮総督府としては植民地政治に抵抗する独立運動や煽動，排日思想などを絶対許容しないという方針で定めたものだと言えよう。

1936年になると，朝鮮総督府は「朝鮮出版警察概要」(83)という検閲基準方針を定めているが，これは前述した19個項目を補完整理した検閲指針であった。これらの内容は一般検閲基準と特殊検閲基準として分けられている。一般検閲基準の目的は思想の統制と性的淫乱行為の防除にあり，特殊検閲基準の目的は出版物に対する規制にあった。

今度は単なる言論に対する発行前後の規制だけではなく，朝鮮語新聞に対しては編集内容及び論調までも統制を行っていた。例えば，1936年6月発刊した「警務彙報」第362号には朝鮮語の新聞用用紙面改善事項により朝鮮語新聞に対する6項目の規制を次のように指示している(84)。

① 尊王敬神は国民精神の基調として皇室記事を始めとして祝祭日神社等に関する記事は誠意を持ってこれを掲載し，一般民衆を指導することを銘心すること。

② 総督府を始めとして，各官庁の施政方針計画等は掲載し，この周知徹底に協力すること。

③ 国外の記事の取扱に関してその内容，分量，位置形式などに留意し，帝国の新聞紙であるという使命を果たすため特に考慮すること。

④　思想犯，国外不逞運動者等の行為を誇大して報道する等暗々裡に共産主義又は民族主義を扇動しないことを注意すること。

⑤　天災，基地社会の悲惨事を悲観的に取扱って民心を萎靡（いび）させないことを注意すること。

⑥　民間で企図した事項は特筆大書したり，官辺の計画施設に対しては軽視看過し，一旦錯誤，欠陥がある場合は，舞文曲筆して報道する感があり，事理の性質影響を考慮して民族的偏見をなくして慎重公正に報道すること。

これらの内容は，総督府側の方針を現わしており，民族的偏見なしに慎重に報道すべきことを語っているが，いずれにしても朝鮮語新聞に対して具体的な編集内容に関する方針を提示しながら，民族主義的な論調を統制していると言えよう。

1930年代は，皇民化政策の一層の強化とともに，1931年の満州事変，1937年の日中戦争などによって言論はますます統制されていった。日本は軍国主義的傾向をとっており，言論統制も軍国主義化され，その厳しさを増していった。1938年国家総動員法公布によって，日本では新聞社に新聞用紙の配給が制限されており，朝鮮でも国家総動員法が実施された。

遂に，1940年8月10日『東亜日報』『朝鮮日報』の二大民間紙が強制的に廃刊となり，総督府機関紙以外は全て廃刊された。1941年，太平洋戦争が勃発してからは，国家総動員法に基づき，新聞事業令（1941年12月13日勅令第1107号）が発布され，総理大臣及び内務大臣によって，言論機関の統合・廃止などを命じることができるようになった。こうして朝鮮における日本の言論統制は法的・制度的に行われるようになり，太平洋戦争まで至ったと言えよう。

第4節　教育政策から見た言論と思想統制

1　皇国臣民教育と言論統制

一つの国が他の国家を支配する時は，単なる武力だけでは不可能であり，被支配国に対する政治，経済，文化などの支配体制を整えなければならないことは周知の事実である。しかも一時的支配ではなく，永遠に支配しようとする植民地体制の下では，あらゆる分野の体制を整えなければならない。人権や道徳的問題においてどうなのかは別問題として，支配ということは精神的，物質的，外面的，内面的領域と空間，あらゆる分野において支配ができなければいつかは失敗し戻ってしまうからである。

日本は朝鮮半島の統治支配に当たり，同化政策と内鮮一体を呼び掛けて皇国臣民への教育政策を取っていた。これは朝鮮民衆に対する外面的な，武力的支配ではなく，精神的，思想的支配までを狙っていた政策だったのである。また，教育によって完全な日本の皇国臣民への精神的，思想的なイデオロギー教育を行っていたのである。

こういったことを考えると，皇国臣民の教育政策の分析は植民地統治理論の研究に非常に重要な分野と言えるものであり，更に，同時期にとられていた言論統制の問題を探る一つの鍵にもなると考えられる。

まず，教育の制度，方針から分析を始めることにしよう。

日本の朝鮮統治は35年間行われたが，教育の統治政策上から見ると，４期に分けて説明することができる(85)。

第１期は，1910年併合時代から1921年までの期間であろう。初代総督寺内正毅は1910年10月地方長官会議で教育方針を次のように明示している。

「朝鮮の発達を図らんと欲せば、空論を避け務めて実際に応用し得るの学術を授け、人民自己の生活状態並其の地位を高むるの基礎を立てざるべからず。此の目的の下に普通学校等に於ても学理の研究と同時に手工農業等の生活を助くる初歩授業を兼修せしめざるべからず」(86)

つまり，寺内は実際生活教育に重点を置くことを訓示していた。

翌年８月23日に勅令による「朝鮮教育令」が公布された教育政策の大綱は次のような特長が見られる。

① 朝鮮人を朝鮮人として教育せず，日本帝国臣民の資格と品性を備えさせることを主眼としている。

② 朝鮮の教育を普通教育，実業教育，専門教育の３つとし，特に師範教育を認めていない。

③ 時勢を民度に適する実際簡易なものを主眼としていた。

④ 実業，ことに農業に重点がおかれた。

これらの内容を分析してみると朝鮮人は朝鮮人としてではなく，日本人としての教育を受けるべきであるとされている。当時，学校の校長は日本人に限られており，朝鮮人教育は，可能な限り日本人に任せる方針であった。最後は実業教育に重点を置き，特に農業技術の向上を期して農産物奨励に主力していた。

第2期は，1922年から1937年までの期間である。1922年2月，「改正朝鮮教育令」を公布，朝鮮教育令の根本的改正を図った。この改正令の主な特色は次のようである。

① 従来の教育令は朝鮮人だけであったが，朝鮮人教育と日本人教育を併せて規定した。

② 従来は朝鮮人のための教育令であったが，今回は日本内地と同じ教育制度を採用した。

③ 従来は専門教育まで規定していたが，今回は大学教育まで延長し，師範教育も認めた。

④ 実業教育以上は日本語の常用であった。

つまり，従来の教育政策を一歩前進させながら，非難されていた諸点を改正したわけである(87)。

1919年，独立運動が失敗に終わった後，朝鮮の民族主義者は従来の実力のない行動を反省して実力養成運動へ転換し，「産業の発達，教育の振興」を叫び，その結果急激な向学熱の勃興となった。当時，資本金100万円の民主綜合大学設立案が起こり，寄付金募集に着手し，一時相当な共鳴を得て賛助者は2,000名にのぼっていた。ところが，このような朝鮮人の向学精神に比して朝鮮の学校はあまりにも少なかった。その中で1924年5月，朝鮮で初めて京城帝国大学設置の勅令が公布され，その開設には大きな期待が持たれることになった(88)。

だが，創立委員は日本人だけであり，朝鮮文化の研究講座が開かれても，教授は日本人学者に独占されてしまうようになった。学生は朝鮮人が3分の1であり，日本人が優先的であったことは大きな不満であった。大学予科生の募集広告も東京，大阪の新聞に載せただけだったので，朝鮮人側の言論は教育植民地にするのかといって反対していた。

一方，大正の終わりから昭和の初めにかけて，朝鮮では共産主義者と民族主義者らが合流して各学校にその組織を設けて闘争を開始した。

そこでは，「義務教育を実行せよ」「学校程度を昂めよ」という主張よりも，日本的教育そのものに反対する動きになり，同盟休業の要求も「植民地奴隷教育制度を撤廃せよ」「朝鮮人本位の教員制度を確立せよ」などであった[89]。

満州事変が勃発した際には京城帝国大学の共産主義を信奉する日鮮の学生らが一体となり，出兵反対を唱え，革新運動を行い，警察官が弾圧を加えれば加えるほど，その動きは激しくなっていった。総督府としては，皮肉にも学校を建てて学生を育てたことが逆に民族運動を加速化することになったと言えよう。

こうして，日本的教育に反対する思想の動きは学生の間に漲り，日本人教育者は自信を失い，或は自嘲しつつ，しかしたゆまず実直な教育をつづけた。

第３期は，1938年から1940年頃までである。満州事変から満州国建設へ日本の国策が向けられる時，朝鮮人の中にも民族の生存と幸福のために日本の言論に同調する傾向が見られ始めた。当時，日本では共産主義者やデモクラシーなどを呼び掛けていた人達が国家主義に「転向」しており，朝鮮においても共産主義者や民族主義者の転向が見られ始めたのである[90]。

その頃，1936年８月，南総督は教育の三大綱領として「国体明徴」「内鮮一体」「忍苦鍛練」[91]を発表した。この三大綱領を言い換えてみると，「君臣一体」「忠孝一本」「寛容と信受」「一死君国」「献身報国」などに要約することができるであろう。これはいわゆる古代新羅時代の花郎道の「世俗五戒」[92]と一脈相通ずることであった。花郎道とは，新羅時代青少年の修養団体として名山大川を巡礼しながら心身の鍛練をはかる団体であった。彼らは一朝事ある時は国と王のために身命を投げうつことを顧みなかった。この花郎道がのちに新羅24代真興王時代に国家的に拡充されて花郎制度ができるようになる。花郎道の主な精神は，忠，孝，信，礼などであった。

南総督は三大綱領に続いて，翌年８月に皇国臣民体操を制定し，同年10月「皇国臣民の誓詞」を発表して機会ある毎に斉唱せしめた。更に，彼は朝鮮人高等普通学校に陸軍特別志願兵令を公布し，軍隊教練訓練も実施することになった。

1938年３月４日「内鮮一体」を本旨として「改正教育令」が公布され，この時から「皇国臣民教育」という新しい言葉が生まれ，「皇民化」の語が一切の政策に使われるようになった。その後，1940年８月になると，戦時体制に転換，全ての朝鮮人は日本人として国語常用，皇民生活の徹底を要求された[93]。その頃から言論統制は戦時であることを理由に強化され，官のなすことの批判は一切許されず，朝鮮人側の新聞は『毎日申報』だけに限られ，雑誌も御用的なもののみに統制され，朝鮮人の言論活動は一切なくなってしまう結果になった。

第4期は，1941年から敗戦に至るまでであるが，この頃は朝鮮にも国民学校制度が実施され，皇民化教育は一層強化された。依然，学校教育は「内鮮一体」「国語使用」を強調しながら，学徒戦時動員体制を確立した。当時，日本の教育者達は一つでも多く日本語を分からせ，一人でも多く皇国臣民が生まれれば日本の戦力は増加し，勝利へ進んでいくとの確信の下に懸命に朝鮮人教育に精進していた[94]。

以上，教育制度と方針を探ってみたが，換言すれば第1期は独自の教育政策として皇民教育の根本方針を確立し，第2期は日朝間の教育上の差別を少なくすることに努力し，第3期は，皇民化教育を最も高調した時であった。そして第4期は，内地の国民学校制度及びこれに伴う学制改革と全く同じくしていたと言えよう。

一方，これらの教育方針に伴い，日本語使用が強要され，1942年5月になると，国民総力朝鮮聯盟の主唱で，国語の普及及び常用を国民運動として展開した。

「国語で進め大東亜」「1億の民言葉は一つ」「内鮮一体まず国語」「必ず国語常用」などのスローガンを呼び掛けながら，朝鮮語の使用を絶対禁止とした[95]。

このように，日本語使用が活発となって，各種官公署や，会社，工場，教会などでも日本語使用が義務づけられた。また，各種講習会の開設，日本語教本の配付，ラジオ，雑誌による講習をすすめており，諺文新聞，雑誌にも国語欄を設けていた。『毎日新聞』には毎週2回「国語教室」欄が作られ，『皇民日報』という平易な日本語新聞も発刊された。

先述した通り，日本語普及運動が常用運動を伴うにつれて，朝鮮語は使用厳禁の方向に進み，ある郡（県）では朝鮮語使用懲戒委員会が設けられ，またある学校では学生が朝鮮語を話したというだけで処罰されたり，電話が日本語でなければ相手にせず，陳情は日本語でなければ受け付けないという道庁さえ見られるようになった[96]。

このように日本は教育の力によって皇国臣民化を行うことを図っていたと言えよう。当初は学校の普及とともに民意の暢達のため，ある程度の成果を上げたが，あくまでも「同化政策」「内鮮一体」「内地延長」「皇国臣民」などの時代別の段階的な教育政策が実施され，いわゆる朝鮮人の日本人化への道を歩んでいったとも言えよう。

結果的に，皇民化教育の目的は大東亜戦争のための人間軍需品を養成することにあったという非難は避けられないと考えられる。また，朝鮮語の使用禁止などによって朝鮮側から激しい反発を受けるようになり，それを防ぐために、『東亜日報』『朝鮮日報』まで廃刊，民族文字の抹殺まで行ったというそしりは免れないだろう。その朝鮮語の使用禁止（出版を含む）は，朝鮮における言論統制の側面から言えば最悪の状態に陥ったと言えるものであり，言論そのものをなくす政策であったと言える。ある意味で，日本語のみを使用させる言論政策は，植民地言論政策の最後の目標地点にまで到達したと言っても過言ではないのであろう。朝鮮における言論統制の最後の目的地は「内鮮一体」であったからである。

現在，韓国では植民地時代の言語教育政策と言論統制の相関関係に関する研究は全く見当たらないが，この2つの要素は不可分の関係にあることは否めない事実であろう。言語の普及と言論の発達は非常に密接な関係にあることは周知の事実だからである。

2　新聞用語使用問題と創氏改名

朝鮮は南総督が赴任した後，従来よりも「内鮮一体」を強調する政策が進められていった。日中戦争が勃発して，朝鮮は戦略上非常に重要な位置に置かれていたので，朝鮮民族に対しては皇国臣民の誓詞を通じて，物心融合，国家総動員などの戦時体制下の「内鮮一体」が要求されていた。

その頃，大阪において朝鮮人に関する差別的な用語をできるだけ新聞で取り扱わないことにしようとする座談会が行われた。

この座談会については今まで日韓両国の言論研究にも報告されていないものだが，言論史上で重要な意味を持つものと考えられ，ここでその分析を行うことにする。当時，総督府が「内鮮一体」「一視同仁」を呼び掛けても言論界ではあまり行動的に協力することはなかったから，朝鮮でもなく，大阪の地において，それも主に言論人のメンバーによってこのような座談会が行われたということは特記すべき事実である考えられる。この座談会の発起人は新聞界経済界社長今枝四郎と関西新聞通信社長影井康夫であり，賛助人は大阪毎日新聞社常務取締役平川清風であった。

座談会には，発起人，賛助人以外に，大阪毎日社会部長本田親男，大阪朝日社会部長小倉敬二，朝鮮総督府大阪特派員神島新吉，大阪府社会課長大谷繁次郎，大阪毎日校正課長柳澤茂，同盟通信大阪通信部長近藤公一が参加して討論を行った。

この座談会の討論の内容を結論から紹介すれば，４つの項目について意見が次のように一致することになった(97)。

一、新聞、雑誌、記事中内地人、朝鮮人の呼称を撤廃する。

一、出身地を表す場合府縣道町村面を以て表現す。

一、新聞、雑誌記事中内鮮人の差別的取扱ひを絶滅す。

一、新聞、雑誌記事中支那人の侮辱的取扱ひの根絶を期す。

この座談会で上記のような４つの結論を出すことになったのは何故かについては，「新聞用語研究会趣意書」に記されている(98)。

「新聞の使命が民心の指導文化の進運に寄與するところ甚大なるは言を俟たないのである。然共一度この指導原理、呼称、用語を誤らんか社会を害する亦これより大なるはない。吾人は各新聞、雑誌社の呼称用語の不統一、且つ往々その字句の不用意なる濫用により民心の帰趨を誤らしむることの例多きことを遺憾とするものである。吾人は茲に新聞用語の統一による民心指導の一助として研究会を組織しこれが実現に向つて邁進せんとするものである。」

ここでは呼称問題の対象については詳述していないが，1938年10月26日の大阪土佐堀船町大新楼で開かれたこの研究会の資料においては，新聞・雑誌に朝鮮同胞の呼称が区々あり且つ記事の中に時々侮辱的あるいは差別的な取扱いが数多く現われることを遺憾に思うと記されている(99)。

この座談会で討論された内容を見れば，まず，影井関西新聞通信社長が問題を提起している。彼は，1938年10月18日付『大阪朝日新聞』の阪神版（夕刊）が「半鮮人と知って逃げた彼女，女の仕打が恨めしいと猫いらず自殺」と三段見出しを付けたのを，同記事は女性の投じた事件に過ぎないと指摘している。更に影井は，宇垣前総督はむしろ朝鮮人との結婚問題を奨励していたと覚えているが，特にそれがたまたま朝鮮人の間に起こったからとて大々的に新聞が取り扱うことの思想に及ぼす影響を考えた場合，非常に我々新聞人として嘆かわしいことだと語っていた(100)。

続いて影井は，同年10月19日付の『大阪朝日』と『大阪毎日』の同じ阪神版が同じ記事を扱っているが，『朝日』の方は「警官に暴行を加ふ，偽刑事だと曲解して不埒な半島人五人組，とここでも矢張じく不埒な半島人」(101)という言葉を使っており，『毎日」の方は同じ記事を扱っているが，そのような表現は少しもなく，「五名を相手に大格闘長井刑事重傷す，一味五名捕縛さる」(102)とされており，差別的待遇を与えていない『大阪毎日』の取扱い方に感謝したくなると指摘した。

影井は最後に『大阪毎日』の８月30日付の投書欄「振鈴」の記事を取り上げていた。

それは，「朝鮮の一愛国少年」という見出しであったが，「私はある内地人の方から君は日本人か朝鮮人か訊かれたことがあり，私は直ちに日本人の朝鮮人ですと返事をした」という記事の内容であった。

そこで，影井は「この少年の答えは絶対に間違ってはいない。何故かといえば，朝鮮人も日本人も日本人だからである。日本人か朝鮮人かという言葉はまるで朝鮮人は日本人と全く異国人であるかのような言い方である。こういう間違った言い方を徹底的に直して頂きたい」とした。朝鮮人も日本人であり，即ち，日本人のうちの朝鮮人であると主張した。いま，「内鮮一体」となって内地人，朝鮮人の差別もなく，この難時局に当たらんとする我々に斯くの如き差別をつけられるのは残念である。この一愛国少年の純情を吐露したその精神に鑑み，内地における新聞人として私たちは非常に羞かしい気がするのである。どうすれば新聞紙面からこういう侮辱的な差別的待遇が除かれるのか，また，これを改善しなければならないと強く問題意識を提起していた(103)。

これに対して，『京城日報』大阪支社長の竹田津は，我々も色々考えており，「鮮人」「朝鮮人」という言葉よりも「半島同胞」「朝鮮同胞」という言葉がむしろいいように思うと述べている(104)。

続いて，関西大学竹田教授は次のように語っている。

私は関西大学で10年近く教えているが，大学には朝鮮の学生がたくさんおり，皆非常に成績がよく，優等生も出ており，特に私が親しく教えたものもあり，私の家へも来て，私達の家族とも言い合っているが，その人が私の家に訪ねてくる学生のなかで一番行儀がよく，礼儀が正しい人である。どこの人かといわれたので実は東莱温泉（釜山）の付近の人だと答えたことがあった。私はあの人が来ても朝鮮人だとか，半島人だとかいってはいけない，名字だけをいって「さん」を付けなさい，若し他の人と話をしても東莱付近の出身の方だと紹介してやりなさいといっている。朝鮮とか半島とかいわず，今日我々が徳島県人，岡山県人というのと同じく慶尚北道とか，出生地名を付けるといいのではないか，朝鮮，内地という区別を除いてゆくのが一番いいのではないかと朝鮮人呼称について代案を提示している(105)。

神島新吉は自分の朝鮮総督府の内部勤務時の経験談を述べていた。即ち，総督府出入記者達にはなるべく内鮮人の区別をせずに扱って頂きたいと願っていた。見出しにも本文にも特に朝鮮の人だの半島出身の人だのと書かずに姓名によりあるいは本籍地によって判る程度にしてほしい。美事善行に関するものならば差支えない場合があるが，犯罪其の他悪事の報道に際して半島出身者である事を特記されると何だか内地の人のが半島出身の人に対して軽蔑感を持って臨んでいるように感ずるのであり，これは絶対に差し控えるよう切望している。半島出身の人達が喜ぶような記事の場合に特に使用されるとしても朝鮮とか半島人とかいうような呼称は好感が持たれぬようである。結局，どう呼んでみても差別的な表現になるわけであり，内鮮人を区別するための呼称をなくすのが理想なのであるとした。しかし，強いて使用するなら例えば「半島同胞の赤誠」とか「半島人達が挙って云々」というように扱って頂ければよくないかと思われると語っていた(106)。また，大谷繁次郎より「朝鮮同胞呼称問題ニ関スル大阪府協和会ノ意見」(107)が文書として提出された。この意見の内容は上記注の通りであるが，朝鮮という言葉は使わず「半島同胞」とか，本籍地を表記した方がいいし，「鮮人」という文字は絶対に使用しないようにと記されていた(108)。

一方，同盟通信社塚本義隆支社長は，次のように述べている(109)。

「大体朝鮮内における社会道徳を進めてゆくやうに日本も教育上考へませうが、全体から公平に見て、朝鮮政策といふものは、僕は他の欧米諸国の植民地に対する政策に較べて最も公正な最も進歩した立派なものだと思います。それは論より証拠、日露戦争当時の朝鮮の人口は千四百万だったが現在は二千二百万に達している。この三十年間にこれほど人口の増大を来したといふことは他の欧米の植民地には絶対にない、欧米では植民地から搾取するため必ず貧乏になる。人間も殖えない、教育の程度からいっても音読み書も出来なかったあの朝鮮が今日はどうですか、非常な進歩です。こんな正義に則した植民地統治は世界に例がありません。」（傍点筆者）

塚本は，日本の朝鮮植民地統治は全体的に公平であり，欧米諸国の植民地に対する政策に比べて立派なものであると語っていた。この証拠として人口の増加を取り上げており，このような植民地統治は世界でも例がないことであると述べている。また，イギリスのインド統治のように昔は文化の国であったインドを現在は100人に５，６人しか文字を読めるものがないというふうに300～400年或はそれ以上の昔に逆転させているのに比べて，朝鮮の人は非常に有り難いということを教えなければならぬ，結局，インドの富はイギリスが吸い上げてこの財力を以て今日の大英帝国をつくったのであると付け加えている。

以上が座談会の主な討論の内容であるが，参加者の11名の意見は冒頭で述べた４つの結論に達することになった。この座談会の時期は日中戦争勃発直後であり，おそらく朝鮮半島の戦時的重要性のため，日本政府或いは朝鮮総督府の何らかの働きによって催されたのではないかと考えられる。特に，この座談会が東京ではなく，大阪で開かれたのは，大阪が朝鮮と経済的に深い関係にあるからではないかと考えられる。

いずれにしても，結果的には日本政府の朝鮮統治政策である「内鮮一体」政策に協力した座談会であると言えよう。ただ主なメンバーが言論人であり，言論人が先頭に立って朝鮮人の差別政策をなくすことを新聞の表現から始めようとした点は評価されるべきであろう。討論会が開かれたこと自体が発展的であり，問題点を十分認識して解消しようと図られたことを意味するからである。

討論会の内容において，塚本支社長などからは，朝鮮の植民地に対する政策は欧米諸国より最も公正であり，立派なものであったという朝鮮民族に対する刺激的な発言があった反面，影井と関西大学武田教授の提言は，差別用語に関して批判的な発言をしながら，前述の４つの差別用語撤廃の結論を導き出す決定的な役割を果たしたと言えよう。

次に，皇民化政策の一環として行われた創氏改名も，やはり言論統制の問題と不可分の関係にあると言える。創氏改名とは朝鮮人の名前を廃止して，日本人のように名前を変えることである。最初は自発的に行われたが，次第に，強制的になって改名しなければ非国民とされ，反動分子として処罰されるようになった[110]。現在の韓国の学者達は，日本の植民地統治政策の中で最も悪かった政策の一つが創氏改名であると指摘している。

日本側は皇国臣民になったからこそ戸籍法を改正して改名すべきであると主張したのに対して，朝鮮側は自分の民族文化の破壊ないし抹殺であると指摘していた。

朝鮮総督府が1937年４月，親族及び相続関係法を改正するための司法改正調査委員会を設置し，朝鮮人の創氏改名を協議し始めたことは前述した通りである。続いて1939年11月制令第19号として「朝鮮民事令」を改正した。この民事令によって朝鮮民族の姓名制を廃止し，日本式の氏名の制度を設定することになった。この令の主な内容は「氏は戸主が定め，朝鮮人の戸主は本令施行後６ヵ月以内に新しい氏を定めて府尹あるいは邑面長に提出すること」ということであった。この令は1940年２月に施行され，８月10日まで氏の創氏を決定して提出することになった。

日本の支配者は創氏改名を，「一視同仁」の大理想を具現した大和大愛の発露であると呼び掛けながら，創氏改名は強制ではなく，朝鮮民衆の熱烈な要望によるものであると宣言していた[111]。朝鮮総督府は官憲を動員して脅迫と強要によって創氏改名の申告を受けつけたが，この期間中に抗議のため自殺して抵抗した人もあったが，全体的には約322万号（約80%）が提出された。

まず，朝鮮総督府は朝鮮人の中で，著名な人物を呼び出して「創氏」を強要する一方，次の事例のように社会的な制裁並びに弾圧を加えた[112]。

① 創氏しないものに対しては各種学校への入学・進学を拒否する。
② 創氏しない児童に対しては日本人教師は理由なしに叱責，殴打して児童から父母に訴えて創氏させる。
③ 創氏しないものは公私を問わず総督府関係の機関に一切採用を禁止し，また現職のものも罷免措置する。
④ 未創氏者は行政機関で処理する全ての事務は取扱わない。
⑤ 未創氏者は非国民と断定，査察，尾行などを徹底すると同時に，また優先的に義務徴用の対象とし，食糧その他物資の配給の対象から除外する。
⑥ 朝鮮語学会の弾圧の時，検束者に対し，未創氏者は朝鮮独立を企図した不逞朝鮮人ということにして拷問を加え，むりやりに創氏に出願させた。
⑦ 未創氏者の貨物は鉄道局と運送店で取扱わない。
⑧ 学校では教師，面では洞長・里長に創氏責任を負い，その成績によって指導，行政能力を評価して出世・昇進に影響を与えた。

一方，この創氏改名に関する御用団体である「緑旗日本文化研究所」では創氏改名を朝鮮社会の新しい出発であるとし，社会的前進であるとその意義を述べている。それは①皇国臣民的家庭の確立，②女性の地位向上，③朝鮮文化上の支那模倣精神の脱却，④内鮮一体の完成であると論じている(113)。

この緑旗聯盟が行った４つのプロパガンダは，まず論理性を欠いており，一口でいえば説得力がないと言えよう。当時，朝鮮は500年間続いた氏族社会であり，朝鮮民族が最も大事にしている氏の文化遺産を変えることは至難のことで，当然，大きな反発を招かざるをえなくなった。これによって朝鮮民族の不満はますます高まり，むしろ植民地統治の失敗の原因の一つにもなったと考えられる。

創氏改名に関して朴慶植は彼の著書『日本帝国主義の朝鮮支配』で，創氏改名は朝鮮民族の家系を奪い，日本の天皇制的家族制度を強要する民族抹殺政策で，朝鮮民衆の労働力動員と徴兵などの軍事的目的に利用されたと厳しく批判している(114)。

ところで，1930年の国勢調査によると，326姓（金氏姓約85万世帯，李氏姓57万世帯，朴氏姓30万世帯など）あった姓を，一斉に改名することは到底無理であったと考えられる(115)。例えば，小切手，手形などは間違いやすく，その他，諸般の生活上，真に多大な混乱を生み出したのであろう。

このような創氏改名は皇民化政策の一環としてプロパガンダを通じて行われたが，主なものは新聞及び言論出版物を通じて呼び掛けられるようになったのである。

第5節　日中戦争と言論統制

1　国家総動員法と言論

1937年7月，蘆溝橋事件によって日中戦争が勃発した。この事件の実相を知った日本の軍部，特に陸軍は来るべき戦争にそなえ，国家の経済力全てを戦時体制に固めていった。

1931年満州事変以来，準戦時体制の下，経済の統制が進められていく中で，各省の政策の統合調整をはかるため，1935年5月岡田啓介内閣のもとで内閣調査局が作られた。この内閣調査局は，のちに，日中戦争直前の1937年5月，林銑十郎内閣時に企画庁に拡大改編され，国策の統合機関となった。特に，戦争が全面化し，総力戦体制の整備が必要となると，陸軍は総力戦に関係する2つの機関，資源局と企画庁の統合を強く主張した。そこで1937年10月25日，両機関が統合され内閣直属の企画院(116)が創設されるようになった。

企画院は国家総力戦計画を立案，遂行する戦時統制経済の実行機関であった。この企画院が国家総動員法の要綱を作成したのである。

国家総動員法は1938年4月1日に公布されたが，主な目的は，国家総動員のために必要な全ての物資の統制運用，国民の徴用，労働条件の規則，新聞紙の発行，その他，あらゆる部門に対して国家が統制を加え，徴用を行うことにあった。しかもそれらを法律によらず政府が勅令で行うことができるという内容であった。即ち，戦時に必要な人的，物的資源の統制や運用を，命令ひとつで行うことができる権限を政府に与えるという，非常委任立法であった(117)。

この国家総動員法にもとづき，内務省警保局は「時局ニ関スル出版物取締ニ関スル件」(118)を通達して，言論の統制に乗り出した。このような言論の統制は，戦時体制という名目で言論の自由を抑圧し，マス・メディアが軍国主義化に抵抗するのではなく，むしろ過剰同調するようにしむけることであった。

同法第21条には，勅令による新聞，出版物の掲載制限または禁止権が規定されるなど，新聞或いはマス・メディアが「国家総動員上の必要」ありと政府が認めた場合にはいつでも協力，動員させられるようになっていた。国民生活の全てにわたって，また新聞とマス・メディアに関わるあらゆる活動にわたって制裁措置をとる権限を政府に譲り渡すというのが，この法律の根本的な内容であった(119)。

新聞はこれらのファッショ立法に対して，一言も異論や批判を唱えなかった。新聞はむしろ軍部の国家体制へ向けて国民を動員する運動に賛成しており，自らを抑圧する体制の成立に自らの力を貸したということになる。

これに関して高崎隆治は次のように述べている。ジャーナリズムが軍部のこういうやり方を軽薄な迎合的態度で見逃したことは，やがてジャーナリズム自身にとってとりかえしのつかない強圧的な統制を自ら招く結果をもたらすことになった。権力がジャーナリズムの表現の自由を強圧によって奪ったことは戦後だれもが口にすることであるが，重要なことは闘ってそれを奪われたというのではなく，闘わずして奪われたという点にある。あるいは，闘わなかったことによって奪われたというべきであるかもしれないと批判している(120)。

日本の国家総動員法第16条３項の規定によって公布された「新聞事業令」（1941年12月13日勅令第1107号）は内閣総理大臣及び内務大臣に，言論機関の統合，廃止などを命ずる権限を与え（同令第４，５号），新聞事業の総合的統制運営に伴い，新聞事業に関する国策の立案及び遂行に協力することを目的とする団体の設立を命ずることに規定した（同令第６条）。この規定によって，日本新聞会（朝鮮には朝鮮新聞会）が組織され，新聞事業に関する広範囲な指導統制権をもつことになった。

ところで，朝鮮は同令が実施された1942年２月11日は既に二大日刊紙（東亜・朝鮮）が強制廃刊させられた後であった(121)。また，朝鮮内の日本人経営の日刊紙も一道一紙だけを発刊するようになっていた。

一方，日本の新聞界は言論活動に対して莫大な統制権を共有しており，日本新聞会会員は会員社の経営の改善について必要な事項を指示することができ（同令第９条），会員社の資本関係・利益関係・共同販売・会計関係・補助金支給など新聞の営業に関する広範囲な統制権を規定していた。なお，同会は新聞紙の編集に関する総合企画と統制指導を行う権限が認められており，同会の付属機関として設立された日本新聞会編集委員会は全会員社の編集に対して画一的・全体的干渉を行った(122)。

このように，日本政府は国家総動員法に基づき，新聞事業令を公布して，言論に対する間接的な統制を具体化していった(123)。

更に，「朝鮮総督府時局対策調査会」（1938年８月27日勅令601号）が組織され，「内鮮一体」の政策を一層強化していた。この調査会は朝鮮総督府の諮問機関として，朝鮮における時局対策に関する重要事項を調査審議する機関である。会長は政務統監（大野緑一郎）で，委員若干名で組織され，特別の事項を調査審議するため必要ある時は臨時委員会を置くことにしていた(124)。

同調査会諮問事項の資料の第７項目には，「通信機関（ラヂオを含む）ノ整備ニ関スル件」(125)という諮問項目があり，言論統制の一つの手段としてラジオによる統制方法を拡充することができるようになっていた。

朝鮮における国民精神総動員活動を見ると，それは朝鮮にある全ての言論機関を動員ないし強制的な宣伝道具として使うことであった。日本の場合，日本新聞会などによって間接的統制方法をとっていたが，朝鮮は国民総動員活動の宣伝に直接言論機関の参加を義務づけていたのである。

例えば，1938年４月26日から５月２日まで国民精神総動員銃後報国強調週間を設定し，朝鮮中央情報委員会を中心に対朝鮮宣伝活動を次のように行っていた(126)。

①　新聞並ニ通信

「強調週間開始前ヨリ引続キ週間ニ掛テ全鮮日刊紙三十五社ノ積極的賛成ニ依リ新聞通信機関ノ総動員ヲ以テ週間趣旨、目的其ノ他ニ関スル記事並ニ時局認識ニ必要ナル標語等ヲ毎日掲載シタル結果一般ニ大イニ周知徹底ヲ見タリ」

②　雑誌

「全鮮五百雑誌ノ自発的協力ニ依リ本週間ニ最近シテ発行スル四月号又ハ五月号ニ本件週間ニ関スル記事並ニ本府ニ於テ編纂配付セル銃後強調資料ヲ登載セリ」

③　ラヂオ

「本週間中時局再認識並ニ節約貯蓄等銃後報国ノ真意義ヲ徹底セシムル為、井坂文書課長外二十二氏ノ講演ヲ全鮮ニ放送セリ」

④　映画

「本週中間官公署始メ各種団体機関ニ於テ映写機ヲ有スル向ヲ総動員シ時局認識ニ関スル映画ヲ映写セシメタリ尚本府作製ノ時局映画「銃後の朝鮮」トーキー版ヲ複製各道ニ配付映写セシム

一方業者ニ於テモ興業倶楽部ノ申合セニ依リ常設館ニ於テハ本週間中ハ可成時局物ヲ上映スルコトニ決定実行シタリ」

この内容によると，朝鮮における全ての日刊紙35社が積極的に賛成し新聞通信機関がその国民精神総動員の趣旨及び時局認識に必要な標語を毎日掲載しなければならないとされていた。また，全朝鮮500雑誌社の自発的協力により同年４，５月号に新聞と同じ趣旨を掲載し，ラジオでも22名の演士が全朝鮮向け放送で講演した。更に，映画も同期間に上映して理解を求めていたことが明らかにされた。

その他にも，時局認識資料としてパンフレット「銃後報国強調資料」及び「時局ハ何故永ビクカ」を各々3,000部印刷して各官公署，協力機関に配付して宣伝資料として活用した。また，ポスター（６万1,000余枚），ビラ（20万枚），セロハン標語（１万2,000枚，自動車の前硝子に張出さしむ），飾物（各種機関の立看板），催物（各種展示会）などを利用して朝鮮国民によびかけていた(127)。

以上のように，1938年国民総動員法の公表以後は，内鮮一体の政策によって，殆どの法律において日本のものをそのまま実施することになり，特に，国民総動員法が実際実施されるようになると，朝鮮におけるあらゆる分野・階層に対して政策の宣伝ないし言論統制が行われた。この時期は，日本の朝鮮統治期間において第５段階に該当する第５次言論統制期間である。従って，言論の統制内容，方法においても最も厳しく，内容においても全ての分野をその統制の対象としていたと結論的にいうことができる。

2　朝鮮における物資統制と言論

満州事変以後，日本は中国に対する戦争準備を着々と進めてきた。朝鮮半島をいわゆる兵站基地とし，軍需産業工場を留置しながら統制経済体制をとってきたのである。その一つの例として，予算案を挙げることができる。例えば，1937（昭和12）年度の歳出総額は30億4,000万円であるが，これを一般行政費と軍事費（陸海軍省費）に分ければ，前者は16億4,000万円（対11年度に比べて３億9,000万圓増加），後者は14億円（同上３億4,000万圓）となる。但し，一般行政費中には税制整理に伴い変更を見た地方財政調整交付金２億2,000万円が含まれているから，これを除けば14億2,000万円，従って11年度に対する増加額も１億2,000万円となる。これによると，軍事費の比重が11年度に比べて更に上回っていることは明白である(128)。

一方，国民生活安定の諸施設に当てられる部分は，約5,300万円に過ぎず，国防費新規増額６億9,000万円に比すれば１割に満たない。このように国防費以外の諸国策が著しく圧縮されていることは，いわゆる準戦時体制予算と銘打たれている以上免れないところなのである。

また，このような軍事費膨張に基づく輸入増加，国際収支均衡の破壊，為替低落，悪性インフレの危険性を阻止するための強力な統制が必要となることになった(129)。例えば，ある原料の輸入を制限したとすれば，その原料は１，２企業に偏在するのを免れず，需給調整の意図は殆ど全うすることができない。そして，これを解決するため，物資の配給制，価格統制などのいろいろな統制を加えなければならなくなるのである(130)。

そこで，法律を制定して物資を統制することを図っていた「軍需工業動員法」(131)の発動によって戦時動員への一般方向が決められ，また，1938年９月10日には「臨時資金調整法」(132)が公布され，国内事業資金の調整を行うとともに，其の事業資金の供給資源を増大することができた。

それ故，日本政府は消費，節約を強行するためには，物価を騰貴させて自然に消費節約に向かわせるか，あるいは物価騰貴が好ましくなければ，切符制度に進むより方法はないとした。日本で最初に配給票を用いて配給統制を行ったものは1937年の生ゴム，続いて「綿絲配給切符制」「ガソリン配給切符制」「銅配給切符制」などが実施された(133)。そののち日満戦時経済の一体化を急ぐなど，朝鮮にも日本の物資統制政策が適用され，戦時物資の紙や石油が統制され，言論出版物にも大きな影響を与えることになった。

このような朝鮮における物資統制の下で言論機関に対する統制は一層強化

されていった。先ほど指摘した通り，印刷物と関係のある石油や用紙が配給制となって統制され，印刷作業と発行部数に影響を及ぼしていた。当時，朝鮮の民間紙の紙普及は日本の王子製紙会社と取引をしたり，朴興植系の鮮一紙物舗という中間商人を経由していたので，日本市場に比べかなり高額で購入しなければならない状態であった。そのうえ，戦争のため資金の醵出，強制的な貯蓄などによって協力が要求されていた。

更に，各種の法律の制定によって言論に対する規制が行われるようになった。例えば，1941年2月制令第8号「朝鮮思想犯予防拘禁令」が公布された。これは1936年「朝鮮思想犯保護観察令」を強化したに過ぎないが，主な目的は朝鮮人の独立運動思想を取り除いて日本精神ないし「道義」を体得させ，転向させる皇民運動の実践であった(134)。また，既に2年前の1939年10月には「国民徴用令」が実施され，朝鮮人青年が強制連行(135)され始めていた。

これらの規則などによっても言論報道はかなり萎縮されることになった。そのうえ，更に朝鮮総督府警務局図書課が1939年6月30日，「編集に関する希望及び注意事項」を発表し，朝鮮の各民間新聞社に指示した。この主な内容は次のようである(136)。

一、皇室の尊厳を冒瀆する憂いのある記事と写真を一切取扱わないこと。記事と写真を取扱う時は極めて丁重に取扱い、なお文字に誤植がないように注意すること。

一、王公族に関する記事、日韓併合後、記述した文章には次の諸点に注意すること。

① 朝鮮歴代王の号に聖上、今上の字句を使用しないこと、但し、太祖、正祖、純祖哲宗、同妃、閔妃（明成皇后）に対する追尊は使ってもよい。

② 高宗、純宗、同妃に対しては皇帝・皇后を使用しないこと。

③ 王室記事には純宗以後（日韓併合以後）の記事までこれを記入すること。

一、朝鮮統治精神に背く記事

①歴史に関して、(1)日韓併合及び現在までの史実も記入すること、(2)日韓併合後、記述した文章には我朝・本朝・大明・皇明・皇朝・天朝・天使・天兵などの字句、(3)崇明排日思想を鼓吹して排日の資料

を提供しようとする記事、日韓併合前後の内鮮関係の史実に対して悲憤慷慨する文章字句、日韓併合に反対した人物を称賛する字句、⑷日韓条約・韓国併合に反対した人物の姓名、⑸排外思想を鼓吹し、外寇を討伐した人物を称賛する記事、⑹高麗末期の忠臣戦士を称賛する文章として併合以後製作、記述して併合年号の状況に比喩しようとする記事、⑺但し、壬辰役に関する記事として日本軍の陵墓蔵掘・放火姦淫・虐殺など残忍な行為を表すことと、賊・倭寇夷・島醜・賊酋・倭奴・小奴・鼠賊凶酋、獰の字句、但敵・将・倭など適当な字句はかまわない。そして壬辰倭乱と関係ない「寇」の字は使用してもよい。⑧日韓併合の当事者・功労者の記事は抹殺しないこと。

②年号に関して、⑴日韓併合後記述した文章には原則として皇紀また、明治・大正・昭和の年号を使用せず、西暦及び中国歴を補充的に使用すること、⑵但し、檀紀・佛紀・孔紀布徳などの年号は政治的意味がないことに限り、各宗教派別によって、これを使用することを認定する。⑶西暦は政治歴史的意味がないこと及び世界的記事に限って使用すること。

一、総督進退に関する記事は朝鮮統治に影響するときが多いため、むやみにこれを取扱わないこと

一、内鮮一体及び内鮮融和に関する記事はその例が極めて少ないことは遺憾である。今後は単なる形式ではなく、誠意を持ってこの種の善良なる記事を取扱うこと。

一、内鮮関係文字の使用において日本内地・日本内地人・東京留学生など、内地を外国と同じく取扱う傾向があるが、これは穏当ではないので注意すること。

一、総督府の国語奨励に順応して爾後、可能な限り、国語（日本語）記事を多数取扱うこと。

一、社会主義また民族主義者として運動中の所作は転向後には出版しないこと。

この内容を分析してみると，総督府が今までとってきた編集に関する方針よりもかなり強化されており，今回は特に朝鮮の伝統文化或いは韓民族の精

神文化をも徹頭徹尾取り除いて抹殺するという狙いが強かったと言えよう。高麗末期の忠臣戦士を称賛する文章の禁止とか，朝鮮年号の檀紀，佛紀などの禁止は今まで見られなかった言論統制であった。

新聞社にとってはこれらの編集に関する注意事項を加えて新聞を発行しなければならない状態に陥っていた。要するに，新聞の維持と経営という面からして，当局の検閲方針を守らざる得なかったのである。従って，新聞自体は知らないうちにその論調において民族意識がなくなることになったのである。それが結果的に，現在の韓国における批判論者達から，朝鮮総督政治に協力して御用紙として努めたというそしりを受けざるをえなくなった原因にもなった。

朝鮮の新聞社は，経営面においても非常に苦しい状態に陥った。1930年当時の統計を見ると，日本語新聞が23紙，英文紙が1種，朝鮮語新聞が7種類であった。つまり，朝鮮語新聞は総督府機関紙である『毎日申報』をはじめ，『時事新聞』『大東』『東光』など親日紙があり，純然なる民間紙は『東亜』『朝鮮』『時代日報』（のちに『中央』と改題）の3紙に過ぎなかった。日本語新聞の23紙は無難に経営していたが，民間3紙は非常に苦しい状態であった。

当時の発行部数は『朝鮮日報』が6万3,000部，『東亜日報』は5万5,000部（1940年強制廃刊直前），『時代日報』はそれより少ないと推測しているが(137)，確実な数値は不明確である。ただ，3紙を合わせて13万台と見ていいと考えられる。

特に，注意すべきものはこの民間紙の広告主は殆どが日本の会社であるということである。それは植民地統治の経済侵略政策とともに朝鮮人の独自的産業は極度に排除されてきたからである。その結果，いわば，生産はせず消費だけを助長するようになり，矢内原忠雄がいう植民地的特殊性が間接的に分かるのである。

こうして，朝鮮人の広告主がなかったので，各新聞社は日本の生産広告主と直接結ぶしかなかったわけである。これは李相協（東亜日報編集局長）が活躍して道を開いたのであり，のちに各民間社は東京，大阪などに広告募集のため支局を設置して広告主探訪に乗り出した。この難しい交渉の中で得た広告の株主は大概，レートクリーム，クラブなどの化粧品と，胃腸薬アイフ，中将湯，仁丹などの薬品の巨大な紙型広告であった。

ところが，これは東京の広告料に比べれば，相当安い値段で掲載せざるをえなくなり，それだけでは経営難は打開できなかった(138)。それは，崔埈氏が『韓国新聞史』において調査した当時の広告料金と新聞広告行数の関係を見ても推察できる(139)。このような状況は前記民間紙だけではなく，朝鮮で発刊されている全ての日本語新聞も同じであり，朝鮮内の広告主の7割が東京，大阪などの広告に依存することになっていた。

こうした広告の状況を見ても民間紙の経営難については推察できるはずである。

一方，これに比べて総督府機関紙である『京城日報』の経営は順調であった。しかし，その姉妹紙である『毎日申報』が問題であった。『毎日申報』は朝鮮語新聞でありながらも，総督府の機関紙だったので，朝鮮人からも冷遇を受けており，また，『京城日報』社員からも差別されていた。

その一つの例として，同じ社屋を使用しながらも，両新聞社の編集局の間は厚いブロックの壁で遮断されており，『毎日申報』の社員は，『京城日報』の社員によって無視されていたとも言えよう。同じ機関紙の社員でありながら，日本人は朝鮮人を蔑視していたことを意味するが，それは，『毎日申報』は赤字ばかりを出していたことから不満感を抱いていたからでもあるだろう。結局，『京城日報』の社員たちは自分たちが働いて得た利益で『毎日申報』の社員を扶養しているようなものだと考えていたのである。実際，当時の『毎日申報』の読者は少なく，各官公署が義務的に購読しているだけで，1930年代の同紙のソウル市内の読者は数千に過ぎなかったのである(140)。

しかし，初期の『京城日報』監督徳富蘇峰が，同じ言論人が同じ建物の中でこのようにブロック障壁を積み置いて，どうやって民衆を指導しようとするのかといったことからブロック壁を壊して，まず外形的な意志疎通の円滑を図った。しかし，心理的雰囲気の打破までは至らなかった(141)。

のちに，1938年4月29日『毎日申報』は資本金100万円の株式会社として再発足し，『京城日報』から分離独立して『毎日新報』に改題するまでに発展した(142)。社長は崔麟，副社長は李相協であったが，依然として経理部長は警務局推薦の長島亀志で，彼によって財政の実権が握られていた。それが，1938年1月と1939年の2回にわたり筆禍事件を起こし，責任者が免職処分を受ける事件が起こった。この2つの事件の内容を簡単に述べることにしよう[143]。

日中戦争以後，日本軍は中国大陸を席巻したが，この時，日本の近衛文麿内閣は中国の全人民の支持を得ていた蔣介石政府を否定し，汪精衛と提携して日本軍の援護の下で，いわゆる南京政府を樹立した。この時，『毎日申報』は祝賀飛行使節を送り，柳光烈編集局長を南京に派遣した。ところが，柳光烈は汪精衛との会見中，「朝鮮青年は孫文先生の大同主義に共鳴している人がいるので，朝鮮と中国の青年の聯結を望んでいる」という発言をした。これが南京の日本軍当局と総督府警務局派遣員に知らされ，彼らによって日本の「国賊」という報告がなされ，柳光烈は帰社とともに免職処分を受けることになった。

もう一つは，この事件の１年前の，1938年１月の，同紙学芸面の記事が問題となった。これは金晋燮の「戦争と文化」という題の随筆であり，日本憲兵隊本部の蒲大佐（鄭勲）の摘発によって問題となり，結局，執筆者金晋燮は執筆停止処分を受け，同紙学芸部長趙容萬は強制免職された。

ところで，崔麟[144]が『毎日申報』の社長になったのは異例なことであった。彼は元来，独立運動家であり，独立宣言書に署名した民族代表33人中の一人である。後に，孫秉熙の勧誘によって天道教にも入教した。彼がいつまで独立運動を続けたか，またどういうふうにして親日派に変節したかについてはまだ学会で論議がまとまっていない。だが，筆者が収集した京畿道警察秘密書類（京高秘第1042号の１）の「崔麟等の行動に関する件」によると，警務部長は次のように書いて各道警察局に送っている。

「……崔麟ハ数日前東大門外ニ於テ旧派幹部権東鎮ト会見シ天道教新旧両派ノ合同ヲ慫慂シ新派ガ自治運動ヲ表明スルハ当局ノ制肘ヲ受ケサル手段ニシテ真ノ目的ノ独立運動ニ在ルハ多言ノ要ナシと述ヘタルニ対シ権東鎮モ心動キタルモ実際問題トシテ自治運動ヲ表明シ教徒側ニ対シテハ絶対独立ヲ表示シテ運動ヲ進行セシムルノ困難ヲ説キ更ニ一歩ヲ譲リテ自治運動ヲ経テ独立ニ向フトセハ従来幾多ノ犠牲ヲ甘受シ来リタル多数教徒ノ統一困難ナル等到底合同不能ナリトシテ再考を約シ別レタリト……」[145]

これを見ても彼は1930年３月までは独立運動を続けており，また全国警察によって要監視人物として烙印を押されていたことが明らかである。

だが，彼は後に『毎日申報』の社長となり，また1940年10月１日を期して日本全国で行われた『皇国二千六百年祭』には朝鮮言論界を代表して日本を訪問している。崔麟は親日派に変心して『毎日申報』の社長となったわけであるが，社長になることによって実際は日本側の監視下に置かれ，更には社長以下新聞社全体の社員までも監視の対象となったわけである。

このように朝鮮総督府機関紙である『毎日申報』にまで言論統制は厳しくなり，遂に，1940年8月10日『東亜』『朝鮮』両紙も強制的な廃刊に至る。このなかで，『東亜日報』の廃刊辞の一部を見ることにしよう。この廃刊辞は，金漢周が執筆したものである。

「そもそも報道機関としての新聞の使命は決して新しいニュースの提供だけにとどまらず，一歩進んで変転する時流に処して能く然な批判的態度と不動の指導的立場を堅持することにあることは周知の事実である。しかし，このような意義は特に過去朝鮮においてより広汎だったことを知らされるが，それは極度に遅れたこの地の文化的水準から帰結する必然的な事実であった。ここで吾人は再び本社主催及び後援の傍系的諸般事業と行事にまで想到せざるをえないが，その中では微々たるままでも結実を見たものもあり，また，開化成育中のものもある。しかし，一度播かれた種のことだから今日も将来も種の下にはまた新たな芽生えがあり，花の上にはまた新たな花が咲くことを信じてやまない。」(146)

この廃刊辞にも日本に対する抵抗を続けていることが窺える。新聞は報道機関としてニュース提供だけではなく，変転する時代的潮流によって，厳然とした批判的態度と不動の指導的立場を堅持していたことは当然であり，そこで，朝鮮民族に対する啓蒙的指導と独立思想の鼓吹は同紙の使命であったことを言明している。最後には，民族独立の種は播いたが，いつか必ず実ることを確信していると象徴的に語っている。

一方，同廃刊紙の3頁の上段には食欲をそそる程見事な葡萄が縺られている写真を掲載している。これは非常に象徴的なことであり，全社員，全民族が再会して，一つに固まることを指していると言えよう(147)。

以上，述べた通り，1940年になると朝鮮人経営の新聞は全て廃刊されており，日本語新聞さえも，一県一紙（一道一紙）に統合された。また，総督府機関紙である『京城日報』『毎日新報』にも言論統制が加えられ朝鮮半島における言論は完全な戦時体制に突入したといっても過言ではない状態になった。

⑴　緒方貞子『満州事変と政策の形成過程』原書房，1966年，７頁。
⑵　鈴木武雄『大陸兵站基地論解説』緑旗聯盟，1939年，７頁。
⑶　同上16頁。
⑷　鈴木正文「朝鮮兵站基地論の根拠」『朝鮮行政』７月号，帝国地方行政学会，1938年，24～25頁。
⑸　同上24～25頁。
⑹　梶村秀樹「朝鮮の社会状況と民族解放闘争」『岩波講座世界歴史㉗現代４』1971年参照。
⑺　万宝山事件は，1931年４月間島地方を追われ長春に移住した朝鮮人農民が，長春近郊万宝山付近の土地を中国人地主から借り，水田に開墾したが，無断で用水路が開削され，かつ氾濫の危険を生じたため，中国人農民が中止を要求，５月31日中国保安隊が出動し朝鮮人９名を逮捕した。日本側は領事館警察を派遣して，その朝鮮人の保護下に工事を強行，これに対し，７月１日付近の中国人農民約500名が用水路を破壊し，２日には日中双方が発砲する事件となった。この衝突で死者はなかったが，事件が誇大に伝えられた朝鮮各地で３～９日報復暴動が発生，中国人109名が殺された事件である。これは日本軍が意図的に情報を朝鮮全国に流して朝鮮民衆の独立運動意識を外に向わせようとしたということが韓国史学者の説である。
⑻　江口圭一『日本帝国主義史論，満州事変前後』青木書店，1975年，68～69頁。
⑼　同上69頁。
⑽　緑川勝子「万宝山事件及び朝鮮内排華事件についての一考察」『朝鮮史研究会論文集⑹』1969年，参照。
⑾　菊池貴晴『中国民族運動の基本構造』1966年，380～384頁。
⑿　一次声明書の主な内容は，満州での日本軍の行動は「自国ならびに自国臣民の正統に享有する権利利益を擁護する」ための措置であるとし，付属地外の奉天，吉林省などの出兵を「軍事占領にあらず」と唱え，朝鮮軍の派兵を「対外関係における事態を拡大せるものというべからず」と言い，関東軍の満州侵略を「自衛」のためだったとして，このうえない免罪符を与えた。
⒀　二次声明は中国の国権回復運動・排日運動が「帝国の国民的生存に関する権益さえ着々破壊せんとするの傾向歴然たるものである」と述べ，日本軍の撤退は事態を更に悪化せしめるものであると発表した。
⒁　「リットン報告書」の正式な名称は，「国際連盟日華紛争調査委員会報告」(The Report of the Commission of Enquiry into the Sino-Japanese Dispute)

である。これは，1931年11月に日本側の提案によって〈国際関係に影響を及ぼし日支両国間の平和または平和の基礎たる良好なる了解を攪乱せんとするおそれあるいっさい事情に関し，実地につき調査を遂げ，理事会に報告せんがため５名より成る委員会〉の派遣を決定した。この委員会は，イギリスのリットン卿２世Earl of Lytton（1876～1947）を委員長に構成された。

国際連盟調査団が中国の提訴によって日本の満州侵略における真相を調査して報告したものであり，同調査団は最終報告書で日本の侵略を認める一方，満州に地方自治機関を設置することを提案している。また，リットン報告書を最も早くスクープした日本人は『毎日新聞』（1990年１月９日付参照）の楠山義太郎記者であった。

⒂　『東洋経済新聞』1931年９月26日付社説。『東洋経済新聞』1931年10月10日付社説。

⒃　『大阪朝日新聞』1932年３月２日付奉天発特電。

⒄　三井・三菱・住友などの会社は1900年代から，満州・朝鮮に進出して重工業部分で活躍したが，いずれにしても軍需産業として戦争を支援していたということで，韓国においては現在でも批判されている企業である。

⒅　鈴木正文，前掲26～27頁。

⒆　水田直昌『総督府時代の財政』友邦シリーズ第19号，友邦協会，1974年，80頁。

⒇　鈴木武雄『大陸兵站基地論解』緑旗聯盟，1939年，30～31頁。

(21)　同上16～37頁。

(22)　金圭煥「植民地朝鮮における言論および言論政策史」博士論文，国会図書館所蔵，1959年，247～248頁。

(23)　日本では1934年頃から農民に押し付けてきたものであり，朝鮮における農村振興運動の本質とも合致するものである。「自力更生」の具体的措置として拡充を計画された産業組合は，府県知事の指導の下で，町村の行政区域別に設置され，官僚が，農産物の売却，農業資料と生活必需品の購入など，流通組織を統制していた。これは中間商人を排除し，独占資本に有利な市場を提供して地主富農層に産業組合下部の実権を握らせることによって，官僚との結びつきをつよめ，地主層を補充することを目的としたものである。「自力更生」とは農民の自力ではなく，官僚統制による「更生」であった。

(24)　金圭煥，前掲249～250頁。

(25)　水田直昌，前掲82～83頁。

(26)　同上80～83頁。

(27)　金圭煥，前掲274頁。

(28) 内川芳美「情報部の生みの親育ての親」『新聞研究』別冊，№８，新聞協会，1972年，96頁。

(29) 横溝光暉『昭和史片鱗』経済往来社，1975年，222～223頁。

(30) 同上222～223頁。

ここで非公式というのは，本来，二省以上から委員幹事を選出する委員会を設置する場合には，内閣議決を要する内規に拘らず，何らその手続がふまれなかったことを指すもので，これは単なる各省間の申合せに基づく連絡会議的なものと見るほかないと言える。

(31) 横溝光暉，前掲224頁。

(32) 内川芳美『マス・メディア法政策史研究』有斐閣，1989年，194頁。

(33) 内川芳美『現代史資料40　マス・メディア統制Ⅰ』みすず書房，1982年，645頁。

(34) 同上644頁。

(35) 内川芳美『マス・メディア法政策史研究』有斐閣，1989年，194頁。

内川教授はプロパガンダによる内外世論の操作誘導を行った事例を上げている。例えば，第一次世界大戦直後の外務省情報部（大正９年）と，陸軍省新聞班（同年）及び海軍省軍事普及部（大正13年）の創設などを指摘している。

(36) 内川芳美，前掲（1989年）194頁。

(37) 横溝光暉，前掲236頁。

(38) 同上242頁。

(39) 金圭煥『日帝の大韓言論・宣伝政策』二友出版社，261頁。

(40) 内川芳美，前掲（1989年）197頁。

(41) 内川芳美『現代史資料40　マス・メディア統制Ⅰ』みすず書房，1982年，627～641頁。

この案の主な内容は「主トシテ開戦前及戦争初期ニ於ケル総動員ニ必要ナル情報宣伝ニ関シ」て作成されたものとなっているが，この中では，中央情報宣伝機関として情報局の任務（情報宣伝と検閲・取締）及び組織を規定している。いずれにしても，情報宣伝に重点を置いていたと言えよう。

(42) 内川芳美，前掲（1989年）230～231頁。

(43) この協議会のメンバーは，内閣法統制局長官，内閣官房会計課長，内閣情報部長，法制局第一部長，企画院第一部長，外務省情報部長，内務省警保局長，大蔵省主計局長陸軍省情報部長，海軍省軍事普及部委員長，逓信省電務局長の11名で構成された。

(44) 内川芳美『現代史資料40　マス・メディア統制Ⅰ』みすず書房，1982年，273

～274頁。この要綱内容を見ると，特に各省より情報局に権限を移し，移官統合した事務部分は別項目に規定している。例えば，第二部規定のところには①外務省情報部の事務，②内務省警保局の事務，③陸軍省情報部の事務，④海軍省軍事普及部の事務，⑤逓信省，とされていることを見ると，内川芳美教授が指摘した通り，既存の機関の側からの統合に対する抵抗があったことが如実に証明できる。そこで既存機関が一部又は主要な事務部分を依然確保し，その元来の部署に残されていたため，統合は極めて不完全なものに終わったと言えよう。

(45)　内川芳美，前掲（1989年）230～233頁。

(46)　小松孝彰『戦争と思想宣伝戦』春秋社，1939年，49～50頁。

(47)　「朝鮮中央情報委員会規程」

第一条、情報及啓発宣伝に関する重要事項を調査審議させる為、朝鮮総督府に朝鮮中央情報委員会を置く。

第二条、委員会は、委員長一人及委員若干名を以てこれを組織す。

第三条、委員長は、朝鮮総督府内、高等官及学識経験ある者の中より朝鮮総督がこれを命じ、または嘱託する。

第四条、委員長は公務を総理す。委員長事故あるときは、委員長の指定したる委員、その事務を代理す。

第五条、委員長心理なりと認むる時は朝鮮総督府内、高等官、その他適当と認むるものをして会議に出席し、意見を陳述せしむることを得。

第六条、委員会に幹事及書記を置く。幹事長は朝鮮総督府文書課長を以て、これを充つ。幹事は朝鮮総督府部内職員の中より朝鮮総督がこれを命じ、または、嘱す。幹事長には幹事は委員長の命を承け諸務を整理す。書記は朝鮮総督府部内、判任官の中より朝鮮総督がこれを命ず。

(48)　朝鮮総督府『朝鮮総督府施政年報』昭和13年度，663～664頁。

(49)　朝鮮中央委員会は1937年７月22日設置以来，総会は毎年１回開催したが，主な記事を処理するため幹事会は毎週月・木曜日に開催，同年11月18日まで35回開催した。幹事会において協議研究された事項は情報及啓発宣伝，国民精神総動員運動に関する事項あるいは各局課の主務に関連を有する事項なるを以て各主務局課に於ては此の協議研究の結果に基づき，主務として必要なる措置を講じていた。

(50)　朝鮮総督府『朝鮮総督施政年報』昭和13年度，664頁。

(51)　同上665頁。

(52)　（極秘）朝鮮総督官房文書課「朝鮮時局宣伝事務概要」（朝鮮中央情報委員会活動状況並ニ同会附議事項）1937年，１～３頁。

(53)　同上３～４頁。

(54)　児童教育発達段階によると，大概10歳～15歳未満の学生は好奇心が非常に強いため，新しいものとか，珍しいものを見れば必ず父母に言うようになる。そのため，学校で見た活動写真の内容は帰家後には家族に話すようになり，波及教育効果が大きかったのであろう。

(55)　（極秘）朝鮮総督官房文書課「朝鮮時局宣伝事務概要」，前掲４～９頁。

(56)　同上10～16頁。

「情報委員会幹事会打合主要事項」は，同情報委員会が設立されて，11月末まで行われた朝鮮中央情報委員会の宣伝実績である。これらの内容は，朝鮮統治の全般にわたっており，同委員会が総督政治の中核的な機関だったことが明らかにされた。次はこれらの項目の中で，特に言論関係に関する注目すべき事項だけを紹介しておきたい。

一、軍事後援聯盟ノ結成ニ関スル件

一、各種情報委員会ノ設置

一、通報毎号登載事項ノ打合

一、時局写真ニュースヲ各邑面ニ配付スル件

一、電車バス其ノ他多人数集合スル場所ニ時局標語等掲揚ノ件

一、時局宣伝ニ郵便スタンプ利用ノ件

一、本府出入新聞記者トノ懇談会開催ノ件

一、出張者ハ地方ニ於ケル時局宣伝方策ニ付研討回報ノ件

一、紙芝居ト幻燈ニ依ル宣伝方策研究方ノ件

一、全鮮数戸毎に一冊ノ割合ヲ以テ配付スベキ印刷物「支那事変ト朝鮮人ノ覚悟」ヲ諺文ニテ発刊スル可否

一、金融組合聯合会発刊印刷物諺文「金融組合」ハ月二十六、七万発刊ニ付宣伝カアリ時局記事提供方依頼ノ件

一、第一、二放送共銃後美談放送スル件

一、支那語放送ノ件

一、朝鮮ニ於ケル献金ガ全部内地ニ送付セラレ一般国防費ニ充当セラルルガ如キ誤謬是正ノ件（新聞投書ニ関スルモノ）

一、本府活動写真班活動ヲ開始ス

一、百補丸ノ時局宣伝ポスター製作ノ件（五、六千圓ヲ投ス）

一、映画「銃後ノ朝鮮」観覧批判
一、朝鮮文芸会作時局歌詞ノ件
一、本府に新聞関係設置ノ件
一、外国及国内宣伝ニ付キ取締緩和方ノ件
一、外国人宣教師ノ言動ニ関スル件

などの106項目に書かれている。

(57)　前掲「朝鮮時局宣伝事務概要」15～16頁。

(58)　堂本敏雄（朝鮮総督府事務官）「朝鮮における情報宣伝」『朝鮮』11月号，朝鮮総督府，1940年。

(59)　（極秘）内閣情報部（計甲23号）「東亜新秩序建設ニ関スル宣伝方策大綱」1939年２月17日付。

(60)　緑旗日本文化研究所『朝鮮思想界概観』緑旗聯盟，1939年，16頁。

(61)　同上16頁。

(62)　絲屋寿雄『社会主義運動思想史Ｉ』法政大学出版部，1982年，262～263頁。

(63)　同上269～270頁。この同盟は創立大会以後，数十名の検束者を出し，そのうち13名が建物破棄の理由で懲役となり，1921年５月９日２次大会を神田青年会館で開催することになったが，実行委員の多くは開会前に検束され，高津正道が開会を宣言したが，直ちに中止解散を命じられ，５月28日には「日本社会主義同盟」の結社が内務大臣によって禁止された。

(64)　絲屋寿雄前掲305～306頁。

(65)　緑旗日本文化研究所，前掲16～17頁。

(66)　井出武三郎『吉野作造とその時代』日本評論社，1988年，113～115頁。

(67)　同上117頁。

(68)　過激思想の取締は日本だけではなく，フランスが既に1894年７月18日「無政府主義的陰謀の禁止のための法律」によって，無政府主義宣伝を目的とする教唆・曲庇・勧誘などをしたする場合，また軍人に対するこのような行為を宣伝する目的でその服従義務違反を教唆した場合に処罰した。アメリカでは1917年第一次防諜法（Espionage Act）で，軍部内部の不服従を扇動したり，徴兵事務を妨害する行為を罰しており，1918年第二次防諜法（Sedition Act）は合衆国の政府形態・憲法・国旗などを侮辱したり，政府に対する反抗を助長する利敵行為の言動を処罰した。

(69)　内務省警保局編纂『出版及著作関係法令集』日本新聞協会，1936年，31頁。

第一条　軍秩ヲ紊乱シ，財界ヲ攪乱シ其ノ他人心ヲ惑乱スル目的ヲ以テ治安ヲ妨害スベキ事項ヲ掲載シタル文書図書ニシテ発行シ責任者ノ氏名及住所ノ記載ヲ為サズ若ハ虚偽ノ記載ヲ為シ又ハ出版法若ハ新聞紙法ニ依ル納本ヲ為サザルモノヲ出版シタル者又ハ之ヲ頒布シタル者ハ三年以下ノ懲役又ハ禁固ニ処ス。

第二条　前条ノ事項ヲ掲載シタル文書図畫ニシテ発行ノ責任者ノ氏名住所ノ記載ヲ為サズ若ハ虚偽ノ記載ヲ為シ又ハ出版法若ハ新聞紙法ニ依ル納本ヲ為サザルモノヲ出版シタル者又ハ之ヲ頒布シタル者ハ二年以下懲役又ハ禁固ス。

第三条，前二条ノ未遂罰ハ之ヲ罰ス但シ印刷者印本引渡前ニ自首シタルトキハ其ノ刑ヲ免除ス。

第四条，第一条又ハ第二条ニ該当スルモノト認ムル文書図畫ニ付テハ真実ノ記載ヲ為シ又ハ成規ノ納本ヲ為ス迄地方長官（東京府ニ在リテハ警視統監）ニ於テ其ノ頒布ヲ差止メ必要アリト認ムルトキハ其ノ印本刻版ヲ差押フルコトヲ得前項ノ規定ニ依リ頒布ヲ差止メラレタル文書図畫ヲ頒布シタル者ハ三百以下ノ罰金ニ処ス

(70)　内川芳美『マス・メディア法政策史研究』有斐閣，1989年，189～191頁。

(71)　帝国地方行政学会朝鮮本部編『現行朝鮮法規編纂，第8巻』，1935年，法7，110の2頁。

(72)　朴容相「韓国の言論法史(上)」『新聞研究』80年冬号，韓国言論研究院，24～26頁。

(73)　高等法院書記課編『朝鮮司法提要』巖松堂京城店，1923年，890頁（付則）。

(74)　同上886頁。

(75)　朴容相「韓国の言論法史(上)」『新聞研究』80年冬号，韓国言論研究院，26～27頁。

(76)　帝国地方行政学会朝鮮本部編『現行朝鮮法規編纂，第8巻』1935年，法7，110～110の3頁。

(77)　1911年3月24日日本国法律第20号として緊急勅令を発布し，「朝鮮ニ実行スル法令に関スル法律」が制定公布され，朝鮮において法律を要する事項は朝鮮総督の命令に規定し，これを日本国の内閣総理大臣を経て天皇の勅裁を受けることにした。

(78)　朴容相「韓国の言論法史(上)」『新聞研究』80年冬号，韓国言論研究院，30～31頁。

(79)　朝鮮総督府警務局『朝鮮に於ける出版物概要』1929年度版。

(80)　桂勳模『韓国言論史年表』付録，1979年，111頁。朴容相，前掲36～37頁。

(81)　封建時代の農地耕作制度で，地主が土地を小作する（耕作人）農民に貸与し，農民はこの土地を借りて耕作し，その農産物の一部を地主に貢納する制度である。

(82)　朝鮮総督府警務局編金範宇訳『日帝下の朝鮮における状況，日帝植民統治秘史』チンア出版社，81～90頁。

(83)　この概要には一般検閲標準として主なものは治安秩序妨害に関する事項28項目と，特殊検閲標準５項目について規定されている。ここで特に紹介したいのは，一般検閲標準の第２頁，風俗壊乱の事項という項目である。まず①春画淫本の類，②性，性欲又は性愛等に関する記述として淫猥羞恥の情を起こさせ社会の風教を害する事項，③陰部を露出してはいないが，醜悪挑発的に表現した裡本写真，絵画，絵葉書の類，⑤煽情的或は淫猥羞恥の情を誘発する憂慮がある男女抱擁接吻（児童は除外）の写真，絵画の類，⑥乱倫の事項，⑦堕胎の方法等を紹介する事項，⑧残忍な事項，などの11項目である。

(84)　朝鮮総督府警務局「諺文新聞用紙面改善項」『警務彙報』1936年　朴容相，前掲39～40頁。

(85)　大蔵省管理局「教育文化政策とその実績」『日本人の海外活動に関する歴史的調査』通巻第４冊，朝鮮編第３分冊，1946年，９頁。

(86)　大蔵省管理局「教育文化政策とその実績」『日本人の海外活動に関する歴史的調査』通巻第４冊，朝鮮編第３分冊，1946年，10～26頁。

(87)　1919年にたてられた初等学校の３面１校計画は，８ヵ年であったが，それを４年間に短縮して，1922年に完成することに変更した。1928年５月には官立２，公立1,123，私立80，計1,500で，その数は２面１校を越え，1929年から８ヵ年計画で１面１校計画に変わった。

(88)　朝鮮総督府「京城帝大開学式」『朝鮮』11月号，1932年，175頁。

(89)　大蔵省管理局前掲『日本人の海外活動に関する歴史的調査』18～19頁。

(90)　緑旗日本文化研究所『朝鮮思想界概観』緑旗聯盟，1939年，21～22頁。

(91)　八木信雄（朝鮮総督府学務課長）「学制改革と義務教育の問題」『今日の朝鮮問題講座(3)』緑旗聯盟，1938年，12～22頁。

①　国体明徴教育は，万世一系の皇統を絶対不動とする国体観念を全国民に対して確乎不抜に培わねばならないのである。我が天皇は国家肇造の神々の神裔として現人神にましまし，皇祖の神勅を奉じて神聖不可侵の統治権を総攬し給ひ，臣民の宗本家の家長として，畏くも我等同胞を子の如くに愛撫し給ふのである。つまり「君臣一体」「忠孝一本」の我が国体は実に万邦無比万古不易の大理想であり，これを益々明徴にし，これを愈々鞏固な

らしめることこそ皇国臣民教育の根本目的である。

②　内鮮一体において最も大切なものは信愛協力である。内鮮互に敬し合い，互に信頼し合って初めて，ここに円満なる内鮮一体の世界が全うされるのである。互に寛大な心を以て接し，「寛容」と「信愛」とを失ってはならない。

③　忍苦鍛練とは真剣な態度で，自らの魂を打ち込む，難行と苦行とを積んで，新しい天地の開拓に努めることである。自らの汗によって，額にしたたる汗によって自らの運命を開拓しようとする進撃な態度である。常に一死君国に奉ずる覚悟を以て，献身報告の精神に燃えることである。

(92)　①君に仕えるは忠をもってし（事君以忠）
②親に仕えるは孝をもってし（事親以孝）
③友と交わるには信をもってし（交友以信）
④戦に臨んでは退かず（臨戦無退）
⑤殺生は慎重に選でなすこと（殺生有擇）
などで，儒教・仏教・仙三教の精神を基本としている。

(93)　大蔵省管理局前掲『日本人の海外活動に関する歴史的調査』21～22頁。

(94)　同上27頁。

(95)　当時の朝鮮の学校，官公署の殆どは日本語が使用された。国鉄の場合，日本語で話さないと切符をもらえず，学生が友達と朝鮮語で話せば処罰を受けていた。また，軍隊でも日本語のみ使われ，朝鮮語は防諜上の理由で絶対禁止され，父兄からの通信も日本語に限られていた。

(96)　大蔵省管理局前掲『日本人の海外活動に関する歴史的調査』55頁。

(97)　新聞用語研究会「朝鮮同胞呼称並新聞雑誌記事取扱座談会」1939年，26頁。

(98)　同上1頁。

(99)　同上1頁。

(100)　同上6頁。

(101)　『大阪朝日新聞』1939年10月19日付。

(102)　『大阪毎日新聞』1939年10月19日付。

(103)　新聞用語研究会，前掲7頁。

(104)　新聞用語研究会，前掲12頁。

(105)　新聞用語研究会，前掲13頁。

(106)　新聞用語研究会，前掲15頁。

(107)　「朝鮮同胞呼称問題ニ関スル大阪府協和会ノ意見」

一、従来各新聞ニ於テ朝鮮人ニ関スル記事掲載ニ際シテハ多ク半島ノ同胞朝鮮同胞朝鮮出身者等ノ字句ヲ用ヒ稀ニ鮮人ナル呼称ヲ用ヒタルモ朝鮮ハ既ニ合併以後三十年餘ヲ経過シ帝国ノ版図トシテ帝国領域ノ一地方ト見做スモ差支ナク又近時ハ特ニ内鮮一体論ガ高唱セラレ民族的意識ノ排除ト内地同化政策ノ徹底ガ考慮セラレ居ル実情ニアリ従ッテ新聞記時ニ於テ見出ノ文字ニ特ニ「半島同胞」等ノ言葉ヲ用フルハ朝鮮人ナルガ故ニ特ニ報道価値ヲ認メムトスルガ為メナラムモ如斯態度ハ既ニ放棄スベキモノニシテ之ヲ放棄セバ朝鮮人ノ呼称ニツキ特ニ研究スルノ要ナカルベシ

例ヘバ従来新聞記事ニ於テ特ニ九州人東北人ナルガ故ニ報道価値ヲ認メ記事ノ見出シニ「九州同胞献金ス」トカ「犯人ハ東北人」等ヲ用ヒタル例モ又心要ナカリシモノト思料セラル如ク将来ハ朝鮮人ニ関シテハ斯ル呼称ヲ全然廃スベキモノニシテ何等特殊ナル呼称ヲ研究スルモノ要ナカルベク又朝鮮人ナルガ故ニ之レガ見出シヲ附シテマデ之ニ関スル記事ノ価値ヲ認ムル心要ナカルベシ

若シ記事ノ都合上止ムヲ得ズ呼称ヲ必要トスル場合ハ「朝鮮生レ、朝鮮人」等ノ通常ノ言葉ヲ用ヒ或ヒハ内地人ト同ジク朝鮮何々軍何々面何々ト本籍地ヲ記スルヲ可トス

特ニ半島同胞等ノ言葉ヲ用ユル必要ナカラン

尚因ミニ「鮮人」ノ文字ハ絶対ニ不可ナリ

(108) 新聞用語研究会，前掲20～21頁。

(109) 新聞用語研究会，前掲22～23頁。

(110) 朴晟義『日帝の文化侵奪史』玄音社，1982年，309頁。

(111) 朴慶植『日本帝国主義の朝鮮支配』図書出版社，1986年，387頁。

(112) 文定昌『軍国日本朝鮮強占三十六年史』下巻，柏文堂，1986年，354頁。

(113) 緑旗日本文化研究所『氏創設の真精神とその手続』緑旗聯盟，16～20頁。

(114) 朴慶植『日本帝国主義の朝鮮支配』図書出版社，1986年，388頁。

(115) 緑旗日本文化研究所『氏創設の真精神とその手続』緑旗聯盟，14～15頁。

(116) 企画院は国家総力戦計画の策定，遂行に関する各省庁の調整を行い，総合国力の拡充運用に関する計画の立案を行う機関とされ，戦時統制経済の実行機関となるものであった。ここは，各省から統制経済の担い手である革新官僚が集まり，戦時体制樹立の中心となった。

(117) 藤原彰『日中全面戦争，昭和の歴史第５巻』小学館，1982年，133～134頁。

(118) 高崎隆治『戦時下のジャーナリズム』新日本出版社，1987年，33～34頁。

一、反戦マタハ反軍事的言説ヲ為シ、或ハ軍民離間ヲ招来セシムガ如キ事項
一、我ガ国民ヲ好戦的国民ナリト印象セシムルガ如キ事項、或ハ我ガ国ノ大外国策ヲ侵略主義的ナルガ如キ疑惑ヲセシム虞アル事項
一、外国新聞特ニ支那新聞等ノ論調ヲ紹介スルニ当リ、殊更ニ我ガ国ヲ誹謗シマタハ我ガ国ニ不利ナル記事ヲ転載シ、或ハコレラヲ容認マタハ肯定スルガ如キ言説ヲ為シ、依テ一般国民ノ事変ニ対スル判断ヲ誤ラシム虞アル事項
一、前各項ノ木ガ時局ニ関シ、徒ラ二人心ヲ刺戟シ、依テ国内治安ヲ撹乱セシムルガ事項

(119) 塚本三夫『実録，侵略戦争と新聞』新日本出版社，1986年，211～213頁。
(120) 高崎隆治『戦時下のジャーナリズム』新日本出版社，1987年，33頁。
(121) 朴容相「韓国の言論法史(上)」『新聞研究』80年冬号，韓国言論研究院，41～42頁。
(122) 同上43頁。
(123) 日本新聞協会『日本新聞協会十年史』1956年，16頁。
(124) （秘）朝鮮総督府『朝鮮総督府時局対策調査委員会諮問答申書』1938年９月号，173頁。
(125) 同上173頁。
(126) 内閣情報部（長浜功編）『国民精神総動員運動，民衆強化動員史料集成』明石書店，1988年，327～328頁。
(127) 同上328～329頁。
(128) 東洋経済新報社編「準戦時体制下の政治社会情勢」『日本経済年報』第26集，1936年，267～268頁。
(129) 同上268頁。
(130) 東洋経済新報社編「各経済部面の分析と見透」『日本経済年報』第30集，1937年，99～100頁。
(131) 軍需工業動員法は４つに大別することができる。
①　政府は軍需工業及それに供給する原料燃料製造工場，電力動力発生工場のすべてを管理，使用，収用することが出来る。
②　政府はまた，軍需品の生産修理貯蔵のため土地家屋其の他の工作物を管理使用，収用することができる。
③　政府は船舶，海陸聯絡輸送設備，鉄道軌道其他の輸送用物件を管理することが出来る。

④　以上の①②③の場合，そこで働くべき従業者を供用せしむることを得としてある。

⑤　以上に対する賠償に関しては，使用又は収用の際は徴発令の規定が準用され，補償金額は別に勅令を以て定められる。

(132)「臨時資金調整法」は国内資金の使用を調整するのが目的であり，本法による資金調整と輸入為替の許可とは別個の問題であった。一方，同法は不急不要なる方面に対する事業資金の調整と供給資源の拡大が本旨であった。事業資金の調整に付て金融機関の社債の引受，資金の貸付並に会社の新設，増資，自己資金による工場等の新設，拡張，改良等を政府の許可又は認可事項とすることである。尤も実際には之等当業者が政府の示す標準に従い，自治的に調整することとし，その場合には政府の許可又は認可を要せざることにした。

(133)　東洋経済新報社編「戦時体制に向ふ産業界」『日本経済年報』第31号，1938年，44〜45頁。

(134)　鈴木敬夫『法を通じて見た朝鮮植民地支配に関する研究』成東文化社，1989年，317〜318頁。

(135)　朝鮮人強制連行真相調査団編『朝鮮人強制連行・強制労働の記録，北海道・千島・樺太編』現代出版会，1976年。依田憙家「第二次大戦下朝鮮人強制連行と労働対策」『社会科学討究』早稲田大学第17巻第３号，1972年，69頁以下。

(136)　崔 埈『韓国新聞史』一潮社，1974年，308〜310頁。

(137)　同上314〜315頁。

(138)　同上315〜316頁。

(139)　同上316〜317頁引用。

広告料単価	一九二六年	一九三六年
①東亜日報	五号一行普通一圓 五号一行特別二圓	五号一行　一圓 指定料　五十銭
②朝鮮日報	五号一行普通一圓 五号一行特別二圓	普通一圓五十銭
③中外日報	五号一行普通 五号一行特別　一圓二十銭	普通一圓二〇銭 特別二圓
④毎日日報	五号一行　一面三十銭 五号一行　二面三十五銭	普通一圓 特別二圓

各新聞広告行数と広告主の地元

①東亜日報

1925年度　　国内　302,672

	東京	300,265
	大阪	149,028
1931年度	国内	319,646
	東京	318,752
	大阪	243,270

②朝鮮日報

1931年度	国内	416,084
	東京	364,737
	大阪	209,235

③毎日申報

1925年度	国内	219,617
	東京	262,750
	大阪	138,560
1931年度	国内	535,333
	東京	540,831
	大阪	194,157

(140) 崔 埈，前掲324頁。

(141) 崔 埈，前掲323頁。

(142) 『毎日申報』社長松岡正男は，『京城日報』からの分離経営に反対していた人である。ところが，斎藤実総督時代の浅利警務局長は最初から猛烈な分離論者であった。

(143) 崔 埈，前掲325頁。

(144) 崔麟（1878～）は独立運動当時民族代表33人中の一人である。1902年日本陸軍士官学校卒業，1904年韓国皇室特派留学生として東京府立第一中学入学，日本留学生会を組織して会長，1909年明治大法学科卒業後帰国，普成高等学校長などを歴任し抗日救国運動に投身，1918年天道教幹部達と独立運動を論議，三・一独立運動時民族代表に活躍中逮捕されて3年間入獄，1934年頃，親日派に変節して中枢院参議，『毎日新報』社長となったが，朝鮮戦争以後越北した。

(145) 京畿道警察部（京高秘第1042号の1）「崔麟等の行動に関する件」1930年3月12日。

(146) 『東亜日報』1940年8月10日付，廃刊辞。

(147) 『東亜日報社史』巻1，1975年，390頁。

第8章　太平洋戦争と言論統制の強化

第1節　戦時下の朝鮮における言論統制

日本は，1930年代になると国内的にはファシズムの政情下に置かれ，対外的には1931年満州事変，1932年国際聯盟脱退，1934年ワシントン海軍軍縮条約破棄，1936年第2次ロンドン軍縮会議脱退などによって国際的孤立化の道を歩み始めるようになった。同じ頃，ドイツも，1933年のヒットラー政権成立と国際聯盟脱退，1935年のベルサイユ条約軍縮条項破棄，1936年ラインランド進駐などによって，やはり孤立化するようになり，日本とドイツは国際的に侵略国家として激しく非難を受けることになった[(1)]。

日本は両大戦争（日露・日中）を遂行しながら，いわゆる「大東亜共栄圏建設」という政策を取り続けた。大東亜共栄圏政策の主な内容は，東亜新秩序と南進政策であった。即ち，東亜新秩序というのは「日満支」の経済的ブロック化であり，南進とは蘭印の資源の確保である[(2)]。このような政策が結局，1941（昭和16）年12月8日の太平洋戦争勃発のきっかけとなったと言えよう。それは従来の大陸政策である「北進主義政策」を捨てたわけではなく，むしろ，その行き詰まりを打開するため行った軍事行動であったのである。

太平洋戦争の鉾先は東南アジアであり，アメリカ，イギリス，オランダ，フランスを敵としたものである。太平洋戦争の勃発は日本軍の真珠湾攻撃から始まり，このニュースが日本に初めて伝わったのは，12月8日午前7時のNHKラジオ時報に続く臨時ニュースであった。この日のラジオ番組は，「臨時ニュース」と軍歌ばかりで埋め尽くされていた。そののち，戦争の拡大，長期化とともに，放送を含むマス・メディアは文字どおり，戦争メディアとして使われた(3)。

このように，太平洋戦争の下で，マス・メディアは政府の強い統制下に置かれるようになった。マス・メディアは従来のような「示達」「通達」などによる統制ではなく国家総動員法に基づき，法律によって統制されるようになったのである。

例えば，放送は開戦の翌日から「国内放送非常態勢要綱」によって，逓信省，情報局と放送協議の連絡会議が番組編成の主導権を握るようになり，更に，1942年2月には「放送の全権能を挙げて大東亜戦争完遂に邁進の基本方針」によって，「陸軍の時間」「海軍の時間」が設けられるなど，軍部の大本営陸海軍の報道部は単なる指導や統制ではなく，番組編成まで直接掌握することになった(4)。

新聞は，戦前の1941年1月11日に定められた「新聞紙等掲載制限令」と「新聞事業令」(12月13日)，そして，12月19日に公布された「言論・出版・結社等臨時取締法」などによって，戦時体制の言論統制下に置かれるようになった。これらの法律の狙いは2つ挙げられるが，一つは時局に対する「造言飛語ヲ為シタル者」「人心ヲ惑乱スベキ事項ヲ流布シタル者」を処罰することであり，もう一つは，政治に関する結社や集合を届出制から許可制にすることである。これらは言うまでもなく，デマの一掃を図ったものであろう(5)。1942（昭和17）年2月24日には戦時刑事特別法と，戦時犯罪の規定を拡充するまでに至った。これに伴い，朝鮮では，1941年「朝鮮臨時保安令」(制令第34号) を公布して「言論，出版，集会，結社等臨時取締法」を強化するようになる(6)。

戦争が勃発した当時，日本放送協会のラジオ放送局は東京中央放送局ほか43局の地方ネットワークを持っており，この中で，東京，大阪，名古屋放送局の3局は，第1，第2と2つの二重放送を行っていたので，実際は46種の国内ラジオ電波が流れていたと言えよう(7)。勿論，朝鮮の京城放送も二重放送となって，釜山中継所が日本の放送を受信して，京城，平壌，満州にまで流していた。当時，日本の国内放送も戦時宣伝に乗り出していたが，とりわけ，朝鮮における宣伝放送は，中・ソなどに与える戦時的宣伝効果が大きかったため，重要な役割を果たしたと言えよう。放送はその報道内容が強化され大きな戦果を伝えるニュースの前後にレコードを演奏し，陸軍は「分列行進曲」，海軍は「軍艦マーチ」，陸海共同の場合には「敵は幾万」がかけられた(8)。

このようなことは，日本放送協会が「戦時放送業務処理要領」(9)（正式決定は同年12月11日）によって，国民の戦争に対する意識を昂揚させるため，戦時体制の放送を行ったからである。戦時体制の放送は次の４点に主眼が置かれていた。

① 電波管制により都市放送を中止して，全国放送番組一本にした。

② ニュースを優先的に組み入れ，戦況，国策などのニュースを中心として午前６時から午後11時まで毎時の始めに流した。

③ 国民の士気を鼓舞するために音楽を，空き時間に組み入れ，勇壮な行進曲や軍歌歌謡を放送した。

④ 夜間９時から10時までの１時間は特に壮大な音楽や明朗な演芸を組み，国民の戦争推進精神力を涵養する時間とした。

上記の，「戦時放送業務処理要領」により，全ての放送業務処理は放送司令部に帰属するものとなり，それによって，いかなる放送業務に関するものでも，統制が可能となった。従って，当時は全国放送のネットワークを一本化して流していた。また，放送はニュースを中心にし，軍歌，行進曲などの戦争下における精神力強化に重点を置いて番組を編成した。放送は新聞より刺激的な聴覚効果があることを利用して戦争意識鼓吹を図った。

一方，情報局は非常事態における放送のあり方につき，「戦時放送業務処理要領」よりも具体的で，より詳しい「国内放送非常態勢要綱」を定めた。即ち，開戦を決定した政府が同年12月５日付で次のような同要綱を関係機関に伝え，情報の指導，監督をしたものである(10)。

一、放送の一元的統制を強化するため地方各局からの全国中継を中止し、原則として東京発全国中継、またはローカル放送となす。

一、都市放送（第二放送）を中止して全国一重放送となす。

一、防衛総司令部、各地軍司令部ならびに各地鎮守府及び警備府に原則として中継用マイクの設置、アナウンサー、中継係、技術係の勤務をなさしむ。

一、防空下令その他作戦用兵に関する事項は防衛総司令または各地軍司令部より直接放送をなすものとする。

一、首相官邸放送室を情報局放送室に兼用し、アナウンサー、中継係、技術係を常勤せしむ。
一、大本営および逓信省連絡のうえ必要なる時期において電波管制をしく。
一、警戒管制中は放送番組は官庁公示事項、ニュース、レコード音楽に重点を置き、講演、演芸、音楽等一般放送は、人心の安定と国民士気昂揚を中心とし積極的活用を図る。
一、重要時には放送アナウンスにより聴取者をして常に受信機にスイッチを入れ置く如く告示す。
一、敵空襲とともに原則として電波の発射を休止す。
一、空襲警報解除または必要ある場合は敵機退却とともに再び電波を発射す。

この内容はかなり具体的で，実際，各放送局が行うべきものとして規定され，日本放送協会が遵守すべき項目として通達された。これらの要綱によって，日本放送協会は防衛総司令部の指示及び統制下で放送を行うことになり，実質的な国家管理体制下におかれることになったわけである。

一応，新聞に対する統制については，日本政府は法律による直接的統制よりも間接的な統制を試みようとした。即ち，従来の自発的統制組織である「新聞聯盟」は，1942（昭和17）年2月5日「日本新聞会」へ組織変更された。つまり，1941年12月13日新聞事業令と20日同施行規則に基づき，「日本新聞会」が設立されたのである。この新聞会は新聞聯盟を強化した統制機関であり，官庁権限をこれに委譲させ，新聞の統制，整理を助成することになった。日本新聞会は新聞聯盟とは明確に異なり，法律に基づく，執行機関でもあった。もし，これに違反するものがあれば，法令によって廃刊・停刊の極刑まで課した強制的な性格を持つ新聞統制機関であった(11)。

このようにして新聞統制機関は整備され，次は新聞事業令に基づき，新聞社の統廃合が行われた。これは新聞会会員104社に適用したものであり，1942年7月24日，内閣情報局は全国新聞社の統合方針（一県一紙主義）を次のように発表した(12)。

東京都：全国紙3，ブロック紙1，業界紙1
大阪市：全国紙2，ブロック紙1，業界紙1
名古屋市：中部ブロック紙2紙とするもなるべく1紙に統合する（朝日，

毎日は名古屋発行を撤廃する。）

福岡市：九州ブロック紙1（朝日，毎日の北九州発行は朝鮮，台湾を考慮して存続を可とする。）

その他の各府県は1紙とする。

このような決定により，新聞界は自発的統合に乗り出した。その結果，日本新聞会会員は当初の104社から僅か55社に縮小された。

新聞会はその他にも，記者登録制，記者会改組，新聞経営調査，統制資財の確保など，新聞聯盟から引き継いだ諸事業の統制業務に着手した。また，新聞会は設立以来強力な統制力を発揮し，新聞の編集から営業に至るまで新聞に対する指導ないし統制を行っていた。だが，新聞会は創設3年にしてその使命を果たし，業務面の事項のみを残して，1945年3月1日解散した。

ここで注目したいのは新聞統合の問題である。即ち，100社以上の既存の新聞社を戦時下「物資統制」と「国論統一」という美名のもとで統廃合したことである。この時，一県一紙を原則として55紙に統合された。この一県一紙のような新聞統廃合は国民に対しては愚民化政策であり，新聞社に対する無力化政策であった。

反面，新聞統合によって創刊された新しい県紙はいずれも急激に部数増加をするとともに，経営面において著しく向上するようになった。また，持分合同以後は中央紙の地方進出が許されなかったため，地方紙の経営面は非常に良い状態となった。統合によって，新聞統制を行う当局としては取締が非常に取りやすくなり，その代わり新聞社側の経済面はある程度保証されるようになった。このように新聞社は経営的にはいい状態になったが，言論機関という自らの使命は果たせなくなった(13)。

同じことが，1980年韓国でも行われ，一道一紙という統廃合措置によって，地方紙は伸びるようになり，中央紙も経営的に安定することになった。ところが，日本の場合と同じように結果的には国民に対する政府広報紙の役割を果たして，言論機関という本来の使命は果たせなくなったと言えよう。つまり，太平洋戦争中の新聞社の統廃合によって，新聞社側は自らの役割を失って，戦争の道具メディアと化したのである。

このような状況の下で，新聞記事も，戦時下の報道統制によって量質的に変化せざるをえなくなった。

具体的にはページ数減少による記事量の激減，また戦時ニュースの増加による一般記事の圧縮などが指摘できよう(14)。もう一つ重要なのは，戦時下における新聞の報道内容である。つまり，新聞が言論機関として読者に対してopinion leaderとしていかなる指導性を発揮して世論を形成したかということである。

現在における新聞報道のなかで，特に，ニュース報道は全ての報道の中でも中核をなすもので，社会生活の情報源として，正確性を基本とするものである。にも拘らず，太平洋戦争下のニュース報道はかなり正確性を欠いたものだと言わざるをえない。それは中立国などを経由したものが多く，情報源そのものが不足しており，戦況ニュースは大本営発表に限られていたからである。戦況報道は，権力による官制報道であり，軍部の統制の下で表現の自由は封鎖され，真実を追究するという言論機関の大原則は放棄された状態であった。当時の新聞は，大本営発表のみに依存し，真実の報道，厳正なる批判の重責を十分に果たしえなかったが，この統制に対して抵抗した痕跡も見られなかった(15)。勿論，戦前には軍部や言論統制を批判し続けた桐生悠々とか，正木ひろしなどがあったが，1941年以後は全くと言っていいほど見られなくなった。

では，これに対して，朝鮮における言論統制はどのように行われていたかについて分析していきたい。

太平洋戦争というのは，「大東亜共栄圏建設」の確立というスローガンによって勃発したのである。当時，東条英機内閣は太平洋戦争の主な目的として，①新秩序の確立，②植民地解放，③大東亜共栄圏の確立などを取り上げて，目的を達成するための戦争の不可避性を繰り返し強調していた。

そこで，朝鮮民族に対しては，太平洋戦争は植民地解放のためであるとして日本軍に対して協力することを呼び掛けたのである。これはあくまでも太平洋戦争に朝鮮国民を巻き込もうとしたスローガンであり，朝鮮民族に対する解放と独立というのは建前に過ぎなかったのである。それは，1942年7月4日付『東京日日新聞』に掲載された「日本なくして大東亜共栄圏なし」という社説にもよく窺える。この社説は皇国臣民中心の思想の下で書かれていたのである。当時，その他の新聞社説を見ても，植民地民族とか，解放を願う諸民族に対して配慮した論調は少なくとも見られず，皇国臣民のみが強調され，国民一致による戦争完遂に邁進しなければならないという趣旨の内容ばかりが書かれている[16]。朝鮮に対して太平洋戦争の大陸前進基地としての役割を最大限に発揮させ，戦争の目的遂行のため貢献させようとしたのである。太平洋戦争の任務を完遂するために朝鮮人に対して要求した役割は3つであった。第一は，食糧の供給，第二は地下資源及び重工業の開発，第三は，役務及び徴兵への動員であった[17]。

朝鮮における食糧増産計画は満州事変以来，日中戦争をきっかけに食糧増産運動が再び復活された。特に，太平洋戦争の勃発とともに食糧は第2の兵器とされ，増産計画が推進された。1939年当時日本は朝鮮から米を毎年約900万石輸入しており，台湾からも500万石の米を輸入していた。この数値は朝鮮の年平均米収穫高1,700万石の2分の1以上に該当する[18]。

「一粒でも多くの米」というスローガンの下で，日本は軍需米を調達するため朝鮮に供出せしめた。また,太平洋戦争が勃発した2，3年間は，干害や水害による凶作によって生産が減少したため，日本は朝鮮に対して，いわゆる糧穀の「消費規制」を発表して，朝鮮の民衆はジャガ芋，薩摩芋，野菜，山野草等を常食とするよう求めた。

元『京城日報』論説委員近藤釼一氏（生存）は，太平洋戦争下の朝鮮は正しく戦力源であり，日本の兵站基地としてその役割を立派に果たしてくれたと率直に語っている。

その具体的な理由としては次のように述べている[19]。それは先ほど述べた，日本側が朝鮮人に対して要求した3つの項目とも関連があるものである。

まず近藤は，朝鮮は軍需自給を余儀なくされた日本にとって，その物的戦力源としての貢献は大きかったと指摘している。それは，戦争必需資源確保のため，いわゆる物資計画が建てられていたが，その97指定品目のなかで，朝鮮で自給の出来るものは57品目で，物資計画全品目の58%が朝鮮で補給されたからだとしている。なかでも依存が大きかったものは，鉄鉱石，タングステン，モリブデン，コバルト，螢石，雲母，鱗状黒鉛など，その他，アルミニウム，マグネシウム，メタノール，硫安等々の地下資源であり，その生産拡充のため動員された鉱山労働者の数は，1943（昭和18）年11月末現在28万名に及び，また動員徴用を受けた鉱山は56ヵ所に及んでいた。そして，各種工場の徴用は73ヵ所（1944年8月），その工場労務者総数は39万名（1943年

8月）になったと述べている。

近藤によると，特別志願兵制が布かれ，多くの若人が進んで志願していた。『京城日報』社の編集局には彼らの血書志願が幾通となく届けられ，職員達を感激させたものである。その志願者の数は1943年には303,294人を数え，採用者は6,300名であった。また，1944年度国民総動員計画数は1,340,000名となっていたが，そのなかで，南方，樺太その他の北方，本土等をはじめ各戦域に送り出された強制労働者は515,000万人に及んでいると語り，朝鮮は立派な兵站基地の役割を果たしたので，決して朝鮮の植民地統治はこの点に鑑みても失敗ではなかったと主張した(20)。

ところで，この彼の主張には幾つかの疑問が残っている。

第一は，日本は年間500万石から800万石の間の軍需米を朝鮮から華北方面に送ったと述べているが，1939年朝鮮の日本供出米は先ほど述べた通り，約900万石であり，1944年までは毎年大幅に増加していたので，氏の主張は数値上の差がある。

第二は，志願兵制度の問題であるが，近藤氏は1943年志願兵は303,294名であり，採用者は6,300名であったと論じているが，『京城日報』同年11月10日付によると，同年に「学徒兵別志願兵」を応募したが，朝鮮の学生志願はほとんどなく，学生達の抵抗によって成果を挙げることができなかったとされている。また，総督府は在日留学生2,000名と朝鮮内の1,000名を強制的に志願させていたが，志願期限10日前まで台湾人学生は全員応募したにも拘らず，朝鮮人の学生は僅か4割にも至らなかったと書かれている。

第三は，強制連行された労働者の数のことである。つまり，1939年国民総動員以来，1945年敗戦に至るまで強制連行された軍人，軍属，または労働者の数の問題である。これは最近論議されている非常に重要な問題である。最近の『朝日新聞』（1990年8月7日付）の記事によると，日本の研究者達は朝鮮人連行者の数を70万に上るとしている。これに対して同紙で姜徳相（一橋大）教授は約150万名にのぼると語っており，金基詰朝鮮総連社会局長も150万であるとそれぞれ述べている(21)。ところが，上述の近藤釼一によれば，1944年度朝鮮人動員計画は134万名であり，その中で労務要員が515,000人であったとされる。

一方，『東亜日報』の1990年9月11日の記事によると，日本の特高警察が作成した1945年9月25日付の資料によれば，1944年末現在日本に居住している朝鮮人は1,911,307名（沖縄除外）だと発表している。これらの人々の殆ど（留学生除外）が強行連行された者である。そして，近藤によると，1944年度の1年の労働者連行計画が1,340,000万であることから推察すると，1939年から1945年まで，7年間に動員された人数はその134万人を遥かに上回ることが推測されるのである。

さて，1941年太平洋戦争勃発以来，朝鮮は再び兵站基地と化して，社会的統制は非常に厳しくなった。このような状況の下で，朝鮮の言論は統制によってほぼ窒息状態となったと言っても過言ではない。

太平洋戦争以来，朝鮮のラジオ放送はある程度放送網が完備されるとともに銃後国民精神の高揚に注意を払い，反面聴取者の開拓に拍車を加えようとしていたところであった。ところが，物資統制に伴い受信機資材の入手困難と価格の高騰，配電線の不足等の状況とともに，半島には未曽有の大旱ばつが重なって，聴取者の普及開拓の問題が一層深刻化することになった。

また，番組編成においても，1日平均，京城放送局自体の編成制作は33%であり，日本本国の中継が67%となっていた。それらの大部分の番組の内容も，皇国臣民としての自覚と責任を促したものである(22)。

これらの放送内容を分析してみると，国民に対する「慰安」という方面に主眼が置かれていた。例えば，「傷病将士慰問の午後」「勤労青年の夕」などの番組は内鮮一体の理念を強調しながら，日本の勝戦報道を流していた(23)。1942年になると，朝鮮総督府（情報課，警察局及び逓信局），朝鮮軍司令部，国民総力聯盟及放送協会との間に定期的に会合を行い，情報を交換するとともに国論統一のため宣伝施策方針等の協議をした(24)。こうして朝鮮放送は，自社番組制作（全体の33%）も総督府と情報部によって制作統制を受けることになった。

1943年，朝鮮総督府御用雑誌社である朝鮮公論社が，京城放送局の朝鮮語放送に関するものとして，ハガキを使って「鮮語放送の可否」という世論調査を行った。勿論，全ての回答者は日本人である。回答の結果を分析すると，廃止を主張するものが49通，一部存続を望むものが17通であった。即ち，廃止を主張しているものが半分ぐらいだったのである。廃止を主張する理由としては，朝鮮民族は既に皇国臣民として，日本語常用が勧められているなかで，徴兵実施，時局宣伝なども日本語で行われていることを挙げて，朝鮮語放送は断然禁止すべきであるということであった(25)。

ところで，元日本放送協会の職人であった森勝治によると，戦争勃発直後は日本の海外放送がより進んでアメリカの宣伝戦略を圧倒したと論じている。日本は開戦直後16ヵ国の国語で海外放送をしていたが，フィリピン作戦中においてはフィリピンの国語であるタガログ語とスペイン語で放送した。また，シンガポール作戦中はシンガポール，マレー語による放送を行ったりして，戦争の損害を出来るだけ少なくして戦勝に導こうとした。そこで，ラジオ東京の海外放送は正確なニュース報道によって，第三国や中立国は勿論，敵国であるアメリカに至るまで注目を集めることになったとしている(26)。これに対して，日本は朝鮮，台湾，日本全国にかけては外国の短波放送の聴取を禁止していた。

しかし，太平洋戦争が勃発してからは，京城放送局の朝鮮人職員はアメリカの短波放送を聴いていた。特に，サンフランシスコ放送局の朝鮮語放送を秘密裏に聴取していたが，これが1942年警察に摘発され，一大検挙事件が起こった。これによって，放送課職員宋珍根をはじめ朴龍信・孫貞福・楊済賢，そのほか廉準模・李二徳・成基錫など技術課職員が拘束され，のちほど何人かは体刑まで受けた。これがいわゆる放送局短波事件である。

これをきっかけとして警察は全国的に短波受信機所有を厳禁し，その所有者は処罰するとともに短波放送聴取を禁止する方向に動く(27)。その結果，朝鮮半島における放送統制は完璧となったとも言えよう。

当時既に，新聞においては全ての朝鮮語新聞が廃刊されており，ただ総督府機関紙である『毎日新報』だけが朝鮮語として残されていた。そこで次に，日本語新聞に対しても統廃合作業を行うことに着手した。朝鮮総督府は1941年12月，日本の新聞事業令による一県一紙の政策を導入して，朝鮮では一道一紙主義政策にして，新聞統制を一層強化した。この一道一紙主義によって，京畿道の場合，有力紙の『朝鮮新聞』『朝鮮日日新聞』『朝鮮毎日新聞』が各々翌年２月末に廃刊するとともに，『京城日報』に吸収されたのである。

また，新聞紙規則によって綜合雑誌『京城雑誌』『実業の朝鮮』『朝鮮公論』の３誌が併合され，新しく『朝鮮公論』が発刊された(28)。こうして，1942年末までに24紙(29)に統合されたが，これは1939年４月現在の42紙に比べて

18紙が減少したものである。24紙中，日刊紙は17紙である。また，ここで『京城日報』と，その姉妹紙である『京日少国民新聞』『皇民日報』『毎日新報』の4つの総督機関紙及び『朝鮮米肥日報』『朝鮮証券日報』『朝鮮商工新聞』の3つの専門紙を除けば，純粋な民間日刊紙の数はわずか10紙に過ぎない状態になった。一道一紙主義によって新聞統廃合が行われたと言われているが，朝鮮は13道なのに10紙しかなかったのは，忠清北道や江原道などは新聞が発行されていなかっためである。

ここで注目したいのは，総督府機関紙の拡充発展政策が強力に推進されたことである。従来においても朝鮮の民族紙に対する言論弾圧によって，『東亜日報』と『朝鮮日報』などが無期停刊処分を受けた時は必ず，『京城日報』と『毎日申報』の部数は伸びていた。今回の統廃合措置とともに総督府機関紙の施設拡充に伴い，部数の拡張のために読者獲得に強く力を入れていた。その結果，1943年『京城日報』は20万部まで部数を伸ばすことができたのである。

以上，戦時下における朝鮮の言論統制を分析してきたが，当時は政治的統制，物資的統制などをはじめとして，社会全般にかけてあらゆる分野において統制が加わっていた。そうした状況の下で，言論は一層萎縮し，本来の使命完遂は到底考えられない状態となった。当時の朝鮮の言論は，むしろ日本政府の政策協力メディアとしての機能を果たしていたと言えよう。例えば，朝鮮人向けの戦時ニュースを一方的に流し，国策宣伝に努めていたように。また，皇国臣民の美名の下で，国民総動員などを呼び掛け，朝鮮民衆は戦争に引き出されるようになった。

このように太平洋戦争下の言論は，戦争の第2の武器として使われ，いわゆる兵站基地という特殊状況において，宣伝メディアとしての役割を果たしていたと言えよう。更に，朝鮮の言論は日本本国より，一層厳しい統制の下で，朝鮮民族あるいは中国，ソ連などの人々に対する日本の国策を宣伝する代弁機関として使われていたということができる。

第2節　朝鮮における出版物の統制

1940年10月，日本ではナチスのような国民組織として大政翼賛会が組織された。なお，朝鮮においても国民精神総動員聯盟が改編され，国民総力朝鮮聯盟が再発足した。同聯盟は大政翼賛会のように「高度国防国家」と「新体制に確立」ということをその目的としていた。

朝鮮での国民総力運動の実践要綱は南次郎総督の下で設定され，太平洋戦争の任務完遂のための生活要綱として推進された。そののち，1942年5月29日，第8代小磯国昭総督が就任，「国体本位の透徹」「道義朝鮮」(30)の建設を呼び掛けた。つまり，徴兵制度の実施とともに戦争遂行に能率化を図っていたと言えよう。

小磯総督は戦争が不利な状態となると，朝鮮民衆に対する戦力増強政策と言論統制に対する政策をますます厳しくしていった。小磯総督は1943年9月，府下に「総督府出版統制協議会」を設置して，出版に対して強力な統制方針を取ることになった。これは従来，日本においては見られない組織で，朝鮮独特の出版統制機構であった。この組織に関連する資料は日韓両国においてもまだあまり知られていない。そこで，これらの資料を通して朝鮮の植民地統治後半期の言論統制，すなわち太平洋戦争時代における朝鮮の言論統制の分析を進める。

出版物統制協議会というものは，朝鮮独特の出版物統制組織であり，その機能は特に戦時下における朝鮮の言論統制政策に重点が置かれていた。では，これを分析する前に，まず日本の戦時下の出版物統制の場合を見ることにしよう。

日本における戦時下の出版物統制機構は，1942年の「日本出版会」，1940年内閣に設置された「新聞雑誌用紙統制委員会」，1939年8月の企画院内の「新聞雑誌用紙協議会」などで，出版統制及び用紙統制を行っていた(31)。また，当時，日本における戦前の出版会の盛況は英米に劣らない水準であったので，戦時においては優良出版物の指導助成が平常に比べて一層緊要となるところであった。

一方，朝鮮総督府においても既に適正な調節をはかるため，出版物用洋紙使用規正に関する事務を殖産局商工課が主管して，相当な効果を上げていた。戦争中は統制がますます激しくなり，悽愴苛烈となるにつれ，更に洋紙を規正して無駄を排除し，出版物による啓発宣伝や戦力増強などを理由として，**図5**のように朝鮮総督府出版統制協議会を設置した(32)。

図５

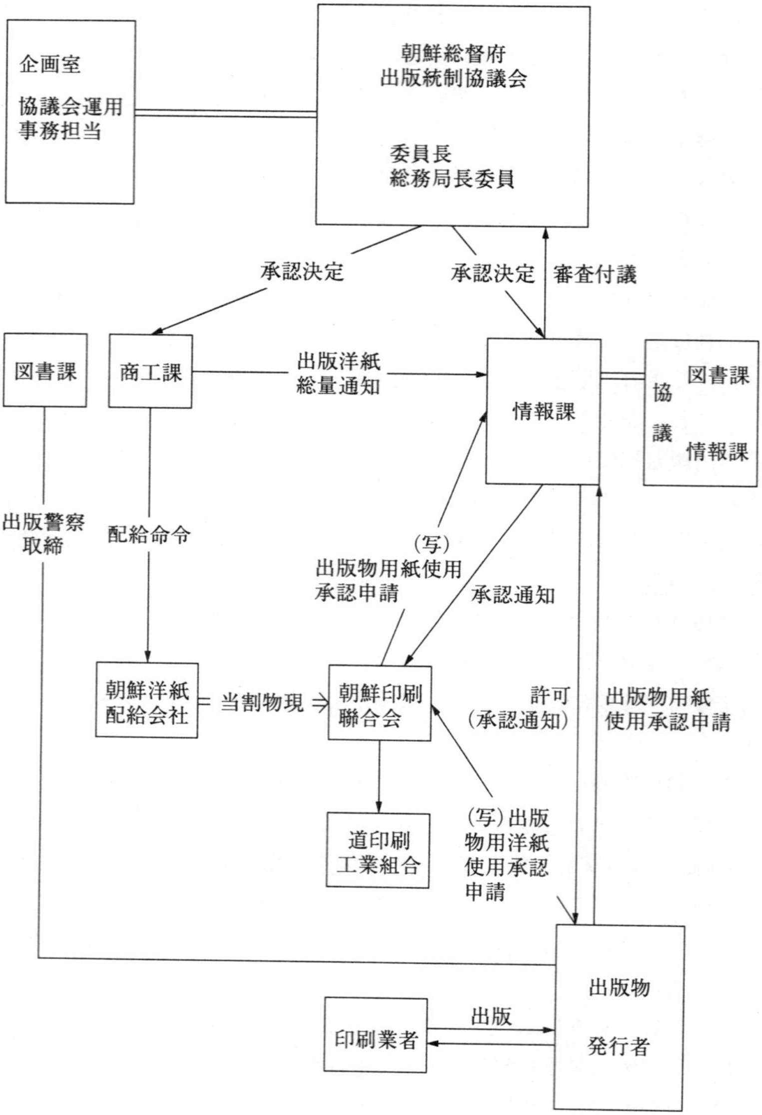
朝鮮総督府
出版統制協議会
委員長
総務局長委員
企画室
協議会運用
事務担当
承認決定
承認決定
審査付議
図書課
商工課
出版洋紙
総量通知
情報課
協
議
図書課
情報課
出版警察
取締
配給命令
(写)
出版物用紙使用
承認申請
承認通知
朝鮮洋紙
配給会社
当割物現
朝鮮印刷
聯合会
許可
(承認通知)
出版物用紙
使用承認申請
道印刷
工業組合
(写)出版
物用洋紙
使用承認
申請
出版物
発行者
印刷業者
出版

この図に示されている通り，従来殖産局商工課の主管であった出版物用洋紙使用承認に関する事務は総務局情報課に移されている。即ち，従来物資配合の方面より商工課が主となり，出版警察当局にあたる警務局図書課及一，二関係局課と協議して出版統制に当たっていたのを，情報課が主務課となり，図書課と協議のうえ企画室，商工課，文書課，学務課更に陸海軍側と連絡協議して適正な出版統制の運営が行われることとなったのである。

当時朝鮮における出版統制は公正な立場から，決戦態勢即応の統制が行われたといわれているが，洋紙配給量は申請量の5分の1ぐらいしかならなかったため，洋紙不足は深刻な状態となり，それに伴い言論統制もますます厳しくなった。

にも拘らず，当局は出版統制について次のように語っていた。

「……何分にも洋紙配給量に対し最近では約五倍といふ申請量であつて，これに対しては相当思ひきつた措置に出ねばならぬのである。しかもかくする事が決して文化の低下を来するものではなく，寧ろ従来の紊乱に近い出版界を浄化し，半島文化の向上に資するところ尠からずとすれば啻に戦時における措置に止まらずこの制度は永久に方針として維持されねばならぬと思はれるのである。」(33)

この内容を見ると，洋紙配給量によってやむをえないことであり，この措置は決して文化の低下ではなく，むしろ，出版会を浄化して朝鮮の文化向上に資することであるとしている。また，この措置は戦時だけではなく，永久な方針として続けなければならないという考え方を示していた。

次は出版物の承認審査であるが，出版物承認の実施方針としては，様々な角度から審査することになっていたが，次のように「出版物承認並ニ推薦実施要綱」ということを定めて，具体的な項目を示している(34)。

出版物承認並ニ推薦実施要綱

出版物統制協議会運営ニ関スル事項中出版物承認並ニ優良出版物推薦実施ハ別ニ定ムル諸規定ニ基ク外更ニ本要領ニ依リ之ガ施行上遺憾ナキヲ期スルモノトス

一、出版物承認ノ先決方針トシテ下記ノ通リ審議ヲ行フベキコト

㈠　著者、編者ノ人物閲歴

１．著者、編者ノ経歴及現在ニ於ケル一般ノ信用程度

２．著者、編者ノ思想的閲歴及賞罰ノ有無

３．既住著作ノ有無、著作アル場合ハソノ種類及実績

㈡　朝鮮ノ特殊事情ヨリ見タル適否

１．国体本義ノ透徹上効果ノ有無

２．文壇ノ国語化促進ヘノ寄與厚薄

３．文化水準ノ向上ヲ企図スル見地ヨリスル適否

４．諺文ノミヲ解スル大衆ニ対シ供與スベキ諺文出版物トミテノ内容ノ適否

５．朝鮮民衆ノ民族意識、米英崇拝観念其ノ他半島特殊思想動向ニ対スル影響

６．其ノ他朝鮮人ノ皇民資質錬成上稗益ノ有無

㈢　出版企業全般ヨリ見タル要否

１．新規出版企画ガ出版会ノ現況ニ齎ラス意義並ニ須要性ノ程度

２．営利出版物ニアリテハ企画採算ノ適否

㈣　同種既刊出版物ノ有無

１．鮮内及内地ニ於ケル同種出版物既刊ノ有無

２．同種既刊出版物アル場合更ニ申請出版物刊行ノ要否

二、出版物承認ニ當リ其ノ具体的内容ノ審議ハ下ノ通之ヲ行フベキコト

㈠　出版物タルノ実質的価値ノ有無

１．著者、編者ノ著作事項ニ関スル学識経験ノ程度

２．内容、国語構成其ノ他著作技術上ノ巧拙及頒布對象ヘノ適合性

３．改竄、剽物ノ有無

㈡　戦時出版物トシテノ適格性ノ有無

１．戦時出版物適格要素ノ具備状態

２．戦時出版物トシテノ刊行緊急度

３．戦時優良出版物タラシムベキ指導助成

三、出版物推薦及優良出版物ノ指導助成ハ下ノ通行フベキコト

㈠　推薦出版物トシテノ適否

１．以上審議調査ノ結果優良出版物ト認メラルモノノ中ヨリ本府名推

薦ノ価値アル出版物ノ選定

2．本府名推薦申請ニ係ル出版物ニ對スル承認ノ可否

3．本府各局課ニ於テ行ハントスル刊行物推薦ニ関スル指導方針

4．出版物推薦ニ関シ軍或ハ国民総力朝鮮聯盟トノ連絡

5．優良出版物刊行ニ関スル基本的企画並ニ之ガ指導助成方針

㈡　頒布對象及刊行部数ノ適否

1．予定頒布對象ノ適否

2．頒布對象ニ對スル刊行部数ノ適否

3．推薦、刊行物普及方針決定ニ基ク特別刊行部数ノ査定

㈢　配給用紙量ノ査定

以上，全部で27項目が定められているが，「出版物承認」に関する項目が19，「優良出版物推薦実施要領」に関するものが8項目に分けられている。まず，出版物承認の規定から分析を進めていきたい。

出版物統制協議会は，審議対象の出版物が戦時出版物として適当かどうかということを協議することをその建前としていた。つまり，決戦時において必ず必要な出版物であるかという見方によって非常に局限的に直接戦力に資するものを選ぶということであった。とすると，どのような部門，どの程度のものがそれであるか、判断しにくいところであった。将来，洋紙供給が窮屈になった場合はいざ知らず，今日まではそれほどまで行き詰まっていないので，ただ平時のように無統制に，あまり役立たぬものが出版されぬよう，しかも優良なものは寧ろ積極的にその出版を助成するということを統制の趣旨としていた。

従って，出版物の内容も必ずしも理論であたためたカチカチのものとか，勇壮苛烈な戦争ものばかりが要求されているわけではなく，小説などでも文学的な価値のあるもので健全なるもの，国民の士気を高揚するに足るものや戦時生活に適切な潤いを与えるものなら大いに推薦され得るとしていた。

なお，出版物承認の先決方針として次のような審議が行われていた。

第一に著者，編者の人物閲歴を審査している。これは審議に当たって相当重く考えられるのであるが，必ずしも新人を拒否するのではなく，大概の場合原稿によらず梗概によって審査するため，出版について既往の実績のない

人のものはどうしても分が悪くなった。こういった人の編著物はなるべく原稿全部を提出して審査を受けるとか，権威ある人の序文などを附けて出した方が無難であった[35]。

第二には朝鮮の特殊事情から見て適否が決定される場合が相当あった。この規定は6つの項目に分けて定められているが，同方針の中で最も項目が多く，しかも具体的に限定されている。この内容を見ると，小磯総督の朝鮮統治思想がそのまま反映されていると言えよう。国体本義の透徹上効果や皇民資質錬成上稗益などがそれである。即ち，一般的な見地からいかに優秀なものでも，朝鮮の特殊思想動向に良からぬ影響を与えるとみなされるものは排除され，皇民資質錬成上特に朝鮮に於て稗益すると認められるものは承認又は推薦される可能性があると言わねばならない。また，文壇の国語化促進と文化水準の向上，ハングル出版物が与える影響などを考慮して朝鮮事情に適応したものが大体において優先的であった。

第三には新規出版会が出版会の現況にもたらす意義と必要性の程度，営利出版物においては企画採算の適否まで調べていた。なお，無償配付する非営利的なものも審査にあたっては全く同一の立場に置かれたのである。

第四には出版物承認にあたっての具体的な審議の対象である。即ち，著者，編者の著作事項に関する学識と経験の程度，また日本語構成と頒布対象への適合性，更に改竄，剽物の有無まで審査を行った。

第五には戦時出版物としての適合性の審査であった。

このように，出版物統制協議会は出版物承認に関する審議を行っていたが，ここで注目すべき点が幾つか見られる。

第一は，従来は一般的に，出版物の統制は各種の法律によって行われ，その法律は概して出版物の内容を対象としたものであった。つまり，出版物の内容が法律に抵触するかどうか，或いは社会に与える影響はどうかということが問題であった。

しかし，それが出版物承認の審議対象はより具体化され，著者，編者の経歴と信用度，更に思想歴と賞罰までも審議の対象としていたのである。

第二は，著者，編者の学識と経験，又は出版業者の企画の採算性などの調査であるが，これは本来の目的である戦時下における物資の統制と国論統一という名目とは食い違っている。むしろ，出版統制という美名の下で，思想統制ないし出版業者の経営統制まで行っていたのである。

第三は，優良出版物の推薦と指導助成であるが，これは先ほど述べた項目の通り，審議調査の結果，優良出版物として認められれば，総督府名で推薦承認し，軍関係部署と国民総力朝鮮聯盟に連絡して購読させていた。また，発行部数まで適否を審査することになった。これは優良出版物の選定と指導助成ということよりも，むしろこれらの出版物を通して戦時下の国策の宣伝に努めたと言えよう。

以上は主として単行本またはこれに類する冊子について述べたのであるが，この出版統制協議会は新聞，雑誌，その他継続の出版物についても同様の言論統制を行うことになるのである。

次は洋紙使用規正であるが，その内容は以下の通りである(36)。

出版物用洋紙使用規正要綱

一、朝鮮内ニ於テ洋紙ヲ使用スル出版物（新聞、雑誌、単行本其他ノモノ）ヲ刊行セントスル者ハ左記（ママ）ノ手続ヲ要ス

(イ)　新聞、雑誌、其他継続出版物ノ場合出版物用洋紙使用承認申請書（但シ従来ノ出版企画内容ヲ変更セントスル場合ハ其ノ都度出版企画届正副二通ヲ添付ノコト）

(ロ)　単行本又ハ之ニ類スル出版物ノ場合、出版物用洋紙使用承認申請書及出版企画届各々正副二通ニ当該単行本ノ目次並ノ内容ヲ詳細説明セル四百字詰原稿用紙三枚或ハ夫レ以上ノ梗概ヲ二部添附

（尚必要アル場合ハ之ガ原稿ノ提出ヲ命ズルコトアルモノトス）

之ヲ印刷ニ附セントスル前々月十日迄ニ総務局（情報課）ニ提出スルト同時ニ出版物用洋紙承認申請書ノ写一通ヲ朝鮮印刷聯合会ニ送附スルコト

(イ)、(ロ)何レノ場合トモ之ガ用紙トシテ新聞破紙ヲ使用セントスルモノハ其ノ旨該申請書ニ附記スルコト

二、殖産局（商工課）ハ毎月分出版物用洋紙割当総量ヲソノ前々月十日迄ニ総務局（情報課）ニ通報スルコト

三、朝鮮印刷聯合会ハ第一項ニヨリ刊行者ヨリ送附アリタル申請書写ニ就キ使用紙質、規格等ノ見地ヨリ検討適宜是正ノ上取纒メ之ヲ印刷ニ附

セントスル前々月二十日迄ニ総務局（情報課）ニ提出スルコト

四、総務局（情報課）ハ第一項ニ依リ受理セル当該申請書、企画届及原稿又ハ梗概ヲ警務局（図書課）ト協議ノ上整理シ之ヲ前月十日迄ニ出版物統制協議会ニ回付スルコト

五、出版物統制協議会ハ総務局ヨリ回付ヲ受ケタル当該申請書及企画届ニ對シ所定方針ニ基キ審議決定ヲ遂ゲ其ノ結果ヲ前月十五日迄ニ総務局（情報課）及殖産局（商工課）ヘ通知スルコト

六、総務局（情報課）ハ前項ノ出版物統制協議会ヨリノ決定通知ニ基キ承認セラレタル申請者及ビ朝鮮印刷聯合会ニ對シ之ガ通知ヲナスコト

七、出版者ハ出版物ノ印刷ヲ印刷業者ヘ発注ニ際シテハ必ズ総務局（情報課）ヨリ交附サレタル出版物用用紙使用承認通知ヲ添付スベキコト

八、出版者ハ前項ノ印刷出来シタルトキハ之ヲ二部添附ノ上出版物発行届ヲ遅滞ナク総務局（情報課出版芸能係宛）ニ提出スベキコト

尚之ガ刊行物奥附ニハ必ズ出版承認番号及刊行部数ヲ印刷スベキコト

九、総務局長ノ承認無クシテ新聞、雑誌、単行本、其他ノモノヲ朝鮮内ニ於テ出版セル場合ハ総務局長ハ用紙配給上ノ制裁ヲ加フルコトアルモノトス

十、新聞捲取紙（破紙ヲ除ク）ヲ使用スル新聞ニ附イテハ本規定ヲ適用セズ

このように出版業者は,「出版物承認並に推薦実施要領」という手続と同じく「出版物洋紙使用規正要綱」をも申し込んで許可を得なければならない。これは例えば，雑誌類とその他定期刊行物が洋紙使用承認を受けずに，任意に発行したことがあった。こうした洋紙使用承認の手続をしないまま直接印刷出版が行われた場合，洋紙配給上に制裁措置が行われた。つまり，洋紙の使用承認と現物配給とを合致させて行うための建前としていたのである(37)。

このように，朝鮮の出版統制協議会は２つの規則を定め，それに基づき，出版統制を行った。これは単に雑誌，単行本の定期刊行物に限って統制を行うように見えるが，決してそうではなかった。新聞を含む朝鮮におけるあらゆる分野の言論出版物が，２つの規則によって統制されたからである。例えば，新聞の場合，出版物承認を受けても，洋紙使用許可を得なければ，洋紙

が配給されなくなり，結局新聞発行は不可能になるからである。いずれにしても，両方の許可が必要だったのである。

そういった出版統制によって，朝鮮における全ての朝鮮語新聞はなくなり，残された雑誌も1942年には『朝光』のほかに『春秋』（発行者・梁在履），『大東亜』（『三千里』と改題，発行者・金東煥），『新時代』（発行者・瑞原聖），『野談』（発行者・林尚浩）だけとなった。朝鮮語に対する統制政策は文芸活動にまで広がり，洋紙の配給中止とともに1944年頃までは新聞，雑誌とともにその活動が見えなくなるのである[38]。

一方，1943年９月朝鮮総督府出版協議会の設置約３ヵ月前の，５月29日から６月２日までの７日間，朝鮮軍報道部では京城駐在新聞，雑誌，映画，演劇，美術，放送関係者55名によって軍報道班を組織し，合宿報道演習が行われた[39]。

これは後に組織された出版物統制協議会と何らかの関連があるものと考えられる。太平洋戦争下における言論統制という側面から見るとその関連性を推察することができる。ここで幾つかの手がかりを探ってみることにしよう。

まず，朝鮮軍報道演習は平壌近郊の大同廠社で行われていたが，そこで倉茂軍報道部長は次のように訓示している。

「戦争は総力戦である。諸君の中には名文章家もあれば、名画家、名撮影者もいる。然し、如何なる名文章でも、単にこれのみでは読者に与える迫力と感興に乏しい、此の名文に加ふるに、名画、名写真を以てしたならば、更に一段と陸離たる光彩を放つであらう。諸君は各自の職域に、一国一城的免彩を以てはならない。相協力し、相助け合って、今後も輿論の指導啓発に、報道班員としての使命を完遂しなければならない。それには諸君等同志は心から親和し相なごみ合はねばならぬ。物を一つの鉢に入れて、ゴロゴロかきまぜると角がとれる今次報道演習は、これと同じである。諸君を一つの鉢に入れてかきまぜるのである。願はくば、軍の期待するところによく思ひを致して、其の目的を達成されたい。」[40]

即ち，各社の報道班を集め，今後の世論の指導啓発と国家の使命を完遂するために協力しなければならない，また，国論統一のように各社の報道が一つの木鉢として軍の期待に答えるべきだと訓示していた。最後に，同演習の別辞において多田参謀は次のように語っている。

「……軍隊と銃後の両生活は断じて別個のものではない。特に大東亜戦下、一億総進軍の今日、我々は一週間の演習の緊張を銃後報道生活に延長し、以て軍隊精神を、銃後報道陣に取入れ、時局の進展につれ益々重且大を加ふる報道の責務を果す為に、戦陣に立つ報道戦士たるの心構へを堅めたのである。かくて半島報道今後の質的飛躍は今後刮目に価すべきを信じて疑はない。此の点、江湖各位と喜を分ち、最後に感銘一段と深き軍隊の戦友有愛を綴って此の稿を終る。」(41)

この主な内容は報道の重要性を論じながらも，銃後の報道生活はますます重大であり，報道戦士として果たす役割は大きいということである。

以上，報道班演習に際しての２人の訓示内容を分析してみると，まず，戦時下における報道の重要性を語っており，報国報道戦士として世論の指導啓発と国論統一に努力することを訴えている。つまり，軍事訓練も受けながら戦線の苦しみを体得すること，実際的には報道統制教育ないし戦時体制下の言論人に対する精神教育を行っていたと言えよう。

従来の歴代総督統治下においてはこのようなことは見られない。寺内総督の武断政治の下でも記者団に対して協力を求めるぐらいに止まっていた。また，これまでは一般的に言論統制を行う場合，法律を作ってそれに従わせ，また，軍部が統制を行っても，新聞紙に対する事前検閲制度や発行以後の行政・司法的責任を問うばかりであった。ところが，今回は各社報道班の記者達を召集して合宿をさせながら言論統制に関する精神教育まで行っていたのである。これは内地新聞人訓練とはいえ，以前と比べれば極めて異例なことであると言わざるをえない。

1942年小磯総督が就任以来，「指導者錬成教育」(42)を実施していたが，これとも無関係ではないのであろう。朝鮮総督府の指導者錬成教育は，1943年３月11日から始まって，それ以来続けられていたが，京城駐在各社報道班の精神教育もそれらの政策の一環として行われたものと見られる。

このように，記者団の言論統制教育を行ったということは，当時日本における全ての言論生活を画一化させ，戦争広報メディアとしての役割を果たさせることを狙っていたとも言えよう。これによって朝鮮においても新聞に限らずあらゆる言論が次第に無力化していったのではないかと考えられる。

第3節　情報宣伝政策と通信検閲実施

現代の戦争は国家総力戦といわれるように，太平洋戦争は全ての組織が戦争体制を柱として運営されていた。戦争体制完成の前提条件として必ず考えられるのは国民組織であろう。即ち，国民組織を土台として国家総力戦体制が整うわけである(43)。前章で既に国民総力朝鮮聯盟については述べたが，この国民総力聯盟は世論の指導と情報宣伝によって朝鮮の民衆に対する説得的コミュニケーションを行っていた。

戦時下における朝鮮の民衆に対する情報宣伝はどのように行われていたかを究明することは，朝鮮統治後半期における宣伝政策研究に非常に重要な分野であると考えられる。情報宣伝政策は植民地統治終盤における啓発宣伝の根幹になったからである。ここでは，そのような政策についての具体的な分析を行っていく。

まず，朝鮮における情報宣伝政策は，朝鮮総督府情報課を主務課として，同府関係局，課と協力し，地方においては各道国民総力課を中心として，それぞれ時局下における啓発宣伝を実施していた。情報啓発宣伝の性質上，朝鮮軍海軍武官府等の軍部は勿論，国民総力朝鮮聯盟の機構と密接に連繋する外新聞・放送・雑誌の報道機関をはじめ，文字・美術・演劇などの各種の文化芸能方面の協力を求めて，効果的な啓発宣伝を実施したのである(44)。

1942年朝鮮の行政機構の改編によって，従来官房にあった情報課と司政局にあった国民総力課が総務局に移り，情報課長が国民総力課長を兼ねることになった。また，従来の情報啓発宣伝は国民運動と密接になり，連帯意識を持つようになった。太平洋戦争の展開によって時局に対する啓発宣伝は重要な局面を迎えることになった。特に，1942年小磯総督の就任以来，情報宣伝政策は急速に進み，朝鮮民族に対して戦争に協力することを強制的に呼び掛けるようになった。

1943年朝鮮総督府の情報宣伝の目標を見ると。

一、大東亜戦争下に於ける民心指導

二、朝鮮統治理念の徹底

三、朝鮮事情の認識宣伝

四、徴兵制度及海軍特別志願兵制度の周知宣伝
五、国民総力運動の進展
六、食糧事情に関する民心啓発
七、決戦下文化の助成
の7つに大別することができるが，これらの宣伝内容を簡略にまとめると，次のようになっている。

まず，第一の大東亜戦争下における民心指導と世論の啓発宣伝という項目は，当時最優先すべきものとされ，情報課の仕事として極めて重大な課題であった。勿論，これらの宣伝政策は中央におい情報局が主務庁となり，軍の報道宣伝と密接な連絡の下で行ったことは周知の通りである。従って，情報課は情報局と連絡のうえ，政府の一定方針によって戦時下の民心に対する啓発宣伝を行っていたのである。即ち，朝鮮内の民心の動向と戦局の推移を分析し，中央部の方針を承け，また朝鮮の特殊事情をも取り入れ，民心指導ないし世論の指導方針を立て，道及び総力聯盟並びに各種報道機関に通達した。それでは大東亜戦争下において最も重要であった民心指導についての要点を堂本敏雄の解説に従ってまとめて見ることにする(45)。

① 大東亜戦争の性格を今一度振りかえって見るということ
大東亜戦争の性格は，単なる表面の敵であるところのアメリカ並にイギリス等と武力による戦いをしているというだけではなく，いわゆる英米が持っている世界観並に彼等が過去数世紀に亙って，世界において自由自在にその我侭勝手を振回した英米的国際秩序，これを断然破砕撃滅致して，日本を領道主として，皇道を世界に広め，皇御戦を世界に展開するといった雄大なる性格を持っているのである。従って戦争概念として考えてみると，大東亜戦争は従来歴史の上幾度かあった所の，或いは古今東西に亙って行われた戦争とは違い，それらの戦争の有する凡ての性格並びに近代における戦争の性格の凡てを備えていると言ってよいだろう。即ち，何時も言われるところの国家総力戦，其の凡ゆる意味における国家総力戦の典型的なものが大東亜戦争であると考えている。従って，武力戦の他に外交戦もあり，また当然経済戦もあり，思想戦もある。また，色々な文化の戦いもあり，国民生活を通じてやるいわゆる生活戦も

あろう。まず，このような大東亜戦争の性格を充分認識したうえで，銃後におけるいろいろな国民生活の協力が必要である。

② 安易な戦争観を是正排除すること

戦争は極めて順調に進められており，これで戦は八分通り勝った。或いは南方に於ても敵の重要拠点は大抵攻略したから，武力戦はもう終ったのではあるまいか，これからは経済戦だというようなことを考えているものは，大東亜戦争の性格を充分認識しないむしろ誤って認識した者である。もしそういう人があるとすれば，西南太平洋において或はビルマにおいて，戦線におて，非常な激戦奮闘を続けている皇軍将兵に対して，又陣頭指揮に斃れた山本元帥やアッツ島玉砕部隊の忠魂に対して申訳ないのである。このような戦争観は絶対に排撃しなければならないのである。

③ 必勝の信念を堅持すること

戦争に勝つためには色々な要素があって，直接戦力を構成する武力，次に生産力，経済力などが先ず第一に必要であるが，それとともにこれを動かす人間の精神，更に銃後国民の精神力，これらが戦いに対して重大なる要素を持っている。必勝の信念の根底，又はその背景には国民自体の生産戦力増強の血みどろの奮闘と戦時生活を徹底的にやり通すと言う努力が必要であり，この点，徹底的実践の問題である事を銘記せねばならぬ。要するに，日本が絶対に勝っているということは間違いない事実である。この必勝の信念を堅持するためには言葉だけではなく，凡ての生活を通して朝鮮における全民衆の腹をそこまで固めるということを特に願う。

④ 米英思想の排撃すること

この米英思想の排撃というのは，単に思想の排撃のみならず，知らず識らずの間に玉石混合して多年に亙って輸入して来った米英色の一掃ということを取上げて，国民運動として展開する必要があるということである。要するにあらゆる機会にあらゆる方法を以て，米英思想の残滓を清算し，米英的臭みを排撃することである。

⑤ 流言蜚語の防止と思想戦謀略戦に対する措置

陸軍刑法・海軍刑法或は普通の刑法に，或は戦時特別法令，或は国防保安法というような各種の法令があって，戦時における流言蜚語等を厳重に処断することになった。

⑥　共産主義・民族主義に対する警戒

特に朝鮮における特殊の傾向である民族独立主義，或は主義とまで行かなくても，これが大東亜戦争下における国民の結束を破る障害になるであらうというような一種の民族的悪感情，そういうものを醸成して，巧みに煽らんとするような輩もないとは限らぬ情勢であるから，この点また留意を要するのである。

⑦　民族戦，人種戦の宣伝に対する警戒

日本と同盟である独伊との離間策を講ずる宣伝に対する警戒である。そのような宣伝は大東亜戦争は結局人種戦であるというようなことを申して，殊更独伊と日本との間を裂こうとする魂胆を持つもので，留意しなければならない。

これらの７つの項目をまとめてみると，次のようになろう。

第一に，米英中心の世界秩序の破壊及び米英思想の脱皮，更に時局の再認識と民族主義の警戒である。それ故に，戦時下の生産力増強と必勝の信念などを訴えている。このように，戦時下における米英両国からの脱皮を訴えていたのが，のちの戦後日本の反米感情に何らかの繋がりがあったかもしれない。この時，思想だけではなく，日常生活の米英的習慣まで排撃運動を行った。これによって，43年前の1902年日英同盟が結ばれて以来，全国民的に熱烈な支持を得た英国主義や，長い間浸透してきたアメリカの文化と慣習などが撤廃されることになったのである。

第二に，朝鮮統治理念の徹底は，小磯総督の朝鮮統治の統治理念に基づくものである。国体の本義透徹と道義朝鮮の確立を知事会議或いは新聞・雑誌などのメディアを通して講じていた。更に，小磯総督の三大統治方針である修養錬成の徹底的実践，生産戦力の決勝的増強，庶務執務の画期的刷新を，要するに朝鮮統治理念の具体的な実践方針として広報している。これを国民総力聯盟とその他国民運動機関を通じて行うと共に，情報課においても新聞雑誌を通じて宣伝を行った(46)。

第三に，朝鮮事情の認識宣伝のため情報課が設けられることになった。従来は日本本国における一般の人々に朝鮮というものの認識を促さねばならぬ点が相当あったのである。即ち，日本において朝鮮の実状を誤りなく認識してもらい，朝鮮に対して十分な協力を求める必要があったのである。具体的にはパンフレット，あるいは朝鮮紹介の講演会，座談会などを通じて行われた(47)。その次は満州，支那，蒙疆などの外地に対して朝鮮統治の実相を紹介することである。

第四に，徴兵制度の趣旨宣伝であるが，これは朝鮮総督府として極めて重要なものであった。朝鮮では1944年から徴兵制が実施され，朝鮮からも毎年多数の兵隊が送り出されることになるが，日本側としては朝鮮の若者が皇軍将兵として，忠誠勇武なる皇軍の一員として真に何物にも負けない精神を持って皇軍に参加するということは，国家的に大事なこととしていた。そこで，情報課はこの趣旨の宣伝を十分行うべきとされたが，それは，徴兵者は勿論，送られる家族婦人にも皇軍の本質，徴兵の真義というものを理解してもらい，兵隊を送り出すことを目的としていた(48)。

第五に，国民総力運動の推進であるが，2,500万臣民の総力を結集錬磨して大東亜戦争目的の完遂に邁進させ，来るべき徴兵制実施準備に遺憾なきを期すべしという運動方針の下で啓発宣伝を促していた。

第六に，食糧事情に関する民心指導は，食糧の増産，供出，配給及消費規正などの全部門にかけて情報課が方針を定めて民心の啓発宣伝をはかることをその目的としていた。当時の食糧は第2の兵器として朝鮮民族は供出すべきとされ，朝鮮は軍量米調達の軍需地となったと言えよう(49)。

第七は決戦下の文化の指導助成であった。戦時下における国民生活の士気高揚と結束強化を図り，皇御戦を進めていくため役立つところの皇国文化を作り上げるのがその目的であった(50)。

以上，7つの項目に分けて行われた1943年度情報宣伝の目標を分析してみたが，あらゆる分野での情報宣伝が戦争中心に企画されており，また，小磯総督の朝鮮統治理念中心に情報宣伝が行われたと言えよう。

一方，冒頭でも述べたが，日本の立場としては，戦争に勝つため国家総力戦を行い，そのために銃後の生活の一切を戦力増強に振り向けてそのおびただしい戦争物資を不断に補給していくことが必要不可欠なものであった。これらのことを全ての国民が正しく認識しなかればならないことであった。戦意を強化するためには時局に対して，朝鮮民衆に認識してもらうことが何よりも切実なことだったのである。

そこで，総督府は戦力増強の効果を高めるため，啓蒙映画を上映することになった。

まず，映画によって戦争への関心を強め，時局に対する認識を正しく深め，銃後人の戦時体制を整備していくことを狙っていた。当時映画は新メディアとして宣伝効果が高く，時局認識の近道となるものだったからである。

新聞や雑誌は詳しく戦争の様相を伝えていたが，その新聞や言論出版物を読む人は限られた一部の人々だけである。そして，講演やその他の形で口から話して伝えることも，身近で且つ関心を持つ人々にのみに限られて，その普遍性に欠けている。これに反して，映画に対しては，人々は争って蝟集し，映画の持つ「興味」に惹かれて殆ど全ての人々が関心を持ち，進んでその言葉を聴き姿を見ようとするのである(51)。

特に，映画は当時どのメディアよりも，大衆に近い親しみを持っており，実質的に動いている画面を通じて訴えるから大きな影響力を持っていた。ところが，1943年９月頃，朝鮮における映画常設館の数は僅か100前後に過ぎず，しかもそれが都会にのみ集中し，映画を利用して大衆の指導や啓発を図ることは極めて不十分であった。

そこで，これらの欠陥を補い，映画の利用効果を積極的に高揚して大衆の啓蒙教化に努めるために「朝鮮映写啓発協会」が設立された。この協会は「全鮮的宣伝教化指導機関タルノ使命ヲ完遂シ，半島二千五百萬皇民ニ對シテ健全ナル宣伝教化」(52)を行うことを趣旨として作られ，地方各道まで総動員して，1941（昭和16）年以来３年間は相当の実績を上げていた。その具体的な例としては1942年度の実績で，各道における映画の出張映写と，映写設備のあるものに対するフィルムの貸出しである。その活動内容は**表16**のようである(53)。この資料はまだ韓国の学会に紹介されていない資料であるが，植民地後半期の宣伝政策研究にとって重要と思われる。

この**表16㈠**によると，１年間，各道別に1,909回の映画が上映されたが，１ヵ月で計算すると月平均150回以上が各地で上映されたわけである。京畿道は１ヵ月20回以上，最も少ない忠清南道でも６回以上上映されていた。このほか，映写機設備ができている所はフィルムだけ貸出して映写したが，その回数は約300回（貸出巻数2,930）にのぼると推定されている。少なくとも2,300回以上の移動映写が行われ，全国地方の農村まで活発な宣伝活動ないし啓蒙活動を行ったことが明らかにされた。また，団体別にも，宣伝事業が活発となり，**表16㈡**で見るように，朝鮮鉱山聯盟の貸出巻数が394，軍部関係358で最も多かったのである。こういうことからも推察されるが，やはり啓発事業と軍需産業とは密接な関係があり，観覧者数も朝鮮鉱山聯盟は338,000名で最も多かったことが明らかになった。

当時はこうした巡回映写活動によって大きな成果を上げることができたが，これは業務的に統制され，時局的な啓蒙と指導，戦力増強に力点をおいた主に教化的な映画ばかりであった。

一方，戦時下においては新聞の検閲，雑誌発行の承認などの出版統制だけではなく，通信統制まで行うことになり，通信検閲実施が始まった。

即ち，戦時下の情報宣伝とともに通信施設の拡張も計られた。例えば，京城中央電信局は政治，軍事，経済，交通運輸の中枢的な立場に立っており，戦時下の電気通信網が飛躍的に拡充された。京城中央電信局の回線を見る

表16　1942年度朝鮮映写啓発協会事業実績

㈠　地方各道

内容／会員	貸付巻数	映写回数	観覧者概数
京畿道	三一五	二四七	四四四、四三五
忠清北道	二二三	九九	一三九、三〇〇
忠清南道	一六四	七七	一一四、三五〇
全羅北道	一六九	一四二	二五三、五〇〇
全羅南道	二一〇	一四八	三二一、七〇〇
慶尚北道	二一六	一六五	二二六、九八〇
慶尚南道	一八八	八七	一三〇、七七〇
江原道	一八五	六八	一〇二、八〇〇
黄海道	一八九	一一二	一五一、一二〇
平安北道	一八五	九三	一三二、四〇〇
平安南道	一九六	二二八	三二三、三八〇
咸慶北道	一九一	一〇一	一一五、八〇〇
咸慶南道	一八九	八六	一二三、五七〇
金融組合	二一〇	二五六	三六三、五〇〇
計	二、九三〇	一、九〇九	二、九四三、五三〇
合計			二、九四三、五三〇

㈡　一般関係（団体別）

貸付先＼内容	貸付巻数	映画回数	観覧者概数
本　府	一五九	一二一	二二一、二〇〇
専売　局	八三	五一	七五、〇〇〇
鉄道　局	一五三	一八〇	一八七、〇〇〇
逓信　局	一三	一三	五、七〇〇
京城地方逓信局	七〇	七二	一八二、〇〇〇
逓信事業会館	七九	七四	四八、二〇〇
逓信月曜会	七二	三三	三、三〇〇
朝鮮鉱山聯盟	三四九	一六五	三三八、〇〇〇
朝鮮映画配給社	三四	六一	三九、〇〇〇
朝鮮水産聯盟	九七	八五	一七五、〇〇〇
国民総力聯盟	六七	三二	五二、五〇〇
京　城　府	九三	三五	七〇、五〇〇
日本赤十字	三七	一一	一八、五〇〇
朝鮮社法保護協会	四四	三〇四	二五四、〇〇〇
大日本婦人会	四三	一八	四、三〇〇
機械化国防協会	七	二	三、五〇〇
東大門国民学校	六七	二一	一五、〇〇〇
緑旗聯盟	一三	三	四、八〇〇
京城刑務所	六三	八五	八五、〇〇〇
軍部関係恩賜	三五八	六五	五八、〇〇〇
科　学　館	八二	二九	二九、〇〇〇
京城学友会	二七	四	八、八〇〇
鴨緑江水力電	二九	六	一、八〇〇
新聞社関係	二四	六七	一〇六、二〇〇
晋州府国民総力課	一〇〇	一四	六、八〇〇
鬱　陵　島	一九八	一五九	一八、五〇〇
其　の　他	五三二	一四九	二一八、〇〇〇
合　計	二、八九三	一、七五九	二、二二九、六〇〇

と，1915（大正４）年12月の収用回線は48回であったが，1942（昭和17）年11月現在までには126回線になった。また，従業員も120名から805名に著しく増大することになった。同電信局は，1944年電信電話拡張及改良費として3,004,050円が使用されたことが朝鮮総督府逓信局資料ではじめて明らかになった(54)。

郵便局の新設及電信電話の架設など，数多く通信網を拡充する一方，朝鮮軍の要請によって膨大な経費をかけて防衛通信施設も拡張された(55)。このような通信施設の拡張によって様々な情報が流され，今度は逆に，戦時下における軍事機密漏洩の恐れが出て，郵便，電信，電話などの，いわゆる通信検閲を実施しなければならなくなった。

即ち，通信検閲事務は臨時郵便取締令第2条及び電信法第5条に基づき，これを実施したが，「帝国議会説明資料」(56)によると，決戦時局の様相はいよいよ苛烈の度を加えるとともに朝鮮半島における思想動向は益々複雑微妙化し，国防上速やかに強化するのが緊要であったことがその原因であった。しかし，同資料においてもその具体的な内容については明らかにされていない。が，恐らく，当時は1944年12月頃であり，太平洋戦争は終盤に入って，日本の敗戦の色が濃厚になり，朝鮮においても民心が動揺して日本が敗戦すれば独立できるという考え方が澎湃と起っていたためではなかろうか。そうすると，戦意を失うようになるかもしれないという恐れによって通信に対しても検閲をするようになっただろうと考えられる。

通信の検閲局は既に設置されていたが，設置地域が拡大され，1944年5月2日に全州，鎮海の両地域に，また9月には興南に，郵便検閲事務を執行する検閲局としてそれぞれ設置された。同年12月現在の検閲局は郵便検閲を行うもの17局，電信及電話検閲を行うもの各4局になった。更に，治安取締上枢要なる地域に対しては臨時電信又は電話の検閲をなし得るように措置するとともに，軍警備取締機関と一層緊密な連結を保持し，鋭意不穏通話の摘発防止に万全を期するために事務官1名，書記73名，嘱託26名，事務員13名を検閲要員としてそれぞれ配置した(57)。

ところが，先述した通信に関する検閲局について，既に設置されたということは，同議会説明資料には明らかにされているが，現在のところ，どこに幾つが設置されたかということについては不明確なままである。ただ，推測できるのは，検閲要員は嘱託を含めて113名であり，彼等が全国で検閲業務に努めていたから，少なくとも全州，鎮海（当時，この両地域は軍基地であったため，通信検閲局があったことは確実である）以外にも各道ごとに一つずつはあっただろうと考えられる。例えば，京城，平壌，大邱，釜山などには必ず検閲局が設置されたのではなかろうかというのが筆者の考えである。

次に通信検閲要領及び実施状況を分析することにしよう。

「検閲要領及之ガ実施状況

課報取締乃至治安維持上最モ警戒ヲ要ベキき通信ニ検閲ノ重点ヲ置クコトトシ外国又ハ外国人ニ発着スル諸通信若ハ其ノ他容疑アリト認メラルルモノニ對シ専ラ主カラ集中実施シツツアル処之ガ既往一ヵ月間ノ実況ヲ見ルニ郵便ニ於テハ総検査数一、一九九、四一八通ノ内、内容検閲数ハ、三七九、〇八二通ニシテ右ノ（原文ハ従書）内通信内容不穏ト認メ処分シタルモノ九九九通ニ及ビ又電信電話ニ付テハ検閲数ハ電信一六七、八三〇通、電話八、二八〇通ニシテ之ガ通信内容不穏ナルモノトシテ処分シタルモノ電信二五八通、電話一四〇通ナリ」(58)

つまり，通信検閲に重点を置いたのは，外国または外国人に発着する諸通信であり，その他容疑があれば集中的に取締をしていた。ところが，去る１ヵ月の間に検閲した総郵便検査数の中で，979通が通信内容が不穏と認められ，処分を受けた。また，電信258通，電話も140通，それぞれ内容不穏処分となったとされている。この処分を１年間計算すると郵便が11,748通，電信が3,096通，電話1,680通という結果が出てくる。

これを見ると相当の通信が統制されていたことが推察できる一方，前述した通り通信検閲員113名では通信量に比べ検閲要員が半分にも至らず，不穏なものを重点的に検閲を行っていたのではないかと考えられる。

そこで，検閲当局は検査要員の充実を図るとともに，暗号，隠語などの秘密通信に対する調査研究並にその諸施設の完備を図った。そして，民間重要商社の中で業務上国家秘匿事項を電報を以て通信するものが少なからぬ実状を鑑みて，通信防諜上，遺憾ないことを期するため，民間暗号統制指導委員会の推進によって通信協力会等の設立を図るなど，将来この方面の強化拡充を期していた(59)。

更に，無線通信の監視も行われることになった。即ち，通信局通信課分室を纛（ママ）島（京城府外），清津，釜山，大邱及新義州に設置し，無線通信監視を行わしめると共に西水羅，慶興，広源，南陽及び会寧の国境地帯に簡易無線視局を設置した。そして，憲兵，警務機関などと協力の上，昼夜全波に対して観察並びに容疑電波の方位測定を為し，諜者無線の検挙，敵機誘導電波の捕捉に努めることによって，敵襲企図の殲滅を図った。また，朝鮮は地理的な関係上無線諜報者の潜入が頻繁だったので，これらを取り締まるための監視施設の拡充強化も計画中であった(60)。

以上のように，朝鮮における言論統制は新聞・雑誌などの言論出版物だけではなく，通信機関まで検閲制度を実施して，その統制の程度はますます強化されていった。まず，太平洋戦争下における各種の情報メディアによって，朝鮮民衆に対して宣伝啓発が行われていた。また，通信の統制措置も組織的に行われるようになった。それは，戦時体制下において，従来の通信メディア，つまり伝達ネットワークでは不十分だったため，通信施設を大幅拡充したことによる逆機能として，軍情報の漏洩，また思想の動揺などの恐れがあったからである。本節で初めて紹介した通信検閲の政策についての資料は，それらの通信メディアの統制が厳しかったことを物語るものとして言論統制研究において重要な価値を持つと考えられる。

第4節　戦時下における法的な言論統制

太平洋戦時下の朝鮮における言論統制は朝鮮情報委員会の指導のもとで行われた。つまり従来の行政的，制度的統制から発展して，戦時下においては法規によってより積極的な言論統制政策がとられたのである。これらの法的な言論統制は今までの取締法を一層強化して，戦時下の朝鮮における「機密保護」というのがその目的であった。ところが，実際においては軍事機密などの機密保護よりも，朝鮮内の流言蜚語などの国民世論の統制が多かった。

ここでは太平洋戦争下において国民世論を統制した3つの言論統制法令について分析を行っていく。

①「新聞紙等掲載制限令」

国家総動員法第20条第1項の規定に基づき，制定された「新聞紙等掲載制限令」(1941年1月10日勅令第37号）は，戦時体制の総力戦遂行のために軍事及び軍需産業と外交に関する情報を徹底的に統制する規定を定めている(61)。

この制限令の第2条には次の各号に当該すれば，新聞紙その他の出版物に掲載することを禁じている(62)。

一、国家総動員法第四十四条ノ規定ニ依リ当該官庁ノ指定シタル総動員業務ニ関スル官庁ノ機密

二、軍機密保護法ノ規定ニ依ル軍事上ノ秘密

三、軍用資源秘密保護法ノ規定ニ依ル軍用資源秘密

これらは，主に官房の機密と軍事上の機密，更に軍用資源の秘密保護に関したものであった。

第３条には，内閣総理大臣は次の各号に当該すれば，新聞紙とその他出版物に対する掲載事項を制限又は禁止することができるとされている[(63)]。

一、外交ニ関シ重大ナル支障を生ズル虞アル事項

二、外国ニ対シ秘匿スルコトヲ要スル事項

三、財政経済政策の遂行ニ重大ナル支障ヲ生ズル虞アル事項

四、其ノ他国策ノ遂行ニ重大ナル支障ヲ生ズル虞アル事項

即ち，外交上重要な問題，財政経済政策と国策遂行上に重大な支障を生ずる虞があれば，掲載事項の制限または禁止することができるとされている。

第４条は，前２条の制限または禁止に違反した新聞紙その他の出版物の発売頒布の禁止並びにその差押，及び原版の差押は，内閣総理大臣が行うという規定である。

第５条は，第４条を受けて，朝鮮では総理大臣の代わりに朝鮮総督が本令を執行すると定めている[(64)]。同令はこれまでの「新聞紙法」及び「出版法」に対する制限を強化して内閣総理大臣（朝鮮総督）の権限の下で，戦時事変に当たり，必要な制限命令を行うことができるように明示して，戦時下の情報宣伝政策遂行の一元的強化を図ったものである[(65)]。これに続いて，第二次世界大戦とともに，より厳格な治安取締が必要となり，言論，出版，集会，結社等臨時取締法が登場するようになった。

② 「言論・出版・集会・結社等臨時取締法」

太平洋戦争の勃発とともに日本は国民の政治活動の自由と表現の自由など全ての精神的自由を厳しく制限するようになった。そういう中で，戦時下における治安維持の完璧を期するため，「言論・出版・集会・結社等臨時取締法」（1941年12月18日法律第97号）及び「同法施行規則」（1941年12月20日内務省令第40号）が定められたのである[(66)]。

日本政府の同法に対する提案説明は次のようであった。

日本は今極めて重大な時局に処して実際に国家隆替の岐路に立っている。この未曽有の難局を突破するためには官民一体となり邁進しなければならな

い。そこで，本法は言論の自由に対する取締を強化したものである。つまり，左翼，その外敵国の謀略など不逞の策動をしようとするものと，また，国家の安危を度外視し，平和思想に陥って反戦反軍の思想を流布するものが少なくない。このような悪質的な意図を持っていない者でも，軽率な行動を行い，戦争目的の遂行に障害を起こす者がないとは言えない。このような情勢の下で戦時下の治安維持を完璧に図るため何よりも言論，出版，集会，結社などに関して適切な指導取締を行い，戦争遂行を妨害する者を排除して，挙国一体の体制強化に拍車を加えるべきだと語っている(67)。これに対して宮澤俊義氏は，同法は言論，出版，集会，結社など国民の自由が戦争完遂の目的に対して妨害的に利用されることを防ぐため制定されたものであり，戒厳令に代わり安寧秩序の維持という大使命を果たすことになったと解釈している(68)。

同法の施行によって，従来の「治安警察法」「出版法」「新聞紙法」などの規定は，事実上その効力が停止されるようになった。

次には，同法の主な内容を見ることにする(69)。

言論・出版・集会・結社等臨時取締法

第一条、本法ハ戦時ニ際シ言論、出版、集会、結社等ノ取締ヲ適正ナラシメ以テ安寧秩序ヲ保持スルコトヲ目的トス

第二条、政事ニ関スル結社ヲ組織セントスルトキハ命令ノ定ムル所ニ依リ発起人ニ於テ行政官庁ノ許可ヲ受クベシ

第三条、政事ニ関シ集会ヲ開ク集会ヲ開カントスルトキハ命令ノ定ムル所ニ依リ発起人ニ於テ行政官庁ノ許可ヲ受クベシ但シ法令ヲ以テ組織シタル議会ノ議員候補者タルベキ者ヲ銓衡スル為ノ集会並ニ公衆ヲ合同セザル集会及選挙運動ノ為ニスル集会ハ命令ノ定ムル所ニ依リ発起人ニ於テ行政官庁ニ届出ヅルを以テ足ル

第四条、公事ニ関スル結社又ハ集会ニシテ政事ニ関セザルモノト雖モ必要アル場合ニ於テハ命令ヲ以テ前ニ条ノ規定ニ依ラシムルコトヲ得

第五条、屋外ニ於テ公衆ヲ会同シ又ハ多衆運動セントスルトキハ命令ノ定ムル所ニ依リ発起人ニ於テ行政官庁ノ許可ヲ受クベシ但シ命令ヲ以テ定メタル場合ハ此ノ限ニ在ラズ

第六条、法令ヲ以テ組織シタル議会ノ議員議事準備ノ為相団結スルモノニ付テハ第二条ノ規定ヲ、議事準備ノ為相会同スルモノニ付テハ第三条ノ規定ヲ適用セズ

第七条、新聞紙法ニ依ル出版物ヲ発行セントスル者ハ命令ノ定ムル所ニ依リ行政官庁ノ許可ヲ受クベシ

第八条、行政官庁必要アリト認ムルトキハ第二条乃至第五条若ハ前条ノ規定ニ依ル許可ヲ取消シ又ハ第三条若ハ第四条ノ規定ニ依リ届出デタル集会ノ禁止ヲ命ズルコトヲ得

第九条、出版物ノ発売及頒布ノ禁止アリタル場合ニ於テ行政官庁必要アリト認ムルトキハ当該題号ノ出版物ノ以後ノ発行ヲ停止シ又ハ同一人若ハ同一社ノ発行ニ係ル他ノ出版物ノ発行ヲ停止スルコトヲ得

第十条、第七条ノ規定又ハ前条ノ規定ニ依ル停止ノ命令ニ違反シテ発売又ハ頒布スルノ目的ヲ以テ印刷シタル出版物ハ行政官庁ニ於テ之ヲ差押スルコトヲ得

第十一条、第二条ノ規定（第四条ノ規定ニ基キ依ラシメタル場合ヲ含ム）ニ違反シタル者ハ一年以下ノ懲役若ハ禁固又ハ千円以下ノ罰金ニ処ス

第十二条、第三条ノ規定（第四条ノ規定ニ基キ依ラシメタル場合ヲ含ム）又ハ第五条ノ規定ニ違反シタル者ハ六月以下ノ懲役若ハ禁固又ハ五百円以下ノ罰金ニ処ス

第十三条、第七条ノ規定ニ違反シタル者ハ一年以下ノ懲役若ハ禁固又ハ千円以下ノ罰金ニ処ス

第十四条、第九条ノ規定ニ依ル停止ノ命令アリタル出版物ヲ発行シタル者ハ六月以下ノ懲役若ハ禁固又ハ五百円以下ノ罰金ニ処ス

第十五条、第十条ノ規定ニ依ル差押処分ノ執行ヲ妨害シタル者ハ六月以下ノ懲役若ハ禁固又ハ五百円以下ノ罰金ニ処ス

第十六条、前三条ノ罪ニハ刑法併合罪ノ規定ヲ適用セズ

第十七条、時局ニ関シ造言飛語ヲ為シタル者ハ二年以下ノ懲役若ハ禁固又ハ二千円以下ノ罰金ニ処ス

第十八条、時局ニ関シ人心ヲ惑乱スベキ事項ヲ流布シタル者ハ一年以下ノ懲役若ハ禁固又ハ千円以下ノ罰金ニ処ス

このように同法は政治活動及び表現の自由を徹底的に抑圧する治安法であると言える。即ち，第8条及び第9条に「行政官庁が必要であると認めたる時」は，各種の許可，取締，集会の禁止または出版物の発行停止をすることができるように規定している。ここで必要あると認める時は，実際に第1条に定められた「安寧秩序を維持させることを目的とする」という立法目的の必要可否を判断する基準となったからである。行政官庁（朝鮮総督）はその専断的な可否判断として政治活動による結社（第2条），政事に関する集会の開催（第3条），多衆運動（第5条），新聞紙の出版（第7条）を許可しないこと及び頒布禁止（第9条）もできるようになった(70)。

この法令は後述する「朝鮮臨時保安令」と同時に立法化され，朝鮮民族に対して言論の自由を徹底的に弾圧した言論統制法である。

同法第7条によると，新聞紙法によって全ての出版物を発行しようとするものは事前に朝鮮総督府の許可を得なければならないと定められている。また，第9条には，出版物の発売及び頒布の禁止があった場合は，行政官庁（朝鮮総督府）が必要であると認められれば，当該題号以後の出版物の発行停止だけではなく同一人，若しくは同一社の発行に係る他の出版物まで発行停止を行うことができるように定められている。これは前例がないことで，例えば，或る出版物が同法令に違反すれば当該出版物の統制だけではなく，同一人，同一社まで処罰することになった。いままでの法令に比べて遥かに厳しく重い処罰であった。

第10条から第16条までの処罰規定もやはり従来よりは厳しくなっている。

第17条と第18条は，時局に対する流言蜚語の流布の取締である。ここにあるように，時局に関する流言蜚語だけではなく，時局に関して人心を惑乱させるような事項を流布したものまで処罰を行っていた。これはいうまでもなく，朝鮮民族の独立運動を禁止することを目的としたものである。

また，日本における同令の特色の一つとして，全ての政党を解散させたことを挙げることができる。当時，日本帝国憲法の下では，政党政治が行われていたが，同令によってこれらの政党が解散されることによって，軍事ファシズム独裁政権に転落させる契機にもなった。即ち，第2条の「政事に関する結社」は政党の同意語であり，この法令によって天皇制イデオロギーを中枢とする軍国主義的政治団体である「大政翼賛会」以外の政党活動は排除されることになったのである(71)。これに対して，当時内務事務官である吉川覚は，もともと日本政府は本令によってすべての政治結社を禁止して大政翼賛会に政治力を付与する考え方はなかったとしている。ただ，安寧秩序を害したり，戦争遂行を妨害することを不許可することで，本法の目的は達成されるというのが政府側の考え方だったと解釈している(72)。

しかし，これは周知の通り，言い訳に過ぎなかった。実際は，本令の第2条，第3条が「民政党解党宣言」(1940年8月15日)(73)に適用されたのである。この解党宣言によって，日本の全ての政党が解散され，それ以降敗戦まで無政党政治時代が続く。

一方，同令の施行規則（1940年12月20日）が内務省令第40号として頒布され，新聞紙発行に対して審査を行うようになった。即ち，同法施行規則第6条には，新聞紙発行の許可を受けようとする時はその発行人，編集人及び持主になろうとする者は連署をして次の事項を記入して，その発行所を管轄する地方長官（観察使）を経由して内務大臣（京城は警務使）に出願するべきとされていた(74)。

一、題号
二、掲載事項ノ種類
三、時事ニ関スル事項ノ掲載ノ有無
四、発行ノ時期、若シ時期ヲ定メザルトキハ其ノ旨
五、発行所及印刷所
六、持主ノ氏名、若シ法人ナルトキハ其ノ名称及代表者ノ氏名
七、発行人、編集人ノ氏名但シ編集人二人以上アルトキハ其ノ主トシテ編集事務ヲ担当スル者ノ氏名

前項第一号乃至第七号ノ事項ヲ変更セントスルトキハ前項ニ準ジ許可ヲ受クルコトヲ要ス

これらの施行規則第6条は，従来の「新聞紙法」(1907年7月法律第1号)第2条と，「新聞紙規則」(1908年4月30日統監府令第12号）第1条より強化されており，例えば第2項では時事に関する事項の掲載有無，または第6項では持主の氏名，法人の時はその名称と代表者の氏名まで明らかにすることを求めている。これは，戦時下の時局の重要性を反映しているもので，要するに新聞社の持主あるいは法人代表者まで綿密に調べて許可を出そうという狙

いであろう。更に，前述の７つの項目の中で，一つの項目さえも変更しようとすれば，前項に準ずる許可を受けることを要求して，発行許可基準を強化した。

以上述べた通り，言論，出版，集会，結社等臨時取締法及び同施行規則を分析してみたが，いずれも，朝鮮半島における時局の重要性ないし戦時下のジャーナリズムの統制をより効果的にするために定めた法令であった。

③「朝鮮臨時保安令」

「朝鮮臨時保安法」(1941年12月26日制令第34号）及び同施行規則（1941年12月26日朝鮮総督府令第339号）は，従来の「言論・出版・集会・結社等臨時取締の取締法」を一層強化したものである。

この立法趣旨について宮澤俊義は，朝鮮における言論，出版，集会，結社などが戦争完遂の妨害に利用されることを防ぐためであり，治安保全に万全を期し，挙国体制の強化を計ることであったと論じている[(75)]。

つまり，太平洋戦争の開戦とともに兵站基地となった朝鮮半島において，国策遂行に反対する一切の言論，出版，集会，結社など朝鮮民族の反植民地運動を排除する必要があった。そこで，この「朝鮮臨時保安令」を通して，朝鮮における全ての反植民地言論，出版などを弾圧しようと画策したのである。本法は既に1936年に発布した朝鮮不穏文書臨時取締令（制令第13号）よりその構成要件を拡大，強化した治安法であるということが言える。

まず，朝鮮臨時保安令の中で，言論，出版に関する項目を見ることにする[(76)]。

第１条、本令は戦時の言論、出版、集会、結社等の取締を適正にし、安寧秩序を保持することを目的としている。

第９条、新聞紙其他出版物の発売及び頒布の禁止がある場合に行政官庁が必要だと認める時は、当該題号の出版物以後の発行を停止し、同一人また同一社の発行に関する別の出版物の発行を停止させることができる。

前項の規定による停止や命令に違反して発売または頒布する目的として印刷した出版物は行政官庁がこれを差押することができる。

第10条、朝鮮総督が必要と認める時は、新聞紙其他出版物の輸入または移入を制限また禁止することができる。前項の規定による制限または禁止の命令に違反して輸入したり、移入した出版物は行政官庁がこれを差押えることができる。

第11条、行政官庁が必要と認める時は、第２条ないし第４条、新聞紙規則第１条、光武11年法律第１号新聞紙法第１条、または隆熙３年法律第６号出版法第２条の規定による許可、また認可を取り消すことができる。

前項の規定によって許可が取り消された隆熙３年法律第６号出版法は行政官庁で、その発売また頒布を禁止し、これを差押えることができる。

第15条、新聞紙規則第１条、また、光武11年法律第１号新聞紙第１条の規定に違反した者は１年以下の懲役または禁固、または1,000円以下の罰金に処する。

第16条、第９条第１項の規定によって停止命令に違反したものは１年以下の懲役、もしくは禁固、1,000円以下の罰金に処する。

第17条、新聞紙其他出版物に対する本令、新聞紙規則、光武11年法律第１号新聞紙法、出版規則また隆熙３年法律第６号出版法による差押処分の執行を妨害する者は６ヶ月以下の懲役、禁固、または500円以下の罰金に処する。

第18条、第10条第１項の規定による制限また禁止の命令に違反する者は一年以下の懲役もしくは禁固、もしくは1,000円以下の罰金に処する。

第20条、時局に関する流言蜚語を流布する者は２年以下の懲役もしくは禁固、もしくは2,000円以下の罰金に処する。

この保安令は，従来の日本の「言論，出版，集会，結社等臨時取締法」と比較して次の点を指摘することができる。

第一に，日本で政党活動を制限し，また一切の政党を解散させた「政事に関する結社」条項は本「保安令」にはなく，ただ，「公事に関する結社」とだけ規定された。「公事に関する結社」は政事には関係がない結社である。ところが，朝鮮における「公事に関する結社」は日本の「政事に関する結社」

と同じように取り扱われ，総督の許可なしに公事を結社した場合，これに対する罰則規定を置かれ，かつ，日本では「1年以下の懲役及び禁固，また1,000圓以下の罰金」となっているが，朝鮮では「3年以下の懲役及び禁固また3,000圓以下の罰金」となっており，日本より罰則が3倍に加重されている。更に，総督の許可を得て「公事に関する結社」を組織しても，行政官庁が必要だと認めれば，いつも専断的に解散させることができるようになった(77)。

第二に，本令第7条に「警察官が必要と認める時」は一人の警察官でもこのような集会や運動に対する制限，禁止，解散をさせる権限が与えられていた。こうした，警察官による集会，運動に関する解散権は朝鮮だけに限られている。

第三に，同保安令の第20条の「時局に関する流言蜚語をした者」及び第21条「時局に関する人心を惑乱させる事項を流布した者」に対する規定である。これは日本の「言論，出版，集会，結社等臨時取締法」第17条及び18条と比較できる規定であろう。

ところが，朝鮮においてはこの条項が拡大解釈され，その濫用によって朝鮮民族の独立運動ないし抗日言動の全てが処罰対象となった。これに対して朴慶植と林鍾国は，同保安令20条によって「朝鮮全域がまるで一大監獄の様相を呈する」(78)程の恐怖の道具となったと論じている。

第四に，同20条「時局に関する流言蜚語を流布した者」の構成要件の拡大解釈の問題である。即ち，木村亀二も指摘しているように，「時局」という意味は幅広い意味としてとられ，「政治，外交，金融，経済，社会教育，治安などに関する制度，機構，運用等における現在の重要な情勢を意味する」(79)というふうに拡大解釈されているのである。

大法院（最高裁判所）の判例によると，いわゆる「時局に関する流言蜚語ということは，時局に関して虚構の事実を捏造する場合はもちろん，実在の事実を誇張したり，あるいは確実な根拠なしに風聞を人々に伝える行為を指称することであり，その事実の誇張は針小棒大に話すばかりではなく，社会通念に照らして誇張しているように見えるすべての場合を含めている」(80)と解釈している。

従って，時局に関する朝鮮人の反植民地的言動の全てが第20条によって処罰の対象となり，実際，多くの人々が，彼等の対話中の言動が問題となって「時局犯罪」ないし「流言蜚語罪」によって検挙されることになった。ところが，これに対して鈴木敬夫は，当時の朝鮮民族の時局に関する言動を見ると，大部分が「実在の事実を誇張」したものではなく，「実在の事実」を真実として主張したことが明白であったと論じている(81)。いうまでもなく，真実は真実であるが，朝鮮人の独立運動に関する言動は日本の植民地統治及び戦時下の戦力強化に大きな障害になるので，厳しく取り締まったことによるのであろう。つまり，同法令の濫用によって朝鮮半島は監獄のような状況が続いたのである。

第五に，言論，出版に関する法令である。

まず，「朝鮮臨時保安令」第9条を見ると，「言論，出版，集会，結社等臨時取締法」と殆ど変わりがない。ただ，同保安令は出版物の発行停止また頒布の禁止に止まらず，前項の規定による停止や命令に違反して発売または輸入，移入する出版物は行政官庁がこれを差し押えることまでできるようになっている。

また，第10条には，朝鮮総督が必要だと認めた時は，新聞，また出版物の輸入ないし移入を制限また禁止している。「言論，出版，集会，結社等臨時取締法」には行政官庁と表現されているのに対して，同令は朝鮮総督というふうに明確に明示されている。更に，第11条の内容を分析してみると，同保安令は朝鮮における従来の「新聞紙規則」「新聞紙法」「出版法」より優先であり，上位法であることが分かる。

最後に同保安令を全般的に分析してみると，先述したような「言論，出版，集会，結社等，臨時取締法」より強化ないし細分化されており，具体化されていることに気づかされる。

以上，述べた通り，日本は戦時下においてこの3つの法令によって，朝鮮の言論統制政策に対応していたと言えよう。換言すれば，朝鮮の植民地統治期終盤においては強力な言論統制法規を通じて，戦時下の言論統制に臨んでいたのである。この法令の特徴として現われたのは流言蜚語と人心惑乱罪である。つまり，前述した「言論，出版，集会，結社等臨時取締法」と「朝鮮臨時保安令」はいわゆる流言蜚語罪と人心惑乱罪を統制する法規を新しく規定しているのである。

第5節 『京城日報』の論調と日本の敗戦

どの時代においても，その時代の新聞の論調を見ると，社会変遷の様相を察することができる。新聞の論調は社会の動きを映し出すものであり，時代像を反映しながらその時代の世論の指導者としての役割を果たすのである。

特に，朝鮮総督府の機関紙である『京城日報』は，朝鮮民族に対する植民地の宣伝政策のオピニオン・リーダー（opinion leader）としての役割を果たしたことは周知の通りである。ここでは，『京城日報』が太平洋戦争の勃発前後において，どのように政策宣伝を行ったかを分析していきたい。同紙は，朝鮮植民地統治の終盤における朝鮮の新聞論調を代表するもので，日本の敗戦に至るまでの状況をよく見せてくれるからである。

戦争の気運が近付いてきた1941年1月1日，南次郎朝鮮総督は京城放送局（JODK）のマイクを通じて，景武台（けいぶたい：旧青瓦台）の官邸より全国に向け次のような放送を行った(82)。

「半島民衆の覚悟」

「臣民たる我々一億の同胞が全力を挙げて努しつつある大東亜共栄圏の建設に対して、朝鮮がいかなる役割を果たしつつあるかを申しますれば、東亜の地図で示されております通り日本列島は大陸の前方太平洋に向って恰も防波堤の如く、世界の各地から打寄せる荒波を防いでゐるやうな形をなしていると同じ意味に於て、朝鮮半島は内地から大陸に渡る桟橋の形をなしてゐるのであります、此桟橋は東洋の力が西洋に及ぶための足場を為してゐるのであります。即ち朝鮮の地理的自然の地位は帝国の大陸前進兵站基地であり、また思想的には東亜に対する皇道宣布の基地であります……」（傍線筆者）

この南総督の演説内容について幾つか注目したい所がある。即ち，大東亜共栄圏の建設に対して朝鮮は重要な役割を果たさなければならないということ，また，日本列島に対して大陸の前方太平洋に向って防波堤の役割をしていると述べていること，更に，朝鮮半島は内地から大陸への桟橋でありながら，大陸前進の「兵站基地」であるとはっきり語っていることなどである。この演説の最後の部分を一瞥すると，「我が朝鮮の二千三百万民衆の時局に対する堅忍不抜の覚悟は確固不動」なものであると強調している。これらの内容をまとめてみると，やはり，朝鮮は皇道宣布の基地として一戦が不可避であることを強調して，それに伴う朝鮮の役割の重要性を論じているものだと言えよう。

同年2月3日には，時局対処の方針の一つとして南総督は各界代表者懇談会を開催し，自らの意見を披瀝した。参席者は，中枢院参議，在城財界有力者，国民総力聯盟役員，言論界代表など150名であったが，その席で総督は緊迫する現下の国際情勢と難局を打開するため，大陸に接壌している朝鮮としてはこの際民心の間隙を狙う流言蜚語などに充分戒意し，専心職域奉公にあたり，以て官民一体になる銃後の国民団結をますます固くすることが肝要であると語っていた(83)。

また，同年9月3日付「官紀粛正を期也」という記事を見ると，南総督は国策に反する言動は厳罰することを各局長定例会議席上で訓示している。具体的な内容を見ると，次のようになっている。

この頃朝鮮における我々の覚悟としては第三国の巧妙執拗なる策動に乗ぜしめられぬように特にその言動に注意を払うことが肝要である。而して，この際官公吏の職責に在るものは2,400万大衆の先頭に立って滅私奉公せねばならぬ臨戦体制下の今日，瓜田の履，李花の冠の言葉にもある通り，苟も官紀振粛兎角の批評を受けざるよう留意すると共に統制経済の運営上民衆に接触するに当たっては特に懇切，叮嚀を旨とし，相携へて時局克服突破に邁進せられたい。また，往々にして事変の長期化に伴い有識指導階級層の人にして時局の真の認識に欠ける所あり，国論の統一，国策推進上障害となるおそれある言動を軽々になす者あるやに仄聞する。今日までのところは努めてその理解と協力に俟ち，処罰しない方針を以て臨んできたが，事の場合と性質によっては今後は従来の態度を改め一殺多生の手段を執り，厳罰主義を以て臨むべきことあるべきにつき，苟も有識指導階級を以て自認する各位に対しては予めこの際深甚なる注意を喚起しておく次第である……云々，と述べている(84)。

要するに国策に反する言動は多数のために許されないことであり，今後厳重に取り締まることを警告しているのである。

南総督は同年10月1日，京城放送を通じて朝鮮総督政治31周年記念日に際して「大陸前進兵站基地たる使命と内容充実に邁進」という主題で演説をしたことが明らかにされた。この内容を見ると，戦争準備を急いでいることが窺える。この演説の中で注目すべきところは次の点であろう(85)。

第一に，南総督は朝鮮統治の綜合的結実は「高度国防国家体制確立のため朝鮮半島の特殊使命である大陸前進兵站基地たる内容を充実しつつあり」との一言に尽きるのであると語っている。

第二に，「時局の情勢は益々緊迫を告げるに至り，いつ如何なる動機から如何なる敵の挑戦があるかも知れぬ，その場合は直ちにこれに対応するため準備しなければならない，その準備のためには国防産業を中心とする関係物質の徹底的増産と人的資源の総力的活用とが絶対に必要である」と論じ，朝鮮は高度国防国家体制に対し極めて重要な役割を果たさなければならないと指摘している(86)。

第三に，朝鮮半島の前進兵站基地たる使命を遂行するために，物的・経済的要素のほかに人的，精神的要素の必要性を強調している。即ち，人あるいは事変に際し朝鮮民衆の人心動向に疑懼の念を懐き，その治安に関して憂慮するものがないとは言えないが，これは最近の朝鮮人に対する認識の不足に基づく杞憂に過ぎないと指摘しながら，朝鮮はもはや国民総力運動を展開し，皇国臣民道を実践している次第であると述べていた(87)。

第四に，この演説を通して時局の重大性に対応すべき臨戦体制強化の「国民皆労運動」を展開したことが明らかにされた。その内容を見ると，老幼，不具，廃疾者を除いて，年令満14歳から40歳未満の男子及び満14歳から25歳未満の未婚女子は特定の期間「勤労報国隊」を組織して国家公共団体の事業のために奉仕勤労することにした。ここでいっているのは朝鮮青年に対する志願兵制度とは別のものであり，また，未婚女子の勤労奉仕は後に慰安隊，挺身隊などに悪用され，いまでも指弾の対象となっているのである(88)。

これらの４つの項目をまとめてみると，朝鮮半島の兵站基地としての重要性を強調し，また，臨戦体制を整えるため，朝鮮民族の人的・物的な報国姿勢を呼び掛けているのである。それはある意味において，戦争は避けられない状況であることを認識させようとしているとも言えよう。

次に，『京城日報』は1941年11月18日，夕刊のトップニュースとして東条英機首相の演説を掲載している。この演説の中で「わが北辺安定」という部分では次のように語っている(89)。

「……政府は肇国以来の国是たる平和愛好の精社にもとづき帝国の存立と権威とを擁護し東亜の新秩序を建設する為いま尚外交に懸命の努力を傾注してゐる次第である。これにより帝国の期するところは

一、第三国が帝国の企図する支那事変の完遂を妨害せざること

二、帝国を圍繞する諸国が帝国に対する直接軍事的脅威は行はざることはもちろん、経済封鎖の如き敵性行為を解除し経済的正常関係を回復すること

三、欧州戦が擴大して禍亂の東亜に波及することを極力防止すること

以上、三項にわたる目的が外交交渉によって貫徹せられるならば獨り帝国のみならず世界の平和のためまことに幸であると信ずる次第である。しかしながら従来の経緯に鑑み交渉の前途は逆睹し難いものがある。よって政府は前途に横はるあらゆる障碍を豫見してこれに對す萬般の準備を整へ断乎として帝国の既定の国策を遂行するに遺憾なきを期しよってもって帝国の存立を全うせんとする堅き決意を有している……」

この内容にも現われているように，東条首相は次の点を強調している。つまり，平和を欲する帝国としては耐え難さを耐え，極力外交によって危局を打開し，事態を平和的に解決しようと期してきたのであるが，いまなおその目的を貫徹するに至らず，日本帝国の百年の計を決すべき重大なる局面に立たざるべからざるに至ったと言い，大東亜の新秩序を建設するため外交的努力を傾注すべきであると説いていた。やはり，戦争の不可避性を間接的に披瀝していると言えよう。

また，同月11月27日，「第2回朝鮮総力聯盟理事全朝鮮大会」が開かれ，南総裁はそこで「時艱突破に邁進」という訓示を行い，決戦体制の完了とともに不退転の決意を語っていた。即ち，帝国の一億一心東亜共栄圏完遂に邁進する秋，外地第一線のわが半島にあってはますます総力体制を完備して2，400万愛国班員の総力戦を断行すべきだと熱烈に呼び掛けたのである(90)。しかもに，同紙の「総督官房に情報課を新設」という記事を見ると，太平洋戦争直前に全朝鮮半島の世論を指導するため情報課を新設している(91)。

同記事によると，総督府は懸案事項としてかねてから新設を準備中の官房情報課は先の機構大改革に次いで，26日正式に陣容が発表されたが，同課の

内部構成は従来文書課に属していた情報及び啓発宣伝事務を分離し，更に，逓信局に所属していた放送内容の指導をも行うものだという。具体的には，情報，報道，映画の3係を置き，課長の下で事務官・調査官各1，屬11，技手1，嘱託7，雇員16，合計38を以て構成され，臨戦下に対応して次の事務を分挙することになった(92)。

一、輿論の指導啓発に関する事項

一、情報蒐集、報道及宣伝に関する事項

一、報道及啓発宣伝機関の指導に関する事項

一、内外事情の調査並紹介に関する事項

この情報課新設に伴い，11月26日大野緑一郎政務総監は次のような談話を発表した。「現在，非常時局に処して大陸前進兵站基地たる我が半島の使命は益々その重大性を加えてきたが，現在戦いの特質に鑑み鞏固なる思想戦体制を整備しなければならない。」だからこそ情報課を新設し，新機構により国内世論を統一し，啓発宣伝に関する庁内事情は一段の強化を見ることになるのである。

そこで，初代総督官房情報課長に倉島至（前学務課長）が任命され，いよいよ総力を挙げて国難突破に力を入れることになった(93)。

こうしているうちに遂に，1941年12月8日太平洋戦争が勃発，翌日9日付『京城日報』は南次郎総督の諭告を掲載している。即ち，「南総督は8日午後2時半から京城放送局のマイクを通じて，英米両国に対する宣戦は布告せられた，来るべきものが来たのである，堪忍袋の緒が切れたものであると語り，戦争にあたり全官民の最善を願うとしていた。日本は数年来，本日の如き時機の到来を予想し，備えをなしてきたのである，かつ，帝国陸海軍必勝不敗の信念に燃えているのである，この際，国民は泰然自若大国民の矜持をもって深く政府及無敵陸軍を信頼し愈よ銃後の結束を堅め，一億聖戦完遂に邁進すべきである，朝鮮内の全官民が大詔の聖旨を遵守し予て修練せる不撓不屈の精神力を発揮して聖域奉公と臣道実践に最善を竭されんことを国家の名に於て要求するものである」と論じていた(94)。

南総督は同月10日「臨時各道知事会議」を召集し，訓示の劈頭から厳粛なる面持で起き上がり，「英米との国交は断絶して宣伝布告の大詔は渙発せられた，本職は各位と共に聖旨を遵奉し，全力を挙げて半島銃後の結束を固め，

不退転の決意を以て事に膺らんことを誓ひ奉る」と前提し，時局の真相を詳細に述べていた。

この訓示の中で，3番目にあたる敵性思想の警戒するという部分の内容を見ることにする(95)。

「(前略) 半島の小乗的民族主義は既に多く其の過誤を改め、大多数を既に内鮮一体、皇国臣民化の意識に徹して一億一心以て大東亜民族領導の立場にたてるに拘らず、尚ほ未だ大局を解せずして旧観念を脱せざるもの絶無にあらず、之等の徒輩が敵空襲下の混乱に乗じ、巧みに造言して内鮮人を相剋に導入せんと謀るが如きは有り得べきことにして、また之等の陰謀による局部的一小事が一般民衆の理性の喪失に因して内鮮一体の成熟を賊する以外の大事を惹起すること無しと軽断し難いのであります、無論悪意の流言蜚語の類は極力之を取締るべきであるが、豫め善良なる民衆をして空襲等の場合の混乱に際して放たるる煽情的造言に惑はさるることなき様一応常識を備へしむること肝要なり……」

即ち，朝鮮民族の小乗的民族主義を脱却して大東亜民族領導主義の立場に立って大局的な見地から時局を認識するべきだとしていた。しかしながら，悪意の流言蜚語については厳しく取締をとることを述べている。更に，南総督は末尾に戦争に対する自信を強化し，必勝の信念を堅持して戦争目的達成に対する挙国的決意を固め共栄圏建設に邁進することを訴え，特に英米征戦中における朝鮮民族に対する思想戦体制の強化を強調していた。先述したように，歴代総督の中で，思想戦争について最も強調したのがこの南次郎総督ではなかろうかと考えられる。

太平洋戦争の勃発以来，4日目の12月11日朝鮮神宮大前で戦意を高揚する「国威宣揚国民大会」が開かれた。同月12日付「南山を圧す国威宣揚大会」という題下の記事を見ると，「人類の敵米英を潰滅して聖旨に應へ奉らんと二千四百萬の盤石不動を固める“国威宣揚国民大会”は国民総力朝鮮，京畿，京城府三聯盟主催のもとに十一日午前十一時から朝鮮神宮大石段上の広場に南総裁はじめ大野副総裁，総督府各局長，総力聯盟各役員など百万府民代表者約二万名を集めて盛大に挙行された」(96)と報じている。

また，同紙は次のように大会宣言書を掲載している(97)。

宣言

「優詔降下シテ帝国ハ令ヤ断乎人類ノ敵米、英打倒ノ為干戈ヲトッテ起チ、早クモ赫々タル戦果ヲ挙ゲ、皇威ヲ入紘ニ宣揚ス、而シテ我等二千四百萬ノ結束ハ盤石不動、待ツアルヲ恃ムノ體制ハ既ニ完備シアリ、誓ツテ所期ノ目的ヲ完遂シ以テ聖旨ニ對ヘ奉ランコトヲ期ス

右宣言ス

昭和十六年十二月十一日

国民総力朝鮮聯盟

同　　京畿道聯盟

同　　京城府聯盟　　」

同紙はこの宣言文を掲載したあと，次のように大会場の雰囲気を伝えている。

この大会場は，“君が代”の中に皇御国の無窮を象徴する日の丸の国旗が高々と掲げられた。唱声は一声ごとに感激にふるえて高唱され陽光は輝いて太平洋の必勝を照らす，宮城遥拝につぎ南総督は宣戦布告の証書をうやうやしく奉持して奉読，銃後鐵石の訓話にうつり再び一同直立の中で“磐石不動”の宣言決議文が矢野京城府聯盟長によって朗読された。遂に陸軍大臣海軍大臣宛の感謝電文を決議した。

続いて南総督は，同月13日談話を発表して，「米英を倒さざれば世界に新秩序なし」と語っていた。これらの主な内容を見ていくことにする(98)。

「我が帝国の對米英宣伝に伴ひ盟邦独両国は作十一日共に対米宣戦を布告し、同時に伯林に於て対米英戦共同遂行、単独不講和、世界新秩序建設協力に関する三週間の新協定が調印されたことは洵に欣快に堪えない。これは昨年九月締結の三国同盟条約の精神を当然に実現し、且つこれを強化したるものであるが、この新協定に依って愈々明瞭となったことは米英を倒さざれば世界に新秩序無し、世界の新しき時代の精神と要求とを代表する日独伊三国民は共に協力して米英を倒さざれば断じて戈を収めずといふ磐石の決意である。

米英アングロ・サクソンは多年に亘り世界の異民族を奴隷扱ひにしたる優越独善感の維持と各民族から劫略したるものを失ふまいとの自利私欲の本能によって世界の現状を維持せんとし日独伊は枢軸に三国を指導者とする国家、民族群と共に英米の功利的支配を排して共存共栄の新秩序を建設

せんとするに在つて、今世界は截然と二つの陣営に岐れた、然れども正は日独伊に在り邪は英米に在るとは日星と共に瞭かなり、邪は正に勝たず、我等日本国民は新世界史を創造する光栄を自覚し、独伊以下盟邦の友と共に道義的世界観を益々昂揚し、唯一路勝利への道を驀進するあるのみである。」

南総督はこの談話で，三国同盟の重要性を述べ，英米の優越独善主義を批判し，特に，異民族を奴隷扱いにして私利私欲の本能維持していると攻撃していた。また，日本国民は新世界史を創造するために同盟国と共に勝利への道に邁進することを訴えていた。

また，1942年１月11日付「大東亜戦争と半島体育を聴く」という記事によれば，体育厚生を通じて戦争に勝つため必ず鍛練が必要であり，この計画によって「朝鮮体育振興会」を組織して心身共に健全なる「国民訓練」を実施することになったとされている。朝鮮体育協会をこれに統合するという形をとって国民全般に浸透させ，太平洋戦争の国家目的に沿う方針に向って指導し，統制して行きたいという狙いであった。

この振興会の組織を大別してみると，一般体育部と国防訓練部，競技訓練部の３部からなっている。一般体育部は国民全般に体育の認識を徹底させ，関心を持たして次第に強い運動に入って行けるような基礎を錬成することがその目的であった。そして国防訓練部は国民全般に時代に即応した体育を施すには，指導者を多く養成することも必要となってくることから設置されたものであった。これらの各部の連絡調達をうまくとるため，総務部を設けて各部の事業を統制し，各部間の連絡をとって日進月歩の体育時代に即して指導するようにした(99)。この内容を見ると，日本は朝鮮民族に対して，思想的統制ばかりか体力的な統制まで求めることになったと言えよう。

また，２月18日付新聞によると「輝く増米競進会表彰式」が行われた。朝鮮興農会第１回全朝鮮増米競進会表彰式を挙行し，南総督は告辞を通じて，農民の汗と努力を，身をもって体験して天候は不順であったにも拘らず，官民一致増米目標達成に邁進した結果24,880,000万石の実収を挙げたことは決戦体制下における帝国食糧政策に磐石の強みを加えるもので，半島の使命達成上無上の栄誉である，当事者の努力，農民の精励に敬意を表するとともに本年の生産目標2,700万石を突破することを更に強調していた(100)。南総督は付け加えて帝国の主要食糧たる米穀の増産確保は，大東亜戦争完遂上重要なものと語り，また，兵站基地としての朝鮮においては増米計画を樹立し，これの達成のために努力すべきだと論じていた。

南総督の訓示内容は朝鮮民族に対して全ての方面まで浸透させるため呼び掛けられたものであるが，特に，４月20日定例道知事会において行った次のような訓示が注目されている(101)。

「わが半島が兵站基地の名を呼稱する所以のものは正にその豊富なる地下資源、食糧資源、労力資源にある、而して我等に課せられたる使命はこの資源の開発に全力を注ぎ以て食糧の増産に、労力の供出に満全を期せんとするものである。このほか婦人の啓蒙運動国語生活の普及徹底化は、内鮮一体の顕現としてまた半島の実力を倍加すべく撓まざる努力を続けるべきである、朝鮮馬事会の設立を得た今日、われ等は戦時常時のいづれを問わず生拡、交通機関の重要資源である優良馬の増産確保に軍官民の一致協力を切望するものである。」

このように朝鮮における資源開発の重要性を語りながら，これを推進するために次の３項目の実施が必要であるとした。

一、官庁の新体制

二、大東亜戦争下における半島の立場と使命

三、基地半島の産業開発並生産拡充

更に，大戦下聖業完遂民心指導の立場にある官吏は，職場にいるか家庭にいるかを問わず，常に責任観念の高揚に努め，苟も民衆よりとかくの批判を受けることがないように，綱紀粛正を期するはもとより時代の要請である，太平洋戦争下における朝鮮の使命は北辺の護りの重責完遂に向かって内鮮一体となり，大東亜共栄圏の指導者となり得ることを肝銘すべきであると付け加えていた(102)。

また，朝鮮駐在日本新聞記者会である「朝鮮春秋会」が解散して「朝鮮新聞会」(1942年５月１日) が結成されたことが，今回の調査で明らかにされた。朝鮮新聞会の結成にあたり，同会の宣言文が発表され，朝鮮半島における責務完遂，及び現在までの筆戦を戒めると共に全官民の一大反省を求めその発奮を促し，更に朝鮮半島人心の振作に一段の努力を加えることを宣言した。次にこの内容の一部分を見ることにする(103)。

「御陵威の下皇師一度起てば驕虜の敗走千里、大東亜十億の黎民のために生色あり世界の新秩序将に成らんとす、洵に皇国萬年の運命を決する重大時期にして一億の同胞真に決死、鐵石の団結をもつて聖業翼賛に勇躍すべき秋なり

日朝併合以来茲三十有二年、皇風半島に洽く溌剌の気天地に満ち大東亜戦争下よく大陸兵站基地としての負荷を完了しつつあるは吾等の欣快感激に堪へざる所なり、然りと雖未だ尚時局の重大を解せず国利を害し国策に反き甚しきに至つては国法を犯して私利を謀るの徒輩すら……（後略）

昭和十七年五月一日

朝鮮新聞会　　」

ところが，戦時下の朝鮮半島の役割はますます大きくなっていたが，７年間努めていた南総督は５月29日枢密院顧問官に転任されるようになり，代わりに朝鮮総督に小磯国昭大将が任命された(104)。

この重大な時期に朝鮮総督に小磯国昭が任命されたのは，おそらく彼は軍部の長老でありながら，前拓務大臣として拓務行政にも精通していたからであろう。同時に武人であるにも拘らず，政治手腕も見るべきものがあり，大東亜建設審議会の委員であり，かつ翼賛政治会の幹部であったからでもあろう。特に，中央政界の事情にも精通で，朝鮮軍司令官として朝鮮事情も誰より詳しく知っていたのである(105)。

小磯新任総督は赴任辞として，朝鮮の懸案解決と半島在住の同胞の心境を啓導するにに邁進することを語っていた。即ち，朝鮮統治の大方針として朝鮮及び朝鮮同胞に対して時局に対する正しき認識とともに内地同胞においても朝鮮を異域と心得ず，四国や九州と同じく強力なる皇国日本の一環に収むべきであると語っていた。また，不逞不信の徒に対しては内鮮官民その何れを問わず，断固弾圧を加えるべきであることはいうまでもないが，然し如何なる場合に於ても研究や認識の欠如から生ずる誤解は解決すべきものであるとした。

また，内鮮満に在る朝鮮同胞の数は2,600～2,700万に達し，皇国臣民としての志向，努力も次第に顕著なるものがある，今日の朝鮮人は大和民族と対称する意味での朝鮮民族ではなく，真に日本人たる意識のもとに結合に努めつつある過程にあるのである，特に，日本皇道の本領である，八紘一宇を具

現しなければならないと信ずる，と述べている(106)。

以上，1941年1月太平洋戦争勃発以前から開戦以後1942年5月29日小磯国昭総督赴任辞まで分析してみた。主に，総督訓示ないし総督の施政方針を中心に分析したわけであるが，それは，1941年からは朝鮮における新聞というメディアは本来の機能を失っており，特に『京城日報』の社説は統治者の統治政策をよく反映していたからである。新聞の社説は独自的な意見というものは殆ど見られない状況に陥り，新聞の論調と言えば総督訓示ないし施政方針の解説或いは具体的に施行方針の提示に過ぎなかったので，総督の訓示，施行方針などが新聞論調を代弁したにすぎない。当然，太平洋戦争勃発前後は南総督が7年間朝鮮統治していたため，彼の施政統治の内容が新聞にそのまま映しだされていると言えよう。

では，先述した，南総督が朝鮮に対して行った施政目標ないし朝鮮民族に求めていたものを，もう一度まとめておきたい。

① 南総督は朝鮮半島を日本の大陸前進兵站基地として最初に宣布した人物であり，その重要性を誰よりも実感していた。

② 朝鮮民族に対しす思想的統制として特に言動に対する徹底的な取締を行っていた。

③ 兵站基地としての朝鮮において，その精神的統制は勿論，経済的な統制まで一層強化していた。例えば，資源の開発，米穀増産倍加運動，国税増額徴収政策，貯蓄奨励倍加運動などである。

④ 朝鮮民衆の民族主義の弾圧するため，流言蜚語の禁止政策を厳しくとっていた。

⑤ 英米に対する敵対思想鼓吹と太平洋戦争の不可避性などを取り上げながら太平洋地域の新秩序を呼び掛けた。

⑥ 戦争に勝つため思想だけではなく，体力錬成の一つの方法として朝鮮体育振興会を組織し，朝鮮民族に対して体力増強まで求めた。

⑦ 内鮮一体精神として官民一体を訴えた。

⑧ その他，皇民化運動によって徴兵制の実施，教育制度の改革として朝鮮語教育廃止，創氏改名，国民総動員運動展開，などをキャッチフレーズとした。

南総督は常に，朝鮮に生をうけた皇国臣民として大東亜諸民族の中核としてこれを指導啓発し，八紘一宇の大精神を中外に発揮することによって皇道を世界に宣揚しなければならぬ重大時期に直面しているとし，朝鮮人たるものは，この栄誉に感泣して「半島人の進むべき大道は忠良なる皇国臣民たる以外に無し」(107)との信念を固く持つべきであるとし，それを強要する総督政治を行っていたのである。

こうした中で，1945（昭和20）年８月15日正午，日本の敗戦とともに，日本放送協会のラジオを通して昭和天皇の降伏放送が行われた。この放送によって，大多数の日本国民ははじめて敗戦の事実を知らされた。また，各新聞の販売店では天皇のポツダム宣言受諾に関する詔勅の放送によって新聞の配達が開始されるようになった。ポツダム宣言の最終的受諾を日本政府が聯合国側に通告したのは前日付の14日であった(108)。

８月15日付日本の新聞を見ると，『東京朝日新聞』は社説で「一億相哭の秋」という題で次のように書いている。

「（前略）一億の母子、いま未曽有の意義深き大詔を拝して覚ゆるところの感慨は我に筆舌の克く佽し難いものがあり、あるはただ自省自責、自粛自戒の念慮のみである。君国の直面する新事態について同胞相哭し、そして大君と天地神明とに対する申訳なさで一ぱいである。一億同胞の新なる勇気も努力も、ともにこの反省と悔悟とを越えて生まれ出るものでなければならない……」(109)

また，『大阪朝日新聞』は「残虐原子爆弾使用」という題として「科学史上未曽有の残虐なる効力を有する原子爆弾と、これに続いて突如として起こったソ聯の参戦とは大東亜戦争を決定的な段階にまで追い込み……」(110)などと報じている。

東京の『毎日新聞』は「過去を肝に銘し前途を見よ」という見出しを出しており，『読売新聞』も「大御心に帰一せん」と題する社説をそれぞれ掲載していた。これらの記事の内容をまとめて見ると，日本の敗戦ということは歴史的局面において一大転換期になるよう国民一人一人に対する心構えを呼び掛けていたものと見られる(111)。

８月14日まで最後の皇軍の勝利を目指して頑張れと国民を戦争に駆り立て続けた日本の新聞あるいは新聞記者たちにとって，この日の新聞作りは非常に苦しいものがあったのであろう。今まで客観的な調査なしに一方的に大本営発表だけを報じた言論社にとっては客観報道の責任問題にかかることであり，天皇に対する戦争責任の問題までが関わってくることだったからである。こういう状況の中で，『毎日新聞』西部本社版の８月16日付紙面は，１ページに詔勅と政府発表や告示事項ばかりを載せ，２ページは白紙そのままで出していた(112)。

このような敗戦国日本に対して，同年８月30日聯合軍司令官マッカーサー元帥が進駐して９月２日に降伏文書の調印式が行われた。ところで，注意すべきことは，８月15日から９月２日正式に降伏文書の調印までは停戦であり，まだ終戦とは言えない。正式な終戦は９月２日からだと言えよう。

日本は，朝鮮を戦争によって奪い取ったものではないから，敗戦とは関係なしに独立を考えていないところであったが，朝鮮側は８月15日の天皇の降伏放送をそのまま独立として受け取り，『京城日報』社においても，その日，直ちに朝鮮人社員らが蜂起し，まず編集室内で「日本人出ろ」と迫り，各局も同様の状態であった。更に，彼等は建国準備委員会の指令に基づき，京城日報社を管理することになったから事務を引き継いでもらいたいと申し出たが，当時の横溝光暉によって拒絶された。同月17日朝からは日本軍によって京城の治安は再び取り戻されたのである(113)。

朝鮮の南部においては９月２日ごろと予定されていた米軍の進駐がやや遅れて，９月９日仁川に上陸，直ちに京城に入り，同日午後４時総督府で南韓の降伏文書調印式が行われることになった。この調印式によって同日総督府の日章旗は下ろされ，星条旗が掲げられた。実際的に朝鮮が日本から独立したのはこの９月９日であると言えよう。

『京城日報』は10月30日，朝鮮人による名義変更の登記完了とともに，社長以下幹部13名は退社することになり，日本人職員全部が10月30日付で退社し，支社，支局も閉鎖することになった(114)。

その結果，10月31日付の新聞に，「日本人職員一同」の名において「読者に告ぐ」る決別の辞とともに11月１日付最終号を出して終わりを告げた。『京城日報』は，朝鮮総督府機関紙としての40年間の歴史にここで幕を下ろすことになったのである。

(1) 義井博「日独伊三国同盟と軍部」『太平洋戦争前夜』第一法規出版株式会

社，1983年，３頁。
(2)　松下芳男編『田中作戦部長の証言』芙蓉書房，1978年，43頁。
(3)　塚本三夫『実録，侵略戦争と新聞』新日本出版社，1986年，223頁。
(4)　同上229頁。
(5)　春原昭彦「戦争とジャーナリズム」新井・稲葉編『日本のジャーナリズム』有斐閣，1983年，72～73頁。
(6)　鈴木敬夫『法を通じて見た朝鮮植民地支配に関する研究』高麗大民族文化研究所出版部，1989年，323頁。
(7)　桜本富雄『戦争はラジオにのって』マルジュ社，1986年，27～29頁。
(8)　日本放送協会『放送五十年史』日本放送出版協会，1977年，149頁。
(9)　日本放送協会『放送五十年史』資料編，日本放送出版協会，1977年，183頁。
「戦時放送業務処理要領」

一、戦時放送業務ノ非常措置ヲ迅速適切ニ実施スル為本部ニ放送司令部ヲ置ク

二、放送司令部ハ戦時放送業務ノ非常措置ニ関シ統括司令ス

三、放送司令部ニ司令一名、副司令二名、司令部員若干名ヲ置ク
放送司令ニハ会長之レニ任ズ
副司令ニハ常務理事之レニ任ジ司令ヲ補佐シ司令不在ノ時ハ其ノ任務ヲ代行ス

四、中央放送局長、放送局長ハ戦時放送業務ノ非常措置ニ関シテ放送司令部ノ指令ヲ受ケルノ外緊急措置ニ関シテハ機ヲ失セズ、専決措置シ、事後報告ヲナスモノトス

五、戦時放送業務中非常措置ヲ要セザルモノニ付イテ仍平常ノ規定ニ依ルト雖モオヨソソノ処理ニ付イテハ迅速ヲ旨トスベシ

(10)　日本放送協会『放送五十年史』日本放送出版協会，1977年，144頁。
(11)　春原昭彦前掲「戦争とジャーナリズム」1983年，79～80頁。
(12)　日本新聞協会編『日本新聞協会十年史』日本新聞協会，1956年，17～18頁。
(13)　同上1956年，20～21頁。
(14)　春原昭彦前掲「戦争とジャーナリズム」80～81頁。
(15)　春原昭彦「戦時報道の実態Ⅱ」『コミュニケーション研究』第11号，上智大学コミュニケーション学会，1978年，80～81頁。
(16)　春原昭彦前掲「戦争とジャーナリズム」85～86頁。
(17)　金圭煥『日本の対韓言論・宣伝政策』二友出版社，1982年，303頁。

⒅ 東洋経済新報社『日本経済年報』第39集，131～133頁。

⒆ 近藤釼一『太平洋戦下の朝鮮⑴』朝鮮総督府予算関係重要文書修編，友邦協会，1962年，6～8頁。

⒇ 同上7～8頁。

(21) 『朝日新聞』の「前進だがなお不十分」という解説，1990年8月7日夕刊，2頁。

(22) 日本放送協会『ラジオ年鑑』1941年版，大空社，1989年，337～343頁。

(23) 日本放送協会『ラジオ年鑑』1942年版，大空社，1989年，335頁。

(24) 日本放送協会『ラジオ年鑑』1943年版，大空社，1989年，258頁。

(25) 朝鮮公論社「鮮語放送の可否」『朝鮮公論』，7月号，1943年，114～127頁。

(26) 森勝治「放送戦の実際と日本の勝利」『朝鮮公論』7月号，1943年，26～28頁。

(27) 崔埈『韓国新聞史』一潮閣，1974年，333～334頁。

(28) 金圭煥，前掲315頁。

(29) 『朝鮮年鑑』1943年版によるもの，ただ，1942年4月現在の新聞名及び発行代表者名は次のようである。

(新聞名)	(種類)	(代表者名)
京城日報	日刊紙	高宮太平
朝鮮商工新聞	日刊紙	斉藤五吉
中鮮日報	日刊紙	冨田　平
全南新報	日刊紙	福田有造
全北新報	日刊紙	松波千海
釜山日報	日刊紙	芥川　浩
大邱日日新聞	日刊紙	河井戸四雄
平壌毎日新聞	日刊紙	森幸次郎
鴨江新聞	日刊紙	加藤新一
北鮮毎日新聞	日刊紙	西田京二
黄海日報	日刊紙	九田　一
京日小国民新聞	日刊紙	高宮太平
皇民日報	日刊紙	高宮太平
朝鮮米肥日報	日刊紙	小笠原儀雄
清津日報	日刊紙	廣幡多謙太郎
朝鮮証券日報	日刊紙	新田義民
朝鮮警察新聞	月二回	庄司清次郎

朝鮮教育新聞	月刊紙	武田和星
朝鮮水産時報	月四回	松野二平（以上は日本人発行紙）
毎日新報	日刊紙	金川聖（李聖根）
民衆新聞	週刊紙	金田明
基督新聞	週刊紙	金禹鉉
毎日写真旬報	旬刊紙	金川聖
国民新報	週刊紙	金川聖

※李聖根は黄海道金川郡出身であり，早めに創氏制が宣布されると金川聖と改名した人物である。

(30) 小磯総督の朝鮮統治理念は，国体本意の透徹と道義朝鮮の建設であった。即ち，日本の精神を朝鮮半島全域に浸透させ，2，400万朝鮮民衆が心から骨髄まで完全に日本化させることを意味する。当時は皇国の当面の大課題であったと言えよう。

(31) 畑中繁雄『日本ファシズムの言論弾圧抄史』高文研，1986年，70〜75頁。

(32) 朝鮮総督府情報課「朝鮮における出版統制」『通報』第148号，1943年，８〜10頁。

(33) 同上９頁。

(34) 同上12〜13頁。

(35) 同上９〜10頁。

(36) 同上10〜11頁。

(37) 同上10頁。

(38) 金圭煥，前掲317頁。

(39) 蜷川豊文「戦陣に立つ報道班」『朝鮮公論』７月号，朝鮮公論社，1943年，78頁。

(40) 同上83頁。

(41) 同上98頁。

(42) 朝鮮総督府情報課「修養錬成する総督府庁員」『通報』第148号，1943年，２〜６頁。

錬成教育は総督府として率先垂範の要もあり，指導者錬成所 （龍山官邸内）は主として高等官を対象とする錬成と，毎月曜の全庁員一斉錬成とする錬成があった。龍山の指導者錬成所の錬成は1943年３月11日から８日間在城勅任官35名に対して実施されたのを第１回とし，第２回は３月21日から14日間高等官四等以上の本府課長，各道課長47名，第３回は４月８日から２日間各道保安課長36名などであった。

また，毎日曜錬成は午前７時から開始されるといって７時に発庁したのでは遅い。７時10分前には庁舎東側の広場，各隊所定の位置に整列し，人員点呼を受けなければならなかった。京城府内居住の本府職員は午前６時45分までに各課室に到着し，出勤簿に捺印して，錬成場の隊伍に参加するを要する。錬成教育の内容は，国旗掲揚，宮城遥拝，大東亜戦争必勝祈願，体操（国民保健体操，大日本国民体操，大日本青年体操，大日本女子青年体操，建国体操などの中より選定）を行い，国旗降納，最後に錬成部長より訓話及び当日実施すべき教練種目の指示があった。また，錬成日実施要綱によると「教練及武道」などがある。

(43) 津田剛「総力運動の本質とその現段階」『朝鮮』８月号，朝鮮総督府，1943年，23頁。

(44) 堂本敏雄「朝鮮に於ける情報宣伝の目標」『朝鮮』８月号，朝鮮総督府，1943年，４頁。

(45) 同上６頁。

(46) 同上12～13頁。

(47) 同上13～14頁。

(48) 同上14～15頁。

(49) 同上16頁。

(50) 同上16頁。

(51) 朝鮮総督府情報課『通報』第146号，1943年，20～21頁。

(52) 同上22頁。

(53) 同上20～21頁。

(54) 朝鮮総督府逓信局文書「昭和十九年度増減内訳，逓信局，土木局」1943年，201～203頁。

工事調書を見ると，電信回線，無線施設，電話加入者新増設，緊急通信施設などの細目で拡張工事を実施していた。

(55) 朝鮮総督府逓信局文書「昭和十九年度増減内訳，逓信局，土木局」1943年，217頁。

(56) 朝鮮総督府逓信局文書「第八十六回（昭和十九年十二月）鉱工局，逓信局，交通局帝国議会説明資料参冊ノ内参」，182頁。

(57) 同上182～183頁。

(58) 同上183頁。

(59) 同上。

(60) 同上。

(61) 朴容相「韓国の言論法史(上)」『新聞研究』80年冬季号，韓国言論研究院，43頁。
(62) 内川芳美『現代史資料41　マス・メディア統制２』みすず書房，1985年，324〜325頁。
(63) 同上325頁。
(64) 同上。
(65) 国監耕一郎（内務事務官）「新聞紙等掲載制限令解説，国家総動員法第20条に基づく勅令」『警察研究』第12巻第３号，1941年，25頁，28〜29頁。
(66) 鈴木敬夫『民族文化研究叢書40，法を通じて見た朝鮮植民地支配に関する研究』高大民族文化研究所出版部，1989年，319頁。
(67) 第78帝国議会『新法律の解説』法律協会，1941年，31頁。
(68) 宮澤俊義「言論，出版，集会，結社等臨時取締法」第78帝国議会『新法律の解説』法律協会，1941年，31頁。
(69) 内川芳美『現代史資料41　マス・メディア統制２』みすず書房，1985年，377〜378頁。
(70) 瓜生順良（内務事務官）「出版物に対する臨時取締法規」『警察研究』第13巻第１号。
(71) 鈴木敬夫『民族文化研究叢書40　法を通じて見た朝鮮植民地支配に関する研究』高大民族文化研究所出版部，1989年，322頁。
(72) 吉川覺（内務事務官）「言論・出版・集会・結社等臨時取締法に就て」『警察研究』第13巻第２号，1942年，27〜28頁。
(73) 『福岡日日新聞』1940年８月15日付。『東京朝日新聞』1940年８月16日付。
(74) 内川芳美『現代史資料41　マス・メディア統制２』みすず書房，1985年，444〜455頁。
(75) 宮澤俊義前掲「言論，出版，集会，結社等臨時取締法」第78帝国議会『新法律の解説』法律協会，1941年，30〜31頁。
(76) 『朝鮮総督府官報』1941年12月26日（第4477号），『朝鮮総督府官報』1942年１月19日（第4506号）などを参考にして現代語に直した部分である。
(77) 鈴木敬夫前掲『民族文化研究叢書40，法を通じて見た朝鮮植民地支配に関する研究』325〜326頁。
(78) 朴慶植『日本帝国主義の朝鮮支配』下巻，青木書店，1973頁，22頁。林鍾国『日帝下の思想弾圧』平和出版社，1985年，182頁。
(79) 木村亀二「言論統制と刑法，不穏言論取締を中心として」『法律時報』第16巻第10号，1944年，３頁。

(80) 大法院判決1942年11月20日刑集第21巻第523頁。
(81) 鈴木敬夫，前掲328頁。
(82) 「半島民衆の覚悟，堅忍不抜・確固不動」『京城日報』1941年1月1日付。
(83) 「時局対処の方針，南総督，率直に披瀝」『京城日報』1941年2月3日付。
(84) 「官紀粛正を期せ」『京城日報』1941年9月3日付。
(85) 「大陸前進兵站基地たる使命と内容充実に邁進」『京城日報』1941年10月2日付。
(86) 「南総督の放送要旨」『京城日報』1941年10月2日付。
(87) 「皇国臣民道の実践」『京城日報』1941年10月2日付。
(88) 「国民皆労運動の展開」『京城日報』1941年10月2日付。
(89) 「東條首相演説」『京城日報』1941年11月18日付。
(90) 「第二回朝鮮総力聯盟理事全鮮大会」『京城日報』1941年11月27日付。
(91) 「総督官房に情報課を新設」『京城日報』1941年11月27日付。
(92) 同上。
(93) 同上。
(94) 「大詔の聖旨を奉戴全官民，最善を竭せ，南総督諭告を発す」『京城日報』1941年12月9日付。
(95) 「臨時各道知事会議開く，敵性思想の警戒」『京城日報』1941年12月11日付。
(96) 「今や待つあるを恃み全半島は磐石不動だ」『京城日報』1941年12月12日付。
(97) 同上1941年12月12日付。
(98) 「熱火の鐵鼎，三国協定の重大使命」『京城日報』1941年12月13日付。
(99) 「大東亜戦争と半島体育を聴く」『京城日報』1942年1月11日付。
(100) 「輝く増米競進会表彰式」『京城日報』1942年2月18日付。
(101) 「半島の使命完遂へ！」『京城日報』1942年4月20日付。
(102) 同上。
(103) 「半島の責務完遂，一段，発奮反省の秋」『京城日報』1942年5月3日付。
(104) 「後任に小磯国昭大将」『京城日報』1942年5月30日付。
(105) 「朝鮮総督小磯大将」『京城日報』1942年5月31日付。
(106) 「小磯総督，赴任の言葉」『京城日報』1942年6月16日付。
(107) 「皇国臣民に生きよ」『京城日報』1942年2月11日付。
(108) 内川芳美「戦後ジャーナリズムの出発」新井・田川編『日本のジャーナリズム』有斐閣，1983年，92頁。
(109) 「一億相哭の秋」『東京朝日新聞』1945年8月15日付社説。
(110) 「残虐原子爆弾使用」『大阪朝日新聞』1945年8月15日付。

(111)　内川芳美，前掲92頁。

(112)　内川芳美，前掲94頁。

(113)　横溝光暉「『京城日報』終刊始末記」『新聞研究』４月号，日本新聞協会，1964年，38頁。

(114)　同上41頁。

第9章　結　　論

朝鮮における日本の言論統制は，武力による一種の「政治的統制」だったと言えよう。日本統治下の言論統制の究極的な目標は「内鮮一体」ないし「皇国臣民化」で，それを実現するために，武力による弾圧ないし壊柔，説得などの政策を繰り返しながら，それに抵抗する民族言論に対しては抹殺政策をとったのである。

テルー（Fernand Terrou）とソウアル（Lucian Solal）は，厳密な意味において政治的統制から完全に解放できる言論は存在しにくいとしている[(1)]。どの国，どの時代においてもそれぞれの特殊事情によって言論は政治に左右されがちな点を指摘したもので，古今を通じてしばしば見受けられるものである。

その政治的統制には政治権力者が自分の権力を維持するための「政治的次元の統制」と国家が当面の国内外事情によって行う「状況的統制」とがあろう。ところが，これは自国内の問題で，特に，状況的統制というのは常に国利民福というのが前提とされる場合が多い。朝鮮統治時代の日本の言論統制の場合は外勢によるもので，朝鮮の国利民福というものとは程遠く，日本の戦争のために言論が利用されたと言える。特に，当時の朝鮮総督府は立法，司法，行政の3権を握っており，その全てを利用して，言論を統制したのであり，政治と言論は密着し，総督の政策そのもの言論政策でもあった。

朝鮮における言論統制の場合は「政治的統制」を，「行政的統制」と「法的な統制」に分けることができると思われる。

「行政的統制」はまた，「事前統制」と「事後統制」とに分けることができる。事前統制は自主規制とか発行前に検閲することによって削除，発行禁止などの統制を加えることであり，事後統制は停刊，押収，販売禁止などによって様々な統制が行われるのである。朝鮮における日本の言論統制はこの

「事前統制」と「事後統制」の二重の統制によって徹底的に行われたことが明らかにされた。

一方,「法的な統制」というのは行政的な統制だけにとどまらず,法的な責任まで追及し,言論社,言論人に対する事後責任までをも問う厳しい統制政策である。

本章では,朝鮮の言論統制に関わる諸問題を分析した結果,上記の「行政的統制」「法的統制」の,主に2つの方法によって,日本による朝鮮統治全期間を通して,組織的かつ段階的な統制が行われたことが明らかになった。

では,その段階的に行った言論統制の内容を各章ごとにまとめ,最後に総合的な考察の結果を示すことにする。

第2章においては朝鮮における言論前史を論じたもので,言論の交流がなかった日韓両国の交流関係を中心に考察し,第1節は日韓関係史,第2節は征韓論の背景,第3節は江華島条約の成立と開港問題に焦点を合わせ,両国の交流史を探った。

古代朝鮮と日本との間は善隣友好関係が続いたが,それを踏みにじったのは豊臣秀吉であり,再び回復させたのは徳川家康と秀忠であった。家康と秀忠の2人は朝鮮王朝の不信感を和らげ,12回にわたる外交使節である通信使の往来によって江戸時代は平和的な国交が続いた。ところが,先進資本主義国家の外圧とともに徳川幕府の封建制度が崩壊し,明治維新を契機として日本は自主独立国家を確立しようとした。そこで,西郷隆盛を中心に「征韓論」が主張され,朝鮮侵略の道を歩むようになった。

一方,朝鮮は1392年創建以来,鎖国政策をとってきたが,大院君時代は専制君主制度の維持に狂奔し,諸外国に対して頑固な鎖国政策を取っていた。その結果,諸外国と相次いで衝突,遂に雲揚号事件を起こし,日本との間に江華島条約を結ぶに至った。この条約によって朝鮮は強制的な力によって世界に向けて門戸を開くようになり,近代国家として開放政策をとるようになった。韓国の近代的言論もここから生み出されたと言えよう。

第3章は,韓国における最初の近代新聞の成立期に関する考察であるが,『漢城旬報』と『漢城周報』を中心として,その創刊背景から廃刊に至るまでの過程を6節に分けて論じた。これは植民地時代の言論を論じる際，その前過程として必ず念頭に置かなければならない重要な部分である。

韓国の最初の近代新聞である『漢城旬報』は，従来朝鮮の内政干渉のため日本が主導して創刊したとされ，同紙を前後した時期は日本言論の侵略期とされてきたが，本稿における考察の結果，同紙はあくまでも朝鮮政府が主導して日本の言論人の助力を受けて創刊されたものだということが明らかになった。筆者は以前浸透圧理論（Theory of Osmotic Pressure）(2)という説を出し，この時期の言論の浸透段階を分析したことがあるが，本書では『漢城旬報』を前後した時期を日本言論の侵略期とは切り離して浸透期と命名した。『漢城旬報』は朝鮮政府の出版機関である博文局において井上角五郎の助力によって創刊された。その経緯は次のようである。

1876年日韓江華島条約によって外交使節である修信使が往来することになり，その第3次修信使として1882年朴泳孝が日本を訪れた。彼らは福沢諭吉と交わり，福沢の勧誘によって新聞を発刊することを決心し，井上角五郎など7人を朝鮮に招き，1883年新聞を創刊することになったのである。井上角五郎は後に1886年『漢城周報』まで創刊し，韓国の近代新聞の成立期に大きな役割を果たした人物である。彼は，後に1910年併合という歴史の中で朝鮮侵略の先駆として扱われるようになる。ところが，『漢城旬報』は朝鮮政府の資金によって朝鮮政府が創刊したもので，井上角五郎は新聞創刊に必要な編集及び技術的な面で協力した言論人である。

井上角五郎が福沢諭吉の協力によって新聞の創刊に尽力していたところ，ときの外務卿井上馨は彼を政治的に利用しようとしたが，応じなかった。その根拠として本章では4つ指摘することができた。まず，一つは本文で述べた井上角五郎が井上馨に送った手紙において，井上角五郎の身分としては考えられないほど断固として要請を拒絶している。第二は，井上角五郎は井上馨に対して尋常慶弔以外の交わりを絶ったという点である。第三は，井上角五郎が1885年3月頃外務省に出向き，井上馨に厳しい攻撃をしていることである。井上角五郎にとっては「閣下」と呼ぶほどの地位の外務卿に対してそのような批判をしたことは異例なことであった。第四は井上角五郎は朝鮮から帰国するとともに逮捕され，「和文書偽造罪」及び「官吏侮辱罪」という罪名で処罰されたことである。

以上の根拠を見ても井上角五郎は明治政府の侵略の先鋒であったとは断定しにくく，更に，1880年から1895年までの間を日本言論の侵略期とするのは理論的根拠がないものと見られ，むしろ日本言論の浸透期と見た方がよいと考えられる。従って，本章では1880年代は日韓併合とは切り離して論じた。

第4章では，日本は朝鮮を保護国化するに当たってどのような言論統制を行ったかを考察した。

第1節では，日本における植民地政策に関してであるが，まず，日本はいつから植民地に関する研究を始めたかという問題から論を始めた。それはいつから帝国主義の道を歩み始めたかという問題とも関連する。日本は，日清戦争によって次第に帝国主義に傾き，それよりアジア大陸に対する植民地政策の研究も始まったものと考えられる。

日清戦争によって，日本は初めて台湾を植民地として獲得し，植民地政策の実験地とした。しかし，本格的な植民地政策の研究は日韓併合以後からであった。日本の植民地政策研究が具体的に朝鮮統治にどのように適用されたのかは推察しがたいが，台湾統治の経験が関わりあっていたことは事実であろう。具体的な例としては「土地政策」と，後藤新平が「台湾統治救急案」に示した言論政策である。のちほど，後藤新平は日韓併合準備委員となるが，台湾における言論政策の経験が生かされたことは間違いない事実であろう。

第2節では，『漢城新報』を中心として本格的に日本言論が侵略してくる過程を考察した。まず，日本言論の浸透してくる過程において，言論に対する統制が徐々に始まるが，『漢城新報』からいわゆる言論侵略が本格化していくのである。同紙は日本公使館の機関紙であり，朝鮮の他の新聞の論調を攻撃し，更に朝鮮の内政に干渉する。

1880年，朝鮮において日本の公使館が設置されると，各港湾に日本人居留者が急増する。居留民たちは相互情報交換及び権益擁護のため，1881年，朝鮮半島では最初の新聞であり，日本人経営新聞である『朝鮮新報』が釜山で創刊されることになった。この新聞をきっかけとして相次いで日本人経営新聞が創刊され，1905年に至るまで20紙ぐらいが創刊されており，その代表的なものが『漢城新報』だった。これは，熊本国権党の中心人物である安達謙蔵が日本の外務省機密費の補助金を受け，1895（明治28）年2月17日京城において創刊したものである。同新聞は日本の外務省の補助金を受けただけでなく，外務省を代弁する機関紙となり，その論調を通じて朝鮮の言論と論争を展開する一方，外務省の補助金を続けて受け，日本の政治宣伝とともに朝鮮の内政改革など具体的な内政干渉にまで取り組んでいた。

また，『漢城新報』の幹部が中心となり，「閔妃弑害」事件まで起こし，政治問題に飛火するなど，同紙に関しては侵略的要素が多分に窺える。第2章において1880年代は日本言論の浸透期としたが，この新聞の創刊からは明らかに日本言論の侵略期だとすることができよう。実際，同『漢城新報』は1906年8月31日『京城日報』と改題され，統監府の機関紙となった。

第3節では，日英同盟に対する世界各国の言論の反応と，朝鮮半島との関わりを考察した。日英同盟条約によってイギリスは日本の朝鮮統治を事実上認めるようになり，朝鮮の植民地化政策に決定的なきっかけを作ることになった。日英同盟は朝鮮半島で発生する騒擾事態や，第三国の干渉から日本の特殊な利益を保護する権利を認め，日本の朝鮮統治を承認するような形となったのである。日本はロシアの南下政策を抑止するばかりではなく，朝鮮半島における経済的進出が容易になった。

日英同盟をめぐる各国の言論の報道を見ると，アメリカ政府は歓迎しながらも朝鮮に同情的な態度を示しており，ドイツの言論は冷淡な反応を示した。同盟国イギリスは当然歓迎しながら，極東における平和を更に確かめるものであると論じていた。朝鮮の外務大臣署理朴齊純さえも日英同盟を歓迎したことは理解しにくいことであるが，外交による情報不足から事の真相を察知できなかったことによるものと考えられる。

日本の言論は，連日特集記事として歓迎の姿勢を示していた。同条約は日本としては最初の国際同盟条約であり，これによって帝国主義経済発展の礎石を築くことになる。

日英同盟は1902年1月30日に結ばれ，2月13日桂首相と小林首相によって貴族院と衆議院で発表されるが，『東京朝日新聞』をはじめ全ての新聞が大歓迎の論調を示していた。なかでも『時事新報』の報道は特記すべきものがある。2月14日付『時事新報』の記事においては，慶応義塾の学生及び教職員らがこの条約を祝賀するため炬火行列を行ったと報じている。行列は慶応義塾を出発，外務省前とイギリス公使館の前で天皇陛下万歳を三唱し，同盟を祝賀する唱歌まで作詞して謡った。そして日本政府関係者と市民達が祝祭ムードであったことが報道され，日英同盟は日本国民全体が熱烈に歓迎していたことが分かる。

日英同盟において注目すべきことは，同盟条約が結ばれた後，日本の株式市場が活発となり，株価が急激に値上がった点である。『時事新報』によると，日英同盟が発表された2月13日付の株式市場は下落する不景気であったが，15日になると好景気に変わり，同紙25日付「大阪電報，24日」を見ると，引き続き株式は全般的に強保合を維持していた。これは日本がイギリス外資の導入により，朝鮮半島へ経済的進出をしようとしたためであり，更に，朝鮮の植民地化政策を目指していたからである

第4節では，日露戦争の勃発とともに朝鮮では日本軍によって事前検閲が実施され，いわゆる言論統制が本格的に始まったことを考察した。1904年日露戦争が勃発，直ちに同年7月20日駐韓日本軍司令官原口兼済は「軍事警察訓令」を発表して，全ての新聞は「事前検閲」を受けることになった。これが朝鮮における最初の検閲制度であり，これを初めとして朝鮮における言論統制はますます厳しくなったのである。

第5節では，朝鮮統監府の言論統制政策に関して考察を行った。日露戦争後，日本軍によって朝鮮国内の全ての言論は弾圧された。この時期は朝鮮国内の新聞は勿論，日本本国の新聞まで取締を行うようになった。一方，伊藤博文は総督府機関紙として『京城日報』を創刊し，更に，『京城日報』の英字版である“The Seoul Press”を出版し，朝鮮民族または外国向け宣伝政策に取り組んでいた。

朝鮮統監府は事前・事後統制として，「新聞紙規則」「保安規則」「新聞紙法」「出版法」などを制定して統制することになった。イギリス人ベセルが創刊した『大韓毎日申報』は日本統監府を攻撃したり，日本の朝鮮統治を厳しく批判したが，治外法権の特権と日英同盟国であったことなどによって強制的な取締は不可能であった。『大韓毎日申報』はその後にも反日論調を続けたため，日英間の外交問題にまで発展して，同紙は結局総督府に買収され，ベセルは追放されることになった。

以上，第4章において述べたように，朝鮮が保護国という形で日本の統治下に置かれることになったのは，言論の役割が大きかったと言えよう。日本

は，台湾統治を経た経験を生かし，『漢城新報』のような言論を通じて朝鮮政府に内政改革の圧力を加える一方，日英同盟をきっかけとして日露戦争を起こした。そして，ただちに朝鮮の言論弾圧を通して朝鮮の保護国化に走り，更に言論を通じて政策宣伝を強化し，日韓併合まで至るようになったのである。

第5章では，日韓併合時代における言論統制状況を集中的に考察し，日本が朝鮮併合に当たってどのように言論統制を行ったか，また，朝鮮民族に対してどのように説得を行ったかということを探った。

第1節は，朝鮮最後の統監であった寺内正毅は統治組織を強化しながら，併合政策を急ぐ段階においてどのように言論統制を行ったかを考察した。彼は日韓併合を達成するため「武断政治」を行い，厳しい言論統制を加えた。寺内総督は併合以前から朝鮮で発行されている新聞は言うまでもなく，日本で発行された新聞にも植民地統治に悪影響を与えると思われるものには強硬な統制措置を行い，その輸入をも厳しく統制していた。

寺内総督は併合以後も積極的な言論統制に乗り出し，総督府機関紙，総督府御用新聞を除いた全ての一般新聞には買収，または廃刊などの強硬策をとった。寺内は言論に対して門外漢であったため，当時日本の『国民新聞』の社長であった徳富蘇峰を『京城日報』の監督として招き，経営を任せるなど，朝鮮における言論統廃合措置を行わせたのである。

第2節では，日韓併合をめぐる日本国内外の言論報道の分析に焦点を合わせた。当時，全ての朝鮮語新聞は廃刊されており，併合に関する朝鮮側の論調を探ることはできないため，本章では日本国内の4つの有力紙と同盟国イギリスの新聞を中心として分析した。

まず，『大阪朝日新聞』は1910年8月20日，22日に日韓併合に関する記事を載せており29日付では「朝鮮号第1号」という特集記事を出して，今回の統合措置から福音が天降るだろうと期待するとし，大歓迎の姿勢を示し，朝鮮の歴史における大きな意味を付与している。『東京日日新聞』は評論中心に報道し，8月23日から犬養毅，松田正久，林田亀太郎などの意見をそれぞれ掲載し，今後の朝鮮統治の方向について述べている。『東京朝日新聞』は「合併と世論」という記事で，併合は東洋の平和を確保するものであると報じ，また「金玉均の昔語」という記事では，金氏に同情的な姿勢を示していた。『時事新報』は8月22日以前から併合問題について連載しており，併合された事実も最初に報道した。また，併合した翌日から福沢諭吉の手記を連載して間接的に併合事実を知らせていた。同紙は日英同盟の時と同じように，8月24日付「韓国併合記念号」という特集号を出して，他の新聞より強い関心を示していた。

一方，日韓併合をめぐるイギリスの報道は，韓国併合の事実よりも，むしろ韓国皇帝と皇族らの今後の地位問題に強い関心を示していた。『タイムズ』は世界で日韓併合を最も早く報道した新聞であった。同紙は8月22日駐露日本大使本野一郎が露国当局者を面会し，日韓条約の成立事実を通告したことをスクープして8月24日付で掲載していた。同紙は併合事実に対して日英同盟条約第3条を取り上げ，イギリスの商業上の利益や治外法権の問題に関係なければかまわないという趣旨を出していた。『デイリー・ニュース』や『デイリー・テレグラフ』などもやはり，商業上の影響，関税賦課などの問題がなければ，認めると述べていた。つまり，自国の損益の問題に関心が集中していたと言えよう。『デイリー・メール』は他の新聞より詳しく報道していた。関税の問題を取り出していることは他の新聞と同様であるが，特記すべきことは日本の朝鮮征服説まで論じ，イギリスの言論としては最も詳しく，朝鮮の歴史的部分まで報道している。

これらのイギリスの報道はあくまでも日英同盟条約を意識して，同盟国としての立場に基づいた報道論調を示していたことが分かる。併合そのものは既に同盟によって認めたものだということを前提にしたものであった。

第3節では，「日韓併合」に対する朝鮮民族の反発をどのように説得していったかを考察した。日本は朝鮮民族に対して説得的コミュニケーションの一つとして「一視同仁」を呼び掛け，「韓国併合の詔書」においても併合は東洋の平和のためだとされており，「日韓合邦条約」にも韓国の皇帝と皇族，貴族，一般国民まで現在に相当する地位を与え，名誉の保持を約束するとしている。

更に，日本は合邦以前は合邦実現のための世論づくりと説得的コミュニケーションを積極的に展開するために，一進会以外にも新たに多くの親日団体を作る一方，既存の排日団体を変質させて親日的な団体に改造している。

これは合邦によって解散された11の団体を見ても分かる。これらの親日団体は日本のプロパガンダ機関として併合前後に，統治のスローガンである「同化政策」「内地延長主義」などに世論を誘導する役割を果たしていた。そのため，これらの団体は各種の宣言，声明書，遊説，集会演説，個人指導などの活動を行っていたのである。

第4節では，交通通信政策と朝鮮の言論統制との関わりの問題を取り上げた。言論の発達は交通通信手段と密接な関係を持っている。特に，日本は植民地政策をより効率的に実施するため，交通通信手段を拡充していた。併合以後の日朝間の主な交通手段は海上通運で，最短距離は下関・釜山間であった。それらの海上航路によって様々な言論出版物が朝鮮半島に流入されたことを数値的に分析した。1935年末現在，日本から朝鮮に輸入された新聞は，厳しい統制を受けながらも新聞・雑誌を合わせて約42万部に達していた。パンフレットを合わせるとさらに膨大な量になると見られる。これらの出版物は主に朝鮮統治政策に関するもので，朝鮮民族に対するプロパガンダを目的としたものであった。

通信政策の発達は交通通信手段とともに言論の発達に決定的な影響を及ぼしている。1910年12月京城・下関間の直通電信回線が開設され，次々に海底線の通信線が設置された。1932年9月には無線による欧文新聞電報取り扱いを認めるほど，外国とのニュース情報交換は活発となった。このような通信政策は結局，朝鮮における言論発達ないし統制に大きな影響を及ぼすことになった。つまり，言論の情報はそれらの通信手段によって運ばれ，伝達されるからである。一方，総督府は通信手段を自由に統制できたため，通信統制にフリーハンドになった反面，逆に朝鮮の場合は自らの表現手段である機関と，通報伝達メディアを失ってしまう結果となったのである。

第5節では，総督府機関紙『京城日報』の創刊背景とその役割について考察した。『京城日報』は総督府機関紙として朝鮮民族に対するプロパガンダ的な役割を果たした新聞である。ところが，『京城日報』の監督である徳富蘇峰はハングル新聞にまで手を伸ばし，同紙のハングル版である『毎日申報』を創刊して朝鮮民族に対して説得を行った。また，外国人向けの“The Seoul Press”まで創刊して，国際世論を誘導することになった。

『京城日報』の歴代社長は朝鮮総督とともに交替し，総督府政治の代弁者の役割をしていた。ここで，注目すべきものは『京城日報』の社長は単に総督に信任が厚かっただけでなく，天皇に近い人であったという事実である。

以上，第5章をまとめてみたが，重要な事実は寺内総督の「武断政治」のもとで強圧的な言論統制が行われたことである。寺内は伊藤博文，井上馨，山県有朋，桂太郎などとともに日韓併合において決定的な役割を果たした山口県出身者であった。日韓併合はこれらの山口県出身の人々によって行われたという事実は本章の重要な発見であった。

寺内は当時の総理大臣である桂太郎の信任が厚かったので朝鮮統監に任命され，それが併合の決定的なきっかけとなった。彼は陸軍大将で「武断政治」を行い，遂に日韓併合を強行させたのである。寺内は情報統制には門外漢だったが，彼の信任が厚かった明石元次郎警務局長によって言論統制が可能になった。明石元二郎はロシア革命当時，諜報活動を行った人物で，いわば諜報活動の専門家であった。また，明石は日露戦争の時は，ストックホルムで情報収集活動にも努めた経験があった。彼が寺内の下で働いていたことは併合当時の状況を間接的に物語るものであろう。寺内総督は明石の情報活動の協力を得て併合直前に朝鮮における全ての新聞を一時停刊させ，更に日本の新聞さえも朝鮮への移入を禁止させ，無言論状態の中で併合条約が強制的に締結されたことが今回の考察で明らかにされた。

第6章では，「三・一独立運動」をめぐる言論報道及び言論統制政策を中心に論じた。1910年から寺内総督は「武断政治」を行い，その結果，「三・一独立運動」を巻き起こすことになったが，同運動は日本の朝鮮統治の大きな転換点となり，これをきっかけに朝鮮人に対しても民間紙発刊が許可されるなど言論の懐柔政策が行われた。

第1節では，「三・一独立運動」をめぐる国内外の世論を考察した。

日本の言論界において，原敬政友会総裁が山県有朋と寺内総督の武断政治を批判するなど，朝鮮の総督政治を批判する動きが見え始めたが，その中でも『大阪朝日』が最も激しい論調を展開した。更に，元東大教授の吉野作造は『中央公論』と「朝鮮黎明会」の講演などにおいて，総督政治の悪性を激しく批判しながら，朝鮮においても日本と同じような言論の自由を認めるべきだと主張していた。

アメリカにおいて三・一運動を最初に報道したのは『ニューヨーク・タイムズ』（3月6日付）であった。その内容は，日本官憲が強硬な態度をとって数千の朝鮮の示威運動者が逮捕され，また，平壌においては長老派の宗教学校の学生が逮捕され十字架に縛り付けられるなどの虐待を受けたと報じ，朝鮮に独立を与えるべきだと日本政府に促していた。『ニューヨーク・ヘラルド』（4月14〜17日付），『ニューヨーク・タイムズ』（6月13日付）も，それぞれ日本軍警が朝鮮民衆に暴虐な弾圧を加えたと報じた。のちに英米において排日論調が繰り広がったのは，アームストロングが公募した資料によるものであった。彼は朝鮮で集めた資料をアメリカキリスト教会同盟会に送り，長老派教会本部の朝鮮人虐殺状況の報告が同年7月13日「聯合通信」よりアメリカ各地の新聞に掲載された。これによって「朝鮮人同情協会」が結成された。1919年3月から1920年9月までアメリカで発刊されている新聞，雑誌などの記事の中で韓国独立を支持する記事は約9,700件であるのに対し，親日的記事は50件に過ぎなかった。

イギリスにおいては同盟国に対する政府の交誼から，外面的な批判はなかったが，1920年在米ワシントン朝鮮共和国宣伝委員部より派遣されたマッケンジーがロンドンを訪れ，自著『朝鮮の独立運動』をイギリスで再び出版しようと企て，全イギリスにわたり新聞広告を出した。これがきっかけとなって，日本の最大の同盟国であったイギリスの議会においても排日感情が徐々に高まり，下院議員によって「朝鮮同情者会」が結成されたのである。

中国における三・一独立運動の報道は『国民新報』（3月12日，13日）の「高麗宣布独立宣言詳情」という記事をはじめ，『毎日評論』『新潮』などにおいて独立運動に関して慶賀の念をこめて報道された。また，中国共産党の創立者の一人である陳独秀は「朝鮮独立運動之感想」と題して『毎日論評』3月23日付に掲載し，朝鮮の独立運動は世界革命史上の新紀元を開いたと高く評価している。日本の侵略政策に反対する共通の立場に立っていた中国においても，この三・一独立運動に刺激されて北京大学の学生を中心に反軍閥，反日運動の五・四運動が展開されるようになった。

第2節では，斎藤実の言論統制政策を分析した。斎藤実総督は国内外の世論をおさめる巧みな手腕をもっていた。彼は前代の寺内総督の「武断政治」がもたらした三・一独立運動をおさめるため，いわゆる「文化政治」を行ったである。警察官の数を大きく増やして警察統治に走ったこともあるが，結果的には国内外の批判的世論をおさえながら植民地統治の基盤を確立した。彼が世論をおさえるために試みたことの中で最も注目すべきものは2つ挙げられる。一つは，国内情報が海外に流されるルートとなる外国人宣教師に対する懐柔策であり，もう一つは朝鮮における各種の言論出版物を許可したことである。

まず，朝鮮内の外国人宣教師に対する懐柔策は相当の効果を挙げることができた。彼は外国人宣教師に対して積極的な接近策をとり，行政上の措置として，総督府に「宗教課」を設け，宣教師との間に連絡機関を新設する一方，従来，宗教を統制していた規則を改正した。また，連日連夜懇談会や晩餐会などを開いて親善をはかり，“The Seoul Press”や雑誌『朝鮮』などにも，彼らの犠牲精神に賛辞を送った。このような懐柔策の結果，宣教師の反日の気運は鎮静化するようになった。それまでは彼らによって植民地統治に対する激しい非難の声が海外に流されていたが，宥和政策によって外国の世論は次第に静かになっていった。

次に，斎藤総督は朝鮮内の各種の言論出版物を許可し，地下新聞を陽性化して総督政治に不利なデマを一掃しようとした。このような政策の下で朝鮮では『東亜日報』『朝鮮日報』『時事新聞』などの民族紙が創刊されることになったのである。

このうち，注目すべきものは『東亜日報』である。『東亜日報』は日本の植民地統治に対して最も激しい抵抗論調を続け，1920年4月1日創刊から，1940年強制廃刊に追い込まれるまで無期停刊処分（4回），発売禁止処分（63回），押収（489回），削除（2,423回）などの数多くの弾圧処分を受けた。同紙は独立運動の先鋒に立ち，厳しい言論統制を受けながらも論調を曲げず，独立精神を呼び掛けた。それが象徴的に現われたのが第4次無期停刊処分の際の日章旗抹消事件である。ベルリン・オリンピックで優勝した孫基禎選手の写真から，胸の日の丸を消し，修正して新聞に報道したのである。これは『東亜日報』社内の何人かによって行われたもので，結局無期停刊処分を受けるようになるが，朝鮮民族の声を代弁して言論を通じて抵抗していたことを意味するものでもあった。

『東亜日報』などの創刊は，斎藤総督の文化政治の一環であったが，当時，日本における，朝鮮の言論を同等に認めようと主張する吉野作造を中心とした一部の世論にもその原因があった。ところが，これらの新聞も結局は独立運動の先鋒に立つようになり，総督府としては治安維持の最大の障害機関となったため，遂に強制廃刊を命じるようになる。

第3節では，朝鮮における制度的な言論統制に関して述べた。朝鮮における「情報委員会」の設置は，朝鮮総督府と軍部，そして警察との間に密接な関係を持つとともに，情報の収集，交換，分析によってより効果的な情報の管理統制を目的としたものであった。情報委員会の設置は1920年11月であったが，三・一独立運動直後，総督府が内外の情報把握とともに政治宣伝をより効果的に推進するため従来の情報課を拡大改編したものである。これは日本本国の内閣情報委員会よりも先に設けられたことで意味深いのであろう。

次は李方子女史と言論統制との関わりである。当時，李女史の結婚は政略的な結婚であり，言論統制の下でその顛末は現在まで秘密とされてきた。これは当時の言論統制に対する厳しさを間接的に物語っているのであろう。李女史は自分の婚約事実を『読売新聞』を見て初めて知り，この事実を報道した『朝鮮日報』も停刊処分を受けている。皇族に対する報道規制の問題もあり，現在さえも日韓両国の報道には顕著な論調の差が見られる。1989年4月30日李女史がくなった時の両国の三大新聞の報道を比べてみると，韓国の報道は詳しく積極的であり，日本の報道は事実報道だけで，冷たい報道ぶりであった。

第4節では，関東大震災と朝鮮における言論統制に関する問題を取り上げた。1923年発生した関東大震災は日本の新聞界に多大な影響を与えた。火災によって新聞社が3紙を除いて全焼する一方，デマ，流言蜚語などによって厳しい言論統制が行われたのである。

東京の新聞社が焼失したことによって，大阪に本拠をもっていた『東京朝日』『東京日日』の両紙は部数を伸ばして東京紙を制圧し，全国制覇の道を歩むようになる。このような激しい販売競争のなかでも言論統制は厳しく，9月16日警視庁特高課は管内各署長と各新聞社宛に「新聞雑誌掲載記事に関する件」という通告で事前検閲を行っており，法務省は「治安維持令」に基づいて，各紙の報道に統制を加えていた。

こういう状況の下で，朝鮮の言論は日本より厳しく統制されていたのである。朝鮮における同震災に関する最初の報道は（9月3日付）『朝鮮日報』「横浜にも○○事件発生」と題した号外であったが，差し押さえられてしまった。『東亜日報』は李相協編集局長らを東京に急派し，虐殺された朝鮮人の被害状況を調べさせる一方，同胞たちを慰問していた。しかし，真相報道については総督府に統制されているうちに，東京から帰還した同胞によって知られ，読者から抗議の書信が相次いだ。そこで，宋社長が総督府の高官と面談して特派員報告を掲載させるよう求めたが，要請は受け入れられなかった。また，同紙は「東京地方罹災朝鮮人救済会」を組織し，救済金募集を行ったが，またもや総督府によって阻止された。更に，『東亜日報』が「斎藤総督に真相の発表を望む」（10月6日付）という題の記事を大きく取り上げる一方，10月20日以降，報道が解禁されると『朝鮮』『東亜』両紙をはじめ，日本語新聞も朝鮮人虐殺事件を深刻に報道しつづけたので，総督府の周到な取締を受けるようになった。この時，朝鮮語新聞や日本語新聞を問わず，数多くが差押え処分を受け，日本国内発行新聞は朝鮮へ移入禁止されるなど厳しい言論統制処分が行われた。

そもそも，朝鮮人虐殺事件の規模が大きかったことと，その報道に対する統制が厳しかったことには水野錬太郎の存在が浮き彫りにされる。彼は，1918年寺内内閣当時内務大臣だったが，米騒動によって辞任し，1919年8月には朝鮮総督府の政務統監に就任した。「三・一独立運動」直後相次ぐ騒擾事態を鎮圧した経験があったが，今回の1923年関東大震災の際は再び日本の内務大臣となり，またもや騒擾事件に直面することになった。そこで，彼は朝鮮人の騒擾事件に恐れをなし，直ちに戒厳令を公布し過剰鎮圧に乗り出した。そのため，多くの朝鮮人犠牲者を出すようになり，当時日本の新聞からも非難されるようになったのである。同事件を通して朝鮮人の日本人に対する不信感は極度に高まるようになり，その結果，朝鮮民族の反日運動をますます刺激するようになった。

第5節では，視聴覚メディアを通しての言論統制を考察した。

1926年朝鮮には京城放送局が設立され，ラジオ放送が実施された。その目的は朝鮮民衆の文化開発，福利増進にあるとされたが，実際は朝鮮における植民地統治のプロパガンダの役割を果たすことになった。特に，朝鮮語・日本語の二重放送を実施してからは聴取者が急増し，国内外の宣伝とともに新しい電波メディアとして積極的な言論活動に乗り出した。1932年になると放送設備の拡充と放送時間を増やし，番組の内容においても朝鮮総督府の施政に呼応して政策の宣伝に徹底し，プロパガンダのためラジオの機能を十分生かしていた。特に，朝鮮語放送の第2放送は朝鮮総督府の施政方針の代弁機関となり，放送番組の内容は，朝鮮情報委員会（情報幹事会）と「放送審議会」「放送プログラム編成会」によって徹底的に統制された。

また，ラジオとともに，植民地統治に使われた新しいメディアとして，文化映画と蓄音機（レコード）も登場することになった。

映画は三・一独立運動以後1920年から始まり，1925年になると大量に制作され，朝鮮総督府のプロパガンダ・メディアとして使われた。後に，満州事変の勃発とともに専ら時局認識，銃後の朝鮮としての心構えを指導する映画を全朝鮮で上映した。ところで，総督府以外にも広告，文化映画などが作られ，総督政治や風俗に悪影響を及ぼすと見られたので，総督府は「活動写真フィルム検閲規定」を発布して検閲を行い，1939年には検閲の件数が3,640件にものぼった。なお，映画のもつ社会の教化，宣伝，報道などの役割の重大性に鑑み，日本の「映画法」「朝鮮映画令」もそのまま施行された。

そして，蓄音機レコードも大量に輸入されると，植民地文化が低俗化し，治安風俗の紊乱することによって，政策と思想宣伝を妨害するとされ，「蓄音機レコード取締規則」が発表された。

このように，新聞，雑誌だけではなく，放送，映画，蓄音機レコードまでをもプロパガンダ・メディアとして使われる一方，それらの内容が朝鮮統治に反するものの場合，厳しい統制が加えられたのである。

第7章では，大陸軍需基地化としての言論統制に焦点を合わせて考察した。

第1節では，朝鮮の兵站基地化と言論統制の問題を論じた。満州事変以後日本は朝鮮を準戦争地，つまり大陸戦争の物資供給地とし，軍需物資の補給とともに経済的な物資統制をはじめ，思想統制及び言論統制を厳しくとることになった。

1936年南次郎朝鮮総督は歴代総督のなかで初めて朝鮮を「兵站基地」と称するなど，その重要性を語り，社会統制を厳しく取るなかで，様々な法規によって言論統制を行った。つまり，不穏文書取締令，国家総動員法，新聞紙

法，新聞紙規則，出版法などの各種法規ないし制度によって統制を強化したのである。

第2節では，朝鮮における言論統制の最高機関である朝鮮中央情報委員会の設立背景とその役割について考察した。

日本において，1932年陸軍省及び外務省らの関係者によって非公式的に情報委員会が設立されたが，1936年正式な情報委員会が設置された。日本の情報委員会は，満州事変の勃発以来，国策運営上の情報政策と，陸海軍，外務省などの各関係者間の情報交換を通して対内外啓発宣伝を統一することを目的としたものであった。1937年には寺内寿一陸軍大臣の提案によって「内閣情報部」と拡大改編されたが，日中戦争以降はそれまでの消極的な言論統制から積極的な統制に乗り出すようになり，1940年には「情報局」と組織拡大され，全てのメディアを統制することになった。

朝鮮においては1937年「朝鮮中央情報委員会」が設立されたが，これは1920年非公式秘密機構として設けられていた「情報委員会」が正式な情報統制機構として出発したものであった。朝鮮中央委員会は当初，情報及び啓発宣伝に関する重要事項の調査審議を目的としたものであったが，実際の運営においてはプロパガンダをも合わせて朝鮮内における全ての統治政策，言論統制をより効果的に遂行することに主眼が置かれていた。それは各地方にも各道情報委員会を設けて朝鮮全土にかけて啓発宣伝及び言論統制を行い，世論を操作したことからもよく窺える。同委員会は設けられてから4ヵ月の間に221万部の膨大な量の印刷物を発刊し，朝鮮民族に対する時局認識に関する宣伝によって世論を統制していった。このように，朝鮮中央委員会は植民地統治後半期において，いわば「総合情報統制所」の役割を果たしていたのである。

第3節では，法律による言論統制に関して考察した。

朝鮮においては，1919年民族自決主義思想が広まり，1922年に朝鮮共産党が結成されるに至って，思想運動が展開されるようになった。

日本においても同年7月，日本共産党が結成され，日韓の共産党が交流を始めるなど，日本では急進的社会主義と共産党の結成などによって治安維持が大きい問題として台頭した。更に，関東大震災によって社会的危機意識が高まるなかで，1925年新しい「治安維持法」が制定され，思想の統制を行った。

「治安維持法」は直ちに朝鮮においても実施され，民族主義思想の取締とともに，過激な思想を規制することになった。同法律は朝鮮における思想統制法となり，のちに治安警察法（1926年），朝鮮思想保護観察令（1936年）がそれぞれ制定され，思想統制の後続措置をとっていた。治安警察法は労働運動，社会運動の取締だけに限らず，集会及び結社に関する取締法規で言論統制にも基幹をなした法律である。1936年には「朝鮮不穏文書臨時取締令」が実施され，日本の法律より広く適用され，罰則も強化されている。これは治安維持法によって不法化されている民族主義運動者や，地下新聞などの匿名の出版物を取り締まるのがその目的であった。

第4節では，教育政策と言論統制に関して考察した。

日本は朝鮮統治に当たり，同化政策と内鮮一体を呼び掛け，皇国臣民への教育政策をとっていた。これは外面的ないし武力的な支配ではなく，精神的・思想的支配まで狙ったものである。「皇民化教育」という新しい言葉は1938年「改正教育令」が公布された際，生まれた言葉で，戦時体制のもとで，日本語常用を徹底的に要求するなど，朝鮮人を朝鮮人としてでなく，日本人として教育することを目的としていた。

この頃，戦時であることを理由に，朝鮮人側の新聞は全て廃刊され，それは雑誌にまで及び，朝鮮人の言論活動は全く無力化してしまった。また，1942年5月には日本語常用が義務づけられ，日本語教材配布などによって民族文字の抹殺政策が取られ，言論活動の側から見て最悪の状態に陥ることになった。これはある意味では，朝鮮における日本の言論統制の最後の目標地点でもあった。

日本語を強制することに次いで，皇民化政策の一環として行われたのは，朝鮮語の名前を廃止して日本人の名前に変える「創氏改名」であった。もう皇国臣民になったから戸籍法を改正して改名すべきであるという日本側の主張に対して，朝鮮側は民族文化の抹殺であると激しく反発した。創氏改名は最初は自発的としていたが，次第に強制化し，新聞及び言論出版物を通して呼び掛けられるなど，日本の植民地政策のなかで最も悪名の高い政策となった。

第5節では，日中戦争と朝鮮における言論統制の関連である。

1937年に始まった日中戦争によって，翌年国家総動員法が公布され，全ての物資の統制運用とともに新聞の発行にも統制が加わるようになった。日本は同法によって「新聞事業令」を公布し，この規定に基づき日本新聞会が組織され，新聞に関する指導統制権を持つことになり，言論に対する間接的な統制を具体化した。

朝鮮においても国家総動員法に基づき，「朝鮮総督府時局対策調査会」を組織し，通信機関までをも統制するようになった。朝鮮における国民精神総動員活動を見ると，朝鮮にある全ての言論機関を動員ないし強制的な宣伝道具として使っていることが分かる。1938年には朝鮮中央委員会を中心とした国民総動員銃後報国強調週間を設定し，新聞並びに通信，雑誌，ラジオ，映画などに言論統制を行った。日刊紙や雑誌は時局認識に必要な標語を義務的に掲載しなければならないとし，ラジオを通しても演士によって説得させ，映画も同期間に上映して理解を求めるようにしたのである。

また，戦争下の統制経済体制の運用にを理由に，紙，石油，インキなどが配給統制され，言論出版物は大きな打撃を受けるようになった。こうして言論報道はかなり萎縮されたうえに，更に1939年朝鮮総督府図書課は「編集に関する希望及び注意事項」を各民間新聞社に通達し，編集方針までをも干渉することになった。

1940年になると言論統制は極度に達し，『東亜日報』『朝鮮日報』両紙が強制的廃刊になったのをはじめ，全ての朝鮮人経営の新聞が廃刊された。日本語新聞さえも一道一紙に統合されて言論統制は戦時体制に突入するようになった。

以上，第7章の情報委員会に関する考察を総合してみると，日中戦争の勃発とともに情報委員会は戦争に関する情報の収集，報道及び啓発宣伝などプロパガンダとしての役割に重点をおいていたことが分かる。更に，同委員会は1941年太平洋戦争の勃発とともに朝鮮の植民地統治の後半期において，全てのメディアに対する統制機関になっただけでなく，朝鮮統治の政策啓発の中枢的な機関ともなったと言えよう。

第8章では，太平洋戦争と言論統制に関して考察した。ここで注目すべきことは出版物の統制に関することで，今回，戦争の時，言論統制が実際どのように行われたかが窺える貴重な資料も入手することができた。

第1節では，太平洋戦争下の言論統制について論じた。日本は朝鮮民族に対して「大東亜共栄圏建設」というスローガンを打ち出し，戦争は東亜新秩序の確立と植民地開放のためであるから日本軍に協力せよと呼び掛けた。「大東亜共栄圏建設」は，朝鮮民族を戦争に巻き込もうとしたスローガンで，1942年7月4日の『東京日日新聞』の社説「日本なくして大東亜共栄圏なし」などにも，植民地民族の独立に対して配慮した論調は少なくとも見られておらず，あくまでも皇国臣民を中心として一致団結し，戦争完遂に邁進するべきだという内容ばかりであった。このような社会統制状況の下で，朝鮮の言論統制はほぼ窒息の状態になったと言えよう。

朝鮮のラジオ放送は放送網がある程度完備されるとともに，銃後国民精神の高揚に重点を置いていた。番組編成において京城放送局自体編成制作が33%であり，日本本国の中継が67%に至っていた。自局制作の番組も大部分の皇国臣民としての自覚と責任を促す内容であり，それも総督府と情報委員会によって統制されたものであった。

新聞においても戦時下において全ての朝鮮語新聞が強制廃刊されており，朝鮮総督府機関紙である『毎日新報』だけが朝鮮語として残されていた。一道一紙主義政策によって1942年末朝鮮の全ての新聞が24紙に統合され，うちに日刊紙は17紙に過ぎなかった。このなかで『京城日報』と，4つの総督府機関紙及び3つの専門紙を除けば，純粋な民間日刊紙はわずかに10紙に過ぎない。

戦時下の言論統制状況において注目すべきことは，言論統廃合とともに総督府機関紙の拡充発展政策が強力に推進されたことである。『東亜日報』と『朝鮮日報』が無期停刊処分などの弾圧を受ける際に，総督府機関紙である『京城日報』『毎日新報』の部数は必ず伸びていたのである。そして，統廃合措置とともに総督府機関紙は施設を拡充し，購読率を上げ，部数が拡張するようになった。

第2節では，出版物統制の問題を論じた。1942年5月29日，小磯国昭総督の就任以来，戦争は不利な状態となり，朝鮮民衆に対する戦力増強政策と言論統制政策はますます厳しくなった。そこで，小磯総督は1943年9月，「朝鮮総督府出版統制協議会」を設置して出版物に対して強力な統制方針を取ることになった。同協議会は日本にはない朝鮮独特の出版物統制機構で，出版物承認の実施方針として「出版物並ニ推薦実施要綱」ということを27項目に定めて様々な角度から出版物を審査することになった。更に，「出版物用洋紙使用規正要綱」を定めており，出版業者に対して洋紙使用承認を受けることを義務づけていた。

このように，朝鮮の出版統制協議会は二重の言論統制規則を定め，出版物統制を行っていた。注目すべきことは出版物承認に当たり，その具体的な審議の対象として，内容審査だけでなく著者に関する思想及び人間性までをも調べ，出版物の承認を極度に厳しくしていたという事実である。

また，思想教育の一環として，小磯総督は1943年9月報道関係者を集め，合宿報道演習を行ったことも明らかにされた。即ち，朝鮮軍報道部で記者や放送関係者ら55名を集めて軍報道班を組織し，太平洋戦争下における言論統制に関する具体的な教育を行ったのである。これは朝鮮における全ての言論を画一化し，戦争メディアとしての役割を果たさせることを狙ったものである。

第3節では，朝鮮における情報宣伝政策と通信検閲に関して論じた。

朝鮮における情報宣伝は，1942年小磯総督就任以来急速に進み，朝鮮民族に対して強制的な方法で戦争に協力することを呼び掛けていた。そのため，①朝鮮の民心の動向と戦局の推移を分析し，民心の指導ないし世論を啓発宣伝すること，②従来の米英中心の世界秩序の破壊，③時局の再認識と民族主義の警戒などを基本課題とし，安易な戦争観を是正し，必勝の信念を持って戦争物資の生産力を増強することを訴えていた。

その実践方策として考えられたのは，映画による宣伝活動である。従来，新聞や雑誌による時局宣伝は行われていたが，その新聞や言論出版物を読む人は限られた一部の人々だけであり，映画によって戦争への関心を強め時局に対する認識を正しく深めていくのがより効果的だと判断したのである。当時，積極的な啓蒙教化のために「朝鮮映写啓発協会」を設立し，全国的に巡回映写活動を行って大きな成果を上げることができた。1942年度の全国的な映画の観覧者数は290万人であり，団体別の観覧者数も200万人を超えているのが今回の調査で明らかになった。のちに，一般娯楽映画も登場してからは事前検閲を実施し，治安を妨害するものは厳しく取締を行っていた。

更に朝鮮では，新聞，雑誌，映画などの統制だけではなく，通信統制まで及び，通信検閲が実施された。1944年12月現在の検閲局は郵便検閲をなすもの17局，電信及び電話検閲をなすもの各4局になった。更に，無線通信にまで統制が行われ，通信局通信課分室を各都市に設置して無線通信の取締を行っていたことが明らかにされた。

第4節では，太平洋戦争下における法的な言論統制について論じた。まず，日本で1941年1月10日公布された「新聞紙等掲載制限令」は従来の「新聞紙法」及び「出版法」に対する制限内容を強化したものであり，同年12月13日の「言論・出版・集会・結社等臨時取締法」は，戦時下の日本国民における政治活動の自由と表現の自由など全ての精神的自由を厳しく制限したものであった。これらの法律は朝鮮にも直ちに実施され，政治活動及び表現の自由を徹底的に弾圧する，一種の治安維持の法律となった。同法は朝鮮半島における時局の重要性ないし戦時下の言論及び世論をより効果的に統制するためであった。同法の実施によって，従来の「治安警察法」「出版法」「新聞紙法」などの規定は，事実上無力化するようになったのである。

戦時下において最も弾圧の程度が強かったのは，同年12月26日公布された「朝鮮臨時保安令」である。同保安令及び同施行規則は，従来の「言論・出版・集会・結社等臨時取締令」の内容を一層強化したもので，朝鮮における全ての反植民地言論，出版などを弾圧しようと画策したものであった。

以上の3つの統制令は流言蜚語と人心惑乱をも統制する規定を定めていることが一つの特徴として見られ，戦時という状況において言論をその根底から徹底的に統制することを目的としていたことが窺える。

第5節では，朝鮮総督府の機関紙である『京城日報』の論調について，すなわち『京城日報』は朝鮮の地において発行され，太平洋戦争勃発の前後においてどのように論調を展開していたのかを分析した。

『京城日報』は総督府機関紙として朝鮮民族に対する政策宣伝及び世論形成に大きな役割を果たしていた。まず，1941年1月1日から新聞論調の内容は次のようにまとめることができる。

①朝鮮は皇道宣布の基地で，戦争は不可避であり，高度国防国家体制に対して，朝鮮は極めて重要な役割を果たさなければならない。②朝鮮半島の兵站基地たる使命を完遂するために，物的・経済的要素の外に人的・精神的要

素の協力が必要である。③朝鮮民族は小乗的民族主義を脱却して，大東亜民族領導主義の立場に立って，大局的な見地から時局を認識すべきである。④三国同盟の重要性に鑑み，英米の優越独善主義から脱皮すべきである。⑤朝鮮における資源開発は重要な使命で，特に増米運動を行うべきである。⑥朝鮮は四国や九州と同じく強力なる皇国日本の一環に収むべきであり，また，不逞不信の徒に対しては内鮮官民そのいずれを問わず，断固弾圧を加えるべきである。

このように，大別すると6つの項目になるが，報道内容は総督訓示ないし総督の施政方針が中心であった。つまり，1941年から，『京城日報』は新聞としての本来の機能を失い，社説は統治者の統治政策を忠実に反映している解説に過ぎなかったと言えよう。こうして，『京城日報』は従来の総督府代弁機関から一歩進んで，戦争進行のため道具化され，朝鮮民族に対して強力な宣伝道具としての役割を果たすことになったのである。

＊

以上，各章における考察の結果をそれぞれ述べてきたが，それを総合的にまとめてみよう。

日本統治全期間において，言論統制の要因である政治的統制，物資的統制などをはじめとして，当時の国内外における情勢を分析してみると，朝鮮における言論統制は結論的に言えば，「組織的」かつ「段階的」統制であったということができよう。このような組織的・段階的な統制によって，朝鮮における全ての言論は完全に萎縮され，言論本来の使命の完遂は考え難い状態となったのである。では，組織的・段階的統制を序論で示した時代区分に合わせて具体的に表してみると**表17**のようになろう。

このように段階によって，より強くて厳しい言論統制政策をとっていたことが明らかにされた。即ち，次のような段階で統制の程度が強化していった。

「浸透」→「侵略」→「弾圧」→「説得」→「宣伝」→「道具化」

要約すれば，韓国の近代新聞の成立期には日本の言論が徐々に浸透したが，『漢城新報』創刊がきっかけとなって本格的な侵略が始まり，日韓併合とともに武断政治時代を迎えて，言論は極めて厳しい受難を受けることになったのである。ところが，三・一独立運動とともに朝鮮民族の激しい反発によって，文化政治という名目の下で，民間紙の創刊とともにある程度緩和ないし

表17

統制段階	統制時期区分	統制内容
①言論の浸透段階 (1880〜1894)	言論浸透期	『漢城旬報』創刊，『漢城周報』創刊 『朝鮮新報』創刊
②言論の侵略段階 (1895〜1909)	1次言論統制期	『漢城新報』創刊，『京城日報』創刊 『大韓毎日申報』社長ベセルの追放 「新聞紙規則」・「新聞紙法」・「出版法」・「保安法」などの実施
③言論の弾圧段階 (1910〜1919)	2次言論統制期	寺内言論弾圧政策，言論統廃合，民間紙廃刊，
④言論の説得段階 (1920〜1930)	3次言論統制期	斎藤実の言論統治，民間紙（『東亜日報』『朝鮮日報』）創刊，京城放送局設立
⑤言論の宣伝段階 (1931〜1937)	4次言論統制期	朝鮮中央情報委員会設立と啓発宣伝，満州戦争，日中戦争
⑥言論の道具化段階 (1938〜1945)	5次言論統制期	太平洋戦争，啓蒙映画動員，出版物統制 『京城日報』の戦争メディア化，通信統制

説得を通して朝鮮民衆の反日意識をおさめるようになった。だが，満州事変によって日本は国際聯盟を脱退，更に日中戦争によって朝鮮は軍需基地化され，戦略上重要な要衝地と化する。そこで，日本は何よりも朝鮮民族の協力は戦争に決定的な影響を与えると判断，朝鮮中央情報委員会を組織して，啓発宣伝ないし啓蒙宣伝を通して銃後朝鮮民族の精神戦力教育を行い，戦力強化を狙ったのである。最後の段階としては太平洋戦争の勃発ともに朝鮮における経済的統制，資源開発などを呼び掛け，戦争に勝利するため言論を戦略的道具化することになったのである。

(1) Fernand Terrou and Lucian Solal, *Legislation For Press, Flim and Radio*, New York: Columbia University Press, 1951.

(2) 拙稿「日本・中国・韓国を対象とする近代新聞の成立期における浸透圧理論（Theory of Osmotic Pressure）による比較史的研究」上智大学大学院文学研究科新聞学専攻修士論文，1986年，319頁。

参考文献

※まず，日本語資料，韓国語資料，英文資料，及び新聞資料に分類し，特に，日本資料は時代別，内容別に分類した。そして，単行本を先に，論文を後に示した。

Ⅰ　日本資料

A　総　論

・青柳網太郎『朝鮮統治論』朝鮮研究会，1923年
・細井肇『鮮満の経営―朝鮮問題の根本解決』自由討究社，1921年
・『斉藤総督の文化統治』友邦協会，1970年
・巖松堂京城店『朝鮮司法提要』高等法院書記課編纂，1923年
・秘『朝鮮出版警察概要』朝鮮総督府警務局，1946年
・『朝鮮法規類纂』第８巻，朝鮮総督府官房審議室校閲帝国地方行政学会朝鮮本部編纂，1935年
・富田芳郎『植民地理』叢文閣版，1937年
・『朝鮮逓信事業沿革史』朝鮮総督府逓信局，1938年
・『植民地号』現代公論社
・石森久彌『朝鮮統治の批判』朝鮮公論社，1926年
・伊藤欽二『現代植民政策論』雄文閣，1932年
・岡倉古志郎『新植民地主義』岩波書店，1965年
・入江敏夫『植民地の独立』岩波書店，1963年
・高橋亀吉『経済統制の再編成』千倉書房，1941年
・『朝鮮の言論と世相』朝鮮総督府官房文書課調査係，1927年
・金正明『朝鮮駐剳軍歴史』日韓外交資料集成，巖南堂書店，1967年
・伊藤卯三郎『朝鮮及朝鮮民族』第１集，朝鮮思想通信社，1927年
・星野辰男『準戦時統制経済』朝日新聞社，1937年
・阿部薫『朝鮮統治の解剖』民衆時論社，1927年
・佐藤巖『新聞遍路』松山房，1932年
・秘『治安概況』京畿道警察部，1929年
・星野辰男『植民地の再分割』朝日新聞社，1937年
・『治安概況』「選挙取締の状況」など，京畿道警察部，1931，1932年

参考文献

・カールモスコビッチ殖銀行友会訳 『植民地朝鮮における日本の銀行の従業員達』1986年
・大和与一『朝鮮交通史』財団法人鮮友会，三信図書，1986年
・篠原昌三『JODK—朝鮮放送協会回想記』大和実業，1979年
・臨時台湾旧慣調査会『植民地組織法大全』東洋印刷株式会社，1909年
・矢内原忠雄『植民及植民政策』有斐閣，1926年
・金沢庄三郎『日鮮同祖論』汎東洋社，1943年
・小倉進平『朝鮮語の系統』岩波書店，1940年
・李起雄『韓日交流二千年』悦話堂，1984年
・旗田巍『日本人の朝鮮観』勁草書房，1983年
・大畑篤四郎『日本外交政策の史的研究』成文堂，1984年
・菊田貞雄『征韓論の真相と其面影』東京日日新聞社・大阪毎日，1941年
・長沼熊太郎遺稿『征韓論分裂始末』文昌堂屋書店，1906年
・色川大吉『自由民権』岩波新書，1982年
・山辺健太郎『日本の韓国併合』太平出版社，1966年
・『日本外交文書』第9巻，日本外交文書頒布会，1956年
・高麗大付設新聞放送研究所『コミュニケーション科学』第6集，図書出版，1982年11月号
・姜在彦『朝鮮近代史研究』日本評論社，1970年
・日本外務省編『日本外交文書』1963年
・井上角五郎『福沢先生の朝鮮御経営と現代朝鮮の文化とに就いて』明治印刷株式会社，1934年
・古庄豊『井上角五郎君略伝』井上角五郎君功労表彰会編，1919年
・近藤吉雄『井上角五郎先生伝』大空社，1988年
・福沢諭吉『福翁自伝』角川書店，1968年
・福沢諭吉『福翁自伝』岩波文庫，1973年
・川合貞一『福沢諭吉の人と思想』岩波書店，1940年
・小泉信三『福沢諭吉』岩波新書，1966年
・慶応義塾大学編『福沢諭吉全集』第4巻，岩波書店，1970年
・慶応義塾大学編『福沢諭吉全集』第5巻，岩波書店，1969年
・朴鍾根『日清戦争と朝鮮』一潮閣，1989年
・国立国会図書館憲政資料室所蔵「井上馨関係文書」
・伊藤博文編『朝鮮交渉資料』上巻・中巻，原書房，1970年
・井上角五郎『南無観音』南無観音発行所，1926年

・井上角五郎『二宮尊徳の人格と思想』財団法人国民工業学院，1937年
・中央朝鮮協会『会員名簿』1927年
・伊藤欽二『現代植民政策論』雄文閣，序文
・矢内原忠雄『植民及植民政策』有斐閣，1933年
・冨田芳郎『植民地理』叢文閣，1945年
・星野辰男『植民地の再分割』朝日時局読本第7巻，東京朝日新聞社
・黒田謙一『日本植民思想史』1942年
・向山寛夫『日本統治下における台湾民族運動史』中央経済研究所，1987年
・伊藤博文秘書纂『台湾資料』
・後藤新平『日本植民政策一班』明治文化叢書，1944年
・矢内原忠夫『帝国主義研究』矢内原忠夫全集第4巻，岩波書店，1965年
・李海暢『韓国新聞史研究』成文閣，1977年
・『外交文書』「新聞操縦関係雑纂・漢城新報ノ部」外務省外交史料館所蔵
・安達謙蔵『安達謙蔵自叙伝』新樹社，1960年
・陸奥宗光より井上馨宛電報文『新聞雑誌操縦関係雑纂漢城新報ノ部』明治27年10月31日，外務省外交史料館所蔵
・陸奥宗光より井上馨宛電報文『新聞雑誌操縦関係雑纂漢城新報ノ部』明治27年12月7日，外務省外交史料館所蔵
・井上馨より陸奥宗光宛電報文『新聞雑誌操縦関係雑纂漢城新報ノ部』明治27年11月8日，外務省外交史料館所蔵
・井上馨より陸奥宗光宛電報文『新聞雑誌操縦関係雑纂漢城新報ノ部』明治27年12月4日，外務省外交史料館所蔵
・蛯原八郎『海外邦字新聞雑誌史』学而書院
・李光麟『韓国史講座（v）近代編』一潮閣，1982年
・伊藤博文編『秘書類纂・朝鮮交渉資料』明治28年7月28日，井上馨より西園寺宛電報
・井上馨より西園寺公望宛極秘公信文『新聞雑誌操縦関係雑纂漢城新報ノ部』明治28年7月16日，外務省外交史料館所蔵
・『閔妃弑害事件の真相』民友社，1946年
・駐韓日本公使館記録『機密本省往』1896年
・朝鮮総督府『朝鮮の言論と世相』1927年
・田保橋潔『近代日鮮関係の研究』下巻，文化資料調査会，1964年
・斉藤鎮男『日本外交政策史論序説』新有堂，1981年
・伊藤正徳『加藤高明』上巻，1929年

・大畑篤四郎『日本外交政策の史的展開』成文堂，1983年
・鹿島守之助『日本外交政策の史的考察』巖松堂書店，1931年
・朝比奈知泉『明治功臣地巻』1915年
・立作太郎博士論行委員会『立博士外交文史論集』日本評論社，1946年
・鹿島守之助『日英外交史』上巻，1958年
・黒羽茂『日露戦争史論・戦争外交の研究』杉山書店，1982年
・日本外務省編『日本外交文書』第35編，1957年
・古屋哲夫『日露戦争』はしがき，中央公論社，1988年
・春原昭彦『日本新聞通史』新泉社，1985年
・金正明『朝鮮駐剳軍歴史』巖南堂書店，1967年
・全国憲友会連合会編纂委員会『日本憲兵正史』全国憲友会聯合会本部（研究所院）1976年
・李基百『韓国史新論』学生社，1979年
・山辺健太郎『日韓併合小史』岩波書店，1988年
・朝鮮総督府編『朝鮮の保護および併合』国史編纂委員会編
・久保寺山之『日韓離合之秘史』全巻，日本乃姿顕彰会，1964年
・駐韓日本公使館記録『明治41～42年機密本省往』新聞取締ニ関スル書類
・日本新聞協会『出版及著作関税法法令集』1936年

*

・日本外務省「大韓毎日申報とベセル事件」『機密本省往来』1906～1916年
・「大韓毎日申報ベセル事件」『朝鮮統監府施政年報』（1906～1907年），統監電信第204号
・金圭煥「植民地朝鮮における言論および言論政策史」東京大学博士論文，国会図書館所蔵，1959年
・林子平「三国通監図説」『林子平全集』第２巻，生活社，1944年
・中島司「金玉均君に就て」中央朝鮮協会，1937年
・原田環「井上角五郎と『漢城旬報』」『三千里』第40号，三千里社，1984年
・春原昭彦「福沢諭吉の対韓観」『東西語路』韓国外国語大学付設国際コミュニケーション研究所，1985年
・井上角五郎「協力融合，福祉の増進を圖れ」『朝鮮統治の回顧と批判』朝鮮新聞社，1936年
・太田哲男「反戦・平和の哲学，吉野作造と矢内原忠雄を中心に」『大正デモクラシーの思想水脈』同時代社，1987年
・幼方直吉「矢内原忠雄と朝鮮」『思想』９月号，岩波書店，1965年

・佐々博雄「熊本国権党と朝鮮における新聞事業」『人文学会紀要』第9号，国士館大学文学部，1977年
・内山正態「小村外交批判」『現代日本外交史編』慶応通信株式会社，1971年
・大江志乃夫「大国の舞台に登場した日本」『朝日ジャーナル』朝日新聞社，1988年
・拙稿「韓国の新聞成立に果たした井上角五郎の役割」『新聞学評論』37号，日本新聞学会，1988年
・拙稿「日本・中国・韓国を対象とする近代新聞の成立期における浸透圧理論（Theory of Osmotic Pressure）による比較的研究」上智大学大学院文学研究科新聞学専攻修士論文，全2巻，1986年
・拙稿「韓国の新聞成立に果たした井上角五郎の役割」日本新聞学会報告資料，中央大学秋季研究発表大会，1987年9月27日

B　日韓併合前

・平野健一郎『日本の社会文化史』講談社，1973年
・朝鮮学会「青木外相の韓国に関連する対露強硬政策の発展と日英同盟の成立との関係」『朝鮮学報』第63集，1972年
・梶村秀樹「朝鮮近代史と金玉均の評価」『朝鮮学報』，朝鮮学会，1967年
・朝鮮総督府中枢院調「朝鮮資料」朝鮮学会，天理大学出版部，1955年
・山辺健太郎「甲申日録の研究」『朝鮮学報』第17集，朝鮮学会，1960年
・青木功一「朝鮮開化思想と福沢諭吉の著作―朴泳孝『上流』における福沢諭吉著作の影響」『朝鮮学報』朝鮮学会，天理大学出版部，1967年
・青木功一「朴泳孝の民主主義・新民論・民族革命論」『朝鮮学報』朝鮮学会，天理大学出版部，1967年
・野瀬和紀「甲申政変の研究⑴清仏戦争と日本外交」『朝鮮学報』朝鮮学会，天理大学出版部，1977年
・賀田直治「福沢諭吉先生と渋沢栄一翁」①（『朝鮮実業倶楽部』発行社1937年7月1日）
・賀田直治「福沢諭吉先生と渋沢栄一翁」②（『朝鮮実業倶楽部』発行社1937年8月1日）
・賀田直治「福沢諭吉先生と渋沢栄一翁」③（『朝鮮実業倶楽部』発行社1937年9月1日）
・賀田直治「福沢諭吉先生と渋沢栄一翁」④（『朝鮮実業倶楽部』発行社1937年10月1日）

・賀田直治「福沢諭吉先生と渋沢栄一翁」⑤（『朝鮮実業倶楽部』発行社1937年11月1日）
・賀田直治「福沢諭吉先生と渋沢栄一翁」⑥（『朝鮮実業倶楽部』発行社1938年11月1日）

C　日韓併合期

・『日本人の海外活動に関する歴史的調査』通巻第2冊，朝鮮編第1分冊（大蔵省管理局）
・『日本人の海外活動に関する歴史的調査』通巻第3冊，朝鮮編第2分冊（大蔵省管理局）「歴代総督の統治方針」
・『日本人の海外活動に関する歴史的調査』通巻第7冊，朝鮮編第6分冊（大蔵省管理局）「歴代総督の統治方針」
・『総督府時代の財政』友邦協会，1974年4月15日
・『統監府時代の財政』友邦協会，1974年1月1日
・『朝鮮の保護及び併合』友邦協会，朝鮮総督府極秘資料，1956年
・『新日本（我等の国家）』朴春琴事務所，1930年
・『日韓併合ならびに朝鮮王公貴族に関する詔勅及び法令』朝鮮総督府，1912年
・『朝鮮思想界概観』緑旗聯盟，1939年
・善生永介『朝鮮学報』第21集，第22集，1961年
・『日本統治時代の朝鮮』外務省条約法規課，1971年
・『台湾統治終末報告書』台湾総督府残務整理事務所，1946年
・梶山季之「さらば京城」『文芸春秋』別冊116号，1971年
・『闇船』『文芸春秋』別冊85号，1963年
・会報『朝鮮統治雑誌』中央朝鮮協会，1929年
・『我観』第76号，1930年
・副島道正『朝鮮統治に就て』京城日報社
・石森久彌『朝鮮統治の目標』朝鮮公論社，1932年
・内田良平『朝鮮統治の根本対策』朝鮮公論社，1928年
・『世界植民地現勢』（調査資料）第4集，朝鮮総督府，1924年
・『英領印度統治の現状と英国の異民族統治政策の批判』朝鮮総督府調査資料43号，1936年
・『印度統治に対する批判』朝鮮総督府，1924年
・加田哲二『植民政策』ダイヤモンド社，1940年
・太田哲男『大正デモクラシーの思想水脈』同時大社，1987年

・辛基秀編著『映像が語る「日韓併合」史』労働経済社，1987年
・『歴史的調査関係』朝鮮部会（計画関係）
・細井肇『朝鮮統治政策論』朝鮮総督府，1920年
・『新朝鮮』第１巻１号，新朝鮮発行所，1919年
・北悟一識『在満鮮人問題に対する意見』，1921年
・『社会科学研究』第９巻第６号，有斐閣，1958年
・『我観』第75号，我観社，1930年
・『東洋』東洋協会，1931年
・『朝鮮史研究会論文集』第７集，朝鮮史研究会，1970年６月30日
・『調査月報』第７巻第１号，朝鮮総督府，1936年１月25日
・『調査月報』第７巻第８号，朝鮮総督府，1936年８月25日
・『将来の朝鮮統治論』朝鮮総督府，1932年
・『東方』第１号，東洋史研究科
・『朝鮮公論』６巻８号，朝鮮公論社，1907年
・田保橋潔『朝鮮統治論』朝鮮研究会，1923年
・山辺健太郎『日本の韓国併合』太平出版社，1966年
・山辺健太郎『日韓併合小史』岩波新書，1988年
・山辺健太郎『日本統治下の朝鮮』岩波書店，1971年
・山崎丹照『外地統治機構の研究』高山書院，1943年
・外務省条約局法規課『日本統治時代の朝鮮』（外地法制誌第四部の二），1971年
・姜東鎮『日本の朝鮮支配政策史研究』東京大学出版会，1979年
・『大阪毎日新聞五十年』大阪毎日新聞社，1932年
・日本外務省『日本外交文書』第38巻，日本国際連合協会，1958年
・笹山晴生『日本古代史講義』東京大学出版会，1977年
・戸沢鉄彦『宣伝概論』中央公論社，1942年
・伊藤迪『ジャーナリズムの日本的課題』日本評論社，1941年
・小山英三『戦時宣伝論』三省堂，1942年
・内閣情報部『宣伝の心理と技術』情報宣伝研究資料第11集，1939年
・石森久彌『朝鮮統治の批判』朝鮮公論社，1926年
・日本外務省編『日本外交文書』第43巻第１冊，日本国際連合会，1962年
・宮田節子『朝鮮民衆と「皇民化」政策』未来社，1985年
・芳賀登『日韓文化交流史の研究』雄山閣，1968年
・朝鮮総督府『朝鮮総攬』1933年
・朝鮮総督府『施政二十五年史』1935年，図表篇

参考文献

・横溝光暉（聞き手　内川芳美・春原昭彦）『別冊新聞研究－聴きとりでつづる新聞史』別冊No.8，1979年
・横溝光暉『昭和史片鱗』経済往来社，1975年

＊

・鈴木裕久「説得コミュニケーション研究における受け手の諸問題・効果形成過程・媒介概念・被説得性」『東京大学新聞研究所紀要』No.17，東京大学新聞研究所，1968年
・春原昭彦「日本のジャーナリズムの生成に及ぼした伝統と西欧の影響の影響」韓国言論学会報告資料，1990年5月4日韓国プレスセンター
・藤田幸男「伊藤博文暗殺事件犯人は安重根ではない」『文芸春秋』1966年4月1日
・「新年特集・明治天皇」『文芸春秋』1965年12月1日
・「新年特集・明治天皇」『文芸春秋』1966年1月1日
・内田良平「日韓併合記念塔建設ニ就テ」1928年
・「矢内原忠雄と朝鮮」『思想』岩波書店，1965年9月5日
・「新聞及新聞記者」外『警務彙報』第356号，朝鮮総督府，1936年
・「日独同盟と危険思想」外『朝鮮公論』第6巻第7号，朝鮮公論社，1918年
・大村琴花「寺内と宿縁の喧嘩」『村山龍平伝』
・「寺内訪問記」『朝鮮及満州』104号
・山口勧「最近の説得コミュニケーションの研究」『コミュニケーションの社会心理学』東京大学出版会，1984年
・姜在彦「朝鮮問題における内田良平の思想と行動」『歴史学研究』307号，歴史学研究会（内田良平『日韓併合秘史』下巻）

D　三・一独立運動

・『朝鮮近代資料研究集成』第3号，友邦協会朝鮮資料研究会，1960年
・『朝鮮財政・金融発達史参考資料』朝鮮資料第1号，中央日韓協会，1956年
・『朝鮮近代資料研究集成』第1号，友邦協会，1959年3月25日
・『朝鮮近代資料研究集成』第2号，友邦協会，1959年4月8日
・『朝鮮総督府終政の記録』朝鮮資料第3号，中央日韓協会，友邦協会，1956年
・中村健太郎『朝鮮生活五十年』
・四州情客『仁川事情』朝鮮新報社
・丸山鶴吉『朝鮮治安の現状及び将来』朝鮮総督府，1922年
・『諭告・訓示・演述総攬』第2集，1943年

・『朝鮮統治の性格と実績』外務省調査局，調三資料第７号，1946年
・『朝鮮総攬』朝鮮総督府，1933年
・『朝鮮統治の回顧と批判』朝鮮新聞社，1936年
・中谷忠治『朝鮮と朝鮮人についての覚書』1959年
・『満州国協和会の使命並に工作概要』満州国協和会，康徳３年
・朴春琴『私の所信』発行年未詳
・朴春琴『朝鮮統治の禍根』朴春琴事務所，発行年未詳
・『朝鮮騒擾事件裏面の状況』京城朝鮮銀行1920年
・島田三郎『駅屯土払下問題』37号
・閔元植『朝鮮関係書』44号，1919年
・洪準杓『朝鮮関係綴』35号，1919年
・高元勲『意見書』第27号，朝鮮有志七氏持参，1919年
・『騒擾ノ財政及経済ニ及ホシタル影響概覧』朝鮮総督府，1919年
・『朝鮮内政独立論願に就て』同光会本部，1922年
・鄭薫謨『朝鮮内政独立請願に関した要路並に貴衆両院議員諸公に訴ふ』
・『半島人の満州開拓状況』朝鮮総督府
・『同民』第１号，同民会発行，1938年
・『朝鮮民情視察報告』同光会本部，1923年
・『朝鮮地方行政』第13巻，定刻地方行政学会朝鮮本部，1934年
・『朝鮮行政』帝国地方行政学会，1937年
・『朝鮮』朝鮮総督府，1937年１月１日
・『朝鮮』朝鮮総督府，1933年３月１日
・『朝鮮』朝鮮総督府，1932年10月１日
・『朝鮮』朝鮮総督府，1931年５月１日
・金一勉『朝鮮評論』朝鮮評論研，1961年
・『民族』第13集（日本の経済・文化建設の情報と資料　鎌田沢一郎主宰）
・『在朝日本人教師の闘いの記』読売新聞社，1930年
・『斉藤実追想録』斉藤実元子爵銅像復元会，1963年
・此経春也『朝鮮文化政治の検討』，1934年
・鄭泰成『人間朴烈』新朝鮮建設同盟文化部，1946年
・早稲田大学史学会編『史観』86，87集，1973年
・善生永介『朝鮮学報』第７集，天理大朝鮮学研究会，1955年
・鎌田沢一郎『国際情勢下における朝鮮問題と日本の民族道』民族経済文化研究所

・『協和叢書』第 6 集，中央協和会，1941年
・『協和叢書』第 6 集，中央協和会，1942年
・『最近の半島＝山崎進吉氏講演速記』中央朝鮮協会，1943年
・宇垣総督講演集「京城帝国大学講堂において」『伸び行く朝鮮』1934年
・細井肇『日本の決意』大日本雄弁会講談社，1932年
・韓徹永『韓国を動かす人達』鶏林出版社，1953年
・金学洙『朝鮮への書簡』大東晋文社，1925年
・韓徹永『韓国を動かす人達』国際調査社，1956年
・『極秘　日本の海外活動に関する歴史的調査』朝鮮編，通巻第 6 冊，第 3 分冊，大蔵省管理局
・『極秘　日本の海外活動に関する歴史的調査』朝鮮編，通巻第 6 冊，朝鮮編第 5 分冊，大蔵省管理局
・『極秘　日本の海外活動に関する歴史的調査』朝鮮編，通巻第11冊，朝鮮編第10分冊，大蔵省管理局
・『極秘　日本の海外活動に関する歴史的調査』朝鮮編，通巻第10冊，朝鮮編第 9 分冊，大蔵省管理局
・エドワード・W・ワグナー　北東アジア課訳『日本における朝鮮少数民族』外務省アジア局，1904～1950年
・中山久四郎『歴史上にあらわれたる内鮮の融和』中央朝鮮協会
・香山光郎『内鮮一体随想録』中央協和会，1941年
・『新聞学評論』日本新聞学会35号，1986年
・朴慶植『日本帝国主義の朝鮮支配』上巻，青木書店，1973年
・『近代日本総合年表』岩波書店，1977年
・姜東鎮『日本の朝鮮支配政策史研究』東京大学出版会，1979年
・『現代史資料』25「朝鮮Ⅰ」「資料解説」みすず書房，1963年
・坪江汕三『朝鮮民族独立運動史』巖南堂書店，1979年
・井出武三郎『吉野作造とその時代』日本評論社，1988年
・朴慶植『朝鮮三・一独立運動』平凡社，1986年
・宮崎龍介編『宮崎稲天全集』第 2 巻，平凡社
・『現代史資料』25「朝鮮Ⅰ」みすず書房，1963年
・『子爵斎藤実伝』第 2 巻，斎藤子爵記念会，1942年
・李基百『韓国史新論』学生社，1919年
・朝鮮総督府官房審議室検閲，帝国地方行政会朝鮮本部『現行朝鮮法規類纂』第 8 巻

・春原昭彦『日本新聞通史』新泉社，1987年
・内川芳美『新聞史話』社会思想社，1967年
・本田節子『朝鮮王朝最後の皇太子妃』文芸春秋，1988年
・李方子『すぎた歳月』出版社未詳，1973年
・角田房子『閔妃暗殺』新潮社，1989年
・『朝鮮日報60年史』朝鮮日報社，1980年
・朝鮮総督府警務局『諺文新聞差押記事輯録（朝鮮日報）』1932年
・関東大震災六十周年朝鮮人犠牲者調査追悼事業実行委員会『かくされていた歴史』1987年
・大畑裕嗣『東京大学新聞研究所紀要』第35号
・中島陽一郎『関東大震災』雄山閣出版，1982年
・染川藍泉『震災日誌』日本評論社，1981年
・姜徳相『現代史資料(6)』みすず書房，1963年，資料解説（viii）
・小野秀雄『新聞の歴史』東京堂，1963年
・伊藤正徳『新聞五十年史』鱒書房，1947年
・朝鮮総督府警務局『諺文新聞差押記事輯録』（朝鮮日報），1932年
・清水千代太『映画の歴史』同文社，1956年
・尾崎宏『演劇ラジオテレビ映画』偕成社，1958年
・阿部慎一『映画の教育』同文館，1956年
・佐藤忠男『日本記録映像史』評論社，1977年
・小松孝彰『戦争と思想宣伝戦』春秋社，1939年

*

・山中速人「三・一独立運動と日本新聞」『新聞学評論』30号日本新聞学会，1981年
・大畑裕嗣「1920年代の『東亜日報』社説における社会運動」『新聞学評論』
・橘破翁「朝鮮の言論政策に就いて長谷川総督に呈す」『朝鮮公論』（The Chosen Review）第7号，朝鮮公論社，1918年
・山中速人「三・一独立運動と日本の新聞」『新聞学評論』30号
・吉野作造「朝鮮における言論の自由」『中央公論』5月号，1919年
・外務省外交資料館所蔵「斎藤総督，最近ニ於ケル朝鮮ノ情勢」『韓国ニ於ケル統監政治及同国併合後ノ統治策ニ対スル評論関係雑纂』1919年9月10日
・1919年9月3日「斎藤実総督が同府及び所属官署に対する訓示」第3項
・朝鮮総督府警務局「祭祀問題を再び論ず」『諺文新聞差押記録集録』東亜日報社編，1932年

参考文献

・国会図書館所蔵斎藤実文書742「朝鮮民族運動ニ対スル対策」
・鄭晋錫「発行停止」『アジア公論』10月特大号，アジア公論社，1974年
・鄭晋錫「新聞遺事」『アジア公論』12月号，アジア公論社，1974年
・「新聞で知った婚約」『毎日新聞』1985年5月1日付
・「水野錬太郎談話」帝都復興秘録所収
・朝鮮総督府警務局「朝鮮における出版物概要」1930年
・秘「第一号書類」朝鮮総督府，1930年
・秘「在満朝鮮人避難民対策」朝鮮総督府，年代未詳
・「朝鮮騒擾経過概要」朝鮮朝鮮関係綴，第36号
・上田務稿「朝鮮統治私見」朝鮮関係綴，第42号
・鮮交会報「鮮交」126号，1980年
・「崔麟等の行動に関する件」京畿道警察部
・「満蒙移民計画」拓務書案，1932年
・「重要騒擾事項概要」京畿道，1931年
・秘「御大礼に関する協議事項」全北知事官房，1928年
・極秘「東亜新私鉄建設ニ関スル宣伝方策大網」内閣情報部，1939年
・「朝鮮人民会対策案」在間島日本総領事館，1931年
・秘「全北日報，郡山日報の内情」全北警察部
・「洋村及外人事情の一覧」平安南道，1924年調査
・秘「定平農民組合検挙概況」朝鮮総督府警務局，1931年
・「学生事件に伴い高麗共産青年会組織発覚の件」京畿道警察部長，1929年
・秘「鮮人学生生徒の思想的事件」文部省学生部，1932年
・「朝鮮実業」朝鮮実業倶楽部，1943年
・小坂貞雄『外人の観たる朝鮮外交秘話』朝鮮外交秘話出版会，1934年
・秘「騒擾と学校」朝鮮総督府学務局，1920年
・善生永介「朝鮮の民族性」『朝鮮学報』第14号，1959年
・善生永介「我が国外地移民の成績」『朝鮮学報』1939年
・姜徳相「関東大震災における朝鮮人虐殺の実態」『歴史学研究』178号，歴史学研究会，1962年
・「関東大震災と大阪三新聞成績批判」『新聞及新聞記者』11号（通巻第33号）新聞研究所出版部，1923年
・津村勇「文化映画の展望」『朝鮮』2月号，朝鮮総督府，1938年
・内川芳美「活動写真（フィルム）検閲規則」『マス・メディア法制』みすず書房，1982年

E　新聞関係・出版情報委員会

・『京城日報社誌』京城日報社，1920年
・『比律実の現勢（総説）』朝鮮情報委員会，1935年
・『朝鮮総督府時局対策調査会諮問案参考書』「軍需工業の拡張に関する件」朝鮮総督府，1938年
・『朝鮮総督府時局対策調査会諮問案参考書』「内鮮一体の強化徹底ニ関する件」朝鮮総督府，1938年
・極秘『朝鮮総督府時局対策調査会諮問案参考書』「北鮮の特殊性に対応スル方策」朝鮮総督府，1938年
・『朝鮮総督府時局対策調査会諮問案参考書』「朝，満，北支間の社会的聯繋促進に関する件」朝鮮総督府，1938年
・秘『朝鮮総督府時局対策調査会諮問案参考書』「内鮮一体の強化徹底に関する件など」朝鮮総督府，1938年
・秘『朝鮮総督府時局対策調査会諮問案参考書』「鮮総督府　陸上交通機関の整備に関する件」朝鮮総督府，1938年
・『朝鮮総督府時局対策調査会諮問案参考書』「在支朝鮮人の保護指導に関する件」朝鮮総督府，1938年
・秘『朝鮮総督府時局対策調査会諮問案参考書』「海外貿易の振興に関する件」朝鮮総督府，1938年
・『朝鮮総督府時局対策調査会諮問案参考書』「米の増産に関する件」朝鮮総督府1938年
・『赤色露西亜』朝鮮情報委員会，年代未詳
・秘『朝鮮評論（Korea Review）』1921年
・『朝鮮同胞呼称並新聞雑誌記事事取扱座談会』新聞用語研究会発行，1939．1．20
・『Japan, Great Britain and the World』（日本，英国及び世界），日英両文，1916年
・佐藤厳『新聞を志す人のために』（新聞遍路　付録）
・『帰一協会研究資料』帰一協会，1919年
・釈尾春『朝鮮の研究』朝鮮及満州社，1930年
・朝鮮総督府『朝鮮事情』1937・1940・1941・1943年度版
・『非常時下の朝鮮』中央朝鮮協会版
・『ひかる光州の輝き』面協議会，1925年

・和田一郎『朝鮮の匂ひ』ウツボヤ書籍店，1921年
・『国際聯盟支那調査委員会報告書仮訳文抜粋』総督官房外事課，1932年
・秘『国際聯盟支那調査委員一行末鮮人関係書類』総督官房外事課，1932年
・『終戦前後の想い出』朝鮮総督府官房企画課書記官細見正義，1967年
・朴重陽『朴重陽先生文書』「我が遺言」(日記抄録)，1951年
・上滝基『穂積さんのこと』1972年
・赤池警務局長『男爵阪谷芳郎殿』1920年
・赤池警務局長『阪谷男爵閣下』1920年
・秘　報告書『公正会朝鮮問題特別委員』1919年
・『朝鮮宣教師団の朝鮮総督府に意見』Japan Advertiser，1919年
・斎藤朝鮮総督『男爵阪谷芳郎殿』1919年
・秘　鈴木穆改華意見附公課整理意見，1919年
・スコフィールド氏調査委員必要意見並同氏アドバタイザー寄稿意見
・スコフィールド氏調査書　1919．7．29
・第6回日本宣教帰同盟会議　1919．8．6
・阪谷芳郎『朝鮮における治安維持』1920．3．17
・学秘第149号『阪谷芳郎殿』1920．10．16
・『協和事業彙報』第1巻第1号，中央協和会，1939．9．28
・『東洋』7月，9月号，東洋協会，1936年
・『朝鮮行政』4月，5月号，帝国地方行政会，1937年
・極秘　朝鮮総督府『朝鮮時局宣伝事務概要』1937年
・朝鮮総督府『朝鮮総督府統計年報』1938年
・『調査月報』第6巻第3号「雑誌及類似刊行発行件数調」朝鮮総督府，1935年
・『日本経済調査報』1960．4．25
・『財団法人中央協和会要覧』1941年
・高田信一『躍動する兵站基地半島』京城新聞社

＊

・牧山耕藏「朝鮮新聞と私」『朝鮮新聞』1938．11．5～1938．11．12
・秘「布哇在留朝鮮人一斑状態」朝鮮情報委員会，1923年
・秘「布哇米国新聞刊行物及通信　記事摘要」『朝鮮評論（Korea Review）』朝鮮情報委員会，1921年
・秘「英米における朝鮮人の不穏運動」朝鮮情報委員会，1921年
・秘「朝鮮総督府時局対策調査会報告事項」朝鮮総督府，1938年
・「地方制度改正に関する内地新聞の論調」『朝鮮総攬』1943年

・「台湾総督府感性と朝鮮総督府官制」朝鮮資料研究会，1968年
・飯田尤内「男爵阪谷芳郎閣下」（書簡文）1919年
・間島討伐の実状「グーリック氏宛」1921．1．4
・朝鮮総督府「朝鮮における情報宣伝の目標」『朝鮮』8月号，1943年
・朝鮮総督府「朝鮮における従来の周知宣伝雑考」『朝鮮』4月号，1937年
・「韓国の農林水産業の振興に関する所見」『韓国時事』1965年
・「世界開放主義を提げて」『東洋経済新報』1935年
・「日韓経済提携の要諦」『騒友』1967．5．15

F　ラジオ，放送

・京城朝鮮及満州社『朝鮮及満州』1928年
・朝鮮公論社『朝鮮公論』1943年
・帝国地方行政学会朝鮮本部『朝鮮行政』1938年
・朝鮮総督府『朝鮮』1月号・5月号・7月号，1933年
・朝鮮総督府『朝鮮』8月号，1936年
・朝鮮総督府『朝鮮』2月号，1938年
・日本放送協会『ラジオ年鑑』1936年
・桜本富雄『戦争はラジオにのって』マルジュ社，1986年
・日本放送協会『放送五十年史』日本放送出版協会，1977年
・日本放送協会『放送五十年史』資料編，日本放送出版協会，1977年
・日本放送協会『昭和7年ラヂオ年鑑』日本放送出版協会，1932年
・日本放送協会『昭和10年ラヂオ年鑑』日本放送出版協会，1935年
・日本放送協会『昭和11年ラヂオ年鑑』日本放送出版協会，1936年
・日本放送協会『昭和16年ラジオ年鑑』『昭和17年ラジオ年鑑』『昭和18年ラジオ年鑑』大空社，1989年
・畑中繁夫『日本ファシズムの言論弾圧秒史』高文研，1986年
・篠原昌三『JODK・朝鮮放送協会回想記』朝鮮放送会本部，1971年
・『共産国事情』第51号，1954年12月6日

*

・朝鮮建築会「京城放送局」『朝鮮と建築』第12第1号，1934年
・「朝鮮放送協会日本人職人名簿」年代未詳
・「朝鮮放送協会事業計画及収支予算書」1940年度収支予算明細書
・（秘）朝鮮放送協会「事業計画及収支予算書」1940年度
・朝鮮放送協会「ラジオと朝鮮」1938年

参考文献

・朝鮮公論社「朝鮮放送の可否」『朝鮮公論』 7月号，1943年
・森勝治「放送戦の実際と日本の勝利」『朝鮮公論』 7月号，1943年
・木戸九郎「ラジオの朝鮮語放送を全廃せよ」『朝鮮公論』7月号，朝鮮公論社，1943年
・土師盛貞「非常時とラヂオ」「朝鮮の放送事業」『ラヂオと朝鮮』朝鮮放送協会，1938年

G　警察・法政
・内外評論社『朝鮮之文化』1921年
・丸山鶴吉『やさしい警察論』新政社，1935年
・文芸春秋社『文芸春秋』 7月号，1961年
・文明協会『文明協会ニューズ』1929年
・磯谷秀次『植民地の獄』郷土書房，1949年
・石森久弥『秘話住話　朝鮮物語』初稿
・国際事情研究会『共産国事情』第57号，1954．12．20
・秘　朝鮮総督府警務局『朝鮮警察概要』1940・1941年
・友邦協会『日本統治下における朝鮮の法制』1969年
・東洋大学東洋文化研究所『東洋文化』第36号，朝鮮特集1964．3．5
・東京歴史科学研究会『歴史評論』11月号，1971年
・朝鮮文化社『民主朝鮮』1947年
・歴史学研究会編『歴史学研究』 2，青木書店，1965年
・『評論』河出書房，1949年
・秘　朝鮮総督府『道警察部長会議意見希望事項』1934年
・極秘　外務省アジア局『満州事変善後措置中朝鮮人施設要項』第2集，1932年
・平北警察部長『国境討匪状況』1937年
・韓国駐剳憲兵隊司令部『大韓協会略史』1968年
・極秘　朝鮮総督府警務局『朝鮮統治上緊急解決を要すべき満州問題に対する意見』1931年
・秘　総督府『朝鮮移民会社設立計画案』1931年
・新義州保護観察所『吾人の心境を語る』1939年
・星野喜代治『朝鮮銀行を語る』昭26．9

*

・朝鮮統監府「朝鮮施政年報」1907～1908年
・朝鮮学会「朝鮮における我が領事館警察史」『朝鮮学報』第50集，1969年

・朝鮮学会「東亜日報1923-1928にみられる朝鮮衡平運動記事」『朝鮮学報』第62号，1971年
・中央朝鮮協会「参考文書綴」1939年
・極秘「共産党朝鮮国内工作委員会事件検挙に関する件」京畿道，1931年
・極秘　朝鮮総督府「朝鮮軍関係書類綴」1939年
・極秘　関東軍統治部「第二日本人移民案要綱」『日本人移民』1932年
・極秘　関東司令部「満州における朝鮮人指導法案」1933年
・京畿道高等警察課「指示注意事項」1930年
・総督府「各道参与官会同宇垣総督訓辞抜粋」1933年
・秘　京畿道高等警察課「昭和四年における意見希望事項に関する決定」1929年
・京畿道警察部「万宝山事件報復騒擾警戒配置状況」1931年
・全北警察部「高等保安衛生概況」1928年
・秘　朝鮮軍司会部「在満朝鮮人指導の根本方針に関する意見」1932年
・朝鮮総督府「調査月報」第10巻７号，1939年
・朝鮮総督府「米国議員団の来鮮と鮮人の行動の真相」1934年
・秘　朝鮮総督府「道警察部長会議意見希望事項」1934年
・京畿道警察部「騎馬警官隊の拡張」1931年
・京畿道「道政参考資料」
・朝鮮総督府「第３次施政年報」1909・1911年
・朝鮮総督府「朝鮮総督府施政年報」1937・1939年
・朝鮮総督府「朝鮮総督府施政年報」1921・1922年

H　財政，金融

・朝鮮総督府『氏創設の真精神とその手続』1940年
・井上則之『朝鮮米と共に三十年』友邦協会，1956年
・善生永助『朝鮮における市場経済生活』朝鮮学報第４集，1952．１．30
・『日本経済年報』第32集，東洋経済新聞社，1938．６．24
・「協力工場整備に関する問題」外『経済聯盟』日本経済聯盟，1943．10．１
・『邱友』邱友会新聞，1966．５．５
・猪原文書『実業の日本』第18巻12号，№10，1915年
・鈴木武雄『朝鮮産業経済発展と在鮮日本系事業』友邦協会，1970年
・全国経済調査機関連合会『朝鮮経済年報』1939．３．17
・朝鮮統監府『第二次施政年報』1910年
・朝鮮総督府『朝鮮国勢調査報告』1939年

参考文献

・坂谷芳郎『朝鮮江原道牛頭里ノ霊蹟ニツキテ』，友邦協会資料
・宋秉畯『所感』1920年
・満州帝国国務院総務庁情勢化『満州帝国の現勢』
・国務院総務庁情報処『満州帝国の概要』康徳3年度版
・朝鮮総督府『朝鮮・内地・台湾・(比較統計要覧)』1936年
・朝鮮統計協会『朝鮮統計時報』第22号，1943．5．15
・朝鮮実業具楽部『朝鮮実業』8月号，1943．8．1
・朝鮮総督府『調査月報』第6巻10号，1935年
・朝鮮総督府『調査月報』第8巻3号，1937年
・朝鮮総督府『調査月報』第10巻5号，1939年
・朝鮮総督府『調査月報』第15巻5号，1944年
・朝鮮総督府『朝鮮』1922．10．1
・秘『管内状況』高等警察課（全北），1926年
・朝鮮総督府『歳入出増減内訳』1945年
・朝鮮総督府『帝国議会説明資料』1944年
・朝鮮総督府『帝国議会説明資料』官房，学務，法務，警察，第86会，1944年
・極秘　朝鮮総督府『第86回帝国議会説明資料』1945年
・朝鮮総督府「朝鮮新聞会補助に要する経済」『増減内訳』1944年
・秘　高等警察課（全北）『管内状況』1926年
・朝鮮総督府『帝国議会説明資料』1944年
・『第86回帝国議会説明資料』1945年
・『米穀統制調査書類』農林局長

*

・「朝鮮財政発達史概観」『日本人の海外活動に関する歴史的調査』通巻第8冊，朝鮮編第7分冊，大蔵省管理局，1987年
・「金融の発達」『日本人の海外活動に関する歴史的調査』通巻第8冊，朝鮮編第7分冊，大蔵省管理局，1987年
・「満州帝国人口統計」国務院総務庁情報処，康徳元年末
・「経済警察について」『朝鮮行政』10月号，帝国地方行政学会発行，1938年
・「朝鮮における社会事業の変遷」『朝鮮行政』9月号，帝国地方行政学会，1938年
・「戦時体制下における朝鮮経済の展望業」『朝鮮行政』1月号，帝国地方行政学会，1938年
・朝鮮総督府「逓信，土木」『増減内訳』1944年

Ｉ　電気・交通・通信

・打田昇『古代に活きる』文化堂，1977年
・大蔵省管理局『日本人の海外活動に関する歴史的調査』1944年
・日本航空輸送株式会社『定期航空ト鮮内飛行場整備ニ就テ』1937年
・朝鮮鉄道協会『朝鮮の鉄道』1938年
・朝鮮総督府『比較統計要覧』1938年
・京城電気株式会社『京城電気概覧』1940年
・朝鮮公論社『朝鮮公論』1943年
・朝鮮総督府『調査月報』1934年
・大東亜電気通信事務局『大東亜電気通信』1945．7．31
・朝鮮逓信協会『朝鮮逓信』第209号，1935．10．5
・日本通運株式会社『日満連絡貨物直通運賃便覧』1937年
・満鉄総局『満州向貨物運送案内』1937年
・秘　朝鮮総督府鉄道部長『朝鮮国有鉄道の経営及び出資の件』1919年
・秘　朝鮮総督府鉄道部長『朝鮮鉄道の経営に関する件』1919年
・朝鮮総督府鉄道部『朝鮮鉄道出資ニ関スル意見』

＊

・朝鮮総督府「情報宣伝」『朝鮮事情』1942年度版
・朝鮮総督府「情報宣伝機関」『朝鮮事情』1938年度版
・本山実「朝鮮交通の史的考察（鉄道を中心として）」『拓殖大学論集』52，53合併号
・本山実「韓国海運の史的展開」『海運経済研究』第２号
・朝鮮総督府「一，二等道路の修築」『朝鮮の道路』1937年
・朝鮮総督府「道路の改修」『朝鮮の道路』1928年
・「韓国通信機関の接収」『岡本桂次郎伝』
・光村合資会社大阪工場「仁川港の沿革史」『仁川開港25年史』1908年
・文庵学人「満鮮鉄道統一論」『鮮満の工業』抜粋，1917～1920年

Ｊ　教　育

・友邦協会『日本統治下の朝鮮における朝鮮語教育』1966年
・秘　朝鮮総督府『朝鮮教育会改正案』1920年
・朝鮮総督府『教育普及振興ニ関スル第一次計画』1928年
・朝鮮総督府『朝鮮教育制度改正要項』1920年

・朝鮮総督府学務局『朝鮮学制改正案要領』1920年
・建国大学教授森信三先生講述『古事記の生命と半島の教育』大邱徳山公立国民学校訓導藤吉敏雄筆録
・朝鮮総督府『外人校長処分に関する顛末書』1920年
・『エコノミスト』大阪毎日新聞社，1927年
・東洋協会『東洋』1928．7．20
・朝鮮総督府『朝鮮』1932．11．1
・朝鮮総督府『朝鮮』（教育制度改正記念号）1922．3．1
・「学制改革と義務教育の問題」『今日の朝鮮問題講座(3)』緑旗聯盟版
・秘　朝鮮情報委員会『比律賓の教育及其の将来』1922年
・朝鮮総督府「国語を解する朝鮮人調」『調査月報』第10巻6号，1939．6．25

K　兵站基地・太平洋戦争

・朝鮮資料研究会『朝鮮近代資料研究集成』第4号，友邦協会，1961．12．15
・近藤釼一編『太平洋戦下の朝鮮(1)』朝鮮総督府予算関係重要文書，友邦協会，1962．12．10
・朝鮮総督府『朝鮮総督府施政年報』1938年度版
・能美一夫『経済聯盟』日本経済聯盟会，1944．4．1
・東洋協会『東洋』1943年
・帝国地方行政学会『朝鮮行政』第2巻7号，1938．7．1
・帝国地方行政学会『朝鮮行政』第2巻8号，1938．8．1
・平南中私郡『朱泉亭付近の戦争　同平壌包囲攻撃の概要』
・『友邦協会報』第1号，1952．10．15
・寺田憲一『日本及日本人』1958年
・『文芸春秋』1970．12．1
・『文芸春秋』第95号，1966．3．15
・最高裁判解説索引『法曹』第186号，法曹会出版図書，1967年
・朝鮮文学家同盟機関誌『文学』京城出版社，1947．2．25
・朝鮮実業倶楽部『朝鮮実業』1942．12．1
・日本経済聯盟『経済聯盟』第13巻2号，1943．4．1
・日本経済聯盟『経済聯盟』第14巻1号，1944．1．1
・中央協和会　秘『壮丁錬成要綱』1943．5．11
・『国防の本義と其強化の提唱』陸軍省新聞社，1934．10．10
・田中二郎『戦後政治裁判史録5』第一法規出版株式会社，1980．10．15

・E・B・クローマ著（First Earl of Cromer, Everlyn Baring東半球協会訳）『古今外領統治策批判』興文社，1943年
・鈴木武雄『大陸兵站基地論解説』『今日の朝鮮問題講座』2冊，緑旗聯盟，1939. 11. 20
・近藤釼『青筵』友邦協会朝鮮資料編纂会
・緒方貞子『満州事変と政策の形成過程』原書房，1966年
・江口圭人『日本帝国主義史論，満州事変前後』青木書店，1975年
・菊池貴晴『中国民族運動の基本構造』1966年
・鈴木武雄『大陸兵站基地論解』緑旗聯盟，1939年
・内川芳美「情報部の生みの親育ての親」『新聞研究』別冊№８，新聞協会，1972年
・内川芳美『マス・メディア法政策史研究』有斐閣，1989年
・内川芳美『現代史資料40　マス・メディア統制Ｉ』みすず書房，1982年
・小松孝彰『戦争と思想宣伝戦』春秋社，1939年
・朝鮮総督府『朝鮮総督府施政年報』1938年度
・絲屋寿雄『社会主義運動思想史』法政大学出版部，1982年
・朝鮮総督府警務局『朝鮮に於ける出版物概要』1929年
・藤原彰『日中全面戦争，昭和の歴史第５巻』小学館，1982年
・高崎隆治『戦時下のジャーナリズム』新日本出版社，1987年
・塚本三夫『実録，侵略戦争と新聞』新日本出版社，1986年
・朝鮮人強制連行真相調査団編『朝鮮人強制連行・強制労働の記録，北海道・千島・樺太編』現代出版会，1976年
・松下芳男編『田中作戦部長の証言』芙蓉書房，1978年
・日本新聞協会編『日本新聞協会十年史』日本新聞協会，1956年
・畑中繁雄『日本ジャーナリズムの言論弾圧秒史』高文研，1986年
・鈴木敬夫 『民族文化研究叢書40　法を通じて見た朝鮮植民地支配に関する研究』高麗大民族文化研究所出版部，1989年
・第78帝国議会『新法律の解説』法律協会，1941年
・『朝鮮総督府官報』1941年12月26日（第4477号）
『朝鮮総督府官報』1941年１月19日（第4506号）

＊

・「徴兵制実施決定に」『通報』第117号，朝鮮総督官房情報課1942. 6. 1
・「国体の本意を顕現せよ」『通報』第119号，1942. 7. 1
・「道知事会議における総督訓示の要点」『通報』第125号，1942. 7. 15

・「道義共栄圏の建設」『通報』第139号，1943. 5. 1
・「道義朝鮮の建設と行刑」『通報』第143号，1943. 7. 1
・「学徒戦時動員体制」『通報』第145号，1943. 8. 30
・「戦時資村としての木村の増産」『通報』第146号，1943. 9. 1
・「重要鉱物非常増産強調運動」『通報』第147号，1943. 9. 15
・「修養錬成する総督府庁員」『通報』第148号，1943. 10. 1
・「大東亜共栄圏建設の拒歩」『通報』第150号，1943. 11. 1
・「大学専門学校校長事務打合会における総督訓示要旨」『通報』第151号，1943. 11. 15
・「準戦時体制下の政治社会情勢」『日本経済年報』第26集，東洋経済新聞社，1936. 12. 29
・「中国における抗日の世界史的意義」『日本経済年報』第27集，1937. 3. 10
・「日支事変と支那抗日運動の展望」『日本経済年報』第29集，1937. 9. 30
・「統制は統制を生む」『日本経済年報』第30集，1938. 1. 26
・「戦時体制に向ふ産業界」『日本経済年報』第31集，1938. 3. 21
・「総動員法と産業界への圧力」『日本経済年報』第34集，1938. 12. 6
・「戦時体制に向ふ産業界」『日本経済年報』第36集，1939. 6. 5
・「日英会談を繞る東亜情勢」『日本経済年報』第37集，1939. 7. 5
・「美国の対支政策を動かす諸条件」『日本経済年報』第38集，1939. 8. 25
・「第二次世界大戦の基本的性格」『日本経済年報』第39集，1939. 11. 23
・「志願兵制度の現状と将来への展望」『今日の朝鮮問題講座』第3冊，緑旗聯盟，1939. 11. 20
・梶村秀樹「朝鮮の社会状況と民族解放闘争」『岩波講座世界歴史(27)現代4』1971年
・緑川勝子「万宝山事件及び朝鮮内排華事件についての一考察」『朝鮮史研究会論文集(6)』1969年
・新聞用語研究会「朝鮮同胞呼称並新聞雑誌記事取扱座談会」1939年
・義井博「日独伊三国同盟と軍部」『太平洋戦争前夜』第一法規出版株式会社，1983年
・春原昭彦「戦争とジャーナリズム」『日本のジャーナリズム』有斐閣，1983年
・春原昭彦「戦時報道の実態Ⅱ」『コミュニケーション研究』第11号，上智大学コミュニケーション学会，1978年
・木村亀二「言論統制と刑法，不穏言論取締を中心として」『法律時報』第16巻第10号，1944年

・蜷川豊文「戦陣に立つ報道班」『朝鮮公論』７月号
・津田剛「総力運動の本質とその現段階」『朝鮮』８月号，朝鮮総督府，1943年
・朝鮮総督府逓信局文書「昭和19年度増減内訳，逓信局，土木局」1943年
・国監耕一郎（内務事務官）「新聞誌等掲載制限令解説，国家総動員法第20条に基づく勅令」『警察研究』第12巻第３号，1941年
・宮澤俊義「言論，出版，集会，結社等臨時取締法」第78帝国議会『新法律の解説』法律協会，1941年
・瓜生順良（内務事務官）「出版物に対する臨時取締法規」『警察研究』第13巻第１号
・吉川覺（内務事務官）「言論，出版，集会，結社等臨時取締法に就て」『警察研究』第13巻第２号，1942年

Ⅱ　韓国語文献

・車培根『言論統制理論』法文社，1989年
・李光麟『韓国史講座［Ⅴ］近代篇』一潮閣，1982年
・董徳規『韓国の開国と国際関係』ソウル大学出版部，1983年
・李基百『韓国史新論』学生社，1979年
・拙稿『新聞と放送』１月号・６月号，韓国言論研究院，1989年
・高麗大付設新聞放送研究所『コミュニケーション科学』第６集，図書出版
・ソウル大学所蔵影印版（1883年10月31日創刊号）の旬報（漢文を翻訳）
・鄭晋錫『韓国現代言論史論』ジョンエウォン，1989年
・鄭晋錫『大韓毎日申報と裴説』ナナム出版，1987年
・鄭晋錫『韓国言論史研究』一潮閣，1983年
・李海暢『韓国新聞史研究』成文閣，1977年
・申興範『帝国主義理論』創作と批評社，1982年
・崔埈『韓国新聞史』一潮閣，1974年
・崔埈『韓国新聞史論攷』一潮閣，1976年
・李瑄根『韓国史（現代編）』乙酉文化社，1963年
・金圭煥『日帝の対韓言論・宣伝政策』二友出版社，1982年
・高麗大学アジア問題研究所『旧韓国外交文書』第17巻，俄案１
・高麗大学アジア問題研究所『旧韓国外交文書』（旧案４）「外交文書の交渉中新聞掲載事件の禁断要望」
・高麗大学アジア問題研究所『旧韓国外交文書』（旧案６）「日本軍事関係記事の新聞掲載要請」

・高麗大学アジア問題研究所『旧韓国外交文書』(旧案7)「韓国新聞の日本軍事行動掲載の禁止および同検閲官選任要求」
・車基壁「日本帝国主義植民地政策の形成背景とその展開課程」『日本の植民政策に関する研究』文教部学術研究助成費による研究報告書，1980年
・金雲泰「統監府時代の大韓帝国統治体制の構造と機能」『行政論叢』第9巻第1号
・金雲泰「日帝時代政治行政研究(二)」『行政論叢』ソウル大学行政大学院，1972年
・李太一「植民地統治機構の整備と運用」『日帝の韓国植民統治』正韻社，1985年
・姜東鎮『日本言論界と朝鮮』法政大学出版局，1984年
・『新聞総攬』1924年版／1928年版／1929年版
・「第71周年2・8独立宣言記念式」『留学通信』在日本韓国留学生連合会，1990年4月30日付
・李炫熙『韓民族光復新闘争史』正音文化社，1989年
・李龍範「三・一運動に対する中国の反響」『三・一運動50周年記念論集』東亜日報社，1969年
・金相万『東亜日報社史』巻1，東亜日報社，1975年
・『朝鮮年鑑』1926年度版・1943年版
・『朝鮮日報60年史』朝鮮日報社，1980年
・朴容相「韓国の言論法史(上)」『新聞研究』80年冬号，韓国言論研究院
・桂勲模『韓国言論史年表』付録，1979年
・朝鮮総督府警務局編金範宇訳『日帝下の朝鮮における状況　日帝植民統治秘史』チンア出版社
・朴晟義『日帝の文化侵奪史』玄音社，1982年
・朴慶植『日本帝国主義の朝鮮支配』図書出版社，1986年
・文定昌『軍国日本朝鮮強占三十六年史』下巻，柏文堂，1986年

Ⅲ 英 文

・Arthur Judson Brown, *The Korean Conspiracy Case* 156 Fifth Avenue New York (November 20, 1912)
・*Annual Report on Reforms and Progress in Chosen* 1918–1921, Government-General of Chosen KEIJO (December, 1921)
・*Annual Reoprt of Administration of Chosen* 1923～1924, Compiled by Government-General of Chosen KEIJO (December, 1925)

- *Annual Report Administration of Chosen* 1927–1928, Government–General of Chosen KEIJO (December, 1929)
- *Annual Report on Administration of Chosen* 1929–30, Government–General of Chosen KEIJO (December, 1931)
- *Annual Report Administration of Chosen* 1930–1932 Government–General of Chosen KEIJO (December, 1932)
- *Annual Report Administration of Chosen* 1933–1934, Government–General of Chosen KEIJO (December, 1934)
- *Annual Report Administration of Chosen* 1934–1935, Government–General of Chosen KEIJO (December, 1935)
- *Annual Report Administration of Chosen* 1935–1936, Government–General of Chosen KEIJO (December, 1936)
- 南満州鉄道株式会社 *Report on Progress in MANCHURIA TO 1936* (The Herald Press, Ltd) The South Manchuria Railway Company DAIREN, July. Tokyo
- Joseph Waddington Graves *The Renaissance of Korea*, B.D., Copyrighted by PHLIP JAISOHN & Co., 1537 Chesnut Street PHILADELPHIA 1920
- Pyun Yung Tai, *Korea my Country* (Foreign Minister of Republic of Korea) (Seoul: The International Cultural Assonciation of Korea, 1954)
- Excerpts from Student by President Sungman Rhee in Crucial 1953, *Korea Flaming High*, (Seoul: Office of Repblic of Korea, 1954)
- Soon Sung Cho, "An Evaluation of American Respnsibility". *Korean in World Politics, 1940–1950* (Berkeley and Los Angeles: University of California Press, 1967)
- Arthur Diosy, *The New Far East*, 新遠東, 新東方 (London: Arthur Diosy Casselland Company, 1904)
- H.B. Drake, *Korea of the Japanese* (London; John Lane The Bodley Head Limited)
- Colonel. P.T. Etherton and H. Hessell Tiltman, *Manchuria*, Jarrolds Publishers (London) Ltd Paternoster House, Paternoster Row, E. C4 (founded in 1770)
- Spencer J. Palmer, *Korean–American Relations (1887–1885)* Volume II (Berkely and Los Angeles: University of California Press, 1963)
- *A Glimpse of Twenty Years'*, Administration in Chosen Government–General of Chosen 1932

・Toshi Go, *Contemporary Japan (August, 1943)*, Forein Affairs Association of Japan Tokyo
・*Contemporary Japan (Oct–Dec, 1950)*, Vol XIX, No. 10–12, Foreign Affairs Association of Japan Tokyo
・S.J. Wilhelm Schiffer, *MONUMENTA NIPPONICA* (Chiyodaku Tokyo: Sophia University, 1956)
・*Thriving Chosen* (発展する朝鮮), Government–General of Chosen (October 1935)
・Jerry J. Waxwan, "Local Broadcast Gatekeeping during Natural Disasters," *Journalism Quarterly*, 50 (winter 1973)
・Herold D. Lasswell, "The Structure and Function of Communication in Society, " *The Communication of Ideas* (New York: Institute for Religious and Social Studies)
・F.A. Mckenzie, *The Tragedy of Korea* (Hodder and Stoughton, London, 1908; 延世大出版部, 1969)
・White, J.A., *The Diplomacy of the Russo–Japanese War* (Princeton University Press, 1964, and British Foreign Office: Confidential Print–China, 1848–1922)
・Microfilm F.O. 405, No. 88, *Affairs of Corea*, Pt. XII, p. 107, Jordan to Salisbury, (October 11, 1900)
・G.P. Gooch and Harold Temerley, eds., *British Documents on the Origins of the War 1898–1894* (London; Her Majesty's Sationery office, 1926–1938) Vol. vi. appenix v
・Lillian M. Penson, *The New Course in British Foreign Policy, 1892–1902* Transactions of the Royal Historical Society, Series iv. Vol. xxv, 1943
・Zara Steiner, *Great Britain and the Creation of the Anglo–Japanese Alliance* Journal of Modern History, Vol. xxxi, No. I. (March 1959)
・George Monger, *The End of Isolation: British Foreign Policy* 1900–1907 (London: T. Nelson and Sons, 1963)
・L.K. Young, *British Policy in China, 1895–1902* (Oxford University Press, 1970)
・Andrew Malozemoff, *Russian Far Eastern Policy 1881～1904* (Berkeley, 1958)
・Goerge Monger, *The End of Isolation; Britain Germany and Japan, 1900～1902,* Transactions the Royal Historical Society, Series IV, vol. 13, 1963
・A.M. Pooley, *The Secret Memories of Count Tadasu Hayashi*, New York, 1915,

・Richard Story, *A History of Modern Japan* (Great Britain: Set in Monotype Baskerville, 1987)
・P.M. Gillig, and A.G. Green Wald, "Is it time to lay the sleeper effect to rest?" *Journal of Personality and Social Psychology*, 1974
・G.R. Hass, "Effects of source Characteristics on cognitive responses and persuasion," *cognitive responses in persuasion*, Lawrence Erlbaum Associates 1981
・C.F. Lumley, *The Propaganda Menace*, New York, 1933
・K. Young, "An Analysis of Social Behavior," *Social Psychology*, New York, 1930
・Ken Ward, "Propaganda in war and peace," *Mass Communication and the Modern World* (Macmillan Education Ltd, 1989)
・Fernand Terrou and Lucian Solal, *Legislation For Press, Flim and Radio* (New York: Columbia University Press, 1951)
・Tremoult. A, *A monieurle President Du Conseil, Messieurs Ministeres De La Pepublique Francaise*, Messieurs Les Senateurs ET' De La Nation Seoul書簡
・Newell Martin, *Japan Attempt to Exterminate Korean Christians* (Milford Connecticut, 1919)
・Robert T. Pollard, "Dynamics of Japanese Imperial," *Pacific Historical Review VIII* (March 1939)
・C.I. Hovland and W. Weiss, "The Influence of Source Credibility on Communication Effectiveness," *Public Opinion Quarterly*, W 1951, p. 15
・Henry Drucker, Patrick Dunleavy, *Developments in British Politics* (London: Macmillan Education Ltd, 1988)
・Jeremy Tunstall, *The Media in Britain* (London: Constable and Company Ltd, 1986)
・James Curran, Jean Seaton, *Third Edition Power without Responsibility*: The Press and Broadcasting in Britain (London: Biddles Ltd, 1988)
・Edward Weeks, *Conversations with Walter Lippmann* (Boston: An Atlantic Monthly Press Book, 1965)
・Robert G. Picard, *The Press and the Decline of Democracy* (London: Green Wood Press, 1985)
・T.F. Lindsay, *Parliament from the Press Gallery* (Toronto: Macmillan, 1967)
・Denis Mcquail, *Mass Communication Theory* (London: SAGE Publications

Ltd. 1987)
・Ruth Finnegan, Grame Salaman, Kenneth Thompson, *Information Technology: Social Issues* (A Leader) (London: Hodder and Stoughton, 1987)
・P.J. Madgwick, *Introduction to British Politics* (London: Hutchinson, 1987)
・David Barrat, *Media Sociology* (New York: Tavistock Publications, 1986)
・Annabelle May and Kathryn Rowan, *Inside Information: British Government and the Media* (London: St Edmundsbury Press, 1982)
・James Curran, Michael Gurevitch, Jannet Woollacott, *Mass Communication and Society* (London: Edward Arnold, 1977)

Ⅳ 新聞資料

・『読売新聞』1916年8月8日
・『読売新聞』1920年4月28日
・『読売新聞』1923年9月1日～10月31日
・『読売新聞』1989年5月1日～5月2日
・『毎日新聞』1940年1月1日～12月31日
・『毎日新聞』1989年5月1日～5月10日
・『東京朝日新聞』1902年2月1日～3月30日
・『東京朝日新聞』1910年7月1日～8月30日
・『東京朝日新聞』1918年10月9日
・『東京朝日新聞』1919年3月3日
・『東京朝日新聞』1940年8月16日
・『東京朝日新聞』1945年8月15日
・『東京日日新聞』1902年2月1日～3月30日
・『東京日日新聞』1910年7月1日～8月31日
・『東京日日新聞』1919年3月1日～1920年4月30日
・『東京日日新聞』1920年4月29日
・『東京日日新聞』1923年9月1日～10月31日
・『時事新報』1894年6月1日～8月31日
・『時事新報』1902年2月1日～3月31日
・『時事新報』1911年4月11日
・『時事新報』1919年7月30日
・『時事新報』1910年7月1日～8月31日
・『国民新聞』1902年2月1日～3月31日

・『国民新聞』1920年 8 月18日
・『大阪朝日新聞』1911年 4 月 5 日～ 4 月15日
・『大阪朝日新聞』1910年 7 月 1 日～ 8 月31日
・『大阪朝日新聞』1919年 3 月 3 日
・『大阪朝日新聞』1923年 9 月 1 日～10月31日
・『大阪朝日新聞』1932年 3 月 2 日
・『大阪朝日新聞』1939年10月19日
・『大阪朝日新聞』1945年 8 月15日
・『大阪毎日新聞』1939年10月19日
・『大阪毎日新聞』1911年 4 月22日
・『東洋経済新聞』1931年 9 月26日
・『東洋経済新聞』1931年10月10日
・『万朝報』1919年 3 月 1 日～4月30日
・『山陽新聞』1919年 3 月 4 日
・『都新聞』1919年 3 月 5 日
・『やまと新聞』1919年 3 月 8 日
・『朝日新聞』1989年 5 月 1 日
・『北海道新聞』1923年 9 月 7 日
・『朝野新聞』1886年10月 7 日
・『福岡日日新聞』1940年8月15日
・『皇城新聞』1899年 3 月 3 日
・『皇城新聞』1904年 8 月17日
・『皇城新聞』1908年 6 月17日
・『独立新聞』1899年 1 月27日
・『全南日報』1945年 7 月16日～ 8 月29日
・『京城新聞』1908年 6 月20日
・『京城日報』1910年 8 月27日
・『京城日報』1919年 3 月 6 日～ 7 日
・『京城日報』1920年 1 月 1 日～12月31日
・『京城日報』1934年11月20日
・『京城日報』1940年 1 月 1 日～10月31日
・『京城日報』1940年11月 1 日～1942年 6 月31日
・『帝国新聞』1898年 9 月19日
・『帝国新聞』1898年10月19日

・『帝国新聞』1904年11月9日
・『大東新報』1906年7月20日
・『外交時報』1909年（127号）
・『帝国大新聞』1935年9月11日～9月12日
・『朝鮮新聞』1919年7月1日～8月30日
・『東亜日報』1989年11月4日付
・『東亜日報』1920年4月1日～4月29日
・『東亜日報』1923年9月1日～10月31日
・『東亜日報』1940年8月10日
・『朝鮮日報』1989年5月1日～5月2日
・『朝鮮日報』1923年9月1日～10月31日
・『朝鮮日報』1989年5月2日
・『中央日報』1989年2月20日～2月21日
・『中央日報』1989年5月1日～5月2日

*

・The Seoul Press, 20 May 1919
・The Seoul Press, 10 January 1920
・The Seoul Press, 25 May 1920
・The Seoul Press, 28 July 1920
・The Seoul Press, 30 May 1937
・The Japan Advertiser, 14 January 1920
・The Japan Advertiser, 21 January 1920
・The Japan Advertiser, 18 June 1923
・The Times, 28 September 1908
・The Times, 23 September 1909
・The Times, 24 September 1910
・The Times, 25 August 1910
・The Times, 26 August 1910
・The Times, 28 August 1910
・The Daily News, 25 August, 1910, "The Fate of Korea" British Government's Attitude towards Annexation (in London)
・The Daily News, 26 August, 1910 "Annexation of Korea"
・The Daily News, 29 August 1910, column headed "Passing of Korea", Ex-Emperor given title of king and person"

・The Daily News, 29 August 1910, column headed, Term "Most Generous." Reuter's Agency
・The Daily News, 29 August 1910, column headed, Term "Most Generous."
・The Daily News, 29 August 1910, "Terms of the treaty."
・Morning Post, 25 August 1910, "Annexation of Korea by Japan." British Government's Attitude
・The Daily Telegraph, 25 August 1910, Column Headed, "Annexation of Korea", from our own correspondent
・The Daily Telegraph, 29 August 1910, Column Headed, "Annexation of Korea", The Tariff Question.
・The Daily Telegraph, 29 August 1910, Column Headed, "Annexation of Korea", Commercial Interests.
・The Daily Telegraph, 30 August 1910, Column Headed, "Annexation of Korea", Imperal Rescript.
・The Daily Mail, 25 August 1910, Column Headed, "The Outlook" The Annexation of Korea
・The Daily Mail, 25 August 1910, Column Headed, "Annexation of Korea", Japan's Action, Fate of the Hermit Kingdom, British Attitude, "No Objection"
・The Daily Mail, 26 August 1910, Column Headed, "Annexation of Korea"
・The Daily Mail, 26 August 1910, "Fate of Korea", Japanese Rejoicings at the Annexation
・The Daily Mail, 26 August 1910, "Fate of Korea", from our own correspondent (Berlin, Thursday)
・The New York Times, 13 May 1919
・The New York Times, 23 May 1919

付録〔1〕 言論関係法規

◉新聞紙法（光武十一年七月　法律第一号）

改正隆熙二年四第八号　明治四三年制令一号ニヨリ総督府命令トシテ朝鮮人ニ適用ス

第一條　新聞紙ヲ発行セムトスル者ハ発行地ヲ管轄スル［観察使］京城ニ在リテハ（警務使）ヲ経由シ［内務大臣］ニ請願シ許可ヲ受ク可シ

第二條　前條ノ請願書ニハ左ノ事項ヲ記載スヘシ

一　題号

二　記事ノ種類

三　発行ノ時期

四　発行所及印刷所

五　発行人、編輯人及印刷人ノ姓名、居住、年令

第三條　発行人、編輯人及印刷人ハ年令二十歳以上ノ男子ニシテ［国内］ニ居住スル者ニ限ル

第四條　発行人ハ保証金トシテ金三百円ヲ請願書ニ添付シ［内部］ニ納付ス可シ保証金ハ確実ナル銀行ノ任置金証書ヲ以テ代納スルコトヲ得

第五條　学術技芸或ハ物価報告ニ関スル事項ノミ記載スル新聞紙ニ在リテハ保証金ヲ納付ルコトヲ要セス

第六條　第二條第一号第二号又ハ第五号ノ事項ヲ変更セムトスル時ハ予メ請願シ許可ヲ受クヘシ其他各号ノ事項ヲ変更セムトスル時ハ一週日以内ニ申告スヘシ

発行人、編輯人或ハ印刷人ニシテ死亡若クハ第三條ノ用件ヲ失ヒタル時ハ一週日以内ニ後継者ヲ定メテ請願シ許可ヲ受クヘシ其許可ヲクル迄ハ担任者ヲ仮定シ申告シタル後ニ発行ヲ継続スルコトヲ得

第七條　発行ヲ停止スル場合ニハ期限ヲ定メ申告スヘシ発行停止期間ハ一箇年ヲ過クルコトヲ得ス

第八條　前二箇條ノ請願及申告ハ第一條ノ手続ニ依ルヘシ

第九條　発行許可ノ日又ハ申告ニ係ル発行停止ノ最終日ヨリ二箇月ヲ過キテ発行セサル時ハ発行許可ノ効力ヲ失フ

申告無クシテ発行ヲ停止シ二週日ヲ過キタル時モ亦同シ

第十條　新聞紙ハ毎回発行ニ先立タチ［内部］及其管轄官庁ニ各二部ヲ納付ス可

シ

第十一條　皇室ノ尊厳ヲ冒瀆シ若クハ国憲ヲ紊乱シ或ハ国際交誼ヲ阻害スル事項ヲ記載スルコトヲ得ス

第十二條　機密ニ関スル官庁ノ文書及議事ハ当該官庁ノ許可ヲ得サレハ詳略ニ拘ハラス記載スルコトヲ得ス特殊ノ事項ニ関シ当該官庁ニ於テ記載ヲ禁止シタル時モ亦同シ

第十三條　罪犯ヲ曲庇スルカ又ハ刑事被告人或ハ犯罪人ヲ救援スルカ又ハ賞恤ヲ為ス事項ヲ記載スルコトヲ得ス

第十四條　公判ニ移付スル以前若クハ公開セサル裁判事件ヲ記載スルコトヲ得ス

第十五條　人ヲ誹毀スル為メ虚偽ノ事項ヲ記載スルコトヲ得ス

第十六條　或事項ヲ記載スル否ト若クハ訂正又ハ取消スト否トヲ以テ条件ト為シ報酬ヲ納ムルカ又ハ受領スルコトヲ得ス

第十七條　新聞紙ハ毎号ニ題号、発行ノ時期、発行所、印刷所、発行人、編集人、印刷人ノ姓名ヲ記載スヘシ

第十八條　記事ニ関シテハ裁判ヲ受ケタル時ニ次回ニ発行スル紙上ニ宣告全文ヲ記載スヘシ

第十九條　官報ヨリ抄録シタル事項ニ関シテハ官報ニ於テ正誤シタル時ハ次回ニ発行スル紙上ニ此ヲ記載スヘシ

第二十條　記事ニ関シテ関係者カ正誤ヲ請求スルカ或ハ正誤書或ハ弁駁書ノ掲載ヲ請求シタル時ハ次回ニ発行スル紙上ニ記載ス可シ

正誤書又ハ弁駁書ノ字数ニシテ原記事ノ字数ニ二倍ヲ超過スル時ハ其超過字数ニ対シ普通広告料ト同一ノ金額ヲ要求スルコトヲ得

正誤又ハ弁駁ノ趣旨或ハ辞句ニシテ本法ニ記載ヲ禁シタル者或ハ要求者ノ姓名居住ヲ明記セサル者ノ要求ハ応セサルコトヲ得

第二十一條　［内部大臣］ハ新聞紙ニシテ安寧秩序ヲ妨害シ若クハ風俗ヲ壊乱スト認ムル時ハ其発売頒布ヲ禁止シ此ヲ押収シ又ハ発行ヲ停止或ハ禁止スルコトヲ得

第二十二條　保証金ハ新聞紙ノ発行ヲ廃止シ発行許可ノ効力ヲ失ヒ又ハ発行ヲ禁止シタル時ハ還付ス

第二十三條　記事ニ関シテ裁判ニ附シ裁判確定日ヨリ一週日以内ニ裁判費用及罰金ヲ完納セサル時ハ保証金ヲ以テ此ニ充テ不足金ハ刑法ノ徴賞処分ニ拠ル

第二十四條　保証金ヲ以テ裁判費用及罰金ニ充ツル時ハ発行人ハ其通知ヲ受ケタル日ヨリ一週日以内ニ保証金ヲ補塡セサル時ハ之ヲ補塡スヘシ若シ期日内ニ補塡スル迄新聞紙ノ発行ヲ継続スルコトヲ得ス

第二十五條　第十一條ニ違反シタル場合ハ発行人、編輯人、印刷人ヲ三年以下ノ役刑ニ処シテ其犯罪ニ供用シタル器械ヲ没収ス

第二十六條　社会ノ秩序又ハ風俗ヲ壊乱スル事項ヲ記載シタル場合ニハ発行人、編輯人ヲ十箇月以下ノ監獄又ハ五十円以上三百円以下ノ罰金ニ処ス

第二十七條　第十二條第十六條ニ違反シタル場合ニハ編輯人ヲ十箇月以下ノ禁獄又ハ五十円以上三百円以下ノ罰金ニ処ス

第二十八條　第二十一條ニ基キ行ヒタル処分ニ違反シタル場合ニハ発行人、編輯人及印刷人ヲ五十円以上三百円以下ノ罰金ニ処ス

第二十九條　第十三條第十四條ニ違反シタル場合ニハ編輯人ヲ五十円以上二百円以下ノ罰金ニ処ス

第三十條　第一條ノ許可ヲ受ケスシテ新聞紙ヲ発行シ若クハ第二十三條ニ違反シ発行ヲ継続スルカ又ハ保証金ヲ納付セサル新聞紙ニシテ第五條ノ事項以下ノ記事ヲ掲載シタル場合ニハ発行人ヲ四十円以上百円以下ノ罰金ニ処ス

第三十一條　第十八條第十九條第二十條第一項ニ違反シタル場合ニハ編輯人ヲ十円以上百円以下ノ罰金ニ処ス

第三十二條　第三條第六條第十條第十七條ニ違反シタル場合ニハ発行人ヲ十円以上五十円以下ノ罰金ニ処ス

第三十三條　第十五ニ違反シタル場合ニハ刑法造言律ニ依リテ処断シ被害者又ハ関係者ノ告訴ヲ待テ其ノ罪ヲ論ス

第三十四條　外国ニ於テ発行スル国文或ハ国漢文又ハ漢文ノ新聞紙又ハ外国人カ内国ニ於テ発行スル国文或ハ国漢文又ハ漢文ノ新聞紙ニシテ治安ヲ妨害シ又ハ風俗ヲ壊乱スト認ムル時ハ［内部大臣］ハ該新聞紙ヲ［内国」ニ於テ発売頒布スルヲト禁止シ該新聞ヲ押収スルコトヲ得

第三十五條　第三十四條ノ禁止ニ違反シ新聞紙ヲ発売頒布スタル［内国人］ハ三百円以内ノ罰金ニ処ス

第三十六條　［内国人］ニシテ第三十四條ニ依リ発売頒布ヲ禁止セラレタル事ヲ知リ該新聞紙ヲ輸送シ又ハ配布シタル者ハ五十円以内ノ罰金ニ処ス

第三十七條　新聞紙ノ記事ニ関シテ編輯人ヲ処罰スル場合ニハ該記事ニ署名スル者ハ総ヘテ編輯人ト共ニ其ノ責ニ当タラシム

第三十八條　本法ヲ犯シタル者ハ自首減等、二罪以上処断例及収贖処分ノ例ヲ用ヒス

附則

第三十九條　本法ノ規定ハ定期発行ノ雑誌類ニ之ヲ準用ス

第四十條　本法ハ頒布ノ日ヨリ施行ス

第四十一條　本法頒布前発行ニ係ル新聞紙ハ本法頒布ノ後二箇月以内ニ本法ノ規定ニ従ヒテ相当ノ手続ヲ行フ可シ

◉新聞紙規則（明治四十一年四月統令第十二号）

改正四二年八第二二号　四二年十第三五号　制令第一号ニヨリ在鮮日本人ニ適用

第一條　新聞紙ヲ発行セムトスル者ハ左ノ事項ヲ記載シ発行地ヲ管轄スル［理事官］ノ認可ヲ受クヘシ

一　題号

二　記載ノ種類

三　発行ノ時期

四　発行所及印刷所

五　発行人編輯人及印刷人ノ住所氏名年令

編輯人二人以上アルトキハ主トシテ編輯事務ヲ担当スル者ヲ記載スヘシ

認可ヲ受ケタル後第一号乃至第四号ニ掲載クル事項並発行人編輯人及印刷人ヲ変更セムトスルトキハ［理事官］ノ認可ヲ受ケ発行人編輯人及印刷人ノ住所氏名ヲ変更シタルトキハ五日以内ニ発行地ノ管轄［理事官］ニ届出ツヘシ

第一條ノ二　発行ノ時期ヨリ五十日ヲ過キテ発行セサルトキハ認可ハ其ノ効力ヲ失フ

第二條　発行人及編輯人ハ印刷人ヲ兼ブルコトヲ得ス

第三條　発行人編輯人印刷人死去シ又ハ第五條第二号及第三号ニ該当スルトキハ七日以内ニ之ニ代フルヘキ者ヲ定メ［理事館］ノ認可ヲ受クヘシ

前項ノ認可ヲ受クルマテハ仮担当者ヲ定メ発行スルコトヲ得

第四條　発行ノ休止ヲ為ストキハ予メ其ノ期間ヲ定メ管轄［理事庁］ニ届出ツヘシ

第五條　左ニ掲クル者ハ発行人編輯人及印刷人トナルコトヲ得ス

一　未成年者

二　［韓国］内ニ居住セサル者

三　公権剥奪又ハ停止中ノ者

第六條　発行人ハ第一條第一項ノ認可ヲ受ケタルトキハ保証トシテ左ノ金額ヲ認可書交付ト同時ニ管轄［理事館］ニ納付スヘシ

一　京城、仁川、釜山及其ノ区域外二里ノ以内ノ地ニ於テハ二千円

二　前号ニ掲クル以外ノ［理事長］所在地及其ノ区域外一里以内ノ地ニ於テハ

千円

三 前二号以外ノ地ニ於テハ五百円

四 一箇月五回以下発行スルモノニ在リテハ前記各号ノ半額

保証金ハ時価ニ準シ前項各号ノ金額ニ相当スル公債証書ヲ以テ之ヲ代納スルコトヲ得

第七條 発行人編輯人又ハ印刷人本則ノ規定ニ違反シ裁判ヲ受ケ其ノ判決確定ノ日ヨリ七日以内ニ罰金及裁判費用ヲ納付セサルトキハ保証金ヲ以テ之ニ充ツヘシ

保証金ヲ以テ罰金及裁判費用ニ充テタルトキハ発行人ハ管轄［理事庁］ノ通知ヲ受ケタル日ヨリ七日以内ニ其保証金ノ欠額ヲ納付スヘシ

前項ノ期日内ニ保証金ノ欠額ヲ納付セサルトキハ之ヲ納付スルマテ新聞紙ヲ発行スルコトヲ得ス

第八條 新聞紙ハ毎号ニ発行人編集人印刷人ノ氏名及発行所ヲ掲載スヘシ

第九條 発行人ハ其ノ発行シタル新聞紙ヲ［統監府］、管轄［理事庁］及管轄［地方裁判所検事局］ニ毎号各二部ヲ納付スヘシ

第十條 左ノ事項ハ新聞紙ニ掲載スルコトヲ得ス

一 日韓両皇室ノ尊厳ヲ冒瀆セントスル事項

二 治安ヲ妨害シ又ハ風俗ヲ壊乱セントスル事項

三 公ニセサル官庁ノ文書及議事ニ関スル事項

四 公判ニ附セサル以前ニ於ケル重罪軽罪ノ予審ニ関スル事項及傍聴ヲ禁シタル裁判ニ関スル事項

五 刑事被告人又ハ犯罪人ヲ救援シ若ハ賞恤ソ又ハ犯罪ヲ曲庇スル事項

第十一條 ［理事官］ハ必要ト認ムルトキハ外交軍事及秘密ヲ要スル事項ノ掲載ヲ禁止スルコトヲ得

第十二條 新聞紙ニシテ第十條ノ規定又ハ第十一條ニ依ル命令ニ違反シタル場合ニ於テハ［理事官］ハ其ノ発売頒布ヲ禁止シ之ヲ差押ヘ且ツ発行ヲ停止シ又ハ認可ヲ取消スコトヲ得

第十四條［理事官］ハ左ノ各号ニ該当スル新聞紙ハ之ヲ差押フヘシ

一 第一條第一項及第三條ノ認可ヲ受ケス又ハ第一條第三項ノ届出ヲ為サスシテ発行シタルモノ

二 削除

三 保証金ノ欠額ヲ納付セスシテ発行シタルモノ

第十五條 新聞紙ニ掲載シタル事項ニ関シ本人又ハ関係者ヨリ取消又ハ正誤ノ為掲載ヲ求メタル文書ハ其ノ次回若ハ第三回発行ノ紙上ニ其ノ全文ヲ掲載スヘシ

前項ノ場合ニ於テ取消文書又ハ正誤書ノ字数原文ノ二倍デ超過スルトキハ超過字数ニ対シ其ノ新聞社ノ定メタル普通広告料ト同一ノ代価ヲ要求スルコトヲ得

官報又ハ他ノ新聞紙ヨリ転載若ハ抄録シタル事項ニ関シ其ノ官報又ハ新聞紙ニ取消書又ハ正誤書ノ掲載アリタルトキハ其ノ次回若ハ第三回発行ノ紙上ニ之ヲ掲載スヘシ

第十六條　取消書又ハ正誤書ノ趣旨若ハ辞句ニシテ本則ニ於テ掲載ヲ禁止セラレタル事項ニ関スルトキ又ハ要求者ノ住所氏名ヲ明記セサルトキハ掲載セサルコトヲ得

第十七條　新聞紙ニ掲載シタル事項ニ関シ裁判ヲ受ケタルトキハ次回発行ノ新聞紙ニ判決書ノ全文ヲ掲載スヘシ

第十八條　編輯人ノ責任ニ関スル本則ノ規定ハ左ニ掲クル者ニ之ヲ準用ス

一　編輯人以外ニ於テ実際編輯ヲ担当シタル者

二　掲載ノ事項ニ署名シタル者

三　取消書正誤書ノ事項ニ付テハ其ノ掲載ヲ請求シタル者

発行人編輯人及印刷人ニ関スル本則ノ規定ハ第三條第二項ノ暇担担当者ニ之ヲ準用ス

第十九條　第一條乃第五條第七條第三項第八條及第九條ノ規定ニ違反シタルトキハ発行人ヲ十円以上百円以下ノ罰金ニ処ス

本則ニ依リ認可ヲ申請シ又ハ届出ヲ為ス場合ニ於テ虚偽ノ事項ヲ記載シタルトキハ発行人ヲ一月以上六月以下ノ［軽禁錮］又ハ二十円以上百円以下ノ罰金ニ処ス

第二十條　削除

第二十一條　第十五條及第十七條ノ規定ニ違反シタルトキハ発行人編輯人ヲ二十円以上百円以下ノ罰金ニ処ス

第二十二條　第十條第一号ニ該当スル事項ヲ掲載シタルトキハ発行人編輯人印刷人ヲ三月以上一年以下ノ［軽禁錮］又ハ五十円以上二百円以下ノ罰金ニ処ス

第二十三條　第十條第二号ニ該当シ又ハ第十一條ノ命令ニ違反スル事項ヲ掲載シタルトキハ発行人編集人ヲ二月以上一年以下ノ［軽禁錮］又ハ二十円以上百円以下ノ罰金ニ処ス

第二十五條　第十六條ノ場合ニ於テ私事ニ係ルモノハ被害者ノ告訴ヲ待テ其ノ罪ヲ論ス

第二十六條　本則ノ規定ハ雑誌通信ノ類ニモ之ヲ準用ス

附則

第二十七條　本則ハ明治四十一年五月一日ヨリ之ヲ施行ス

第二十八條　従来発行スル新聞紙及雑誌通信ノ類ノ発行人ハ本規則施行ノ日ヨリ二箇月以内ニ本則ニ定ムル手続ヲ爲スベシ

附則（明治四十二年統令二十二号）

本令ハ公布ノ日ヨリ之ヲ施行ス

従来発行スル新聞紙及雑誌通信ノ類ニシテ従来ノ規定ニ依ル保証金ヲ既ニ納付シタルモノ及本年九月三十日迄ニ之ヲ納付シタルモノハ本令ニ依リ発行ノ認可ヲ受ケタルモノト看做ス但シ第六條ノ保証金ハ本令施行ノ日ヨリ三箇年間ニ之ヲ塡補セシム三箇年間ヲ経テ尚塡補セサルトキハ認可ハ其ノ効力ヲ失ウ

◉出版法（隆熙三年二月法律第六号） 政令第一号ニヨリ朝鮮人ニ適用

第一條　機械又ハ其他如何ナル方法ヲ論セス発売又ハ頒布ヲ目的トスル文書並図画ヲ印刷スルヲ出版ト謂ヒ其文書ヲ著述シ又ハ翻訳、編纂或ハ図画ヲ作為スル者ハ著作者ト謂ヒ発売又ハ頒布ヲ担当スル者ヲ発行者ト謂ヒ印刷ヲ担当スル者ヲ印刷者トス

第二條　文書図書ヲ出版セムトスル時ハ著作者又ハ其相続者及発行者カ連印シ稿本ヲ添ヘ地方長官（［漢城府］ニ於テハ［警視総監］トス）ヲ経由シ［内部大臣］ニ許可ヲ申請ス可シ

第三條　官庁ノ文書図画或ハ他人ノ演説又ハ講義ノ筆記ヲ出版セムトスル時、又ハ著作権ヲ有スル他人ノ著作物ヲ出版セムトスル時ハ前條ノ申請書ニ該官庁ノ許可書又ハ演説者、講義者、著作権者ノ承諾書ヲ添付スルコトヲ要ス前項ノ場合ニ於テハ許可又ハ承諾ヲ得タル者ヲ以テ著作者ト看做ス

第四條　私立学校、会社其他団体ニ於テ出版スル文書図画ハ該学校、会社其他団体ヲ代表スル者及発行者カ連印シ第二條ノ手続ヲ行フヘシ

前項ノ代表者ハ著作者ト看做ス

第五條　第二條ノ許可ヲ得テ文書図画ヲ出版シタル時ニハ即時製本二部ヲ［内部］ニ納付スヘシ

第六條　官庁ニ於テ文書図画ヲ出版シタル時ニハ其ノ官庁ニ於テ製本二部ヲ［内部］ニ送付スヘシ

第七條　文書図画ノ発行者ハ文書図画ヲ販売スルヲ営業トナス者ニ限ル但シ著作者又ハ其相続者ハ発行者ヲ兼ヌルコトヲ得

第八條　文書図画ノ発行者並印刷者ハ其姓名、住所、発行所、印刷所及発行印刷ノ年月日ヲ該文書図画ノ末尾ニ記載スヘシ印刷所カ営業上慣習シタル名称有ル場合ニハ該名称モ記載スヘシ数人協同シ発行又ハ印刷ヲ営ム場合ニハ業務上ノ

代表者ヲ発行者又印刷者ト看做ス

第九條　文書図画ヲ再版スル場合ニハ著作者又ハ其ノ相続者及発行者カ連印シ製本二部ヲ添ヘ地方長官ヲ経由シ［内部大臣］ニ申告ス可シ但改正増減若ハ注解、付録、絵画等ヲ添加セムトスル時ハ第二條ノ手続ニ依ル可シ

第十條　書簡、通信、報告、社則、引札、広告、諸芸ノ次第書、諸種ノ用紙ノ類及写真ヲ出版スル者ハ第二條第六條第七條ニ依ルコトヲ要セス

第十一條　許可ヲ得スシテ出版スル著作者発行者ハ左ノ区別ニ依リ処断ス

一、国交ヲ阻害シ政体ヲ変壊スルカ国憲ヲ紊乱スル文書図画ヲ出版シタル時ハ三年以下ノ役刑

二、外交並軍事ノ機密ニ関スル文書図画ヲ出版シタル時ハ二年以下ノ役刑

三、前二号ノ場合ノ外安寧秩序ヲ妨害シ又ハ風俗ヲ壊乱スル文書図画ヲ出版シタル時ハ十箇月以下ノ禁獄

四、其他ノ文書図画ヲ出版シタル時ハ百円以下ノ罰金

前項文書図画ノ印刷ヲ担当シタル者ノ罰モ亦同シ

第十二條　外国ニ於テ発行シタル文書図画又ハ外国人ノ内国ニ於テ発行シタル文書図画シテ安寧秩序ヲ妨害シ又ハ風俗ヲ壊乱スルモノト認メタル時ハ［内部大臣］ハ其文書図画ヲ内国ニ於テ発売又ハ頒布ヲ禁止シ其印本ヲ押収スルコトヲ得

第十三條　［内部大臣］ハ本法ニ違反シ出版シタル文書図画ノ発売又ハ頒布ヲ禁止該刻版、印本ヲ押収スルコトヲ得

第十四條　発売頒布ヲ禁止セラレタル文書図画ヲ情ヲ知リテ之ヲ発売又ハ頒布シ或ハ外国ヨリ輸入シタル者ハ六箇月以下ノ禁獄ニ処ス但シ其出版物ニシテ第十一條第一項第一号乃至第三号ノ一ニ該当スル時ハ同条令ニ照シ処断ス

附則

第十五條　本法施行前既ニ出版シタル著作者ヲ再版セムトスル時ハ本法ノ規定ニ依ル可シ

第十六條　［内部大臣］ハ本法施行前既ニ出版シタル著作物ニシテ安寧秩序ヲ妨害シ又ハ風俗ヲ壊乱スル虞有リト認メタル場合ニハ其発売又ハ頒布ヲ禁止シ及該刻版、印本ヲ押収スルコトヲ得

◉出版規則　明治四十三年五月統令第二十号(制令第一号ニヨリ日本人ニ適用)

第一條　出版ニ関シテハ特別ノ規定ニヨルモノヲ除クノ外出版法及ヒ予約出版法ノ規定ヲ準用ス但シ同法中内務大臣トアルハ［統監］ニ、内務省トアルハ［統

監府］ニ、管轄庁トアルハ［理事庁理事官］ニ該当ス

第二條　出版法ニ依リ内務大臣カ発売頒布ヲ禁シタル文書図画ハ［韓国］ニ於テモ其ノ発売頒布ヲ禁ス

第三條　出版法中罰則ノ規定ニ該当スル者又ハ第二條ノ規定ニ違反スル者ハ一年以下ノ禁錮又ハ二百円以下ノ罰金ニ、予約出版法中罰則ノ規定ニ該当スル者ハ二百円以下ノ罰金ニ処ス

附則

本令ハ公布ノ日ヨリ之ヲ施行ス

◉**保安法**　光武十一年七月法律第二号（制令第一号ニヨリ朝鮮人ニ適用）

第一條　［内部大臣］ハ安寧秩序ヲ保持ノ為メ必要ノ場合ニ結社ノ解散ヲ命スルコトヲ得

第二條　警察官ハ安寧秩序ヲ保持ノ為メ必要ノ場合ニ集合又ハ多衆ノ運動或ハ群衆ヲ制限禁止シ又ハ解散スルコトヲ得

第三條　警察官ハ前二條ノ場合ニ必要ト認ムル時ニハ戒器及爆発物其他危険ナル物件ノ携帯ヲ禁止スルコトヲ得

第四條　警察官ハ街路其他公開ノ場所ニ於テ文書、図画ノ掲示及分布、朗読又ハ言語形容其他ノ行為ヲ為シ安寧秩序ヲ紊乱スルノ虞アリト認ムル時ニハ其禁止ヲ命スルコトヲ得

第五條　［内部大臣］ハ政治ニ関シ不穏ノ動作ヲ行ウ虞アリト認ムル者ニ対シ其居住場所ヨリ退去ヲ命シ且ツ一箇年以内ノ期間ヲ特定シ一定ノ地域内ニ犯人ヲ禁止スルコトヲ得

第六條　前五條ニ依ル命令ニ違反シタル者ハ「四十以上ノ笞刑」又ハ十箇月以下ノ［禁獄］ニ処ス

三條ノ物件カ犯人ノ所有ニ係ル時ハ情状ニヨリ之ヲ没収ス

第七條　政治ニ関シ不穏ノ言論動作又ハ他人ヲ煽動教唆或ハ使用シ又ハ他人ノ行為ニ関渉シ因テ治安オ妨害スル者ハ［五十以上ノ笞刑］十箇月以下ノ［禁獄又ハ二箇年以下ノ懲役ニ処ス］

第八條　本法ノ公訴時効ハ［六箇月間］トス

第九條　本法ノ犯罪ハ身分ノ如何ヲ問ハス［地方裁判所］又ハ［港市裁判所］ノ管轄トス

附則

第十條　本令ハ頒布ノ日ヨリ施行ス

◉保安規則 明治三十九年四月統令第十号，改正明治四十年第三十一号明治四十二年第十三号（言論関係ノ条項）

第九條ノ二 ［理事官］ハ新聞紙其ノ他印刷物ノ記事ヲ外交官若クハ軍事上ノ機密ニ渉リ又ハ安寧秩序ヲ妨害スルモノト認ムルトキハ其ノ発売頒布ヲ禁止シ之ヲ差押ヘ其ノ発行ヲ停止シ若クハ禁止スルコトヲ得

第九條ノ三 ［理事官］ハ［統監］ノ命ニ依リ新聞紙ノ原稿ヲ検閲シ前條ニ該当スル事項ノ記載ヲ禁止スルコトヲ得

第十二條

①第四條、第五條、第六條又ハ第八條ニ違反シタル者ハ一年以下ノ［重禁錮］ニ処シ又ハ二百円以下ノ罰金ニ処ス

②第九條ノ二ノ処分ニ違反シ又ハ第九條ノ三ノ検閲ヲ受ケス若ハ禁止セラレタル事項ヲ記載シタルトキハ其ノ発行人及編輯人ノ処分亦前項ニ同シ

付録〔2〕 言論関係年表

年	言論	事項
1392		朝鮮王朝建国（李成桂）
1876		2．26 日韓江華島条約 5．30 一次修信使来日
1880		8．11 二次修信使来日
1881	12．10 『朝鮮新報』創刊（在鮮日本商人）	1．20 仁川港開港
1882	1．6 『朝鮮時報』創刊（在鮮日本商人）	10月 井上角五郎訪韓
1883	10．31 『漢城旬報』創刊（博文局）	
1884		12．4 「甲申政変」（金玉均）
1886	1．25 『漢城周報』創刊	12．22 伊藤博文内閣成立
1888	7．14 『漢城周報』廃刊	
1895	2．17 『漢城新報』創刊 （日本公使館機関紙）	10．8 閔妃弑害事件
1898	3．22 『京城新聞』創刊 8．10 『帝国新聞』創刊 9．5 『皇城新聞』創刊	3月 台湾総督府機関紙『台湾日日新報』創刊
1902		1．30 日英同盟成立 4．14 慶応義塾生炬火行列
1903	3．1 『元山時事』創刊 3月 『京城新報』創刊 10月 『朝鮮日日新聞』創刊 11．29 『仁川商報』創刊 12月 『韓南日報』（群山）創刊	
1904	2．12 『釜山日報』創刊 3．16 『朝鮮民報』創刊 4．18 『大東新報』創刊 7．18 『大韓毎日申報』創刊 7．20 日本軍による事前検閲制度実施	2．8 日露戦争勃発 2．23 日韓協約調印 8．20 一進会創立
1905	3．26 『大邱実業新聞』創刊 5．1 『朝鮮日報』創刊（釜山）	9．5 日露講和条約締結 11．17 保護条約締結

	(後に『朝鮮時事新報』に改称) 7月 『平壌時報』創刊 8．11 『大韓毎日申報』の英文版“The Korea Daily News”創刊	12．21 統監府及び地方理事庁設置 12．21 伊藤博文韓国統監就任
1906	4．17 「保安規則」施行 9．1 『京城日報』(統監府機関紙) 創刊 (初代社長 伊藤祐侃) 11月 『共立新聞』(サンフランシスコ) 創刊	12．1 「西友会」設立
1907	3月 “The Seoul Press”創刊 (初代社長 頭本元貞) 4．30 「新聞紙規則」発布 5．23 『大韓毎日申報』ハングル版発刊 7．24 「新聞紙法」公布 7月 「保安法」施行 7．18 『大韓新聞』創刊 8月 『大東新報』廃刊 『漢城新報』廃刊 10．14 『大韓毎日申報』社長ベセル裁判始まる (駐韓英国総領事館) 11月 『国民新報』創刊	1月 国債報償運動始まる 6．24 ハーグ密使事件 7．27 光武新聞紙法 7．31 韓国軍隊解散 8．2 年号を隆熙と改正
1908	1月 『朝鮮日日新聞』発行停止処分 4．30 「新聞紙法」改正公布 6月 『京城日報』二代社長大岡力就任 6．15 『対韓毎日申報』社長ベセル再び裁判 (6．18 上海に追放) 6月 『京城新報』発行停止処分 7月 『京城新報』を『京城新聞』と改題 12月 在京城日本記者団「時局問題研究会」結成	12月 李完全朝鮮総理大臣狙撃される 12．28 東洋拓殖株式会社創立
1909	2月 「出版法」施行 8月 「新聞紙規則」を改正，朝鮮に流入される内地新聞にも適用 9．3 『大東日報』創刊 12．21 在京城日本人記者団併合問題に関する声明書発表	6．14 曾根荒助統監就任 10．26 伊藤博文ハルビンで暗殺される 12．4 一進会，「併合請願書」発表 12．21 東京日本記者団来韓

1910	4月　『平壌毎日新聞』創刊 5月　「出版規則」公布，在京城日本記者団，言論弾圧に対する抗議声明発表 6月　『京城日報』在鮮日本憲兵隊動向記事を掲載，発行停止処分を受ける 8月　“The Seoul Press” 発行停止処分を受ける 8．30　『大韓毎日申報』は総督府に買収され，『毎日申報』と改題 12．30　『京郷新聞』廃刊	5．10　寺内正毅統監就任 8．22　日韓併合条約調印 8．29　日韓併合 朝鮮総督府設置 10．1　初代総督寺内正毅就任
1911	4月　寺内総督の強制的な言論弾圧に対する日本言論の反発 4．5～4．15　『大阪朝日新聞』「寺内総督論」「朝鮮と言論」 4．22　『大阪毎日新聞』 4．12　『時事新報』（東京） 4．13　『福岡日日新聞』	8．23　朝鮮教育令施行
1912		寺内暗殺未遂事件
1913	2月　『京城新報』廃刊 日本全国新聞記者連合会開催（東京築地） 憲政擁護を決議宣言	
1914	7月　『京城日報』社長，吉野太左衛門が辞任，阿部三家が就任する 10月　『京城日報』合資会社となり，『毎日申報』と合同	7．28　第一次世界大戦勃発
1916	8．3　李方子女子婚約発表（『よみうり婦人付録』）	10．16　長谷川好道総督就任
1917	「警視庁活動写真取締規則」公布（日本）	
1918	6．30　『京城日報』，徳富蘇峰監督，阿部三家社長がそれぞれ辞任，加藤房蔵が社長に就任 11．4　『毎日申報』年中無休制実施	第一次世界大戦休戦 原敬内閣組織 米騒動起こる
1919	2．8　東京の韓国留学生独立宣言	1．22　李太王死去 3．1　三・一独立運動起こる 4．11　上海に大韓臨時政府樹立

	6月 『光州日報』『木浦新報』を併合 8．21 『独立新聞』（大韓民国臨時政府機関紙）創刊 10．2 『大韓民国』（上海の大朝国民総会収監紙）創刊 12．5 『北鮮日日新聞』創刊	4．15 水原事件発生 8．11 長谷川総督辞任 8．12 斎藤実総督就任 9．2 姜宇奎の斎藤総督暗殺未遂事件
1920	3．5 『朝鮮日報』創刊（初代社長　南宮薫） 4．1 『東亜日報』創刊（初代社長　朴泳孝） 4．1 『時事新聞』創刊（閔元植） 4．28 『朝鮮日報』最初の押収事件 7月 『京城日日新聞』創刊 8．27 『朝鮮日報』一次停刊処分 9．5 『朝鮮日報』二次停刊処分 9．25 『東亜日報』一次無期停刊処分 11月 「朝鮮情報委員会」設置 12．2 第一次「朝鮮情報委員会」会議（委員長　水野錬太郎政務統監）	7．13 「朝鮮体育会」創立 9．1 「朝鮮労働共済会」全国支会開催
1921	3月 「新施政宣伝講演会」を各地で開催 6．1 秋月左都夫（前読売社長）『京城日報』の社長に就任 8月 『仁川新報』創刊	4．9 日本農民組合結成 8．25 ワシントン軍縮会議開催
1922	4月 『朝鮮毎日新聞』を『仁川新報』と改題 11月 “The Chicago Daily News”紙上にF.A. Mckenzieの公開文発表	2．4 朝鮮教育令改正 7．15 日本共産党結成
1923		3．24 「全朝鮮青年党」結成 9．1 関東大震災と朝鮮人虐殺事件発生
1924	3．31 『時代日報』創刊 8．8 副島道正『京城日報』社長に就任 9月 李商在『朝鮮日報』社長に就任	
1925	3．20 東京放送局日本最初の本放送開始 4月 朝鮮全国新聞記者大会開催（京城） 9．8 『朝鮮日報』第三次停刊処分	4．17 朝鮮共産党結成 5．8 「治安維持法」公布（5．12実施）

1926	3．6	『東亜日報』第二次無期停刊処分		
	7．	活動写真フィルム検閲規則（総督府令59号）制定	6．10	万歳事件
	11．31	京城放送局設立		
1927	2．16	「京城放送局」(JODK) 試験放送	4．15	宇垣一成総督就任
	12月	松岡正男（前大阪毎日経済部長）『京城日報』社長就任	12．10	山梨半造総督就任
1928	5．9	『朝鮮日報』四次停刊処分	6．29	治安維持法改正公布（日本勅令）
	12．6	『中外日報』無期停刊処分	11．22	台湾放送開始
1929	6月	アメリカ新聞記者12名朝鮮視察	4．16	日本共産党員全国的大検挙
	8．4	新幹会の言論弾圧批評大演説会が鍾路警察署によって禁止される	8．17	総督府涜職事件による山梨半造総督罷免 斎藤実総督就任
	9月	日本放送協会の番組を定期的に朝鮮に中継	11．3	光州学生運動
1930	3月	『赤旗』（国外共産主義者機関紙）創刊	1．22	ロンドン軍縮会議開催
	4．16	『東亜日報』10周年記年号より無期停刊処分（4．17～9．1）		
	10月	『中外日報』無期休刊		
1931	10月	池田秀雄『京城日報』社長に就任（前北海道長官）	5．15	「新幹会」解散
			6．17	宇垣一成総督就任
	11．1	『新東亜』（『東亜日報』社月刊雑誌）発刊	7．1	万宝山事件
			7．2	満州事変勃発
1932	4．7	社団法人「京城中央放送局」が「朝鮮放送協会」と改称	3．1	満州国建国（首都；長春 年号；大同）
	10月	時実秋穂『京城日報』社長に就任（前京畿道知事，前福岡市長）		
1933	2月	『中央日報』を『朝鮮中央日報』と改題	3．27	日本，国際聯盟より脱退
	4．26	京城放送局朝鮮語，日本語の二重放送実施		※「台湾放送協会」創立
	5．23	蓄音機，レコードの取締規則，総督府令で施行		

1934	1月　日本と相互中継放送始まる 8．18　「放送審議会」創設 10月　「釜山放送局」設立	5．18　臨時米移入調節法施行令（朝鮮米の移入統制）公布
1936	6月　高田知一郎『京城日報』社長に就任（前報知新聞幹部） 8．8　朝鮮に「不穏文書臨時取締令」を施行 8．27　『東亜日報』第四次無期停刊処分（日章旗抹消事件） 9．5　『朝鮮中央日報』自主休刊（孫選手写真の日章旗を抹消掲載したことによる）	8．15　南次郎朝鮮総督就任 12．12　朝鮮思想保護観察令実施 12．18　朝鮮思想保護観察令施行規則発布
1937	4．17　京城放送局の第二放送（朝鮮語放送）措置を50kWに拡張 5．30　“The Seoul Press”（第1089号）終刊 6．5　清津放送局開局（50kW） 7．22　「朝鮮中央情報委員会」設立	7．1　「情報委員会」が「内閣情報部」に拡大 7．7　日中戦争勃発
1938	4．11　田口弼一『京城日報』社長に就任（元貴族院議員） 4．29　『毎日新聞』が『京城日報』から分離され『毎日新報』と改題 10．1　裡里放送局開局（500kW） 10．30　咸興に二重放送実施（250kW）	2．26　陸軍特別志願兵制度公布 3．4　朝鮮教育令改正（内鮮一体を本旨） 5．10　国家総動員法を朝鮮に施行 7．1　国民精神総動員朝鮮聯盟発足 8．27　「朝鮮総督府時局対策調査会」組織
1939	2月　『京城日報』全朝鮮13道版発行 6月　『総動員』（国民精神総動員聯盟機関紙）発刊 10．1　京城中央電信局開局 10．7　御手洗辰雄『京城日報』社長に就任（前国民新聞編集局長） ※総督府，新聞統廃合開始	9．1　第二次世界大戦勃発 10．10　創氏改名令公布 10．29　「朝鮮文人協会」結成

1940	1．4 「朝鮮映画令」公布 8．10 『東亜日報』・『朝鮮日報』廃刊 9月 『朝鮮中央日報』廃刊 9．1 京城日報社，東京で朝鮮大博覧会開催 10月 『朝光』（朝鮮文総合雑誌）発刊	10．12 「大政翼賛会」発足 10．16 「国民総力聯盟」発足 12．6 「内閣情報部」が「情報局」に昇格
1941	3．21 光州放送局開局 4月 大邱放送局開局 7．2 「朝鮮映画協会」創立 11．26 総督府総務局内に「情報課」親設 12．13 「新聞事業令」施行によって一道一紙に統廃合 12．26 「朝鮮臨時保安令」施行	1．11 「新聞紙等掲載制限令」 10．18 東条英機内閣成立 12．8 太平洋戦争勃発 12．13 社団法人「新聞聯盟」設立
1942	2月 『朝鮮新聞』『朝鮮日日新聞』『朝鮮毎日新聞』は，新聞統制によって『京城日報』に吸収される 2．5 「日本新聞協会」発足（旧新聞聯盟） 4月 「朝鮮無線通信機取締規則」施行 5．1 「朝鮮新聞会」発足 5月 京城日報社『皇民日報』発刊 5．12 全州・鎮海に郵便検閲事務局設置 7月 『京城日報』社長に高宮太平が就任	5．29 小磯国昭総督就任
1943	8月 新聞専用無電使用禁止 9月 「朝鮮総督府出版統制協議会」設置	7．28 海軍特別志願兵制度施行 10．25 学徒特別志願兵制施行
1944	9月 横溝光暉『京城日報』社長に就任（前情報委員会幹事）	2．8 国民徴用令 4．30 ヒットラー自殺 6．17 米穀強制供出制実施 7．24 阿部信行朝鮮総督に就任（～1945．9．28）
1945	5月 京畿道警察局，戦時流言蜚語に惑わされないよう警告 6月 京城日報社員，京日義勇隊を組織 7月 「朝鮮言論報国会」（御用新聞団体）発足 11．1 『京城日報』廃刊（40年の歴史） 11．23 『朝鮮日報』復刊 12．1 『東亜日報』復刊	5．7 ドイツ無条件降伏文書に署名 8．6 広島に原子爆弾投下 8．9 長崎に原子爆弾投下 8．15 日本，ポツダム宣言を受諾 GHQ，日本政府に「新聞言論の自由に関する件」指示

事項索引

あ 行

明石元二郎警務総長 ………………143～
秋田県の警察部長千葉了 ……………258
秋月左都夫 ……………………………205
朝日新聞 ………………………………275
安達謙蔵…………………………………70
阿部信行朝鮮総督 ……………………208
アペンツェラ（H.G. Appenzeller） …71
アメリカ…………………………………75
伊井蓉峰（いいようほう） …………313
李完用内閣………………………………96
イギリス………………………………75～
石橋堪山 ………………………………345
一県一紙（一道一紙） ………………398
伊藤博文 …………41～，59～，277～
井上馨…………………………34，38～
井上角五郎 ……………………4～，19～
井上琢園………………………………26～
李方子（梨本宮方子：イ・バンジャ）
……………………………………274～
ウィルキンソン（H.P. Wilkinson） …106
ウィルソン（Wilson） ………………235
宇佐美勝夫内務部長 …………………236
牛場卓蔵（造） ……………………24～
内川芳美 ……………………………353～
映画法 …………………………………318
A.G. グリーンワルド（Greenwald） 174
江戸東京博物館 ………………………287
愛媛県警察部長時実秋穂 ……………207
愛媛新聞 ………………………………207
押収処分 ……………………………279～
横説竪説 ……………………………294～
大阪朝日 ……………………76，144～
大阪朝日新聞社長村山龍平 …………260
オーストラリア………………………75～
大原利武 ………………………………205

か 行

外交文書…………………………………64
改正教育令 ……………………………379
海南新聞 ……………………………207～
臥薪嘗胆…………………………………72
家族葬 …………………………………281
活動写真……………………314，359～
活動写真フィルム検閲規則 …………349
加藤友三郎 ……………………………286
華兵事件…………………………………38
韓国青年独立団 ………………………248
韓国の奇跡（Miracle of Korea）………164
幹事会 …………………………………355
漢城周報 ……………………27～，475
漢城旬報 ………………………………8～
漢城新報 ………………………………8～
関東大震災 …………………………281～
官吏侮辱罪………………………………42
菊地謙譲…………………………………99
記者会改組 ……………………………416
記者登録制 ……………………………416
吉林新聞 ………………………………247
キネマトスコープ …………………313～
九州毎日 ………………………………147
行政的統制 …………………………473～
極東勤労者大会 ………………………366

金圭煥 ……………………………………4～
勤労報国隊 ………………………………455
熊本国権党 ………………………………476
軍事警察訓令………………………………93
軍縮条項破棄 …………………………412～
軍用資源秘密保護法 ……………………444
慶応義塾……………………………………24
慶応義塾塾長鎌田栄吉 …………………260
京畿道警察 ………………………………397
警　告 …………………………………280～
京城日報 …………………………………6～
京城放送局（JODK） …………7，304～
警務局図書課 ……………………………425
啓蒙運動 …………………………………242
ゲートキーピング（gatekeeping） ……1
権益擁護……………………………………62
憲兵警察制度 ……………………………234
言論・出版・結社等臨時取締法 …413～
言論・出版・集会・結社等臨時取締法 ……………………………………444～
言論統制政策 ……………………………234
小磯国昭朝鮮総督………………7～，423
光永星郎 ………………………………270～
高官誹謗処罰法（Stathtes of De Scandalis Magnatum） ……………………2
皇国臣民 ……………………………………3
皇国臣民化 ………………………………364
皇国臣民教育 ……………………………376
皇城新聞……………………………………90
甲申政変……………………………………29～
抗戦映画 …………………………………314
高度国防国家 ……………………………423
光　明 ……………………………………247
コカリル（Colonel Cockerill） ………69
国威宣揚国民大会 ……………………458～
国語使用 ………………………………380～
国債報償金 ………………………………108
国際聯盟脱退 ……………………………412
国税増額徴収政策 ………………………463
国体明徴 …………………………………348
国内放送非常態勢要綱 …………………413
国民工学院…………………………………45
国民新聞……………………………………77～
国民精神総動員大演説会 ………………316
国民徴用令 ………………………………393
国論統一 …………………………………416
小玉源太郎…………………………………60
小玉秀男雄警務総監 ……………………236
国家総動員法 ……………………………349
国家総力戦 ……………………………433～
コックバーン（Cockburn） ………106～
後藤象二郎…………………………………25
後藤新平……………………………………58
米騒動 ……………………………………237
コールサイン（JOAK） ………………302
懇　談 …………………………………280～
近藤釼一 …………………………………418

さ　行

サー・ロバート・ニューマン（Sir Robert Newman） …………245～
西園寺公望 ………………………………237
西郷隆盛 …………………………………474
斎藤実，斎藤実文書……………4～，237
崔　麟 ……………………………………396
The Korea Daily News …………………99
The Korea Review ………………………99
The Seoul Press……………99～，210～
ザ・タイムズ（The Times） ………162
三・一独立運動 ………4～，238～，365

山陽新報 ……………………………239
シカゴ・アメリカン …………………243
志願兵制度 …………………………419
事後統制 ……………………………473～
時事小言……………………………33～
時事新聞 ……………………………205
時事新報……………………………28
時事評論 ……………………………256
事前検閲制度 ………………93, 369
事前統制 ……………………………473～
思想運動 ……………………………365
思想統制 ……………………………376
時代日報 ……………………………395～
視聴覚メディア ……………………302
島根県警察部長 ……………………207
四民日報 ……………………………247
社会主義者 …………………………366
社会主義者大杉栄 …………………292
ジャキューズ（J'accuse） …………176
上海新報……………………………28
上海日日新聞 ………………………248～
宗教課 ………………………………252
銃後の朝鮮 …………………………359
銃後報国強調資料 …………………391
出版統制 ……………………………425～
出版物許可法（Licensing Act） ………2
出版物承認 …………………………427～
出版物承認並に推薦実施要領 ………430
出版物用洋紙使用規正要綱 …………429
出版法 ………………102～, 367, 445
循環日報……………………………28
詔　勅 ………………………………253
消費規則 ……………………………418
情報委員会 …………………………351～
情報局 ………………………………353～
情報局設置要綱 ……………………354
情報宣伝政策 ………………………433～
昭和天皇 ……………………………209
新韓民報 ……………………………244
神社参拝 ……………………………348
真珠湾攻撃 …………………………412
震　壇 ………………………………247
心田開発 ……………………………306～
浸　透 ………………………………494
浸透圧理論（theory of osmotic pressure） ……………………………475
信憑性（Credibility） ………………174～
新聞経営調査 ………………………416
新聞雑誌掲載記事に関する件 ………289
新聞雑誌用紙協議会 ………………423
新聞雑誌用紙統制委員会 …………423
新聞紙規則 …………………………100
新聞事業令 …………………………389
新聞紙条例 …………………………101～
新聞紙等掲載制限令…………413, 443～
新聞紙法…………101, 367, 371～, 445
新聞用語研究会趣意書 ……………382
新聞聯盟 ……………………………415
侵　略 ………………………………494
枢密院顧問官（Privy Councillor） …165
鈴木正文 ……………………………343～
征韓論………………………………13～
政治的統制 …………………………473～
政友会総裁原敬 ……………………237～
関屋貞三郎 …………………………270
説　得 ………………………………494
説得的コミュニケーション…174～, 311
世道人心の感化誘導 ………………212
世論統制 ……………………………313
宣　伝 ………………………………494

総合情報統制所 ……………………488
創氏改名……………………348～, 381
宋鎮禹社長 ……………………294～
総督府映画班 ……………………315
総督府時代の財政 ……………………348
総督府出版物統制協議会…………7, 423
孫基禎 ……………………207
孫秉熙 ……………………397

た 行

大韓毎日申報 ……………………103～
大韓民国臨時政府 ……………………243
大正実業親睦会 ……………………279
大正デモクラシー運動 ……………………237
大正天皇 ……………………253
大政翼賛会……………………423, 447
大東亜共栄圏建設 ……………………412
大東新報……………………99
太平洋週報 ……………………244
太平洋戦争 ……………………412
タイムズ ……………………162
大陸軍需基地 ……………………342
台湾日日新報 ……………………202
高崎隆治 ……………………389
高田知一郎 ……………………208
高橋正信……………………24～
田口弼一 ……………………208
ダグラス・ヤング(Douglas Young) 108
脱亜論……………………31
タブロイド版 ……………………176
弾　圧 ……………………494
短波放送 ……………………421
治安維持法 ……………………367
治安警察法 ……………………285, 367, 445
蓄音機（レコード） ……………………313
蓄音機（レコード）取締 …………319～
注　意 ……………………280～
中央公論 ……………………238
中外新報……………………28
朝鮮映画令 ……………………318～
朝鮮映写啓発協会……………………438, 492
朝鮮共産党結成 ……………………366
朝鮮軍報道演習 ……………………431
朝鮮攻略……………………11
朝鮮公論 ……………………421～
朝鮮思想犯保護観察令…………367, 393
朝鮮思想犯保護観察令施行規制 ……368
朝鮮思想犯予防拘禁令 ……………………393
朝鮮出版警察概要 ……………………375
朝鮮情報委員会 ……………………7
朝鮮人虐殺事件 ……………………287～
朝鮮新聞 ……………………421
朝鮮新報……………………20～, 21～
朝鮮侵略 ……………………474
朝鮮総督府官制 ……………………136
朝鮮総督府時局対策調査会 …………390
朝鮮中央情報委員会…………312, 354～
朝鮮中央情報委員会規程 ……………355
朝鮮日日新聞 ……………………421
朝鮮日報 ……………………205
朝鮮評論（Korea Review） …………244
朝鮮不穏文書臨時取締令 ……………368
朝鮮毎日新聞 ……………………421
朝鮮臨時保安令……………………413, 447
貯蓄奨励倍加運動 ……………………463
通信検閲実施 ……………………433
通信検閲事務 ……………………441
通信使……………………11
通　報 ……………………356
築地活版所……………………24

ディ・インディペンデント（The Independent）……71
帝国新聞……90～
デイリー・テレグラフ（The Daily Telegraph）……166～，168
デイリー・ニュース（The Daily News）……163
寺内寿一陸軍大臣……353
寺内正毅……139
天　鼓……247
東亜新秩序……412～
東亜青年……247
東亜日報……205，206
同化政策……183～
統監府警察官署官制……137
東京朝日新聞……99
東京大学新聞研究所……287～
東京日日（新聞）…24，28，80，144～
東京放送局……302～
道具化……494
謄写版新聞……209～
東条英機内閣……417
統　制……1～
銅配給切符制……392
同盟通信社……208
東洋経済新聞……345
時実部長一行暴行事件……207
徳川家康……11～
徳富蘇峰……143～
独立運動……365
独立新聞……70～
独立宣言書……235
独立万歳……236
富山県警務局長白上佑吉……258～
豊臣秀吉……10～

な　行

内閣官房総務課長……208
内閣情報委員会……351～
内閣情報部……351～
内閣情報部機構改正協議会……354
内鮮一体……183～，189～
内地延長主義……183～
二重放送……311
二大洋擾……14
日英同盟……5～，74～，77～
日露戦争……87～
日韓合邦論……181～
日韓議定書……88～
日韓併合……13～
日章旗抹消事件……267～
日清戦争……58～
日鮮融和……212
日中戦争……353～，388～
日本学士会理事長阪谷芳郎……260
日本共産党の創立会議……367
日本憲政会総裁加藤高明……260
日本憲兵隊本部……397
日本新聞会……389
日本東京憲兵隊甘粕大尉……292
日本農民組合（日農）……285
日本労働総同盟……285
ニューヨーク・アメリカン……243
ニューヨーク・イブニング・ジャーナル……243
ニューヨーク・タイムズ……242～
ニューヨーク・ヘラルド……243
二六新聞……302
納本紙（検閲台本）……261～

は　行

敗　戦 ……………………………453〜
長谷川総督 ………………………237〜
馬関条約……………………………72〜
林田亀太郎 …………………………152
原敬政友会総裁……………………59〜
春原昭彦 …………………………194〜
万国郵便連合 ………………………198
表現の方法 …………………………171
平壌毎日新聞 ………………………257
不穏文書臨時取締法 ……………369〜
福沢諭吉 …………4〜，24，26〜，30〜
武断政治……………………6〜，234〜
武断統治 ……………………………136
物資統制 ……………………………416
不逞鮮人…………………………285，290
フランス……………………………75〜
プロパガンダ………………174〜，314〜
文化映画 ……………………………313
文化政治 …………………………234〜
文明論之概略…………………………31
米英思想 …………………………435〜
P.M. ギリグ（Gillig）　………………174
米穀増産倍加運動 …………………463
兵站基地 …………………………342〜
平民新聞 ……………………………238
ベセル（Bethell, Earnest Thomas）103
ベルサイユ条約 ……………………412
ベルリン・オリンピック ……………207
保安規則 …………………………100〜
放送編成会 …………………………306
報知新聞…………………28，289〜，355
法的統制 ……………………………474
北進日本 ……………………………313
保護国化………………………………56
保護国化時代 …………………………3
北海道新聞 …………………………290
本田節子 ……………………………276

ま　行

毎日新聞（韓国の）…………………90〜
毎日新聞（日本の）　…………………275
松尾三代太郎…………………………24
マッケンジー（F. A. Mckenzie）　…244
松田正久 ……………………………152
丸太小屋（Log-house）　……………164
丸山鶴吉 …………………………270〜
満州事変……………………342〜，412
満州日日新聞 ………………………202
万朝報 ……………………………238〜
万宝山事件 …………………………344
三浦襧五郎 …………………………106
水田直昌 ……………………………348
水野錬太郎政務統監 ………………237
御手洗辰雄 …………………………208
南次郎総督 …………………………304
都新聞 ……………………………289〜
民政党解党宣言 ……………………448
民族性の破壊（denationalization）…188
閔妃弑害 ……………………………477
民本主義 ……………………………242
無期停刊処分 ……………………264〜
明成皇后殺害事件……………………67
綿絲配給切符制 ……………………392
モーニング・ポスト（Morning Post）
　……………………………………166

や　行

山県有朋 …………………………237〜

山県伊三郎政務統監 ……………………236
大和民族 ……………………………153〜
山梨半造 ……………………………255
山辺健太郎 …………………………180〜
優良出版物推薦実施要領 ……………427
横溝光暉 ………………208，209，352〜
吉野作造 ……………………………241
読売新聞 ……………148〜，275，290〜
よみうりラヂオ版 ……………………302

ら 行

ラジオ放送 …………………………302
ラスウェール（Herold D. Lasswell）…2
リチャード・ストーリー（Richard Story）……………………………173〜
リットン（Lytton）報告書 …………345
リーフレット宣伝(leaflet campaign) 176
流言蜚語 ……………………………286〜
流言蜚語取締 ………………………300
緑旗日本文化研究所 …………………387
緑旗聯盟 ……………………………387
臨時各道知事会議 ……………………457
臨時資金調整法 ………………………392
臨時郵便取締令 ………………………441
露仏同盟（Franco Russian Alliance）……………………………………73〜

わ 行

ワクスマン（Jerry J. Waxman） ……1
倭　寇……………………………………10
和田円付師………………………………22

〈著者紹介〉
李　　鍊（イ・ヨン）

1952年　韓国に生まれる
1991年　上智大学大学院文学研究科博士課程新聞学専攻修了（新聞学博士）
現　在　鮮文大学校新聞放送学科教授

〈主要著作〉

「文化摩擦とメディア」『グローバル社会とメディア』（ミネルヴァ書房，共著，2002年）
「韓国の新聞成立に果した井上角五郎の役割」『新聞学評論』（第37号）（日本新聞学会，1988年）
『日帝下の朝鮮中央情報委員会の役割』（言論学論選13号）（西江大学言論文化研究所，1993年）
『日本のケーブルTV』（永豊文庫，共著，1997年）
『日本の大衆文化やきなおし』（木と森，共著，1999年）
「関東大震災と言論統制」（韓国言論学報，1992年）
「放送と著作権」（韓国放委員会，1999年）
「日本の放送文化」（韓国放委員会，2001年）
「斎藤実の言論政策と民間紙の創刊背景」（韓国言論学会，2001年）など

朝鮮言論統制史――日本統治下朝鮮の言論統制

2002年（平成14年）3月28日　初版第1刷発行

著　者　李　　鍊
発行者　今井　貴
　　　　渡辺左近
発行所　信山社出版株式会社
〔〒113-0033〕東京都文京区本郷6-2-9-102
電　話　03（3818）1019
FAX　03（3818）0344

Printed in Japan.

印刷・製本／勝美印刷・大三製本

ISBN4-7972-2211-5 C3332